JN327157

キャロル・ローズ
Carol Rose
松村一男 監訳

世界の妖精・妖怪事典

Spirits, Fairies, Gnomes, and Goblins
An Encyclopedia of The Little People

SPIRITS, FAIRIES, GNOMES AND GOBLINS
by Carol Rose
Copyright ©1996 by Carol Rose
Japanese translation published by arrangement with
New England Publishing
Associates, Inc. through The English Agency (Japan) Ltd.

世界の妖精・妖怪事典

目次

序文　V
事典　1
監訳者あとがき　463
参考文献　465
付録　469
索引　501

凡例

＊が右肩に付いた語は、事典中に項目があることを示す
→は「〜の項目を参照せよ」を意味する。
文献は巻末の参考文献番号を示す
付録は巻末の付録における分類番号を示す

序文

　神々・英雄と人間の中間領域には、人間社会の文化的な発展と表現においては特別な位置を占める、もう一つ別のグループが存在する。「小さな精霊たち*」である。超自然存在と個別の精霊*から成るこの一団は、洋の東西を問わず人間社会の宗教、文化、民間信仰において重要な役割を果たしてきた。この事典に収録されている比較的下位の精霊は、至上の神々のような強い力を有するわけでもなく、悪魔のように邪悪でもない。ここに紹介されている精霊は、超自然の領域でもっと異なる位置を占めているのである。精霊の中でも妖精*や天使*については多くの本が書かれ、語られることも多い。しかし世界には他にも何百という魅惑的な超自然存在のグループがあり、にもかかわらず彼らを崇敬する社会集団やその伝説を記録してきた専門家以外にはあまり知られていない。

　精霊の範囲をどこからどこまでにするかについて厳密で総括的な概念はないが、C.S.バーンは『民俗学概論』（1914年／岡正雄訳、岡書院）の中で「人間でも神でもないさまざまな一族の生きものたち。だいたい目には見えず、人間のように地上で生活する」と述べている。彼らの中には、神々の使者を務める者も、神々の影響はまったく受けずに存在している者もいる。完全に善なる者も、完全に邪悪な者も、場合によって善にも悪にもなる者もいる。彼らは超自然的な力を持っているが、ほとんどその活動領域から出ることがなく、力もごく限られている。だからこそ、彼らは「小さな精霊たち」と呼ばれるのである。身体の大きさではなく、能力が限定されているという意味で「小さい」のだ。こういった精霊の中にはドワーフ*やオラン・ブニイ*のように小さいとか、エンカンタード*のように目に見えない、と表現されているものもあるが、ジン*のように大きさや形を自由に変えるものもある。

　精霊にはさまざまな起源がある。人間の魂や亡霊が姿を変えた、デーモン*やケレメト*やアフリト*のような場合もある。デ・ダナーン神族*、コヴェンティナ*、レグバ*のように、征服された人々の神々がおとしめられた場合もある。さらにエクソティカ*やファド・フェレン*のように恐怖を擬人化したもの、あるいはコルンヴォルフ*やヴィラ・ビロン*のように自然現象を擬人化したものもある。超自然存在の中には、バンシー*やドモヴォーイ*のように祖先の崇拝が姿を変えた場合もある。あるいはオールド・ホーニー*や狩人ハーン*、幽霊猟師*のように、昔は神々の地位にいたのに落ちぶれてしまったものもある。

　一般的に、これらの精霊は人間の生活に干渉する傾向がある。その人の使い魔*や守護天使*としてその人の利益を増すこともあれば、パック*やブルー・ジェイ*のようにいたずらをしたり、またはルシファー*やメラロ*のように完全に悪意ある場合もある。こういった超自然の生きものはその活動によってある程度分類できる。天使のように使者の役目をするものや、動物や技術、天体、穀物、草木に関係する精霊がいる。デーモンや悪魔のように死、病気、破滅にかかわる精霊もいる。富、幸運、財宝にかかわる精霊もいる。使い魔*や守護霊*や指導霊*もいれば、家族や子供を守る精霊もいる。墓地や家や水車小屋や鉱山に住む精霊もいれば、一方で土、水、風、火といった自然の中に存在するものもいる。子供部屋のボーギー*、警告精霊、お天気精霊として、人間に警告する役割を果たすものもいる。なかにはこうした範疇のどれにもあてはまらないものもいる。その活動が多種多様で、神々と人間の双方に相反するような態度をとるからだ。そこに含まれるのが妖

序文

精、ジン、トリックスター*、トロール*で、彼らはよい行ないをしたり、貧乏人に食べ物を与えたり、糸をつむいだりするかと思えば、赤ん坊を盗んだり、農作物を枯らしたり、災厄をもたらしたりすることもある。こういったことすべてを同じ人間の集団に対して行なうのである。

彼らは、外観もさまざまである。エルフ*のようにかならず人間の姿で現われるものもいる。マーメイド*のように半人の姿で現われるものもいれば、オブダ*のように頭と足が逆向きの、人間と少し異なる姿のものもいる。ナシャ*のように体の片側しかない姿をしたものや、ドガイ*のように大きく広がった奇妙な耳を持つものもいる。またほとんどいつも動物の姿で現われるものもいる。使い魔は家畜になる傾向があるが、ボーギー*、バーゲスト*、ウィッシュト・ハウンドの群れ*などは黒妖犬となって現われることが多い。プーカ*、ケルピー*、シュヴァル・バヤール*は、人間から馬に思いどおりに変身できる。骨なし*のような精霊は、その名のとおり形といえるものがまったくないが、一方で悪魔、ジン、守護霊、トリックスターのように、その目的に必要とあらば何にでも姿を変えられるものもいる。

こういった比較的下級の精霊はほとんどが不死身だが、ペリ*のように何百年も生きたあとで死ぬものもいる。人間同様の社会で暮すと考えられ、人間社会と同様に王族や軍隊や種々の社会活動がある。人間と結婚することすらある。孤立して、人間を避け、自分の仲間さえ避けるものがいるかと思えば、ニンフ*のように神々とまじわり、子を産むものもいる。彼らのすみかは森や丘、砂漠、道、建造物、水中などが多いが、自由に動き回るものたちもいる。

彼らが何であれ誰であれ、「小さな精霊たち」は世界の始まり以来、社会と共存してきた。彼らが畏敬され慰撫されてきたことは、これら精霊が数多くの婉曲表現で呼ばれてきたことにはっきり表われている。イギリスでは、そのもっとも一般的な婉曲表現が「小さな精霊たち」であって、この名前に相当する言葉は、他の多くの言語にみられる。これら精霊は、社会の欲求の表現や、自然現象の擬人化かもしれない。しかし、民俗学者によれば、われわれの遠い祖先が生き残りをかけておこなった実際の侵略や戦闘を示す、もっと深遠な人類学的意味がそこにはあるのだという。これらの伝説は、祖先の望みと怖れ、敗北と勝利、それからたとえば、ミレシア人に征服され、優勢な民族から地下世界の妖精*に格下げになったデ・ダナーン神族のように、かつて優勢だった敵が劣った存在に変貌したことなどを描いているのかもしれない。「小さな精霊たち」は魅惑的で興味深い伝説の題材となっているが、それを私たちが味わうまでには、何世紀にもわたり想像力に富んだ装飾が積み重ねられてきたのだ。精霊の中にはホビット*やガムナット・ベイビーズ*やグレムリン*など、現代の民間伝承に属するものもあり、こういった超自然存在を信じることが、われわれの過去の一部であると同時に現在の一部でもあるということを示している。彼らがわれわれの集合意識の現われであろうと、罪悪感の現われであろうと、「小さな精霊たち」は世界共通の文化遺産である。それゆえ、われわれの伝統の表現において、彼らが卓越した役割を保持するのは当然だといえよう。

研究のきっかけと本書の成り立ち

私は自分が育ったイングランドのヨークシャー地方の文化や伝承に深く根ざしていると感じている。芸術の学位を取得するため勉強しているうちに、私はさまざまな国の絵画や織物、彫刻、仮面など、超自然存在を視覚的に捉える多くの試みに出会った。しかしその意義を知ろうとすることは、包括的な研究書がないため困難をきわめた。その後、心理学の学生として、さまざまな文化伝統における信仰、迷信、恐れについて研究した際にも、私は同じような困難にぶつかった。こうした適切な研究書の欠如は、精霊が特定の領域に

序文

限定されておらず、「小さな精霊たち」が言語的、地理的、歴史的、年代的、そして文化的境界を超越した存在であることをはっきり示している。私は精霊とその伝説に魅了され、その結果、私の書斎には民俗学や古物学の書籍がたまっていった。そして研究文献の欠如を解消したいという気持ちが、この仕事を私に始めさせたのである。

本書に収録される精霊の条件は、活動的で、わがままで、人間もしくは家畜、またはその両方に対して超自然影響を発揮するが、神らしくはない、ということである。この点で、精霊は英雄でも幽霊でもありえない。これらは人間の要素を備えているからだ(ただし、ハンツー*やケレメト*のような、人間の「悪魔化した」魂だけは例外である)

本書の素材はいくつかの異なる領域から集められた。古代から現代にいたる主要な宗教については、百科事典や、古典神話や非古典神話の事典類を参照した。また、さまざまな文化や時代の民話や民間伝承についての本、昔からの迷信や地方伝説についての資料、さまざまな文化に関する文献、年代記や歴史的事件の記録、地理学や人類学の調査によって書かれた旅行記や特定地域の社会集団についての記述、そして童謡や子供向けのおとぎ話なども参照した。

項目の見出しには、その精霊のもっとも一般的な名前を採用してある。単に文字が重複したスペル、あるいは「E」が付け加えられたスペル、たとえば AFRIT/E や DJIN/N など、非常に近い関係にあるスペルも見出しに入れている。別名や婉曲的な呼び方については、本文中で紹介している。まったく異なる名前の場合には、その名について言及したうえで、別に項目を設けたものもある。読者は相互参照によってそちらの項目に導かれる。

古代のものも含め、別の文化や言語圏の精霊の名前は、できる限りその音に近い現代英語で表記されている。しかし、これによって多少の困難も生じる。伝説や民間伝承の性格上、ホビットのような文学から生まれたものをのぞき、大多数の精霊は口承の報告や物語によって生き残ってきた。こういった物語がやがて書きとめられることになった際、精霊の名前にはその発音や活動から解釈したスペルがあてられた。古代の多くの物語が手書きの文書で、そして15世紀ごろからは手彫りの木版活字印刷で残っている。しかしスペルが統一されるようになったのは、実際は20世紀になってからである(それも世界中で使われる英語のタイプによって依然として違いがある)。スペルの問題に加え、地域固有の名称や各国の方言による差異まで勘定に入れると、可能な解釈は莫大な数にのぼりうる。

実際、ネーレーイス*のように、同じ名でありながら性質や活動についての記述が異なる精霊もある。逆にルンペルシュティルツヒェン*とトム・ティット・トット*のように、性質と活動は同じなのに、まったく違う名前のものもいる。

各項目にはその精霊の身体的特徴、性質、能力、活動を記載し、可能な箇所では伝説や逸話も盛り込んだ。必ずしもじゅうぶんな情報が提供できたわけではないが、精霊を特定するためのディテールを与えられるよう、最大限の努力を払った。

各項目の記載には、主に現在形を用いた。精霊は超自然であり、すでに滅びたとされていないかぎり、永遠に存在するはずだからだ。習慣的で、性質を端的に物語るような活動もまた、現在形であらわしてある。これに対し、一度きりのできごとや逸話には過去形を用いている。しかし、もしある話が伝承として繰り返し語られているのなら、それが実際に起こっているかのように語る、すなわち現在形で語るのが民間伝承での約束である。この約束は劇的効果をあげるために利用される。こうした物語の場合には、現在形をそのまま用いることにした。

宗教、国、地域の名前は、その精霊が信じられていた時代の呼び方で示した。マニ教やゾロアスター教のような宗教名や、ボヘミアやプロシアといった名前についても同様である。国境や呼び名はその後変わったり、宗教は別の信仰に取って代わられたりすることが

序文

あるが、もともとの名前を示してあるので、記述されている精霊への信仰の歴史的背景を知ることができるだろう。

これら下級の精霊に対する信仰は、特定の地域に限定されない。人々の移動や交易にともない、精霊はしばしば他民族の伝説や民間伝承に吸収される。精霊の性格や活動における類似性については、各項目間の相互参照や付録において注記しておいた。

われわれに受け継がれてきた伝承は、基本的に誰かが経験したことを誰かが記録し、それに誰かが解釈したものである。このことがすでに論じたスペルや名前の不統一だけでなく、同じ物語に複数のバージョンがあることも引き起こしている。たとえ語り手に悪意がなくても、時間の経過にともなって脚色されたり、語りつがれていく際に強調点を変えて伝えられることもあっただろうから、解釈を受け入れるにあたっては、慎重にならざるをえない。

各項目の内容の主要点については、当然のことながら選択を行なわねばならなかった。なお、人間文化のこの魅惑的な側面をさらに深く探求しようとする読者のために、付録と参考文献ガイドを巻末に添えておいた。

私はこれら超自然存在についての調査を通じて、自国の文化に固有と思いこんでいた信仰が他の多くの文化にも存在すること、そして精霊は名前こそ違うが非常によく似通っていることを認識するようになった。精霊の性質や活動に関する記述の多くには禁欲的なユーモアがあふれており、そこからは社会が困難をどのように切り抜けてきたかがうかがえる。「小さな精霊たち」の伝説を通じて、私はこの共有の遺産に関して、歴史、文化、そして言語の壁を超え、世界中の人々と結びつくことができることを発見した。読者諸氏もまた、この経験を享受できることを願ってやまない。

*

以下の方々には貴重な専門的助言をいただいた。記して感謝したい。私のコレクションの挿絵を撮影してくれたD・G・ローズ氏、イギリス民俗学協会図書館長C・オーツ氏、そしてイギリス、ケント大学の図書館員の方々。

[ア]

アイ
ÄI
南部エストニアに伝わる、病気をはこぶ精霊*。アイヨ*、アイヤタル*といった名で呼ぶ地域もある。森をすみかとし、侵入してきた者は誰でも攻撃する。フィンランドのアイアタル*に似る。
文献87
⇨ 付録17

アイアタル
AIATAR
フィンランドの民間伝承で森の悪魔*として知られている。森に住むデーモン*で、フィンランドの別の地域ではアヤタル*、あるいはアヤッタラ*という名で呼ばれることもある。邪悪な女性の精霊*で、蛇やドラゴンの姿で現われる。蛇に乳を飲ませ、人間に病気をもたらすと言われている。南部エストニアのアイ*(アイヨ*、アイヤタル*)に似る。
文献87
⇨ 付録17、付録19

アイウェル
AIWEL
スーダンのディンカ族に伝わる自然の精霊*。川の精霊の息子で、その魔力で人々や家畜を助ける役目を負っている。
文献119

アイエリコ
AYERICO
マケドニアに伝わるデーモン*。人間の姿でいることもあるが、大気中に住んでいて目に見えないことのほうが多い。病気をもたらす精霊*で、ペストやマラリアをはやらせる。
⇨ アエリカ、アエリコ、付録17

アイオロス
AEOLUS
古代ギリシア神話の風の精霊*。リパリ諸島の風の守護霊*で、神々からの要望、あるいは人間の祈りに応えて、この島から風をおくりだした。ホメロスの叙事詩で知られるオデュッセウスの航海では彼に味方し、援助しようとした。
文献119
⇨ 付録26

アイギーナ
ÆGINA
古代ギリシア・ローマ神話のニンフ*。河神アソポスの娘でゼウスに愛された。
文献102、130

アイグレー
AIGLE
古代ギリシア神話にこの名のついたニンフ*は三人登場する。
(1) ヘスペリデス*の一人。その名の星座の一部に姿を変えられた。
(2) ナーイアス*の一人。この種のニンフの中でもっとも美しいとされた。
(3) アリアドネーからテーセウスの愛を奪ったニンフの名。
文献130

アイクレン
AIKREN, A'IKREN
南米カロク族の信仰と神話に登場する精霊*。シュガーローフ山のふもとにあるキティミン村の守護霊*である。アイクレンは「上のほうに住む者」という意味で、山頂に住むハヤブサの姿をして現われる。彼は情け深く、ある物語では、戦士の求婚者を失って悲嘆にくれる二人の若い乙女に同情を寄せている。
文献87、88

アイゲリア
ÆGERIA
⇨ エーゲリア

アイス
AYS
　アルメニアに伝わる邪悪な男性の自然の精霊*、あるいはデーモン*。風の精霊である。非常に強い力をもっているため、皮膚から入りこんで発狂させることができると恐れられている。
文献93
⇨ 付録26

アイス・シー
AES SÍDHE
⇨ シー

アイゼンベルタ
EISENBERTA
⇨ ベルヒタ

アイチャ・カンディダ
AICHA KANDIDA
　モロッコに伝わる水のジン*で、セブ河岸、マラケッシュのアクエダル周辺、ときにはスルタンの宮殿の庭で目撃される。夫はアフリト*のハム・ウカイウ*である。アイチャ・カンディダは非常に美しい女性の姿をして、夜間一人でそのあたりを旅する男性に近づき、名前を呼び、逃げようとすれば追いかける。彼女は人間を憎んでおり、獲物が別の人に追いついたり、人家にうまくたどり着いたりできなければ、川に引きずり込み、水中で殺してしまう。もし男が進んで彼女を喜ばせたら、彼女は寛大になって男を人間の世界に返し、高価なみやげを持たせてやることすらある。
文献90
⇨ 付録25

アイトワラス
AITVARAS
　リトアニアに伝わる家の精霊*。その環境によってさまざまな姿になる。家の中では黒猫、あるいは黒い雄鶏の姿だが、外に出ると、空飛ぶドラゴンか火の尾を持つ蛇の姿をとることもある。この「幸運をもたらすもの」は悪魔*から魂と引き換えに「買う」こともできる。その場合は7才の雄鶏の卵からかえる。あるいはいつのまにか家に持ちこまれ、気づいたときには手遅れになっていることもある。この精霊がいったん家に入ると、追い出すのはとても難しい。アイトワラスの役割は、家の所有者をなんとしても金持ちにすることである。普通は牛乳や穀物、金を盗むという手段が用いられ、隣人が被害者になる場合が多い。持ち込んだ品物の見返りに食料として要求するのは、唯一オムレツのみである。この精霊が文献に登場するのは、1547年が最初である。それ以降、怪しい富に関する数多くの物語にアイトワラスの名前が挙がっている。
　ある伝説では、花嫁が姑から穀物を挽く仕事を与えられた様子が語られている。彼女は自分が穀物蔵から出した穀類を、なぜいつまでたっても挽き終わることができないのかわからなかった。彼女が教会から持ってきた清めたろうそくで蔵の中を覗き込むと、一人のアイトワラスが穀物を絶えず吐き出しているのが見えた。清めたろうそくのせいでアイトワラスは消滅し、姑は非常に悲しんだ。富の源を失っただけでなく、自分の魂も失ったからだ。亡くなったアイトワラスとひきかえに悪魔は彼女の魂を奪い去ったのである。
文献87、88、93
⇨ カウカス、スミエラ・ガット、パラ、プキス、付録22

アイナ・ピック・ウィンナ
INA PIC WINNA
　南西イングランドのサマセット沿岸に住む、地元のスプライト*と言われている。おそらく、ウェストン＝スーパー＝メアの漁師に伝わる民間伝承で、大漁を求めて呼び出された精霊*だろう。
文献17

アイパルーヴィク
AIPALOOVIK
⇨　アイパルークヴィク

アイパルークヴィク
AIPALOOKVIK
　北米のイヌイットが信じる邪悪な海の精霊*。アイパルーヴィク*とも呼ばれる。とくに破壊に熱心な恐ろしい精霊で、とりわけ海で漁をしている者を攻撃し、かみつく。
文献29、102、119
⇨　付録25

アイヤタル
ÄIJÄTÄR
⇨　アイ

アイヨ
ÄIJO
⇨　アイ

アイリ
AIRI
　インドの民間伝承に登場する邪悪な精霊*。ブート*、あるいはデーモン*で、丘に住み、あたりを旅する人間に危害を加えるためなら手段を選ばない。
文献87

アウアー
AWAR
⇨　イブリス

アーヴァンク
AFANC
　ウェールズの民間伝承に登場する邪悪な精霊*。他の地方ではアパック*、アダンク*、アヴァンク*と呼ばれることもある。ドワーフ*、水のデーモン*、超自然の怪物、ビーバーなどさまざまに描写される。ブリンベリアン橋、ベトゥシコイドの上流のウル・アーヴァンク湖、バルヴォグ湖（バルヴォド湖）、フリオン湖近くの深い淵に住むと言われている。この水のデーモンは水に落ちた生き物を引きずり込んで貪り食うだけでなく、淵の水を周辺地域に噴出させて悲惨な洪水を引き起こした。伝説では、この洪水によって大ブリテン島の住民は一組の男女を残してすべて溺死し、この男女が現在のイギリス人の祖先になったということになっている。アーヴァンクはこのように厄介者だったので、彼を打ち負かす、あるいは追い払うという決断が下された。
　この大仕事については異なる二つの説がある。
　（１）アーヴァンクはヒュー・ガダルンの大きな牡牛につないだ鎖によって淵から引きずり出され、彼が魔力を使えない乾燥した土地に引いていかれた。
　（２）アーヴァンクは乙女に優しく愛撫され、淵から魅入られたように出てきた。乙女のひざに寝かされたアーヴァンクが無警戒でまどろんでいると、村の男たちが牡牛につないだ鎖で彼を縛った。アーヴァンクはすぐに目覚め、逃げ出して安全な淵にもどろうと、がむしゃらに乙女の胸をふりほどいた。アーヴァンクはクウム・フィノン湖に引いていかれ、今もそこにいると言われている。
文献15、133
⇨　付録4、付録25

アヴァンク
AVANC
⇨　アダンク

アヴェレケテ
AVEREKETE
　ヴェレケーティ*とも呼ばれる。アフリカ系ブラジル人のカルト、バトゥーキのエンカンタード*もしくは指導精霊*。「夜の主」または「夜の聖者」とされ、アマゾン流域でもっとも親しまれている聖者の一人である。黒人の聖ベネディクトと同一視される。アヴェレケテは同じ名前のダオメーの神に由来するが、ブラジル北部の都市ベレンではそのアフリカの祖先とは異なり、年老いた威厳あ

る姿で描かれている。彼はケヴィオソあるいはバデ*というエンカンタード「一族」の一員である。「一族」にはアヴェレキタノとその「養女」アルバ姫*が含まれる。北東部のマラニャン州では、サンタバーバラがバトゥーキの儀式の行なわれる祭場をつくり、アヴェレケテを入門的な指導精霊に任命したと信じられている。そのためアヴェレケテは儀式に参加する霊媒からいつも一番に呼び出され、そのあとにハイーニャ・バルバ*が呼び出される。

文献89

⇨　シニョール、セウ・トゥルキア

アウキ
AUKI

　ペルー、ケチュア族の信仰する山の精霊*。アンデス高地に住み、そのすみかは下の世界のアシエンダス（農場）に相当する。そこでは、ビクーニャが精霊のしもべで、コンドルは精霊の家禽、恐ろしいコア*は精霊の猫である。アウキはブルーホ（治療をするシャーマン）によって呼び出され、病気を治す。治療の儀式は、ブルーホが病人の家の床にアウキの坐る場所として紙を置くところからはじまり、3回笛が鳴るとアウキが降りてきた合図となる。それからブルーホは精霊と対話し、（腹話術によって）病気の種類と治療法とを尋ねる。答えおわると、アウキは屋根を通って立ち去る。

文献87、94

⇨　アンチャンチョ、ラリラリ、付録17

アウフ
OUPHE

　ヨーロッパの民間伝承で一般的に使われていた、山のニンフ*、エルフ*、または妖精*の名称。シェイクスピアの作品にも登場し、とりわけ『ウィンザーの陽気な女房たち』の中にその名前が挙げられている。アウフは「群れをなす妖精」ほど敏捷でも機敏でもないと考えられていたため、人間の赤ん坊を誘拐したあとに置いていく取り換え子*として利用された。この習慣からオウフ*という別名が生まれ、それは取り換え子の呼び名として使われ、最終的には頭の鈍い人を指すのに用いられるようになった。

文献7、17、28、76、92

アウフホッカー
AUFHOCKER

　ドイツ民間伝承のデーモン*でベルギーのクルッド*と同じ特徴を持つ。アウフホッカーとは「飛びかかる者」の意。姿を変える悪質なデーモンで、家畜の姿をしていることもあれば、まったく目に見えないこともあり、人気のない夜道で旅人を脅かす。この精霊*は獲物の背に飛び乗り、その鉤爪でしがみつく。おびえた人間は引き離そうとするが、もがけばもがくほど重くなり、ついにはへとへとになって死ぬこともある。夜明けと教会の鐘の音だけが旅人を救うことができる。黒妖犬*の姿のときには突然現われ、道を跳ね回り、後ろ脚で立ち上がって、獲物ののどに食らいつく。馬の姿で現われる場合がもっとも多く、ヘドリーの牛っ子*同様、無用心な人間にしきりに乗るよう勧める。乗ったが最後、獲物は恐ろしい乗り心地を味わわされたあげく、河に投げこまれる。

文献66、104

⇨　海の老人、オスカエルト、付録12、付録24

アウマニル
AUMANIL

　北米、イヌイットの信仰と伝承に登場する好意的な精霊*。陸地に住むと言われているが、にもかかわらずクジラの守護霊である。アウマニルのおかげで、イヌイットは漁場でクジラをたくさん獲ることができる。

文献29、102

ア・ウラッハ
Y WRACH

　ウェールズの民間伝承に登場する病気をもたらす精霊*。アル・ヘン・ウラッハとして

も知られ、老婆か魔女の姿で現われると言われる。古代ブリトン人のファド・フェレン*と同様、ア・ウラッハも死に至らしめる発熱をもたらした。ア・ウラッハの場合は特にマラリア熱をもたらすとされた。
文献123
⇨　ハグ、付録17

アウラネルク
AULANERK
　北米、イヌイットの信仰と伝説に登場する海の精霊*。陽気な精霊で、裸の人間に似ているとされるが、マーマン*のように海に住む。波が立つのは、海の中でアウラネルクが動くからである。
文献102
⇨　アタクサク、付録25

アエーシュマ
AESHMA
　（1）イラン神話とゾロアスター教神話で、とくに邪悪なフィーンド*、もしくはデーヴァ*、デーモン*。アエスマとも呼ばれる。デーモンの序列では三番目に位置し、アングラマイニュの高位従者である。アエーシュマとは狂気を意味し、とくに激情、復讐心、欲望をあおり、憤怒を長引かせると言われる。人間でうまくいかないときには、悪魔同士を扇動して争わせるなどということまでやってのける。誘惑されやすい死者の魂が救いに近づく前に攻撃をしかけるので、アフラマズダ（至高の存在）はスラオシャ*に命じてこのデーモンを牽制し、最終的に打ち負かす。旧約聖書外伝のトビト書では、アエーシュマはデーモンのアスモデウス*と呼ばれている（三・八）。
　（2）ゾロアスター教徒の後継者である現代インドのパールシー教徒の神話では、アエスマ・デーヴァはデーモンで、その激怒と破壊的報復はとくに聖獣である牝牛に向けられ、英雄サオシュヤントだけが最終的に彼を倒すことができる。
文献41、53、87、88、93、102

アエスマ
AESMA
⇨　アエーシュマ

アエリカ
AERIKA
　現代ギリシアの民間伝承に登場するデーモン*もしくは精霊*。アイエリコ*という名でも知られており、空中に住み、人間に病をもたらすと考えられている。
文献12
⇨　アエリコ、付録17

アエリコ
AËRICO
　アルバニアの民間伝承で、特定の木、とくに桜の老木に住む悪魔*。その木に近づいたりいたずらをしたりする者は誰でも攻撃される。痛みをともなう手足の腫れは、アエリコの木の影が原因とされた。
文献110参照
⇨　アエリカ、キルニス、付録17、付録19

アエロー
AËLLO
⇨　ハルピュイア

アエロプス
AELLOPUS
⇨　ハルピュイア

アオイデー
ACEDE
⇨　ムーサイ

青シャッポ
BLUE BONNET
⇨　青帽子

青ズボン
BLUE BURCHES
　イングランド、サマーセット州のブラックダウン丘陵に住む、家につく精霊*もしくは

ホブゴブリン*。青い煙の雲や白馬、小さな黒い子豚など、さまざまな姿をとることができる。普段は青いズボンをはいた小さな老人の姿をしている。彼は家の中でびっくりするような、しかし害のないいたずらをする。たとえば、家を内側からあまりにも輝かせたため、火事だと思った人々が恐怖のあまりあわてて外に走り出たこともある。

文献17
⇨　付録22

アオニデス
AONIDES
⇨　ムーサイ

青帽子
BLUE CAP
　イギリスの民間伝承に登場する炭鉱の精霊*。青シャッポ*と呼ばれることもあり、明るい青い炎となって現われるが、そうでなければスズ鉱山のノッカー*同様、目に見えない。非常に勤勉で、仕事に参加し、人間の鉱夫同様、石炭を積んだ運搬車を動かす。そして人間の鉱夫同様、賃金を要求するが、それは計算され、決まった場所に置かれる。この習慣に関する記述は、1863年のある鉱山の文書に残されている。

文献17
⇨　鉱山の精

アカアンガ
AKAANGA
　南太平洋、マンガイア島（クック諸島）の信仰と神話に登場するデーモン*。地獄からくると言われる悪魔*の一人。

文献110参照
⇨　アマイテ・ランギ、ミル

赤い小男
PETIT HOMME ROUGE, LE
⇨　ナン・ルージュ

アカヴィセル
ACAVISER
　古代エトルリアの信仰と神話に登場する精霊*。女性の超自然的存在で、アクヴィストル*の名でも知られる。

文献93
⇨　ラサス

アカカソー
AKAKASOH
　ミャンマーに伝わる木の精霊*もしくはナット*。ギリシア神話で木に住むと言われているハマドリュアデス*によく似ている。木の一番高い枝に住む。

文献110
⇨　シェッカソー、ブーマソー、フミン、付録19

アカキラ
ACACILA
⇨　アチャチラス

アガ・クルマン
AGA KURMAN
　「耕す男」の意味。旧ソビエト連邦のマリ人（チェレミス人）が信仰するデーモン*、もしくはケレメト*。この精霊*は土地に新しい穀物の種まきをする準備が整うと、鎮まる。

文献118

アガシュ
AGAS
　イランの神話に登場するデーモン*。語源は「邪眼」を意味するアヴェスター語で、この悪魔*は視覚を通じて邪悪な行為を成就させる。もっぱら観淫症、性欲、貪欲といった視覚体験による罪へ人間を誘う。アガシュは彼の罠にはまった人間を見ると喜び、場合によっては誘惑された人間を目の病気にかからせる。

文献93
⇨　付録17

アガトス・ダイモーン
AGATHOS DAIMON
　古代ギリシア神話で、個人もしくは住居につく好意的な守護霊*を指す言葉。羽のはえた空を舞う超自然の蛇とも考えられた。名前の由来はギリシア語の「善神」で、この名はほかに名前を持たない守り神*を指す場合にも使われている。家庭ではこの守護霊に、よくワインが捧げられた。ギリシアがエジプトを占領したプトレマイオス朝の時代に、アガトス・ダイモーン崇拝は盛んになり、幸運の霊アガテー・テュケーと結びついた。
文献39、53、93、107
⇨　アイトワラス、守護天使、精霊、付録22

アガトダイモーン
AGATHODÆMON
⇨　アガトス・ダイモーン

アガトデーモン
AGATHODEMON
⇨　アガトス・ダイモーン

アガニッピデス
AGANIPPIDES
⇨　ムーサイ

アガニッペー
AGANIPPE
　古代ギリシア・ローマ神話に登場する泉のニンフ*。ヘリコーン山の泉をすみかとした。その水を飲んだ者は霊感を得られたという。
文献102、130参照
⇨　ニンフ

赤帽子
RED CAP
　この精霊*の名前は、二つの異なる文化で使われている。
（１）イングランドの民間伝承で「ブラディー・キャップ*（血染めの帽子）」として知られている悪霊の別名。ブラディー・キャップはスーリス卿と関連している。
（２）オランダの民間伝承に登場する、家事の精*の名前。イングランドのブラウニー*によく似た働き者の妖精*で、夜になると人間の目には見えない姿で暖炉の火をつけ、そこの家族全員を暖める。この妖精は魔力を使っても人間よりもずっと少ない量の薪しか集められないが、薪の蓄えを増やして家族が凍えることがないようにする。その姿は、赤づくめの服を着た、緑色の顔と手を持つドワーフとして描かれる。たいていの家事の精がそうであるように、このオランダの赤帽子も褒美を与えられると気を悪くし、服を贈られると「退散」させられる。
文献66、123
⇨　付録22

アギアオフェーメ
AGIAOPHEME
⇨　セイレーン

アクアク
AKUAKU
　イースター島の民間伝承に登場する超自然存在。食べ物の香りの中に存在すると信じられている。彼らの中には海をこえてやってきたとされるラパハンゴ*もいる。
文献22
⇨　精霊、タタネ、ペリ

アクヴァーン
AKVAN
　古代イランの伝説と神話の中のデーモン*。神話の英雄ロスタムとの有名な戦いで敗れた。
文献30

アクヴィストル
ACHVISTR
⇨　アカヴィセル

アクセキ
AXEKI
　カリフォルニアに住む北アメリカ先住民シャスタ族の信仰と伝説に登場する精霊*。

保護してくれる精霊、つまり守護霊*である。
文献99
⇨　付録21

アクセルローク
AKSELLOAK
　北米のイヌイットに伝わる恵み深い精霊*。荒涼とした土地の、傾いた石やぐらぐらした石に住むと言われている。
文献102

アクティア
AKHTYA
⇨　ドゥルグ

アグナ
AGUNA
⇨　フィゴナ

アグヌア
AGUNUA
⇨　アグナ

アグネン
AGNEN
　アマゾンのトゥピナンバ族の神話に登場する邪悪な守り神*もしくはデーモン*。とくに恐ろしい精霊*で、双子の神話では、一人を呑み込んだが、残りの一人に退治されたとされる。
文献102

悪魔
DEVIL
　悪魔は元来は完全に悪意の精霊*、デーモン*、フィーンド*、悪魔の従者などであった。ヘブライとキリスト教の伝統では、堕天使*として地獄に住まうとされた。悪魔の任務は、

コウモリのような翼、角、尾は、悪魔に共通する特徴である。

誘惑して罪を犯させた人間の魂を責め、主人の待つ地獄へ送り込むことである。任務を果たすためにはどんな姿にもなるが、ふつうは小さな人間の姿をしており、角、毛むくじゃらな身体、尾、二つに割れたひづめを持っている。

ヨーロッパでは、悪魔研究者によって天使*と同様に階級に分類されている。

ビンスフィールドが1589年に分類した悪魔の階級と司る誘惑は次の通りである。

ルシファー*（驕慢）、マモン*（強欲）、アスモデウス*（好色）、サタン*（憤怒）、ベルゼブブ*（暴食）、レヴィヤタン*（嫉妬）、ベルフェゴル*（怠惰）。

セバスティアン・ミカエリス神父は1612年に、天使だったときの地位をもとに悪魔を階級に分け、司る誘惑、敵対する聖人を付記した。

天使の第1階級

熾天使*、ルシファー、驕慢。熾天使、ベルゼブブ*（敵対する聖人は聖フランチェスコ）

熾天使、レヴィヤタン、異端（敵対する聖人は使徒聖ペテロ）

熾天使、アスモデウス、好色（敵対する聖人は洗礼者聖ヨハネ）

智天使*、バルベリス、好戦（敵対する聖人は聖バルナバ）

座天使*の王、アスタロス*、怠惰（敵対する聖人は聖バルトロメオ）

座天使、ヴェリーン*、短気（敵対する聖人は聖ドミニコ）

座天使、グレッシル*、不浄（敵対する聖人は聖ベルナルドゥス）

座天使、ソネリオン*、敵への憎悪（敵対する聖人は聖ステパノ）

天使の第2階級

能天使*の王、カレアン、頑固（敵対する聖人は聖ウィンケンティウス）

能天使の王、カリヴィアン、猥褻（敵対する聖人は福音書記聖ヨハネ）

主天使*の王、オエイレット、清貧の誓いを破らせる（敵対する聖人は聖マルティネス）

主天使、ロキエル、愛欲（敵対する聖人は聖バシリウス）

権天使*の王、ウェリエル、従順の誓いを破らせる（敵対する聖人は聖ベルナルドゥス）

天使の第3階級

力天使*の王、ベリアス、傲慢と華美（敵対する聖人はパオラの聖フランチェスコ）

大天使*の王、オリヴィエ、弱者に対する無慈悲（敵対する聖人は聖ラウレンティウス）

天使の王、ルヴァート（司る誘惑と敵対する聖人の記録はない）

フランシス・バーレットは1801年に、悪魔と司る誘惑を次のように分類した。

マモン*（誘惑者の王）、アスモデウス*（悪の復讐者）、サタン*（魔女など、人を欺く者の王）、ベルゼブブ*（偽神の王）、ピソー（嘘をつく精霊*の王）、ベリアル*（不正の器の王）、メリヒム*（悪疫精霊*の王）、アバドン*（邪悪な戦いの王）、アスタロス*（告発者と審問官の王）

上記のようなリストは、神学者がつくったものが多い。悪魔の人数も、133,306,668人（1459年にデ・スピナが推定）から7,405,926人（ヴァイエルの推定）まで分かれている。悪魔は宗教の分野だけでなく、恐怖、崇拝、娯楽の対象として、芸術、文学、社会文化の発展にも大きな役割を果たしてきた。とくに14世紀以降のヨーロッパでは悪魔の地位が低下し、悪事を働く人間を支配するだけでなく、使い魔*と見なされたり、笑いものにされたりするようにもなった。14世紀のある奇跡劇では、「愛想のよい悪魔、角の生えた悪魔、陰気な悪魔、遊び好きな悪魔、力をなくした悪魔、毛むくじゃらの悪魔、間抜けな悪魔」などが列挙されている。

他の文化における悪魔

旧ソビエト連邦のマリ人（チェレミス人）の民間信仰では、チョルト*、イア*、ケレメト*らの悪魔が毎日の生活の中で大きな影響を及ぼしていると信じられており、そのため複雑な儀式があって、悪魔たちには影響を及

ぼす分野に由来するような名前がついている。より恐れられている悪魔は、クバ*（老女）やクグザ*（老人）と呼ばれている。そしてたいへん恐ろしい悪魔もいれば、家族の友人のように親切な悪魔もいると思われている。

ロシア 1917年以前、ロシア農民の民間伝承では、ベス*やズロイ・デューク*のような悪魔にも、家族など人間のものに似た社会秩序があり、喫煙、飲酒、賭け事を楽しんでいると考えられていた。悪魔の結婚式は十字路で行なわれ、お祭り騒ぎのせいで竜巻や砂嵐が起きた。雪や暴風は、子供の悪魔のおもちゃだった。悪魔は暗い湖、沼、やぶ、廃屋、浴場に住み、地面にあいた穴を通して地獄と行き来した。農民はいつも、悪魔をよける護符を身につけていたが、護符を手放す風呂場でだけは悪魔に襲われる危険があった。悪魔や悪い精霊は、長く暗い冬の季節に活動することが多く、冬場に開かれるパーティに、近所の人のふりをして現われては大混乱を巻き起こした。

韓国 悪魔は、韓国の民間伝承ではとりわけ重要とされ、人びとは暦に記された吉日と凶日を覚えており、万神と呼ばれる巫女が、親切な悪魔をなだめ、トンボプ*のような好ましくない悪魔を家庭から追い払っている。

モロッコ モロッコの民間伝承では、悪魔は絶世の美女に化け、夕暮れから早朝までの間に街路で男に近づく。誘惑されて美女についていった男は、やがて美女の姿をはっきりと見て、二つの目が縦に並んでおり、山羊の足をもっていることに気づき、恐ろしい結末を迎える。

　他の悪い精霊とともに、ある種の悪魔は、ほとんどの宗教や社会集団で強く信じられており、悪魔の仕業は人間の行動と関係づけられた形で、文学や文化伝統の中で表現されている。

文献53、56、59、75、88、91、92、107、113、114、133
⇨　ジン、デーウ、付録3

悪魔の猟犬群
DEVIL'S DANDY DOGS

　幽霊狩猟*がイングランド、コーンウォール州の民間伝承の中で変化したもの。悪魔の狩人とその猟犬は、ぎらぎら光る目をして炎の息を吐く黒い姿に描かれている。呪われた者と洗礼を受けていない者の魂を追いかけ、大嵐の夜に魂を地獄へ運ぶ。夜明け、鶏の鳴き声に助けられるか、祈りの言葉を口にしなければ、犠牲者は地獄に落ちる。

文献15、17、18、66、87
⇨　ガブリエル・ハウンド、クーン・アンヌヴン、ダンドーと猟犬群、デーモン

アグライアー
AGLAIA
⇨　グラティア

アグリー・アワー
UGLY HOUR, THE

　精霊*らしからぬ呼称であるが、これは現代ギリシアの民間伝承に登場する悪霊の一種である。アグリー・アワーはサントリーニ島（ティラ島）における呼称で、ギリシア本島におけるバッド・アワー*に相当する。

文献12

アグルーリック
AGLOOLIK

　北米、イヌイット神話の守護霊*。氷山の下に住んでいる。とくにアザラシとその子供を守る守護霊で、狩人には家族を養うにじゅうぶんな獲物を与えるが、その一方でアザラシも生き残れるよう保護している。

文献29、38、119
⇨　指導霊、精霊、ゾア、ナグワル、フィルギヤ、付録18、付録21

アグン・クグザ
AGUN KUGUZA

　旧ソビエト連邦のマリ人（チェレミス人）が信仰する精霊*。アグン・クグザとは「乾燥室の老人」の意。通常は目に見えないが、

収穫した穀物の乾燥用・貯蔵用建物に住む。うまく機嫌をとらないと、収穫物がめちゃめちゃにされる。アグン・クグザがまちがいなく農場の人たちに好感をもってくれるよう、毎年秋になると小動物が生贄に捧げられる。

文献118
⇨　クグザ、付録22

アケファリ
ACEPHALI
⇨　アケファロス

アケファレ
AKEPHALE
⇨　アケファロス

アケファロス
ACEPHALOS
　古代ギリシアの神話に登場する超自然存在。アケファリ*、アケファレ*とも呼ばれる。エジプト、ギリシア、中世ヨーロッパの宗教や民間伝承で、恐ろしい精霊*とされる。首のない人間の姿をしたデーモン*で、出会った人を恐怖とパニックにおとしいれる。現代ギリシアの民間伝承では、フォノス（ギリシア語で死を意味する）と呼ばれる精霊が同じ身体的特徴と、恐怖を喚起する能力を有している。

文献39、40
⇨　コラン・グン・キアン

アコサ＝サパタ
AKOSA-SAPATA
　アフリカ系ブラジル人のカルトであるバトゥーキの精霊*、またはエンカンタード*。この精霊はダーもしくはダンビエラの精霊の一族に属する。

文献89
⇨　アコッシ＝サパタ

アコッシ＝サパタ
AKOSSI-SAPATA
　アフリカ系ブラジル人のカルト、バトゥーキにおける危険な病気の精霊*でエンカンタード*。ひょっとしたらサン・ルイーズのカサス・ダス・ミナスのカルトにおける同じ名前の精霊を借用したものかもしれない。この名は西アフリカ、ダオメーの神に由来する。アコッシ＝サパタは2月11日を祝祭日とする聖ラザロに関係がある。年に一度この日にだけ、霊媒によって迎え入れられるからだ。アコッシ＝サパタは適切なもてなしを受けないとすぐに腹をたて、霊媒をもっともひどい皮膚病にかからせる。（アコサ＝サパタ*とは別の精霊）

文献89
⇨　付録17

アコ＝マノ
AKO-MANO
　古代ペルシア神話のデーモン*あるいは悪魔*。もっとも邪悪なアフリマンに服従し、恵み深い精霊*ウォフ・マナフ*に敵対している。

文献102

アサ
ASA
⇨　アサ・ワヒシュタ

アザエル
AZAEL
⇨　アサセル

アサグ
ASAG
　古代シュメールとメソポタミアの神話および信仰における、病気をもたらすデーモン*。アサック*とも呼ばれる。病気を広め、さらに土地を汚染し、井戸を干上がらせると考えられている。

文献93、119
⇨　付録17

アザジル
AZAZIEL
熾天使*の名前。その物語はバイロンの『天と地』に詳しい。アザジルはカインの孫娘で信心深い乙女アナと恋に落ちた。地上の悪を滅ぼすために大洪水がおこされたとき、アザジルは彼女を自分の翼の下に抱え、別の惑星に運ぶことによって地上の洪水から彼女を救った。

文献40参照
⇨　天使

アサセル
ASASEL
アザゼル*、アザジル*、アザエル*という名でも知られている。ユダヤ教、キリスト教、イスラム教の聖典に登場する精霊*。エノク書には、反逆天使の指導者で天国から追放された堕天使だと記されている。ヘブライの伝承に登場するアサセルは荒野のデーモン*で、贖罪の日（ヨム・キップル）に贖罪のヤギを受け取る役目を負っている。

イスラム伝承のアサセルもしくはアザジルは悪魔*だが、最初の人間アダムを認めるのを拒否して同様に天国から追放された、ジン*の子イブリス*と同一視されることもある。アサセルはシャムヤザ*とともに、武器を作って戦い、化粧という仮面によってあざむくなどの方法を教えたと信じられている。

文献93
⇨　イブリス、堕天使

アザゼル
AZAZEL
⇨　アサセル

アサック
ASAKKU
⇨　アサグ

アザラシ乙女
SEAL MAIDENS
⇨　ローン

アサ・ワヒシュタ
ASA VAHISTA
イランのゾロアスター教におけるアムシャ・スプンタ*の一人で、アフラ・マズダの従者。この精霊*はアサ*、アシャ*、アシャ・ワヒシュタ*という名でも知られており、この名は「正義」を意味する。火と太陽の守護と関連づけられている。

文献41
⇨　従者の精霊、大天使、守り神

アシア
ASIA
オーケアノス*のニンフ*の一人。プロメテウスの母として、古代ギリシア・ローマ神話にさまざまな形で描かれている。英文学ではエイシャと呼ばれ、プロメテウスの妻とされている。

文献114
⇨　付録11

アジザ
AZIZA
自然の精霊*で、西アフリカ、ダオメーに伝わる小さな精霊たち*。アジザン*とも呼ばれる。深い森の中に住む。こういった小さな精霊たちと森に入ってきた狩人との関わりあいから、超自然な力についての知識がダオメーの人々にもたらされた。人間はこういった精霊が好意的な態度をとってくれるよう、彼らの機嫌をとるのである。

文献48、87
⇨　イジメレ、バクル、ブックメリア、付録19

アジザン
AZIZAN
⇨　アジザ

アジダハーカ
AZIDAHAKA, AZI DAHAKA
ペルシア、ゾロアスター教の創世神話に登場する強い力を持つデーモン*。アジ・ダ

ハーカ、アズヒ・ダハーカ*とも呼ばれる。三つの頭、六つの眼、三対の牙を持つ蛇の姿で描かれる。アジダハーカは最初の人間イマの打倒をたくらんだ。その企てには成功したものの、かわりに英雄スラエータオナによって力を奪われ、デマーヴァンド山のふもとに鎖でつながれた。
文献41、102
⇨　ドゥルグ

アシャ
ASHA
⇨　アサ・ワヒシュタ

アシャック
ASHAKKU
　古代バビロニア神話の病気をもたらすデーモン*。結核を蔓延させると考えられている。
⇨　付録17

アシャ・ワヒシュタ
ASHA VAHISHTA
⇨　アサ・ワヒシュタ

アシュマダイ
ASHMADAI
⇨　アシュメダイ

アシュメダイ
ASHMEDAI
　ヘブライ神話に登場するデーモン*の王。アスモダイ、アシュマダイ*ともいう。天国にふさわしくないと拒否された魂がいくつあるかを調べるためだけに毎日天にやってくる。そうすればその魂を地獄に連れ帰れるからだ。このデーモンは数多くの伝説や民話に取り上げられている。ソロモン王の時代、アシュメダイは、触れただけで岩を割ることのできるシャミール（超自然的な虫）の居場所を知っていると考えられていた。王はそれを捕まえて神殿の建設に役立てようと、腹心の部下ベナイヤを遣わした。強大なデーモンを服従させる方法を知りたがったソロモンは、アシュメダイがその力を発揮できるよう、指輪を彼に返した。こうしてソロモンが別の魔法の指輪の助けを借りて王国を取り戻すまで、しばらくの間王座はアシュメダイに奪われた。
文献87

アシュラパ
ASHRAPA
⇨　ダーキニー

アス
AS
⇨　チェムブラト

アズ
AZ
　（１）東ヨーロッパで信じられている女性のデーモン*。過度の性的欲望をもたらす精霊*で、倦怠感を吹き込み、知力を崩壊させる。
　（２）古代ペルシアの宗教であるマニ教の、非常に強い力を持つ女性の悪魔も同じ名を持つ。
文献33

アス＝イガ
AS-IGA
　シベリア、オビ川流域に住むフィン＝ウゴール語族のオスチャーク族に伝わる好意的な水の精霊*。「オビ川の老人」を意味し、川の生き物の守護霊*および、川を頼りに生きる者たちの保護者である。
文献102
⇨　ヴ＝クティス、ヴ＝ヌナ、クル、チャッツェ・オルマイ、トンクス、付録21、付録25

アスカフロア
ASKAFROA
　北欧とゲルマンに伝わるこの精霊*はトネリコの木の妻で、トネリコの木の守護霊*である。エシェンフラウ*という名でも知られる。彼女はとくに意地悪だとみなされた。（灰の水曜日にアスカフロアへの宥和の捧げ

物が行なわれたという言い伝えもあるが、このキリスト教の祝日はトネリコの木とは無関係で、むしろ火を燃やした際の灰と関係がある。二つの ash［トネリコと灰］が混同されたように思われる）

文献110
⇨　付録19

アスタロス
ASTAROTH
　中世ヨーロッパの悪魔学では、もっとも強大な力と高い位を持つ地獄のデーモン*。

文献53

アスタロッテ
ASTAROTTE
　ルイージ・プルチの文学作品『モルガンテ(Morgante Maggiore)』（1481年）に登場するデーモン*もしくはフィーンド*。作中、アスタロッテは超自然的な方法で英雄リナルドをロンセスバリェスの戦いに運ぶ。英雄と旅をしながら、アスタロッテはグロテスクな神学談義に彼を引き込む。

文献114
⇨　アスモデ

アステロペー
ASTEROPEA
⇨　プレイアデス

アストー・ヴィダートゥ
ASTŌ VIDĀTU
　元来ペルシア神話のデーモン*で、最高に邪悪なものの長だった。彼の名を訳すと、「肉体を崩壊させるもの」といった意味になる。地獄に落ちる予定の者を破滅させる任務を負っている。彼はのちに死の神としてあがめられた。

文献93

アスパラス
ASPARAS
⇨　アプサラス

アズヒ・ダハーカ
AZHI DAHAKA
⇨　アジダハーカ

アース・ピープル
EAETH PEOPLE
⇨　ホンガ

アスブリド・ドルーグ
YSBRYD DRWG
　ウェールズの民間伝承に登場する悪霊。その名はウェールズ語で一種の悪魔*を意味する。

文献59
⇨　キトラウル、精霊

アスマン（1）
ASMAN
　イラン、ゾロアスター教の精霊*。「天」の意。フシャスラ*として知られるアムシャ・スプンタ*の従者。

文献41
⇨　従者の精霊

アスマン（2）
ASUMAN
　東アフリカ、アシャンティ族の民間伝承で、自然の精霊*を指す一般的な言葉。

文献57
⇨　付録18

アスモダイオス
ASMODAIOS
⇨　アスモデ

アスモデ
ASMODEE
　フランスの文学作品に登場する、茶目っ気のあるユーモアセンスを備えた悪魔*。アスモデウス*の名でも知られる。アラン＝ルネ・ルサージュはその作品『跛行の悪魔(Le Diable boiteux)』（1707年）で、アスモデを足の不自由な悪魔と描写している。作中、ア

アラン=ルネ・ルサージュ『跛行の悪魔』(1707年)の扉絵。

スモデはドン・クレオファスとともに夜間、マドリードへ旅する。悪魔に同行しながら、ドンは哲学的な事柄について彼と話し合う。聖サルヴァドル教会の尖塔の見晴らしのきく場所から、人間の邪悪さと不誠実さをドンに見せることによって、アスモデは自説を主張する。そのために悪魔は超自然的な力で家々の屋根を持ち上げ、家庭内の秘密を暴露した。
文献114
⇨ **アスタロッテ**

アスモデウス
ASMODEUS
　とくに邪悪なデーモン*、ならびに大きな力を持つフィーンド*。その名はゾロアスター教の復讐のデーモンであるアエーシュマ*、あるいはアエーシュマ・ダエーヴァに由来するかもしれない。アッシリアのパズズ*やキリスト教の堕天使*、サマエル*と同一視されることもある。ヘブライのラビの文献によればアスモデウスはシュデームの長であり、トビト書にはトバルカインの妹ナアマの息子

と言う記述がある。アスモデウスは夫婦を焚きつけて嫉妬心や不和をおこさせるデーモンである。また、アスモダイオス*やアスモデ*という名でも知られている。

　アスモデウスの物語はトビト書に語られており、「トビアと天使」というタイトルのもと、文学や美術の題材に非常によくとりあげられている。ラグエルの娘サラは望まぬ好意をアスモデウスから寄せられ苦しんでいた。彼女は結婚しようとするたび七回も、新婚初夜に花婿を殺されていたのだ。大天使*ラファエル*の介入によって、アスモデウスは魔力を使えなくなった。ラファエルがトビアに成功するための方法（魚の心臓と肝臓を燃やす）を教えたからである。トビアはサラと結婚し、一方のアスモデウスはエジプトに退散し、そこでラファエルに縛りあげられた。
文献39、40、41、53、87、93、114

アスラ（1）
ASƏRA

　旧ソビエト連邦のマリ人（チェレミス人）に伝わるデーモン*。馬が疝痛をおこすのはこのデーモンのせいだと考えられている。アスラという名は、邪悪な精霊*を指すタタール語に由来する。
文献118
⇨　**付録17**

アスラ（2）
ASURA

　古代ペルシア神話に登場するアフラは情け深い精霊*で、邪悪なダエーワ（デーウ*）を敵とした。インドにも、ヒンドゥー教の伝承に取って代わられるまでは、アスラについてと同様の概念（『リグ・ヴェーダ』でアスラは神を意味する）があった。しかしヒンドゥーの伝承では逆転がおこり、アスラはデーモン*の地位に格下げされ、デーヴァ*が神の地位に昇進した。アスラにはラークシャサ*、ヴリトラ*、ピシャーチャ*、ダイティヤ*などが含まれ、また超自然とは見なされない者も含まれる。アスラは贅沢な趣味、超自然な技、貪欲さ、そして死者を復活させる力を持つと考えられている。常にデーヴァと戦っているものの、必ずしも負けるとは限らず、実際、彼らがデーヴァの手助けをする物語もいくつかある。原初の乳海撹拌の時に、アスラは不老不死の飲料を盗んだ。ヴィシュヌは美しく官能的な乙女に化け、その変装で好色なアスラを虜にして、貴重な飲料を奪還し、デーヴァの手に取り戻すことができた。
文献29、39、53、56、92、93、111、119

アズライル
AZRA'IL
⇨　**アズラエル**

アズラエル
AZRAEL

　ユダヤ教・キリスト教の文書に登場する大天使*。コーランでは天使*の長にあたる。死の天使で、アズライルまたはイズラーイール*という名でも知られている。アズラエルはごく初期のユダヤ神話で言及されており、恐ろしい外観で、その脚は世界の果てまで届き、その頭は天上までそびえたつとされている。彼のおびただしい数の眼はすべて見えているが、人が一人死ぬと目が一つ閉じると言われる。最終的には「神の座」を象徴する四つの眼だけが開いたままとなり、アズラエルは最後の審判の日に息を引き取る最後の一人となる。アズラエルは死にかけた人間一人一人から魂を集める役割を負っている。忠実な信者の魂は白絹の布に、地獄に落ちる者の魂はボロ布に包む。彼は毎日死ぬ人間の名簿をもらっているため、肉体から離れようとする魂がどこにあるのか知っている。チュニジアの伝説では、人間は元来ほとんど不死で、何世紀も生き続けていたと語られている。ある時、500年経って生き続けるのに疲れた女が命を終わらせて欲しいと懇願した。そこでアラーはアズラエルに、今後は定められた70歳の者になった魂を集めるよう指示したという。
文献33、40、41、56、87、114
⇨　**アズレン**

アスラクマーラ
ASURAKUMARA
ジャイナ教における冥界の強力なデーモン*。悪魔*の高い階級に属し、赤い衣服をまとった黒い肌の姿で描かれる。暴風雨や雷を引き起こすと考えられている。
文献93
⇨　付録26

アスラシ
ATHLASHI
⇨　コイェムシ

アズラフィル
AZRAFIL
⇨　イスラーフィール

アスレイ
ASRAI
イングランドのチェシアやシュロップシア地方にすむ水の精霊*もしくは妖精*。人間の姿で現われるが、とても小さい。その地方の伝説によれば、漁師がアスレイを捕まえた。アスレイがひどく取り乱して泣き叫んだにもかかわらず、彼は岸まで連れて行くことに決めた。彼はアスレイを縛り上げ、船底の水草の下に押し込めた。岸に着くと、妖精*の叫び声は弱々しくなり、少しずつ消えていった。あとに残ったのは、水草の下のわずかな水たまりと漁師の手のみみずばれだった。それは漁師がアスレイを縛ろうとして、冷たい濡れた皮膚に触れてしまった部分だった。この傷跡は一生消えることがなかった。
文献17
⇨　付録25

アズレン
AZREN
旧ソビエト連邦のマリ人（チェレミス人）に伝わる精霊*。死の天使*、ケレメト*あるいは悪魔*の助手、あるいはケレメトそのもの、とさまざまに形容される。アズレンはアズレン・クバ*（アズレンの老女）、アズレン・クグザ*（アズレンの老人）と呼ばれる人間の男女の姿で現われることがある。しかし、頭が天井に届くほど背が高い、やせっぽちのタタール人の姿をしていると言われることのほうが多い。彼は夢に現われて人間の死を予告する。夢の中以外で彼を見ることができるのは瀕死の人間だけである。いつもなんらかの武器、つまりナイフやのみや大鎌などを携えている。それを使って獲物を始末する。夢の中でその道具が鋭利であればあるほど、早急な死が予言されていることになる。なまくらであるほど、あるいは最初の一撃がくだされるのが頭から遠いほど、その人は死ぬまで長い苦しみに耐えねばならないことになる。子供たちを殺す際には、二枚の木の板にはさんで押しつぶすという。この精霊は鶏の生贄によって鎮められる。
文献118
⇨　アズラエル、クグ・イェン、チェムブラト

アズレン・クグザ
AZREN KUGUZA
⇨　アズレン

アズレン・クバ
AZREN KUBA
⇨　アズレン

アタクサク
ATAKSAK
アンガコック（シャーマン）によって呼び出されるイヌイット神話の好意的な精霊*。輝くひもで飾られた服をまとう球状の生き物として描かれる。幸福の化身である。
文献102
⇨　アウラネルク

アダマストル
ADAMASTOR
どうやら歴史に姿を現わしたのはただ一度だけというユニークな精霊*。アダマストルは「喜望峰の精霊」あるいは「嵐の岬の精

霊」と呼ばれる。有名なポルトガルの詩人ルイス・ド・カモンイス（1524～1580年）が詳述した記録によれば、アダマストルはヴァスコ・ダ・ガマが喜望峰をまわるのに先立って現われた恐ろしい精霊で、インドへの航海を企てるすべての者たちに災厄を予言したという。

文献40、114

アタマン
ATAMAN
ロシアの民間伝承に登場する自然の精霊*。森の精霊の長である。

文献75
⇨　付録19

アダロ
ADARO
メラネシアとポリネシアの神話に登場する海の精霊*。

文献102

アダンク
ADDANC
ウェールズのヒリォン湖に住む水の精霊*、もしくはドワーフ*。語り手の暮らす地域と精霊の活動によってアバック*、アーヴァンク*、アヴァンク*など、さまざまな名前で呼ばれている。このドワーフあるいはデーモン*は、湖の水を周辺地域にあふれさせて恐ろしい洪水を引き起こすと考えられていた。最後には自分のすみかからヒュー・ガダルンの牡牛によって引きずり出され、ペレドゥールに殺されたという。

文献41
⇨　付録25

アーチェ
AATXE
フランス南西部・スペイン北西部に住むバスク人の民間伝承に登場する、邪悪な精霊*もしくは悪魔*。「若い牡牛」という意味で、エツァイ*とも呼ばれる。変身でき、牡牛の姿で現われる場合が多いが、人間に化けることもある。山の洞窟に住み、嵐の夜にだけ出てきて大惨事をもたらし破壊を引き起こす。

文献93

アチェーリ
ACHERI
インドに伝わる女性の精霊*で、病気をもたらす。山頂に住んでいるが、夜ごと下の谷での宴会に参加する。赤いものを身に着けた人を誰でも尊敬するため、子供たちはアチェーリから身を守るために赤いネックレスを与えられる。子供が病気になると、この精霊がそばを通ったのだと言われ、病気は「アチェーリの影」と呼ばれる。

文献87
⇨　付録22

アチャチラス
ACHACHILAS
ボリビアのアイマラ族が信仰する自然の精霊*、あるいはデーモン*の集団。アカキラ*とも呼ばれ、老人のような風貌で山中の地下に住むと言われる。天候一般を支配し、その時点で人間に抱いている好意の度合いによって、その地域に霜や雹や雨を降らす。

文献87、88、119
⇨　メカラ

あちらさん
STRANGERS, THE
イングランド、リンカンシャーの沼沢地帯で妖精*たちを婉曲的に呼ぶ時の呼称。群れをなす妖精たちだが、森林地に住む繊細な妖精というよりも、むしろピクシー*やブラウニー*に近かった。彼らはフェンズと呼ばれる沼沢地帯のアシが生い茂る河床や気味の悪い湿地に住んでいた。あちらさんは供え物をされてなだめられることを要求し、それを怠ったり彼らの機嫌を損ねたりした者はみな報復された。

文献18
⇨　精霊、付録6

アーチン
URCHIN

　アーチンまたはハージョン（古フランス語 herichon が語源）は、イングランドの民間伝承に登場するハリネズミの方言的別称。ある種のインプ*、スプライト*、ピクシー*は、ハリネズミの姿で現われると一般に信じられていた。そのため彼らは16～17世紀にはアーチンあるいはハージョンとも呼ばれ、シェイクスピアやジョンソンの作品にも登場している。しかしその後アーチンという呼称は妖精*には使われなくなった。

文献17、18、107
⇨　精霊、付録12

アッシュ・ボーイズ
ASH BOYS

　北アメリカ先住民ズニ族の信仰と伝説に登場する精霊*。神話では火と関係が深い。

文献88
⇨　アッシュ・マン、グランドマザー・ファイア

アッシュ・マン
ASHES MAN

　北アメリカ先住民ズニ族の信仰と伝説に登場する精霊*。神話では火に関係ある精霊の一つである。

文献88
⇨　アッシュ・ボーイズ、グランドマザー・ファイア

アッハ・イーシュカ
EACH UISGE, EAĊ UISGE

　スコットランドのゲール語で「水馬」という意味。スコットランド高地方の民間伝承に登場する、恐ろしい水の精霊*。海水と湖にしか現われないところが、清水の流れにも出現するケルピー*とは違う。アッハ・イーシュカは変身でき、髪に海草をつけた若い美男子や、ブーブリーという鳥の姿になることもある。だが、ふつうは美しい馬の姿をして、湖のほとりで跳ねている。愚か者がアッハ・イーシュカに乗れば、この馬はすぐさま湖に向かって走り出すが、乗り手は馬の背から降りることができない。アッハ・イーシュカは水底の隠れ家にもぐって獲物をむさぼり食い、あとには湖面に浮かぶ肝臓だけが残される。

文献17、18、87、99
⇨　カーヴァル・ウシュタ、ニューグル、ネッケン、ブト・イムヌ、ベカヘスト、付録12、付録25

アッハーズ
AKHKHAZZU

　古代バビロニア神話の中の病気の精霊*。とくに人間が黄疸にかかる原因となる。

文献31
⇨　付録17

アトゥア
ATUA

　ニュージーランド、マオリ族の信仰や伝説では、目に見えない超自然存在を指してこう呼ぶ。こういったアトゥアにはそれぞれ特定の影響範囲があり、人間に敵意を持っている場合が非常に多い。彼らの物質的な姿での出現であるアリア*を、人間はどうあっても避けようとする。アトゥアに悩まされず、結果的に起こる災いを防ぐためである。次にアトゥアの名前とその活動をいくつか挙げておく。コロキオエウェ*は妊婦を襲い、出産時にトラブルを引き起こす。モコティティ*は肺や胸の具合を悪くする。タタリキ*はかかとやつまさきを腫れあがらせる。テ・マカウェ*は人々を熱い池や間欠泉でやけどさせる。ティティハイ*は足に痛みをもたらし、トンガ*は頭痛や吐き気をもおさせる。

文献63
⇨　付録17

アド＝ヘネ
AD-HENE

　「彼ら自身」という意味のマン島ゲール語で、マン島（イギリス）の妖精*を呼ぶのに使われる婉曲的な呼び方。昔から小さな精霊

たち*の機嫌を損ねないようにするのが賢明と考えられた。妖精は直接呼びかけられたり、間違った名前で呼ばれたりすると機嫌を損ねる可能性があり、侮辱されると人間に敵意をみせることもあった。
文献81
⇨ 付録6

アドラステイア
ADRASTEA
　古代クレタのニンフ*で、ディクテーの洞窟に住む。ローマ神話では、最高神ユピテルが赤ん坊のときこのニンフが乳を与えたとされる。
文献41
⇨ アマルテイア、付録22

アドラメレク
ADRAMELECH
　古代バビロニアの精霊*。子供が生贄として捧げられた。のちのヨーロッパの書物では堕天使*の一人とされ、中世ヨーロッパの悪魔学では地獄の序列の中でも最高位の一人とされている。17世紀の英文学作品、ミルトンの『失楽園』では、ウリエル*とラファエル*によって打ち負かされている。
文献40、53、114
⇨ 付録22

アトランティデス
ATLANTIDES
　古代ギリシア神話に登場するニンフ*の一群で、ヒュアデス*の姉妹たちである。ヘスペリデス*としても知られ、その出自については別の伝説もある。アトランティデスはアトラースとプレーイオネーの七人の娘で、プレアデス星団として知られる牡牛座の星になった。
文献129

アトロポス
ATROPOS
　古代ギリシア・ローマ神話に登場する運命の三女神*の一人。人の命の糸を切るはさみを持った姿で描かれる。
文献41

アナ
ANA
　ロマ（ジプシー）の伝承に登場する妖精*の女王。ロマ語ではケシャリイ*として知られている。アナは妖精物語の王女の具現として描かれ、純真で美しく、すばらしい山の城に住んでいる。しかしそれもデーモン*の王と宿命的な関係を結ぶまでのことだった。それによって彼女もまたデーモンになることを運命づけられる。彼女の名前はケルトの女神ダヌ（アヌ）から派生したものかもしれない。ダヌからアイルランドのデ・ダナーン神族*伝説は始まっている。ケルト語でのアナ(ana)は「豊富」という意味である。一方、ロマ語の起源であるサンスクリット語では、アンナ(anna)は「食物」あるいは「栄養」を意味する。これもまた、注目すべき類似点である。
文献31
⇨ メラロ、ロソリコ

アナシ
ANASI
⇨ アナンシ

アナティヴァ
ANATIVA
　邪悪な超自然精霊。ブラジル東部に住むコラヤ族の伝承では、彼らの祖先が創造される以前、この精霊*が洪水を引き起こしたとされている。
文献41

アナメレク
ANAMELECH
　中世ヨーロッパの悪魔学における邪悪なデーモン*。人間に不幸なメッセージを届け、悩ませることを務めとする。
文献53

アナンシ
ANANSI

　西アフリカ、西インド諸島、南アメリカ、アメリカ南部に伝わるいたずら好きのトリックスター*。変身できる精霊*の典型で、狡猾で悪ふざけの好きな超自然精霊として、他の動物の精霊やときには人間を騙す。教訓話に多く登場する。西アフリカの民間伝承によれば、もともとは人間だったが、神に姿を変えられ、精霊の伝令として使われたのだという。

　この超自然的な蜘蛛は、西アフリカのハウサ族やアカン族の間ではそれぞれギゾー*、クワク・アナンセ*と異なる名前で呼ばれる。一方アメリカ大陸での名前は、ミスター・スパイダー、ハイチのティ・マリス*、クラサオのナンシ*から、アメリカ合衆国のサウスカロライナの一部で使われている女性形のナンシーおばさん*やミス・ナンシーまでさまざまである。このいたずら者の本来の名前はジャマイカやスリナムの物語に残っている。

　最も有名なのはアナンシが超自然的な手管を使って別の生きものをだまそうとする物語だが、いつも成功するとは限らないし、ときには自分がだまそうとした獲物のかわりに犠牲になることもある。ある地域に特有な物語もあるが、蜘蛛*の物語が残っている場所では、「タール人形」のように別の名前で語られる場合もある。蜘蛛以外の動物が主人公とされたり、別のものによって捕らえられるという形も伝えられている。アシャンティ族やヨルバ族では、この物語は「いつも食べ物でいっぱいの鉢」として知られており、スリナムでは「アナンシとゴム人形」として、アンゴラでは「野ウサギとゴム人形」として、南アフリカのコイサン族の伝承では「ジャッカルとゴム人形」として知られている。物語は基本的に同じだが、登場人物が異なる場合もある。西アフリカのアナンシがバントゥー族では野ウサギとカメ、バハマ諸島ではウサどん、アメリカ南部ではウサギどんとなっている。こうしてオリジナルの物語がシエラレオネでは「カメがヒョウに乗る話」に、スリナムでは「アナンシがトラに乗る話」に、アメリカ南部では「ウサギどんがキツネどん、あるいはオオカミどんに乗る話」になる。

　オリジナルの物語の中で最も楽しいものの一つは、山火事に遭遇したアナンシが蜘蛛に変身して、おびえたアンテロープの耳に飛び込む話である。彼はどの道を逃げるべきかをアンテロープに教え、彼らはともに逃げおおせた。蜘蛛は、彼女に恩返しを約束した。その後しばらくして狩人にでくわしたアンテロープは、狩人を子供から引き離そうと死に物狂いになって走ったが、徒労に終わった。彼女は疲れきってもどったが、子供は見つからず、殺されたと思い込んだ。しかし、アナンシが子供を巨大な蜘蛛の巣の中に隠してくれたので、無事だった。

文献33、56、87、119
⇨　エシュ、コヨーテ、バシャジャウン、バマパマ、ブルー・ジェイ、マナボゾ、ミンク

アナンタ・シェーシャ
ANANTA-SHESHA
⇨　ナーガ

アニツトサ
ANITSUTSA
　北アメリカ先住民チェロキー族の神話では、プレイアデス*の乙女たちをこう呼んでいる。
文献25
⇨　ニンフ

アニト
ANITO
　フィリピン諸島における超自然精霊を指す一般的な語。すべての領域にわたる善悪両方の精霊*が含まれる。
文献87

アニャンガ
ANHANGA
　（1）ブラジル、トゥピ族の信仰する古い森の精霊*あるいは植物の精霊。森とそこに住む動物たちの守護霊*である。
　（2）現代ブラジル社会に住むインディオ

のカボクロの人々が、アマゾン流域のシャーマニズム的信仰から受け継いでいる森のデーモン*もこう呼ばれている。ロシアの森のレーシィ*同様、なわばりに迷い込んだ狩人や旅人をだまし、間違った方向に導き、誘い込んで、悲惨な目や不快な目にあわせる。

文献87
⇨ 付録18、付録19

アニラン
ANIRAN
イランのゾロアスター教における低位の精霊*。アムシャ・スプンタ*の一員であるフシャスラ*の従者。

文献41
⇨ 従者の精霊

アヌンナキ
ANUNNAKI
古代バビロニア神話で、地平線下の星々を象徴する精霊*。そのため人間の目には見えない。

文献87
⇨ イギギ

アーネ
AINE, AINÉ
アイルランドのデ・ダナーン神族*の妖精*。シー*の女性で、フィンヴァラ*、ウーナ*、クリオズナ*に忠誠を負う南マンスターの妖精の女王。アーネの素性については有力な説が二つある。（1）彼女と妹のフィネンはデ・ダナーン神族の王オガバルの娘だった、という説と、（2）マンナンの養子であるマンスターのオウェルの娘で、マンスターのシーの女性として、アーネは自分を犯したマンスターの王を魔法で殺した、という説である。彼女の出自がどちらであれ、グル湖の岸辺で髪を梳いているところをデズモンド伯ジェラルドに見られたという、その後の伝説が残っている。ひとめで恋に落ちたジェラルドはアーネの魔法のマントを盗み、自分と結婚するよう説得した。こういった超自然な結婚のご多分にもれず、その契約にはある条件が課せられた。彼がけっして驚きを表わさない、という約束である。この結婚によって生まれた子供が第四代デズモンド伯、ジェラルド・フィッツジェラルドである（現在の一族は、自分たちをこの人物の末裔と称している）。ジェラルドの子供時代の異様なふるまいは父親を驚かせ、その結果、彼は約束を破ることになった。アーネとその息子は湖の水に帰還を促され、妖精一族のもとにもどった。グル湖の近くにあるアーネの丘は、彼女にちなんで名づけられたものである。彼女の息子は湖の深みに妖精の宮殿を持ち、そこから七年に一度、白馬に乗って現われたと言われている。

文献17、87

アバ
ABA
⇨ チェムブラト

アハスペンド
AHASPENDS
⇨ アムシャ・スプンタ

アバック
ABAC, ABHAC
⇨ アダンク

アバドン
ABADDAN, ABBADON
キリスト教の聖書や文献では、奈落の天使*とされるデーモン*もしくは悪魔*。黙示録では地獄の天使、イナゴの災厄の王とも呼ばれる。ギリシアでは「破壊者」を意味するアポルオン*として知られている。アバドンはヘブライ語で「破滅」あるいは「崩壊」を意味し、もっとも破壊的な堕天使*の一人である。ミルトンの『失楽園』をはじめとする書物や文献では、サタン*ほどひどくない害悪を典型的に表わすのにその姿が使われている。

文献23、40、92、93、107、114

アパラージタ
APARĀJITA

古代インドの伝承に登場するデーモン*の長。アパラージタとは「不敗の者」という意味だが、ブータダーマラに敗れた。彼はデーモンを踏みつけて潰したのである（アパラージタはそれ以来、仏教の勇猛な神の一人、クローダデーヴァタたちの一員という高位に昇格した）。

文献93

アバルバレエー
ABARBAREA

古代ギリシア・ローマ神話のニンフ*。ホメロスの『イリアス』（6.22）にブーコリオーンの妻、アイセーポスとペーダソスの母として登場している。

文献130参照
⇨ ニンフ

アヒ・アト＝トラブ
AHI AT-TRAB

イスラム教徒のトゥレグ族に伝わるいたずら好きな精霊*で、サハラ砂漠の砂の下に住む。めったに姿を見せないが、砂嵐の最中には旋回する砂の柱となって現われることがある。アヒ・アト＝トラブは遊牧民にあらゆる種類の厄介ごとを引き起こす。到着したとたんオアシスや泉の水を干上がらせたり、変化する砂丘でらくだが脚をすべらせるよう仕向けたりする。

文献87
⇨ ジン

アビク
ABIKU

西アフリカのダオメーとヨルバ族に伝わる森の邪悪な精霊*。赤ん坊や幼い子供にとりついて、死ぬまでその精気をしぼりとる。この精霊は子供が幼いときに外から入りこむこともあれば、造物主マウの許しをえて、その家の赤ん坊にとりついて生まれてくることもある。ひとたび子供にとりつくと、たまない空腹とのどの渇きがアビクを襲う。彼らは子供の食べ物をすべて貪り食い、宿主のいない他のアビクに分け前を与えることも多い。宿主である子供は苦しみ、両親がいくら努力して食物を与えようとしても横取りされて、ついには病気になり死ぬ。その後アビクは別の宿主を探す。

両親はさまざまな方法で子供たちを守る。子供たちをアビクの嫌う鈴で飾ることもあれば、ヴォドゥ（神）に子供を捧げる、小さな傷をつけて胡椒をすりこみ邪悪な精霊を追い出す、精霊が子供に気づいて欲しがらないよう子供の容姿を傷つけて精霊を森に帰す、などといった方法がとられる。ときには最初からアビクにとりつかれないように、幼児を鈴のついた鉄のアンクレットやブレスレットで拘束することもある。

文献87、100
⇨ アルプ・ルーフラ、お相伴妖精、付録19、付録22

アビゴル
ABIGOR

中世ヨーロッパの神秘主義や悪魔信仰に重要な役割を果たしたフィーンド*あるいは悪魔*。地獄で大きな勢力を誇る高位のデーモン*と考えられた。

文献53

アヒファトゥモアナ
AHIFATUMOANA
⇨ パフアヌイアピタアアイテライ

アビー・ラバー
ABBEY LUBBER

「修道院のでくのぼう」の意。イングランドの民間伝承の小悪魔で、食料室の精*としても知られる。15世紀以降華美と贅沢に溺れるようになっていた修道院をすみかにした。アビー・ラバーのねらいは、敬虔な生活を送る修道士や平修士を誘惑して酒びたり、大食など不摂生な生活に陥らせ、彼らの魂が地獄に落ちるようしむけることだった。

文献17
▷ 悪魔、修道士ラッシュ、付録22

アプ
APU

ペルーの宗教文書にある精霊*の名前。ケチュア族の宗教における山の精霊。

文献94

アブガル
ABGAL

古代シュメール人の神話に登場する精霊*の集団。七人の精霊で構成され、アプカルル*とも呼ばれる。マーマン*のように半人半魚の姿で、守護霊*とされる。彼らはさらに古い時代、知恵の神エンキの側近だったアプスー*あるいはアブズ*に由来している。

文献93
▷ 付録25

アプカルル
APKALLU
▷ アブガル

アプク
APUKU

スリナムのアフリカ系南米人に伝わる精霊*。この小さな精霊たち*は森林やジャングルの中の、恐ろしすぎて人間には利用できないような未開墾の空き地に住む。ヨーロッパの神話に登場するドワーフ*に似ていて、頑健な体格と恐ろしい外観を持つ。

文献87
▷ アジザ、イジメレ、バクル、プックメリア、モアティア

アプサラス
APSARAS

アスパラス*とも呼ばれる美しく官能的なニンフ*で、もともとはヒンドゥー教神話の水の精霊*。乳海攪拌の際に出現し、インドラ*の天界で踊る。イチジクとバナナの木に住み、そこでは彼女たちの奏でるリュートの音楽が聞こえることもある。彼女たちは大気と音楽の精霊、ガンダルヴァ*の仲間である。アプサラスが乱交するという評判は、誰も彼女たちを妻としてめとらないので、彼女たちは英雄的な死者が天国に到着したときのために残されている、という伝説から生まれた。この強烈な評判のせいで、運まかせの競技で幸運を授けることや、理性を失わせたり狂気に走らせたりすることにも彼女たちが関係していると考えられるようになっている。

文献29、52、87、93、102
▷ ヴリクシャカス、ウルヴァシー、守護霊、デーヴァ

アプシルニック
APCI'LNIC

カナダ、ラブラドル半島のモンタニエの民間伝承で、人間のひざぐらいの身長だと描写される小さな精霊たち*。人里はなれた山の荒地に住む。人間の子供を盗むことで有名。どこでも自由自在に姿を現わすことができる。当然、彼らには警戒の目が向けられ、彼らが出現すると、危険が差し迫っていると判断される。

文献87
▷ 取り換え子、ドワーフ、付録22

アブズ
ABZU
▷ アブガル

アプスー
APSU
▷ アブガル

アブガル

アブディエル
ABDIEL

　ミルトンの『失楽園』に登場する熾天使*、あるいは天使*の名。ヘブライ語で「神のしもべ」を意味する。神への謀反をたくらむサタン*に反対した。神はサタンとその同調者である堕天使*を天国から追放した。アブディエルはミルトンの『失楽園』第6巻では邪悪な精霊*として描かれている。

文献40、114

アフリック
AFFRIC

　スコットランドのグレン・アフリックという地方に住む水のニンフ*。おそらく古代ブリテンでの古名 Aithbrecc に由来する。ブリテン島へのキリスト教伝来にともない、スコットランドの同名の川を守る古代の女神が神性を剥奪されたものかもしれない。

文献123
⇨　付録25

アフリート
AFREET
⇨　アフリト

アフリト
AFRIT/E

　アラビアとイスラム教の神話では、ジン*と呼ばれるデーモン*の五つの階級中で二番目に強大な力を持つ。地域ごとに、アフリート、エフリート*、エフリト*、イフリート*、イフリト*などさまざまに呼ばれる。巨大であるばかりか、きわめて悪意に満ち、大きな恐怖をひきおこす。とくに人間を破滅させるために巧みに姿かたちを変える。ケニヤやアフリカ東岸地域では、こういった精霊*が淵や川の暗い深みにひそみ、緑の牙のジェニー*のように、水浴びをする無用心な子供の脚をつかんで引きずり込もうとすると信じられている。ソロモン王がアフリトを降参させ、家来にしたという伝説もある。バイロンは彼の作品『邪宗徒』にこれに似た悪魔を登場させている。

文献29、40、41、53、92、107、114
⇨　付録22

アブンディア
ABUNDIA
⇨　ハボンド

アペプ
APEP

　古代エジプト神話ではアポピス*という名でも知られる。蛇の姿で現われ、ナイル川の底深くに住み、嵐、夜、死といった暗い特徴を持つものすべてを象徴する。邪悪な神セトの共謀者だった。アペプは毎日太陽神ラーを貪り食おうとするが、メヘンによって守られたラーはいつも逃げおおせ、世界に再び光をもたらす。ときにはアペプがほとんど成功しかけ、食が起こることもあるが、結局アペプはいつもラーの乗った船を吐き出させられる。

文献29
⇨　デーモン、ナーガ、ブベル、メヘン、ラーフ

アベレ
ABERE

　メラネシアの信仰および伝説に登場する邪悪な精霊*。野蛮な女のデーモン*で、若い女たちを従えている。アベレは湖水の中から男を誘惑しておびきよせる。それからイグサとアシを自分のまわりにおい茂らせ、身を隠す。アシに潜んだ彼女は、自分を探すぬけな男たちを罠にかけ、殺す。

文献29
⇨　付録25

アポ
APO

　（1）イランのゾロアスター教でヤザタ*として知られる天界の精霊*の一人。とくに新鮮な真水の守護霊である。

　（2）ペルーのケチュア族の信仰する精霊をさす一般的な言葉。

文献41
⇨ 天使、アラリエル

アポイアウエウエ
APOIAUEUE
　ブラジルのアマゾン流域に住むトゥピ・グアラニー族が信仰する、自然をつかさどる好意的な精霊*。必要に応じて大地に雨を降らせるのが役目だが、ヨーロッパの神学における天使と同様、地上での出来事を最高神に報告するという役割も担っている。

文献56、102
⇨ ヤザタ

アポパ
APOPA
　北米のイヌイット族やイハルミュト族に伝わる、ドワーフ*に似た精霊*。人間の姿で描写されるものの、アポパは奇形で醜い。ヨーロッパのコーボルト（2）*やパック*のような行動をとるが、彼らとは異なり、アポパの行動はけっして善行には進展しない。常にいたずら好きだが、比較的無害である。

文献101

アポピス
APOPHIS
⇨ アペプ

アポリオン
APOLLYON
　新約聖書のフィーンド*の一人。アポルオン*とも呼ばれる。アポリオンは「破壊者」を意味し、冥界の支配者だった。ジョン・バニヤンの『天路歴程』に登場する。

文献99、107
⇨ アバドン、付録16

アポルオン
APOLLYON
⇨ アポリオン

アポリオン

アボンサム
ABONSAM
　ガーナに伝わる悪魔*あるいは邪悪な精霊*で、住居や居住地につく。アボンサムは家の中に住みつき、厄介ごとや災いを引き起こす。彼らは騒音を嫌うので、村では年に一度、近隣の人々が集まって特別な儀式を催し、このありがたくない精霊を払う。住人は非常に騒々しい儀式の前に、4週間静寂を守る。それから皆で太鼓や銅鑼を打ち鳴らし、家々のあらゆる場所から邪悪な精霊を追い払う。

文献48
⇨ 付録22

アマイテ・ランギ
AMAITE-RANGI
クック諸島マンガイア島の人々の神話に登場する空のデーモン*。戦いを仕掛け、ンガルに敗れた。
文献41
⇨　アカアンガ

アマイモン
AMAIMON
中世ヨーロッパの悪魔学におけるアスモデウス*直属の悪魔*で、地獄もしくは宇宙の東方地域を支配する。シェイクスピアは『ウィンザーの陽気な女房たち』(第2幕第2場)の中でこの邪悪な権力者の名を挙げ、アマイモンをフィーンド*としている。アマイモンの力がもっとも弱まる朝と夕方の数時間は、その活動を抑制できると考えられた。
文献40、53

アマダン
AMADÁN
アイルランドの民間伝承および神話に登場する妖精*、精霊*の名。アマダンはアイルランドのシー*の中の「愚か者」で、ストローク・ラッド*としても知られている。彼がアマダン・モル*、アマダン・ナ・ブルードン*とも呼ばれるのは、彼がブルーディーンという城に住んでいると言われるからである。アマダンは罰したり呪ったりする人間を無差別に選び、相手に触れることによって、治ることのないひどい傷を負わせる。彼の犠牲者とその顔や四肢や体についた傷は、仲間たちから永遠にあざけりや非難を受けることになるかもしれない。アマダンからもっとひどい苦痛を与えられた結果、犠牲者が早逝することもある。グレゴリー夫人によれば、彼が接触しても「神よ、われらと傷との間にいませ」と祈りを繰り返せば打ち消されることもあるという。また、アマダンに会うのは一年の中で6月がいちばん多いという。アマダンは欲深い男が日曜日に靴を修繕しているところを見つけ、一撃で罰した。(かつてキリスト教の安息日では宗教的な儀式だけを行なうと定められており、仕事は禁じられていた)
文献87

アマダン・ナ・ブルードン
AMADÁN NA BRUIDNE
⇨　アマダン

アマダン・モル
AMADÁN MÓR
⇨　アマダン

アマフラスパンド
AMAHRASPANDS
⇨　アムシャ・スプンタ

アマルテイア
AMÁLTHEIA, AMALTHÉA
古代ギリシア神話に登場するニンフ*の名前。アマルテイアが乳を与えた赤ん坊は、オリンポスの最高神ゼウスとなった。
文献93
⇨　アドラステイア、付録11、付録22

アミィ
AMY
中世ヨーロッパの悪魔学で特に強い力を持つデーモン*。
文献53

アミト
AMMIT
古代エジプト神話に登場する冥界の精霊*。女性のデーモン*で、アムムト*という名でも知られる。頭がワニ、胴体が猫あるいはライオン、下半身がカバの姿で描かれる。アミトは死者の魂を天国に送るか地獄に送るかを審判する部屋の近くに潜む。その場所で、彼女は有罪の宣告を受けた者たちをねらい、貪り食うことができた。
文献29、93

アムシャスパンズ
AMSHASPANDS
⇨ アムシャ・スプンタ

アムシャ・スプンタ
AMΣSHA SPΣNTAS
　イランのゾロアスター教における精霊*の集団。キリスト教の大天使*に相当する。アハスペンド*、アマスフラスパンド*、アメサ、アメサスペンタ*と呼ばれることもある。「恵み深い精霊たち」と訳されるアムシャ・スプンタは、アフラ・マズダの六人の従者の精霊*の集合名である。各精霊はそれぞれ現世の特質をつかさどる守り神*であるとともに、神の意思を伝える手段でもある。彼らの名前はそれぞれアムルタート*、アールマティ*、アシャ*、ハウルヴァタート*、フシャスラ*、ウォフ・マナフ*である。彼らは知性の象徴であるとともに吉報の運び手でもある。彼らの個々の役割は以下のとおりである。(1)成就、(2)霊感、(3)分別、(4)知性、(5)感性、(6)愛。
文献41、53、119
⇨ 天使、ヤザタ

アムピトエ
AMPHITHOE
⇨ ニンフ、ネーレーイス

アムピトリーテー
AMPHITRITE, AMPHYTRITE
　古代ギリシア神話で、海神ポセイドーンと不本意ながら結婚したネーレーイス*の一人。ポセイドーンの浮気にうんざりし、スキュラ*に嫉妬したアムピトリーテーは、彼女を海の怪物に変えた。
文献40、56、92、93、114、130

アムブロシアー
AMBROSIA
⇨ ヒュアデス

アムムト
AMMUT
⇨ アミト

アムルタート
AMERETAT
　イランのゾロアスター教における六人のアムシャ・スプンタ*の一人で、アフラ・マズダの従者の一人。不死の精霊*で、すべての植物と樹木の守護霊*。
文献41、53、119
⇨ 従者の精霊、付録18

アメサスペンタ
AMESA SPENTAS
⇨ アムシャ・スプンタ

雨の人々
RAIN PEOPLE
⇨ クラウド・ピープル

アモレッティ
AMORETTI
⇨ エローテス、プット

アモレット
AMORETTO
⇨ アモレッティ

アモン
AMON
　中世ヨーロッパの悪魔学における最強のデーモン*の一人。
文献53

アヤタル
AJATAR
⇨ アイアタル

アヤッタラ
AJATTARA
⇨ アイアタル

アラウォティア
ARAWOTYA
　オーストラリア、ウォンカマラ族の神話に登場する空の精霊*。その故郷はエア湖周辺である。もともとは大地の精霊と言われ、オーストラリア南部やクイーンズランド西部のもっとも乾燥した地域に突然水の恵みをもたらしたり泉を湧き出させたりしていた。
文献119
⇨　付録18

アラカイ
ALAKAI
⇨　ペーイ

アラク
ÁRÁK
　カンボジアの民間伝承で、家や近くの木に住んで家族を見守ってくれる情け深い守護霊*。姿を変えた先祖であると考えられ、この精霊*はとくに病気のときに頼りにされる。各家族のアラクをあがめるため、年の初めに特別な祭がとり行なわれる。
⇨　アグルーリック、ゾア、ナグワル、フィルギヤ、マネス、ラール、付録21、付録22

アラストール［複数：アラストレス］
ALASTOR, ALASTORES（pl.）
　古代ギリシア神話に登場する復讐の精霊*もしくは邪悪な守り神。カコ・ダイモーン*とされる場合もある。普通、家族もしくはその家のどちらかと関係ある精霊として、悪行への厳しい復讐を行なうのがその役割である。報復をとげるために犯罪者をいつまでも追い続ける。もし犯罪者が十分な罰を受けないうちに死んでしまったら、最初の犯罪者の子孫までもが罰を受けることすらある。これらの精霊は悪疫に感染させ、それを流行させることにも関係している。アラストールはイギリスの詩人シェリーの作品『アラスター、または孤独の霊』の題材にも取り上げられた。
文献40、53、107、130
⇨　エミジム、フリアイ、付録17、付録22

アラスロン
ARATHRON
　中世ヨーロッパの神秘主義文献に登場するオリュンピアの霊*の一人。土曜日の名のもとになったサトゥルヌスの化身と考えられ、49を超えるオリュンピア世界の州を統御している。
文献53
⇨　精霊

アラプテシュ
ARAPTEŠ
　旧ソビエト連邦のマリ人（チェレミス人）に伝わる女性の森の精霊*。廃屋となった浴場に可愛い少女の姿で現われることがある。ただしそれも夕暮れ以降だけだという。
文献118
⇨　ジェクシュク、バンナイア、付録19

アラマティ
ARAMAITI
⇨　アールマティ

アラリエル
ARARIEL
　ヘブライの伝説と文学に登場する天使*。地上の水の守護霊*である。
文献53
⇨　アポ、付録25

アラルディ
ALARDI
　中部コーカサスのオセット族に伝わる、病気を運ぶ精霊*。しばしば人間の姿をとるが翼を持つ。天然痘の原因となるデーモン*だが、女性の守護霊*ともみなされている。
文献93
⇨　コン＝マ＝ダーウ、シェドラ・クバ、ドゥ・シエン（痘神）、ミンセスクロ、付録17

アラレズ
ARALEZ
　古代アルメニアで信仰されていた犬に似た

姿の精霊*。死者やけが人の傷口をなめ、その超自然的な力によって戦場に倒れた勇猛な英雄を生き返らせることができた。
文献93
⇨ **ヴァルキュリア、ボドヴ**

アラン
ALAN
　フィリピン諸島ティンギャン族に伝わる精霊*の集団。森に住むと言われる。彼らは手指と足指が逆についた半人半鳥の姿で現われる。彼らのすみかはジャングルで、蝙蝠のように木からぶら下がって休息をとるが、そこにいないときは純金の家に住んでいる。彼らは敵意を抱いたり、あるいはちょっとしたいたずらをする可能性はあるものの、普通は好意的で、伝説上の多くの英雄の守護霊*とされている。
文献87

アリアー
ARIĀ
　ニュージーランド、マオリ族の信仰で、精霊*アトゥア*が物質的な形をとって現われたもの。虫、犬、星、その他の姿になることもある。おもに病気や不幸を運ぶと考えられ、その姿を目にするのは、もっと大変な結果を避けるために気をつけろという厳しい警告にほかならなかった。逆に、もし特定の精霊から保護を求められたならば、そのアトゥアは喜んで歓迎するだろう。彼らの姿はしばしば重要な建造物に彫られる。もっとも恐ろしいアリアーは、緑のヤモリの姿をしたものである。1823年に記録された逸話によれば、ある高級船員が緑のヤモリをマオリ族の女性のところに持って行って、マオリ語でこれをなんと呼ぶか尋ねた。「彼女はなんとも形容できないほど恐がってあとずさりすると、アトゥアはあなたが手にしているその動物の姿でいつも死にかけた人にとりつき、はらわたを貪り食うのだから、どうか近づかないでくれ、と船員に懇願した」という。
文献63

アリアエル
ARIAEL
⇨ **アリエル**

アリエル
ARIEL, ARIAEL
　ユダヤ教とキリスト教の聖書に登場する大天使*または天使長。ユダヤの古い文献や中世のキリスト教の占星学では金星と関連づけられた。1635年、ヘイウッドによって七人の天使のプリンスの一人とされたが、その後『失楽園』(1667年)の中で、ミルトンから反逆的な天使の一人とされた。
文献40、107
⇨ **堕天使**

アリオク
ARIOCH
　「獰猛なライオン」を意味するアリオクは、中世ヨーロッパの神秘主義における復讐のデーモン*である。ミルトンは『失楽園』の中で堕天使*の一人にこの名を使っている。
文献40、53

アリオルナ
ALIORUNA
⇨ **アルラウン**

アリカント
ALICANTO
　南米の鉱山地域で信仰されている精霊*。鳥の姿をした夜の精霊で、その翼は金色もしくは銀色の光を放つ。チリの山々や森に住む。アリカントは金や銀を食べるのが好きで、鉱脈を探し当てると飛べなくなるまでこのご馳走を食べる。人間の探鉱者たちは暗闇でアリカントの光についていけば金鉱が見つかると考えるが、みなそれにまどわされ欺かれる。ずるがしこいアリカントは翼の光を誘惑的にちらつかせ、貪欲な人間を多くの場合は崖におびきよせ、死に至らせる。
文献56
⇨ **ウィル・オ・ザ・ウィスプ**

アリファ
ARIFA

　モロッコで信仰されている好意的な女性のジン*。家族と家庭を守るだけでなく、すべての赤ん坊や幼児の守護霊*でもある。眠っている子供を見守り、子供に危害を加えたがる他の邪悪なジンから保護する。

文献90参照
⇨　ハデム・ケムクオマ、付録21、付録22

アル
AL

　北アフリカの民間信仰における病気をはこぶ精霊*もしくはデーモン*。出産中の女性が感染症にかかるのはこの精霊のしわざと考えられている。

文献6
⇨　付録17、付録22

アールヴ［複数：アールヴァル］
ALF, ALFAR（pl.）

　北ヨーロッパのエルフ*にあたる存在が、スカンディナヴィアとゲルマンの神話ではこう呼ばれる。つづりはAlf、Elben、Ellen、Elven、Elfvorとさまざまである。この北欧の名前から、古英語の単語Ælfが生まれている。『散文エッダ』で述べられているアールヴには二つの種族がある。

　（1）第1のグループ、デックアールヴァル*は、闇のアールヴという意味である。彼らはスヴァルトアールヴァル*、あるいは黒いアールヴの名でも知られており、その性質と外見はピッチよりも黒いと描写される。彼らは死んだ巨人ユミルの肉を食べた蛆虫から生まれたとされている。闇のアールヴは地下に住み、とくに魔法の金属製武器を作ることや、味方する神々への贈り物を作ることにかけて邪悪で強い力を持つ。彼らは豊穣をもたらす者と考えられ、そのこと自体が広く信仰される原因となっている。その後、闇のアールヴは病気や災難を引き起こす悪魔的な存在へと変わっていった。

　（2）第2のグループはリョースアールヴァルもしくは光のアールヴである。彼らの性質と外見は、太陽よりも白い。デンマークでは、このようなエルフはエルヴン*またはエレン*と呼ばれ、一方スウェーデンではエルフヴォー*と名づけられている。光のアールヴは天と地の間にあるアールヴヘイムと呼ばれる輝く場所に住んでおり、（1）とは異なり、人間に好意的である。

アル・ウイス
YR WYLL

　ウェールズの民間伝承に登場する妖精*の名前。彼らは人間の目には見えないが、その存在の証拠は見られることがある。イングランドにおけるピクシー*と同様、アル・ウイスは夜間に厩舎の馬を乗り回すことが大好きである。翌朝戻された馬は泡汗をかき、たてがみはもつれ、馬の脇腹にはあぶみの跡がついている。

文献59
⇨　精霊

アルヴィース
ALVIS, ALVÍSS, ALWIS

　北欧神話に登場するドワーフ*の王の一人。彼の名は「非常に賢い」という意味で、彼の物語は『アルヴィースの歌』に語られている。アルヴィースはヴァルキュリア*の一人でトール神の娘であるスルーズ*に恋し、彼女に結婚を申し込んだ。トールはもしアルヴィスが太陽、月、夜、大地、天、風、雲、凪、火、海、森、種、ビールの名前についての13の質問に、神族、巨人族、アース神族、ヴァン神族、エルフ族の言葉で答えることができたら結婚を許すと約束した。九世界（北欧神話で宇宙を構成する九つの世界）を旅してきたアルヴィースは、トールが持ちかけた質問が非常に簡単であるのを知って、自信たっぷりに花嫁を要求した。しかし奸智にたけたトールは、それらの質問に答えるにはどれほどの時間がかかるかを知っていた。アルヴィースは勝ち誇って最後の答えを告げたが、そのとき、朝日の最初の光を自分が浴びたこ

とを知って慄然とした。彼はその場で石に変わり、勝ち取った花嫁を連れていくことはできなかった。
文献41、87、95
⇨ エルフ

アルキュオネー
ALCYONE
古代ギリシア・ローマ神話でプレイアデス*として知られるニンフ*たちの一人。アトラースとプレーイオネーの娘の一人である。
文献130

アルギュラ
ARGYRA
古代ギリシア・ローマ神話に登場するニンフ*の一人。羊飼いのソレムノスに愛された。
文献102、130
⇨ 付録11

アルコーン
ARCHONS
神秘主義、オカルト研究、グノーシス主義に登場する、始原存在の精霊*。マニ教では、光を飲み込んで最初の人間たちからその輝きを奪った精霊と考えられている。
文献53

アルザング
ARZSHENK
イランのゾロアスター教におけるデーウ*の王。デーモン*であるとともに、このうえなく邪悪な存在アフリマンの下僕。アムシャ・スプンタ*あるいはヤザタ*の善行と絶えず戦っている。人間の姿で表現されるが、頭は牡牛である。結局、英雄ロスタムとの最後の戦いで抹殺される。

アルダー・キング
ALDER KING
⇨ エール・キング

アルダト・リリー
ARDAT LILI
夜のデーモン*。古代シュメール、バビロニア、アッシリア、ヘブライの伝統ではリリトゥ*あるいはリル*という名でも知られている。アルダト・リリーとは、「荒地の娘」を意味する。アッシリアではぼうぼうの髪をして翼のある風の精霊*とされているが、ヘブライの文献には鋭い叫び声をあげるフクロウと記されている。出会った人間すべてを傷つけるためなら手段を選ばぬデーモンである。人間を人里はなれたわびしい場所に誘い込んで攻撃をしかけることが多い。
文献31、87、93
⇨ リリス

アルナクナグサク
ARNAKNAGSAK
⇨ セドナ

アルバストル
ALBASTOR
旧ソビエト連邦のマリ人（チェレミス人）に伝わる、家の精霊*。ラバスタという名でも知られており、男性、もしくは女性を装って浴場に住むが、長く波打つ髪をした巨人の姿で現われることもある。もともとは洗礼を受けていない私生児の魂だったという説もあるが、地上にいるあいだは動物に姿を変えることができる。空中を移動するときには、火花の尾を引く流れ星の外観をとる。シュクシャンダル*の同類、あるいは湿地帯や森の峡谷の精霊ともされてきた。スクブス*同様、アルバストルの活動には人間との性交も含まれており、極度の疲労を引き起こす性行為によって死にいたらしめ、放縦な性にふける人間を罰する。唇に腫れが残っていれば、それはアルバストルによるものかもしれない。女性がアルバストルの訪問を受けると、その女性の恋人や夫も病気になる。アルバストルを打ち負かすには二つの方法がある。捕らえたら左手の小指を折ってその力を打ち砕くか、あるいは各戸口の上に十字架を置いてその侵

入を妨ぐかである。
文献118
⇨ アイトワラス、インクブス、家事の精、スクブス、バンニク、付録22

アルバ姫
PRINCESA D'ALVA
　アフリカ系ブラジル人のカルト、バトゥーキに登場する、主なエンカンタード*の一人。彼女はアヴェレケテ家とセウ・トゥルキア*家の両方の血を引くため、信奉者たちの間で最も人気の高い精霊*の一人である。アルバ姫は高貴な精霊であるため、紳士淑女の一人として敬称で話しかけられる。

文献89
⇨ シニョール

アル・ハリス
AL HARIS
⇨ イブリス

アルパン
ALPAN
⇨ ラサス

アルフ
ALF
⇨ アールヴ

アルブ
ALB
⇨ アルプ

アルプ
ALP
　ゲルマン神話、後にはスイス民間伝承にも登場する超自然存在。アルブ*という名でも知られ、一部がドワーフ*もしくはエルフ*、一部が神とされる。本来の観念では、山中の地下深くに住む魔法の金属細工師である。のちの民間伝承では、病気をもたらし睡眠を妨害するデーモン*へと地位が下がった。

文献93
⇨ インクブス、付録17

アルフェリク
ALFERICH
⇨ アルベリヒ

アルプリス
ALPRIS
⇨ アルベリヒ

アルフリック
AELFRIC
⇨ アルベリヒ

アルプ・ルーフラ
ALP LUACHRA
　アイルランドの民間伝承に登場する邪悪な妖精*もしくは精霊*。まったく目に見えないため、手遅れにならないうちに存在を察知するのは難しい。アルプ・ルーフラは、川のそばで眠っている人間が偶然イモリを飲み込んだときにとりつく。この精霊は姿を見られることなく、とりついた相手の食べ物を貪り食う。とりつかれた人は食欲があるにもかかわらずやせ衰え、慢性的な栄養不良になるので、家族や友人は驚く。ダグラス・ハイドは著書『炉辺にて（*Beside the Fire*）』の中でこの精霊から逃れた男の物語を紹介している。それによると、アルプ・ルーフラにとりつかれた男は飲み物なしで塩漬け肉を大量に食べ、そのあと川の上で口を開けたまま横たわった。するとのどが乾いたアルプ・ルーフラが死に物狂いで川に飛び込んだため、なんとか追い出すことができたという。

文献17
⇨ アビク、お相伴妖精

アルベリヒ
ALBERICH
　北欧とゲルマンの神話において、アルベリヒはドワーフ*の王もしくはダークエルフの王であり、ゴルドマル*王とは兄弟だとされている。アルフリック*、アルフェリク*、ア

ルプリス*、アンドヴァリ*という名でも知られ、ワグナーの翻案した『ニーベルンゲンの指輪』ではエルベリヒ*という名になっている。アルベリヒは醜悪なノーム*の仲間に分類される。宝石の原石で飾られた地下の壮麗な城に住み、そこで大事な宝を守っている。彼はまた魔法の指輪、無敵の剣バルムンク、力の帯、姿を消すマントの所有者でもある。フレイアのネックレスをはじめ、神のために数多くのすばらしい贈り物を作る役目も負っている。アルベリヒは『ヴォルスンガ・サガ』や『ニーベルンゲンの歌』といった多くの伝説に登場しており、盗まれた宝やその結果起こった報いについてはそこで詳述されている。

文献41、87、95、114、119
⇨ エルフ、ニーベルング

アルベン
ALBEN
⇨ アールヴ

アル・ヘン・ウラッハ
YR HEN WRACH
⇨ ア・ウラッハ

アールマティ
ARMAITI

アラマティ*とも呼ばれる。イランのゾロアスター教におけるアフラ・マズダの従者アムシャ・スプンタ*の一人。アールマティとは「聖なる調和」を意味し、大地の豊かさと緊密な関係がある。

文献41
⇨ 従者の精霊、付録21

アルメ・フュリウーズ
ARMÉE FURIEUSE, L'

スイスの民間伝承での幽霊狩猟*の呼び名。「荒れ狂う軍勢」あるいは「激怒する大群」という意味で、とくに洗礼を受けていない赤ん坊を誘拐すると言われている。

文献99

⇨ 付録22

アルラウネ
ALRAUNE
⇨ アルラウン

アルラウン
ALRAUN

（1）ゲルマン神話に登場する女のデーモン*。この精霊の超自然的な力は、通常はセイヨウトネリコの根からつくった人形の助けを借りて行使される。このデーモンに与えられたアルラウンという名は、ドイツでは宿主を絞め殺すことによって発育する野生のブリオニア（ウリ科の多年生つる草）の古名でもある。

（2）初期のゲルマン神話では、ノルン*あるいはヴァルキュリア*に代わる集合名。彼らの別名はアリオルナ*、アルルネス*、ディース*、イディス*、とさまざまである。

文献53、95

アルリーチェ
ALRICHE
⇨ エルドリッヒ

アルルネス
ALRUNES
⇨ アルラウン

アレクトー
ALECTO

古代ギリシア・ローマ神話では、「休まない者」という意味を持つ、戦いと疫病と究極の復讐の精霊*もしくは守り神*。忌まわしい罪、とくに母殺しや父殺しを犯しながら人間の法で罰せられていない者に報復するフリアイ*の一人である。

文献53、93、130
⇨ アラストール、エウメニデス、エリーニュス

フランスの幽霊狩猟、アルメ・フュリウーズ。呪われた者たちの魂を狩る。

荒れ狂う軍勢
FURIOUSU HOST, THE
⇨ アルメ・フュリウーズ

荒れ地の茶色男
BROWN MAN OF THE MUIRS
　エルズドン地区（スコットランド）に伝わる、荒野の動植物の守護霊*。白髪混じりの赤毛、燃えるような輝く目、ずんぐりした体、節くれだった手に裸足のドワーフ*で、茶褐色の服を着ている。人間にはとくに意地悪で、なかでも食べるためでなく、スポーツとして狩猟をする者に悪意を抱いているようだ。茶色男は肉は食べず、ブルーベリーやリンゴや木の実だけを常食としている。ウォルター・スコットの再話による1744年の物語では、二人の若者が競技狩猟にやってきて、食事をとるために小川のほとりで休憩した。一人が水を飲もうと小川に入ると、対岸に茶色男がいるのが見えた。彼は若者があまりに多くの動物を狩ったことを非難した。それからドワーフは、荒野の秘密をたくさん教えてやるからついてこい、と若者たちを誘った。一人の若者は対岸に渡ろうとしたが、もう一人が彼をつかまえて引きもどし、ドワーフには善意などなく、八つ裂きにされてしまうとささやいた。茶色男は怒って地団太を踏むと、あっという間に消えてしまった。帰る道すがら、無分別な若者は警告を無視してまた野ウサギを撃ち、茶色男の呪いを呼び覚ましたため、1年も経たないうちに死んでしまった。
文献15、17、18、44、66
⇨ 精霊、ドゥアルガー、付録12

アレトゥーサ
ARETHUSA
　古代ギリシア・ローマ神話に登場するネーレーイス*の一人。
文献56
⇨ ヘスペリデス、付録11

アレマタポポト
AREMATAPOPOTO
⇨ パフアヌイアピタアアイテライ

アレマタロロア
AREMATAROROA
⇨ パフアヌイアピタアアイテライ

アレムハ
AREMHA
　ニューヘブリデス諸島のタナ島の人々が古代の伝説を現在語る際、超自然精霊*すべてを指すのに使う一般的な言葉。かつて強大だった神々の地位でさえ、今では弱小な精霊に格下げされている。
文献102

アーレン・コーニゲン
AHREN KONIGEN
　オーストリアのザルツブルグに伝わる穀物の精霊*。収穫が終わる際、儀式として刈り取られた最後のひと束に宿る。その人形は収穫完了後にもうけられるご馳走の席で、「穀物の王」を意味するアーレン・コーニゲンとして祭られる。よくある女性でなく、男性の姿で描かれる精霊は珍しい。
文献48
⇨ カリャッハ、コーン・スピリット、付録15

アレーン・マク・ミーナ
AILLEN MAC MIDHNA
　アイルランドの伝説や民間伝承に登場するデ・ダナーン神族*の妖精*の音楽家。アレーン・マク・ミーナは、火のような息を吐くとりわけ邪悪な者とされ、邪悪で有毒な槍の持ち主だった。彼は魔法のティンパン（アイルランドのタンバリン）、もしくはハープを持っており、彼がそれを演奏するとあまりに魅惑的なため、聞いた者は誰もが心地よく眠り込んだ。デ・ダナーン神族は毎年ケルト民族のサウイン（ハロウィーン）祭にシー・フィナッヒジからタラの宮殿までやってくる

が、その日には、アレーンが集まった人々のために演奏することになっていた。彼らが心地よく眠ってしまうのが気にさわり、彼は魔法の槍をとりだし、また鼻からは3度火を放ち、タラの宮殿を破壊した。23年におよぶアレーンの破壊に疲れたフィアナ騎士団のフィンは、アレーンの槍を彼自身に向けさせ、その有害な煙を吸わせて武器の所有者を殺した。
文献17

アロケル
ALÓCER
　中世ヨーロッパの神秘主義と悪魔学に登場する強力なデーモン*。
文献53

アンガス・オーグ
ANGUS OG（AUNGUS ÓC）
　アイルランドの民間伝承と妖精*伝説に登場するデ・ダナーン神族*の一員で、オイングス・マク・オーグ*、アンガス・マク・オグ（若い息子）*など、さまざまな名で知られている。ダグダ*とシー*の女王の息子で、ブルグ・ナ・ボーネ（ミーズ県ニューグレンジ）に住んでいた。姿の見えなくなる魔法のマントをもっており、魔法で時間を調節することができ、また白鳥に姿を変えることができた。超自然な白鳥乙女*のイボルメイ*が彼の夢に現われると、恋に落ちたアンガスは思い焦がれ、とうとうベル・ドラコン湖で149羽の白鳥乙女とともにいる彼女を見つけた。彼女は一年おきにしか人間の姿でいられなかったので、アンガス・オーグは湖で彼女と一緒に暮らすため自分自身が白鳥の姿に変身し、彼らは水面を滑るように進みながら甘い声で歌った。彼らの歌声を聞いた者は皆、アンガスと恋人がブルグ・ナ・ボーネに戻るまで、魔法の眠りに引き込まれた。
文献56、87
⇨　ウルヴァシー

アンガス・マク・オグ（若い息子）
ANGUS MAC OG（YOUNG SON）
⇨　アンガス・オーグ

アンガッチ
ANGATCH
　マダガスカルの民間伝承に登場する邪悪な精霊*。
文献56

アーンギラサ
ANGIRASAS
　ヒンドゥー教神話に登場するこれらの精霊*は、ピトリ*の王アンギラスにちなんで名づけられている。彼らはリシ*、つまり「神の子」で、死ぬことがなく、インドラ*と友好関係にある。天使*同様、彼らは神から人間への使者や仲介人の役割を果たし、ある程度までは守護天使*と同様に保護者の役割を果たす。また、彼らは人間に火を与えたので、それゆえ生贄の火とそれに関連する儀式を統括している。
文献29、102
⇨　マネス、ラール

アンクテヒ
UNKTEHI
　北アメリカ先住民のダコタ族の信仰に登場する水の精の名前。
文献25
⇨　精霊、付録25

アンシーリー・コート
UNSEELIE, UNSEELIE COURT
⇨　シーリー・コート

アンタリークシャ
ANTARIKSHA
　インドのヒンドゥー教神話に登場する精霊*。この名前は「天」を意味する。インドラ*の八人の従者ヴァス*たちの一員。
文献41
⇨　天使

アンチャンチュ
ANCHANCHU
⇨ アンチャンチョ

アンチャンチョ
ANCHANCHO
　ボリビアのアイマラ族の伝承で、人里はなれた場所、とくにペルーのアンデス山中の川に住む邪悪な精霊*およびデーモン*。アンチャンチュ*とも呼ばれる。基本的には病気をはこぶ精霊だが、激しい旋風とも関係があり、それが彼の出現する前触れとなる。アンチャンチョは無用心な旅人に近づいて旅の道連れとなり、旅人を病気で苦しませるか、あるいは彼らが寝ている隙に血を吸って栄養をとる。
文献87、119
⇨ インクブス、コア、メカラ、ラリラリ、付録17

アンチュンガ
ANCHUNGA
　ブラジル中部に住むタピラペ族の伝承では、この語は（1）死者の精霊*、（2）とくに邪悪なデーモン*、を指す。非常に髪が長く、地面にひきずるほどだという。有名なタピナレ族の英雄的シャーマンであるワレは、国の南部に住むタピナレ族を苦しめたアンチュンガを、彼らの髪に火をつけることによって完全に退治したと言われる。しかし北部の邪悪な精霊は破滅をのがれ、いまだに北部でタピラペ族を苦しめているという。
文献87

アンティオペ
ANTIOPE
　古代ギリシア・ローマ神話に登場するニンフ*。河神アソポスの娘。
文献102、130

アンドヴァリ
ANDVARI
　北欧神話に登場するドワーフ*の王。アルフリック*、アルベリヒ*、アルフェリク、アルプリス*、エルベリヒ*の名でも知られる。アンドヴァリは魔法の指輪と宝物の番人で、それらに呪いをかけた。一連の伝説は、これらがどのようにして盗まれ、その後シグルズとフレイドマルの一族を含め、手に入れた者たちすべてにどのような災厄をもたらしたかについて語っている。
文献29、40、41、87、95、114、119
⇨ 守護霊

アントニオ・ルイス・コレ＝ベイラド
ANTONIO LUIZ CORRE-BEIRADO
⇨ カボクロ

アンドラス
ANDRAS
　中世ヨーロッパの悪魔学で、とくに強大な力を持つデーモン*。不和の原因をつくり、人間同士のいさかいを引き起こすと考えられた。
文献113

アンピエル
ANPIEL
　ヘブライ語文献にみられる天使*。鳥を守るのが役目だった。
文献53
⇨ 守護天使、付録12

［イ］

イア
IA
　旧ソビエト連邦のマリ人（チェレミス人）の民間信仰に登場する悪い精霊*。悪い人間の唾液や、不注意な人間が地面に吐いた唾、堕落した聖職者の死後の邪悪な魂から生まれるとされる。長い髪をはやし、旋風の中を飛ぶときは髪が彗星の尾のように光ると言われる。このほか、どんな姿にも変身できるが、とくに人間を誘惑しやすいように、人間が馴染み深いものに化ける。アイトワラス*と同

様、食物を捧げる家の人間には富をもたらす。だがイアは、祝福された食物には触れられない。イアがある特別な場所に住むときは、オザ*と呼ばれることもあるが、ほかの危険な精霊と同じように、悪意を向けられないよう、遠まわしな呼び名のクバ*やクグザ*が使われる。イアという名前が水の精霊*だけに使われる地域もある。

人はそれぞれ左肩に悪い行ないを記録するイアを一人乗せ、右肩には善行を記録する守護天使*を載せているとされる。そして人間が死ぬと、善行と悪行のリストを比べて、たくさんある方が魂を受け取る。溺れたり、酒を飲みすぎて死んだ者は、イアの手に落ち、馬の姿に変えられる。蹄鉄工が馬の蹄鉄を打っていると、馬の脚だと思っていたものが人間の足に変わっていたという物語が、多く語られている。イアは馬のいる厩舎に住み、お気に入りの馬の世話をし、気に入らない馬を飢えさせる（あるいはピクシー*のように、夜に乗り回して興奮させる）。これを防ぐために、農夫は馬の背にタールを塗る。

イアは、機会を見つけては悪事を働く。貯蔵箱、赤ん坊のベッド、木のほらなどの、空の容器に入り込み、それを使おうとする人間に病気や死をもたらす。木の幹のこぶから姿が見えることがあり、レーシィ*のように、森を通る人間を道に迷わせる。稲妻は、イアを滅ぼすために天から送られた武器だが、イアのそばにいる人間が稲妻に撃たれることもある。イアの害から身を守るには、鉄の道具を使って、自分を囲む鉄の塀や輪を描き、稲妻とイアの両方を避ける。

文献118

⇨ 悪魔、ベス

イア・クバとイア・クグザ
IA KUBA AND IA KUGUZA

旧ソビエト連邦のマリ人（チェレミス人）の民間信仰に登場する悪い精霊。草地や川岸に住み、長髪の人間の姿をしている。名前は悪魔*の老女、悪魔*の老人という意味。祈りや魔法の呪文を唱える前に、イア・クバやイ ア・クグザに姿を見られた人間は、一晩中さまよわされるか、水中に引きずり込まれる。

文献118

⇨ イア、クグザ

イア・サルタク
IA SALTAK

旧ソビエト連邦のマリ人（チェレミス人）の民間信仰に登場する悪い精霊*。悪魔*の兵士という意味。オクサ・サルタク（お金の兵士）、オクサ・オロラ（お金の番兵）ともいう。輝く緑色の炎の姿をとり、ふつうは復活祭と聖霊降臨節の間（3月から6月）に見られる。剣と銃で武装したこの精霊は、貯えられたお金を守る地獄の守護霊*とされる。人間にこの炎が見えるのは、精霊が濡れたお金を乾かしているからである。その時もしイア・サルタクに殺されずにお金を手に入れれば、その人間は裕福になれる。

文献118

⇨ イア、ウィル・オ・ザ・ウィスプ、付録21

イアッコス
IACHOS

古代ギリシア神話に登場する精霊*で、デメテル（ペルセポネ）の息子であり、豊かさの化身である。

文献93

イーイーカルドゥク
EEYEEKALDUK

イヌイット族の伝承に登場する善良な精霊*。黒い顔の小人の姿をして石に住む。病人を癒してもらうために呼び出すが、目を見るのは危険だとされている。

文献102

イーヴァルディ
IWALDI

スカンディナヴィア神話で、もっとも熟練したドワーフ*の金属細工師の名前。スヴァルドともいう。イズン*の父と言われる。

イーヴァルディとそのドワーフの仲間は、オーディンの槍シンドリとシフの黄金の髪をつくり、小さく折りたためる船のスキーズブラズニルを建造した。
文献93、95

イーヴァルドゥル
IWALDUR
⇨ イーヴァルディ

イーヴィン
AOIBHINN
　アイルランドの民間伝承に登場する妖精*の一人で、シー*の一員。北マンスターの妖精の女王である。彼女はシーのフィンヴァラ*とウーナ*、そしてその部下クリオズナ*に忠誠を誓っている。
文献125

イウヴァルト
IUVART
⇨ 悪魔

イウブダン
IUBDAN
　アイルランドの民間伝承と伝説に登場するレプラホーン*の王。15世紀の文献に彼の物語が登場し、高貴で誠実な存在であるとされた。
文献88

イェクシュ
YEKSH
⇨ イエック

イェス・ハウンドの群れ
YETH HOUNDS
⇨ 幽霊狩猟

イェーツォ
YEITSO
　北アメリカ先住民のナヴァホ族の神話や信仰に登場するデーモン*の名前。

文献56

イエック
YECH
　北アメリカ先住民の信仰に登場する、意地悪な悪戯をするデーモン*。イェクシュとも呼ばれる。猫のような小動物に似ていると言われるが、実際には変身が得意で、どんな姿でもとることができる。しかしいつも貝殻の形をした白い帽子をかぶっており、その帽子を使って自分の姿を目に見えなくすることもできる。その白い帽子を取って石臼の下に置いた者は、帽子の持ち主であるイエックを忠実な召使とすることができる。イエックは力が強く、どんなに大きい荷物でも持ち上げられ、山さえ動かすことができるが、たいていは石臼の下に指をはさまれたままである。イエックはまたいたずら好きな精霊*で、だまされやすい旅人を道に迷わせて大喜びすることが多い。
文献88
⇨ ウィル・オ・ザ・ウィスプ、付録12、付録24

イェラファス
YELAFATH
⇨ オリファト

イェル
YEHL
　北米大陸の北太平洋沿岸に住むアメリカ先住民に伝わるトリックスター*型精霊*の名前。たいていカラスの姿で現われるため、「ワタリガラス」の名でも知られている。人間に数多くの技術を教え、有益な贈り物をしたのはイェルだとされるが、神々や人間に対し悪戯をせずにはいられないところがあった。
文献25、88

イーガー
EAGER
　英国ノッティンガム地方にある、トレント川で起こる潮津波を、洪水を引き起こす悪い

水の精霊*として化身させたもの。18世紀から19世紀始めにかけては、川で働く船頭たちの間でしか知られていなかったが、イーガーが知らせる津波の警告はたいへん重視され、船頭たちは「気をつけろ！ イーガーが来るぞ」と、たがいに叫んで知らせた。イーガーという名前はスカンディナヴィアの海神エーギルに由来するという説がある。エーギルは、古代ローマ人が退去した後にブリタニアに定住した、デンマークからの侵略者たちに親しまれた神である。

文献123
⇨ 付録25

イギギ
IGIGI

古代バビロニア神話に登場する天の精霊*たち。地平線の上に見られる。天使*と同じく、神々に仕える。正義が勝つように、裁判や戦いの前に呼び出される。

文献93
⇨ アヌンナキ

イグイカラ
IGWIKALLA

ナイジェリアで信じられている邪悪なデーモン*。森に入ってくる人間を病気にすると言われていた。1865年に語られた話によれば、特に強力であり、すみかのブッシュに捧げ物を置いておくよう要求するとされた。

文献57
⇨ 付録17

イクサ・ケレメト
IKŠA KEREMET

旧ソビエト連邦のマリ人（チェレミス人）の民間信仰に登場するケレメト*。名前の意味は泉のケレメト。泉に住む悪い精霊*である。この精霊が住む泉から水を飲んだ人間や馬は、ただちに死ぬ。

文献118
⇨ デーモン、付録25

イクツィニケ
ICTCINIKE

北アメリカ先住民のポンカ族とオマハ族が信じている、悪戯好きで人を騙す悪い精霊*。イックティニケとも呼ばれる。人間に互いを誤解させる考えを吹き込んで争わせる。伝説によれば、ビーバー、ニオイネズミ、カワセミ、ムササビの助けや魔法によって出し抜くことができる。テトン・スー族の伝説ではイクトやイクトミ、ミズーリ・スー族の伝説ではイクツィニケ、サンティー・スー族の伝説ではウンクトメとよぶ。ウンクトメは蜘蛛*のトリックスター*でもある。

文献88、122

イクト
IKTO
⇨ イクツィニケ

イクトミ
IKTOMI
⇨ イクツィニケ

イグピアラ
IGUPIARA

南米アマゾン地域のトゥピーグアラニー族が信じている、悪い水の精霊*、デーモン*。ふつうは姿が見えないが、川面の下に隠れ、人間を深みに引きずり込む。

文献56、102
⇨ アフリト、ダラント、緑の牙のジェニー、付録25

イグマ
IGUMA

北スペインと南西フランスのバスク人の民間伝承に登場する悪い精霊*。夜がふけると、姿を見せずに人間の家に入り込み、眠っている間に窒息死させる。

文献93

イサカウアテ
ISAKAWUATE
⇨ コヨーテ

イジメレ
IJIMERE
　西アフリカのヨルバ族の民間伝承で、精霊*のあるグループ名。深い森や荒野に住む、ナイジェリアの小さな精霊たち*。
⇨ アプク、アジザ、バクル、モアティア、ブックメリア、付録19

イジュライール
IJRAIL
　西マレーシアのイスラム教徒が信じている天使*、アズラエル*の名前。
文献120
⇨ マラーイカ

イジュラーフィール
IJRAFIL
　西マレーシアのイスラム教徒が信じている天使*、イスラーフィール*の名前。セラフィールともよばれ、人間の呼吸を支配するとされる。
文献120
⇨ マラーイカ

イズラーイール
IZRA'IL
⇨ アズラエル

イスラーフィール
ISRAFIL
　ユダヤ教、キリスト教、イスラム教の教典に登場する大天使*、主天使*。アズラフィル、イスラフェル*という別名でも知られ、音楽の守護者とされる。旧約聖書では、主の使いがソドムの滅亡が迫っていることをアブラハムに語るが、後の伝承ではその一人がイスラーフィールだったとされている。イスラム教の言い伝えでは、審判の日の到来と忠実な信者の復活を示す最後のトランペットを吹く

役目の天使*とされる。
文献40、93、114
⇨ 天使

イスラフェル
ISRAFEL
⇨ イスラーフィール

イスーリエル
ITHURIEL
　ミルトン作『失楽園』では、虚偽をさらけ出せる槍を持つ天使*とされる。大天使*のガブリエル*に派遣され、楽園にサタン*をさがしにきた。
文献114
⇨ ゼフォン

イズン
IDUN
　スカンディナヴィア神話のエッダでは、永遠の若さを保つ、神々の黄金の林檎を守る守護霊*である。伝説によれば、悪神のロキに騙されて、林檎のそばを離れたため、林檎を巨人にとられてしまった。
文献40、119

イゼ・ヌル・ケレメト
IZƏ NUR KEREMET
　旧ソビエト連邦のマリ人（チェレミス人）の民間信仰に登場するケレメト*、デーモン*。「狭い畑の悪魔*」という意味。狭い畑に住みついて、生産力を支配し、軽んじられたら作物に大きな被害を与える。
文献118
⇨ 付録18

イダム・クバとイダム・クグザ
IDƏM KUBA AND IDƏM KUGUZA
　旧ソビエト連邦のマリ人（チェレミス人）の民間信仰で、穀物を脱穀する際の収穫の精霊*。名前はそれぞれ「脱穀する老女」「脱穀する老人」という意味。ほかの役に立つ超自然存在と同じく、働く姿を見られるのを嫌

る。早朝の霧の中で見られたら、姿を消してしまう。悪天候の前には、献酒をして脱穀がうまくいくように願う。
文献118
⇨　ウリシュク、オヴィンニク、クグザ、コーン・スピリット、フェノゼリー、ボダハン・サヴァル、マニキン、ロビン・ラウンドキャップ、付録15

イタラパス
ITALAPAS
⇨　コヨーテ

イタラパテ
ITALAPATE
⇨　コヨーテ

イックティニケ
ICTINIKE
⇨　イクツィニケ

イディス
IDIS
⇨　ノルン

イニヤサーン
INHAÇAN
⇨　ハイーニャ・バルバ

イノ［複数：イヌア］
INO, INUA（pl.）
　カナダのイヌイット族とイハルミウト族の信仰で、生物と無生物の精霊*を表わす言葉。イヌア・ミキクニ（小さな精霊たち*）は力が弱く、イヌア・アングクニ（大きな精霊）は力が強い。両方とも、人間に対して親切にも意地悪にもなる。
文献101

イバスカ
IBASKA
　旧ソビエト連邦のマリ人（チェレミス人）の民間信仰に登場するケレメト*。

文献118

イファ
IFA
　ナイジェリアの民間信仰と伝説に登場する、ベニン川の精霊*、ファ*をヨルバ族が呼ぶ名前。
文献119

イブリス
IBLIS
　イスラム教とアラブ人の民間伝承に登場するジン*。エブリース*またはハレスともいう。アラーが創造した最初の人間アダムを認めようとしなかった堕天使*の一人とされる。その結果、イブリスはそれまではアザゼル*という名前を持っていたが、シャイタン（2）*の一人に変えられ、悪いジン*しか支配できないようにされた。イブリスには五人の悪い子孫がいた。アワル、ダシム、スット*、ティル*、ザランブール*である。ゾロアスター教の言い伝えでは、デーウ*のスリマンであるジャン＝ベン＝ジャンが天を怒らせたので、懲らしめるためにイブリスが派遣された。だがイブリスはジャン＝ベン＝ジャンを倒して王位を強奪し、天に対して反乱を起こした。この悪行により、イブリスと従者のデーウは地獄行きを宣告された。イブリスは荒地、墓地、廃墟などの不潔な場所に住み、市場、十字路など、人の集まる場所の上を飛んでは不注意に罪深い人間を捕まえる。
文献40、41、53、78、88、92、93、114

イフリート
IFREET
⇨　アフリト

イフリト
IFRIT
⇨　アフリト

イボルメイ
IBORMEITH
⇨ アンガス・オーグ

イマンジャ
IMANJA
　アフリカ系ブラジル人のカルト、バトゥーキで信じられているエンカンタード*。カボクロ*グループのマーメイド*。名前はヨルバの同名の神に由来する。また、マーメイドという性格は、ブラジルの地元のシャーマニズム信仰に由来する。聖母マリアの受胎を祝う12月8日の祝日と関わりがあるとされる。
文献89
⇨ オシュン、ジャマイーナ、精霊、付録25

イムドゥグド
IMDUGUD
　古代メソポタミア神話に登場する精霊*で、善悪の両方の性質を持つ。ワシの頭と羽根の生えたライオンの身体を持つとされる。家畜に災難と死をもたらす。
文献119
⇨ 付録12、付録17

イヤ
IYA
　北アメリカ先住民のスー族の信仰に登場する病気のデーモン*。ハリケーンに変身し、出会った動物や人間を呑み込む。
文献93
⇨ 精霊、付録17

イラー＝ケワ
IRĀ-KEWA
　ニュージーランドのマオリ人の信仰に登場する精霊*。認識を誤らせたり、死をもたらしたりする。ある話によれば、この精霊が、部族戦争でマルイウィ族に報復するために呼び出された。マルイウィ族は、この精霊の悪影響を受けて、ある夜、旅の途中で道に迷い、よく知っているはずの場所をさまよった。その結果、トフエ付近の断崖でつまずいて崖から落ち、生存者はほとんどいなかった。
文献63

イリケ
ILLIKE
　シベリアのサモエード族の信仰に登場する精霊*のグループ。悪い精霊、デーモン*。
文献88

イルチ
IRUCI
⇨ ペーイ

イルドラーヴィリスソング
IRDLIRVIRISSONG
　カナダのイヌイット族が信じている、女性のデーモン*。たいへん変わったやり方で犠牲者をつかまえる。不注意な人間にふざけて悪戯を仕掛け、笑わせる。そして人間の弱みにつけこみ、身体を干からびさせ、腸を貪り食う。
文献26、119
⇨ 精霊

イルマリネン
ILMARINEN
　シベリアのフィン＝ウゴール語族の神話では、かつては大地の神だったが、いまではドワーフ*や、ヨーロッパの神話のウェーランド・スミス*と同じ地位に下げられた。地下世界に住む、超自然な金属細工師。
文献24

イロゴ
ILOGO
　ナイジェリアの昔の信仰に登場する善良な精霊*。月に住むと言われた。予言をする精霊とされ、病気を癒すために呼び出された。満月の直前にだけ、病気の癒しや予言のために呼び出すことができた。
文献81
⇨ 付録17

イワ
IWA
　ハワイの民間信仰に登場するトリックスター*型精霊*。どんな姿にも変身でき、人間からたくみに物を盗むことで有名である。イワはほかの精霊から、ひと晩で誰がいちばんたくさん盗むか競争しようという挑戦を受けた。イワは、ほかの精霊が盗みを終えるまで、黙って動かずにいた。それからほかの精霊が盗んだものをすべて自分のすみかに運んだ。こうして、ほかの精霊はイワに負け、トリックスターのイワが勝利を収めた。

文献29
⇨　**カプア、デーモン**

イワンシ
IWANČI
　エクアドルのアマゾン川地域のヒバロ族が信じている、変身できるデーモン*たち。マカンチ（水蛇）、ペニイ（アナコンダ）に変身したり、森の木の中で待ち伏せしたりして犠牲者を殺す。

文献64

インヴィジヴェル
INVISIVEL
　アフリカ系ブラジル人のカルト、バトゥーキで、エンカンタード*を表わす別の言い方。見えない者という意味。エンカンタードは肉体を持つ姿となって現われない。帰依者の「憑依」された体験や、精霊*との交信によって、見えない存在であるエンカンタードがいることがわかる。

文献89

イン・ウー＝チャン（陰無常）
YIN WU-CHANG
⇨　**ウー・チャン・グイ**（無常鬼）

インクブス［複数：インクビ］
INCUBUS, INCUBI (pl.)
　中世ヨーロッパの、夜に現われる男のフィーンド*。ラテン語でIncubusとは「上に乗る者」という意味。名前からわかるように、眠っている女性の体に乗り、性的な関係を持つ悪い精霊*。男女を問わず、どんな姿にもなれるが、ふつうはその女性の夫や恋人に似た姿に化けるか、まったく姿を消して現われる。偶蹄と臭い息で正体が見分けられるとされた。
　ヨーロッパの他地域では、このデーモン*は、フォレ（フランス）、フォレット（イタリア）、アルプ*（ドイツ）、ドゥエンデ*（スペイン）と呼ばれている。このタイプのフィーンドの活動は、たいへん古くから、ほとんどの文化で見られ、イスラム教以前のオリエントではリリス*、ケルトではドゥシ*、ゲルマンではマーラ*、ギリシアではエピアルテス*、ヒンドゥー教ではブータ、サモアではホツア・ポロ*として登場する。中世ヨーロッパでは、インクブスは民事法でも教会法でも取り上げられ、出産の障害、望まない妊娠、いかがわしい夜の訪問は、都合よくこのデーモンのせいにされた。16世紀、17世紀に魔女狩りがさかんになった時代までには、罪名がデーモンによる「憑依」からデーモンとの「協力」へと変わり、多くの犠牲者が恐ろしい刑を宣告された。

文献7、17、40、56、88、91、92、93、98、107、113
⇨　**コシュマール、スクブス、ブート**

イン・ヂャオ（陰朝）
YIN ZHAO
　中国の神話では、特定の時間をつかさどる任務を担う十人の精霊*群がいる。彼らを統轄するのがイン・ヂャオで、それぞれの任務は以下のようである。イエ・チン（夜勤）、ヂョウ・トン（日中の監督者）、ファン・シャン（伝達者）、ファン・ビ（案内人）、ハン・トゥ・ルン（幸福の蓄積）、シエ・オーフウ（不幸を運ぶ者）、フアン・チェン・イ（一ヶ月の監督者）、リ・ピン（一年の監督者）、リュウ・フアン（一時間の監督者）、ウェン・リアン（日勤）。このうち四人の監督者たちは、「一万の精霊*の戦い」で滅ぼさ

インドラ
INDRA
イランのゾロアスター教の神話で、この悪い精霊*は全人類を騙して誘惑し、罪や悪行に陥れる。同名のインドの神とは別。アシャ・ワヒシュタ*という名のアムシャ・スプンタ*と敵対する。
文献102

インパ
IMPA
⇨ インプ

インプ
IMP/E
ヨーロッパの民間信仰に登場する、小さな悪い悪魔*、小悪魔*、フィーンド*。悪魔の子孫で、子供のような姿をしているとされる。たいへん古い言葉で、古代の文献にはさまざまな綴りで見られる。たとえば Emp、Himpe、Hympe、Ymp/e。どんな姿にも変身できるが、悪そうな顔をした幼児で、頭から小さな角がはえ、肩から小さな羽根がはえている姿に描かれることが多い。また、魔女裁判に、被告の使い魔*として登場することがある。リンカーン・インプの伝説では、悪魔が軽い気持ちで、悪戯好きなインプを解き放ち、災難を引き起こしたことが語られている。インプの一人は空からイングランドのリンダム（リンカーンの当時の地名）の町に降り、建設中の大聖堂に入り、大騒ぎを引き起こした。インプの様子を見ていた天使*は、インプが降りた柱にいたところをそのまま石に変え、悪戯を止めさせた。このインプはいまでも、そのまま柱に石の姿で見られる。
文献7、17、47、53、92、98、107

イン・フォルディール・ガスティー
YN FOLDYR GASTEY
⇨ フェノゼリー

インレカン・クバとインレカン・クグザ
INLƏKAN KUBA AND INLƏKAN KUGUZA
⇨ エルレガン・クバ

いたずらをするインプ

［ウ］

ヴーア
VOUGH
　スコットランドの民間伝承に登場するフーア*の一種。ヴーアは人間の姿をとる水の精だが、光を恐れる。たいていのヴーアは女性だと言われ、その顔に鼻はなく、黄色い髪の毛が馬のたてがみのように背中から尾まで伸び、手足には水かきがついている。観察された時には、ヴーアはたいてい緑色の服を着ていた。ときおり人間と結婚することで知られていた。ビーン・ナ・カルトゥインに住むヴーアの一人は、マンロー家の先祖だと言われた。マンロー家の初代の人々は、尾のようなものと、背骨の部分にたてがみのような毛が生えていたとされる。
文献123
⇨　精霊、付録25

ヴァイナハト・マン
WEINACHTS MANN
⇨　ペルツニッケル

ヴァオテレ
VAOTERE
　フィジーとトンガの民間信仰に登場する、トキワギョリュウの木、もしくは鉄樹（硬質材の採れる樹木の総称）のデーモン*の名前。伝説によれば、オアーランギという名の男が鉄樹の評判を聞きつけ、デーモンを倒そうと決心した。彼は四人の友人とともにジャングルに入ったが、友人たちは鉄樹の主な根を切るたびに死に、その日のうちに四人とも死んでしまった。ところが鉄樹の根も枝葉も、まったく変わりなくあるのだった。オアーランギも何度か鉄樹の根を切ろうと試みたが、結局失敗して彼も死に、その結果地面と鉄樹は血で赤く染まった。また別のオノという男が、鉄樹用の特別な鋤(すき)を手にやって来て、ヴァオテレに勝負を挑んだ。オノの作戦は、鉄樹の根をすべて掘り起こし、繊細で傷つきやすい若枝の部分を切り落とすというものだった。こうしてオノは根元からまっすぐ下に伸びている太い根を見つけ出し、それを真っ二つに割いた。するとそこから怒り狂ったデーモンが姿を現わした。恐ろしい大きな口を開けて迫ってくるヴァオテレを、オノは魔法の鋤を打ち下ろして倒した。無数に飛び散ったデーモンの身体の破片が、やがて鉄樹に変わり、今では島全体を覆っている。
文献41、110

ヴァ＝クル
VA-KUL'
⇨　クル

ヴァサ
VASA
⇨　クル

ウアシラ
UACILLA
　コーカサスのオセット人の民間信仰に登場する天気の精で、雨、雷、稲光を司る精霊*である。その名はユダヤ教とキリスト教の聖書に登場する予言者エリヤに由来する。エリヤは東ヨーロッパでは嵐の主とみなされていた。
文献93
⇨　付録26

ヴァス
VASUS
　インドのヴェーダ神話に登場するインドラ神の八人の従者たち。彼らの元来の名前は、おそらくアナラ（火の神）、アニラ（風の神）、アーパ（水の神）、ドルヴァ（北極星の神）、ソーマ（月の神）、ダラ（地の神）、プラバーサ（暁の神）、プラティユーシャ（光の神）だった。のちに与えられた名前は、アーディティヤ、アグニ、アンタリークシャ、チャンドラ、ディン、ナクシャトラ*、プリティヴィー、ヴァーユである。
文献41

⇨　従者の精霊、大天使

ヴァタク
VATAK
　イランのゾロアスター教に登場する女デーモン*の名前。ヴァタクは醜く歪んだ人間の姿で現われ、アジダハーカ*の母と言われる。アウタク、あるいはウダイとも呼ばれるこの悪鬼は、近親相姦と不謹慎な会話をもたらす。人間に言ってはいけない言葉を言わせ、してはいけない行為をさせるのが、このヴァタクである。
文献41、88、102
⇨　フィーンド

ヴァダトヤス
VADATJAS
　ラトヴィアの民間伝承に登場する悪霊。人間あるいは動物の姿をとって辻に現われ、旅人を道に迷わせようとする。
文献93
⇨　精霊、付録24

ヴァッサーコップ
WASSERKOPF
⇨　ニクス

ヴァッサーマン
WASSERMANN
　ドイツの民間伝承に登場する水棲の精霊*あるいはスプライト*の呼称。ヴァッサーマンとは「水の精」の意。ニクス*の別称として用いられるか、もしくはどの系列に属する水の精かがはっきりしない場合に、この呼称が用いられる場合が多い。
文献18、102
⇨　付録25

ヴァテル
VAETTRAR
　ヴァーテルとも呼ばれるこの精霊*は、ニス*の一種で、排水管を通って人家に入ると言われる。したがって彼らに危害を加えないよう、配水管に熱湯や有害な液体を流さないことが重要である。
文献6

ヴァーテル
VÄLTAR
⇨　ヴァテル

ヴァーナデーヴァータ
VANADEVATAS
　インドのヴェーダ神話に登場する森の精もしくは木の精。ギリシア神話のドリュアデス*やハマドリュアデス*と同様、ヴァーナデーヴァータも樹木に住みつく樹木の守護霊*だった。彼らが守る木を無謀にも切り倒す人間がいると、その人間には必ず報復がもたらされた。
文献41、110
⇨　精霊、付録19

ヴァヌシュカ
VANUŠKA
　旧ソビエト連邦のマリ人（チェレミス人）の民間信仰に登場するケレメト*あるいは悪霊の名前。オシュ・ブイ・ヴァヌシュカとしても知られる。
文献118
⇨　精霊

ヴァパク
WAPAQ
　シベリアのコリヤーク族の信仰と民間伝承に登場する精霊*で、猛毒キノコであるベニテングタケ（学名アマニタ・ムスカリア）の中に住む。ヴァパクは非常に強力な誘導霊で、ベニテングタケを食べた人間を支配下に置く。その支配力は強大で、たとえばベニテングタケを少量食べた老人に、ヴァパクが「お前は子供に戻った」と告げると、老人は赤ん坊のように泣き出すほどである。しかしもしもヴァパクがその老人に「あの世に行け」と告げたならば、老人はすぐにでも死んでしまう。
文献88

ヴァーマナ
VAMANA
⇨ ドワーフ

ヴァラ
VALA
⇨ ヴィーラ

ヴァルキュリア
VALKYRIES
　北欧およびゲルマンの神話に登場する戦闘のニンフ*、もしくは戦闘の乙女たちで、ヴァキュノル、ワルキューレとしても知られる。その名は「戦死者を選ぶ者」の意。ヴァルキュリアは最高神オーディンの侍女もしくはウィッシュ・メイドン*で、雲に乗って空を駆けるか、あるいは白鳥乙女*のように空中を飛んで戦場へと赴く。彼女たちは鎧に身を固め、強大な馬にまたがって、戦乱の地の上空を舞い、英雄たちを導き、死のキスをして戦死者を選び出す。それから意気揚々と、戦死した英雄たちの魂を天上の館ヴァルハラへ連れて行き、そこでオーディンとともに祝宴を開いて、敵兵の頭蓋骨を杯にして蜜酒を飲む。ヴァルキュリアは本来戦闘の乙女であるが、ノルン*の一人であるスクルドや、神格であるユーズル、ロタなど他の精霊*のグループを含むことが多い。ヴァルキュリアはもとは古代北欧神話集の『古エッダ』に登場する恐ろしい精霊であったが、のちにアイスランドの伝説集『ヴェルスンガ・サガ』やワーグナーの楽劇『ニーベルングの指輪』の中で大きく取り上げられ、注目されるようになった。ヴァルキュリアの人数は3人から27人までまちまちである。ヴァルキュリアの個別の名前には、以下のようなものがある。ブリュンヒルデ（ブリュンヒルド*）、ゲイレル、ゴリ、ゲル（「使者」の意）、ゴンドゥル（「女狼」の意）、ヘルド（「英雄」の意）、ヘルフィヨトゥル、ヒルデ（「戦争」の意）、ヒルド、フロック、フリスト（「嵐」の意）、ユーズル、ミスト（「雲の灰色」の意）、ラーズグリーズ、ランドグリーズ、レギンレイヴ、ロタ、シグルーン、スケッギョルド、スコグル（「運搬人」の意）、スクルド、スヴァーヴァ、スルーズ（「力」の意）、スルーズル、ウォルケンスルト（「雲の力」の意）。
文献20、29、33、40、41、56、88、92、93、95、114、119
⇨ **アルラウン、従者の精霊、バンシー、バン・ニィァハン、ボドヴ、モリーガン、付録16**

ヴァルジーノ
WALGINO
　ポーランドの民間伝承に登場する自然の精霊*。家畜の守護霊*と考えられていた。
文献102
⇨ **付録12**

ヴァルター
WALTHER
⇨ コーボルト

ヴァルトガイステル
WALDGEISTER
　ドイツと北欧の民間伝承に登場する森・樹木の精霊たちの名前。森には多数のヴァルトガイステルが住むとされ、彼らの中には善良な者も邪悪な者もいた。彼らは森に生える薬草を使った古来の治療法を知っていると考えられていた。ヒルデ＝モアー*やエルダー・マザー*も、ヴァルトガイステルの仲間である。
文献18、88、110
⇨ **精霊、付録19**

ヴァント
VANTH
　古代エトルリア神話に登場する女デーモン*。巨大な目がついた翼を持つ人間の姿で描かれる。彼女は燃え立つ松明と鍵を手に持ち、蛇を従えている。ヴァントが現われるのは死の前触れであり、彼女はつねに冷静で注意深い死の使いである。
文献93
⇨ **ボドヴ、付録16**

ヴイ
VUI
⇨ カト

ウィアード・シスターズ（三人の魔女たち）
WEIRD SISTERS
　ウィルズとしても知られるこの精霊*たちは、本来はアングロ・サクソンの「運命の三女神*」だった。しかしシェイクスピアの『マクベス』に見られるように、のちに女の魔法使いもしくは魔女に対してのみ、この呼称が用いられるようになった。
文献88
⇨ ウルズ、付録23

ヴィヴィアン
VIVIENNE
⇨ ニミュー

ウィー・ウィリー・ウィンキー
WEE WILLIE WINKIE
　イギリスの民間伝承に登場する眠りの精。本来はイギリスの子供部屋の妖精*の一つで、小さな子供たちが皆、夜安心してベッドの中に入って眠れるよう見守る妖精である。彼は伝承童謡や民衆歌の主題となっている。ウィー・ウィリー・ウィンキーはおもにイングランド東北部とスコットランドで知られており、ランカシャーではビリー・ウィンカー*という名で知られている。1841年にウィリアム・ミラーが作ったウィー・ウィリー・ウィンキーの童謡は大変な人気を博したが、これは以前から存在した眠りの精の伝説に基づいて作られたようである。
文献17、106
⇨ オーレ・ルゲイエ、守護霊、精霊、ダストマン、ミスター・サンドマン、付録22

ヴィゴナ
VIGONA
⇨ フィゴナ

ヴィジ＝アンヤ
VIZI-ANYA
⇨ ヴィズ＝アンヤ

ヴィジ＝エンバー
VIZI-EMBER
⇨ ヴィズ＝エンバー

ヴィシャプィ
VISHAPS
　元来はトルコ東部にあった古代王国ウラルトゥの宗教に登場する精霊*だったが、現在ではトリックスター*型のデーモン*に分類され、アルメニアの民間伝承に登場する。
文献119

ヴィシュヴァーヴァス
VISVAVASU
⇨ ガンダルヴァ

ヴィジ＝リーニー
VIZI-LEANY
⇨ ヴィズ＝リーニー

ウイス
WYLL
⇨ アル・ウイス

ヴィズ＝アンヤ
VIZ-ANYA
　ハンガリーに住むマジャール人の民間信仰や神話に登場する女の水の精。他のバルカン諸国ではヴィジ＝アンヤ*として知られている。彼女は「水の母」と呼ばれ、彼女を見ると不幸に見舞われると言われた。ヴィズ＝エンバー*、ヴィズ＝リーニー*、ヴィズ＝ムルト*といったハンガリーの他の水の精たちと関係深く、彼女はヴィズ＝エンバーの女性版であり、またヴィズ＝リーニーとは似通っている。ヴィズ＝アンヤは強力なデーモン*で、深い湖や、かなり大きな淡水域に住む。もしも彼女やその仲間の水の精を見ると、たいていは災難に見舞われる。ヴィズ＝リーニーは

水の乙女で、やはり彼女を見かけることは不幸の前兆であった。
文献88、102
⇨　クル、精霊、付録25

ヴィズ＝エンバー
VIZ-EMBER
　バルカン諸国に住むマジャール人の民間伝承に登場する水の精、あるいは水棲デーモン*。ハンガリーではヴィズ＝エンバー、その他のバルカン諸国ではヴィジ＝エンバー*と呼ばれる。対をなす女の水の精ヴィズ＝アンヤ*と同様、深い湖や広い淡水域に住む。ヴィズ＝エンバーはとりわけ邪悪な精霊*で、めったに姿は見せないが、生贄が捧げられないと声を発する。ヴィズ＝エンバーの声が聞こえたら、近いうちに誰かが溺死すると地元の人々は信じている。
文献88、102
⇨　ヴォディアノイ、クル、付録25

ヴィズ＝ムルト
VIZ-MURT
　バルカン諸国に住むマジャール人の民間伝承に登場する水の精。ヴィズ＝エンバー*に似て、彼も湖や川に住む水棲デーモン*で、生贄が捧げられないと、犠牲者が出る。
文献88、102
⇨　ヴォディアノイ、ヴ＝ムルト、付録25

ヴィズ＝リーニー
VIZ-LEANY
　バルカン諸国に住むマジャール人の民間伝承に登場する女の水の精で、ヴィズ＝アンヤ*よりも下位の精霊*。ハンガリーでは特にヴィズ＝リーニーと呼ばれる。その名は「水の乙女」の意。長い髪を垂らした人間の姿で描かれる。彼女が現われるのは、不幸と災難が訪れる前触れとされる。
文献83、102
⇨　ヴォディアニカ、クル、ルサールカ、付録25

ウィッシュト・ハウンドの群れ
WISHT HOUNDS
⇨　幽霊狩猟

ウィッシュ・メイドン
WISH MAIDENS
⇨　ヴァルキュリア

ウィッシュ・ワイフ
WISH WIFE
　ドイツの伝説や民間伝承に登場する女の精霊*で、呪文で現実世界に呼び出され、そこで彼女を呼び出した人間に仕える。ウィッシュ・ワイフの名は時にスクブス*に用いられることもある。あるいはヴァルキュリア*など、古代北欧の神々に仕える女精霊のことをウィッシュ・ワイフと呼ぶこともある。
文献92
⇨　従者の精霊

ヴィットラ
VITTORA
　現代ギリシアの民間伝承に登場する精霊*の名前。古代ギリシアのケール*にいくつかの点で似ている。暗闇の中をさまよう光となって現われたり、あるいは姿を見せずに溜息だけを夜間に発すると言われる。この精霊は人間の案内役、あるいは幸運をもたらす者として、一人の人間に生涯つきそうが、その人間が死ぬ少し前に、ヴィットラは次につきそう人間を捜す。その時に限ってのみ、人間はヴィットラの姿を見ることができ、ヴィットラが以前につきそっていた人間が良い人生を送ったと考えられれば、そのヴィットラを獲得することができる。
文献12
⇨　付録20

ウィッピティー・ストゥーリー
WHIPPITY STOURIE
⇨　ウーピティー・ストゥーリー

ウィッシュ・ワイフは魔法で呼び出され、人間に仕える。ただしスクブスである場合もあるので、注意が必要である。

ヴィ＝ヌナ
VI-NUNA
⇨　ヴ＝ヌナ

ヴィヒトライン
WICHTLEIN
　ドイツの炭鉱夫たちに伝わる鉱山の精*あるいはゴブリン*。長い髪とあごひげを生やしたドワーフ*の姿で描写され、茶色のフード付きの上着、エプロン、ズボン、長靴下、靴を着用しているとされる。道具が入ったベルトを締め、カンテラとつるはしを手に持っている。ヴィヒトラインは炭鉱夫たちに石を雨のように浴びせるのが好きだったが、石を浴びせられた時には必ず、石が降ってきた方向に豊富な鉱脈が見つかった。しかしヴィヒトラインが採掘している大きな物音が聞こえてくるのに、採掘の跡がまったく見当たらない場合は、落石などの災害が迫っていることを彼らが警告しているのだった。

文献38
⇨　コーボルト、小さな精霊たち

ヴィーラ
VEELA
　東ヨーロッパの民間信仰に登場する、森、小川、湖に住む妖精*あるいは精霊*。とくにバルカン諸国では、ヴァラ、ヴィル、ヴィラ、ヴィリ、ヴォルヴァ、ウィリなどさまざまな呼称で知られている。ギリシア神話の木の精ドリュアデス*に似て、ヴィーラも樹木の守護霊*であり、自分の行動圏に生えている薬草の知識に詳しい。ヴィーラは白い服を着た、長い髪を垂らした若く美しい娘として描かれる。彼女たちは月明かりの晩に、林間の空き地で音楽を奏でダンスを踊るのが大好きである。通常は人間に対し好意的であるが、ダンスを踊っているところを見た人間には、不運をもたらすこともある。林間の空き地でヴィーラを見かけた男性は、魔法をかけられたように魅了され、彼女を恋い慕うあまり、ついには死に至るのである。
　ヴィーラは群れをなす妖精と同様、共同体に暮らし、人間と結婚して子供を産むこともある。ムンヤはヴィーラと人間との間に生まれた娘の名前である。ヴィーラはまたウースード*と同一視される場合には、新生児の未来を定める。

文献41、44、88、93、102、110
⇨　ラヴィヨイラ、付録22、付録23

ヴィラ
VILA
⇨　ヴィーラ

ヴィラ・ビロン
VIRRA BIRRON
　オーストラリアの先住民アボリジニーの「夢の時」神話に登場する旋風の精霊*で、ウィリー・ウィリーとしても知られる。ヴィラ・ビロンは気難しい旅人で、怒ると通り道にあるものすべてを引き抜いて奪い取る。彼が速く進めば進むほど、より強く天高く旋風が巻き起こり、気を静めて用心深く進むよう懇願されても、まったく意に介さない。それゆえ彼には一人も友人がいないし、また友人など欲しいとも思っていない。疲れた時のみ立ち止まって、人間の姿をとる。しかしその時でさえ、彼は自分一人で踊ったり、少しだけぐるっと回ったりしつづけ、やがてまた旅に出るのである。

文献14
⇨　コンパーニン、ビッグ・パーラ、付録26

ヴィーラント・スミス
WEILAND SMITH
⇨　ウェーランド・スミス

ウィリ
WILLI
⇨　ヴィーラ

ヴィリ
VÍLY
　クロアチア東部、スラヴォニア地方の民間伝承に登場するこの妖精*は、ヴィーラ*もし

くはヴィラ*の変形で、風や嵐をつかさどる。彼らはスラヴォニアの山中の洞窟に住むと考えられており、田舎の人々はかつてヴィリのために花を供えていた。ヴィリは処女の霊魂から派生したと言われ、妖精となった今は男性を熱心に誘惑して、破滅へと導く。ヴィラは白鳥や馬の姿で現れることもある。人間に対してはおおむね親切だが、魔法の矢を放って、正気を失わせることがある。

文献93
⇨ 精霊、付録12、付録26

ウィリー・ワイリー・マン
WILLY WILY MAN
⇨ コンパーニン

ヴィル
VILE
⇨ ヴィーラ

ウィル・オ・ザ・ウィスプ
WILL O' THE WISP

イングランドのうら寂しい通り、脇道、荒野、沼沢地、湿地などに出没すると言われる妖精*もしくはピクシー*に対する最も一般的な呼称。悪戯好きで、夜道を行く疲れた旅人をランタンで誘導して道に迷わせ、どぶや泥沼へ入り込ませて災難に遭わせる。実際にはイグニス・ファトゥウス(鬼火)と同じで、これは沼地に発生するガスによって自然発火するものであり、地方の民間伝承ではだまされやすい人間に悪戯をする精霊*だとされた。1598年のヘンツナーによる記述には、カンタベリーとドーヴァー間を旅した時に「おびただしい数のジャック・ア・ランタン(鬼火)に遭遇し、我々は恐怖にとらわれると同時に驚嘆した」とある。この現象は他にも「修道士のランタン」「シルハムのランプ」「エルフ*の火」「ファイア・ドレイク*(火を吐く竜)」などと呼ばれる。場合によってはこの精霊はデーモン*であるとされ、また別の場合には不幸の前兆であると考えられている。あるいはまた人間をだまして財宝を守っている精霊だとされ、もう少しだが永久に手が届かないところに財宝を置いておいて、愚かな人間をからかうのである。同様の民間伝承は、鬼火の現象が発生する場所では必ず見られ、多数の興味深い名前や逸話が世界中に存在する。

ウィル・オ・ザ・ウィスプは以下のような名前でも知られている。

イングランド 灯し火持ったビリー(ヨークシャー西部)、火曜日のディック(東部諸州)、火の尻尾のジル(ウォリックシャー)、ヒンキー・パンク*(イングランド西部地方)、ホブ・ランタン*(イングランド中東部)、ホボルディーのランタン(ウォリックシャー、ウスターシャー、グロスターシャー)、ホビー=ランタン(ウォリックシャー、ハーフォードシャー、イースト・アングリア地方、ハンプシャー、ウィルトシャー、ウェールズ西部)、ジャック・ア・ランタン、ジャッキー=ランタン(ランカシャー)、火の尻尾のジェニー(ノーサンプトンシャー、オックスフォードシャー、コーンウォール州)、ランタン持ったジェニー(ノーサンバランド州、ノース・ヨークシャー)、藁束のジョーン*(サマーセット州、コーンウォール州)、ロウソク立てのキット(ハンプシャー)、キティー・キャンドルスティック(ウィルトシャー)、灯し火持ったキティー(ノーサンバランド州)、ランタン男(イースト・アングリア地方)、ウィル・オ・ザ・ワイクス(リンカンシャー)、ペグ=ア=ランタン(ランカシャー)、ピンケット(ウスターシャー)、プーク(ウスターシャー)、鍛冶屋のウィル*(シュロップシャー)、ジャック・オ・ウィスプ、修道士のランタン(イングランド西部地方)。

アイルランド きつね火、妖精の火、小さな炎を持ったウィリアム。これは鍛冶屋のウィルの話と同様の話である。

ウェールズ タン・エシル、エサスダン。

ドイツ ブルッド、ディッケポーテン(永遠にさまよう運命の人間、すなわち鍛冶屋の

ウィルと同じ)、イルリヒト(鬼火)。
フランス フ・フォレ(鬼火)、フィフォレ、サンド・ヤン・イ・タッド。
フィンランド リエッコ、リエッキエ。
北米先住民のペノブスコット族：エスクダイト。
旧ソビエト連邦のチェレミス人(マリ人)
カズナ・ペリ、イア・サルタク。
南米アマゾン流域のトゥピ・グアラニー族
バエタタ
チリ アリカント*。

　他にもウィル・オ・ザ・ウィスプまがいの悪戯をする精霊*として、ブーベル(マリ人／チェレミス人)、修道士ラッシュ*、白帽子のジャック*、スパンキー*、ピスキー、パック*、ロビン・グッドフェロー*(英国)、オラン・ブニイ*(西マレーシア)などがある。
文献15、17、28、40、88、92、97、107
⇨　エサスダン、サンド・ヤン・イ・タド、守護霊、ジル＝バーント＝テイル、ピスキー、ブベル、ポーク、リーキオ、付録20、付録24

ヴィルカノタ
VILCANOTA
　ペルーの古代インカ帝国の信仰に登場する川の精霊*、あるいはフアガス*の名前。
文献88、119
⇨　付録25

ウィルキー
WILKIE
　オークランド諸島(英国)のウェストレイ島にある古墳「ウィルキーの丘」に住むとされる妖精*。ウィルキーのことはよく知られておらず、明確には定義されていないが、「ウィルキーの丘」に供え物としてミルクが捧げられていたことから、妖精であると推測されている。
文献17
⇨　精霊

ヴィルジナル
VIRGINAL
　古代ドイツの『英雄の書』に登場する妖精*「氷の女王」の名前。彼女はオルティスという名の魔術師に捕えられ、氷の城に閉じ込められる。新月のたびに、女王は侍女である雪の乙女たちを一人ずつオルティスに引き渡さねばならない。するとオルティスは雪の乙女をむさぼり食うのである。女王に恋していた英雄ディートリヒは、ビブング*から女王が囚われの身であると知らされる。ディートリヒが女王を助け出し、彼女と結婚するが、ヴィルジナルは低地にあるディートリヒの城では生きつづけることができず、けっきょく氷の城へと帰ってしまう。
文献58
⇨　雪の女王

ウィルズ
WYRD, WYRDES
⇨　ウルズ

ヴィンテルコルベ
WINTERKOLBE
⇨　ルンペルシュティルツヒェン

ヴ＝ヴォゾ
VU-VOZO
　ロシアのヴィヤトカ地方に住むヴォチャーク族の伝承に登場する水の精。彼は淡水の守護霊*らしい。ヴォチャーク族の人間は、知らない土地で淡水の水源から水を飲む時には、ヴ＝ヴォゾに呼びかけてから水を飲むが、それは彼に敵意を持たれて復讐されるのを防ごうとするからである。ヴォチャーク族は次のような祈りの言葉を唱えたとされる。「私を襲わないで下さい。それよりもロシア人の女か、チェレミス人を襲って下さい」
文献88、109
⇨　クル、デーモン、付録25

ヴェーターラ
VETĀLA
　インド南部のタミル族の民間伝承に登場するデーモン*で、ベーターラとも呼ばれる。人間の姿をしているが、その髪の毛は逆立ち、手足は後ろ向きに付いているとされる。ヴェーターラはデカン高原にあるいくつかの村の守護霊*とみなされ、彼のために赤く塗られた特別な石の中や、その地方に残る古代のストーンサークル（環状列石）の中に宿るとされる。彼は墓地やうら寂しい場所に潜み、夜遅く旅する者に悪いいたずらをして怖がらせる。チェーヴィ・レディが夜遅く畑から戻る途中で、ヴェーターラと遭遇して戦った話からわかるように、ヴェーターラは勇敢な人間を認めると、その人間に恩恵を施す。
文献68、88

ヴェッリネ
VERRINE
⇨　悪魔

ヴェデンハルティア
VEDENHALTIA
　エストニアの民間信仰に登場する水の精の名前。
文献88
⇨　コディンハルティア、タロンハルティヤ、ドモヴォーイ、トントゥ、ハルジャス、ハルド、メツァンハルティア、付録25

ウェミクス
WEMICUS
　北アメリカ先住民のティミガミ・オジブワ族の民間信仰や伝説に登場する、トリックスター*型精霊*の名前。
文献88

ヴェーヤスマーテ
VĒJASMĀTE
　ラトヴィアの民間信仰に登場する女の自然の精霊*の名前。その名は「風の母」の意で、彼女は風の守護霊*である。彼女と対をなす男の精霊はヴェヨパティスで、その名は「風の主」を意味し、風の守護霊としてリトアニアの民間信仰に登場する。
文献88
⇨　マーテ、付録26

ヴェヨパティス
VEJOPATIS
⇨　ヴェーヤスマーテ

ウェーランド・スミス
WAYLAND SMITH
　イングランドの伝説と民間伝承によれば、ドイツと北欧でヴェルンド*と呼ばれる妖精*を、イングランドではウェーランド・スミスと呼ぶ。ヴェルンドの伝説と同型のウェーランド・スミスに関する伝説が、ヴァルデレ写本（1000年頃）の中に記されている。この写本が書かれる以前にも、ウェーランドの鍛冶場は重要視され、たいていどこかの古代環状列石に鍛冶場があるとされた。855年に書かれたバークシャー憲章の中に、ウィーンデス・スミディ（Weandes Smidde）のことが取り上げられていることからも、このことは明らかである。バークシャー憲章の中で言及されているバークシャー（現在のオックスフォードシャー）の古代のリッジウェイ（尾根づたいの道）には、今日に至るまでずっと同じ巨石墓（ドルメン）が建っており、それが今ではウェーランドの鍛冶場と呼ばれている。
　ウェランド・スミスとも呼ばれるこの妖精は、さまざまな姿で描写され、人間の目には見えないとか、巨人であるとか、あるいはエルフ*でありドワーフ*の仲間であるとか言われた。しかしもっと明確な特徴として挙げられたのは、その金物細工の腕前だった。アルフレッド大王（899年没）は彼のことを「かの有名な賢明なる金細工師ウェルンド」と呼んだ。ウェーランドは刀と武具の製造者として名高く、特に8世紀頃の英雄叙事詩『ベーオウルフ』と、12世紀のフランス・アングレーム宮廷の年代記に彼についての記述があ

る。その後英国では、この妖精はうら寂しい古代の丘の上の砦や、環状列石、聖なる遺跡などに住み、その鍛冶屋としての優れた腕前によって用心深い旅人たちを引きつけた。ウェーランドの鍛冶場の外に馬と小銭とを置いておくと、翌日新しい蹄鉄が付けられていたと言われる。1738年にフランシス・ワイズがミード医師宛に出した手紙の中に、その話が書かれている。ウォルター・スコットは著書『ケニルワース（*Kenilworth*）』(1821年)の中で、ウェーランドの伝説を紹介している。またラドヤード・キプリングは『プークが丘のパック（*Puck of Pook's Hill*）』(1906年)の中で、鍛冶屋の妖精の伝説を形を変えて語っている。「ウェーランドの池」など数多くの場所が、この妖精の仕事場だとされている。「ウェーランドの池」はサマセット州のシュヴァージの森の近くにある池で、ウェーランドはその池の水で鉄を冷やして、幽霊狩猟*に使う馬の蹄鉄を鋳造すると言われている。地元の人々の話によると、その池のそばではどんな馬でもおとなしくしており、たとえ馬主が馬を降りてどこかへ歩き去ってしまっても、馬はそのまま留まっているという。

文献40、41、56、114、133、135
⇨ イルマリネン、ゴヴニウ、ゴファノン、付録14

ウェランド・スミス
WELAND SMITH
⇨ ウェーランド・スミス

ヴェリエ
VERRIER
⇨ 悪魔

ウェルザンディ
WERDANDI
⇨ ノルン

ヴェルデレト
VERDELET
16世紀ヨーロッパの鬼神学に登場する使い魔*もしくはデーモン*の名前。ヴェルデレトの任務は、魔女たちを魔女集会へ送り届けることである。

文献53
⇨ 付録8

ヴェルニアス
VELNIAS
リトアニアの民間伝承で、降格させられた悪魔を指す呼称。いくらか軽蔑的な呼称で、弱体化した悪魔を「オールド・ホーニー*（角の生えたやつ）」と呼ぶのとよく似ている。死人を意味する語 vele もしくは velionis から派生した名称である。ヴェルニアスはたいてい19世紀ドイツの伊達男の姿で描かれる。

文献88、93

ヴェルブティ
VERBTI
アルバニアの民間伝承に登場するデーモン*。彼の名から派生した語 verbi（ヴェルビ）は「盲人」を意味したので、ヴェルブティを呼び出すと失明すると言われた。この呪いの言葉は、ヴェルブティ崇拝を排斥して人々をキリスト教に改宗させるために利用された。ヴェルブティはもとは火と北風を司る神だったのだが、こうして下位のつまらないデーモンへと降格させられてしまった。

文献93

ヴェルンド
VÖLUND/R
イングランドの伝説に登場する鍛冶屋の神ウェーランド・スミス*のことを、北欧およびゲルマンの神話ではこう呼ぶ。ヴェルンドは賢いエルフ*（小妖精）として描かれるが、たいていの場合は金物細工師としてドワーフ*と結びつけられている。ヴェルンドはエルフの王の息子だと言われ、彼にはスラグヴィズとエギルという兄弟がいた。三兄弟はみな白鳥乙女*と結婚していた。古代北欧の神話・詩歌集『古エッダ』によれば、ヴェルンドは巨人ミーミルのもとで徒弟奉公し、そ

の後二人のドワーフの徒弟になったが、ヴェルンドは口論のすえ彼らを殺してしまった。ヴェルンドの腕の良さは評判になり、邪悪な者たちの注目も引くようになった。ヴェルンドはスウェーデンのニーズズ王のもとに無理やり雇い入れられたが、王はヴェルンドが盗みを犯したとして彼をとがめ、彼の脚の筋を切って不具にした。こうしてヴェルンドはこの邪悪な王のために働かざるをえなくなった。ヴェルンドはまずニーズズ王の二人の息子を鍛冶場に誘い込んで殺し、息子たちの頭蓋骨に宝石をちりばめて、酒杯としてニーズズ王に送りつけた。それからニーズズ王の娘であるベズヴィルドをおびき寄せて強姦した。そして弟のエギルの助けを得て、牢獄の中で翼をこしらえて自由に羽ばたき、牢獄から逃げ去った。イングランドの伝説によれば、彼はイギリスへと逃げ去ったが、これは白鳥乙女の妻アルヴィトを追ってのことだったという。
文献41、56、114、133、135
⇨　ゴヴニウ、付録14

ヴェレケーティ
VEREKETE
⇨　アヴェレケテ

ヴェーレス
VELES
　スラヴ民話に登場するデーモン*の名前。家畜の群れを司っていた古代の神が降格させられてヴェーレスになった。
文献41、93

ウォコロ
WOKOLO
　ナイジェリアのバランバ族の民間信仰に登場するデーモン*の名前。このごく小さい悪魔*は、小川・河川の堤や木々に住む。ウォコロは手当たり次第に人間めがけて矢を放つが、人間はウォコロを避けることができない。そしてその矢が当たった人間には不幸がもたらされる。
文献102

ヴォディアニカ
VODIANIKHA
　ロシアの民間伝承に登場する精霊*で、ヴォディアノイ*の妻。巨大な乳房と、長くもつれた髪を持つ裸の女性の姿で現れると言われる。川の土手で、水を滴らせながら髪を梳いているヴォディアニカの姿が時々見られる。彼女は溺死した乙女の亡霊だとも、水の精ルサールカ*の一人だとも、あるいは女のヴォディアノイだとも言われる。
文献75
⇨　付録25

ヴォディアノイ
VODIANOI
　ロシアの民間伝承に登場する危険な水の精で、ヴォジャノーイ、ヴォディヤノイ、ヴォドニクとも呼ばれる。さまざまに姿を変える精霊*で、羽根の生えた、コケで覆われた丸太になって水面に浮かんでいることもあれば、青い顔に白いあごひげを生やし、緑色の髪の毛をした老人の姿をとることもあった。あるいはまた、鉤爪のある巨大な手足、燃えるように赤い目、角、尾を持ち、全身うろこか毛皮に覆われている老人の姿をとることもあれば、大きな魚そのものの姿で現れることもあった。人間の姿をとるときは、月の満ち欠けによって若く見えたり年取って見えたりした。ヴォディアノイは水中深くに住むとされたが、水底に美しく輝く宮殿を持ち、一年のうちの何夜かはその宮殿がきらきらと照り輝くのだとも、水底の泥砂の上に暮らし、時には泥砂にまみれているのだとも言われた。ヴォディアノイは川や水車用の貯水池などにこっそり忍び込み、無用心な人間を水中におびき寄せて、残酷な死に至らしめた。粉屋と漁師を除くすべての人間を、ヴォディアノイは脅かした。夜間、たいてい水車用導水路の中で、肉体を備えた姿になることが多かった。ヴォディアノイが人に危害を加えないように、粉屋は若い雄鶏を生贄に捧げてヴォディアノイをなだめた。過去にはしばしば、酔っ払って水車小屋の近くを通りかかったよそ者が、

ヴォディアノイへの生贄として犠牲になったものである。
文献29、44、75、93、99、102、119
⇨ ヴィズ＝ムルト、ヴ＝ムルト、ナック、ニクス、緑の牙のジェニー、付録12、付録25

ウォフ・マナフ
VOHU MANAH, VOHUMANAH
　ゾロアスター教に登場するアムシャ・スプンタ*の一員で、最高神アフラ・マズダに仕える従者の精霊*である。その名は「善き考え」の意で、慈善の心に満ちあふれた精霊である。ウォフ・マナフはとりわけ地上の優しい生物に関心を持ち、特に牛のことを気にかける。彼はまたマニ教徒の間ではワフマンとして知られている。
文献93、119
⇨ 守り神

ヴォルヴァ
VÔLVA
⇨ ヴィーラ

ウォルファト
WOLPHAT
⇨ オリファト

ヴ＝クティス
VU-KUTIS
　この水の精は淡水に宿る慈悲深い精霊*で、ロシアのヴィヤトカ地方に住むオスチャック族とヴォチャーク族の伝承に登場する。その名は「水棲の攻撃者」と訳されてきた。攻撃者として描かれるのは、おそらく人間を苦しめる病気やデーモン*に対し、彼が熱意をもって戦ってくれることに感謝してのことだと考えられる。
文献102
⇨ アス＝イガ、クル、付録25

ヴクブ＝カキシュ
VUCUB-CAQUIX
　中央アメリカのキチェ族（マヤ族の一種族）の古代神話に登場するデーモン*の名前。キチェ神話を集めた聖なる書物『ポポル・ヴフ』の中にこのデーモンの記述があり、あまりにも慢心したヴクブ・カキシュが「自分は太陽であり月であり光である」と称する様子が描かれている。けっきょく彼はフナプーとイシュバランケという天の双子によって罰せられ、倒される。
文献93

ウクラン・トヨン
UKULAN-TOJON
　シベリアのヤクート族の信仰に登場する、強力な自然の精霊*。この精霊の許可なくしては、水源を利用することも、水流をまたぐこともできない。ウクラン・トヨンの許しを得るためには、まずしかるべき供物か神酒を捧げなければならない。
文献33
⇨ 付録25

ウーグンスマーテ
ŪGUNSMĀTE
　ラトヴィアの民間信仰に登場する女の自然の精霊*の名前。その名は「火の母」の意で、人家の炉辺の火の守護霊*である。
文献88
⇨ ラウクマーテ、付録22

ウジエル
ŪZZIEL
　ヘブライの神秘主義や天使論における主要な天使*の一人の名前。ウジエルとは「神の力」の意。ミルトンの『失楽園』の中で、ウジエルは大天使ガブリエル*に次ぐ天使として登場し、見張りをするようガブリエルに命じられている。
文献40、114

牛耳さん
COWLUG SPRITES
　イングランド北部のボーデンとゲイトサイドに伝わる、この地方特有の精霊*もしくは

インプ*。ウシに似た大きな耳で見分けがつく。「牛耳さんの晩」に悪戯をするが、ウィルキー氏の記述からは、その晩がいつで、どのような悪戯が行なわれるのかはわからない。
文献17、66
⇨　スプライト

ウステル・オロル
ÜSTEL OROL
⇨　チェムブラト

ウースード
OOSOOD
　セルビア人の民間信仰における女の誕生の精。妖精*の一種であるヴィーラ*と似ているが、彼女が訪れた子供の母親にしかその姿は見えない。ウースードは、新生児のもとへ誕生から七日目の晩にやってきて、その子の運命を宣告する。
文献41
⇨　運命の三女神、エシュ、精霊、チャン・シエン（張仙）、ノルン、ビー・シャ・ユエン・ジュン（碧霞元君）、ベイフィンド、モイラ、付録22、付録23

ウゼダシュ
UŽEDƏŠ
⇨　チェムブラト

ウーダ
UDA
　旧ソビエト連邦のマリ人（チェレミス人）の民間信仰に登場する悪魔*の名前。ウーダを追い払うため、家の玄関ドアや畑の通用門の上に鉄片が置かれる。
文献118

ウー・チャン・グイ（無常鬼）
WU CHANG GUI
　中国の伝承と伝説に見られる精霊*。悲しみのあまり死んだ者や自殺した者の霊魂が変化したものである。グイ（鬼）*とは現在では「一時性」を意味し、彼らは地獄の使者である。無常鬼はたいていマー・ミエン（馬面）*（馬面のデーモン*）とニウ・トウ（牛頭）*（牡牛の頭をしたデーモン）と一緒にいる。無常鬼には二種類あり、それらはヤン・ウー・チャン（陽無常）*とイン・ウー・チャン（陰無常）*として知られている。陽無常は男の地獄の使者であり、その顔は白く塗られ、広い服と広い帽子を被っている姿で描かれる。50歳以下の人間を冥界に召喚するのは彼である。一方陰無常は女の地獄の使者であり、その顔は黒く塗られ、黒い服を着ている姿で描かれる。50歳以上の人間を冥界に召喚するのは彼女である。
文献39、87、88、131
⇨　付録16

ウティ・ヒアタ
UTI HIATA
　北アメリカ先住民のポーニー族の信仰や伝説では、ウティ・ヒアタとはコーン・マザー*を指す名前である。
文献25
⇨　付録15

ウーデンスマーテ
ŪDENSMĀTE
　ラトヴィアの民間信仰に登場する、女の自然の精霊*の名前。その名は「水の母」の意で、淡水の守護霊*である。
文献88
⇨　ウーグンスマーテ、付録25

ウドゥグ
UDUG
　シュメール神話に登場する悪霊の呼称。邪悪なデーモン*で、バビロンのウトゥック*に相当する。
文献93
⇨　精霊

ウトゥック
UTUKKU
　古代アッシリアやバビロニアの信仰や神話

に登場する悪霊、悪魔*、デーモン*たちの総称。ウトゥックには二種類あり、慰められるまでさまよい続ける死者の霊魂の場合と、英知の神エアの胆汁から生まれたとされる真の悪霊の場合があった。後者の場合、ウトゥックは鉤爪を持ち、角が生えた動物の頭をした恐ろしい人間の姿で現われる。彼らは岩場の穴の中、洞窟、うらさびれた廃墟に住み、接触を持った人間すべてに、病気、犯罪の思いつき、罪深い行為、災害をもたらした。
文献93、102
⇨ **精霊、ウドゥグ、付録12**

ウトラ
UTHRA
グノーシス主義的解釈では、ウトラはキリスト教の天使*に相当する。
文献29
⇨ **精霊**

ウーナ
ONAGH, OONAGH
フィンヴァラ*とウーナはアイルランドの民間伝承に登場するシー*の最高位の王と王妃であり、進貢国の女王であるクリオズナ*、イーヴィン*、アーネ*に忠誠心を抱かれている。ワイルド夫人によれば、ウーナは地面に引きずるほど長い金髪をしており、きらきら輝く銀色のゴッサマーで織った美しい衣をまとっているという。ウーナは地上のいかなる女性よりも美しいのだが、王は不誠実で、魔法の音楽で人間の女性を魅惑しては恋愛遊戯をする。
文献17、18、125

ヴ゠ヌナ
VU-NUNA
慈悲深い水の精で、ロシアのヴィヤトカ地方に住むヴォチャーク族の民間伝承に登場する。ヴィ゠ヌナとも呼ばれる。その名は「水の伯父」の意。彼は病気をもたらす水棲デーモン*のユアンキ゠ムルト*と戦う精霊であると考えられている。

文献102
⇨ **アス゠イガ、クル、付録25**

ウ・パカ
UPAKA
⇨ **ナット**

ウーピティー・ストゥーリー
WHOOPITY STOORIE
スコットランドの民間伝承に登場するこの妖精*は、ウィッピティー・ストゥーリー、ワッピティー・ストゥーリー、フィトルトットとも呼ばれる。たいていは緑色の服を着た奇妙な様子の老女の姿で現われる。いくつかあるウーピティー・ストゥーリーの話は、トム・ティット・トット*の話と同型である。そのうちの一つによれば、ウーピティー・ストゥーリーは分娩中の牝豚の命を救い、その代償として豚の飼い主に娘を要求し、三日以内に妖精の名前がわからなければ娘をもらっていくと言った。幸運にも娘の母親である飼い主は妖精の名前を知ることができ、娘を救うことができた。また別の話によると、ハベトロット*の伝説と同様、ウーピティー・ストゥーリーは糸を紡ぐ妖精である。ある若い花嫁が、夫にシャツにするための亜麻糸を紡ぐよう頼まれた。彼女が糸紡ぎができないと告白すると、夫は自分が旅から戻るまでに、彼女が100かせの亜麻糸を紡いでなければ、彼女を離縁すると言い張った。絶望した彼女は丘の斜面をさまよい歩き、大きな丸い石の上に腰かけて泣いていた。不意に妖精の音楽が聞こえてきたので、彼女は身を守るためのナナカマドの小枝を持って、石を持ち上げた。するとその下が緑色の洞窟になっていて、洞窟の中には緑の服を着た小柄な老女たちが六人おり、皆大きく歪んだ口元をしていた。娘がていねいにあいさつをすると、老女たちが娘になぜ泣いていたのかと聞くので、娘は自分の窮状を話した。すると老女たちは、夫が戻った時に自分たちを夕食に招待してくれれば、問題はすべて解決するだろうと言った。はたして娘は言われたとおりにした。彼女の

夫は緑色の服を着た小柄な老婦人たちを慇懃に迎え入れたが、いちばん年上のウーピティー・ストゥーリーに、どうして皆そんな歪んだ口元をしているのかと失礼を詫びながら訊ねた。ウーピティー・ストゥーリーは、それはずっと糸紡ぎをやっているからだ、と答えた。以後夫はそれ以上騒ぎ立てることなく、美しい自分の妻にはいっさい糸紡ぎをさせまいと心に決めたということである。
文献15、17、18、80
⇨　スプライト、精霊、付録14

ウーフ
OUPHE
⇨　アウフ

ウピィリ
UPYRI
　ロシアの民間伝承に登場する水の精。邪悪な精霊*で、河川や小川の土手に住む。そのあたりではルサールカ*も見かけることがある。
文献75
⇨　付録25

ウーベル
UBER
⇨　ブベル

海の老人
OLD MAN OF THE SEA
　この恐ろしいジン*についての詳細は、『アラビアン・ナイト』の中のシンドバッドの五番目の航海の物語に述べられている。砂漠のデーモン*またはフィーンド*で、男たちの背中に乗り、その人が力尽きて死ぬまでしつこくしがみつく。シンドバッドはどうにかこれを払いのけて殺すことができた。
文献36、88
⇨　スクブス、ナイトメア（夢魔）、マーラ

ウーム・セビアン
OUM ÇEBIANE
　モロッコの民間信仰における女のジン*。「子供たちの母」という意味で、これは悪意に満ちたこの精霊*が子供たちに敵意を抱くのを防ぐために用いられている呼び替え名である。彼女は姿を見せずに赤ん坊をつねったりたたいたりし、ひきつけを起こして死ぬまで絶え間なく泣かせる。母親たちは、赤ん坊の身体の上に魔よけを置いてこの悪霊から守っている。
文献90
⇨　ハデム・ケムクオマ、付録22

ヴ＝ムルト
VU-MURT
　邪悪な水棲デーモン*で、ロシアのヴィヤトカ地方に住むヴォチャーク族（フィン＝ウゴール語族）の伝承に登場する。その名は「水の精」の意。裸の男あるいは女の姿で現われ、川の堤の上で長い黒髪を梳いているとされる。ヴ＝ムルトはヴィヤトカ地方の川や湖に住み、そこで生贄として人間が差し出されるのを待っている。もしも生贄が供されないと、ヴ＝ムルトが大きな声を水面にとどろかせるのが聞こえてくる。そんな時は、ヴ＝ムルトが自ら生贄を選んだのだと、近くの住民たちは知るのだった。漁師や水車小屋の粉屋たちは、しばしばこの精霊*に供物を捧げて、害悪が及ぼされるのを防ぎ、水や魚が十分供給されるよう願った。ヴ＝ムルトは、マジャール人の民間伝承に登場するヴィズ＝エンバーに相当する。
文献88、102
⇨　ヴィズ＝ムルト、ヴォディアノイ、クル、付録25

ウモット
UMOT
　ボルネオの陸ダヤク族の信仰に登場する邪悪な超自然存在で、この精霊*については1865年に出版された書物に記述がある。身体中が毛に覆われている野人の姿をした、獰猛で血

に飢えた生き物として描かれている。この邪悪で貪欲な生き物には、ウモット・シシ、ウモット・ペルバク、ウモット・ペルソングの三種がある。ウモット・シシはめったに見られないが、彼らは夜間に人家のまわりをうろつき、家の床板の隙間から地面に肉が落ちていないか捜す。彼らが家の下でムシャムシャ肉を食らう音がよく聞こえる。ウモット・ペルバクはもっと侵略的で、肉眼では見えない姿で人家に入り込み、貯蔵がめの中の米を人間より先に平らげてしまい、人間を飢えさせる。ウモット・ペルソングはもっとずる賢く、目に見えない姿か、あるいはネズミの姿をとって、人家の屋根裏にある穀物貯蔵所に入り込み、気づかれないうちにそこにある収穫物をすべて食べてしまう。これらの精霊は人間の共同体に飢饉と病気をもたらすとされ、おおいに怖れられている。

文献57

ヴヤンタラス
VYANTARAS

インドのジャイナ教徒の神話に登場する木の精だと言われる。おそらくヴリクシャカス*と同一である。

文献6

⇨ 精霊、付録19

ウーラカンヤナ
UHLAKANYANA

南アフリカの民間伝承に登場するよこしまで意地の悪いドワーフ*で、妖精*の父と人間の母の間に生まれた子供と言われる。その姿はしなびた醜い老人のドワーフ、すなわちノーム*のように描かれる。ウーラカンヤナはトリックスター*で、道徳観念とは無縁の悪戯を働くが、その悪戯は無邪気なものに終わらず、むしろ悪意のあるものになりがちである。

文献56

⇨ 精霊

ウーラニアー
URANIA

⇨ ムーサイ

ウリエル
URIEL

大天使*の名前で、「神の火」を意味する。ウリエルはユダヤ教とキリスト教の聖典に登場する七人の大天使の一人である。彼は「光明をもたらす者」として知られ、聖書外典によれば、エズラの質問に答えるため神に遣わされた（エズラ第二書4）。ミルトンの『失楽園』では、ウリエルは「もっとも鋭い眼識を持つ天使*」の一人として描かれている。

文献40、93、114

⇨ 付録1、付録13

ヴリクシャカス
VRIKSHAKAS

インドのヒンドゥー教神話に登場する精霊*たち。慈悲深い木のニンフ*たちで、古代ギリシア神話のドリュアデス*と同様、森林や個々の樹木を守る精霊たちである。樹木の幹から出てくる官能的な女性の姿で描かれる。ヴリクシャカスは水の精アプサラス*とともに、雨と雷の神インドラの従者を務める。

文献102

⇨ ウルヴァシー、ガンダルヴァ、デーヴァ、付録19

ウリシュク
URISK

スコットランドの民間伝承に登場する粗野なブラウニー*の一種で、その名は「水の精」を意味する。ウーリシュク*とも呼ばれる。古代ギリシア神話の牧神サテュロス*やローマ神話のファウヌス*のように、ウリシュクは半ば人間、半ばヤギの姿で描写された。彼らはスコットランド高地地方の荒れ地に住み、なかでもトロサックス渓谷にあるカトリン湖は、彼らが好んで集まる場所だった。ウリシュクの一人一人は、ライアン渓谷のタンドラムとベイン・ドレイン近くの滝に住んでい

た。ウリシュクは普段は独り暮らしの妖精として生きているが、家畜の番をしたり、穀類をうすでひいたり脱穀したりといった農作業もするので、自作農場のあたりにウリシュクがやって来ると非常に幸運だと考えられていた。とはいえ、ウリシュクはふざけがちで気に入った女性を追い回すところがあり、また羊を殺してしまうことがあった。ウリシュクは醜悪な姿をしていたので、人気のない夜道を行く旅人の前に突然姿を現わし、旅人と連れ立って歩こうとしても、旅人には恐れられ、いやがられた。

文献15、17、18、69、81、123
⇒ キルムーリス、ピヤレイ、フーア、フォーン、付録12、付録25

ウーリシュク
URUISG
⇒ ウリシュク

ヴリトラ
VRITRA
　インドのヒンドゥー教神話に登場するデーモン*の名前。早魃をもたらすデーモンで、アスラ*神の一人。ヴリトラとは「遮蔽物」の意。その姿は雲、蜘蛛、蛇などさまざまに描写され、しばしばアヒと同一視される。彼は自然を破壊する異分子なので、雨と雷の神インドラと敵対し、最終的にはインドラ神によって殺される。そして山中に囚われていた「雲の牛群」（雨）が解き放たれるのである。
⇒ 付録12

ウルヴァシー
URVASI, URVASHI
　古代インドのヒンドゥー教神話に登場するアプサラス*、すなわちニンフ*の一人の名前。ウルヴァシーの話は、『リグ・ヴェーダ』やラビンドラナート・タゴールのベンガル語詩『ウルヴァシー』（1893年）に登場する。伝説によれば、プルーラヴァス王がヒマラヤで狩りの途中に助けを求める声を聞き、二人のアプサラスをデーモン*の魔手から救った。そのアプサラスたちの一人がウルヴァシーで、王は彼女の美しさに魅了され、結婚を申し込んだ。ウルヴァシーはこの申し出を、王が自分に決して裸体を見せないことを条件に受け入れた。一方、天界でアプサラスたちの夫であるガンダルヴァ*は、なんとかウルヴァシーを取り戻そうと画策した。魔法を使ってウルヴァシーのペットの子羊を毎夜盗み、プルーラヴァス王の面目を失わせた。王が羊泥棒を止めようとして裸のままベッドから飛び出したちょうどその時、ガンダルヴァは稲妻を落として、裸の王の姿を照らし出した。こうして王とウルヴァシーとの約束は破られ、ウルヴァシーは雨と雷の神インドラが支配する天界へと戻っていった。王は悲嘆に暮れて、彼女を探し出そうと至る所へ行った。ある日、王が湖水上の白鳥の群れに目を留めると、その中の一羽が自分はウルヴァシーだと明かし、まもなく王の子供が生まれるのだと言った。そしてその年の大晦日にもう一度ここに来れば、息子の姿を見せようと言った。言われたとおりに王が湖畔へ行くと、ガンダルヴァが現われて王をウルヴァシーのもとへと連れていった。そこは王がはじめてウルヴァシーに会った美しい黄金の宮殿の中だった。ウルヴァシーは王に、朝になればガンダルヴァが願いごとを一つかなえてくれるだろうから、そうしたら自分も天界の人間になりたいと願うようにと言った。王がそう頼むと、ガンダルヴァは王に、まず聖火を地上に持っていき、生贄を捧げなければならないと言う。王は息子とともに聖火を持って家に戻ったが、疲れのあまり聖火を放置した一瞬の間に、火は消えてしまった。火が置いてあった場所には、代わりにサミの木とアスアッサの木が生えていた。ガンダルヴァは王に、二本の木からそれぞれ一本ずつ枝を切り取り、それらをこすり合わせれば、聖火をふたたび手に入れることができるだろうと助言した。こうして聖火を起こす方法を知ったプルーラヴァス王は生贄を捧げ、ついには息子と一緒にインドラの天界へと永遠に迎え入れられた。

文献29、102、111、114

⇨　アンガス・オーグ、ヴリクシャカス、デーヴァ、白鳥乙女、妖精

ウルシトリー
URSITORY

　ポーランド、ロシア、セルビア、ルーマニアに住むロマ（ジプシー）の民間信仰に登場する、運命の三妖精*あるいは三精霊*。ウルシトリーは男の妖精たちであり、女の妖精たちは「ウルメ」として知られている。彼らは人間の赤ん坊が生まれて三日目の夜に現われて、その赤ん坊の運命を定める。赤ん坊とその母親とドラバルニ（薬草売りの女性）だけが、ウルシトリーの姿を見ることができる。ひとたび彼らに定められた運命は、決して変えることができない。

文献31、93
⇨　ウースード、エシュ、チャン・シエン（張仙）、パルカイ、ビー・シャ・ユエン・ジュン（碧霞元君）、ベイフィンド、モイラ、付録22

ウルズ
URD

　北欧およびゲルマン人の神話に登場するノルン*（運命の三女神）の一人の名前。Urd、Urdur、Urdhr、Urth、Wurd、Wyrdなど、さまざまな綴りと呼称で知られている。ウィルド（Wyrd）はアングロ・サクソン人による呼称で、これがもとになってのちに英語圏で「ウィルズ」あるいは「ウィアード・シスターズ*」という呼称が生まれた。ウルズは過去の女神で、絶えず過去を振り返っているため、死と冥界の女神ヘルと関係がある。

文献33、88、95
⇨　精霊、付録16

ウルド
URD, URDUR, URDHR, URTH
⇨　ウルズ

ウルメ
URME
⇨　ウルシトリー

ウルリクムミ
ULLIKUMMI

　古代アナトリア（小アジア半島）の神話に登場するデーモン*の名前。他の神々の反乱によって退位させられた天上の王クマルビが、王権を奪還するための助力者として、石からウルリクムミを創り出した。

文献93

ヴロウエルデン
VROUELDEN
⇨　ベン・ソシア

ウンクトメ
UNCTOME
⇨　イクツィニケ

ウンディーネ
UNDINE

　錬金術師パラケルスス（1493～1541年）が定義した四大精霊*のうちの一つ。パラケルススは世界を構成する四元素にそれぞれ精霊*をあてた。ウンディーネは水の精で、人間に似た姿で描かれるが、魚や蛇の姿をとることもある。彼らは柔らかく冷たい肌をし、その性格はものぐさで信頼できないとされた。オカルト主義者エリファス・レヴィによれば、ウンディーネの王の名はヒックスである。ウンディーネの話に次のようなものがある。ある漁村に住んでいた人間の夫婦が子供を亡くしたが、そのすぐあとに玄関前に赤ん坊が置き去りにされているのを見つけた。そこで夫婦はその赤ん坊を自分たちの子供として育てた。やがて赤ん坊は真珠のような肌と緑の目を持つたいそう美しい娘に成長したが、娘の気質は情愛深いと同時に移り気でもあった。騎士ヒルデブラントは娘を一目見るなり恋に落ち、彼女を妻にめとった。しかしヒルデブラントはベルタルダという娘に心奪われ、ウ

ンディーネを裏切ってしまう。こうして誓いが破られてしまったため、ウンディーネはマーフォーク（海の民）に呼び寄せられ、海へと帰ってしまった。ところがヒルデブラントがベルタルダと結婚式を挙げる日の前夜に、彼が中庭の井戸のところへ行くと、そこにウンディーネがいるではないか。ウンディーネはヒルデブラントを抱きしめ、彼の魂を水中へと持ち去り、井戸のそばには彼の身体だけが残された。

文献40、53、92、132、136
⇨ コールマン・グレイ、スキリー・ウィデン、ニンフ、緑の子供、付録12、付録22、付録25

ウンデュール・シェルト
UNDUR ŠƏRT
旧ソビエト連邦のマリ人（チェレミス人）の民間伝承に登場するケレメト*あるいは悪霊。この精霊*を慰めるためには、牝羊を生贄に捧げる。

文献118
⇨ チョルト

ウンバチュ・コシュツァ
ÜMBAČ KOŠTŠƏ
⇨ チェムブラト

ウンバル・ケレメト
ÜMBAL KEREMET
⇨ チェムブラト

運命の三女神
FATES, THE
古代ギリシアとローマの神話に登場する三人の精霊*で、カタクロテス*（「糸を紡ぐ人」という意味）、パルカイ、モイラ*とも呼ばれる。それぞれの名前はクロートー*、ラケシス*、アトロポス*。クロートーは、糸巻き棒や、生き物の命の糸を紡ぐ紡ぎ車とともに描かれる。三人はふつう、生き物の命の糸を紡いで、測って、切る老女の姿でそれぞれ表現される。ギリシアでは現代でも、赤ん坊が生まれたときに、幸運と長寿に恵まれるよう願って三女神をなだめる。
⇨ ウースード、ノルン、付録22、付録23

［エ］

エイケン・ドラム
AIKEN DRUM
スコットランドの民間伝承に登場するブラウニー*の一人。ギャロウェイのブレドノッホに住んでいたと言われる。エイケン・ドラムは緑のイラクサで作ったキルトだけを身に着けているとされる。彼は人間が夕方やり残していた仕事を、夜の間にすべて完成させる。しかし仕事の報酬として新しい服を与えられると、ブラウニーのご多分にもれず、その土地から永遠に姿を消すのだった。

文献17

エイニア
AYNIA
アイルランドの民間伝承に登場する妖精*。シー*の女性で、アイルランド北部、アルスターの妖精の女王。

文献125

エインサウング
EINSAUNG
ミャンマーのミャンマー族やモン族の民間信仰に登場する家の守護霊*。家の南側の隅の、木の葉で飾った柱の中に住む。ココナッツを捧げてなだめる。

文献87
⇨ ナット、付録10、付録21

エインセル
AINSEL
ノーサンバーランド（イングランド）の民間伝承に登場する陽気な小さな精霊*、もしくは妖精*の子供。この地の妖精物語の題材になっており、同じテーマの物語は他の文化圏でも数多く見られる。未亡人のわがままな息子が寝なさいと言われてもきかず、火のそ

ばを離れたがらなかった。母親は残り火のそばにあまり長くいると妖精がくるよと警告し、息子もじきに従うだろうと期待して先にベッドに入った。そのとたん、息子が驚いたことに優美な小さな妖精の子供がとびだし、部屋の中を跳ね回った。少年が名前を聞くと、彼女は「エインセルよ」と答えた。これは方言で「自身」という意味である。それで今度は妖精が彼の名前を尋ねると、少年はふざけて「マイ・エインセルだ」と答えた。これは「私自身」という意味である。残り火の輝きが暗くなってきたので、少年が火をかきたてると、火の粉がアインセルに飛んだ。彼女は叫び声をあげた。すると大きなとどろくような声が煙突の上から聞こえた。「誰がやったんだい？」母親の言葉を思い出し、怖くなった少年がベッドに飛び込んだちょうどそのとき、妖精の母親が現われた。妖精の子供は泣きながら叫んだ。「私自身がやったのよ」それを聞くや、妖精の母親はわが子が自分で自分を傷つけたのだと思い、愚かな子供を煙突の中に蹴りあげた。

文献17
⇨　カリカンツァリ、シュヴァル・バヤール、付録22

エヴァン
EVAN
⇨　ラサス

エウドラ
EUDORA
⇨　ヒュアデス

エウニーケー
EUNICE
　古代ギリシアとローマの神話に登場するニンフ*。ネーレーイス*の仲間。
文献130

エウプロシュネー
EUPHROSYNE
　古代ギリシアとローマの神話に登場する、三美神の一人。名前は「喜び」という意味。
文献130
⇨　グラティアエ

エウメニデス
EUMENIDES
　古代ギリシア神話で、あるグループの精霊*を遠まわしに言う言い方。気立てのよい者、優しい者という意味。この名前は復讐する精霊、エリーニュス*たちをなだめるときに使われた。ローマ神話ではフリアイ*という名で呼ばれている。
文献40、119、130、132

エウリュノメー
EURYNOME
　古代ギリシア神話に登場するニンフ*。オーケアノス*の仲間で、ゼウスの子カリスたちを産んだ。
文献130
⇨　グラティアエ

エカコ
EKAKO
⇨　エッケッコ

エクス
EXU
　西アフリカのヨルバ族が信じる、力の強い危険なトリックスター*。アフリカ系ブラジル人のカルト、バトゥーキでも信じられている。
文献89
⇨　エシュ、エンカンタード、精霊

エクスス
EXUS
　アフリカ系ブラジル人のカルト、バトゥーキで信じられている、力の強い危険なエンカンタード*のグループ。ヨルバ族のトリックスター*、エクスに由来し、エクスンとかホメン・ダ・ルア（通りの男たち）という名でも呼ばれている。デーモン*の仲間であると

され、バトゥーキの儀式の前には、ラム酒、火薬、ろうそくを捧げてなだめる。エクススに憑依されたくない帰依者は、憑依されないようにと願って捧げ物をする。精霊*に憑依された人間は狂態、凝視、焦点の定まらない目つきを特徴とし、それ以上精霊の害を受けないようにするため、他の帰依者ができるだけ早く「正気に戻らせる」。この精霊のおもな仲間は、シビル、エクス＝ミリン、イナンベ、ポンバ・ジラ、セチ・エンクルジラドス、ティリリ、トランカ・フア*。エクススは聖アントニウスやその祝日の6月13日と関わりがあると考える帰依者もおり、その日には祝われる。
文献89

エクソティカ
EXOTICA, EXOTIKA
　現代ギリシアの民間伝承で、精霊*一般を表わす語。デンジャラス・アワー*、ネーレーイス*、ストリングロス*といった精霊が含まれる。この名前は「向こうから」という意味で、黒妖犬*、馬、花嫁を乗せた馬をひく男、そして他の人間の姿にも変身する。生命を持たない物体に変身したり、姿を見えなくしたりもする。人間に悪意を持ち、人間をさらって拷問して死なせる。
文献12
⇨　バッド・アワー

エケコ
EKEKO, EQ'EQ'O
⇨　エッケッコ

エケナイス
ECHENAIS
　古代ギリシアとローマの神話に登場するニンフ*。クセニアやリュカとも呼ばれる。羊飼いのダプニスに愛された。
文献102、130

エーゲリア
EGERIA
　古代ギリシア神話とローマ神話に登場する水の精霊*。カメーナイ*と呼ばれる予言を行なうニンフ*の一人だったが、安産を祈願する妊婦から捧げ物を受けた。ローマ第2代の王ヌマ・ポンピリウス（紀元前753～673年）に賢明な助言を与えて助けたという伝説から、国政に助言を与える女性顧問にエーゲリアの名が冠されるようになった。王の死で悲嘆に暮れるエーゲリアを、ディアナは泉に変えた。
文献29、93、114、129
⇨　付録22、付録23

エーコー
ECHO
　古代ギリシアとローマの神話に登場するオレイアス*のニンフ*。身体は持たず、声だけが聴こえる。エーコーがなぜ、身体を持たずに声だけの存在になったのかについては、次のような説がある。（1）ナルキッソスに恋い焦がれたが報われず、悲しみのあまり身体がなくなってしまった。（2）エーコーが牧神パンのしつこい口説きを断わりつづけたため、パンは羊飼いたちを魔法で操ってエーコーの身体を引きちぎらせ、後にはエーコーの声だけが残った。（3）天界の女王ヘラを、夫の浮気行為から注意をそらさせようとして、エーコーがしゃべりまくったため、苛々したヘラが、エーコーには他の人がしゃべった言葉の最後の音節を繰り返すことしかできないようにした。
文献40、78、87、114、119

エサスダン
ELLYLLDAN
　ウェールズ地方の民間伝承と民間信仰に登場する精霊*。ウィル・オ・ザ・ウィスプ*をウェールズ語ではエサスダンと呼ぶ。夜間に旅する人を沼地へ連れ込む悪戯をする。
文献17

エサソン
ELLYLLON
　ウェールズ地方の民間伝承に登場するエルフ*。小型のマニキン*であり、白い肌と金髪をして、美しい絹の衣装（白が多い）を着ている。フェアリー・バターやカラカサタケに乗っていると言われている。丘や湖の中島につくった共同体に住み、妖精*牛を飼っている。整理整頓にうるさく、きちんと片付いた家には贈り物や幸運をもたらすが、汚い家や怠惰な家は罰する。人間の子供が好きなので、よく気をつけていないと人間の赤ん坊が取り換え子*とかえられる。ダヴェッド州沿岸沖の見えない島に住む、プラント・フリース・ドゥヴェン*（「深いリースの子供」という意味）とよばれるグループがいる。ふつう、島にいるときはたいへん小さいが、週一回、等身大の人間の姿に変身して地元の市場で買物をする。

文献15、17、59、87
⇨　小さな精霊たち、ニクス、付録22

エシェンフラウ
ESCHENFRAU
⇨　アスカフロア

エシュ
ESHU
　ナイジェリアのヨルバ族につたわるトリックスター*。西アフリカの別の部族では、エレグバやレグバ*と呼ばれている。いたずらをして仲たがいや災難をもたらすが、悪い精霊*や他の危険から人間を守る働きもした。出産をひかえた母親やナイジェリア炭田の鉱夫の保護者である。髪を編んでペニスに似た形に大きく結い上げ、ギニアアブラヤシの実を飾って後頭部から突き出させている。西アフリカ諸国とアメリカ大陸のエシュのカルトに入門する者は、仮面をかぶるか、エシュの髪型を真似る。

文献24、119
⇨　アナンシ、ウースード、エクス、エンカンタード、オリシャ、コヨーテ、チャン・シエン（張仙）、バシャジャウン、バマパマ、ビー・シャ・ユエン・ジュン（碧霞元君）、ブルー・ジェイ、ベイフィンド、マナボゾ、ミンク、付録21

エズー
EZÚ
　アフリカ系ブラジル人のカルト、マクンバで信じられている悪いデーモン*。性格や行動は、同じくカルトのバトゥーキで信じられているエクスス*に似ている。

文献67
⇨　エンカンタード、精霊

エスタンティグア
ESTANTIGUA
　スペイン北部の民間伝承に登場する夜の女デーモン*。白い服を着て火を点したろうそくを持ち、ベルを鳴らし、死者に捧げる祈りを歌うように唱える。一見、善良そうに見えるが悪い精霊*であり、出会った生き物を攻撃する。別名のグエスティア*は、中世のウェステ・アンティガァ（古代の主人）という言葉に由来し、これはデーモンの主人をさす言葉である。

文献88

エツァイ
ETSAI
⇨　アーチェ

エッケッコ
EKKEKKO
　ペルーのアイマラ族やボリビアのメスティーソが信じる精霊*。エカコ*、エケコ*とも呼ばれる。ふつうは太った小人の姿に描かれ、家庭用品を身にまとい、持ち運ぶ。幸運だけでなく子宝ももたらす、善良な家事の精*として崇められている。エッケッコの祝日は、以前は夏至のころだったが、いまは1月24日である。

文献87、119
⇨　ゴブリン、コーボルト、ドモヴォーイ、

ニス、ブラウニー、ロビン・グッドフェロー、付録22

エッヘ・ウーシュカ
EAČ UISGE
⇨ アッハ・イーシュカ

エピアルテス
EPHIALTES
　中世ヨーロッパの夜のフィーンド*。ラテン語ではインクブス*。各国の民間伝承では、違う名前で呼ばれている。現代ギリシアでは、エピアルテスといい、「飛び跳ねる者」という意味。夜、家の中で眠っている人間のもとにやって来て、人間の身体の上で跳ねまわり、超自然な力で金縛りにする。人間は眠ることも起きることもできず、デーモン*が消え去る夜明けまで苦しむ。
文献88
⇨ コシュマール

エブリース
EBLIS
⇨ イブリス

エフリート
EFREET
⇨ アフリト

エフリト
EFRIT
⇨ アフリト

エプレム・クグザ
EPREM KUGUZA
　マリ人（チェレミス人）の民間伝承に登場するケレメト*。この名前は「エフライム族の老人」という意味。聖書に登場する祭司エリアが名前の由来である。
文献118
⇨ クグザ

エマンドゥワ
EMANDWA
　ウガンダのアンコレ族の信仰や伝統に登場する精霊*。部族を守る守護霊*で、人間に親切である。
文献33
⇨ エミジム

エミジム
EMIZIMU
　ウガンダのアンコレ族の信仰に登場する家族の守護霊*。社会のメンバーの行動に審判を下し、逸脱した者には罰を与える。
文献33
⇨ アラストール、エマンドゥワ、付録21、付録22

エムプーサ［複数：エムプーサイ］
EMPUSA, EMPUSAE (pl.)
　古代ギリシアの神話に登場する、恐ろしい女性のデーモン*で、真鍮の脚とロバの脚を持つ。女神ヘカテーに従うデーモンで、艶かしい美女や好みの動物に変身し、道を巡回して旅人を脅かす。現代ギリシアの民間伝承では、変身する邪悪な精霊*とされている。牡牛、犬、ラバや美女に姿を変えられる。人間を怖がらせ、暑い真昼に、山の羊に怪我をさせると考えられている。
文献6、12、130参照
⇨ 黒妖犬、付録12、付録24

エラトー
ERATO
⇨ ムーサイ

エラビー・ギャゼン
ELABY GATHAN
　17世紀にイングランドで、呪文によって呼び出された妖精*、使い魔*の名前。
文献113

エーリエル
ARIEL, ARIAEL

イギリスの文学や民間伝承に登場する空気の精霊*。もっとも有名な描写はシェイクスピアの『テンペスト』にみられる。魔女シコラックスに捕らえられ、のちの主人プロスペローに救われ、最終的に解放される精霊である。ポープの『髪盗み』(1712年)のエーリエルは空気の精で、ベリンダの守護霊*ということになっている。錬金術師や他の実践家たちは、この精霊を呼び出して命令を聞かせようとした。エーリエルは空中にただよう音楽を通じて意思の疎通をはかる。それによって人間はエーリエルの虜になり、ときには精神錯乱に陥れられることもある。彼は悪戯好きな精霊で、魔法をかけることもあるが、たいていはペテンをはたらく。自由自在に姿を現わし、火と空気を操ることができるが、妖精*同様、コウモリの背に乗り、キバナノクリンザクラの鐘状の花の中で眠ると言われる。

文献40、44、107、114
⇨ シルフ、パック

エリーニュス［複数：エリーニュエス］
ERINYS, ERINYES（pl.）

古代ギリシア神話に登場する三人の復讐の女性の精霊*。三人の名前はアレクトー*、メガイラ*、ティーシポネー*。身体は黒く、髪と手には蛇がからまり、目は化膿して顔は変形し、汚れた服を着ている。殺人の罪を犯した者や、他人を虐げた者を追いかけて報復した。

文献20、33、39、40、48、92、93、95、114、129
⇨ エウメニデス、セムナイ、ディラエ、フリアイ、メガイラ、付録22

エリュテイア
ERYTHEIA

古代ギリシアとローマの神話に登場するニンフ*。ヘスペリデス*の仲間で、その名前を持つ星座の一部となった。

文献130

エリュテシス
ERYTHESIS
⇨ ヘスペリデス

エルヴォー
ELVOR
⇨ エルフ

エルヴン
ELVEN

(1) イングランドで13世紀より前に使われた言葉で、エルフ*の女性形。
(2) デンマーク語でエルフを意味する三つの名前の一つ。あとの二つはエレンとエルレの人々*。

文献40、41、87、114
⇨ アールヴ

エル・オロレク
ER OROLƏK
⇨ チェムブラト

エール・キング（魔王）
ERL KING

たいへん邪悪なゴブリン*で、別名はエールケニッヒ*、アルダー・キング*、オークの王*。ドイツの黒い森などの森林をうろつき、子供や旅人をたぶらかして死に至らしめる。ゲーテの作品にも取り上げられ、シューベルトが詩に曲をつけて有名になった。

文献40、92、107、114
⇨ オークの樹の精、精霊、付録18、付録22

エール・キング（デンマーク）
ELLE KING
⇨ エルレの人々

エールケニッヒ
ERLKÖNIG
⇨ エール・キング

エールケニッヒは子供や旅人を森の隠れ家におびき寄せる。

エルダー・クイーン
ELDER QUEEN
⇨ エルダー・マザー

エルダー・マザー
ELDER MOTHER
　ニワトコの木の守護霊*。ブリテン島北部の民間伝承に登場する小さな精霊たち*の仲間として崇められ、エルダー・マザー（ニワトコの母）、エルダー・クイーン*（ニワトコの女王）、ニワトコの木の老婦人と呼ばれている。スカンディナヴィアではヒルデ＝モアー*、ドイツではダム・エラーホーン*、ヒルデモダー*、ヒルデ＝ヴィンデ*と呼ばれる。ドイツでは、ヴァルトガイステル*という木の精霊*の仲間と言われている。これらの地域では、ニワトコの木を切るときにはこの精霊に許しを求めてきた。ニワトコの木のある野原では、まわりの土地を耕さないでおく。でないとエルダー・マザーが人間と家畜に、恐ろしい罰を下すからだ。
文献15、17、18、44、123
　⇨ **付録25**

エル・テュトラ
ER TÜTRA
　旧ソビエト連邦のマリ人（チェレミス人）の民間伝承に登場する天気の精霊*。「朝霧」という意味。朝霧の中にいると言われており、穀物の成長に関わりがある。
文献118
⇨　コーン・スピリット、付録26

エル・トラスグ
TRASGU, EL
　スペイン北部の民間伝承に登場する妖精*。イングランドの民間伝承によく見られるブラウニー*に似た、家つきの妖精である。エル・トラスグは赤い服を着たドワーフ*の姿で夜に現われ、残っている家事を片付ける。あるいは、もう家事が片付いている場合は、そこにあるものすべてをぐちゃぐちゃに散らかし、家具を壊しさえする。ついた家の家族が引越しをすると、エル・トラスグも一緒についていき、ほうきなど家族が忘れていったものを持って現われることがよくある。
文献88
⇨　家事の精、精霊、ドモヴォーイ、ボガート、付録22

エルドリッチ
ELDRITCHE
⇨　エルドリッヒ

エルトリッヒ
ELTRICH
⇨　エルドリッヒ

エルドリッヒ
ELDRICH
　スコットランドの古い民間伝承に登場する、エルフ*に似た恐ろしい精霊*。アルリーチェ*、エルフリッシュ、エルラージ、エルレージ、エルリッシュ、エルリシ、エルドリッチ*、エルトリッチ*とも呼ぶ。姿を見た人間を恐怖に陥れると言われている。
文献92、107

エルドロイテ
ERDLEUTE
　ドイツの民間伝承に登場するドワーフ*の名前。
文献38

エル・ヌベロ
EL NUBERO
⇨　ヌベロ、エル

エルフ ［複数：エルヴス］
ELF/E, ELVES（pl.）
　イングランド、アイスランド、スカンヂナヴィア、ゲルマンの伝説に登場するスプライト*、マニキン*。アールヴ*、アルフ、アルヴ、エルヴ、イルフとも呼ばれる。もとは、古英語であらゆる種類の妖精*を表わす言葉だったが、のちに特定のタイプのものを表わす言葉となった。こうした意味の変化は、他の文化でも起こった。エルフは小さな人間型の超自然存在で、変身できる。
　イングランドでは、男性エルフは老人の小人に似ているとされるが、エルフの乙女は若くて美しい。王国に暮らし、エルフの王は人間の王と同じように統治していると考えられている。エルフはいつでも人間に対して超自然な力をふるう。その力で人間を助けることもあるが、悪意をぶつける場合が多い。森や林に住み、よく木の幹の洞穴にいる。また、古い長形墓や古代の埋葬塚にも住み、夜にはそこから現われて月光を浴びて草の上で踊る。
　ゲルマン神話では、邪悪な闇のエルフと善良な光のエルフに分けられている。ドイツの民間伝承では、森のエルフはシュラート*と呼ばれている。
　デンマークの民間伝承では、エレン（エルレの人々*）は、森の中で出会った人間にはとくに悪意を向ける。家をきれいに片付けている主婦には褒美を与えるが、台所からパンなどを盗むことが多い。
　スウェーデンでは、エルフはエルフヴォル*、森の人々（1）*、森の乙女*などと呼ばれている。

エルフは暗い森、古い長形墓、古代の埋葬塚に住み、夜になるとそこから出てきて月光を浴びて踊る。

アイスランドでは、スパエー・ワイフ*と呼ばれている。エルフは人間に対して友好的なときもあり、エルフが人間に助けを求める物語もあるが、たいていの場合、エルフの共同体は大きな力を持ち、独立しており、邪魔をする人間には恐ろしい復讐をする。人間の赤ん坊、牛、牛乳、パンを盗んだり、若い男を魔法にかけて長い間、虜にしたりすることがある。その例が有名な「リップ・ヴァン・ウィンクル」の物語である。

エルフが人間に及ぼす害はよく知られており、さまざまな状態や現象がエルフのせいにされている。その例は

エルフの矢傷——新石器時代の矢じり。エルフが人間に向けて射たものとされる。

エルフ・ボルト——エルフの矢が引き起こした、家畜の病気

エルフの穴——節の落ちた板。

エルフ・ケーキ——脾臓の肥大。

エルフ・チャイルド——取り換え子。

エルフ・カップ——水滴でくぼみができた石。

エルフ・ファイア——ウィル・オ・ザ・ウィスプ*

エルフ・ロック——夜、エルフの仕業でもつれた髪。

エルフの印——持って生まれた欠陥や出産斑。悪戯なエルフがつけたもの。

エルフのとりこ——誘惑された人間。

エルフにからまれた——脳卒中の発作を起こした人間や、異常発育で平たくなったり、変形した植物の状態。

文献 7、15、17、18、20、28、40、41、59、78、92、93、95、97、107、110参照

⇨ 付録22

エルフヴォル
ELFVOR
⇨ エルフ

エルブガスト
ELBGAST
ゲルマン神話に登場するドワーフ*。ドワーフの王ゴルドマル*の兄弟。アルベリヒ*の兄弟でもある。
文献95

エルフリッシュ
ELPHRISH
⇨ エルドリッヒ

エルヘ
ERGE
フランス南西部とスペイン北部のバスク地方の民間伝承に登場するデーモン*。出会った人間をすべて殺そうとする。

文献93

エルベリヒ
ELBERICH
⇨　アルベリヒ

エルベン
ELBEN
⇨　アールヴ

エルリク
ERLIK
　シベリアのアルタイ語族の信仰に登場するデーモン*。人間に不幸をもたらすとされる。人間最初の女性、エジを誘惑し、禁じられた果実を夫のテロンゴイと一緒に食べさせた。
文献33、93、110

エルリシュ
ELRISH
⇨　エルドリッヒ

エルリッシュ
ELRISCH
⇨　エルドリッヒ

エルレ
ELLEN
⇨　エルレの人々

エルレガン・クバとエルレガン・クグザ
ƏRLƏGAN KUBA AND ƏRLƏGAN KUGUZA
　旧ソビエト連邦のマリ人(チェレミス人)の民間信仰に登場する、病気のデーモン*。それぞれ、「麻疹の老女」、「麻疹の老人」という意味。シェドラ・クバ*、シェドラ・クグザ*と同じ性格を持ち、同じ行動をとり、麻の種によって病気を広める。
文献118
⇨　クグザ、クバ、付録17

エルレージ
ELRAGE ELRAIGE
⇨　エルドリッヒ

エルレの人々
ELLE FOLK
　英語のエルフ*を、デンマーク語ではエルレ*という。男のエルレは、黒っぽい頭頂の低い帽子をかぶった老人の小人で、ときどきエルレの荒地に座っているのが見られる。だが、近づいては危険だ。近寄りすぎた人間には、病気をもたらす霧を吹き付けるからである。女のエルレは若い美女の小人の姿をしており、背中が「ドーナツの穴」のようにくぼんでいるところから正体を見分けられる。女のエルレに会うのも不運であり、側に寄ると危ない。竪琴を奏で、甘い声で歌って森の狩人などの若い男を誘惑して虜にする。これらのエルレはエルレの丘に人間と同じような社会をつくって暮らし、王を戴き、祝い事や結婚式を行なう。こうした祭りのためにシナノキやライムの木の下に集まるので、日没後、人間はこれらの木の下にいては危険である。デンマーク、シェラン島のストア・ヘディングの民間伝承によれば、古代のオークの森はエール・キング*の兵士が変身させられたものであり、夜には超自然存在の姿にもどると言う。
文献110
⇨　アールヴ、森の人々(1)

エーレクトラー
ELECTRA
(1) 古代ローマ神話でトロイア戦争についての箇所に登場するアトラースの娘。プレイアデス*となったニンフ*。ユピテルの子ダルダノスを産み、ダルダノスはトロイア人の神話上の先祖となった。エーレクトラーは、トロイの滅亡を見なくてすむよう、天界の星座から姿を消し、ときたま彗星となって姿を表わすと言われている。
(2) 古代ギリシアとローマの神話に登場するニンフ*で、オーケアノス*の娘。タウマー

スの妻で、虹の女神イーリスの母。
文献40、130

エレグバ
ELEGBA
⇨ エシュ

エレナー・ボデス
EnER BODəŽ
旧ソビエト連邦のマリ人（チェレミス人）の民間伝承に登場する川の精霊*。怒らせると、手足をむくませたり、目を見えなくさせる。もとに戻すには、塩や粥を捧げなければならない。
文献118
⇨ 付録25

エレム・チャウガ
EREM ČAUGA
⇨ ラウ

エレル
ELEL
アルゼンチンのプェルチェ族の伝承に登場する、邪悪な病気のデーモン*。嵐、災難、死ももたらすと考えられている。
文献87
⇨ 付録17

エレンスゲ
HERENSUGUE
北スペインと南西フランスのバスク地方の民間信仰に登場するデーモン*。七つの頭を持つ姿か蛇の姿になり、アイトワラス*のように空を飛んで悪事を働きにいく。
文献93

エローテス
EROTES
古代ギリシアとローマの神話（ルネサンス時代の芸術にも）に登場する小さな精霊*。愛の神エロースの使者。芸術作品にはアモレッティ*やプット*として登場する。人間と一生をともにし、死後の魂も導く。芸術と世俗の愛の使者という役割から、エラトー*やヴィーナスと結びつけられる。太ったケルブ*に似た姿で宗教的、世俗的な芸術作品に描かれ、ルネサンス時代と反宗教改革時代には、おおいにもてはやされた。
文献62、93
⇨ 守り神、ムーサイ

エン
EN
もとは古代イリュリアの神だったが、キリスト教が広まると、アルバニアでは民間伝承のデーモン*の地位に貶められた。だが、もとの地位を完全になくしたわけではなく、エンの名前はアルバニア語で「木曜日」という意味を持ちつづけている。
文献93

エンカンタード
ENCANTADO
アフリカ系ブラジル人のカルト、バトゥーキ、カンドンブレ、カチンボ、ミナ＝ナゴ、ウンバンダの信仰によれば、エンカンタードは、ローマカトリック教の神や天使が住むのと同じ超自然宇宙に存在しており、天使*階級と人間の帰依者との間の地位を占めている。エンカンタードはそれぞれ、一人の聖人やその祝日と特に深い関わりを持ち、その聖人の性格が、エンカンタードの外見に影響を与えているようだ。西アフリカ、南アメリカ先住民、ポルトガルなどの別の文化に見られる「昔の」神々、歴史上の人物、民話の英雄、森や動物の精霊*といった、もとの姿をとどめているエンカンタードもいる。しかしたいていは性格で特徴づけられている。というのは憑依状態になった信者の様子を見れば、どのエンカンタードかが容易にわかるからだ。
エンカンタードは、それぞれアヴェレケテ*、ヘイ・トゥルキア*のような「一族」や、ファランジ・ジ・ボトス*のような地位と仲間を持つ「系列」に属している。重要な地位にあるエンカンタードは、レイ（王）、レー

ニャ（女王）、シニョール*、ドンといった称号を持ち、ブランコス（白）、オリザス、ジェンチ・フィナ（善い人たち）とも呼ばれる。地位の低いエンカンタードは、カバクロスやプレトス・ヴェリョス（黒ずんだ緑）と呼ばれる。

　エンカンタードは、特別な力を持つと信じられている。守護霊*として、超自然の力で守護したり、どんな病気も治したりする能力を持つ。デーモン*としては、ポルターガイスト*のように行動するエクス*として知られ、災難、病気、狂気や死をもたらすことがある。

　エンカンタードは、バトゥーキという特別な儀式の中で、霊媒によって呼び出され、参列した帰依者に憑依する。別のカルトでは、同じエンカンタードが異なる名前で呼ばれることがある。カルトは、エンカンタードの超自然の力によって守護されることを目的としている。

文献89
アルバ姫、セウ・トゥルキア、付録5、付録21

［オ］

オイニェナ・マリア
OYNYENA MARIA

　スラヴ民族の民間信仰における女の精霊*。「火のマリア」を意味する。本来は古代の雷神ペルーンの従者であったが、後の信仰では地位が低くなっている。
文献41
⇨　従者の精霊

オイノーネー
OENONE, ŒNONE, OINONE

　ギリシア・ローマ神話に登場する、イダ山に住んでいるニンフ*。ナーイアス*の一人で、川の神オネウスの娘であり、トロイの王プリアモスの息子であるパリスと結婚した。オイノーネーは予言する能力をもったニンフであり、夫のスパルタへの旅が招く災難を予言した。パリスはヘレネーを誘拐し、そのために

木陰で雨宿りするエローテス。弓が折れたので、きょうはもう愛の矢を射ることはできない。

トロイア戦争が起こり、そこで彼の運命は決まった。彼は致命傷を治してもらおうとオイノーネーを呼びにやった。だが、彼女は会いにいくのを拒否した。その後、寛大になったオイノーネーはようやく夫のもとへ行ったが、彼はすでに死んでおり、彼女は悲しみのあまり自らの命を絶った。彼女の話はテニスンの詩「オイノーネー（Oenone）」および「オイノーネーの死（Death of Oenone）」のテーマとなっている。

文献40、62、88、114
⇨ 付録11、付録23、付録25

オイングス
AENGUS

アイルランドの民間伝承に登場する妖精*の一人。オイングスはアイルランド神話に登場するデ・ダナーン神族*の一人でシー*の住民である。

文献18
⇨ 付録6

オイングス・マク・オーグ
AENGUS MAC OG
⇨ アンガス・オーグ

オヴィンニク
OVINNIK

ロシアの民間伝承に登場する納屋の精（ovinは「納屋」の意）。納屋の隅に住みつき、半野生の黒猫の姿をしていたが、犬のように吠えたり人間のように笑ったりすることができた。機嫌を損ねると、すぐに納屋とそのそばにあるものをすべて燃やした。ロシアの納屋の造りは、収穫した作物を貯蔵し脱穀と乾燥を行なう階の真下の床に簡単な炉があり、そこで火をたく形式になっていた。オヴィンニクは悪意を抱くと、ほんのわずかなすきま風が運ぶ火の粉からも火事を起こすことができたので、納屋は母屋からできるだけ離れた場所に建てられた。そして万事順調に運ぶようにと、この精霊*には若い雄鶏を供物として捧げ、聖人の祝日および風の強い日には炉に火を入れることが禁じられた。またオヴィンニクは、バンニク*と同じように大晦日には人々の相談にのり、一人一人の運勢を占った。オヴィンニクが軽く触れたときはよい年がやってくるという意味であり、チクチクした冷たい感触があったときは不幸の前兆であるとされた。

文献75、87
⇨ ドモヴォーイ、付録12

オウダ
OUDA

フィンランドの民間伝承に登場する、悪意に満ちた精霊*。森林に生息し、どんな姿にでもなることができたが、たいていは裸の人間の男性または女性の姿で現われた。森で働く人々は、人間の姿を取っているこのデーモン*の見分けかたを知っていた。足が見えているときならば、それが後ろ向きになっているのがわかったからである。しかし、それを見分けることができたときにはたいてい遅すぎた。この精霊の犠牲となった者は踊りまたはレスリングに誘われ、魔法をかけられ、死ぬまで踊らされるかくすぐられた。

文献33
⇨ オブダ

オウフ
OAF

アウフ*がなまった言い方。若いのに年寄りのように見えたり、頭が鈍い人は、人間の子ではなく取り換え子であると考えられたので、オウフと呼ばれた。

文献40、76

オエイエ
OEILLET
⇨ 悪魔

オェンガス・マク・オーグ（若い息子）
ŒNGUS MAC OG（YOUNG SON）
⇨ アンガス・オーグ

丘の人々
HILL PEOPLE

スカンディナヴィア、とくにデンマークの民間伝承に登場する、エルフ*に似た精霊*。ヒル・フォーク*とも呼ばれる。デンマークではヘグフォークという。人間の姿をした、気持ちのよい精霊で、小さな丘や洞穴に住むと言われている。善良だが、憂鬱にひたることがある。長く明るい夏の夜に、思い焦がれて歌う声が聴こえることもある。

文献17、40、78
⇨　ベルク・ピープル

オーキュペテー
OCYPETE, OCYPETA, OKYPETE

「速い」という意味。古代ギリシアの神話ではハルピュイア*という名称で知られているフィーンド*の一人である。

文献29、40、93

オク
OCH

中世ヨーロッパの神秘主義文学におけるオリュンピアの霊*の一人。太陽を擬人化したものであり、「日曜日（太陽の日）」として祝われ、オリュンピア世界における二十八の領域を支配すると言われる。

文献53

オーク
ORC

J・R・R・トールキンによる小説『ホビットの冒険』および『指輪物語』に登場するゴブリン*の名前。これらの作品の中では、トールキンが創造した別の超自然存在のホビット*が主要な役割を演じている。（オークとは本来、16世紀イタリアの詩人アリオストが描いた海の怪物の名前であり、クジラの名称としても用いられている）。

文献5、40

オクサ・オロラ
OKSA OROLA

⇨　イア・サルタク

オクサ・サルタク
OKSA SALTAK

⇨　イア・サルタク

オークの王
OAK KING

⇨　エール・キング

オークの樹の精
OAKMEN, OAK MEN

英国の民間伝承に登場するドワーフ*または木のエルフ*の一種。赤いキノコの帽子をかぶった、鼻の赤い、しわだらけの小男だという。彼らのすみかは、若木が幾度も切り倒されて新芽が地面にびっしりと出てきているような雑木林である。そうした雑木林の中は野生生物が豊富で、春にはブルーベルの花が咲き乱れる。この小さな精霊たち*はこの領域の守護霊*であり、無断で入ってきた人間を厳しく罰した。彼らの許可なしにオークの樹を切ったり傷つけたりすれば災難を招くことになった。賢い人々は日没後はそのような場所に近寄らないようにしていたが、危険を冒して入っていった人は、彼らが悪戯で用意した食べられない偽のキノコのごちそうで奥へ誘い込まれてしまうことがあった。この邪悪な小さな精霊たちについての詳細は、ビアトリクス・ポッターの『妖精のキャラバン』に述べられている。

文献17、18、44
⇨　エール・キング、ドリュアデス、付録19

オグ・フェライ
OGU FERAI

ハイチの信仰であるヴードゥー教における精霊*。聖パトリック祭と結びつけられている戦闘の精だが、アフリカの神オグン*に由来する。闘鶏試合場では、勝利を願って若い雄鶏にこの精霊の名前がつけられることがよ

くある。
文献137
⇨　エンカンタード

オクラム
OKULAM
　北アメリカ先住民のチヌーク族の信仰および神話に登場する悪霊。嵐の精であり、うなる風の中にその声が聞こえるとされる。
文献122
⇨　精霊、付録26

オグン
OGUN
　アフリカ系ブラジル人の信仰するカルト、ウンバンダおよびバトゥーキにおけるエンカンタード*の一人。オグンはナイジェリアに住むヨルバ族が崇拝している戦いの神に由来する。南米の信仰では、戦士聖ジョージおよび彼の4月23日の祝日と結びつけられている（とはいえ、本来彼は兵士の聖人である聖アントニオと結びつけられていた）。オグン一族には、オグン・ベイラマール*、オグン＝イアラ*、オグン＝メルガ*、オグン・デ・ロンダ*、オグン・セテ・オンダス*、ホンピ・マトゥ*といった精霊*たちがいる。これらのエンカンタードのうち、ベレンで人気があるのはいちばん最後のホンピ・マトゥだけである。他のエンカンタードたちはおもにウンバンダ教の祭儀に登場する。
文献89
⇨　オグ・フェライ

オグン＝イア
OGUN-IA

オグン＝イアラ
OGUN-IARA

オグン・セテ・オンダス
OGUN SETE ONDAS

オグン・デ・ロンダ
OGUN DE RONDA

オグン＝ベイラマール
OGUN BEIRA-MAR

オグン＝メルガ
OGUN-MERGƏ
⇨　オグン

オーケアニス，[複数：オーケアニデス]
OCEANIDS, OCEANIDES（pl.）
　ギリシア・ローマ神話に登場するニンフ*の一団。オーケアニナイ*とも呼ばれる。テーテュースとオーケアノスとの娘たちで、水夫たちが供物を捧げた海のニンフであった。オーケアニスの人数は五十人とも三千人とも言われている。最もよく知られているのはアムピトリーテー*、ドーリス*、エーレクトラー*、ステュクス*などである。
文献40、92、93
⇨　付録25

オーケアニナイ
OKEANINAI
⇨　オーケアニス

オザ
OZA
　「主人」を意味し、マリ人（チェレミス人）の民間信仰における精霊*を指すのに用いられる名称。一部では添え名としても使われているが、ふつうは機嫌を損ねたデーモン*が暴力を振るうのを防ぐための呼び替え名として使われるほうが多い。しかし、精霊に直接呼びかけるときは、より婉曲な表現であるクバ*やクグザ*が用いられる。
文献118

オシュ・ブイ・ヴァヌシュカ
OŠ BUJ VANUŠKA
　「白い頭のヴァヌシュカ*」という意味で、ヴァヌシュカの別名。この精霊*は旧ソビエト連邦のマリ人（チェレミス人）の民間信仰におけるケレメト*の一人である。
文献118

オシュン
OXUN
　アフリカ系ブラジル人の信仰するカルト、バトゥーキにおける精霊*またはエンカンタード*の一人。マーメイド*の一種であり、ナイジェリアのヨルバ族の信仰する精霊*に由来する。オシュンがベレンの信仰に取り入れられたのはごく最近のことで、淡水の精であると考えられている。信者に取りついて、矛盾した言動や虚栄心を見せる。
文献102
⇨　イマンジャ、オリシャ、ジャマイーナ、付録25

オショシ
OXOSSI
　アフリカ系ブラジル人の信仰するカルト、バトゥーキおよびウンバンダにおけるエンカンタード*の一人。この精霊*は西アフリカの精霊に由来するものであるが、ブラジルでは聖セバスティアンおよびその1月20日の祝日と結びつけられている。オショシはおもにウンバンダの祭儀に招待される。彼の一族には、ドラダ・マタ、ペナ・ヴェルディ*、セテ・フレチャスといった精霊たちがいる。
文献89
⇨　ヘイ・セバスティアン

オスカエルト
OSCHAERT
　ベルギーの民間伝承で、クルッド*と同様の特徴を持つデーモン*またはボーグル*を指す名称。デュエンデモンデの近くのハンメという町の周辺に生息していたという。変身する精霊*で、巨大な馬の姿で現われると、ウサギに変身して飛び跳ねるか、あるいは光る目を持った黒妖犬*になって不気味に歩いた。暗い夜には不用心な旅人を襲った。旅人の背中に飛び乗り、その人が振り落とそうとすればするほど重みを増していく。罪の意識で苦しんでいる人にはとくに重くのしかかり、肌に鉤爪を深く食い込ませ、首筋に火の息を吹きかけるのだった。この土地の聖職者がようやく悪霊を追い払い、九十九年間海の向こうへ追いやったと言われている。
文献66
⇨　海の老人、パッドフット、ピクトリー・ブラッグ、付録12、付録24

オセル・パマシュ
OSƏR PAMAŠ
⇨　チェムブラト

お相伴妖精
JOINT EATER
　イングランドの民間伝承で、邪悪な妖精*やエルフ*の仲間とされる精霊*。ジャスト・ハーヴァーともいう。姿が見えないが、いつも犠牲者のそばにいる。アイルランドの民間伝承に登場するアルプ・ルーフラ*と同じく、この妖精の唯一の目的は、人間を死に至らしめることだ。そのために、姿を見せないまま、犠牲者の食物をむさぼり食う。犠牲者は、大量に食べているように見えるのに、いつも飢えている。
文献17
⇨　アビク

おだやかアニー
GENTLE ANNIE
⇨　おだやかアニス

おだやかアニス
GENTLE ANNIS
　スコットランド低地のクロマーティ・ファースの民間伝承に登場する青黒い顔をした老婆。おだやかアニー*とも呼ばれる。信頼できない天気の精霊*であり、思いがけないスコールを降らせる。この名前は、漁師に対する報復から逃れるための遠まわしな言い方だが、ケルト語のダヌに由来するらしい。ダヌの人々とはデ・ダナーン神族*である。
文献17、47、123
⇨　ハグ、付録26

オドカン
ODQAN
　モンゴルの民間信仰における精霊*。「火の王」という意味で、これは火の守護霊*である。この名前はトルコ語から採られたものである。彼の相手方とされる、より古くから存在する「火の母」という女の精霊*は、モンゴル語でヤルウン・エケ（Yal-un eke）という。

文献93

オード・ゴギー
AWD GOGGIE
　イングランド、ヨークシャーのイーストライディングに伝わる悪意に満ちた精霊*。子供の乳母、両親や果樹園主らの創作から生まれた子供部屋のボーギー*あるいはデーモン*。果樹園や森にある熟れた果物の意地悪な守護霊*である。目には見えるが、木の陰に隠れ、許しを得ず勝手に果物を採ろうとする向こう見ずで欲張りの子供たちをつかまえようと待ち構えている。

文献17
⇨　付録21、付録22

踊るファルガルスカ
DANCING VARGALUSKA
⇨　ルンペルシュティルツヒェン

オードワス
OHDOWAS
　北アメリカ先住民のイロコイ族の信仰における、ドワーフ*の三集団の一つ。自然の霊であり、地下に住んだ。彼らは、地中または岩の裂け目や洞窟などの暗い場所に生息する生き物、とくに毒をもった生き物の守護霊*であった。

文献102
⇨　ガホンガス、ガンダヤクス、精霊、付録12

オナタ
ONATAH, ONATHA
　北アメリカ先住民のセネカ族およびイロコイ族の神話に登場する精霊*。大地の母エイティノアの娘たちであるデオハコ*と呼ばれる植物の精の一人。オナタとは「トウモロコシ」という意味で、彼女はコーン・スピリット*である。冬に植物は死に、春になるとまた生き返る、というのが彼女の物語の主題となっている（ギリシアのペルセポネの伝説と似ている）。ある日、のどが渇いたオナタは姉妹と一緒にいた畑を離れ、悪魔のハーグウェデトガに捕まってしまう。悪魔は彼女を地下に閉じ込め、畑の上に激しい風を吹かせて姉妹たちを追い払った。オナタは太陽に助けられ、悪魔から逃れたが、それからというもの、彼女はどんな天候のときでもトウモロコシのそばにいるようになり、実るまではその場を離れるという危険を冒さなくなった。

文献25、87、88、119
⇨　付録15

鬼
ONI
　日本の神道および仏教におけるデーモン*の一団。鬼には二つの種類があり、地獄からやってくるものと地上に住んでいるものがいる。前者は餓鬼と呼ばれ、いくぶん人間のような姿をしているが、身体は赤か緑色で巨大な腹をしており、牡牛または馬の頭を持ち、三つ目で奇怪な角や鉤爪を生やしている。そして絶えず激しい飢えと渇きに苦しんでいる。このデーモン*たちは、死にかけている邪悪な人々の魂に襲いかかり、地獄へ運んで苦しめる。後者は地上のデーモンであり、苦しめたい人の親類や友人の姿に変身することができる。この種の鬼のいくつかは、あまりに深く嘆き悲しんだゆえに死んだ女性たちの成仏できない霊だと言われる。これらのデーモンは不幸をもたらし、病気、とりわけ疫病を蔓延させる。鬼は神道で行なわれる追儺の儀式で追い払うことができ、また、鬼によっては仏を信仰することで悪意を持たなくなるもの

もいる。
文献33、56、102、119
⇨ 付録12、付録17

オノ
ONO
　ハワイの民間信仰におけるトリックスター*型精霊*。姿を見せているときは、どんな形にも大きさにも自由自在に変身することができる。オノは、いったん滅ぼされてばらばらになっても、断片が集まってきて生き返る能力を持つことで知られている。
文献109
⇨ カプア、デーモン

オビン＝ムルト
OBIN-MURT
　ロシアのキーロフ（旧ヴィヤトカ）地方に住むフィン＝ウゴール語族であるヴォチャーク（ウドムルト）族の民間信仰における精霊*。「炉の男」という意味で、リトアニアの民間伝承に登場するガビジャウジ*とよく似た乾燥窯の守護霊*である。善い行ないをしてもらうにはなだめなくてはいけない。
文献88
⇨ ムルト

オブ
OB
　ユダヤ人の口伝および民間伝承における使い魔*の名前であり、それと関連して、その精霊*が宿るとされる物体のことをいう。古代、魔術師が占いをするのに使ったとされる。
文献87

オフィエル
OPHIEL
　ヨーロッパの神秘主義の文学におけるオリュンピアの霊*の一人で、水星を擬人化したもの。この超自然存在は「水曜日」として祝われ、オリュンピアの世界における十四の領域を支配していたという。
文献53

⇨ 付録13

オプケン
OPKƏN
　旧ソビエト連邦のマリ人（チェレミス人）の民間信仰における、恐ろしい水の精。巨大な口を持つ、大きな太った身体で現われる。広い川や湖、内海など、氷の張っていない水域に広範囲に生息しており、突然現われては無警戒なボートを呑み込む。
文献118
⇨ 精霊、付録25

オブダ
OBDA
　旧ソビエト連邦のマリ人（チェレミス人）の民間信仰における森の精。コジュラ・イア*、コジュラ・オザ*、コジュラ・ペリ*、またはスラーリ*と呼ばれることもある。ずんぐりした毛深い裸の人間のような姿をしており、髪が長く、垂れ下がった乳房を肩に引っ掛けている。頭が後ろ向きで、足も逆を向いていて、馬に乗るときも後ろ向きにまたがる。腋の下に穴があるので、この精霊*に捕まりそうになったら、握りこぶしでその穴をふさぐとよい。そうされると精霊は力を失うので、捕まっても逃れることができる。ただし、いかなる方法でもオブダに傷を負わせることはしないほうが賢明である。というのは、血の滴が少しでも地上に落ちると、そこからまた新たなオブダが生まれるからである。森の中でこの精霊が笑ったり手をたたいたりしているのが聞こえることがある。時には木の上に腰かけて長い髪をとかしている姿が目撃されることもある。人間が来ると、その人の名前を呼んで声をかけ、森の奥深くに誘い込んで道に迷わせる。また、眠っている旅人がいると足をくすぐって苦しめ、旅人が目を覚ますと今度は疲れ果てるまで踊らせる。オブダは乗馬が好きで、夜じゅう馬を乗り回しては、泡汗にまみれた馬を明け方になって馬小屋に返す。オブダは犬とチェレミス人のつけている流行遅れのベルトを怖がると言われるので、

森へ行かなければならない人はオブダに襲われないよう、犬を連れてこの種のベルトを身につける。
文献118
⇨　**オウダ、クルシェドラ、コジュラ・クバ、ジェル・オザ、精霊、デーモン、ナキンネイト、ピクシー、付録19**

オベ
OBE
　南アフリカに住むバスートゥ（ソト）族の信仰における、魔女の使い魔*。たいてい動物の姿をとる。
文献87
⇨　**オブ、付録12**

オベロン
OBERON
　フランスのロマンス『ボルドーのユオン（*Huon de Bordeaux*）』に登場する妖精王。英文学にも伝えられ、シェイクスピアの喜劇『真夏の夜の夢』ではティターニア*を妻に持つ。オベロンは堂々とした態度の、美しい顔をしたドワーフ*として描かれている。しかし、彼は人間にも自分のお供の妖精*たちにもいたずらを仕掛けたり悪さをしたりすることがある。オベロンはパック*の率いるスプライト*たちとともに英国の森林に出没する。そして森の中を行く旅人をだまし、妖精時間に引き留めようとする（リップ・ヴァン・ウィンクルの話と似ている）。彼に出会った人は、たとえ彼が魔法を使っていかなる恐怖や嵐や恐ろしい光景をもたらしても、決して彼に話しかけたりせず、じっと黙っているのがよい。オベロンに話しかけた者は、永久に彼の力に支配されてしまうのである。
文献17、18、21、40、78、114、133

オベング
O'BENGH
⇨　**ベング**

妖精王オベロン

オム・ド・ブク
HOMME DE BOUC
⇨　**バシャジャウン**

親指小僧
PETIT POUCET, LE
⇨　**親指トム**

84

親指トム
TOM THUMB

　イングランドの民間伝承の妖精*。彼がはじめて登場したのは、リチャード・ジョンソンが書いた小冊子で、1621年に印刷されている。その物語によると、農夫とその妻が子供を欲しがっていた。夫婦はアーサー王の宮廷にいる妖術師マーリンに助けを求め、親指ほどの大きさの子供でもいいから授かりたいと言った。するとまもなく豆粒ほどの子供が生まれたが、その子は人間と暮らす妖精の子供が持つべき魔法の力をすべて授かっていた。親指トムの物語は数々の危険な出来事の連続だが、妖精の魔法の力のおかげで彼は何度も

親指トムは人間の夫婦のもとに妖精の子供として生まれる。

危険を逃れるのだった。以後親指トムはイングランドの妖精物語の主人公として、人気を保ちつづけている。同じような極小の妖精の話は、フランスの民間伝承にも見ることができる。ペロー作の「親指小僧」の物語は、1697年に出版されている。親指トムの女性版は「親指姫」と呼ばれる妖精の子供で、その冒険物語は民衆の歌や詩の題材となっている。デンマークの民間伝承にも、トムリーズという極小の妖精の類話がある。

文献 2、17、28、40
⇨　精霊、付録22

親指姫
THUMBELINA
⇨　親指トム

オヤンドネ
O-YAN-DO-NE
⇨　ガ=オー

オラ
ORA
アルバニアの民間伝承に登場する守護霊*。どの人間にも、生まれたときからこの精霊*の一人が割り当てられている。ふつうは人間の姿をとるが、与えられた任務の種類によっては別の姿をとることもある。また、保護している人間が勤勉で勇敢か、あるいはずるくて不精かによって、その姿は白かったり黒かったりする。

文献93
⇨　カァ、グリン、付録23

オラファト
OLAFAT
⇨　オリファト

オラン・ブニイ
ORANG BUNYI
西マレーシアに住むマライ人の民間伝承に登場する、森に住む小さな精霊たち*またはごく小さい精霊*。オラン・ブニヤン*とも呼ばれる。「声の人」という意味で、この妖精*の一団はあまりに単純なために人間や他の精霊にたやすく騙されてしまうと考えられている。姿は見えず、ふつうは声しか聞こえないが、その声は森の奥で苦しんで叫んでいる人間の声にそっくりなのである。誰かが助けを求めているものと思い込んだ連れのない旅人がその人を捜そうとすると、ジャングルのさらに奥深くへと誘い込まれ、帰り道がわからなくなってしまう。そうして迷い込んだ旅人たちは、誰か帰り道を教えてくれともの悲しげに叫ぶのだが、いつの間にかオラン・ブニイに姿を変えており、その証拠として彼らの声だけが残るのである。

文献110
⇨　ウィル・オ・ザ・ウィスプ、エーコー、ハンツー、レーシィ

オラン・ブニヤン
ORANG BUNYI, ORANG BUNYIAN
⇨　オラン・ブニイ

オリヴィエ
OLIVIER
⇨　悪魔

オリシャ（1）
ORISHA
ナイジェリアに住むヨルバ族の信仰における精霊*の一団。人間のさまざまな気分や性格は、この精霊が与えるとされる。オリシャはゲレデ結社を中心とする精緻な儀礼における崇拝対象であり、結社の成員はこの精霊たちを賛美するため、ときに公開の場で踊りを行なう。人々は凝った仮面と丈の長い衣装を身につけて普段の姿を隠し、精霊たちの姿を表現した。仮面は、それをかぶる人の指導を象徴した。

文献24
⇨　エシュ、エンカンタード、カチナ、指導霊

オリシャ（2）
ORIXÁ
　アフリカ系ブラジル人の信仰するカルト、バトゥーキでは重要なエンカンタード*の一団。オリシャに属する者たちの名前は、いずれも西アフリカに住むヨルバ族が崇拝している神々の名に由来する。オグン*、オショシ*、オシュン*、イニヤサーン*、シャンゴ*、イマンジャ*、エクス*などがそうである。
文献89
⇨　ハイーニャ・バルバ

オーリテュイア
ORITHYIA
　ギリシア・ローマ神話に登場するニンフ*の一人。オーレテュイア*とも呼ばれる。北風の神ボレアースに愛され、彼との間に二人の息子ゼーテースとカライスを産んだ。この息子たちは翼を持つ戦士となり、イアーソーンと彼の率いる遠征隊アルゴナウタイに同行して英雄的航海に出かけた。
文献114
⇨　付録11

オリファト
OLIFAT
　ミクロネシアのカロリン諸島のトリックスター*型精霊でオラファト*、オロファド*、ウォルファト*、ヤラファス*とも呼ばれる。空の神ルーカイランと人間の母親との間に生まれた息子である。たいてい人間の姿で目撃されたが、自由自在にどんな姿にでもなることができた。彼は、ココナッツの汁を飲もうとして首を後ろに傾けて上を見たときに、初めて父親の正体を知った。オリファトは父親のそばに行きたくなり、煙の柱をつたって空へ登っていった。空に辿り着くと、数人の子供たちが何匹かの生き物と遊んでいたが、みな彼を仲間に入れてくれなかった。彼らを懲らしめてやろうとして、オリファトはそこにいた生き物たちに刺や歯や針をもたせた。カサゴやサメやアカエイが触れると危険な生き物になったのはそのためである。別の伝説では、オリファトは悪魔をうまく騙して美しい女性を大勢救い、それぞれを未来の配偶者のもとへ返したと伝えられている。このトリックスター型精霊は、人間に火の秘密を教えもしたが、悪意に満ちたいたずらを仕掛けたりタブーを破ったりすることで不和や苦悩も招いた。
文献29、33、93、109、119
⇨　アナンシ、エシュ、コヨーテ、バシャジャウン、バマパマ、ブルー・ジェイ、マナボゾ、ミンク

オリュンピアデス
OLYMPIADES
⇨　ムーサイ

オリュンピアの霊
OLYMPIAN SPIRIT
　16世紀のヨーロッパの神秘主義文書によると、大気や宇宙の精霊*のこと。一九六の領域を保護する任務にあり、神との媒介役であったと言われている。この精霊の信仰と関係のある魔術儀式も行なわれていた。七つのおもな精霊は、アラスロン*、ベトール*、ハギス*、オク*、オフィエル*、ファレグ*、フル*である。
文献53
⇨　守護霊、付録13

オルセン
OLSEN
　デンマークの民間伝承に登場する精霊*。家庭内で見られる説明のつきそうもない小さな問題は、すべてこの精霊の仕業である。扉が半開きになっていたり、物が間違った場所に置かれていたり、おもちゃが壊れていたり、ケーキがなくなっていたりしたら、犯人は彼だといってよい。英国の民間伝承に登場するノーバディ*と同じように、オルセンは姿を見せずに家の中を飛び回り、誰にも見られないのをいいことに、いたずらを仕掛けてはうまく逃げる。
⇨　ノーバディ、付録22

オルト
OLT
⇨ トゥンデル

オールド・エイン
AULD ANE
⇨ オールド・ホーニー

オールド・クルーティ
AULD CLOOTIE
　悪魔*をもっと低いデーモン*の地位におとしめる、スコットランド人にとってなじみ深い名前。ヤギのひづめの割れを意味するクルートという語に由来している。ちょっとした悪さや不快感を起こす精霊*を指すのによく使われる言葉である。
文献28、40、114
⇨ オールド・ホーニー

オールド・ジェントルマン
OLD GENTLEMAN
⇨ オールド・ホーニー

オールド・シミー
OLD SIMMIE
⇨ オールド・ホーニー

オールド・シャック
OLD SHUCK
⇨ ブラック・シャック

オールド・スクラッチ
AULD SCRATCH
⇨ オールド・ホーニー

オールド・スクラッティー
AULD SCRATTY
　恐ろしい精霊*もしくは悪魔*。イギリスで両親が子供の行儀をよくするために脅す子供部屋のボーギー*として使われることが多い。下級の悪魔で、その名はオールド・スクラッチ*に由来している。
文献17

⇨ オールド・ホーニー、付録22

オールド・ティーザー
OLD TEASER
⇨ オールド・ホーニー

オールド・ニック
AULD NICK, OLD NICK
　イングランド北部の民間伝承に登場する、力の弱くなっている悪魔*の名称。ヴァイキングが英国に侵入したときに一緒に連れ込まれた北欧の水棲デーモン*、ニックル*またはニクス*に由来すると言われている。この呼び名は17世紀には確かに使われていたが、やがて邪悪なものを面白おかしく表現するのに用いられるようになり、絶対的な悪とはほとんど関係がなくなった。
文献28、40、41
⇨ オールド・ホーニー、ニッカー

オールド・ハリー
OLD HARRY
⇨ オールド・ホーニー

オールド・ハンギー
AULD HANGIE
⇨ オールド・ホーニー

オールド・ファーザー・タイム
OLD FATHER TIME
⇨ ファーザー・タイム

オールド・ブート
OLD BOOT
⇨ オールド・ホーニー

オールド・ブラディー・ボーンズ
OLD BLOODY BONES
　イングランド北部に伝わる悪霊、ロー・ヘッド・アンド・ブラディー・ボーンズ*の別名。コーンウォール州のバルデューの近くにある「ノッカーの地下坑」と呼ばれる地域に生息していたと言われている。ここは大昔

の戦場であり、悪意に満ちたこれらのインプ*たちを引きつけるような場所である。なお、名前に「オールド」がついているときはたいてい、その精霊*の力が弱くなっていることを示す。オールド・ブラディー・ボーンズは、子供部屋のボーギー*として子供を脅すのによく使われた。

文献17
⇨　オールド・ホーニー

オールド・ホーニー
AULD HORNIE

スコットランドとイングランド北部の婉曲語法であり、悪魔*をインプ*と同程度の地位に見立て、けなし、おとしめた形で呼ぶ際の嘲笑的な名前。イングランドで使われる嘲笑的あるいはおどけた言い方には次のようなものがある。グライム、グリム、ロード・ハリー、オールド・ブート、オールド・ジェントルマン、オールド・ハリー、オールド・ホーニー、オールド・ラッド、オールド・ニック、オールド・ワン、オールド・シミー、オールド・ティーザー。スコットランドでは、次のような呼び名が使われる。オールド・エイン、オールド・クルーティ、オールド・ハンギー、オールド・ニック、グラハム、グレアム、オールド・スクラッチ、スクラッチ。こういった呼び名がよく使われるようになったのは、とくに18世紀以降、悪魔の非常に邪悪な力に対する信仰が失われ、精霊*が文学の世界に追いやられ、一般に親しまれるようになってからのことである。オールド・ホーニーは、ヤギの角、あごひげ、足、かぎ鼻、とがった耳をもっているとされ、古代の自然神パンをキリスト教徒が侮辱した姿とぴったり一致する。ブリテン島北部で精霊に「オールド」をつけるのは、歳月の経過にともなって力が消耗し、まるい性格になることを意味する風潮があるからだ。オールド・ホーニーは完全なる悪というより、むしろ親しみ深くいたずら好きなようだが、彼が最後に放つ「火花」は、無用心な者をそれでも困らせる。

文献28、40、114
⇨　アスタロッテ、アスモデ

オールド・ホワイト・ハット（古い白い帽子）
OLD WHITE HAT
⇨　白い帽子のジャック

オールド・ラッド
OLD LAD
⇨　オールド・ホーニー

オールド・ロジャー
OLD ROGER

イングランドのいくつかの地域にいる赤ら顔のリンゴの精で、リンゴの木の守護霊*。ケルト神話およびケルト族の信仰では、リンゴは神々の国へ通じる扉を開く生命の果実であった。名前が「赤」を意味するフランス語の「ルージュ（rouge）」という言葉と似ていることから頬の赤い老人だと想像されたのではないか、と考えられている。

文献123
⇨　コルト・ピクシー、精霊、ものぐさローレンス、リンゴ園の主、付録21

オール・マン
AWL-MAN

北アメリカ先住民プエブロ族が信仰する突き錐の指導霊*。人間に与えられた最も役立つ道具の一つを擬人化した精霊*である。オール・マンは多くの伝説に登場しているが、その中でしばしば人間を導き、助けている。

文献87
⇨　アグルーリック、アラク、クレイ・マザー、コーン・マザー、塩女、ゾア、ナグワル、フィルギヤ

オレアンド・ラ・フェー
OREANDE LA FÉE

15世紀ヨーロッパの伝説およびロマンスに登場する好意的な精霊*または妖精*。

文献18

オレアイス
OREAD

　ギリシア・ローマ神話に登場するニンフ*の一種。山地や山の洞窟に住み、狩猟の女神アルテミス（ディアーナ）に随行していた。パーシー・ビシュ・シェリーの詩「アトラスの魔女（*The Witch of Atlas*）」に詳しく述べられている。

文献40、92、93
⇨　エーコー、付録11

オーレイテュイア
OREITHYIA
⇨　オーリテュイア

オーレ・ルゲイエ（眠りの精オーレ）
OLE LUK ØJ, OLE LUK ÖIE

　デンマークおよびスウェーデンの民間伝承に登場するダストマン*で、子供部屋の精霊*ハンス・クリスチャン・アンデルセンの作品の中に述べられている。とても小さなエルフ*もしくは妖精*で、光によって色が変わる美しいシルクのジャケットを着て、両脇に魔法の傘を一本ずつかかえている。名前は「目を閉じさせるオーレ」という意味である。この精霊は子供向けのすばらしい物語をたくさん用意しており、子供たちに夢の中で語り聞かせることがある。夜になると、この精霊は小さな子供のところにそっとつま先で歩いていき、その子の目や首に魔法の粉を吹きかける。その小さな目と頭が重くなってきて子供たちが眠くなり、ベッドに入ってしっかり毛布でくるまれたのを見届けると、オーレ・ルゲイエはよい子の上にはすばらしい絵の描かれた傘を開き、すてきな夢を見させてくれる。しかし、悪い子の上にはもう一方の傘を開く。この傘には何も絵が描かれておらず、その子はすばらしい物語も聞かせてもらえなければ

よい夢を見られるようにと、眠っている子供の上に魔法の傘をかざす子供部屋の精霊オーレ・ルゲイエ。

すてきな夢も見られない。
文献2、17
⇨　ウィー・ウィリー・ウィンキー、ドルメット、ビリー・ウィンカー、ミスター・サンドマン、付録22

オロバス
OROBAS
　ヨーロッパの鬼神学におけるデーモン*の一人で、地獄から来た悪魔*であると考えられていた。彼を忠実で役に立つ存在とみなす魔術師たちによって、黒魔術の儀式で呼び出された。
文献53

オロファド
OLOFAD
⇨　オリファト

オンディチャオワン
ONDICHAOUAN
　北アメリカ先住民のヒューロン族の信仰における悪霊またはデーモン*。五大湖に生息しており、火や炎となって現われたり、湖に浮かぶ島となってそれまで何もなかった場所に突然出現したりする。彼は湖上で激しい嵐を巻き起こしては、カヌーを転覆させて大嵐の闇の中へ沈めるのである。オンディチャオワンは病気のデーモンでもあり、溺れた人々を水中の隠れ家に引き込まないときは、湖畔で暮らす人々に伝染病を蔓延させる。
文献99
⇨　精霊、付録17、付録25

オンブウィリ
OMBWIRI
　西アフリカの信仰における樹木の精。古代ギリシアの神話に登場するハマドリュアデス*とよく似ており、守護霊*として木立や林の中に住んでいる。この精霊*が住みついていると思われる特定の木のそばを通るときには、人々は彼らにささやかな供物を捧げるようにする。
文献110
⇨　付録19

［カ］

カァ
KA
精霊*を示す名称。二つの文化で用いられている。
（1）古代エジプトの信仰における指導霊または守護霊*。カァは人間一人一人に誕生時に割り当てられ、グリン*と同じように、その人と並行した超自然的な生活を送った。その人が死ぬと、カァにも棺と彫像が用意され、この棺も「カァ」と呼ばれるようになった。
（2）ミャンマーのカチン族の信仰では、これは肥沃土のナット*または精霊*である。チヌン・ウェイ・シュン*の別名とされる。
⇨　（1）ダイモーン（2）付録10、付録18

カイア
KAIA
メラネシア、ニューブリテン島のガゼル半島に住む人々の信仰では、このデーモン*は本来、創造の精であった。人間の姿になることもできるが、蛇、ウナギ、あるいは豚の姿で現われることのほうが多い。カイアは地面の奥深くまたは火山に生息し、そこから出てきては人間に不幸をもたらす。
文献93
⇨　カハウシブワレ、精霊、付録12

カイアムヌ
KAIAMUNU
パプアニューギニアのプラリ・デルタに住む人々の信仰で重要なデーモン*。カイエムヌ*とも呼ばれる。目に見えないが、その姿は枝編み細工の像に象徴されていると考えられている。男子の成人の儀式では、カイアムヌは男子を一人一人飲み込み、新成人として吐き出すと言われている。
文献93
⇨　カイア、緑の男

カイエムヌ
KAIEMUNU
⇨　カイアムヌ

海人アブド・アッラーフ
ABDULLAH AL-KAZWINI
アラブの伝説集『千夜一夜物語』に登場するマーマン*。同じアブド・アッラーフという名の貧しい漁師と仲良くなり、その手助けをする。
文献88
⇨　ハウマンド

カイトラック
KAITORAK
カナダのイヌイット族およびイハルミウット族の信仰における森の精。
文献101
⇨　精霊、付録19

ガイトラッシュ
GYTRASH, GUYTRASH
北イングランドの民間伝承に登場する、悪い道の精霊*。死や災難を予告する。何にでも姿を変えることができ、ふつうは馬、牛、ラバ、犬などの動物の姿になる。いちばんよく見られるのは、ぎらぎら光る目をした毛深い大きな犬である。パッドフットと同じく、夜道をいく旅人を人気のない沼の道まで後をつけ、逃げ遅れた者を恐怖に陥れ、ひどい目にあわせる。シャーロット・ブロンテ作『ジェーン・エア』（1847年）に、ガイトラッシュの姿が描かれている。
文献17、28、40、107
⇨　カペルスウェイト、教会グリム、黒妖犬、スクライカー、バーゲスト、パッドフット、ブラック・シャック、ブルベガー、フレイバグ、ボガートン、モーザ・ドゥーグ、リュバン、ロンジュール・ドス、付録12、付録24

カーヴァル・ウシュタ
CABYLL-USHTEY
英国、マン島に伝わる恐ろしい水の精霊*。

犬の姿になり、跪く犠牲者に襲いかかろうとするガイトラッシュ。

「水棲馬」を意味するカーヴァル・ウースカ*というゲール語名でも知られる。このデーモン*は水棲馬の姿をとるが、ハンサムな若者にも変身できる。人間や家畜を魅了し水の中に連れ込む。獲物はそこでずたずたに裂かれる。
文献17、99
⇨　ケフィル＝ドゥール、ケルピー、ニューグル、付録25

カーヴァル・ウースカ
CABYLL-UISGE
⇨　カーヴァル・ウシュタ

ガウエコ
GAUEKO
南西フランスと北スペインのバスク地方の民間伝承に登場する、デーモン*型の精霊*。暗闇の中にだけ、一陣の風や家畜の姿で現われ、いたずらをする。だが、善良なときもある。
文献93

カウェロ
KAWELO
ハワイの古い信仰におけるトリックスター*。姿を見せているときは思いのままの形に変身することができ、人間をからかったりいたずらを仕掛けたりすることで有名である。
文献29
⇨　イワ、カプア、精霊、ペコイ

カウガ
ČAUGA
　アンダマン諸島に伝わる邪悪な精霊*の一団。
文献88
⇨　ラウ

カウカス
KAUKAS
　リトアニアの民間伝承に登場する家事の精*。ゴブリン*の一種として現われたり、アイトワラス*のような火の尾を持つトビトカゲの姿で現われたりする。このデーモン*は、住みついた家の家族に幸運や盗品を運んでくる。また、蓄えた宝物の守護霊*にもなる。
文献87、88、93
⇨　スミエラ・ガット、パラ、プキス、付録20、付録22

ガウナブ
GAUNAB
　南アフリカのユイ族（俗称ホッテントット族）が信じている悪い精霊*。虹をつくっているとされるが、他の民間伝承とは違って、ガウナブは親切な精霊ではない。全能の神ツイゴアブに征服され、石の山に追い払われた。
文献102
⇨　デーモン

ガウリー
GAURI
　古代インド神話に登場するデーヴィー*が、善良であるときの名前。
文献88
⇨　デーウ

ガ＝オー
GA-OH
　北アメリカ先住民のセネカ族とイロコイ族の神話に登場する、強くて善良な風の精霊*。仲間である風の精霊のダジョジ*、オ＝ヤン＝ド＝ネ（南風、ネズミの姿で現われる）、ネ＝ア＝ゴ（東風、子鹿の姿になる）、ヤ＝オ＝ガー（北風、熊の姿になる）の活動を支配する。
文献88
⇨　付録26

カカモラ
KAKAMORA, KAKANGORA
　サンクリストヴァル島に住むメラネシア人の信仰における小さな精霊たち*のこと。カカンゴラ*とも呼ばれる。同じ民族が住む他の島々では、この精霊*はカカンゴラまたはプワロンガ*と呼ばれることがある。カカモラの大きさは、非常にちっぽけなものから人間の膝くらいまでの背丈のものまでとさまざまだが、いずれも髪は長く、長くて鋭い爪と歯をもっていると言われている。超自然存在であり、白いものを恐れ、臀部に弱点がある。森の中の洞窟や聖樹バンヤンに王や女王とともに生息しており、金銭を蓄えるのが好きである。その昔、カカモラは人間狩りをしてその肉を食べると言われていた。人間の住む家の中をのぞき込んでは、殺す機会を見計らっていたという。やがて人間たちは、カカモラの髪の毛をつかんで壁の割れ目から引っ張り出し、臀部を突いて追い払うことをおぼえた。それ以来、カカモラは人間、とくに子供たちにいたずらを仕掛けるのを控えるようになった。
文献119
⇨　付録22

カカンゴラ
KAKANGORA
⇨　カカモラ

餓鬼
GAKI
⇨　グイ（鬼）

カキー・タペレレ
CACY TAPERERE
　ブラジル南部の先住民と混血系の人々に伝わる、ドワーフ*の姿をした精霊*。サシ*、

サシ・ペレレ*と呼ばれることもある。この超自然存在は、燃えるような目に一本足で、赤い帽子をかぶり、パイプをふかしているとされる。他の多くの家事の精*同様、所有物を動かしたり隠したり、家のものを乱したりして家族をからかう。
文献87、88
⇨ 屑糸帽子、ナシャ、付録22

カクア・カンブジ
KAKUA KAMBUZI
ウガンダに住むバソガ族の信仰における精霊*。古代ギリシア・ローマ神話に登場するドリュアデスとよく似た樹木の指導霊*。
文献110
⇨ 付録19

隠れた人
HIDDEN FOLK
⇨ 小さな精霊たち

カコ・ダイモーン
CACODAEMON
古代ギリシア神話では、邪悪な意図を持つダイモーン*はカコ・ダイモーンと呼ばれた。Kakodaimonとも綴り、これはギリシア語で邪悪な精霊*を意味するKakos daimonからきている。イギリスの民間伝承や文学に登場するカコ・ダイモーンは邪悪な精霊*、もしくはデーモン*で、堕天使*の一人とされることもある。
文献40、53、107

カサヴァラ
QASAVARA
⇨ カト

カサゴナガ
KASAGONAGA
南アメリカのパンパスに住むチャコ族の信仰における女の精霊*。天気の精であり、空中を舞って草原に雨を降らせる。
文献33、56

⇨ 付録26

カジェク・ケレメト
KAJƏK KEREMET
旧ソビエト連邦のマリ人（チェレミス人）の民間信仰におけるデーモン*。直訳すると「狩猟鳥ケレメト*」で、狩猟の対象となる森の鳥や動物の守護霊*という意味である。森に入った狩人たちは、狩猟が成功するようカジェク・ケレメトの機嫌を取る。
文献118
⇨ 付録12

カジス
KAJIS
コーカサス山脈に住むグルジア人の民間伝承に登場するデーモン*の一団の総称。伝説では、「蛇食いのミンディア」と呼ばれる英雄が恐ろしい地下世界でこのデーモンたちに捕えられ、奴隷にされる。ある日、一人きりになったとき、彼はデーモンたちが食べている蛇の入った悪臭漂う大釜を調べてみた。ミンディアは悪臭を無視して大釜の中の蛇を食べた。すると、ただちにミンディアの体内にカジスの持つ超自然的な力がみなぎった。戻ってきたデーモンたちは、自分たちの力の源を奴隷が見つけてしまったことを知って恐れおののいた。ミンディアはカジスの裏をかいて逃げおおせた。
文献30

家事の精
HOUSEHOLD SPIRIT
おもにヨーロッパの民間伝承に登場する超自然存在だが、極東や南米の文化でもその例が記録されている。ふつうは家や農場に住み、守護霊*となる。親切な精霊*で、終わっていない単調な仕事を夜にやってくれることが多い。善良で、家族や財産を守ってくれる。だが、いたずら好きでもあり、ときには悪意を向ける。この精霊を追い払いたい家族には、わざと執着して悩ませる。ドイツのヒンツェルマン*は、このひねくれたタイプの精霊の

例である。
文献87
⇨　付録22

鍛冶屋のウィル
WILL THE SMITH
　イングランド、シュロップシャーの民間伝承では、ウィル・オ・ザ・ウィスプ*は鍛冶屋のウィルと呼ばれる。これは堕落した人間の霊魂だった。放蕩の限りを尽くした鍛冶屋のウィルは、聖ペテロによって魂を清めなおすチャンス、すなわち二度目の生を与えられた。ところが鍛冶屋は二度目もあまりにもひどい生き方をしたので、天国と地獄と両方から締め出されてしまった。悪魔はウィルに暖をとるための燃えている石炭のかけらを一片与えた。ウィルはその一かけらの石炭を携え、沼地の上を絶えず去来し、他の人間を死へ誘うことになったのである。
文献17

カスタリア
CASTALIA
　カスタリアは、古代ギリシア・ローマ神話に登場する、予言能力を持つニンフ*。パルナッソス山の霊感を与える泉のそばに住んでおり、そこで予言を授けていた。
文献102、130
⇨　付録23

カスタリス
CASTALIDES
⇨　ムーサイ

カズナ・ピアンバル
KAZNA PIAMBAR
⇨　ピアンバル

カズナ・ペリ
KAZNA PERI
　「宝の悪魔」という意味で、旧ソビエト連邦のマリ人（チェレミス人）の信仰におけるデーモン*の名前。宝物の守護霊*とされ、ペンテコステ（復活祭の七週間後の聖霊降臨節に祝われる祭）から洗礼者ヨハネの祝日（たいてい６月24日）までの期間に、地面から起き上がって青い炎の上で料理をする。ただし、その姿を人間に見られてしまうと、火が消える前に宝を捜し出して持ち去っていくことがある。
文献118
⇨　ウィル・オ・ザ・ウィスプ、クデイアー、クラドヴィック、ペリ、付録20

カス・ペレシュタ
KAS PEREŠTA
⇨　ペレシュタ

カスム
KHASM
　イランの人々の信仰および民間伝承における、ゾロアスター教のアエーシュマ*の現代での名称。
文献41

風の老女
WIND OLD WOMAN
　北アメリカ先住民のタオス・プエブロ族の信仰や伝承に見られる風の精霊*の名前。彼女は世界の真ん中に住むと言われ、つましい老魔女だと考えられている。風の老女はリウマチ患者を癒すとされ、コーンミール（ひき割りトウモロコシ）、花粉、七面鳥の羽毛が供え物として捧げられて、あがめられている。「風の老女」の名は、ホピ族とテワ族の伝説の中にもやはり風の精として登場する。一方「風の老人」の名は、タオス・プエブロ族、テワ族、イスレタ族の伝承に見られる。
文献45、88
⇨　付録26

カタヴィ
KATAVI
　タンザニアのニャムウェジ族の信仰におけるデーモン*の一つ。荒れ地に生息し、水の悪霊を導く。

文献93
⇨ 精霊、付録25

カタクローテス
CATACLOTHES
⇨ 運命の三女神

ガダル
GHADDAR
　イエメンと上エジプトの伝承では、ガダルはイブリス*の子孫のジン*。間抜けな人間を陥れ、脅かしていじめた後、遠い場所に放り出して行く。
文献41

カチェス
KACHES
　「勇気ある者」という意味で、アルメニアの民間信仰における悪霊の一団の婉曲な呼び名。姿は見えず、村の荒れ地に生息していた。カチェスはもっぱら人間に対して悪意をもっており、人々から物を盗んだり、うまく罠に掛かった人々にひどい苦痛を与えたりした。現代民話では、デーウ*がこれに取って代わっている。
文献88
⇨ 精霊

カチナ
KACHINA, KATCINA
　ズニ・プエブロ族、ホピ・プエブロ族、その他北アメリカ南西部に住む先住民の信仰での、毎年冬の期間に地上を訪れる善意ある農耕の精のこと。カチナス*、カツィナス*とも呼ばれる。自然の霊であり、その姿は重要な儀式で踊り子たちがかぶるカチナの仮面に象徴されている。カチナは本来、人々を直接訪問してメロンやトウモロコシの栽培のしかたを教え、豊作になるよう雨を降らせた。
文献25、45、119
⇨ ガヘ、付録15、付録18、付録26

カチナス
KATCINAS
⇨ カチナ

カチナ・マナ
KATCINA MANA
　北アメリカ先住民、ホピ族の信仰におけるトウモロコシの芽の精。
文献25、45
⇨ カチナ、ケルワン、コーン・スピリット、付録15

カツィナス
KATSINAS
⇨ カチナ

カツオの乙女
BONITO MAIDENS
　ソロモン諸島のサア族が信仰する、海の乙女の精霊*。ヨーロッパのマーメイド*と似ていないこともないが、カツオの乙女はカツオだけの守護霊*で、カツオとともに海の底で暮らしている。この美しい精霊はタカラガイの貝殻とネズミイルカの歯でつくった装身具をつけている。海で失われた大昔の象牙のカツオ針の守護霊でもあり、この精霊からしかカツオ針を取り戻すことはできない。サア族の漁師のためにカツオの群れを放つ好機が訪れると、カツオの乙女は眠れるシャーマンの頭のそばにビンロウの実をひとふさ置いていく。これを見たシャーマンは、カツオの乙女のために特別な祠を建て、最初に捕えたカツオを清め、生贄として供える。最初のカツオはそこからカヌー小屋まで行列をつくって運ばれ、焼かれてから、豊漁を確実なものにするため、シャーマンによって食べられる。
文献87
⇨ セドナ、付録25

カッシエル
CASSIEL
⇨ 大天使

カッツェンヴァイト
KATZENVEIT
　ドイツのフィヒテルゲビルゲ地方の民間伝承に登場するデーモン*。森林に生息し、森の中に入ってきた不用心な人間を危険に陥れると言われている。親はこの恐ろしいデーモンの話を子供部屋のボーギー*として使い、幼い子供が一人で森の中に迷い込まないようにする。
文献110
⇨　ギュビッヒ、リューベツァール

カッティー・ソームズ
CUTTY SOAMS
　悪戯で引き革、つまりソームズを切る鉱山の精霊*もしくはボーグル*。引き革とは、石炭を地上に運ぶ木製トロッコと鉱山労働者をつなぐ綱である。カッティー・ソームズはこのいたずらを鉱夫に対して行なうのが普通だったが、時々鉱夫たちの私怨を晴らすべく、嫌われ者の副監督や監督をやっつけることもあった。
文献17
⇨　コーボルト、ノッカー

カッティー・ダイア
CUTTY DYER
　イングランド、サマーセットのアシュバートンに伝わる、この地域特有の邪悪で残虐な精霊*。ヨー川の橋もしくはカルバート（排水路にかかる小橋）に住むと言われる。受け皿くらいの小さな目をした大男の姿とされる。彼は夜、不用心な旅人が川を渡るのを待ち受け、背後に現われる。それから彼らを引き摺り下ろして川で溺れさせるか、あるいは喉を掻き切って血を飲む。トーントンに住むアシュバートン生まれの盲目の老人が、1972年に亡くなる前に、次のような若いころ覚えた詩を暗誦してくれた。

　　「川のそばには近寄るな
　　　カッティー・ダイアが待ってるぞ
　　　カッティー・ダイアはやり手だぞ
　　　カッティー・ダイアは血を飲むぞ」

　幼い子供たちはこの精霊について聞かされた。その点ではカッティー・ダイアは子供部屋のボーギー*だったといえよう。
文献29
⇨　デーモン、付録22、付録24

カッティー・ブラック・ソウ
CUTTY BLACK SOW
⇨　ブラック・ソウ

河童
KAPPA
　日本の神話に登場するデーモン*。猿のような姿をした小さな生き物で、鱗に覆われた肌と水かきのついた指を持つと言われている。「川の子供」を意味する川子とも呼ばれ、池や川に生息する。非常に意地が悪く、人間や動物を水中に引きずり込んではその肉をむさぼり食い、血を飲むと言われている。河童とうまく交渉できた賢い人間は命拾いすることもある。河童は深くおじぎをするとその身に備わっていた力が抜け出してしまうことがあり、そうなると、定められた運命をデーモンの力で再び取り戻さなければならなくなる。頭を下げると、力の源となっている頭の皿の水がこぼれてしまうのである。
文献29、88、93、119、132
⇨　サムヒギン・ア・ドゥール、精霊、ブソ、ペグ・パウラー、緑の牙のジェニー、付録12、付録25

カッレアウ
CARRIVEAN
⇨　悪魔

ガーディアン
GUARDIAN
⇨　守護霊

カト
QAT, QUAT
　メラネシアのバンクス諸島で信仰され英雄視される自然の精霊*の名前。カトはその兄弟とともに、バンクス諸島の数多くの創造神話に登場するヴイ（精霊）である。カトとクモの精霊であるマラワとは互いによく助け合う関係で、カトの魔力に嫉妬した兄弟たちがカトに罠を仕掛けたとき、マラワはカトを救った。ある伝説によると、カトは兄弟たちの策略にあったあと、すべての所持品とともにココナッツの殻の中に隠れて、魔法を使って移動し、してやったりと思っていた兄弟たちよりも早く目的地に到着することができた。また別の伝説によると、カサヴァラという名の人食い鬼がカトの兄弟たちを食べてしまったが、カトが鬼を殺し、その腹の中から兄弟たちの骨を見つけて、元の姿に戻してやった。
文献33
⇨　アナンシ、ブルー・ジェイ、デーモン

ガートホーンズ
GARTHORNES
　イングランドのコーンウォールの民間伝承に登場する鉱山の精*。別名ノッカー*。
文献18

カドルパイ
CUDDLEPIE
⇨　ガムナット・ベイビーズ

カナイマ
KANAIMA
　ギアナの民間信仰における不吉な勢力や悪霊の総称。ほとんどがデーモン*であり、餌食となった者につきまとっては、時機を見て死病をもたらしたり致命的な打撃を与えたりする。
文献88
⇨　精霊

ガナス
GANAS
　インド神話のドワーフ*、デーモン*。象の頭をした知恵の神ガネーシャに支配されている。
文献98、102

カヌック
KANNUK
　太平洋北西沿岸に住む北アメリカ先住民の信仰における、大きな力を持つ精霊*。オオカミの姿で現われる。
文献25
⇨　付録12

カハウシブワレ
KAHAUSIBWARE
　ソロモン諸島の人々の信仰における女の悪霊または悪魔*。たいてい蛇の姿で現われる。カハウシブワレには、豚など特定の動物や樹木を生み出す任務が与えられていた。極度に意地悪く破壊的になることもあり、初産で生まれた赤ん坊を絞め殺すことで非難されている。
文献33
⇨　カイア、精霊、付録12、付録22

カバウターマネキン
KABOUTERMANNEKIN
　オランダの民間伝承に登場するゴブリン*またはブラウニー*の一種。裸で毛むくじゃらのこともあったが、いささか古い埃まみれの赤い服と帽子を身につけていて赤帽子*と呼ばれることもあった。このスプライト*は夜中に働き、粉ひき場で小麦をひいたり、粉を袋に詰めたり、磨り減った重いひき臼石を取り替えたりした。これらの仕事の報酬として、パン一枚とバター、それにコップ一杯のビールが与えられた。また、この種類の精霊*はどれもそうだが、衣服の贈り物をいったん受け取ってしまうと、もう二度と同じ場所で働くことはできないという決まりがあった。そのことを知らなかったケンプナーランドの

ある粉屋は、自分に仕えるカバウターマネキンに服を贈ってしまった。彼はその精霊*を引き戻そうと、通り道にある橋のところで待ち伏せした。そして、ゴブリン*がこちらを見たちょうどその時、彼は川に落ちる妻の悲鳴を聞いたような気がした。妻を助けに走り出しながら、粉屋は自分が騙されたことに気づいた。スプライトは消えてしまっていた。
文献17、66
⇨ キルムーリス、ブロラハン、付録15

カバ・ピアンバル
KABA PIAMBAR
⇨ ピアンバル

カバンダ
KABANDHA
インドの叙事詩的伝説『ラーマーヤナ』に登場するデーモン*のガンダルヴァ*が変形し、醜くなった状態をいう。インドラ*との争いでガンダルヴァは激しい一撃を食らった。そのとき、頭と脚が身体にめり込み、ガンダルヴァの胴体は樽のように膨れ上がり、その毛深い巨体から目と口が現われた。「樽」という意味のカバンダに変身したこのデーモンは、今度はラーマと争い、火によって滅ぼされる。だが、その火の中からまた元のガンダルヴァとして再生する。元の姿に戻してくれたことに感謝し、ガンダルヴァはラーヴァナ*との戦いでラーマを助けた。
文献119

ガビエタ
GABIETA
⇨ ガビジャ

ガビジャ
GABIJA
リトアニアの民間伝承*に登場する女性の精霊*。ガビエタ*、ガベタ*とも呼ばれる。家の火の守護霊*である。整理整頓している主婦には親切で、家を汚している主婦には意地悪をする。かまどの火が消えたら、主婦が隣家の燃え木を借りて、ガビジャに塩をそなえてなだめなければ、その家は不幸な目にあう。ガビジャの男性版はガビジャウジスといい、窯の火を守る家の守護霊である。
文献88、93
⇨ 付録22

ガビジャウジス
GABIJAUJIS
⇨ ガビジャ

ガビジャウジャ
GABIJAUJA
リトアニアの民間伝承に登場するデーモン*。もとはトウモロコシや穀物の神だったが、キリスト教が広まった後、デーモンの地位に落とされた。
文献93

カヒライス
CYHIRAETH, Y CYHYRAETH
ウェールズに伝わる目に見えない精霊*。バンシー*やクーニアック*同様、その地域に住む人々への災厄の前兆として、泣き叫んだりうめいたりする声が聞かれる。その地域に伝染病が広がるとき、カヒライスが夜、通りを進みながらうめき声や叫び声をあげるのが聞かれる。そしてたとえ人々が苦しみを避けようと他国に移住してしまった後でも、カヒライスはそのかつての住居のよろい戸をがたがたいわせる。
文献17
⇨ グラッハ・ア・フリビン、付録22、付録23

カプア
KAPUA
ハワイの古い信仰における超自然的なトリックスター*の一団を指す用語。姿が見えているときは、どんな形にも大きさにもなることができる。また、いかなるものをも障害とせず、人を騙したり辺りをめちゃくちゃにしたりする。

文献29
⇨ イワ、オノ、カウェロ、ペコイ

カプカ・オロル
KAPKA OROL
⇨ チェムブラト

カフジエル
KAFZIEL

　ユダヤ教とキリスト教の書物に登場する大天使*または最高位の天使*の名称。占星術の暦では、初期のユダヤ教の書物に記されている土星と関連づけられていた。また、中世のキリスト教の占星術でも、カッシエルという別名で、やはり土星と関連づけられている。
文献40、87、107、114

ガブライル
GABRA'IL
⇨ ガブリエル

ガブリエル
GABRIEL

　ユダヤ・キリスト教の聖典に登場する大天使*、主天使*。ガブライル*とも呼ばれる。使者や、死の天使*として知られ、審判の日の前に最後のトランペットを吹き鳴らすとされる。またコーランにも大天使のガブライルと記され、預言者ムハンマドを天に導いて聖なる教えを授けたとされる。モロッコではシドナ・シュブリエル（主ガブリエル）と呼ばれ、アダムが楽園の外で生きるために必要な道具をすべて与えたとされる。また、人間の死の床に現われて、人間が次の世界に行くのを助ける天使としても知られている。占星術の暦では、ユダヤ教の初期の文献でも、中世キリスト教の占星術でも、ガブリエルは月と関わりがあるとされた。
文献39、40、88、93、107、114、119
⇨ 付録1

ガブリエル・ハウンド
GABRIEL HOUNDS

　イングランド北部のダラム、ランカシャー、ヨークシャーで知られている、超自然的な死の精霊*の群れ。ガブリエル・ラチェット*、ガブル・ラチェット、ガブルラケット、ガブル・レチェットともいう。人間の頭と犬の身体という姿で、嵐の夜に空高く飛ぶ。デーモン*の群れや、洗礼を受けていない魂の群れ、または罪びとの魂の群れと言われ、生き物をつかまえて災難をもたらすために、悪魔*が派遣したとされる。ある家の上空を飛ぶ姿を見たり、音を聴いたりしたときは、その家に死者が出るとわかる。何世紀にもわたって、この死を予告する精霊の記録が、幽霊狩猟*の名で残されている。
文献15、17、123、133
⇨ 付録23

ガブリエル・ラチェット
GABRIEL RACHETS
⇨ ガブリエル・ハウンド

ガヘ
GAHE

　北アメリカ先住民のチリカワ族とメスカレロ・アパッチ族の信仰に登場する、強力な癒しの精霊*。山の中に住むので、山の人々ともよばれている。ホワイト・マウンテン・アパッチ族にはガン*、リパン・アパッチ族にはハクツィ*、ヒカリヤ・アパッチ族にはハクツィンとして知られている。儀式では、特別なカチナ*の仮面をかぶった踊り手たちがガヘの役をつとめる。カチナとは、プエブロ族がガヘを呼ぶ名前である。この精霊たちがいかにして、迫害を受けた人間を守り、導いたかという話が語られている。ある物語では、迫害された共同体に、この精霊が逃げ道を用意した。そして山の中まで人々を追いかけた軍隊を全滅させた。ガヘが軍隊を山の洞穴におびき寄せ、入り口を落石でふさいだのである。
文献88

⇨　付録21

ガベタ
GABETA
⇨　ガビジャ

カペルスウェイト
CAPELTHWAITE
　イングランド、ウェストモアランドに伝わるボーギー*で、黒妖犬*タイプの精霊*に似た姿をとることが一番多い。自由自在に変身できた。ミルソープのカペルスウェイト・バーンに住む彼は、農場の人たちと好意的な関係を結び、家畜を集める手伝いをしてくれることも多かった。見ず知らずの人に対してはあまり親切でなく、そういった人たちは、夜カペルスウェイトに路上で追いかけられ、生垣や水路に投げ込まれた。

文献17
⇨　ガイトラッシュ、教会グリム、スクライカー、バーゲスト、パッドフット、ブラック・シャック、ブルベガー、フレイバグ、ボガート、モーザ・ドゥーグ、ロンジュール・ドス、付録12、付録22

カボクロ
CABOCLO
　元来、無学な田舎者、あるいはブラジルの原住民を指すのに使われたこの名前は、それらの人々が崇敬する自然の精霊*を指すのにも使われ、アフリカ系ブラジル人のカルト、バトゥーキのパンテオンにおける精霊たちも意味するようになった。これらの精霊は低い地位のエンカンタード*とみなされたり、信者にとりつくという粗野な行為を特徴としたりしている。しかし、彼らは治療の集会では病人を助けるので評判がよい。カボクロの中でもっとも有名なのは、コレ=ベイラド*、コンスタンティノ*、ヘロンディナ、ボイア デイロ・ダ・ヴィサウラ*、メストレ・マラジョー*である。

文献89

カボクロ・ヴェルホ
CABOCLO VELHO
⇨　ジャペテクアラ

ガホンガス
GAHONGAS
　北アメリカ先住民のイロコイ族の信仰に登場するドワーフ*の三グループの一つ。小さくグロテスクな人間に似ていると言われる。人里離れた岩間や水辺に住んでいた。

文献102
⇨　オードワス、ガンダヤクス

ガマイニャス
GAMAINHAS
　ヴェネズエラの先住民の伝承に登場する、水と森の精霊*をまとめて呼ぶ名前。

文献110
⇨　サラウア、マウアリ、付録19

カマック
KAMAK
⇨　カラック

カマロ
KAMALLO
　ナイジェリアのイスアマ地方の悪霊。他人の身に悪いことが起きないよう、人々はこの悪霊をなだめる。

文献57
⇨　精霊

カマン
KAMANG
　韓国・朝鮮の人々の信仰における、地下世界の守護霊*。

文献79
⇨　精霊、付録16

神
KAMI
　神と呼ばれる精霊*は次の二つである。
　（1）韓国・朝鮮の民間信仰では、精霊ま

たは超自然存在を指す一般的な用語である。
　（2）日本の神道における精霊を指す一般的な用語。
文献79、119

カムサ
KAMSA
　インド神話に登場するデーモン*またはアスラ*。最終的にクリシュナに滅ぼされる。
文献88、119

ガムナット・ベイビーズ
GUMNUT BABIES
　セシリア・メイ・ギブズが児童文学作品の中で創作した妖精*で、オーストラリアのヨーロッパ系住民の間で親しまれている（ギブズは1877年に英国ケント州に生まれ、1881年にオーストラリアのパースに移住し、1969年にパースで亡くなった）。イングランドの花の妖精*に似たガムナット・ベイビーズは、1914年1月に初登場し、たちまちオーストラリアの親子の間で長く親しまれる存在となった。

　ガムナット・ベイビーズは、小さく太ったエルフ*か、花の妖精で、化身となる花にちなんだ服を着ている。ユーカリプスの花の精では、女性はおしべのスカートをはき、男性は苔の嚢をまとっている。そして花の種袋のおしべでできた、金髪または赤毛をしている。有名なキャラクターはビブとバブ、スナグルポット、カドルパイ、ラッグド・ブロッサム、ナーニョウォ、ニッターシング、チャクルバドなど。オーストラリアのブッシュにあるガムナット町に住み、昆虫が従者をつとめている。ほかの群れをなす妖精*と同じく、活動をともにし、とくに音楽とダンスを好む。どんな環境でも生きられ、空中や水中の友だちのもとをよく訪ねる。ブロッサム・ベイビーズ、フランネル・フラワー・ベイビーズ、ボロニア・ベイビーズ、ワトル・ベイビーズらとともに重ねた冒険は、すべて邪悪なバンクシア人*の害から逃れるものだった。
文献1、55

カメーナイ
CAMENÆ
⇨　エーゲリア

ガヤ
GAYA
　古代インド神話で、とくに献身的なアスラ*の名前。ヴィシュヌ神をたいへん崇拝したためにガヤはあまりにも純粋になり、ガヤに触れた者はすべて純化され、ブラーマの天に昇り、とうとう全宇宙から罪人がいなくなった。罪人から捧げ物を受けられなくなった神々は、ガヤと契約を結び、ガヤがその純粋さで巡礼者に祝福を与えられる場所は1ヶ所に限ることに定められた。伝説によれば、ビハール州のガヤはこうして命名されたという。
文献88

火曜日のディック
DICK O' TUESDAY
⇨　ウィル・オ・ザ・ウィスプ

カラ ［複数：カラウ］
KALA, KALAU（pl.）
　旧ソビエト連邦のカムチャッカ半島に住むコリヤーク族の信仰における、病気の悪霊の一般名称。カラック*、カマック*、ニェンヴェティチュニン*、ニンヴィット*という名でも知られている。地下世界や荒れ地に生息し、頭のとんがった人間の姿や動物の姿で現われることがある。カラウはとりわけ人間に対して悪意をもっている。目に見えない状態のときは、人の頭を殴って頭痛を起こさせたり、人の顔に息を吹きかけて病気をもたらしたりする。また、人の肌を噛んだりつねったりして手足に傷や痛い腫れ物をつくる。このデーモン*は人間の肉を食うともいわれ、非難されている。
文献88
⇨　付録17

アン・チョヴィーの海の庭を散歩するガムナット・ベイビーズ。

ガラ
GALLA

古代シュメール神話に登場するデーモン*。バビロンではガル*と呼ばれた。

文献93

カラス麦のヤギ
OATS GOAT

東ヨーロッパの民間伝承に登場する畑の精霊*。ドイツではハフェルボックス*と呼ばれている。プロイセンでは、収穫者に追いかけられるコルンヴォルフ*と違って、カラス麦のヤギは、怠けている収穫者の後ろにやってきて危害を加え、作業のスピードを上げさせようとする意地の悪い精霊*である。この精霊は子供部屋のボーギー*としても使われている。「そこで遊ぶとカラス麦のヤギに捕まっちゃいますよ」といって、子供たちがカラス麦畑で遊ばないよう注意を促すのである。ふつうは、最後に刈り取った麦の束でかたどった人形を作るか、あるいはフランスのグルノーブル地方に見られるように最後の収穫を行なう間、生きたヤギを畑に放しておく。このヤギはその後、収穫祭用に殺されて料理される。皮はそのヤギの所有者のためにマントに仕立てられるのだが、カラス麦のヤギは農作業による疾患を治す治療の精だと言われているため、脱穀作業で腰を痛めた人がいればその人に貸し与えられた。

文献88

⇨ コーン・スピリット、付録15、付録22

カラック
KALAK

シベリアのパレン族の信仰における悪霊の一種の総称。カムチャツカ半島に住むコリヤーク族の間ではカラック*とも呼ばれている。しかし、シベリアでも他の地域でもカラ*という呼び名のほうがより一般的である。

文献88

カラッハ・ナ・グローマッハ
CAILLAGH NY GROAMAGH

マン島ゲール語で「陰気な老婆」を意味するこの超自然存在は、マン島（イギリス）に伝わる天気の精霊*である。彼女はカラッハ・ナ・ゲシャッグ*、つまり「魔法を使う老婆」として、邪悪な魔法を使ったためにアイリッシュ海に投げ込まれた。聖ブリジットの日（2月1日）に彼女はマン島の岸に打ち上げられ、そこで体を乾かす火をたくための薪を集めた。次の春は雨続きで、これ以降毎年、カラッハ・ナ・グローマッハは聖ブリジットの日に薪を集めに出かける。もしその日が晴天なら、彼女は雨続きの春のために燃料をたくさん集めるだろう。もしその日が雨なら彼女は出かけることができず、ゆえに自分が快適に暮らせるよう、雨の降らない春を確保せざるをえない。

文献17、81

⇨ カリァッハ・ヴェーラ、ケラッハ・ヴェール、付録26

カラッハ・ナ・ゲシャッグ
CAILLAGH NY GUESHAG

⇨ カラッハ・ナ・グローマッハ

ガラテイア
GALATEA

古代ギリシアとローマの神話に登場するニンフ*。海の精霊*、ネーレーイス*。アーキスという名の人間と恋をした。だが伝説によれば、ガラテイアに横恋慕したキュクロプスが、嫉妬のあまり、アーキスを殺した。それを知ったガラテイアは、恋人の死を嘆いて深い海に身を投げた。

文献40

⇨ 付録25

カーラネーミ
KĀLANEMI

叙事詩的なインド神話『ラーマーヤナ』に登場するデーモン*の名前。カーラネーミはラークシャサ*であり、ラーヴァナ*のおじに

あたる。古典伝説では、カーラネーミはハヌマーンに打ち負かされ、ラーヴァナのいるランカ島へ追放された。

文献88

ガラ・ヤカ
GARA YAKA
⇨ ダラ・カダヴァラ

ガラル
GALAR
⇨ フィアラル

カラワトニガ
KARAWATONIGA
　メラネシアに住むトゥベトゥベ族の信仰における慈悲深い精霊*。海辺の岩や植物に生息する。どことなく人間に似ており、髪が長く、顔立ちははっきりしない。

文献88
⇨ カカモラ、バリアウア

カリァッハ
CAILLEAC, CAILLEACH
　スコットランド・ゲール語の「妖婆」。穀物の精霊*で、とくにヘブリディーズ諸島のアイラ島に伝わっている。穀物の最後のひと刈りには逃げそこなった精霊が宿ると信じられている。それを儀式で刈り取って、「古女房」と呼ばれる束に形作り、農場の安全な場所に運んで次の耕作期に備える。新しい年に種蒔が開始されるとき、農家のおかみさんは「古女房」をほぐしてその束を耕し手で分け、彼らは畑に着くと、畑を耕す馬たちにそれを分け与える。こうすればカリァッハの精霊は畑に入り、新たな穀物をかならず豊作にしてくれる。ルイス島（ヘブリディーズ諸島）のカリァッハは服やパン、穀類、収穫鎌などの適切な供え物を与えられ、春までふさわしい尊敬を受けて保管される。しかし地域によっては、一番最初に仕事を終えた刈り手がカリァッハを作り、それを次に仕事を終えた刈り手に渡すので、最後にカリァッハを保管す

るのはその地域で一番の怠け者ということになり、それを持っていることはもはや名誉ではない、というところもある。他の国々でも同様の信仰と儀礼が行なわれており、次のような名前のコーン・スピリット*と関連づけられている。オーストリア、ザルツブルグのアーレン・コーニゲン*、ポーランドのババ*、リトアニアのボバ*、スコットランドの一部地域のカーリン*、アイルランド、ベルファストのグラニー*、ウェールズ、ペンプルクシャーのラーチ*などである。

文献87、107
⇨ コルンヴォルフ、コルンムッター、サラ・ママ、ババン・ナ・ウェイレア、ブルカーテル、付録15、付録18

カリァッハ・ヴェーラ
CAILLEACH BERA, CAILLEACH BEARA, CAILLEAC BHÉARRA
　「ヴェアラのハグ*」を意味し、アイルランドの民間伝承におけるケルトのコーン・スピリットであるだけでなく、アイルランド神話では強大な力と策略をもった超自然存在である。コークにほど近いヴェアラ半島と関連づけられており、彼女がエプロンに石を入れて運んでいたところ、ひもが切れて石が落ちたため、岩だらけの崖ができたという。同様に彼女は他の沖の島のいくつかを作ったとも信じられている。この精霊*は穀物の豊作をつかさどるとされ、自分が勝つとわかっている競争を刈り手に挑む。彼女は野ウサギの姿で現われると言われており、それが刈り手の前にある穀物の中を全速力で走りぬける。それゆえ、最後の束に隠れた精霊を捕まえるには、野ウサギを追い出せばよいと考えられている。この束で作られた精霊の人形は、カリァッハと呼ばれる。他の国では同様の信仰と儀礼がコーン・スピリットと関連づけられている。カリァッハ・ヴェーラもまた、冬の植え付け方法を人々に教えたと信じられている。これは秋の強風が吹き始める前に青いまま収穫される。この植え付けは Coirce na bhFaoilli「2月のオート麦」と呼ばれ、4月

の植え付けより生産性が高いとされた。
文献17、88、105
⇨ カリァッハ、ケラッハ・ヴェール、付録12、付録15

カリオペー
CALLIOPE
⇨ ムーサイ

カリカンツァリ
KALLIKANTZARI, CALLICANTZARI
　現代ギリシアの民間信仰における意地悪な悪霊。パノリオ地方ではカルケスとも呼ばれている。長い尻尾を持つ毛むくじゃらの小さな生き物だという。とくに冬の間、夜中の焚き火に引きつけられてやってきて、焚き火が放置されたままになっていると、尿をかけて消してしまう。そのため、どの家庭でもクリスマスの火だけはしっかりと番をしている。さもないとこの悪霊たちが入り込み、おいしい食べ物を全部盗んで火を消し、家じゅうをめちゃくちゃにしてしまうもしれないからである。カリカンツァリは、たびたび夜間に羊飼いたちのキャンプファイアを訪れ、独りぽっちでいる人から名前を聞きだそうとする。この精霊*はそうした悪戯で人間を攻撃するのである。イギリスのエインセル*やフランスのシュヴァル・バヤール*の話に似たカリカンツァリの話がある。ある羊飼いが焚き火をしていると、カリカンツァリが鍋の中の食べ物を求めてやってきた。名前を聞かれた羊飼いは「私自身だ」と答え、チャンスを見つけて燃えている石炭を精霊たちに投げつけた。精霊たちは、このひどいやつをやっつけてくれと叫びながら仲間のところへ逃げ帰った。そして誰のことかと仲間に訊ねられ、精霊たちは皆「私自身だ」と答えた。すると「それなら自業自得だ」という返事が返ってきた。当然、羊飼いには何も起こらなかった。
文献12
⇨ それ、サテュロス

カリストー
CALLISTO, KALLITÓ
　古代ギリシア神話のニンフ*。アルテミスの従者。姿を変えた主神ゼウスに誘惑された。嫉妬心にかられた神々の女王ヘラは、カリストーを牝熊に変えた。クマの姿になったニンフは、狩りに出ていた自らの息子アルカスに殺されそうになるが、危ういところでゼウスが二人を大熊座と小熊座という二つの星座に変えた。
文献87、93、114、119、130
⇨ 付録13

訶梨帝母（かりていも）
KARITEI-MO
⇨ ハーリティー

カリテス
CHARITIES
⇨ グラティアエ

ガリー＝トロット
GALLEY-TROT
　イングランドのサフォークの民間伝承に登場するボーギー*、デーモン*の種類。ギリトルットともいう。子牛ほどの大きさの、毛むくじゃらの白い犬や、白く煙る妖気となって現われる。シャック*や黒妖犬*のタイプのように、人気のない道を行く人間の前に静かに姿を表わし、人間を呑み込むか脅す。とくにウッドブリッジやダンウィッチ地域をさまよい、バススロー沼などから現われては通り過ぎる旅人を追いかける。
文献17、69、123
⇨ ガリー＝ベガー、付録24

カリナ
KARINA
　北アフリカに住むイスラム教の人々の信仰における、大きな力を持つデーモン*。美しい若い女性、犬、フクロウ、蛇などの姿で現われる。かつては人間の母親であったが、自分の子供を食べてからフィーンド*に変わっ

たと言われている。シーラ・ナ・ギーグ*同様、人間を嫌悪し呪っている。自分の性器をさらし、それを見た者を非難して死産や病気をもたらす。また、土地を不毛にし、動物を不妊にする。ある伝説では、砂漠で狩りをしていたソロモンという男の前に美しい若い女性の姿で現われたという。そして彼女は、自分にはどんな男にも負けない大きな力があるのだが、大天使*のガブリエル*にだけは敵わない、とソロモンに打ち明けた。ソロモンはすぐさま大天使に助けを求めた。大天使は彼女を圧倒し、醜い老婆の姿に変えてしまった。

文献56
⇨　バウボー、付録22

ガリー＝ベガー
GALLEY-BEGGAR

　イングランドの民間伝承で、恐ろしいボーギー*、デーモン*、ブルベガーとされる。サフォークやサマセットの荒地をさまよったと言われている。人間の頭を腕に抱えた骸骨の姿で現われると、あたりの空気が怪しく光る。この精霊*については面白い話が残っており、編み垣に乗ってげらげら笑いながら、ネザー・ストーウィの丘まで滑っていった話などが語られている。

文献17

カリー・ベリー
CALLY BERRY
⇨　ケラッハ・ヴェール

狩人ハーン
HERNE THE HUNTER

　英国王室の居城の一つであるウィンザー城をとりまくウィンザー・グレート・パークでのみ語られる、伝説の精霊*。堂々とした人の姿をし、鹿皮の服の上にマントをはためかせ、頭には牡鹿の頭蓋骨と角を飾っているとされる。身体中から燐光を発するとも言われる。ハーンのオークの木の下に、彫像のように立つ姿が見られたこともある。また、火を吐く黒馬に乗ることもある。この守護霊*の由来は、角をはやしたケルトの豊穣の神ケルヌンノスか、シェイクスピア作『ウィンザー公の陽気な女房たち』（1623年）に登場するような、森の支配者が化身した幽霊ではないかと考えられている。この精霊とハーンのオークの木について書いたのは、シェイクスピアがはじめてである。ハーンのオークの木は、1790年（ジョージ3世の時代）に成長を止めたが、そのときは樹齢600年だったとされる。この木が移植された時期については諸説があり、ヴィクトリア女王時代の1863年や、エドワード7世時代の1906年1月29日に新しく植え替えられたと言われている。

　狩人ハーンの姿を見るのは、死や災難の前兆であり、20世紀にもたくさんの目撃記録が残っている。1931年の経済恐慌の開始、1936年の王位放棄の危機、1939年の宣戦布告、1952年のジョージ6世の崩御などがその例だ。狩人ハーンは、幽霊狩猟*とも関わりがあるとされ、超自然な狩人として、呪われた者の魂を集めては地獄へ送っている。狩人ハーンが姿を現わした伝説はたくさんあるが、もっとも不安をかきたてられる例は、民俗学者ルース・トングが1964年に聞いた話である。60年代の不良少年、テディボーイ・スタイルの格好をした三人の若者が、夜遊びにでかけ、グレート・パークで苗木を引き抜いていたとき、葉にまぎれて狩りの角笛を見つけた。映画撮影隊が忘れていったものだろうと考え、一人の若者が角笛を拾って吹き鳴らした。残りの二人の若者は、映画撮影隊の姿が見えないので、なんとなくそこにいては危ない気がして逃げ出した。角笛の音に答えて猟犬の吠え声が聞こえ、角笛を鳴らした若者も、なにやら気味が悪くなって、仲間を追いかけて古い礼拝堂に向かって逃げた。そのとき、若者たちを追ってきた猟犬が地面をける足音と息遣いが聴こえた。若者が礼拝堂の扉に手をかけたとき、矢が飛ぶような鋭い音がして、若者の後ろには何も見えないのに、若者は叫んで倒れた。仲間が駆けつけたとき、若者は、原因不明のまま死んでおり、森は静まりかえっていた。

文献17、40、48、69、133
⇨ 付録12、付録19

カリュプソー
CALYPSO, KALYPSO
　古代ギリシア・ローマ神話に登場する海のニンフ*。ホメロスの『オデュッセイア』で、彼女は難破したオデュッセウスを救い、七年間ひきとめた。カリュプソーはオデュッセウスへの愛を打ち明け、もし彼がとどまってくれるなら不死身にすると約束した。しかしオデュッセウスが拒否し、妻への愛を明言したので、ゼウスはカリュプソーに命じて、彼が安全に帰郷するのを手助けさせた。
文献20、93、114、130
⇨ 付録25

カーリン
CARLIN
　スコットランドのある地域では、穀物の最後のひと束にやどるコーン・スピリット*を、「老婆」を意味するカーリンと呼ぶ。ゲア・カーリン*という名の、収穫を祝う特別なケーキが作られるが、これはかつては刈り手のためのものだった。
文献123
⇨ カリァッハ、精霊、付録15

ガル（1）
GULL
　イングランドの民間伝承や呼び売り本『ロビン・グッドフェローの生涯』に登場する悪いスプライト*。インクブス*によく似た行動をとる。幼児を盗み、人間を騙して互いに裏切らせ、眠っている人間には恐怖と苦痛を与え、牛乳とクリームを盗んで、自分の兄弟に与える。
文献17
⇨ 精霊、付録22

ガル（2）
GALLU
⇨ ガラ

カルクス
KALUKS
　ミャンマーおよびタイの民間信仰における、樹木に生息する精霊*の名称。目に見えないが、風もないのに木の葉がひらひら揺れるので、確かにそこにいるとわかる。木を切り倒すときには、事前にこの精霊に敬意を表して相談しなくてはいけない。エン族の話では、それを怠ると木を切った者は死ぬという。
文献110、119
⇨ ハマドリュアデス、付録19

カル・クマーラ・ヤカ
KALU KUMĀRA YAKA
　スリランカに住むシンハラ人の信仰する仏教では、これは本来この世の愛の誘惑に負けて死んだ一人の修道者のことであった。彼は滅ぼされてデーモン*となった。そして傷つきやすい妊産婦を狙っては産褥熱や合併症を起こさせて苦しめた。
文献88
⇨ トスロ、プータナー、ラバルトゥ、リリス、付録17、付録22

カルケス
KALKES
⇨ カリカンツァリ

カールコータカ
KĀRKOTAKA
⇨ ナーガ

ガルドスヴォル
GARDSVOR
　スカンディナヴィアの神話と民間伝承に登場する家事の精*。「家の守護霊*」という意味。ドワーフ*の姿で現われる。人間の家に住み、家族と財産を守る。
文献88
⇨ ドモヴォーイ、ニス、付録21、付録22

カルフ
KALFU

　ハイチのヴードゥー信仰における戸口や入り口の守護霊*。他の精霊*たちを儀式の場に導く役割を果たす。これは西アフリカの神から派生したものである。

文献138

⇨　グイア、レグバ

カルブレ
CAIRPRÉ

　オグマの息子で、アイルランド神話のデ・ダナーン神族*の詩人。彼は詩人として他の王の宮廷で歓迎されること、敬意をもって扱われることを期待していた。詩人として主人から失敬な扱いをされると、お返しにあきれるほど乱暴になった。それで、ブレス王の宮廷でひどい扱いを受けた際、この詩人は、機知に富んだ人には隠された批判がわかる、二重の意味がこめられた詩で応えた。それゆえ彼は、最初の風刺詩人であるとともに、フォウォレ族*のブレス王に奪われていた王位にヌアザを復帰させた功績があると考えられた。

文献123

カルマン・クレク・クグザ
KARMAN KURƏK KUGUZA

　旧ソビエト連邦のマリ人（チェレミス人）の民間信仰におけるケレメト*の名前。「城の山の老人」という意味で、大きな力を持つデーモン*である。

文献118

⇨　クグザ

カルメナイ
CARMENÆ

⇨　カルメンティス

カルメンタ
CARMENTA

⇨　カルメンティス

カルメンティス
CARMENTIS

　古代ローマ神話に登場するニンフ*の一団。カルメナイ*とも呼ばれる。彼女たちの名は、そのリーダーであるカルメンタ*の名からとられている。このニンフは予言能力で名高い。ある時期、彼女たちは非常に頻繁に相談を受け、崇められたので、カルメンタを祭る祭壇がつくられ、彼女の名にちなんでローマにカルメンタリス門が建造された。

文献130

⇨　エーゲリア、付録23

カルリキ
KARLIKI

　スラヴ民族の民間伝承に登場するドワーフ*の名称。元は、地上に降りて小さな精霊たち*となった堕天使*だったと考えられている。

文献41

⇨　精霊

カルレアン
CARREAN

⇨　悪魔

カルン
CHARUN

⇨　カロンテース

カレヴァンポヤット
KALEVANPOJAT

　「カラヴァラの息子たち」という意味で、フィンランドの民間伝承での破壊的な精霊*の一団につけられた名称。このデーモン*たちは農地を奪い、石や岩を撒き散らす。また、森林地帯を浸水させて人が住めないようにするとも言われている。

文献93

⇨　付録18

彼ら自身
THEMSELVES
⇨　付録6

カロース
CHAROS
　近代ギリシアに伝わるデーモン*もしくは恐ろしい死の天使*。カロンタス*という名でも知られ、巨大な黒馬につけた大きな鞍にまたがり空を飛んでいく。彼は黒馬上の巨大な木製の鞍に死者を乗せて拾い集める。
文献87、93
⇨　カローン、カロンテース、付録16

カローン
CHARON
　古代ギリシア神話では、もともとは犬の姿をした死のデーモン*だったが、死者を黄泉の国の入り口に運ぶ三途の川の渡し守に変わった。
　近代ギリシアの民間伝承では、ふつう黒い小犬の姿をした邪悪な精霊*である。人気のない道で人間のあとについてきたり、静かにそばを歩いたりすると言われる。家族の一人といっしょに家の中に入ってきて部屋の隅に座り、しまいには姿を消すということもある。カローンは苦難や、家族に死期が迫っていることの前兆とみなされる。
文献93
⇨　カロース、黒妖犬、付録12、付録16

カロンタス
CHARONTAS
⇨　カロース

カロンテース
CHARONTES
　古代エトルリア神話に登場する男女の死のデーモン*。ふつうハンマーをふるう姿で描かれる。男のデーモンはカルン*と呼ばれ、くちばしのような鼻、とがった耳、メドゥーサのような蛇の髪で表される。ときには羽のある姿で描かれることもあるが、いつもハンマーを手にしている。死者がその最後のすみかに確実に着くようにするのが彼の役割であり、そういった点では墓への入り口の守護霊*だった。
文献93
⇨　カロース、カローン、付録16

川子
KAWAKO
⇨　河童

ガン
G'AN
　北アメリカ先住民のホワイト・マウンテン・アパッチ族の信仰に登場する、強力な超自然存在。カチナ*の聖なる仮面ダンスにおいて祝福される植物の精霊*と関わりがある。かつては地上に住んでいたが、人間とその悲惨さから逃れるため、山岳地帯の奥深くに引きこもったと言われる。
文献88
⇨　ガヘ、付録18

ガンコナー
GANCANAGH, GANCONER
⇨　ギャン・カナッハ

カンコボブス
CANKOBOBUS
　イングランド、コーンウォールに伝わるボーギー*で、おもに子供部屋のボーギー*として利用されてきた。デヴォン北部におけるタントラボブス*もしくはタンケラボガス*の異称で、その名で呼ばれることもある。
文献17、19

缶たたき
CLAP-CANS
　イングランド、ランカシャー地方に伝わるボーギー*タイプの目に見えない精霊*。有害ではないものの、缶たたきの住む建物では何かがぶつかるような音がして、それが恐怖を引き起こす。

文献17

ガンダバ
GANDHABBAS
⇨ ガンダルヴァ

ガンダヤク
GANDAYAKS
　北アメリカ先住民のイロコイ族の信仰に登場する、ドワーフ*のグループの名前。植物の精霊*だが、とくに真水に住む魚の守護霊*とされる。
文献102
⇨ オードワス、ガホンガス、付録12、付録18

ガンダルヴァ
GANDHARVAS
　古代インド神話に登場する植物の精霊*。パーリ語ではガンダバという。空気、森、山に住む。毛むくじゃらの半獣や、かぐわしく立派な装束に身を固めた戦士など、さまざまな姿で現われる。アプサラス*の仲間で、天上で美しい音楽を奏でることで有名である。ガンダルヴァの首領はヴィスヴァーヴァストゥンブルである。
文献29、39、40、56、93、102、114
⇨ ヴリクシャカス、ウルヴァシー、守護霊、デーウ、ニンフ、フォーン、付録18

ガンダレーワ
GANDAREWA
　イランのゾロアスター教で信じられている水のデーモン*で、クルサースパに滅ぼされた。
文献93

カンディーシャ
QANDIŠA
　モロッコの民間信仰に登場する女デーモン*、あるいはジン*。さまざまに姿を変えるが、たいてい魅惑的な若い女性の姿をとる。泉や川に住み、若い男を誘惑して水中へ引き込む。彼女に誘惑された者は皆発狂し、二度と正気に戻ることはない。ある地方では、夏至に彼女に生贄を捧げる儀式を行なっている。カンディーシャは古代の愛の女神の末裔と考えられている。
文献93

カンナード・ノズ
CANNERED NOZ
　「夜の洗濯女」の意。フランス北西部のブルターニュ地方に伝わる妖精*、精霊*の一団。小さな老農婦のような姿で出現すると言われるが、目に見えないことのほうが多く、その活動する音だけが聞こえる。ものさびしい川の浅瀬や石ころだらけの川岸に住んでいる。こういった場所で、夜間、罪の赦しを得ずに亡くなろうとしている人間の肌着を精霊が洗う音が聞こえる。この地方の人々は、彼女たちの洗濯する音が聞こえたら、危険を冒してまで近づこうとしない。
文献87、123
⇨ クーンチアッハ、ベン・ニーァ

ガンファー
GANFER
⇨ トロー

[キ]

キヴァティ
KIVATI
⇨ クワティ

ギウォイティス
GIWOITIS
　スラヴ民族の民間伝承に登場する家の精霊*。いつもトカゲの姿で現われる。守ってくれる精霊であり、家でボウル1杯の牛乳を捧げればなだめられる。
文献102
⇨ スミエラ・ガット、付録22

キキアデス
KIKIADES
現代ギリシアの民間伝承に登場するデーモン*たちの名称。「悪者たち」を意味する。
文献12

キキーモラ
KIKIMORA
ロシアの民間伝承に登場する、女の家事の精*。ドモヴォーイ*の妻だと言われることもある。年取った農民のような姿をしており、ニワトリの足を持ち、長い髪を風にさらしているという。家の地下室に住み、皆が寝静まった夜中に家事をしてくれる。また、庭のニワトリの世話もしてくれる。その家の主婦がこぎれいにしていれば、キキーモラは間違いなく助けてくれる。だが、主婦が怠惰でだらしないと、この精霊*はものを壊すか隠し、食べ物を腐らせたり、夜ベッドで寝ている子供をくすぐったりする。キキーモラをなだめるただ一つの方法は、シダを煎じてつくった汁の中に家庭用品をすべて入れ、ごしごしこすって洗うことだと言われている。キキーモラが現われるのは災いの前兆でもあった。彼女がポーチで機織りをしている姿を見た者は、まもなく死ぬ運命にあった。
文献29、75、102
⇨ クリヌイ・ボグ、クリムバ、ドミーカ、付録22

キキルン
QIQIRN
イヌイット族の信仰に登場する、病気をもたらす精霊*。口のまわり、足、耳、尾だけに毛が生えている大きなイヌの姿で現われる。ひきつけを起こして悩まされるのは、キキルンのせいだと考えられている。この精霊も、多くのデーモン*や小さな精霊たち*と同様、名前を呼ばれると「退散」させられる。
文献88
⇨ 黒妖犬、付録17

鬼子母神
KISHIMOJIN
⇨ ハーリティー

キスキルリラ
KISKIL-LILLA
古代シュメールの神話に登場するデーモン*の名前。夜中に現われる女のデーモンで、ギルガメシュに滅ぼされた。
文献93
⇨ リリス

ギゾー
GIZŌ
⇨ アナンシ

ギド＝ムルト
GID-MURT
ロシアのヴィヤトカ地域に住む、フィン＝ウゴール語族のヴォチャーク人（ウドムルト人）の民間信仰に登場する、牛小屋と馬小屋の精霊*。「馬小屋の人」という意味。ロシアのフレヴニク*と同じく、馬の守護霊*。親切にしてもらうためには、なだめなければならない。
文献88
⇨ クデ・オェルト・クバ、グーナ、ヌル・クバ、ムルト、ラウコ・サルガス

キトラウル
CYTHRAUL
ウェールズに伝わる邪悪な精霊*。ウェールズ語で一種の悪魔*やデーモン*を意味する言葉。
文献59
⇨ アスブリド・ドルーグ

木の精たち
WOOD FOLK
⇨ コケの人々

木の妻（ウッド・ワイフ）
WOOD WIVES

　北欧とドイツの民間伝承に登場するごく小さい女の妖精*たち、あるいはエルフ*の乙女たちで、森林地に住む。ディルネ=ヴァイブル*、エルレの人々、フィンツ=ヴァイブル、ホルツ=フラウ、コケの女たち*、スパエー=ワイフ*、向こう見ずな人たち*、ウィッシュ・ワイフ*などの呼称でも知られる。長い金髪をなびかせた美しい女性の姿で描かれ、青い服に緑色の胴着をつけ、赤い上着をはおっている。夏に岩間から大きな音と蒸気が出てくるときには、木の妻たちが服を洗っているのだと言われる。時には森で出会った人間に、何かを貸してくれとか、何かを直してくれとか頼むことがある。そんなときは木の妻に手を貸してやるのが賢明である。なぜなら代金は木くずで支払われるものの、その木くずを森に置いておくと金貨に変わるからである。大勢の親切なきこりが、この木くずを文句も言わずに受け取り、やがて金貨を手にすることになったが、さもしい人間は木くずを投げ捨ててしまい、その価値を決して知ることがなかった。ドリュアデス*やハマドリュアデス*と同様、木の妻の存続も樹木の命と密接に結びついている。苗木が曲げられたりもぎ取られたりすると、壊された樹木一本につき一人の木の妻が死んでしまう。木の妻は他の精霊*の恰好の獲物となり、特に幽霊狩猟*の頭である幽霊猟師*に狙われる。

文献18、110
⇨　コケの人々、付録19

キブカ
KIBUKA
⇨　バルバーレ

キメケン
CHIMMEKEN
⇨　コーボルト

ギャン・カナッハ
GAN CEANACH

　アイルランドのゲール語で「愛を語る人」という意味を持つエルフ*、妖精*。ガンコナー*とも呼ばれる。この小粋な小男は、ドゥディーン（粘土のパイプ）をふかしながら、人里離れた谷に現われる。影ができないこと、鳥がさえずるのをやめること、彼のまわりだけ霧が晴れることなどから、その正体がわかる。ギャン・カナッハに会うのはたいへん不運だと考えられており、若者が女性に贈るアクセサリーのためにお金を浪費するのは、ギャン・カナッハに出会ったせいだと言われていた。またギャン・カナッハは、きらめく黒い瞳と甘く優しい声で人間の若い娘をたぶらかした。ギャン・カナッハにキスされた娘は死に至った。ギャン・カナッハはすぐに去って行き、娘は焦がれ死にするからだ。

文献15、17、18、44

キュアネー
CYANE

　古代ギリシア・ローマ神話のニンフ*。シチリアの田園に住んでいた。ペルセポネが冥界の神にさらわれたとき、キュアネーは彼女の逃亡を助けようとした。しかしこれを怒ったハデスによって、罰としてキュアネーは泉に姿を変えられた。

文献130
⇨　付録25

ギュビッヒ
GÜBICH

　ドイツの民間伝承に登場する、悪い精霊*。ハルツ地方の森のデーモン*である。

文献110
⇨　カッツェンヴァイト、リューベツァール、付録19

キューモトエー
CYMOTHOE

　古代ギリシア・ローマ神話の海のニンフ*、もしくはネーレーイス*で、ネーレウスと

ドーリスの娘。アイネアスの沈みかけた船を再び浮上させるのを手伝った。
文献130
⇨ 付録25

キュモドケー
CYMODOCE
　古代ギリシア・ローマ神話のニンフ*もしくはネーレーイス*。ヴェルギリウスの作品や、スペンサーの『妖精女王』に登場している。
文献130
⇨ 付録25

キュルコグリム
KYRKOGRIM
　スウェーデンの民間伝承で、教会墓地の守護霊*である動物の精に付けられた名称。死者を冒瀆しようとするデーモン*や魔術師から教会墓地と墓を守ってくれる。この伝統的な守護霊は、領地をしっかりと守るために教会の礎石の下や墓地の塀の下に犬や雄豚を生き埋めにしたという古代の慣習から来ている。こうすることで、最初にそこに葬られた人間の魂は墓地を守る義務から解放されたのである。
文献66
⇨ 教会グリム、キルケグリム、キルコグリム、フォッセグリム

キュレネ
CYRENE
　古代ギリシア・ローマ神話のニンフ*で、河の神ペーネイオスの娘。アポロンにさらわれ、息子アリスタイオスを産んだ。アリスタイオスはミツバチの最初の飼育者ならびに守護霊*となった。
文献40、110、130
⇨ ブラウニー、付録12

教会グリム
CHURCH GRIM
　イングランド、ヨークシャーに伝わる守護霊*ならびに、家族に差し迫った死の前兆。ふつうは黒妖犬*の姿をとり、夜間や嵐の際、教会の敷地や墓地を巡回する。彼はそこで悪魔*や他の悪意に満ちた精霊*から死者を守っている。聖職者だけが、通常の死の前兆とは無関係にその姿を見ることができる。教会グリムは葬儀のときに現われ、この世を去っていく魂のために鐘を鳴らさせるからだ。ウィリアム・ヘンダーソンもルース・タングも、この北部地方の精霊は、墓地に最初に埋葬された人物が霊的なガーディアンになるという信仰から生まれたとしている。教会グリムをこの役目から解放するために黒犬が生贄にされ、墓地の北の隅に埋められた。
文献17
⇨ ガイトラッシュ、カペルスウェイト、キルケグリム、スクライカー、バーゲスト、パッドフット、ブラック・シャック、ブルベガー、フレイバグ、ボガート、モーザ・ドゥーグ、ロンジュール・ドス、付録12、付録21

境界線に住む人
DWELLER ON THE THRESHOLD
　ブルワー=リットンがつくった言葉で、人間に憑依し、心を支配できるデーモン*や四大精霊*を表わす。
文献53

ギライティス
GIRÁITIS
　リトアニアの民間伝承に登場する自然の精霊*。森林に住む。若い男の姿で現われるとされる。森のすべてを守る守護霊*であり、女性版はメデイネ*と呼ばれる。
文献88
⇨ 付録18、付録19、付録21

ギラ・グアラ
GIRLE GUAIRLE
　アイルランドの民間伝承に登場する妖精*で、物語のモチーフはハベトロット*やルンペルシュティルツヒェン*のものと似ている。

あるたいへん忙しいアイルランド人の女房は、夜遅くまで働いていたが、亜麻を紡いで織る仕事が片付きそうもないと不安だった。女房の不安を耳にした妖精が、翌日までに仕事をしてあげようと申し出た。報酬には、妖精の名前、ギラ・グアラを忘れないでいてくれさえすればよい。ほかの妖精物語と同じく、妖精が去ったとたんに、女房は妖精の名前を忘れ、つむいだ亜麻もなくなってしまった。家族に叱られることや、妖精の報復を受けることを恐れて、女房は野原に出て妖精の輪のあたりをさまよった。そこで偶然、妖精の唄を聞いた。「女が私の名前、ギラ・グアラを知っていたら、私は織物も帆布も手に入れられない」。喜んだ女房は家に駆け戻り、妖精の紡ぎ女がくるのを待ちかまえ、名前を呼んで迎えた。ギラ・グアラは仕方なく、約束どおり、仕上げた織物を渡して、怒りながら去っていった。

文献88

⇨ シリ・フリット、付録14

ギリー・ドゥー
GHILLIE DHU, GILLE DUBH

スコットランドの民間伝承に登場する黒髪のエルフ*、スプライト*。Gille Dubh とも綴る。名前は「黒い案内者」という意味。自然の精霊*の緑の男*のように、木の葉と緑の苔を身にまとっている。ロッホ・ア・ドゥルーイングやゲアロッホ周辺のカバノキの森や茂みに住み、地元では善良な存在とされている。

文献17

⇨ 付録18

ギリトルット
GILITRUTT

⇨ ガリー＝トロット

ギリン・ベギー、ニ
GUILLYN BEGGEY, NY

英国マン島の民間伝承で、妖精*を遠まわしに呼ぶ言い方。マン島語で「小さな少年たち」という意味。身長約15センチで、青白い顔に小さな目と耳をしているとされた。髭はなく、たいてい青いコートをきており、地上から飛び上がるときには、そのコートを広げる。

文献81

キルケグリム
KIRKEGRIM

デンマークの民間伝承に登場する守護霊*。イングランドのヨークシャーの教会グリム*と同じように教会の墓地を見回り、そこに埋葬された人々を悪霊から守る。キルケグリムはたいてい「墓守りの豚」の姿で現われる。

文献17

⇨ キルコグリム、付録12、付録21

キルコグリム
KIRKOGRIM

スウェーデンの民間伝承に登場する守護霊*。イングランドのヨークシャーの教会グリム*と同じように教会の墓地を見回り、そこに埋葬された人々を悪霊から守る。キルコグリムはたいてい子羊の姿で現われる。これは、献堂式の前に犠牲の小羊を祭壇の下に埋めたことから来ていると言われている。

文献17

⇨ キルケグリム、キュルコグリム、付録12、付録21

ギルスランドの血無し少年
CAULD LAD OF GILSLAND

イングランド、カンバーランドのギルスランド地方に伝わる超自然存在。この精霊*は寒さと放置のために死んだ少年の幽霊が変化したものだと言われる。バンシー*のように、死にゆく家族のベッドのそばで震えたりうめき声をあげたりすることが多い。もし死が病気によるものなら、精霊が氷のような手を体の悪い部分にあてて、「冷たい、永久に冷たい、冷たい、そしておまえはずっと冷たくなる」と口ずさむので、それとわかる。

文献66

⇨　付録16、付録22

キールット
KEELUT
　カナダのイヌイット族の信仰における悪意を持つ精霊*。毛のない犬の姿で現われる。
文献102
⇨　ケレッツ、付録12

ギルデプティス
GYHLDEPTIS
　太平洋北西沿岸に住む北アメリカ先住民の信仰に登場する、優しい植物の精霊*。名前は「垂らした髪」という意味。ギリシアのドリュアデス*と同じく、木に住み、木や、森の生き物を守る。ほかの精霊を指揮して、大きな渦巻きの精霊であるケアグィヒル・デプゲスク*を、川からうまく追い出した話が残っている。
文献25
⇨　付録18

キルニス
KIRNIS
　リトアニアの民間伝承に登場する桜の木のデーモン*または守護霊*。豊作をもたらした。
文献102、110参照
⇨　アエリコ、精霊、付録19

ギルピン・ホーナー
GILPIN HORNER
　イングランドのエスクデールの民間伝承に登場するゴブリン*、ボーグル*。18世紀から現われるようになったが、17世紀にも現われたという話がある。脚はたいへん短く強く、腰から上は小さな老女に似ている。地元ではトッドショーヒルのボーグルとして知られている。エスクデールを離れた後、ギルピン・ホーナーと呼ばれるようになった。
　ギルピン・ホーナーは、ある夕べに、追い込み場に馬をつないでいた若者たちのもとに、霧の中から現われた。恐れをなした若者たちは乳絞り小屋に逃げ戻ったが、ギルピン・ホーナーがすでに先回りしていた。夕方の乳搾りをしていた女たちも怖がったが、ギルピン・ホーナーに優しく話し掛けられて落ち着いた。ギルピン・ホーナーは女たちについて家へ行き、神学者ジェイムズ・モファットの家に住み着き、夕食には大麦と牛乳をもらって食べた。ギルピン・ホーナーは毎日、姿を消すが、夕方までには戻ってきた。しかし中庭で蹄の音が聞こえるものの、ギルピン・ホーナーの姿は見えなかった。一晩、納屋に閉じ込めたが、ギルピン・ホーナーはすぐに屋根に上がり、それから乾草堆の上に昇った。1週間ほどして、ギルピン・ホーナーは姿を消した。バームプールの岩の上に座っていたという目撃話もあったが、エスクデールへは二度と戻らなかった。
文献73
⇨　スプライト、ボーギー、付録22

キルムーリス
KILLMOULIS
　スコットランド低地地方の粉ひき場に住む精霊*。口がなく、巨大な鼻から食べ物を吸収する奇怪な生き物だと言われている。ホブ*またはブラウニー*系の家族の守護霊*で、必要に応じて粉屋の主人またはその家族に呼び出され、仕事を命じられた。キルムーリスは乳搾りも手伝い、万聖節（ハロウィーン、10月31日）には家族の未来を占った。また、いたずら好きでもあり、麦の上に灰を吹きかけるといった悪ふざけをすることもあった。お気に入りの居場所は killogie（乾燥炉のすぐ外）だった。家族に災難が起こりそうになると、キルムーリスはわめきながら警告した。
文献17、66
⇨　ウリシュク、カバウターマネキン、ドモヴォーイ、バンシー、ブロラハン、付録22

キング
KINGU
　古代バビロニアの創造物語に登場する、大きな力を持つデーモン*。
文献88、93

キンナラ
KINNARA
　インド神話に登場するガンダルヴァ*または精霊*の一団。さまざまな姿に描かれ、人間の頭を持った鳥のようだったり、人間の身体と馬の頭を持っていたりする。キンナラはクベーラ*の従者の精霊*である。ケインナラという名前でミャンマーの神話にも登場する。キンプルシャ*と同一視されることもある。
文献88、93
⇨ 付録12

キンプルシャ
KIMPRUSHA
　インドのヒンドゥー教の神話の悪霊で、邪悪なクベーラ*の従者の精霊*の一団である。馬の胴体と人間の頭を持つと言われる。キンナラ*と同一視されることもある。
文献88
⇨ デーモン、付録12

キンミンゴアルクルック
KINGMINGOARKULLUK
　カナダのイヌイット族の信仰における善意ある精霊*。人間と同じ格好で現われ、作曲を楽しむ。
文献102

[ク]

クアハック
CUACHAC
　スコットランドのインヴァネスに伝わる邪悪な水の精霊*もしくはフーア*。クーアイヒ渓谷に住むと言われる。
文献17

グアピンダイア
GUAPINDAIA
　アフリカ系ブラジル人のカルト、バトゥーキで信じられているエンカンタード*。タンゴ・ド・パラ、メストリ・ベラミノともいう。精霊*のトゥルキア*族の重要なメンバーで、マリアナ*やタピナレ*の兄弟とされる。超自然なヒーラーとしての力が強く、治療のセッションでは、儀式の中で、タンゴ・ド・パラやメストリ・ベラミノという名前で呼ばれる。
文献89

グイ（鬼）
KUEI き
　中国の民間信仰および伝説における精霊*、幽霊、デーモン*の総称。正しく埋葬されなかった人間や怪死した人の魂から生まれる。恐ろしい姿で現われ、人間に復讐をしようとさまよい、餓鬼とも呼ばれる。
文献39、87、88
⇨ シェン（神）、精霊

グイア
GUIA
　アフリカ系ブラジル人のカルト、バトゥーキの儀式で、精霊*を連れてくる役目を持つ、名前のない精霊。「案内者」という意味。
文献89
⇨ エンカンタード、レグバ

グイ・シェン（鬼神）
GUI SHEN きじん
　中国の信仰と伝説に登場する悪い精霊*たち。溺死や自殺した人間の魂から生まれたデーモン*である。
文献93、131

グイル
GWYLL
　ウェールズの民間伝承に登場する、姿の見えないスプライト*。ゴブリン*やピクシー*のように振舞い、夜に厩舎の馬に乗って大喜びする。馬に激しい乗り方をするので、翌朝、厩舎で馬が興奮した姿が発見される。
文献59
⇨ 精霊

グイレルミ
GUILLERME
⇨　バシリオ・ボム

グイン・アップ・ニーズ
GWYN AP KNUDD
　ウェールズの古い伝説に登場する、ケルトの戦争と死の神。キリスト教が広まってから、その地位は、アーサー王の地下世界においてデーモン*を管理する超自然存在にまで落とされた。この役目により、イングランドのサマセットにあるグラストンベリー・トーの宮廷で、グイン・アップ・ニーズは幽霊狩猟*の首領をつとめ、洗礼を受けていない者を集めて地下世界へと連れ去る。その後、さらに地位が低下し、ウェールズの妖精*たちの、プラント・アンヌヴン*やタルイス・テーグ*の王となった。
文献17、119、125

グウィリオン
GWYLLION, GWILLION
　ウェールズの民間伝承に登場する悪い山の妖精*。恐ろしいハグ*で、悪天候の日に道を歩く姿が見られると言われる。山羊の姿になることもある。妖精の安息日である水曜日に、山羊の髭をとかすと言われる。いちばん恐ろしいのが山の老婆*である。夜道を行く旅人を山や森で道に迷わせていないときは、アベリストウェイスの村の家を訪ねることもある。脅えた家人はこの老婆に、嵐の夜に雨宿りをさせてやる。ほかの超自然的な存在の老婆と同じく、鉄のナイフを見せられると、降参して逃げていく。
文献17、44、123、125

クヴェーラ
KUVERA
⇨　クベーラ

グウェンハドウィ
GWENHUDWY
⇨　グウェンヒドウィ

グウェンヒドウィ
GWENHIDWY
　ウェールズの民間伝承に登場するマーメイド*。波が彼女の羊の群れであり、九匹ごとに牡羊がいた。16世紀の吟遊詩人、リース・スイド・アプ・リース・アプ・ルアートは、次のようにうたっている。

　　グウェンハウィの羊の群れ
　　九匹の牡羊がともに進む
　　（Haid ddefaid Gwenhudwy
　　 A naw hwrdd yn un a hwy.）

文献59
⇨　付録25

グエスティア、ラ
GÜESTIA, LA
⇨　エスタンティグア

クエレブレ、エル
CUÉLEBRE, EL
　スペイン北西部に伝わる精霊*。高山の森や洞穴に住むと言われる。秘宝の守護霊*で、宝を探そうとその縄張りに入りこんだ人間は、クエレブレの魔法によって惑わされ、道に迷う。
文献88
⇨　アイトワラス、付録21

クガ・イェン
KUGA JEη
⇨　チェムブラト

クグザ
KUGUZA
　旧ソビエト連邦のマリ人（チェレミス人）の民間信仰で、自然現象を男性の超自然存在に擬人化したものを指す婉曲な言い方。クグザとは「老人」を意味し、人間に危害を及ぼす力を持った精霊*のことを言う際に、復讐されるのを避けるために用いる丁寧な呼び名である。女の精霊クバ*の相手方であり、ふ

ククス
KUKUTH
⇨ ククディ

クークーディ
KOUKOUDI
　現代ギリシアの民間伝承に登場する病気のデーモン*。人間の姿あるいはイチジクの木からだらりと垂れた形で現われ、さまよいながら疫病をもたらす相手を選ぶ。パノリオ村では、双子の子牛に「鉄の輪」を引かせて村の周囲に溝を掘り、その後その子牛たちを生き埋めにすることで、このデーモンによる病気の感染を防いだと言われている。
文献12
⇨　シャイタン（1）、ピシャーチャ、付録17

ククディ
KUKUDHI
　アルバニアの民間伝承で二種類の精霊*に付けられる名称。
　（1）病気のデーモン*で、ククス*とも呼ばれる。この女の悪霊は疫病をもたらす。
　（2）強欲な人間の救われぬ魂が姿を変えた悪意を持つ精霊*で、世の中に災いをもたらそうとする。
文献93
⇨　付録17

クゲ・アガ・ケレメト
KUGƏ AGA KEREMET
　旧ソビエト連邦のマリ人（チェレミス人）の民間信仰におけるデーモン*。クゲ・アガ・ケレメト*とは「偉大な耕作の悪魔*」という意味である。土地を耕して新たに作物の種をまくときには、この精霊*をなだめて荒らされないようにする。
文献118
⇨　付録15

クゲ・イェン
KUGƏ JEη
　「偉大な男」という意味であり、旧ソビエト連邦のマリ人（チェレミス人）の民間信仰における恐ろしい超自然文化英雄またはケレメト*のこと。強くて勇敢な指導者で、白い軍馬に乗り、その秀でた武勇でチェレミス人の領土を築いたと言われている。クゲ・イェンに力を貸した精霊*は、アシュ、アズレン*、ビトゥヌズ*（「伝達者」を意味する）、ボドゥジュ*、マルチェ、パシュクシェ*、ウゼダシュ*である。数々の偉業を成し遂げたあと、クゲ・イェンは自分の軍隊とともに山の砦に引きこもり、次の戦いに召集されるまで待機していた。すると、ある男が試しにクゲ・イェンを呼び出した。精霊は出動したが、どこにも戦争が起こっていないことを知って怒り、男とチェレミスの人々を罰した。クゲ・イェンは悪霊と考えられている一方で超自然な医師ともされており、人々は治療を受けるために彼に生贄を捧げている。
文献118
⇨　チェムブラト

クゲ・クバール
KUGE KÜBAR
　旧ソビエト連邦のマリ人（チェレミス人）の民間信仰におけるケレメト*のこと。この名前は「偉大な橋」という意味である。
文献118
⇨　精霊

クゲ・クレク
KUGƏ KURƏK
　旧ソビエト連邦のマリ人（チェレミス人）の民間信仰におけるケレメト*もしくは悪魔*のこと。この名前は「偉大な山」という意味である。
文献118

⇨　デーモン

クゲ・ジョムシェ
KUGƏ JOMŠƏ
　旧ソビエト連邦のマリ人（チェレミス人）の民間信仰におけるケレメト*もしくはデーモン*。「偉大なジョムシェ」という意味である。ジョムシェは、「魔術師」を意味するJomžaというチュラシ語から派生したと考えられる。

文献118

クー・シー
CU SITH
　スコットランドのハイランド地方に伝わる妖精*の犬。牡牛ほどの大きさがあり、もじもじゃした緑色の毛に長い編んだような尻尾、巨大な足をしている。イングランドに伝わる黒妖犬*同様、災厄の前兆で、夜間路上で遭遇すると恐ろしい精霊*だった。

文献18、119

⇨　パッドフット、付録12、付録24

屑糸帽子
THRUMMY CAP
　イングランド北部諸州の民間伝承に登場する妖精*の名前。イングランド北部は今世紀まで高品質の毛織物の生産地として有名だった。屑糸帽子は妖精の一種で、「屑糸」（織布を仕上げる時に端をはさみで切り落とすと出る）で作った帽子をかぶった姿で描かれた。屑糸帽子は古い家の地下室に住むとされた。しかし『デナム民俗雑纂（Denham Tracts）』として知られる写本の中では、この妖精はノース・ヨークシャーのキャトリックの町に近いスラミー・ヒルズ（「屑糸が丘」の意）に関連があるとされている。

文献17

⇨　精霊

クスダ・シラ
XUDA SILA
　旧ソビエト連邦のマリ人（チェレミス人）の民間信仰に登場する悪霊の名前。クスダ・シラとは「邪悪な力」の意。正午、午後6時、真夜中の12時、午前6時にケルテマシュ*とともに姿を現わし、人間に危害を加えようとすると言われる。

文献118

⇨　精霊、デーモン

グーズベリー女房
GOOSEBERRY WIFE
　英国ワイト島の民間伝承に登場する精霊*。グーズベリーの茂みの守護霊*である。巨大な毛深い毛虫の姿で現われ、グーズベリーの熟した実を、空腹で貪欲な子供たちから守る。この点でグーズベリー女房は子供部屋のボーギー*でもある。

文献17

⇨　付録22

クセドレ
KUÇEDRË
⇨　クルシェドラ

クセニア
XENÆA
⇨　エケナイス

グタ
GUTA
　ハンガリーの民間伝承に登場する、とくに邪悪なデーモン*。人間に不道徳な振舞いをそそのかし、破滅に至らしめる。

文献93

クダーイ
K'DAAI
　シベリアのヤクート族の信仰におけるデーモン*の一つ。クダーイは火の精霊*であり、ヤクート族に鉄の鍛練のしかたや精錬の技術を伝授したと考えられている。

文献93

⇨　付録14

クツキンナク
KUTKINNÀKU
　カムチャツカ半島に住むコリヤーク族の信仰における善意の文化精霊*。人間の姿をしているが、カラスの姿で現われることもある。古い伝説では、コリヤーク族に狩猟や漁のしかた、火の起こしかたなどを教え、彼らが生きていくのを助けたという。また、シャーマンだけが使えるという聖なる太鼓を与えた。
文献93
⇨　クワティ、コヨーテ、指導霊、付録12

クッチス
KUTCHIS
　オーストラリアの先住民の「夢の時」の神話における精霊*。ムラ・ムラ*に似た超自然存在である。とくにディエリ族の呪医によって呼び出される。
文献41

クデイアー
KUDEIAR
　ロシアの民間伝承に登場する悪霊の名前。これはオリョール市のスヴェスキイ地区で信仰されており、隠された宝物の守護霊*とされる。
文献75
⇨　カズナ・ペリ、クラドヴィック、精霊、付録20

クデ・オェルト・クバとクデ・オェルト・クグザ
KUDƏ ÖRT KUBA AND KUDƏ ÖRT KUGUZA
　旧ソビエト連邦のマリ人（チェレミス人）の民間信仰で、家畜小屋の精霊*を男女に擬人化したもの。それぞれ「老婆の小屋の霊」と「老人の小屋の霊」を意味する。姿は見えないが、農場の家畜小屋にいて家畜の世話をしてくれる。彼らに気に入られた家畜は、嫌われた家畜から取った食べ物を与えられ、健康でよく太った。嫌われた家畜は痛めつけられ、餌も十分に与えられなかった。

文献118
⇨　ギド＝ムルト、クグザ、グーナ、ヌル・クバ、ラウコ・サルガス、付録12

クトゥルブ
QUTRUB
⇨　グール

口説き妖精
LOVE TALKER, THE
⇨　ギャン・カナッハ

クト＝クト
CUT-CUT
　オーストラリア先住民の信じる「夢の時」の邪悪な精霊*。他人の弱みにつけこんで悪事を働く。ある物語によれば、彼はカラ＝カラという女性が茂みの中でいなくなった夫を探すのを手伝ったとされる。その報酬に、彼は彼女の子供たちを一人ずつ残らず奪っていった。そしてカラ＝カラもカッコウに姿を変えられた。
文献14

グーナ
GUNNA
　アイルランドのティリーの民間伝承に登場する精霊*で、ブラウニー*に似ている。めったに姿を見られることはないが、たいへん細く、黄色い髪をして、狐の毛皮だけをまとっているという。グラシュティグ*のように、農場に住み、農夫のために馬を追い、実った穀物に動物が近づかないよう守る。
文献17
⇨　ギド＝ムルト、クデ・オェルト・クバ、グーナラウコ・サルガス、ヌル・クバ

クナワビ
CÜNAWABI
　コロラドの北アメリカ先住民ウート族の神話に登場する超自然的トリックスター*。スーナワヴィ*という名でも知られる。
文献88

クーニアック
CAOINEAOG
　スコットランドに伝わる精霊*の集団で、フーア*として知られる。クーンチアッハ*やアイルランドのバンシー*とは異なり、けっして姿を見せないが、役割は非常によく似ている。クーニアックは一族につく女の精霊*で、それぞれの名家もしくはクランごとのクーニアックがいる。彼女は自分の属するクランに近々災厄が起こるのを予知すると、夜間、キーニング keening（嘆く、すすり泣く）する。マクドナルド一族のクーニアックは、グレン川渓谷での大虐殺前の数夜、泣き叫んでいたのを聞かれている。

文献17、87

⇨ カヒライス、バン・ニァハン、骨なし、付録16、付録22、付録23

クヌブリアー
KUNUBRIAR
　オーストラリアの先住民の信仰における東風の精霊*。コンパーニン*の子孫の一人である。

文献14

⇨ 付録26

クヌーレ・ムーレ
KNURRE MURRE
　デンマークの民間伝承に登場する年老いた不機嫌なトロール*の名前。「ぶつぶつ、ぶうぶう」という意味である。クヌーレ・ムーレが若いトロールとけんかをして勝った、というのが伝承の内容である。

文献18、133

クネヒト・ルプレヒト
KNECHT RUPRECHT
　ドイツのキリスト教の伝説によると、クリスマスにプレゼントを贈る超自然存在には、仕事を手伝ってくれる複数の精霊*たちがいた。彼らはノーム*のような姿をしており、毛皮そのものまたは毛皮で作られた服を着ていた。クネヒト・ルプレヒトは「召使いのルパート」という意味で、大勢いた手伝いの一人である。このほか、マックレンベルクおよびポメラニアのブレクラス*、ルゲクラス*、ズマークラス*、ブランデンブルクのペルツニッケル*、シュレスウィヒホルシュタインのルペットまたはローヴェル、チューリンゲンのヘルスシェクロス*という召使いがいる。また、オーストリアではバルテル*、ボヘミアではルプリヒ*、スイスではザンミフラウ*とそれぞれ呼ばれている。オーストリアのクランプス*は意地悪な性格をしていた。これらの世話人たちに任された仕事は、良い子が全員プレゼントを受け取り、悪い子が「お仕置き」を受けたかどうかをちゃんと見届けることであった。

文献34、88

⇨ 従者の精霊、ファーザー・クリスマス、付録22

クバ
KUBA
　旧ソビエト連邦のマリ人（チェレミス人）の民間信仰で、自然現象を女性の超自然存在に擬人化した婉曲な言い方。クバとは「老婆」という意味であり、これは人間に危害を与え得る女の精霊*に対する丁寧な呼び名である。男の精霊はクグザ*と呼ばれる。

文献118

クバール・クグザとクバール・ジュマル・クグザ
KÜBAR KUGUZA, KÜBAR JUMAL KUGUZA
　旧ソビエト連邦のマリ人（チェレミス人）の民間信仰における悪霊の呼び替え名。クバール・クグザとクバール・ジュマル・クグザはそれぞれ「橋の老人」、「橋の下の老人」という意味で、デーモン*に対する丁寧な呼び方である。このデーモンはイギリスの民間伝承に登場するカッティー・ダイア*と同じように、橋の下に潜み、橋を通って川を渡ろうとする人間を攻撃する。悪意を持った襲撃を避けるため、彼らのことをいう際にはいつ

も婉曲表現が使われる。
文献118
⇨ 精霊、チェムブラト

首なし女
HEADLESS WOMAN, THE
　イングランドのランカシャーの民間伝承に登場する、首のない女の姿をしたボガート*で、ロングリッジの小道をうろつくとされた。この邪悪な精霊*は、古臭いショールに「石炭バケツ」型のボンネット帽という身なりの老女の姿をして現われ、籠を下げて道をぶらついているという。頭を下げて、旅人たちの会話を聞いているような格好でついてくる。だがこの老女に顔を向けられた旅人は仰天する。ボンネットの中は空っぽだからだ。そして、籠の中から老女の首が飛び出し、大笑いしながら旅人を何キロも追いかける。ある男が、一晩、酒を飲んだ後、首なし女に声をかけられ、恐怖にふるえながらも奇跡的に、生垣と門を飛び越えて自宅に逃げ込んだ、という物語も残っている。男の妻は、現実的な性格だったので、男にこう言った。「これをきっかけに、自分の家を大切に思ってくれたら嬉しいわね。肩の上に首のある女がいるだけでもありがたいのだからね」
文献47
⇨ 付録24

クプランガシュ
KUPLAηGAŠ
　旧ソビエト連邦のマリ人（チェレミス人）の民間信仰におけるケレメト*あるいはデーモン*の名前。
文献118

クベーラ
KUBERA
　インドのヒンドゥー教の神話に登場し、クヴェーラとも呼ばれる。本来は最下層のカースト、シュードラに生まれたドワーフ*で、異母兄弟はデーモン*のラーヴァナ*である。ずんぐりした醜い体で、三本の脚とわずか八本の歯を持つと言われている。このドワーフの姿を持つクベーラは、地下世界の宝や金属の守護霊*である。ヤクシャ*の王でスリランカに生息していたが、ラーヴァナに追い出されたため、ヤクシャ、ガンダルヴァ*、キンプルシャ*、ラークシャサ*を引き連れてヒマラヤに移った。その後、シヴァに私叙し、厳しい修行を重ねて、クベーラは神の位に昇進した。
文献88、93、111、114、119
⇨ 付録20

クムヌカムチ
KMNKAMTCH
　北アメリカ、オレゴン州に住む先住民のクラマス族の神話に登場するデーモン*。火で大地を破壊しようとした。
文献41

蜘蛛
SPIDER
　北アメリカ先住民の信仰や伝説に登場する、ある種の文化精霊の呼称。ナヴァホ族の伝説によると、人間に織物の織り方を教えた善い精霊*は、「蜘蛛男」と「ナステ・エスツァン（蜘蛛女）」として知られている。後者はクールダレーヌ族、ハカリヤ族、カイオワ族にも賢明で善い精霊として知られ、ホピ族には「コトヤンウーティ」として知られている。他に人間を手助けしてくれる精霊として、プエブロ集落に住むタオス族の「蜘蛛の祖母」、ホワイト山脈に住むアパッチ族の「黒い蜘蛛の老女」がいる。アラパホ族の間では、蜘蛛の精霊は「ニハンサン」という名のトリックスター*である。アフリカ人やアフリカ系アメリカ人の伝説におけるアナンシ*と同様、この精霊はあらゆる性質を備え、状況によって人間か蜘蛛の姿をとって現われる。しかし、この精霊について人々が抱く概念はさまざまで、この精霊の能力、性格、人間に対する振舞いは、信じる人によって大きく異なる。蜘蛛は地上と空中のどちらでも難なく暮らすため、世界中のさまざまな文化における伝説に

登場する。
文献45、56、88
⇨ カト、付録12

クモック・プライ
KHMÓC PRÂY
⇨ プライ

グーラ
GHULAH
⇨ グール

グラー
GHULAH
⇨ グール

グライム
GRIME
⇨ オールド・ホーニー

クラウド・チーフス
CLOUD CHIEFS
⇨ クラウド・ピープル

クラウド・ピープル
CLOUD PEOPLE

　北アメリカ先住民プエブロ族の信仰で、シワンナ*として知られる超自然存在。ホピ族のクラウド・チーフス*やヘメス・プエブロ族の雨の人々*と同一視される。これらはすべて雨とその恩恵を人間にもたらす精霊*である。クラウド・ピープルは宇宙の四隅の各々に住み、固有の色を持つ。また自然の精霊同様、湖や山々といった自然現象として現われることもある。クラウド・ピープルは死者の魂と関連づけられ、彼らはカチナ*の儀式におけるカチナの仮面によって表される。
文献87、88

グラゲーズ・アンヌヴン
GWRAGEDD ANNWN

　ウェールズの民間伝承に登場する湖の妖精*、湖の姫*。長い金髪をした若い美女だとされるが、マーメイド*とは違って、魚の尾は持たず、やさしい。湖底に家族と仲良く暮らし、人間と結婚することもある。人間と結婚した話で有名なのは、ある未亡人の息子が、湖面に髪をとかすグラゲーズ・アンヌヴンを見て恋に落ちた話である。男はグラゲーズ・アンヌヴンに、自分と一緒に来るよう口説いた。男の粘り強さを数日間試した後、ようやく、たくさんいる妖精たちの中から自分を見分けてみろと言われた。男は彼女を見分けたので、家畜も持参金としてつけて彼女を花嫁として連れ帰ってもよいと認められた。ただし、やさしくせず、殴ったりするならば、すべては失われるという約束だった。こうした話によくあるように、約束をうっかり破った夫は、妻子と家畜を失って取り乱した。
文献15、17、18、44、123、125
⇨ ウルヴァシー、セルキー、付録25

グラゲン・アンヌヴン
GWRAGEN ANNWN
⇨ プラント・アンヌヴン

グラシャン
GLASHAN

　英国マン島の民間伝承に登場する精霊*。もっと有名なフェノゼリー*と同じグループ。島の南部に住み、農村で勤勉に働く。この恥ずかしがり屋の超自然存在は、夕暮れから刈り取り、脱穀をして麦を挽き、夜明けまでに丘に戻る。
文献60
⇨ ドービー

グラシュティグ
GLAISTIG

　妖精*と精霊*の複合体で、スコットランド高地の民間伝承ではフーア*の仲間として知られている。女性、女性と山羊の合体、山羊などさまざまに姿を変えられる。水の精霊*としては、お人よしの人間に川を渡らせてくれと頼んで騙し、犠牲者を貪り食うか、少なくとも道に迷わせる。親切な家事の精*とし

ては、家族が眠っている間に家事を片付けるか、家畜の馬を追う。この役目のときは、幼児、弱者、老人を守る。グリーン・グラシュティグは、バンシー*のように、守護する人間の死が近づいたのを嘆き悲しむ。動機に問題のある場合もあるが、グラシュティグはいつも悪意があるわけではない。ある物語では、鍛冶屋がグラシュティグをつかまえ、鍛冶屋の要求に応えてグラシュティグが魔法の馬と堅固な家をつくりだしたあと、グラシュティグの伸ばした手に火傷をさせて追い払った話が語られている。グラシュティグがこの恐ろしい報いを受けた場所であるインヴァーネスのラカーヴァーでは、草木は今日まで赤く染まったままだと言われている。
文献15、17、47
⇨ 付録22、付録25

グラシュティン
GLASHTIN
英国マン島の民間伝承に登場する水の精霊*。Glastyn とも綴る。アッハ・イーシュカ*(水馬)のスコットランド版である。人間の姿をしているときは、黒髪のハンサムな若者となる。巻き毛に隠れた耳が馬の耳であることからしか、正体は見分けられない。ふつうは川や湖の岸に、馬の姿で暮らし、自分に乗るよう人間を誘う。獲物を背に乗せたら、水中にもぐって獲物を貪り食う。グラシュティンにまつわる話で広く語られているのは、家に一人で留守番をしていた若い娘が、暴風雨の中を父親が帰ってきたと思って、家の鍵をあけたときの話である。見知らぬ男が家に入ってきて、暖炉のそばで濡れた頭を乾かそうとフードをはずしたとき、娘は馬の耳に気づいた。グラシュティンは娘をつかまえたが、娘の悲鳴を聞いて庭の雄鶏が目を覚まして鳴き声をあげたため、娘は助かった。
文献17、81、87
⇨ ケルピー、ニューグル、付録12、付録25

クラシュニクド・オールニアク
CLASHNICHD AULNIAC
⇨ ベン・バイナック

クラッティ
KRATTI
⇨ クラット

クラット
KRATT
エストニアの民間伝承に登場する幸運のデーモン*。地上にいるときはたいてい猫か若い雄鶏など家畜の姿で現われるが、夜間は空飛ぶ火の精になる。この幸運のデーモンは、一家の主人の魂と引き換えに悪魔*から贈り物として与えられることがある。
このデーモンは、フィンランドではクラッティ、エストニア南部ではブーク*またはピスハンド*、エストニアの東の地方ではトント*、西の地方ではトゥリハンド*と呼ばれている。アイトワラス*同様、クラットは穀物、牛乳、バター、金などの品々を運んできて主人を裕福にする。これはたいてい近所の人々を犠牲にして行なわれるのだが、彼らはそれがどのように行なわれているのか気づかない。このデーモンの話はいつも、一家の主人が悪魔を負かして自分の魂を守り抜くことができたところで終わる。
文献87、88
⇨ パラプキス、精霊、付録12、付録20、付録22

グラッハ・ア・フリビン
GWRACH Y RHIBYN
ウェールズ地方のボーイスの民間伝承に登場する精霊*で、名前は「霧雨のハグ*」という意味。長くてぼさぼさの赤毛、くぼんだ目、鉤鼻、牙のような黒い歯、長すぎるしなびた腕をしているとされる。十字路や浅瀬で人間の前に現われ、叫び声をあげたり、水をあびせたりする。ふつうは、このハグが興味を持った人間にしか見えない。ア・カヒライストも呼ばれる。アイルランドのバンシー*と

よく似た振舞いをし、家庭に起こる死や災難を超自然の力で警告する。だがグラッハ・ア・フリビンが、将来、災難にあう人間のそばに着いて歩き、十字路に来るたびに「私の妻！」「私の夫！」「私の子供！」と大声で嘆くので、災難にあう人間の配偶者や親に、家族の運命を警告することになる。嘆き声が聞こえても、誰のことを嘆いているのかわからないときは、声を聞いた人間が将来、災難にあう。

文献17、87、108、123
⇨　ババ・ヤガ、付録22

グラティアエ
GRACES, GRATIAE

古代ローマ神話に登場するこの三人（もっとたくさんいたらしいが）の若い娘は、もとは植物の精霊*で、天賦の才を司るようになったらしい。三人の名前はアグライアー（光輝という意味）、エウプロシュネー*（慈悲）、タレイア（開花）。ふつうは、花冠をかぶった裸体の優美な若い娘の姿に描かれる。花を咲かせたり、実を結ばせたりする守護霊*であり、美しさと牧歌的な魅力にみちている。古代ギリシアではカリテス*と呼ばれた。ギリシア神話では、神々の王ゼウスとオーケアノス*のエウリュノメー*との娘たちである。芸術の化身であり、ルネサンス時代を中心に、彫刻や絵画の題材となった。

文献40、56、93、100、114、130
⇨　付録18

クラドヴィック
KLADOVIK

ロシアの民間伝承に登場するデーモン*の名前。クラドヴォイ*とも言う。宝物の守護霊*とされる。

文献75
⇨　カズナ・ペリ、クデイアー、付録20

クラドヴォイ
KLADOVOI
⇨　クラドヴィック

グラニー
GRANNY, THE

アイルランドのベルファストでは、収穫の最後の1束として崇められるコーン・スピリット*を、グラニーと呼んだ。

文献87
⇨　カリァッハ、精霊

クラボテルマン
KLABOTERMAN

バルト海の漁師や水夫たちの間に伝わる民間伝承に登場するコーボルト（2）*の名前。黄色い服を着てナイトキャップ型の水夫帽をかぶり、パイプを吹かしているという。船を操縦するのがうまく、船の上では水夫の仕事を手伝うが、怠けている者には罰を与えると言われている。クラボテルマンは、普段は決して船上に姿を現わさないが、船が災難に見舞われそうになると、死ぬ運命にある人の前に現われる。

文献114
⇨　パラヴォイ・イア、精霊、付録25

グラン・ヴァヌール
GRAND VANEUR, LE
⇨　幽霊猟師

グラント
GRANT

イングランド13世紀の年代記作者ティルベリーのゲルヴァシウスが、デーモン*の仲間として伝える精霊*。きらめく目をした当歳の若駒の姿で現われ、ピクトリー・ブラッグ*に似ているが、グラントは後ろ脚だけで進み、その姿を見た者を恐ろしい目にあわせる。たいへん怖い精霊だが、警告をする精霊でもある。ふつうは真昼や日暮れに、町に姿を現わし、犬を吠えさせてむやみに後を追わせるが、これは住民にとっては町に火事が起こるという警告となる。

文献15、17、123
⇨　付録12、付録23

グランドマザー・ファイア
GRANDMOTHER FIRE
　北アメリカ先住民のズニ族の信仰と伝説に登場する善良な火の精霊*。アッシュ・ボーイズ、アッシュ・マン、フリント・ボーイズ、ポーカー・ボーイズなどと呼ばれる精霊たちと関わりの深い、指導霊*。

文献88

クランプス
KRAMPUS
　オーストリアの民間伝承に登場する精霊*。意地悪な性格で、赤い長い舌と狂気じみた目を持つデーモン*のような姿と言われる。クリスマスの手伝いをしてくれると評判だが、冬は夜な夜な行儀の悪い子供を捜し出してはお仕置きをする。この点では子供部屋のボーギー*によく似ている。

文献34

⇨　クネヒト・ルプレヒト、ペール・フエッタール、付録22

クリオ
CLIO
⇨　ムーサイ

クリオズナ
CLIODNA
　アイルランドのデ・ダナーン神族*の妖精*。シー*の女性で、フィンヴァラ*とウーナに忠誠を誓うマンスターの妖精*の女王。コークにある彼女のすみかはマロウ付近の妖精の丘（シー）もしくは長塚である。北マンスターのイーヴィン*と南マンスターのアーネ*はクリオズナに忠誠を誓っている。

文献125

⇨　バンシー

クリクシー
KRIKSY
　ロシアの民間伝承に登場するノチュニッツァ*の別名。

文献88

クリスキー
KRISKY
⇨　ノチュニッツァ

グリタマーリ
GHRTAMĀRI
⇨　マハーマーリ

グリッグ
GRIG
　イングランドのサマセットの民間伝承に登場するドワーフ*、エルフ*、スプライト。陽気な小人で、緑の服を着て赤い編み帽子をかぶっているとされる。小さな精霊たち*のために、収穫後もいちばん小さなリンゴを木に残しておくことが、よく行なわれており、サマセットでは「リンゴのグリッグル」と呼ばれる。

文献17

クリッコ
KRICCO
　スラヴ民族の民間伝承に登場する畑の精霊*または自然の霊。

文献87

⇨　精霊、付録18

クリッピー
KLIPPIE
　スコットランドのフォーファーシャーの民間伝承に登場する、茶色い顔の小さなエルフ*または妖精*の名前。

文献17

クリヌイ・ボグ
KURINYI BOG
　ロシアの民間伝承に登場する超自然存在。「ニワトリの神」という意味の名前を持つが、実際には神ではなく、特別な石（たいていは自然に穴があいた石）に生息する精霊*で、一家に飼われた雌鳥の守護霊*であった。嫌いな鳥の羽をむしったり、ただ単にその一家に意地悪をしたりすることがよくあったキ

キーモラ*の悪事に対抗するため、石が雌鳥のいる庭や小屋に置かれた。
文献75
⇨ 付録12

クリム
CLIM
　イングランド、サセックスに伝わるインプ*もしくは子供部屋のボーギー*。子供たちが学んだり、ときには遊んだりする育児室の煙突に住むと言われる。このスプライト*は煙突の下部にいるあいだ子供たちを見ており、そこからいたずらっ子にむかって叫ぶと言われる。
文献123
⇨ 付録22

グリム
GRIM
　古代ヨーロッパの夜の精霊*。もとはオーディンの一面を呼ぶ別名だったが、のちに、恐ろしい姿（たいていは黒妖犬*やフクロウ）をしたゴブリン*やデーモン*をグリムと呼ぶようになった。病人の休む部屋の窓の下でグリムが嘆くと、死が近いとされた。グリムのこの性質は、チャールズ・グレイヴズ作『ロビン・グッドフェロー*の生涯（*The Life of Robin Goodfellow*）』（1628年）に記述されている。グリムの特定の役割が、次のような言葉の接頭辞に示されている。すなわちフォッセグリム*（ノルウェー）、キュルコグリム*（スウェーデン）、キルケグリム*（デンマーク）、教会グリム*（イングランド）である。グリムは恐ろしい精霊というよりも、警告をする精霊である。
文献17、133
⇨ パンシー、付録23

クリムバ
KRIMBA
　超自然存在で、スラヴ民族と、とくにボヘミアの民間伝承に登場する女の家事の精*。
文献102

⇨ **キキーモラ、ドゥグナイ、マテルガビア、**付録22

グリュコン
GLYKON
　初期ヨーロッパのグノーシスや、ミトラス教の文献や神話に登場するデーモン*。人間の頭をした蛇の姿に描かれた。
文献93
⇨ 精霊

クリュティエー
CLYTIE, KLYTIE
　クリュティエーは、古代ギリシア神話に登場する大洋のニンフ*もしくはマーメイド*で、海から出てきたときにアポロンが太陽の道を通って空を駆けるのを見た。彼女は恋に落ち、来る日も来る日も彼から目を離せなくなった。しかし見捨てられた彼女は憔悴し、尾ビレは地面に根をおろし、腕と手は葉になり、髪は顔をとりまく花びらとなった。こうしてクリュティエーは金色のヒマワリとなり、いつも太陽が空を進んでいく向きにあわせて顔を動かすようになった。
文献20、40、114、121
⇨ 付録25

クリール
COURIL
　フランス北西部のブルターニュとイングランド南西部のコーンウォールのケルト伝承に登場するドワーフ*もしくは妖精*。これらの地域に数多く見られるストーンサークルに住み、古代の石の間をかすめ飛ぶところが目撃された。この小さな精霊たち*は小柄な人間の姿で現われたが、水かきのある足で見分けがついた。
文献53

グリン
GRINE
　モロッコの民間伝承で、人間界と並行する世界に住むジン*の種類。人間の子供が生ま

れると、そのグリンも同時に生まれる。二人の運命は固く結び付けられている。グリンの役割は、守護天使*やロシアのベス*のそれと似ている。
文献90
⇨ 付録22

グリーン・グラシュティグ
GREEN GLAISTIG
⇨ グラシュティグ

グリンディロー
GRINDYLOW
　イングランドのヨークシャーの民間伝承に登場する水のデーモン*で、子供部屋のボギー*。ランカシャーの緑の牙のジェニー*と同じく、深くよどんだ水に住み、好奇心旺盛な子供がやってくるのを待ち受けて、水に引きずり込む。
文献17
⇨ 河童、人さらいのネリー、ペグ・パウラー、付録　22、付録25

クル
KUL, KUĽ
　シベリア西部に住むオスチャーク族と、キーロフ（旧ヴィヤトカ）地方に住むフィン＝ウゴール語族であるコミ（旧ジリエーン）人の信仰における、邪悪な水の精。コミ人はこの精霊*をヴァサ*あるいはヴァ＝クル*とも呼ぶ。このデーモン*は髪を長く垂らした人間の姿で現われ、家族持ちであるとも考えられている。深い湖や川の淀みに生息し、不用心な人間を捕えようと待ち構えている。クルの姿を見ることは災難の前兆を意味する。
文献88、102
⇨ アス＝イガ、ヴィズ＝アンヤ、ヴィズ＝エンバー、ヴィズ＝リーニー、ヴ＝ヴォゾ、ヴ＝ムルト、クルジュンク、ユアンキ＝ムルト、付録25

グル
GHUL/I
⇨ グール

グール
GHOUL/E, GHOOL, GOUL
　イスラム教の伝統と信仰に登場するジン*の種類。ゴルゴール*、ゴール*、グーラ*、グル*とも呼ばれる。イスラム教以前の時代には、男性のジンはクトゥルブ*、女性のジンはグラー*と呼ばれていた。北アフリカから中東を経てインド大陸とさらにその東にまで知られ、恐れられている。荒野、人気のない森、島、洞穴に住むと言われるが、多くは人間が死んだ場所や埋葬地に住む。色黒で毛深く、頭がよく回り、人間に性的な欲望をいだく。一つ目のダチョウに似たグロテスクな姿になることもある。だが、人間を誘惑するためにはどんな姿にも変身できる。間抜けな旅人を餌食とし、誘拐したり脅かしたりする。戦場、殺人現場、墓地など、人間に悲劇が起きた場所をうろつき、寂しい墓地では亡くなったばかりの遺体をむさぼり食う。
文献41、53、56、67、88、107
⇨ グル＝イ＝ババン、デーモン、ババ・ヤガ、フィーンド、ヨーギニ、ラミアー

グルアガッハ
GRUAGACH
　スコットランド高地とアイルランドの民間伝承に登場する、ブラウニー*型の精霊*。Groagach, Grogach, Grogan とも綴る。金髪で毛深い小さな精霊たち*で、きれいな服を着ているとされる。だがアルスターでは、人間の膝ぐらいの高さで裸体か、頭が大きく身体は柔らかくて、ほとんど形がわからない毛むくじゃらな存在と言われる。どんな姿でも、グルアガッハは、自分が暮らす家や農地の手助けをする。家に悪戯をするが、守護する役割や、馬を追う能力が優れており、悪戯をしてかけた迷惑を補っている。
文献17、47、76
⇨ 緑の婦人、付録22

グル=イ=ババン
GHUL-I-BEABAN
　イラン、アフガニスタンの荒野に伝わる民間伝承に登場するグール*。一人で旅する人間を襲って食べる。
文献6
⇨　フィーンド

クルキス
KRUKIS
　スラヴ民族の民間伝承に登場する自然霊。家畜の守護霊*であった。
文献102
⇨　クレマラ、ドミーカ、付録12

クルシェデル
KULSHEDËR
　アルバニアの民間伝承に登場する、女の水のデーモン*であるクルシェドラ*の相手方。これはクルシェドラと違って、たいてい陸上の悪魔*として現われる。
文献93

クルシェドラ
KULSHEDRA
　アルバニアの民間伝承に登場する、悪意をもった女の水のデーモン*。クセデレ*とも呼ばれる。垂れ下がった醜い乳房を持つ恐ろしい老婆と、火の粉を吐きながら空を飛ぶアイトワラス*のような精霊*の二種類の姿で現われることができる。クルシェドラはとことん邪悪であり、天然の水を尿で汚染させたり渇水させたりすることもある。クルシェドラをなだめて災難を防ぐための唯一の方法は人身御供であると考えられている。
文献93
⇨　オブダ、ハグ、付録25

クルシス
KURŠIS
　リトアニアの民間伝承に登場するコーン・スピリット*。一般的に人の姿で現われると考えられている。作物の収穫が終わって脱穀を始めるころ、農場の労働者たちは畑から最後に刈り取られた麦の束の中にクルシスを捕え、それを人形の姿に作る。精霊*はこの形で春の種まきの時季まで大切に保管される。
文献88、123
⇨　カリャッハ、コルンヴォルフ、コルンムッター、付録15、付録18

クルジュンク
KUL-JUNGK
　ロシアのフィン=ウゴール語族であるコミ（旧ジリエーン）人の伝承に登場する水の精。これは善意のある精霊*で、淡水魚の守護霊*である。一年じゅう食べ物を供給してくれるのでコミ人の漁師たちに頼られ、崇められている。春になり川に張った氷が最初に割れると、漁の時季のよい幕開けを祈り、樺の木の皮で作った魚や木彫りの魚の像が最初に捕れた魚とともにクルジュンクに奉納される。
文献33、102
⇨　アス=イガ、カツオの乙女、クル、付録12、付録25

クルス
CULSU
　古代エトルリア神話に登場する女性のデーモン*。黄泉の国の門で人間の到着を待つ。手に持ったハサミで生命の糸を切り、松明をかかげて天国もしくは地獄への道案内をする。
文献93
⇨　運命の三女神、ノルン、付録16

クルツィミュゲリ
KRUZIMÜGELI
⇨　ルンペルシュティルツヒェン

クルッド
KLUDDE
　ベルギーの民間伝承に登場する悪意を持ったボーグル*またはデーモン*で、さまざまな姿に変身できる。犬、猫、カエル、コウモリ、馬などの姿で現われることもあれば、完全に姿を消した状態で、夜中に人気のない道を行

く旅人を怖がらせることもある。ただ、どんな姿のときでもクルッドの行く手には青い炎が揺らめくので、そこにいることはわかる。この精霊*は、狙った人間の背中に飛び乗って鉤爪でしがみつくことがある。そして、その人が恐怖にかられて背中から振り払おうとするたび、クルッドはさらに重みを増していき、その人が力尽きて死ぬまでその行為を続ける。旅人の命を守る唯一のものは、夜明けまたは教会の鐘の音である。また、黒妖犬*の姿をとるときは、道路に突然現われて飛び跳ねながら歩いていき、狙った人間のそばに来ると後ろ足で伸び上がって喉を襲う。いつもは老馬の姿で現われ、ヘドリーの牛っ子*のように、不用心な者をそそのかして自分の背中に乗せた。その背中に乗った者は決して降りることができず、恐ろしい思いをした後、最後には川の中に放り込まれるのだった。

文献66

⇨ アウフホッカー、海の老人、オスカエルト、付録12、付録24

グル＝ドルイアド
GWR-DRWGIAID

ウェールズの民間伝承に登場する、インプ*、小さい悪魔*。

文献108

⇨ ブカ

クルピラ
CURUPIRA, KURUPIRA

（1）ブラジルのトゥピ・グアラニ族とカボクロ（メスティーソ）に伝わる男性の森のデーモン*。クルプリ*とも呼ばれる。鮮やかな赤い顔で二つに割れたひづめがありノーム*そっくりだと形容されることもあれば、全身もじゃもじゃの髪に覆われて足は後ろ向きについている、と描写されることもある。彼には妻子がいて、一緒に木や下草の中で暮らしている。森の中で音の反響するくぼみを作ったり、穴をあける騒音をたてたりするのが聞こえることがある。彼は野生動物の守護霊*で、捧げ物をした狩人には報いてやるが、森を粗末に扱う者は罰する。クルピラとその家族は、森の開墾地で盗みを働いたり穀物をめちゃめちゃにすると非難される。

（2）アフリカ系ブラジル人のカルト、バトゥーキにおけるエンカンタード*。木の精霊*で、ふつうは熱帯多雨林の密生したイバラの木をすみかとしている。霊媒にクルピラがのりうつると、狂ったようになるのでそれとわかる。のりうつられた人は、踊り、鋭い音をたて、イバラのトゲをものともせずイバラの木にのぼることができるようになる。クルピラは精霊*のジャペテクアラ*の「一族」に属し、彼らが現われると黒い子供たちのように見えると言われる。いたずら好きな精霊で、もし誰かが一人で熱帯多雨林の中に入ってきたら、大喜びで相手をおかしな道におびき寄せ、完全に道に迷わせる。そのようないたずらを防ぐためには、大好物のラム酒、タバコ、蜂蜜を供えてクルピラをなだめるのが賢明だと考えられている。

（1）文献29、56、87、102、110（2）文献89

⇨ （1）付録19、付録21 （2）レーシィ

クルプリ
CURUPURI

⇨ クルピラ

クルプリコーン
CLUPRICAUNE

⇨ クルーラホーン

クルーラコーン
CLURACAN, CLURICAINE, CLURICANE

⇨ クルーラホーン

クルーラホーン
CLURICAUN/E

アイルランドの民間伝承では、この意地悪な精霊*はクルプリコーン*、クルーラコーン*、ロゲリー・マン*、ルーラガドーン*という名でも知られている。エルフ*のようで、長く

て赤いとんがり帽、銀のバックルのついた赤い上着、青い長靴下、バックルつきの靴といういでたちの小さな老人に似ていると言われる。家のワイン蔵に住み、ビンの口がきちんとしまっているか、樽の栓が開けっ放しになっていないかを確認する。ほとんどいつも酔っ払っているようだが、家の召使を脅かして彼らがワイン蔵で勝手に飲むのを防ぐ。レプラホーン*同様、秘密の宝の守護霊*と関連づけられている。ボガート*の「引越し」と同じ物語がクルーラホーンにもあるが、彼は見つからないうちにワイン樽の中に隠れ、自分から逃げようとする家族についていこうとした。
文献15、17、18、38、40、41、53、87
⇨ 地下食料室の魔物、ビールザール、付録21、付録22

クルワイチン
KURWAICHIN
　ポーランドの古い民間伝承に登場する自然の霊。羊の出産期および子羊の成長期に、子羊の守護霊*または指導霊*として崇められる。
文献102
⇨ 精霊、付録12

グレアム
GRAHAM/E
⇨ オールド・ホーニー

クレイジーマン
CRAZYMAN
⇨ パマパマ

クレイ・マザー
CLAY MOTHER
　北アメリカ先住民プエブロ族の信仰する守護霊*。粘土と陶器工芸の指導霊*で、人間に与えられたもっとも役立つ技術の一つを担う精霊*である。クレイ・マザーは多くの伝説や民話の題材となっている。
文献87
⇨ アグルーリック、アラク、オール・マン、グランドマザー・ファイア、コーン・マザー、塩女、付録14

クレク・イア
KURƏK IA
　旧ソビエト連邦のマリ人(チェレミス人)の民間信仰における精霊*の一団の名称。「山の悪魔*」という意味。人間の膝くらいまでの背丈のドワーフ*で、獅子鼻で髪が長く、いつも笑っているように見える大きな口を持つ。山地に生息しており、愚かにも彼らの領地内で眠ろうとした人間は、足がひどく痛んで歩けなくなる。クレク・クゲ・イェン、クレク・クグザ(「山の老人」という意味)、クレク・シェルトといった多数の山の悪魔のうち、クレク・イアがもっとも邪悪である。
文献118
⇨ イア、チェムブラト、チョルト

クレク・ピアンバル
KURƏK PIAMBAR
⇨ ピアンバル

グレシル
GRESSIL
⇨ 悪魔

クーレーテス
KURETES
　ギリシア神話で、幼少の神ゼウスを保護し育てる役割を与えられた自然のデーモン*。クレタ島にいた。神殿の太鼓やシンバルを叩いて音を立て、幼いゼウスの泣き声を聞かれぬようにした祭司であったとする説もある。また、コリュバンテス*と呼ばれる好色なデーモン*と同一視されたり関連づけられたりすることもある。
文献93、130
⇨ 付録22

クレードネ
CRÉDNE
　アイルランド神話の妖精*で、デ・ダナー

ン神族*のブロンズ鍛冶師。
文献125

クレマラ
KREMARA
　ポーランドの民間伝承に登場する自然の霊。豚の守護霊*であり、豚が傷つくことなく健康であるよう守った。この精霊*は、やはり豚の健康と関係のあるプリパルチス*と呼ばれるもう一つの精霊と協力して働いた。末永い守護を願って、クレマラにはビールが献じられた。
文献102
⇨　**付録12**

グレムリン
GREMLINS
　インドの北西戦線に駐留していた、英国空軍爆撃司令部の兵士たちの豊かな想像力がつくりだした精霊*。航空機に原因不明のトラブルがおこったとき、グレムリンの仕業とされた。グレムリンという名前は、士官食堂にあった本の題名『グリムの妖精物語』と、食堂で飲めた唯一のビールの名「フレムリン」を混ぜてつくったとされる。
　志願部隊のジョフリー・レナード・チェシャー大佐は、グレムリンの名を、ヨークシャー飛行場（北イングランド）で航空機のトラブルについて説明したときに挙げている。それを作家のチャールズ・グレイヴズが聞き、自作の『薄い青色の線（*The Thin Blue Line*）』（1941年）の中で取り上げた。グレムリンは、「パンチ」（1942年11月11日）、「スペクテイター」（1943年1月1日）、「ニューヨーク・タイムズ」（1943年4月11日）でも記事として取り上げられた。
　グレムリンは、エルフ*、スプライト*、デーモン*、インプ*の仲間としてさまざまに描写されており、身長約50センチ、体重約8キロで、毛のまばらなジャックウサギに似て、渋面を浮かべている。別の描写では、身長約30センチで、赤い上着をはおって緑のズボンをはいている。また、身長わずか15センチで、頭から角をはやし、皮の飛行ジャケットとブーツに身を包んでいるという説もある。さらに航空隊で、水かきのある足のかかとにヒレがついた種類も報告されている。上空3000メートルで活動する種類はスパンデュールと呼ばれる。どのような姿でも、グレムリンは羽根を持たず、空を飛ぶには航空機に乗るしかない。
　グレムリンは技術的、気象学的にすぐれた技量をほこり、目標に近づいているはずなのに目標の座標を見失わせたり、着陸直前に滑走路を3メートルも上下に移動させたり、航行中に燃料を使い尽くさせたり、機体に小さな穴をあけたり、発射の瞬間に射手やパイロットの気を散らせて目標からそらさせたり、飛行中に大切なケーブルをかじったりする。一般に悪戯好きだが、グレムリンにはそれほど悪意があるようには見えない。パイロットが無事に基地に戻れるよう手助けをするために集結することでも知られている。
文献40、87
⇨　**エルフ、ディングベル、ノーバディ、フィフィネラ**

グレンジェット
GRØNJETTE
　デンマークの民間伝承に登場する、緑の木の精霊*。メン島とファルスター島の木の妻*を狩る。
文献110
⇨　**幽霊狩猟**

グローガッハ
GROAC'H
　フランスのブルターニュ地方の民間伝承に登場する、女の水のニクス*。川岸や海辺に、若い美女の姿で現われる。魅力的な振舞いで男をひきつけ、銀の網に落とし込み、カエルの姿に変えて、自由にこき使う。多くの悪意の精霊*と同様に、鉄によって退治される。
⇨　**スプライト、付録25**

グローガン
GROAGACH, GROGACH, GROGAN
⇨　グルアガッハ

黒蜘蛛の老女
BLACK SPIDER OLD WOMAN
⇨　蜘蛛

クロックミテヌ
CROQUEMITAINE
　フランスに伝わるホブゴブリン*もしくはボーギー*の一人。本来は子供部屋のボーギー*で、その行動は子供たちを脅かして行儀よくさせるのに利用される。

文献40
⇨　付録22

クロップド・ブラック・ソウ
CROPPED BLACK SOW
⇨　ブラック・ソウ

クロートー
CLOTHO, KLOTO
⇨　運命の三女神

クワク・アナンセ
KWAKU ANANSE
⇨　アナンシ

クワティ
KWATI
　米国ワシントン州のピュージェット湾地帯に住む北アメリカ先住民のマカ族の信仰におけるトリックスター*。キヴァティ*とも呼ばれる。文化英雄のトリックスター*であるミンク*と特徴が似ている。

文献88
⇨　クツキンナク、コヨーテ、ナピ、ブルー・ジェイ

グワリン=ア=トロット
GWARYN-A-THROT
⇨　グワルウィン=ア=トロット

グワルウィン=ア=トロット
GWARWYN-A-THROT
　ウェールズ地方のダヴェッドの民間伝承に登場するブカ*。グワリン=ア=トロット*とも呼ばれる。姿を見せずに家に住み着き、家のために働く。名前は「駆けずり回る、白いうなじの人」という意味。家族のために糸を紡ぎ、布を織る。家族が正体を詮索せず、名前を尋ねなければ（ルンペルシュティルツヒェン*やトム・ティット・トット*の物語のように）、関係はうまくいく。ほかの家事の精*と同じく、衣服を用意されたり、名前を呼ばれたりすれば、逃げていく。家族のために働き、うまく共存した話が二つ、残っている。最初の話は、召使の少女が名前を知ったときに終わり、二番目の話は、家の主人が、ランカスターのヘンリーに味方して、イングランドのリチャード三世と闘うために出陣したときに終わっている。これは15世紀の話である。その後、このブカ*はボガート*の地位に落とされ、ついに紅海へと追放された。イングランドの厄介な精霊*が追放されるのは、たいてい紅海である。

文献17、18、59
⇨　付録14、付録22

クーン・アンヌヴン
CWN ANNWN
　ウェールズに伝わる恐ろしい精霊*。「妖精国（あるいは地獄）の猟犬」を意味し、「母親の猟犬」を意味するクーン・ママイ*という名でも知られている。彼らは目に見えないこともあるが、現われる際には赤い耳をした白い猟犬の姿をとる。遠吠えをして地獄に届ける死者の魂を集めている様子が、数箇所で聞かれたり目撃されたりしている。クーン・アンヌヴンは、もし連れて行く死者がいなければ、洗礼前の赤ん坊、あるいは懺悔しない者を探してさらっていくと言われる。悪魔*もしくは灰色の服を着た主人の猟師が彼らを引き連れている場合もある。

文献69、87、125
⇨　ガブリエル・ハウンド、狩人ハーン、幽

霊狩猟、付録12、付録22、付録23

クーンチアッハ
CAOINTEACH

　ヘブリディーズ諸島とスコットランド南西部に伝わる死の精霊*。その名はキーナー keener（泣き叫ぶ者、あるいは死を悼んで泣く者）を意味する。ぼんやりした、形のない白い存在、あるいは緑色の服を着た非常に小さな女性で、血に染まった肌着を川で洗濯していると考えられている。彼女はカリー家、ケリー家、マクファーラン家、マカイ家、マクミラン家、マジソン家、ショー家とかかわりがあり、もしなんらかの災厄が差し迫ると、彼女は彼らのために泣く手はずを整える。この点はクーニアック*と一致する。クーンチアッハはふつう姿を見られるよりも、声を聞かれることのほうが多いが、もしも水辺で偶然出くわし、近づきすぎて見つかると、彼女は濡れた肌着で激しく打ちかかり、一生治らぬほどの麻痺を四肢に残すだろう。

⇨　カヒライス、バンシー、バン・ニィァハン、骨なし、付録16、付録23

クーン・ママイ
CWN MAMAU

⇨　クーン・アンヌヴン

グンヤン
GNYAN

　チベット民族が信じている病気の精霊*。木や石の中に住み、人間を伝染病にかからせ、災難と死をもたらす。

文献87、93

⇨　ダド、デーモン、マモ、ラモ、付録17

［ケ］

ゲア・カーリング
GYRE-CARLIN, GY-CARLIN

　スコットランドのファイフ地方で、妖精の女王を呼ぶ名前。とくに紡ぎ女の守護者であり、大晦日に亜麻を紡ぐ仕事をやりかけにしておくのは、ゲア・カーリングを侮辱することだとされた。ゲア・カーリングが怒ったら、怠け者の紡ぎ女は、やりかけの仕事を取り上げられてしまう。このことから、現代でも元日になる前に編物を急いで済ませる習慣が生まれたようだ。

　収穫を終えたお祝いに焼かれる特別なケーキも、ゲア・カーリングという名前で呼ばれた。

文献17

⇨　カーリン、付録14

ケアグィヒル・デプゲスク
KEAGYIHL DEPGUESK

　太平洋岸北西部に住む北アメリカ先住民の信仰における大渦潮の精。他の精霊*たちが川からこれをどかすのにギルデプティス*が役に立ったという伝説がある。

文献25

⇨　付録25

ケァスク
CEASG

　スコットランド、ハイランド地方のマーメイド*。上半身は美しい女性だが、下半身は大きなサケの尾に似る。彼女は Maighdean na tuinne、つまり「波の乙女」としても知られている。妖精*のご多分にもれず悪戯好きで、見たところ好意的だが、意地悪になることもある。彼女をつかまえることができた者は、三つの願いをかなえてもらえる。しかし、もし先に彼女に捕まったら、呑み込まれてしまう。

文献17

⇨　リバン、付録25

ケァルプ
CEARB

　スコットランドのハイランド地方に伝わる邪悪な精霊*で、マッケンジーによる記録が残っている。「殺害者」という意味で、人間と家畜両方が受ける苦痛の多くはケァルプに責任があると考えられた。

文献17
⇨ 付録17

ゲイブル・レチェット
GABBLE RETCHETS
⇨ 幽霊狩猟

ケイポル
CAYPÓR
　ブラジルに伝わる森のデーモン*。醜く、赤い肌と非常に長いもじゃもじゃ髪をしているという。親が幼い子供たちに言うことを聞かせ、一人で森に入っていかないようにするための子供部屋のボーギー*として、主に利用されている。

文献110
⇨ 付録19、付録22

ケ・シー
CE SITH
　ハイランド地方のスコットランド語では、イングランドの黒妖犬*をこう呼ぶ。スコットランドの民間伝承で、「妖精*の犬」を意味するケ・シーは緑色をしていて、牡牛ほどの大きさだとも言われる。

文献15
⇨ 付録12

ケシャリイ
KESHALYI
　トランシルヴァニアのジプシーたちの信仰における善意ある妖精*の名称。人里離れた美しい森や地方の山々に生息し、アナ*と呼ばれる女王に支配されていた。美しく、小柄で華奢な人間のような姿をしており、ギリシア神話に登場するニンフ*にいくぶん似ている。この名称は紡錘を意味するカチリという語から派生したと考えられる。そのため、この妖精*に豊穣を祈願するお守りにも「ケシャリイ・リスペレスン（糸を紡ぐ妖精たち）」と記されている。

文献31
⇨ シラリュイ、ビトソ、メラロ、ロソリコ

ケッヘタッハ
CUGHTAGH
　スコットランドに伝わる精霊*。ボゲードン*の一種で、スコットランドのハイランド地方や山々の洞穴に住む。

文献17

ゲニウス［複数：ゲニイ］
GENIUS, GENII（pl.）
⇨ 守り神

ケフィル＝ドゥール
CEFFYL-DŴR, CEFFYLL-DŴR
　ウェールズに伝わる恐ろしい水の精霊*。その名は「水棲馬」を意味する。このデーモン*は山中の池や滝で見かけられ、ふつうは灰色馬の姿をしている。この馬は周囲を照らす輝く光を放つ。また、ヤギやハンサムな若者の姿で現われることもある。見た目は重々しいが（実際に乗ったりまたがったりすると酷い目にあう）、ケフィル＝ドゥールはもうろうとした霧になって消えてしまう。その美しさは、本当の性質とは裏腹である。というのも、連れのいない旅人めがけて水から飛び出し、獲物の背中や肩をつかんで締めつけたり、蹴ったり、踏みつけたりして殺すからだ。

文献48、87
⇨ カーヴァル・ウシュタ、ケルピー、ニューグル、付録12、付録25

毛深いジャック
HAIRY JACK
　イングランドのリンカーンシャーの民間伝承に登場する、悪い精霊*、バーゲスト*の種類。

文献17

毛深い人
HAIRY ONE, THE
⇨ ドゥシ

毛深いメグ
HAIRY MEG
⇨ ミグ・モラッハ

ケライノー
CELÆNO, CELENO
⇨ ハルピュイア

ケラッハ・ヴェール
CAILLEACH BHEUR

　「青いハグ*」を意味し、スコットランドのハイランド地方に住む天気の精霊*である。英語風の表記によるカリー・ベリー*という名でも知られており、ふつうチェック柄の服を着て、木槌か丈夫な杖をもった青ざめた顔の恐ろしいハグとして描写される。彼女は野生の鹿、イノシシ、ヤギ、ウシ、オオカミの守護霊*である。彼女の植物はハリエニシダとヒイラギである。またハイランドの川と井戸も保護している。ハロウィーン（10月31日、サウィン祭）からベルティネ祭（古代ケルトの暦でメーデーの前日）まで、彼女は冬の化身であり、その杖で叩くことによって地面を硬くし、新しい成長を妨げ雪を降らせる。この役割のときの彼女は、醜い、ときには巨大な、青ざめた顔のハグ、「グリアナンの娘」、「ケルトの小さな冬の太陽」として表される。すみかであるベン・ネヴィス山のふもとの洞穴では、彼女に囚われた「夏の乙女」が苦しみに耐え、その結果、聖ブリギッドの日（2月1日）にケラッハ・ヴェールの情け深い息子に救い出される。このことがケラッハを駆り立て、「夏」の存在を妨害するためにフィールチャッハ Faoiltach（オオカミの嵐）が解き放たれることになる。ベルティネ（メーデー）で春がもどってくると、ケラッハ・ヴェールは杖をヒイラギもしくはハリエニシダの下に投げ捨てる。そこには他のいかなる植物も育たない。彼女はそれから次のハロウィーンまで美しい乙女に変身するという説もあれば、ウミ蛇、あるいは石に変身するという説もある。

　ケラッハ・ヴェールとその二人の息子は、地形を変える役目を負うと考えられている。カリァッハ・ヴェーラ*同様、ケラッハ・ヴェールは地形をつくった。彼女が運んでいた岩が入れ物の穴から落ちて、ヘブリディーズ諸島ができた。春の守護霊*の役割を果たしている際には、偶然、クルアハン山の泉にふたをするのを忘れ、オー湖をつくった。彼女の二人の息子はしじゅう言い争い、インバネスシャーをはさんで岩を投げ合っている。ケラッハ・ヴェールもカリァッハ・ヴェーラ同様、若い刈り手に、彼女だけが勝つことのできる収穫競争を申し込む。また、ハイランド西部では、穀物が枯れるのは彼女の責任だとされている。アーガイルシャーのキルベリー（カリー・ベリー*参照）では、ケラッハのすみかは丘の頂上にある。彼女に望みをかなえてもらいたければ、すみかの上に向かって石を捧げ物として投げ、願いごとを言わなければならないが、けっして彼女を本当の名前で呼んではならない。

文献15、17、18、44、69、123
⇨ アーレン・コーニゲン、カラッハ・ナ・グローマッハ、カリァッハ、ババ、ババ・ヤガ、付録12、付録25、付録26

ケリアノ
KELIANO
⇨ ケライノー

ゲル
GÖLL
⇨ ヴァルキュリア

ケルグリム
KERGRIM

　イギリスの民間伝承および地方の伝説に登場する、教会墓地のデーモン*またはグール*の名称。

文献69
⇨ 教会グリム、グリム

ケール［複数：ケレス］
KER, KERES（pl.）

このギリシアの精霊*は二種類いる。

（１）古代ギリシアの神話および信仰における精霊の名前。ハデスに死者の霊を導く死の天使*である。

（２）現代ギリシアの民間伝承では、狙った人間に病気や死をもたらす悪意を持ったデーモン*。

文献12、93

⇨ 付録16、付録17

ケルテマシュ
KELTƏMAŠ

旧ソビエト連邦のマリ人（チェレミス人）の民間信仰における、悪意を持つ森の精。あらゆる姿で現われることができる。チェレミス人は、戸口や窓のそばに鏡を掛けることでこの精霊*から身を守った。ケルテマシュは夜遅く人々を混乱させ、暗闇の中で道に迷わせる。ある晩、男が浴場にいると、妻の姿を装ったケルテマシュが入ってきて、外は雪だと彼に伝えた。正気に戻ったとき、男は自分が家から何マイルも離れた森の中で裸で震えているのに気づいた。彼はケルテマシュのいたずらにまんまと引っ掛かったのだった。

文献118

⇨ クスダ・シラ、チョルト、付録19、付録22

ケルトナー・ボデイ
KƏRTNĀ BODƏJ

旧ソビエト連邦のマリ人（チェレミス人）の民間信仰におけるケレメト*の一種。「鉄の精」を意味する名前を持ったこの精霊*は、豪華な衣装をまとい、武装したデーモン*の護衛隊をつけて鹿毛の馬が引くトロイカに乗って走り回っていると言われている。

文献118

ケルピー
KELPIE, KELPY

スコットランドの民間伝承に登場する悪意をもった恐ろしい水の精。ぼろ服を着た粗野な老人やハンサムな青年の姿になることもきるが、ふつうはぎらぎらした目と絹のような毛並を持つ黒か灰色の馬の姿をとる。いつも毛に緑色のイグサがくっついているので、水の精であることがわかる。湖畔や川の浅瀬、船着き場などに出没した。ケルピーの姿を見ることは、溺死するかあるいはそれ以外の恐ろしい水の事故にあう前兆であると考えられている。人間の姿をしているときは、馬に乗る者の後ろに飛び乗り、その男を強く抱きしめて死ぬほど怖い目にあわせることがあった。若い女性の前には怪しまれることなく恋人として現われ、最終的には水中に誘い込んでむさぼり食った。また、つやつやした毛並の馬の姿になり、湖畔で迷子になった子供や不用心な若者をそそのかして自分の背中に乗せることもあった。そしてそのまま水中に駆け込み、背中の人間を引きずり込んで内臓以外すべて食い尽くした。食べ残された内臓は水面に浮かび上がった。ケルピーの頭に馬勒を取りつけた者は、ケルピーをふつうの馬のように動かすことができたと言われている。また、この精霊*は夜間に水車小屋の水車を回し続けることでも知られていたが、同時に水車を壊す力もあった。

文献15、17、18、28、40、41、44、56、88、92、99、107、114、123

⇨ アッハ・イーシュカ、シュヴァル・バヤール、フィーンド、ベカヘスト、付録12、付録22、付録25

ケルビム
CHERUBIM, KERUBIM

⇨ 智天使（ケルビム）

ケルビン
CERUBIN

⇨ ケルブ

ケルブ
CHERUB

⇨ 智天使（ケルビム）

次の犠牲者に近づく恐ろしい水の精ケルピー。

ケルワン
KERWAN
北アメリカ先住民のホピ族の信仰におけるトウモロコシの芽の精。
文献25、45
⇨ カチナ・マナ、コーン・スピリット、デオハコ、付録15

ケレッツ
KE'LETS
シベリアに住むチュクチ族の信仰における恐ろしいデーモン*の名前。犬を連れて狩人や旅人を追跡し、荒野で殺す。
文献93
⇨ キールット、付録24

ケレブ
KHEREBU
古代帝国アッシリアの精霊*の一団を指す名称。キリスト教の智天使（ケルビム）*の語源となっている。
文献41

ケレメト
KEREMET
旧ソビエト連邦のマリ人（チェレミス人）の民間信仰における、大きな力を持つ自然界のデーモン*または悪魔*。青いシャツを着て頭にターバンふうのものを巻いたタタール人のような服装をしていると言われている。ケレメトは多くのものに由来する。死後に姿を変えて悪事を働き続けたイングランドの幽霊狩猟*に登場するブラック・ヴォーン*のような邪悪な人間だったとも考えられるし、デーモンの一団を率いる任務を果たしたチェムブラト*のような伝説の英雄だったとも考えられる。ケレメトは邪悪な人間の唾液から生まれることもあるが、ふつうは自然現象から生まれる。由来するものが何であれ、ケレメトは人間の暮らしの中で自然に起こるあらゆる出来事を支配している。この精霊*は絶えず存在しており、不幸や病気、ひどいときには死をもたらす。チェレミス人は、この不吉な生き物をなだめて災いを防ぐため、地下世界に降りていくような生贄を捧げる。魔術師は、人々に病気や不幸をもたらすときにケレメト*を使い魔*として利用しようとする。人々はケレメト*の注意を引かないよう、これを指すときはたいていクグザ*、老人、クガイェン*、偉人、ジュル・セル・クゲラク*、王子、ボドゥジュ*、精霊、といった呼び名を用いる。
文献118
⇨ 付録12

ケレメト・シェルト
KEREMET ŠƏRT
旧ソビエト連邦のマリ人（チェレミス人）の民間伝承に登場するケレメト*または悪霊。野ウサギを生贄として捧げればなだめることができる。
文献118
⇨ チョルト、精霊

ケローネー
CHELONE
古代ギリシア・ローマ神話に登場するニンフ*。神々の王と女王であるゼウスとヘラの結婚式をからかったために、ヘルメスによってカメの姿にされた。
文献130
⇨ 付録12

権天使
PRINCIPALITIES
⇨ 天使

［コ］

コア
CCOA
ペルー、ケチュア族の神話に登場する、猫の姿をした邪悪な精霊*。灰色の身体に黒っぽい横縞が入り、非常に大きな頭と、雹を降らせる燃えるような輝く目をしている。この天気のデーモン*はアウキ（1）*の命令を実

行し、破壊的な雹の嵐をもたらして穀物をだめにし、農園主を破滅させる。彼の怒りと彼が引き起こす疫病を防ぐため、穀物の生育期にはコアをなだめるべく頻繁な供え物がされる。
文献87
⇨　アンチャンチョ、ラリラリ、付録12、付録26

小悪魔
DEVILET
　格下の小さな悪魔で、天使の階級で智天使*に相当する。子供のような姿に描かれ、尾と小さな角を持つことが多い。
文献82、107

ゴイアーバ樹
GOIABEIRA
　アフリカ系ブラジル人のカルト、バトゥーキで信じられているエンカンタード*のグループ。アマゾンのシャーマン信仰に登場する木の精霊*に由来する。
文献89
⇨　付録19

コイエムシ
KOYEMSHI
　北アメリカ先住民のズニ族やプエブロ族の信仰におけるカチナ*で、コイムシ*とかアトラシとかタチュキ*とも呼ばれる。性的に未熟でありながら挑発的な行為をするとみられている。カチナ*の踊りでは踊る道化師として表わされ、それぞれ独自の仮面をかぶっている。彼らはコモクヤッツィキー*の子孫であり、モランハクト*に率いられていると言われている。
文献88
⇨　精霊

コイムシ
KOYIMSHI
⇨　コイェムシ

コヴェンティナ
COVENTINA
　ローマ時代以前のブリテンにいた水の精霊*で、カローブルクの泉の守護霊*。川の女神だったらしいが、ローマ帝国がブリテンを征服し、この地の宗教に自分たちのパンテオンを付加した結果、ニンフ*の地位に格下げになった。
文献133
⇨　付録25

鉱山ゴブリン
MINE GOBLINS
⇨　鉱山の精

鉱山の精
MINE SPIRIT
　石炭、金、鉄、錫、その他貴重な原料を採掘するための鉱山や坑道に生息している精霊*。鉱山ゴブリン*とも呼ばれる。服装や習慣は人間の鉱夫とよく似ているが、顎ひげを生やし、年老いたしわくちゃの顔だと言われる。彼らが穴をあけたり、発破をかけたり、シャベルで掘ったり、手押し車を転がしたりしながら平行層の中で働いている音は聞こえるが、その姿はめったに見られない。彼らに敬意を表し、機嫌を取る鉱夫には、よい鉱脈のありかを教えてくれたり、落石その他起こり得る災難を前もって警告してくれたりする。彼らに敬意を表さない鉱夫は悪戯を仕掛けられ、不幸や災難に見舞われる。本書に述べられている鉱山の精および鉱山ゴブリンは、青帽子*、ブッカ*、コボルト*、コブラン*、カッティー・ソームズ*、ドワーフ*、ガートホーンズ*、ノーム、ハウス・シュミードライン*、ノッカー*、コーボルト（1）*、ニッケル*、ヴィヒトライン*といったさまざまな名称で呼ばれている。
文献17
⇨　エシュ、ゴブリン

ゴヴニウ
GOIBNIU

アイルランドの民間伝承と伝説で、「設計者」という意味。ゴヴニュー*、ゴヴレン*とか、「大建築家」という意味のゴハーン・シール*とも呼ばれる。デ・ダナーン神族*の超自然の鍛冶屋であり、目標をはずすことのない武器をつくった。その作品はアイルランドじゅうに広まったが、ゴヴニューはとくにコーク州バラを中心に仕事をした。ゴヴレンという名前で、魔法の牛の飼い主をつとめていたが、ゴハーン・シールという名前のときは、円塔や堅固な橋をつくったことで名高い。

文献105
⇨ ウェーランド・スミス、ゴファノン

ゴヴニュー
GOIBHNIU
⇨ ゴヴニウ

ゴヴレン
GOIBHLEANN

アイルランド神話のデ・ダナーン神族*の鍛冶屋ゴヴニウ*の別名。アイルランドの民間伝承と伝説によれば、ゴヴレンは魔法の牛グラス・ゴヴレンの飼い主である。この牛が出す乳は、必要な者のためには途切れることがないが、乳で儲けようとたくらむ者がしぼるとたちまち枯れてしまう。

文献105
⇨ デ・ダナーン神族

黒妖犬
BLACK DOG

イングランド南部および東部ほぼ全域とスコットランドの一部にも伝わる、一種のフィーンド*もしくは恐ろしい精霊*。他の地域にも現われ、さまざまな名前で呼ばれている。大きな毛むくじゃらの黒犬の姿をとり、子牛ほどの大きさで、大きな輝く燃えるような目をしていると言われる。悪意に満ちているとも言われるが、非常に好意的な場合もあるという。黒妖犬もしくはブラック・ハウンド*には、ふつう人気のない道や古くからある道、十字路、橋、戸口といった、生活での移動に関わる場所で遭遇する。彼らはそっとしておけば温和なのが普通で、古代の財宝（たとえばサマセットのライム・リージスで）や聖地（たとえばサマセットのワムバロウズで）の守護霊とされることも多い。

誰かがなんらかの方法で攻撃をくわえたり束縛したりしようとすると、黒妖犬は恐るべき力を発揮し、残酷な傷、麻痺、死を引き起こし、生き残った者の目の前で消えうせる。黒妖犬を見たら、それは一年以内に死ぬという警告のはずだが、イングランドの一部の地方（たとえばサマセットのウィークーム）では、道に迷った旅人や自分たちだけで旅するおびえた少女たちの前に黒妖犬が現われ、彼らを安全に家まで送り届けたという有名な例もある。

最も有名なエピソードは、バンギーの黒妖犬の物語である。これについてはエイブラハム・フレミング（〜1607年）が、1577年8月4日の日曜日にノリッジ近くのバンギーの教会で、人々を死ぬほどの恐怖に陥れ呆然とさせた事件として報告している。（1600年に出版された『ストウの年代記（*Stow's Annales*）』にも同じ出来事が報告されているが、犬には言及していない）白い「黒妖犬」の話も含め、ダートムーアには多くの物語が残されている。それがアーサー・コナン・ドイルの有名な『バスカーヴィル家の犬』にインスピレーションを与えた。他にもオークハンプトン城、デヴォン、ロンドンのニューゲート、ノーフォークのクローマー、デヴォン北部のトリントン、ハートフォードシャーのトリングに有名な黒妖犬の伝説が見られる。過去400年の間に、イギリスでは何百という黒妖犬の目撃例が記録されている。ブルターニュ（フランス）、デンマークその他北欧地域での例もある。比較的最近では、ハンプシャーの人気のない暗い道でパトカーが不可解としか言いようのない衝突事故をおこした話を著者は聞いている。それはその地方の超自然な黒妖犬の出現が原因とされた。黒妖犬は今でも

この地方の民間伝承の中で大きな位置を占めている。
文献15、16、17、19、99、126、133
⇨ ガイトラッシュ、カペルスウェイト、教会グリム、守護霊、スクライカー、バーゲスト、パッドフット、ブラック・シャック、ブルベガー、フレイバグ、ボガート、モーザ・ドゥーグ、ロンジュール・ドス、付録12、付録24

コケナ
COQUENA
　アタカマ高原のケチュア族に伝わる、ビクーニャの守護霊*。白い服を着た小さな男とされる。夜間、山中でビクーニャの大群を移動させ、彼らを傷つけようとする者を罰する。
文献87
⇨ 付録12

コケの女たち
MOSS WOMEN
⇨ コケの人々

コケの人々
MOSS FOLK
　ドイツの民間伝承に登場するエルフ*または木のニンフ*の一種。コケの女たち*、コケの娘たち*、森の人々（2）*、向こう見ずな人たち*、木の精たち*、木の妻*などと呼ばれることもある。樹木の守護霊*であり、森に住んでいる。しわくちゃの人間の姿をしたとても小さな精霊たち*で、ふつうは女である。身体と顔はコケですっかり覆われており、そのコケで彼女たちは木々の根元に着せる衣を編む。その長い髪は木の枝についた灰色の地衣に似ており、むきだしの腕や手足は曲がったカエデの木の根のようである。人間に対しては一般的に好意的であり、薬草による病気の治療に力を貸すこともあるが、若木を折ると仕返しをする。彼女たちのおもな敵は、嵐の晩に森の中でコケの人々を獲物として追いかける幽霊猟師*である。フォイトラント

では、敵であるこのデーモン*自身もコケの人々の一人だと言われている。
文献18、44、53、95、110
⇨ スパエー・ワイフ、付録19

コケの娘たち
MOSS MAIDENS
⇨ コケの人々

ココペリ
KOKOPELLI
　北アメリカ先住民のホピ族の信仰におけるカチナ*の一種。ココペレ*とも呼ばれる。トンボに似た昆虫の姿で現れるが、背中にこぶがあり、その中に高価な贈り物が入っていると言われている。コヨーテ*やネポクワイ*などのカチナと同じで狩猟を行なうが、若い娘を誘惑して結婚祝を贈ることでも知られている。
文献88
⇨ 精霊、付録12

ココペレ
KOKOPÖLÖ
⇨ ココペリ

ゴゴル
GOGOL
　ロシアの民間伝承に登場する悪魔*。
文献75

コジュ・イエン
KOŽ JEη
　旧ソビエト連邦のマリ人（チェレミス人）の民間信仰におけるケレメト*。「松の男」という意味であり、おそらく松の木に住むことから名付けられたのだろう。このデーモン*は、野ウサギを生贄として捧げることでなだめることができる。
文献118
⇨ トシュト・コジュ・イエン、付録19

魔法の力を持つコケの娘たちが三人の旅人が昼寝しているのを見つめている。

コジュ・ネデク
KOŽ NEDƏK

　旧ソビエト連邦のマリ人（チェレミス人）の民間伝承に登場する悪霊の名前。人間の耳の中に入り込んで耳痛を起こさせる。

文献118

⇨　デーモン、ネデク、精霊、付録17

コシュマール
CAUCHEMAR

　ラテン語ではインクブス*として知られる、中世ヨーロッパの夜のフィーンド*のフランス名。各国でさまざまな通り名がある。イングランドでは、アングロサクソン語で「押しつぶすもの」を意味するマーラ*からきた、ナイトメア（夢魔）*と呼ばれている。マーラという名はリトアニアでも使われている。ドイツではマール*だが、ギリシアでは「飛んだり跳ねたりするもの」を意味するエピアルテス*と呼ばれている。この夜のデーモン*は、邪悪なことや生命を奪うようなことをたくらみ、眠っている人間の胸の上で飛び跳ねる。その人がコシュマールに魅入られているのは、消耗したり興奮したりするのに夜眠りたがらないことから明らかだ。人々はこの恐ろしい精霊*を寝室に入れないためにさまざまな方法を試した。マットレスの下に鉄の釘を置いたり、靴をベッドの脇に置くときつま先を外側に向けたり、寝るときに頭を北に向けないようにしたりした。北は死と暗闇の方向だからである。（ヘンリー・フューズリの有名な絵『夢魔』（1781年）にはこの精霊が描かれている）

文献40、104

⇨　アルプ、デーモン

コジュラ・イア
KOŽLA IA
コジュラ・オザ
KOŽLA OZA
コジュラ・ペリ
KOŽLA PERI

⇨　オブダ、コジュラ・クバ

コジュラ・クバとコジュラ・クグザ
KOŽLA KUBA AND KOŽLA KUGUZA

　旧ソビエト連邦のマリ人（チェレミス人）の民間信仰における精霊*たち。それぞれ「森の老婆」と「森の老人」という意味で、その名のとおり森に生息している。ふつう姿は見えないが、森の中を通る者はパンを捧げてこの精霊たちの機嫌を取らないと迷子になる。森の中で死んで遺体が発見されなかった人は、コジュラ・クバとコジュラ・クグザに連れ去られて家来にされたと信じられている。

文献118

⇨　オブダ、クグザ、付録19、付録24

コスメ
COSME

　アフリカ系ブラジル人のカルト、バトゥーキにおけるエンカンタード*で、9月2日の聖コスモスの祭日と関わりがある。ダミアン*とともに、コスメは人間の母親に湾から海に投げ込まれ、エンカンタードの女王ハイーニャ・オヤ*に助けられたと考えられている。女王は彼らを海の下の魔法の国に連れていった。彼らが関連づけられた聖者同様、コスメとダミアン*は治癒者として祈りを捧げられるが、子供のような姿で儀式に参加する。ただし、子供らしからぬラム酒の欲しがりかたをする。

文献89

ゴッダ
GODDA

　イングランドのシュロプシャーの民間伝承に登場する妖精*で、向こう見ずエリックの妻となった。

文献18

コティ
KOTI

　北アメリカ先住民のクリーク族の信仰における善意ある精霊*。カエルの姿で現われる。

文献25

⇨　付録12、付録25

コティヤングウティ
KOTYANGWUTI
⇨　蜘蛛

コディンハルティア
KODINHALTIA
　エストニア人およびフィンランド人の民間伝承に登場する家庭の妖精*の名前。イギリスのブラウニー*と同じようなことをする。
文献88
⇨　ヴェデンハルティア、タロンハルティヤ、ドモヴォーイ、トントゥ、ハルジャス、ハルド、メツァンハルティア、付録22

コドゥハルジャス
KODUHALDJAS
　エストニアの人々の民間信仰における、家と中庭の守護霊*。家や土地を大切に守るためには、この精霊*の機嫌を取らなくてはならない。
文献87
⇨　ハルジャス、ハルティア、ハルド、マジャハルジャス、付録22

コドゥモドゥモ
KHO-DUMO-DUMO
　アフリカのレソト王国に住む人々の信仰および伝説における邪悪なデーモン*。庶民の英雄ディタオラネに滅ぼされた。
文献29

子供部屋のボーギー
NURSERY BOGIES
　多くの文化には、大人にはさほど深刻に受け止められていないようだが、大人が子供に話す際には真剣な表情で敬虔な気持ちをもって語られる精霊*がいる。この種の精霊は、自分たちの住んでいる社会でよしとされている活動をするよう子供たちを脅かしたり戒めたりするのに使われる。これらの超自然存在は、ほとんどの場合きわめて恐ろしい姿をしており、彼らの領域に入り込んだ人々に対しては、見かけよりもさらに恐ろしいことをすると言われている。
　英国で悪い行ないを戒めるために用いられているのは、オールド・スクラッティー*、人食いアニス*、ブラック・ソウ*、ボダッハ*、ボーギー*、ブッカ・ドゥー*、バッグ*、バガブー*、バグベア*、カンコボブス*、カッティー・ダイア*、ホブヤー*、ジャック・アップ・ザ・オーチャット*、ビガーズデールのジェニー*、マムポーカー*、オールド・ブラディー・ボーンズ*、ロー・ヘッド・アンド・ブラディー・ボーンズ*、スポーン*、タンケラボガス*、トッド・ローリー*、トム・ドッキン*、トム・ポーカー*などである。
　まだ熟していない作物を食いしん坊の子供たちが取ってしまうのを防ぐには、オード・ゴギー*、チャーンミルク・ペグ*、クリム*、グーズベリー女房*、ものぐさローレンス*、メルシュ・ディック*の話が使われる。
　英国の子供たちが危険な水域に入らないようにするには、グリンディロー*、緑の牙のジェニー、人さらいのネリー*、ペグ・パウラー*の話が使われる。
　その他の国々では、危険な場所やよくない行為から子供たちを遠ざけるために、アフリト*、ババ・ヤガ*、ベルヒタ、ボックマン*、ケイポル*、クロックミテヌ*、ホレ*、カッツェンヴァイト*、クランプス*、ラミアー*とララ、ヌングイー*、カラス麦のヤギ*、ペール・フエッタール*、ポロヴニッサ*、スリ*、スワルト・ピート*の話が大人たちによって使われることがある。
文献17
⇨　付録21、付録22、付録25

子供を守る女祈祷師
CHILD MEDICINE WOMAN
⇨　砂の祭壇の女

コトレ
KOTRE
　リトアニアの民間伝承に登場する自然の霊の名前。
文献88

⇨ モレ、精霊、付録18

木の葉の王
LEAF KING
⇨ 緑の服のジャック

木の葉の小男
LITTLE LEAF MAN
⇨ 緑の服のジャック

コーバルト
KOBALD
⇨ コーボルト

ゴハーン・シール
GOBHAN SAER
⇨ ゴヴニウ

コブ
COB
⇨ ノーム

ゴファノン
GOFANNON
　ウェールズの民間伝承に登場する妖精*。タルイス・テーグ*の超自然的な鍛冶屋。
文献105
⇨ ウェーランド・スミス、ゴヴニウ

コブラン [複数：コブラナイ]
COBLYN, COBLYNAU（pl.）
　ウェールズに伝わる鉱山のゴブリン*で、ドイツのコーボルト*、イングランド、コーンウォールのノッカー*に相当する。黒、もしくは赤銅色の顔をしていて、非常に醜いとされる。とても小柄だが、鉱夫のような服装をしている。コブラナイは非常に好意的で、坑道や立て抗でコツコツ音をたてて、豊かな鉱脈がどこにあるかを示してくれる。その姿を見るのは非常に幸運だと言われるが、彼らをあざけると、目に見えない手で石つぶてを浴びせられることになる。
文献17、87、125

⇨ 鉱山の精

ゴブラン
GOBELIN
　フランス北部ノルマンディー地方の家事の精*。イングランドのゴブリン*と同じく、小さな老人の姿に似ていると言われるが、フランスのゴブランはイングランドのブラウニー*のほうに似ている。
文献107
⇨ コーボルト、トムテ、ニス、ピスキー、付録22

ゴブリン
GOBLIN
　ヨーロッパの民間伝承に登場する、小さく、グロテスクで、たいていは悪意を持つ地のスプライト*。Gobblin、Gobelin、Gobeline、Gobling、Goblyn という綴りもある。人間の膝ぐらいの身長で、灰色の髪と顎ひげを持つと言われる。もっと親切なブラウニー*と同じく、ゴブリンも人間の家に住み、悪戯をしたり、ポルターガイスト*のようにうるさく音を立てたりする。子供がたいへん好きで、行儀よくしている子供にはちょっとしたプレゼントを贈る。だが大人にとっては、台所や家具を引っ掻き回したり、夜に厩舎で馬に乗って興奮させたりするので、ゴブリンは厄介者となる。家に住み着いたゴブリンを追い払うには、一つしか方法がない。それは床一面に亜麻の種をまくことである。夜、悪戯をしに来たゴブリンは、種を全部拾おうとするが、たくさんありすぎて夜明けまでに拾い終わらない。これを幾晩かくり返すと、ゴブリンはいたずらを諦めて去っていく。
文献7、17、18、40、53、67、69、88、92、107、114
⇨ 精霊、バウムエーゼル、化け物、ピクシー、ブラウニー、ベン・バイナック、ホブゴブリン、付録22

コーベル
KOBEL
⇨　コーボルト（2）

コーベルト
KOBELT
⇨　コーボルト（2）

コーボルト（1）
COBALT, COBOLT
　ドイツに伝わる鉱山のノーム*もしくはデーモン*。これにちなんで名づけられたコバルト鉱石が悪影響を与えるのは、この精霊*のせいと考えられている。コーボルトは鉱床を発見する役に立つが、機嫌を損ねると害を及ぼす。
文献17、87
⇨　鉱山の精、コブラン、コーボルト（2）

コーボルト（2）
KOBOLD, KOBOLT
　ドイツの民間伝承に登場する家事の精*の名称。イギリスのブラウニー*と同じようなことをした。コーベルト*、コーベル*とも呼ばれる。ノーム*のような姿で、しわくちゃの小さな顔をして、とんがったフードのついた服を着ていた。家の炉端、あるいは納屋や家畜小屋に生息し、人間がやり残した仕事を夜中に終わらせてくれた。彼らに敬意を表し、家族の食事を分けてあげるのを忘れないかぎり、何もかもうまくいった。それを忘れると、コーボルトはとことん意地悪くなり、復讐をしてから家を出ていってしまう。地方によってはキメケン*、ハインツェ*、ヒンツェルマン*、ホデキン*、ゴルドマル王*、ヴァルター*などの名称で呼ばれている。
文献18、28、38、40、41、59、93、114
⇨　ビールザール、家事の精、付録22

コ＝ホン
CO-HON
　ベトナムのアンナン（安南）人が信じる邪悪な精霊*。非業の死を遂げ、葬式をあげてもらえなかった人の魂が変化したものと言われる。超自然存在であるコ＝ホンは木の下草に住み、通行人を襲い、不幸にしてやろうと待ち構えている。なかには彼らの力が成功のために必要だと考える人間もいて、とくに実業家はこのデーモン*に捧げ物をして機嫌を取ろうとする。
文献87

コマン
KOMANG
　ボルネオ島に住むダヤク族の信仰における、主神タパが生み出した精霊*の一団。
文献57
⇨　トリー

コモクヤッツィキー
KOMOKYATSIKY
　北アメリカ先住民のプエブロ族の信仰および伝説における精霊*。「老女のカチナ*」とも呼ばれ、実の兄弟との近親相姦によってコイェムシ*を生んだと言われている。
文献88

コヨーテ
COYOTE , KOYOTE
　この超自然存在は、北アメリカ先住民のアチョマウィ族、チヌック族、クロー族、ヒカリーヤ・アパッチ族、カト族、クテナイ族、マイドゥー族、ナバホ族、ルスコチミ族、シュスワップ族、シーア族、トゥレイオネ族、ヤナ族、ヨク族、ズニ族の神話で重要な役割を果たす、トリックスター*、文化英雄、自然の精霊*、悪魔的な道化である。また、イサカウアテ*、イタラバス*、イタラパテ*、マヒナティーヒー*、オールド・マン*、コヨーテおやじ*、我が母の兄弟*という名でも知られている。
　コヨーテは自由に変身できるが、一番多いのはコヨーテか人間の姿で、この点ではブルー・ジェイ*と対照的である。同様に、彼は好意的なこともあれば、悪意といっていいほど悪戯好きなこともある。無節操、狡猾、

貪欲、陰険、機略縦横、敵対的と描写され、彼の活動に関する数多くの物語の中では破壊もしている。肯定的な面としては、創造的な芸術、狩の獲物、火という贈り物、種蒔についての知識などを授けるが、否定的な面としては、病気や苦悩そして権力へのからかいを含む、あらゆる種類のもめごとを引き起こす。

コヨーテがペテンをはたらく物語を一つ紹介しよう。彼はフクロウに出会う。フクロウは弓矢と棍棒を持って、人間を狩りにいく途中だった。コヨーテはフクロウに、人間の肉を吐く者だけが人間を殺せるのだと教える。コヨーテの指図に従ってフクロウは目を閉じ、人間の肉とバッタを吐き戻す。コヨーテは急いで人間の肉を拾い、フクロウにはバッタだけを見せる。それから人間の肉をいかにも自分の吐物であるかのように見せる。困惑したフクロウにコヨーテは、君の脚はあまり速くないから、もう一度目を閉じればそれを治してあげようと言う。それからこのデーモン*はフクロウの脚を殴って折り、弓矢をもって逃げてしまう。フクロウはコヨーテに向かって棍棒を投げては呼び戻し、投げては呼び戻ししたところ、それがとうとうトリックスター（＝コヨーテ）に命中し、怪我を負わせる。そのとき以来コヨーテはすべての飛び道具を呪い、それらが落ちた場所にとどまって、投げた者のところに戻っていかないようにしたのだという。

文献29、33、41、53、56、87、88、93

⇨　アナンシ、エシュ、カチナ、ココペリ、バシャジャウン、バマパマ、マナボゾ、ミンク

コヨーテおやじ
OLD MAN COYOTE
⇨　コヨーテ

コラニアンズ
CORANIANS

ルッド王の時代から古代ブリテンにいた超自然ドワーフ*の神話的一族。地上の出来事をすべて耳にすることができ、どんな武器をもってしても彼らを傷つけることができないため、ひどく恐れられていた。彼らは妖精*のお金を使い、それは支払いの際には本物に見えるが、彼らがいなくなるとすぐにキノコに変わってしまった。

文献125

コラン・グン・キアン
COLUINN GUN CHEANN, COLANN GAN CEANN, COLANN GUN CHEANN

ヘッドレス・トランクといった名前でも知られる。この意地悪な精霊*もしくはボーハン*は、スカイ島（スコットランド、インナーヘブリディーズ諸島）モラール村のマクドナルド家の守護霊*だった。女子供や、グループで日中旅をする男性に害をなすことはなかったが、夜間「平坦な一マイル」と呼ばれる小道からモラール屋敷まで一人で旅する男性は、必ず翌朝手足を切断された姿で死んでいるのが発見された。この精霊の退治については二つの説がある。一つはラーセイのマクラウドによって消されたという説で、もう一つは賢く冷静な一族の一員がコラン・グン・キアンの頭を剣で押さえ込み、永遠にもどってこないと精霊に誓わせて放してやった、という説である。

文献17、47

⇨　アケファロス、付録21、付録22

コリガン
CORRIGAN, KORRIGAN

フランス北西部のブルターニュのエルフ*またはドワーフ*。この精霊*はふつう、ゆったりとした白い服を着た髪の長い女性の姿をしている。夜、森の中や小川のほとりによく現われ、その美しさと歌で不用心な旅人を魅了した。だが、夜明けや鐘の音で醜い老婆の姿に戻った。この地域に多くみられるストーンサークルで夜になると踊り、たいまつの光で旅人たちを導いてわざと道に迷わせることがよくあった。また、イングランドのブラウニー*と同じように、家庭に住み込んで夜中

に働くこともあった。ただし、男のコリガンは馬や山羊の姿で現われることができ、破壊をもたらした。

女のコリガンはいたずら好きで、とくにキリスト教の聖職者にいたずらを仕掛けた。人間の赤ん坊を連れ去り、代わりに小さなコリガンを置いていくこともあったと言われる。

文献18、87、110、114
⇨ エルフ、家事の精、取り換え子、ハグ、付録12、付録22、付録24

コーリマライカンニヤルカ
KOLLIMALAIKANNIYARKA

インドのタミール族の神話では、幼少のカータヴァラーヤン（シヴァとパールヴァティの息子）を教育したニンフ*。この名前は「コーリ山から来た七人の娘」という意味である。ある伝説では、その後彼女たちはコーリ山の峯々に姿を変えたと言われている。

文献68
⇨ ハグノー、メリア、付録22

コーリュキアー
CORYCIA

古代ギリシア・ローマ神話に登場するニンフ*。アポロン神の愛人の一人で、彼との間にリュコーレウスをもうけた。

文献130

コーリュキデス
CORYCIDES
⇨ ムーサイ

コリュバンテス（コリュバスたち）
KORYBANTES

小アジアおよび古代ギリシアの神話に登場するデーモン*。コリュバンテスは女神レイア（レア）の仲間で、淫らな行為をすることで有名である。

文献93
⇨ クーレーテス

ゴール
GHOWL
⇨ グール

コルカ＝ムルト
KORKA-MURT

ロシアのキーロフ（旧ヴィヤトカ）地方に住むフィン＝ウゴール語族であるウドムルト族（別名ヴォルチャーク族）の民間信仰における「下男」のこと。コルカ＝ムルトとは「家の男」という意味である。これはロシアのドモヴォーイと同じような家庭の守護霊*であり、善い行ないをしてもらうには機嫌を取らなくてはならない。

文献88
⇨ 家事の精、ムルト、付録22

ゴルゴール
GHOL GHOLE
⇨ グール

ゴルスカ・マクア
GORSKA MAKUA

ブルガリアの民間伝承に登場する、恐ろしいハグ*。ノチュニッツァ*と同じく、森に住む。

文献88

コルツシュ
KOLTəŠə

旧ソビエト連邦のマリ人（チェレミス人）の民間信仰における精霊*。この名前は「送り主」という意味である。この超自然存在をなだめるにはパンを一枚与える。

文献118

コルト・ピクシー
COLT PIXY, COLT PIXIE

ハンプシャー、サマーセット、デヴォン、コーンウォールといったイングランドの地方に伝わるいたずら好きなスプライト*。コル・ピクシー、コルト・ピスキーの名でも知られる。若馬の姿で現われるのが一般的で、

道に迷った旅人とその馬を導くが、結局は沼や藪に連れ込むことが多い。そうすると、このスプライトは消えてしまう。しかしサマーセットのコルト・ピクシーはリンゴ園の守護霊*で、損害を与えようとしたり盗みに入ろうとしたりする人間を脅かす。

文献17、28、40、107
⇨　オールド・ロジャー、ダニー、チャーンミルク・ペグ、ブラッグ、リンゴ園の主、付録12、付録21

ゴルドマル（王）
GOLDMAR, GOLDEMAR KING

ゲルマン神話に登場する、邪悪な黒いドワーフ*の王。19世紀アイルランドの作家キートリーによれば、ゴルドマル王とは、15世紀にネヴェリング・フォン・ハルデンベルクの屋敷をうろついたコーボルト*の名前である。姿は見えないが、ゴルドマルが手を触れるとカエルの手のような触感がしたと言われている。ヒンツェルマン*と同じく、ゴルドマルは食卓での座席、城内での部屋、姿の見えない彼の馬のための厩舎を要求したが、城の主人のためには、竪琴を奏でて歌をうたうだけだったようだ。召使のごまかしや屋敷専属の聖職者の偽善を見抜くのを得意としていた。そして、召使の一人に罠をかけられて姿が見えるようにさせられ、そのため攻撃されやすくなると、召使を切り殺し、焼いて食ったとされる。

文献18、95
⇨　アルベリヒ、付録22

コルネベッケ
KORNEBÖCKE

ドイツの民間伝承に登場する畑の精霊*。牡鹿の姿で現われ、コルンヴォルフ*と同じように麦畑の中を跳ね回り、畑にさざなみを立てる。また、麦畑の中で見つかる青い矢車草に姿を変えていることもある。コルネベッケとは「麦の牡鹿」という意味である。畑の穀物の守護霊*であり、作物をよく実らせ豊作をもたらした。

文献44
⇨　コーン・スピリット、ポレヴィーク、付録12、付録18

コルネ・ボデジュ
KORNƏ BODƏŽ

旧ソビエト連邦のマリ人（チェレミス人）の民間信仰におけるデーモン*。「道路の精」という意味であり、ヨーロッパの他の地方にいる道路の精と同じような行ないをすると考えられる。

文献118
⇨　精霊、付録24

コルノフヒイ
KORNOVKHII

ロシアの民間伝承に登場するレーシィ*の別名。「耳を切り取られたもの」という意味である。中世のロシアでは、泥棒は捕まると罰として左耳を切り取られた。農民たちは、森林の中で出会う森の精レーシィが人間の泥棒と同じくらい恐ろしいものであると考え、こうした名前で呼んだ。

文献75
⇨　付録24

コルパン・シーデ
CORPÁN SÍDE

取り換え子*を指すアイルランド・ゲール語。シオド・ブラッド*という名でも知られる。

文献80

コールマン・グレイ
COLEMAN GRAY

イングランド、コーンウォールの民間伝承と伝説に登場する単体のピスキー*。小さな少年の姿で発見され、農夫（漁師という説もある）に保護された。それから家に連れて行かれ、人間の両親の養子となり、コールマン・グレイと名づけられた。

文献17
⇨　ウンディーネ、スキリー・ウィデン、緑

の子供、付録22

コルンヴォルフ
KORNWOLF

ドイツの民間伝承に登場する穀物の収穫期のコーン・スピリット*。オオカミのような姿とされ、畑に穂のさざなみが立つのは麦畑を駆け抜けるからだとされた。猟犬の姿をとることもあり、コーンウルフ*、ライ・ドッグ*、ロッゲルフント*とも呼ばれた。作物の収穫が進むにつれ、この畑の精霊*は刈り取り機に掛からないように退いていき、やがて最後に刈り取られた麦の束の中に「捕えられる」。ドイツでも地域によってはこれを儀式によって殺してしまうが、その他の地方では、この精霊を最後の束の中に閉じ込めたまま保管しておき、春に耕作を行なうときに土の中に戻している。

文献44
⇨ カリアッハ、コルネベッケ、コルンムッター、ババン・ナ・ウェイレア、付録12、付録15、付録18

コルンムッター
KORN MUTTER

「麦の母」という意味で、ドイツの民間伝承に登場する成長したコーン・スピリット*のこと。穀物の守護霊*であり、作物を十分に成長させ豊作をもたらしてくれる。カリアッハ*と同じように、この精霊*は最後に刈り取った麦の束の中に「捕えられる」。人々は将来の作物の植つけがうまくいくよう、この精霊の機嫌を取る。

文献44
⇨ コルンヴォルフ、ババン・ナ・ウェイレア、付録15

コレ=ベイラド、アントニオ・ルイス
CORRE-BEIRADO, ANTONIO LUIZ
⇨ カボクロ

コロキオエウェ
KOROKIOEWE
⇨ アトゥア

コロ=コロ
COLO-COLO

チリのアラウカン族に伝わる、病気を運ぶ精霊*。雄鶏の卵から生まれると言われる。人間を襲い、唾液を飲ませる意地悪なデーモン*である。そうすると獲物は熱を出し、最終的に死んでしまう。

文献29、102
⇨ アイトワラス、付録17

コローニス
CORONIS

古代ギリシア神話に登場するニンフ*で、ヒュアデス*の一人。一時、アポロン神の妻だった。この結婚が、イアーソーンに率いられたアルゴナウタイの一人である。アスクレピオスが生まれた。

文献13

コン=イオン
CON-ION

ベトナムのアンナン（安南）人が信じる邪悪な精霊*。人間が生まれる時に入り込む超自然存在だが、子供を死産や流産に追い込む。このようにして子供を一人以上失った経験のある女性は邪悪な精霊の宿主となり、触れることも口に出すこともはばかられるようになる。コン=イオンを追い出すには、犬を生贄にして、そのような女性が出産しようというときに、彼女のベッドの下に埋葬するとよい。

文献87
⇨ 付録22

コーンウルフ
CORNWOLF
⇨ コルンヴォルフ

ゴン・ゴン（共工）
GONG GONG きょうこう

　中国の民間信仰や伝説に登場する悪魔*。黒龍の姿で現われ、洪水を起こす。大洪水が人間にもたらす災難は、黒龍の仕業である。従者はシャン・リュウ（相柳）*。

文献93

⇨　従者の精霊、デーモン

コンスタンティノ
CONSTANTINO

　アフリカ系ブラジル人のカルト、バトゥーキにおけるエンカンタード*。「革の帽子」を意味するシャポー・デ・コウロ*としても知られている。彼はカボクロ*と呼ばれる集団に属する精霊*の一つである。

文献89

コーン・スピリット
CORN SPIRIT

　穀物の収穫をつかさどる豊穣の精霊*は、多くの社会の民間信仰では、収穫する最後のひと束に閉じ込められているとされる。ヨーロッパでは、「コーン」はオート麦、大麦、ライ麦、そしてもっと一般的には小麦といった穀類を指す場合が多い。世界の他の地域、とくにアメリカでは、ふつうトウモロコシを指す。コーン・スピリットの化身として、その束にはさまざまな名前が与えられている。ウェールズでは、ラーチ*もしくはハグ*、アイルランドではカーン、もしくはグラニーと呼ばれる。ノーサンバーランドではカーン・ベイビー、一方イングランドのさらに南部ではカーン・ドリー（今日では簡単にコーン・ドリー）、ハーヴェスト・レディー、ハーヴェスト・クイーンと呼ばれている。スコットランドでの異名は、メイドゥンあるいはオールド・ワイフ（それぞれ収穫されたのがハロウィーンの前か後かで呼称が異なる）、カーリン*あるいはカリァッハ*となる。マン島ではババン・ナ・ウェイレア*という名で知られている。ほとんどの場合、閉じ込められた精霊は人形に作られ、しばしば小さな服を与えられる。宴会のあと人形は大切に保管され、次に穀物の種をまく季節がくると、精霊が新しい種の中で生まれ変わるよう、農耕馬に食べさせられるか、あるいは子をはらんだ牝牛や牝馬に食べされられる。同様の信仰は世界中に存在し、ポーランドのババ*、リトアニアのボバ、ドイツのブルカーテル、オーストリアのアーレン・コーニゲン*などはその例である。

文献123

⇨　クルシス、コルンヴォルフ、コルンムッター、コーン・マザー、サラ・ママ、ババン・ナ・ウェイレア、ブルカーテル、付録15、付録18

コン＝ティン
CON-TINH

　ベトナムのアンナン（安南）人が信じる意地悪な自然の精霊*。早逝した少女の魂が変化したものといわれ、木をすみかとする。その木に近づいた者を襲い、キャッキャッと笑って人の頭をおかしくさせ、魂を奪おうとする。愚かにも彼らのすむ木を切り倒そうとする者は、苦しめられる。賢明な人は、信仰か国籍の異なる者に頼んでコン＝ティンの木を切り倒してもらう。

文献87

⇨　サンクチンニ、ハマドリュアデス、付録19

ゴンデュル
GONDUL

⇨　ヴァルキュリア

コントロール（支配霊）
CONTROL

　霊媒もしくは他の人間の平常の意識を支配する使い魔*。人間と他の超自然存在との霊的なきずなをつくる。

文献98

コンパーニン
KOMPAGNIN
　オーストラリアの先住民の信仰における竜巻の精で、ウィリー・ワイリー・マン*とも呼ばれる。彼には、海風の精ジョンボル*、東風の精クヌブリアー*、内陸風の精ムルウック*という三人の息子がいた。息子たちはそれぞれ独立した超自然存在であったにもかかわらず、コンパーニンは自分の首に掛けたロープについている貝殻の中に息子たちを閉じ込めていた。彼らは夜の間は人間の姿になり、キャンプファイアのまわりでくつろいだ。コンパーニンがオーストラリア北部先住民の竹製の管楽器であるディジェリドゥーを演奏すると、息子たちはそれに合わせて踊った。そして、寝る前に彼は息子たちを精霊*の姿に戻し、貝殻の中に返した。伝説では、三人の息子たちが同じ娘に惚れ込んで取り合いをしたと語られている。彼らは互いにうなり、争い、娘を捜し求めて領土全体をめちゃくちゃにした。しかし娘はすでに、雨の精が生み出した虹の橋を渡って空へ逃げてしまっていた。彼女はそこで夜空の星たちと暮らした。
文献14
⇨　**ヴィラ・ビロン、ハンツー・リブート、付録26**

コーン・マザー
CORN MOTHER
　グレートプレーンズに住む北アメリカ先住民アリカラ族の信仰と伝説に登場する精霊*。大地から現われる指導霊*で、人々にトウモロコシの育て方を教えた。また、天体と聖なる薬草の神秘についても教えた。コーン・マザー*は去る前に、主要方位にいるすべての神々にきちんと捧げ物をするよう、人々に求めた。
文献25、45、87
⇨　**アグルーリック、アラク、オール・マン、グランドマザー・ファイア、クレイ・マザー、コーン・スピリット、塩女、フィルギヤ、フリント・ボーイズ**

コン＝マ＝ダーウ
CON-MA-DAŪ
　ベトナムのアンナン（安南）人が信じるデーモン*の集団。病気を運ぶ精霊*で、天然痘をもたらすとされている。
文献87
⇨　**アラルディ、シェドラ・クバとシェドラ・クグザ、ドウ・シェン（痘神）、ミンセスクロ、付録17**

[サ]

サイヴォ・ネイタ
SAIVO-NEITA

ノルウェー北部およびフィンランドに住むサーミ人（ラップランド人）の民間信仰に登場するマーメイド*の名前。サイヴォ・ネイタとは「海の乙女」の意。

文献88

⇨ チャハツェ＝オルマイ、チャハツェ＝ハルデ、メァラハルド、付録25

サイコポンプ（霊魂を冥界に導く者）
PSYCHOPOMPOS, PSYCHOPOMPS

これはある独立した精霊*の名前ではなく、むしろさまざまな文化では特定の精霊が果たしている限定的な役割を指す語である。プシュコポムポス（Psychopompos）とはギリシア語で「霊魂の案内者」を意味し、死者の霊魂を冥界に導く精霊たちのことを英語風にこう呼ぶ。

文献39

⇨ カロンテース、ケール、付録16

サヴァ
SABDH

アイルランドの民間伝承・伝説によれば、彼女は妖精*の丘の住人であり、オシーンの母親である。

文献88

⇨ シー

サウルヴァ
SAURVA

⇨ フシャスラ

ザエボス
ZAEBOS

ヨーロッパの神秘主義と鬼神学に登場するデーモン*の名前。ザエボスは地下世界にいる他のデーモン群を支配する。

文献53

サオ
SAO

アビシニア（エチオピアの旧称）の民間信仰に登場する病気をもたらす精霊*。全部で88の精霊がおり、それらは二つのグループに別れて、それぞれリーダーに統率されていると言われる。1865年の記事によると、病人の体から病魔であるデーモン*を追い払うために、カリジャと呼ばれる魔術師が呼ばれた。やがてデーモン払いの儀式が執り行なわれたが、これは香草を燃やして病人を煙でいぶし、それでもデーモンが去らないときは、病人に肉体的暴力を振るってデーモンを脅かすというものだった。残念ながら、デーモンがなかなか去らないときは、病人は肉体的暴力の被害者になった。

文献57

⇨ 付録17

ザガズ
ZAGAZ

モロッコの民間信仰に登場する悪霊あるいはジン*の名前。病気をもたらす精霊*で、乳幼児や新生児に小児破傷風をもたらして死に至らしめる。

文献90

⇨ カデム・ケムクオマ、付録17、付録22

サーカニィ
SARKANY

ハンガリーの古代信仰に登場する天気の精霊*の名前。人間に似た姿をとるが、肩から最多で9個の頭が生えているとされた。サーカニィは野生の馬に乗って雷雲の間を駆け巡り、剣を携え、明けの明星を手に持っていた。この悪霊は人間を石に変えることができた。今日の民間伝承では、サーカニィはドラゴンの名前になっている。

文献93

⇨ デーモン、付録26

サイコポンプは死者の霊魂を優しく冥界へと導く。

ザガム
ZAGAM
ヨーロッパの神秘主義と鬼神学に登場するデーモン*の名前。ザガムは地下世界にいる他のデーモン群を支配する。
文献53

サキエル
SACHIEL
⇨ **ザドキエル**

ササボンサム
SASABONSAM
西アフリカのトゥイ族とアシャンティ族の信仰に登場する森の精霊*の名前。彼らは森の中か、あるいは根の周りの土が赤くなっているパンヤの木の下に住んでいる。土が赤くなっているのは、ササボンサムが地下へもぐる前に、自分の体に付いている犠牲者の血をぬぐうからだと言われる。ササボンサムは背が高く細い人間の姿をし、肌は赤く、髪は直

毛で、目は充血している。木にぶら下がって長い足をぶらつかせ、その下を通る不注意な旅行者を足で引っ掛けて吊り上げる。うまく逃げおおせることができなかった者は、その体から血をしたたらせることになる。ササボンサムと対をなす女性の精霊はシャマンティン*で、ササボンサムの妻である。
文献41、88、110
⇨　ディオンビー、フンティン、付録19、付録24

サシ
SACI
⇨　カキー・タペレレ

サシ・ペレレ
SASY PERERE
⇨　カキー・タペレレ

サジャ（使者）
SAJA
　サジャとは「死の使い」の意で、韓国の民間信仰に登場する地獄からの使者である精霊*の名前。病人のもとへと遣わされ、彼らを黄泉の国へと連れて行く。誰かが危篤状態に陥ると、万神(巫女)がその家族に病人の人形を用意するよう指図する。これはサジャが間違ってその人形を連れて行くようにするためである。あるいは、その身代わりの人形は何も答えないため、サジャがあきらめて行ってしまうようにするためである。
文献79
⇨　付録16

サース
THURSE
⇨　ホブスラッシュ

サダグ
SA-BDAG
　チベットのボン教でみられる自然の精霊*。彼らは大地、家、泉、池に宿り、「地を動かす者」として呼ばれる。各場所にはそこを守

る精霊がいる。寺院の門口にはそこの精霊の像が描かれており、献酒が行なわれる。
文献88
⇨　ドゥム、付録21

サタン
SATAN
⇨　悪魔

サーテ
SAHTE
　北アメリカ先住民のトゥレヨネ族の信仰と創造伝説に登場するデーモン*。この悪霊は世界に火を放ったが、コヨーテ*が大洪水を起こして火を消し、世界を救った。
文献41
⇨　精霊

サテュロス
SATYR
　古代ギリシア神話に登場する自然の精霊*あるいはデーモン*の名前。ローマ神話のファウヌスに相当した。ヤギの脚を持ち、短い角を頭に生やして、体が毛に覆われた人間の姿で描かれた。サテュロスは酒神ディオニューソス（バッカス）の供をし、シーレーノス*を長とした。森、山、田園に住み、酒に酔いニンフ*たちのあとを追って色恋沙汰を起こした。また音楽と踊りに秀でていた。彼らは好色で無作法、悪ふざけが好きなことで知られていた。人間に対してどんな態度をとるかは予測できず、人間に危害を加えることもあった。ギリシア悲劇の上演後に、彼らが登場する滑稽でしばしば嘲笑的な劇が演じられたのが、今日の諷刺劇（サタイヤー）の起源である。
文献20、40、56、88、92、93、114
⇨　カリカンツァリ、フォーン、付録12

座天使
THRONES
⇨　天使

ザドキエル
ZADKIEL, ZADEKIEL
　ユダヤ教とキリスト教の聖典に登場する大天使*の名前。サキエル*、ツァドキエル*とも呼ばれる。彼は慈悲、敬虔、恩寵、正義をもたらす天使*であると言われる。ユダヤの神秘主義的な占星術の暦では、ザドキエルは木星と関連づけられたが、中世キリスト教の占星術では、サキエルの名のもとにやはり同じ木星と関連づけられた。

文献40、53
⇨　付録13

サナ
XANAS
　スペイン北部アストゥリアス地方の民間伝承に登場する自然の精霊*もしくはニンフ*。流れるような長い髪をした美しい娘の姿で現われる。彼女たちはアストゥリアス地方の山中の洞窟に住んでいるが、露の降りた朝には牧草地まで降りてきて遊ぶ。サナは魔法をかけられた人間であると言われることもあり、その魔法を解いてサナを救った者には、褒美として貴石が与えられるとされる。あるいはまたイングランドのピクシー*によく似たサナの話もあり、それによるとサナは夜間に厩舎の馬を乗り回すことが大好きで、翌朝、馬が泡汗をかいていることがよくある。

文献88

サハール
SAKHR
　ユダヤのソロモン王にまつわるイスラムの伝説の一つに登場するジン*、あるいはデーモン*。伝説によれば、ソロモンは魔法の指輪を持っていたが、日々沐浴するときには、毎回違う夫人にその指輪を保管させていた。あるときサハールがソロモンに変装し、夫人の一人をだまして指輪を手に入れた。このため本物のソロモンは権力も王座も奪われ、漁夫の身分に甘んじなければならなかったが、やがて廷臣たちが詐欺に気づき、経典を読んでデーモンを追い払った。サハールは激怒して指輪を海に投げ入れたが、その40日後、ソロモンは指輪を飲み込んだ魚を釣った。こうして正当な支配者が王座に戻った。

文献30
⇨　アシュメダイ、アフリト、カリナ

サバ＝レイッピャ
SABA-LEIPPYA
　ミャンマーのタウントゥ族、タウンヨウ族、サウントゥン・カレン族の信仰に登場する農耕の精霊*たちの名前。ナット*の一種で、水田で見られる蝶の姿で現われる。各水田には一人ずつ精霊がいるとされ、サバ・レイッピャは稲作の守護霊*とみなされている。稲刈りが終わって米を売るとき、人々は米の入った各容器から少量ずつサバ・レイッピャ用に米を取っておき、のちに水田へと返す。新しい土地を耕して田畑を開くときには、必ずサバ・レイッピャに献酒をする。

文献88
⇨　コーン・スピリット、付録10、付録12、付録18

サヒリム
SAHIRIM
⇨　セイリム

ザファール
ZA'FAR
⇨　ジャファル

サブール・アリ
SABUR ALI
　西マレーシアに住むマレー人のイスラム信仰に登場する天使*の名前。サブール・アリとは「風の主」の意。

文献120
⇨　シル・アリ

サマー
SUMMER
　北アメリカ先住民のアルゴンキン族の神話に登場する、光の妖精*たちの女王の名前。

最も有名な伝説によると、グルースカップがサマーをさらい、冬の精の家へと連れて行く。すると結局寒さの精はサマーの暖かさによって溶け、妖精たちがまた現われ、自然が息を吹き返すのである。
文献122
⇨　エルフ、精霊

サマエル
SAMAEL, SAMMAEL
　ユダヤ教とキリスト教の初期の聖典に登場する大天使*の一人の名前。サマエルは天使*の長であり、ときに「死の天使」の名で呼ばれる。初期ユダヤ教の占星術の暦では、サマエルは火星をつかさどる天使とされたが、これは中世キリスト教の占星術でも同様である。三世紀以後の教義では、サマエルは堕天使の一人とされ、デーモン*あるいは悪魔*とみなされた。彼がリリス*と情交した結果、ジン*が生み出されたと言われる。
文献53、93、114
⇨　堕天使、付録7、付録13

サムグバ
SAMHGHUBHA
⇨　メロー

サムハナック
SAMHANACH
　スコットランドの民間伝承に登場する精霊*の名前。ゴブリン*、あるいはボーギー*の一種で、ケルト民族の祭りであるサウィン祭（ハロウィーン祭と同じ、10月31日）の日に最も活躍する。その名はサウィン祭に由来する。
文献125

サムヒギン・ア・ドゥール
LLAMHIGYN Y DWR
　「水を跳ね渡るもの」という意味で、ウェールズの民間伝承に登場する恐ろしい水棲デーモン*。脚の代わりに尾と羽の生えたヒキガエルの姿で現われる。淡水魚の守護霊

であるが、他の生き物に対しては意地悪な精霊*で、魚であふれる川や、羊が放牧されている川岸に出没した。金切り声を上げて漁師の釣り竿をへし折るのが趣味で、襲われた漁師は川に落ちて命を奪われる。魚釣りをしている人間が一人もいないときは川岸にいる羊の気を引き、水中に引きずり込んでむさぼり食う。
文献17、59
⇨　アダンク、河童、ブソ、ペグ・パウラー、緑の牙のジェニー、リワ、付録12、付録25

サラウア
SARAUA
　ベネズエラの原住民の民間伝承では、サラウアとは森の悪霊あるいはデーモン*の総称である。
文献110
⇨　ガマイニャス、精霊、付録19

サラ・ママ
SARA-MAMA
　古代ペルーのチムー族が信仰していたコーン・スピリット*。サラ・ママとは「トウモロコシの母」の意で、特大あるいは変形したトウモロコシの穂軸の中に宿ると言われた。それらは集められて、トウモロコシの茎で作った特製の貯蔵箱に儀式にのっとり入れられた。こうして貯蔵箱に入れられたサラ・ママは、収穫祭で崇められ、讃えられた。その後精霊*は次の収穫時までこの貯蔵箱の中に宿り、豊作が続くことを約束した。発掘された古代の壺に人間の顔を持つトウモロコシが描かれていたら、それはサラ・ママの像である可能性が高い。
文献88
⇨　カリャッハ、コルンムッター、付録15

サラマンダー
SALAMANDER
　錬金術師パラケルスス（1493〜1541年）が定義した四大精霊*のうちの一つ。パラケルススは世界を構成する四元素にそれぞれ精霊

をあてた。サラマンダーは火の精で、細く赤く、皮膚は乾き、気難しく怒りに満ちた性分として描写される。オカルト主義者エリファス・レヴィによれば、サラマンダーの皇帝の名はジン*である。
文献40、98、107、136

ザランブール
ZALAMBUR

　イスラムの信仰やアラブの民間伝承に登場するジン*あるいはデーモン*の名前。ザランブールは魔王イブリース*の子孫の一人と言われている。彼は貿易商人をそそのかして不正直な取引をさせる邪悪な精霊*である。
文献41、53、88、93

サリエル
SARIEL
⇨　大天使

ザリチェ
ZAIRI, ZAIRISHA
⇨　タルウィ

サル
SAL

　韓国の民間信仰に登場する悪霊の集団の呼称。これらの悪霊は、人間の生涯の変わり目、すなわち誕生、結婚式、61歳の誕生祝、葬式などのときに、その人間の体の中へと入る。これらの機会に、伝統にのっとったしかるべき手続きがとられない場合、その日そこに居合わせた人々の中で「運」の悪い者をサルが「襲う」ことがある。こうして襲われた者には、即座に症状が現われる場合と、のちになって現われる場合とがある。即座に症状が現われる場合、その人間の顔と体は緑と青に変色し、その後重病に陥って、死に至ることもある。のちになって症状が現われるのは子供に多く、長じてから就職や結婚など社会生活を営む上で非常な困難をきたす。
文献79
⇨　精霊、デーモン、付録22

ザール
ZAR

　アビシニア（エチオピアの旧称）の民間信仰に登場するデーモン*の名前。その名は1865年の文献に記されている。ザールはヒョウの性質を持ち、未婚の女性にとりつくと言われる。ザールにとりつかれた若い女性にはひきつけの症状が起こる。ひきつけを起こしている間、女性たちは恐ろしいほど目をむき、身もだえしながら、このデーモンの耳障りなうなり声を発するのである。この症状に対する治療法は、悪魔払いの呪文を唱えるか、あるいは犠牲者を鞭打つかして、デーモンを追い払うことだと言われた。
文献57
⇨　精霊

サルヴァネッリ
SALVANELLI

　イタリアの民間伝承に登場するエルフ*、あるいは森の精。彼らはオークの木肌の割れ目やその他の木々のくぼみに住む。ドワーフのような姿で描かれ、真っ赤なオーバーオールやジャケットを着ているとされるが、それらは擦り切れて着古したもののように見える。イングランドのピクシー*によく似た振舞いをし、厩舎の馬を夜通し乗り回して泡汗をかかせるのが大好きである。また、自分たちのためにミルクが置かれていないと、ミルクを盗む癖がある。
文献44
⇨　インプ、オークの樹の精、精霊、付録19

ザルグフロイライン
SALGFRÄULEIN

　オーストリアのチロル地方の民間伝承に登場する木の妻*あるいはコケの女たち*の一種。木の精で、時々古いカラマツの木の下に座っている姿が見られる。通常白づくめの服を着た乙女の姿をとり、森の中で優しい歌声を響かせているのが聞こえることもある。
文献110
⇨　コケの人々、精霊、付録19

サルマキス
SALMACIS, SALMACHIS, SALMAKIS
　古代ギリシア・ローマ神話に登場するニンフ*で、泉の守護霊*。彼女はヘルメスの息子ヘルマプロディートスを熱愛するあまり、彼と一体になって両性具有の存在となった。
文献29、102、130
⇨　付録11、付録25

サンヴィ
SANVI
⇨　リリス

サング・ガディン
SANG GADIN
⇨　サング・ガラ・ラジャ

サング・ガラ・ラジャ
SANG GALA RAJA
　西マレーシアに住むマレー人の信仰に登場するジン*の王の名前。サラジャ・ジンとも言われ、赤い胸に黒い頭をし、牙のような巨大な歯を持つ人間の姿で描写される。妻のサング・ガディンとともに地底の奥深くに住む。彼らの子孫は193の邪悪なジンで、それらは生き物の中に潜み、様々なバーディ（いたずら）をする。その中でも主なジンは次の七人である。サラクン・ダラー（「血の海の者」の意）、サハリリンタル（「雷光の者」の意）、サルクプ・ラング・ブミ（「世界を覆う者」の意）、サゲルタク・ラング・ブミ（「世界を突き刺す者」の意）、サグンチャング・ラング・ブミ（「世界を揺り動かす者」の意）、サトゥンボク・ラング・ブミ（「世界を打つ者」の意）、サゲンパル・アラム（「世界を震え上がらせる者」の意）。これらのジンはみな、丘陵地や深いジャングルのくぼ地、あるいは樹木に寄生している植物の中など、荒涼として人気のないよどんだ場所に住む。彼らはさらに「信心深い」か（ジン・アスラムと呼ばれる）、「信心深くない」か（ジン・カフィルと呼ばれる）によっても分けられる。ジン・アフリト別名ジン・ラフィトは、ヨーロッパ人の創造とされる。他には国家財産を守るジンもいて、王国の楽器を守るジン（ジン・ネムフィリあるいはレンピリ、ゲンダング、そしてナウバト）、王国の兵器を守るジン（ジン・センブアナ）らがいる。彼らは国家をつかさどるジン・カラジャーンと関わりを持つ。いかなる地位に就いていようと、彼らは皆人間に危害を及ぼそうと決意しており、なだめられる必要がある。
文献120
⇨　アフリト、守護霊、デーモン

サンクチンニ
SANKCHINNIS
　インドのヒンドゥー教の信仰に登場する、樹木に宿る精霊*。美しい女性の姿で描写され、真夜中にちらちら光る白い姿で木の下に立っているところが見受けられる。ギリシア神話の木の精ハマドリュアデス*とは違って、サンクチンニは人間に対して好意的ではない。伝説によると、バラモンの妻がサンクチンニに襲われ、木の幹のくぼみの中に葬られた。
文献110
⇨　コン＝ティン、付録19

サンサヴィ
SANSAVI
⇨　リリス

サンタクロース
SANTA CLAUS
　英米の子供たちにとって、クリスマスに贈り物をくれる精霊*の名前である。通常イギリスではファーザー・クリスマス*、ヨーロッパおよびアメリカではサンタクロースと呼ばれる。この子供向けの親切で気前のいい精霊は、監督教会派の聖ニコラス（326年没）が変容したもので、その外観も同じく変容を遂げ、古代の北欧・ゲルマン人の神オーディンを彷彿とさせる、太った陽気な冬の精となった。もはや地味な法衣ではなく、北極向きの白いふさふさした毛皮の飾りが付いた明るい赤色の服を着ている。サンタクロースは

北極のダイアモンドのつららの下がった洞窟の中で、豪華な品々に囲まれて暮らしている。ここで彼は年間を通してエルフ*たちに手伝ってもらい、クリスマスイヴ（12月24日）になると、超自然のトナカイに魔法のソリを引かせて冬の夜空を旅する。子供向けの伝説では、このトナカイにもそれぞれ名前がついている。イギリスの家庭では、伝統的なクリスマス料理であるミンスパイとグラス一杯の酒をサンタクロースに振舞って機嫌をとる。一方、アメリカの家庭では、子供たちがサンタクロースのためにミルクとクッキーを置いておく。これは彼が煙突を通って家に入ってくるので、その下の暖炉の近くに置かれる。また、サンタクロースの助手のピクシー*たちが、プレゼントがもらえる良い子の名前と、何ももらえない悪い子の名前を集めるのだと子供たちは聞かされるので、サンタクロースは子供部屋のボーギー*でもある。

1852年12月24日付けの、こんな楽しい記事がある。インディアーナ州のある地域町名決定委員会が、子供たちの影響を受けた話である。地域の町名を決めるにあたって、委員会で討論がなされていた最中に、サンタクロースが来るのを心待ちにしていた子供たちが、喜々としてサンタクロースの名前を呼びながら興奮して入ってきた。それで町民も委員会も、新しい町名としてその精霊の名前を採用したのである。以後この町にはクリスマスの時期になると、子供たちからの手紙が殺到するようになった。幸いにもサンタクロースの助手が大勢いて、子供たちはみな返事をもらうことができる。

文献56、75、119
⇨ シンター・クラース、スワルト・ピート、ブツェンベルヒト、ベファナ、ベルヒタ、付録22

サンダー・ボーイズ（雷息子たち）
THUNDER BOYS
　北アメリカ先住民のチェロキー族の伝説では、サンダー・ボーイズはカナティとセル*の間にできた息子たちである。彼らは雷と稲光の化身で、嵐に関係深い。彼らのすみかは空か岩の割れ目で、そこから出てきてボール遊びをすると、雷を伴った嵐が起こる。サンダー・ボーイズはショーニー族の伝説にも登場するが、こちらの精霊*たちは話す時の語順が逆で、山を動かす力を持つ一方で、ごく簡単な仕事をするのに困惑したりする。

文献88
⇨ ヘング、付録26

サンダルフォン
SANDALPHON
　ヘブライの伝説に登場する天使の名前。天の王国に住む三人の天使*のうちの一人で、人間の祈りを受けとめ、その祈りを王冠に編み込んで神の頭にかぶせる。

文献114
⇨ 付録1、付録13

サント
SANTO
　アフリカ系ブラジル人のカルト、バトゥーキに登場するエンカンタード*の別称。サントとは聖人あるいは聖霊を意味することから、エンカンタードがローマ・カトリック教会の聖人たちと関連するという主張がなされている。

文献89
⇨ 精霊

サンド・ヤン・イ・タド
SAND YAN Y TAD
　フランス北西部ブルターニュ地方の民間伝承に登場する二人の夜の精霊*の名前。「サンド・ヤン・イ・タド」とはブルターニュ語で「聖ジョンと父なる神」の意味。彼らはエルフ*の一種で、夜間指先にロウソクをつけて一緒に踊るとされる。彼らはそれぞれ勝手にぐるぐる回るので、ロウソクの明かりもぐるぐる回って紛らわしい。したがって暗闇で彼らに出くわした人間は皆、惑わされて道に迷ってしまう。

文献10

⇨ ウィル・オ・ザ・ウィスプ、付録24

ザンミヒラオス
SAMMICHLAUS
⇨ クネヒト・ルプレヒト

サンムン
SANGMUN
　韓国の民間信仰に登場する悪霊。彼らは死が起こったところ、すなわち死体が横たわっているところや葬式が行なわれているところにあまねく存在する。彼らは、自宅に入る前に「死の汚れ」を洗い清めるのを怠ったり、あるいは家庭の守り神に供え物をしないなど、正しい手順に従わない人間にとりつく。怒った守り神が家庭の保護を取りやめたすきに、解き放たれた死の悪霊が大暴れして、その家庭に口論、酩酊、不運、病気、ひきつけ、場合によっては死さえもたらす。サンムンにとりつかれて家族の者に不自然な言動が見られる時には、すぐに万神（巫女）を呼んで悪霊を追い出してもらう必要がある。

文献79
⇨ 精霊、付録16

［シ］

シー
SÍDHE, SIDHE, SHEE
　アイルランドの民間伝承に登場する妖精＊たちの名称として使われることがもっとも多い。この名前は、妖精たちが住むと言われる古代の土塚や丘を指す言葉「シー（sidh）」に由来する。この妖精たちは、イーズ・シー（「土塚の人々」の意）としても知られ、Si、Sidh、Sith とも綴られる。このアイルランドの小さな精霊たち＊は、ときにシーオーグとも言われ、アイルランド神話に出てくるデ・ダナーン神族＊の末裔である。伝説によると、シーたちはミレシア人に敗れたあと、リーダーのダグダ＊に従って古代の丘の砦や土塚へと入った。彼らはアイルランドに群れをなして暮らす妖精たちで、妖精王フィンヴァラ＊

と王妃ウーナ＊への忠誠の義務を負いながらも、各地方で自分たちの王と王妃を擁立している。

文献17、41、88、125
⇨ 付録6

ジヴィザ
DZIWITZA
　ポーランドの民間伝承では、この森の精霊＊は、ジルバ（槍）を持ち、猟犬の群れを従えて狩をする、若く美しい女性として現われる。真昼や月夜に突然、姿を現わし、森に一人でいる人間を震え上がらせるが、被害にあった記録は残っていない。

文献110
⇨ 付録19

シェイタン
SHEITAN
⇨ シャイタン（2）

シェイムフル・アワー
SHAMEFUL HOUR, THE
　精霊＊の名前らしくないが、これは現代ギリシアの民間伝承で、ある種の悪霊に与えられた名前である。シェイムフル・アワーはテラ島で使われる名前で、ギリシア本土ではバッド・アワー＊と呼ばれる。

文献12

シェウリ
SHEWRI
　ウェールズの民間伝承に登場する、道路に出没する女の妖精＊。老女の姿をとってグウェント州の丘陵地の道路に現われるが、そのあたりの道に不案内な旅人にしか見えない。シェウリが旅人に大声で声をかけて手招きすると、旅人は自分を助けてくれるのだと思い、不審に思うことなく喜んでシェウリについて行く。このすばしこい妖精のあとを追って、長時間難儀して丘陵地中を旅したあげく、その不運な旅人は最初にシェウリを見た場所とまったく同じ場所に戻っていることに気づく

のである。
文献28
⇨　付録24

ジェクシュク
JEKŠUK
⇨　アラプテシュ

ジェジ＝ババ
JEZI-BABA
⇨　ババ・ヤガ

ジェタイタ
JETAITA
　ティエラ・デル・フエゴ諸島のヤマナ族が信じている、恐ろしい地の精霊*。
文献93

シェッカソー
SHEKKASOH
　ミャンマーの民間伝承に登場する木の精あるいはナット*。彼らは樹木の幹に宿る点で、ギリシア神話のハマドリュアデス*によく似ている。
文献110
⇨　アカカソー、ブーマソー、フミン、付録19

ジェデ
GÉDE
　ハイチのヴードゥー教で信じられている、ひどいトリックスター*で、人を騙したり、死をもたらしたり、性的な行為をしかけたりする。憑依された帰依者は、ラム酒を飲んで辛いチリをたいへん食べる。ジェデのいたずらから逃れるために、遠まわしに機嫌を取る呼び名がジェデ・ロラージュであり、嵐の精霊*という意味である。
文献67
⇨　アナンシ、エシュ、コヨーテ、バシャジャウン、バマパマ、ブルー・ジェイ、マナボゾ、ミンク

シェーディーム
SHEDEEM
⇨　マジキーン

シェディム（１）
SHÉDÎM, ŠEDIM
　旧約聖書の申命記（32：17）と詩篇（106：36）に述べられている悪魔*あるいはデーモン*の名前。ゴブリン*として言及されており、人間にとって危険な存在であると考えられ、しばしば呪術と関連づけられた。
文献93

シェディム（２）
SHEDDIM
⇨　アスモデウス

シェデュ
ŠEDU
⇨　ラマ

ジェデ・ロラージュ
GÉDE L'ORAGE
⇨　ジェデ

シェドラ・クバとシェドラ・クグザ
ŠEDRA KUBA AND ŠEDRA KUGUZA
　旧ソビエト連邦のマリ人（チェレミス人）の民間信仰に登場する、天然痘をもたらす精霊*。人間の姿をとり、田舎をさまよい歩いて病気を広めると言われる。シェドラ・クバとシェドラ・クグザはそれぞれ「天然痘の老女」と「天然痘の老人」の意で、両者とも手にかごを持ち、老人はえんどう豆、妻である老女は大麻のタネをかごの中に入れている。彼らが上流へと歩くと疫病が大流行し、下流へ歩くと疫病の発生は少なくて済む。同様に、もしも子供がクグザからえんどう豆を受け取ると、その子供は重い天然痘にかかり、顔や体にひどいあばたが残るが、もしもクバから大麻のタネを受け取ると、その子の症状は軽くて済む。天然痘にかかった子供の親は、子供を奪われたり、子供にあばたが残ったりし

ないように、ブリニというパンケーキと穀物粥を供えて精霊たちをなだめる。供え物が減っている場合は、それを精霊たちが受け取って、子供の無事を約束したというしるしである。

文献118
⇨　アラルディ、クグザ、クバ、コン＝マ＝ダウ、ドウ・シェン（痘神）、ミンセスクロ、付録17、付録22

シェートロール
SJÖTROLL
⇨　トロール

ジェマラン
JEMALANG
西マレーシアのマレー人の信仰に登場する大地のジン*。ジェンバランとも呼ばれる。

文献120
⇨　精霊、マアヒセット

シェミハザ
SEMJÂZÂ
⇨　シャムヤザ

シェーラ
SJÖRA
スウェーデンの民間伝承に登場する水の精の名前。スモーランド地方のヘルガ湖に住むとされる。

文献99
⇨　付録25

ジェラーミール
JERAHMEEL
⇨　大天使

シェリーコート
SHELLYCOAT
スコットランドの民間伝承に登場するボーグル*あるいは水棲デーモン*の名前で、スペリーコートとしても知られる。この妖精は動物のような姿をとって現われるが、貝殻のついた水草を体に巻きつけているので、動くたびにガチャガチャと音を立てた。その音から人々はこの妖精がいると見破れるはずだが、それでもやはり住民も旅人もしばしばこの妖精にだまされたり、道に迷わされたりした。シェリーコートはリース港の巨岩に住み、ゴレンベリーの大城館をしばしば訪れた。しかしシェリーコートのいたずらの中で最も有名な話は、おそらくウォルター・スコットの『スコットランド南部境界地方の吟遊詩歌集（*Minstrelsy of the Scotish Border*）』（1802年）に記述されているものだろう。その話によれば、二人の男が闇夜を旅していると、エトリック川の土手の方から「道に迷った！道に迷った！」という叫び声が聞こえた。誰かが溺れているのではと思い、二人はその声を追って、驚いて川の上流の方へと行った。けっきょくその声は山の向こう側から聞こえてくるように思え、疲れ果てて髪も身なりも乱れた二人があきらめたとき、シェリーコートが目の前に現われ、大声で笑いながらまたどこかへ消えてしまった。

文献17、18、28、123、133
⇨　ヘドリーの牛っ子、付録24、付録25

ジェル・オザ
JER OZA
旧ソビエト連邦のマリ人（チェレミス人）の民間信仰に登場するオブダ*。「湖の主人」という名前の通り、湖に住む。すみかは森の中のような人気のない水域である。邪悪な精霊*で、不注意な男がいたらその名前を呼んで水中に誘い込み、溺れさせる。だが、女性には決して害を与えない。

文献118
⇨　付録25

ジェル・クバとジェル・クグザ
JER KUBA AND JER KUGUZA
旧ソビエト連邦のマリ人（チェレミス人）の民間信仰に登場する強力な湖の精霊*ジュル・ボデジュの女性形と男性形。ジェル・クバは「湖の老女」、ジェル・クグザは「湖の

老人」という意味。湖のそばにいる牝牛と牡牛の姿になることがある。正しくなだめれば、大漁をもたらしてくれるが、汚れた髪や衣服を湖で洗ったりすれば、精霊に報復される。この精霊を怒らせた人間は、病気にかかるか、湖の魚がだんだんと減っていく不幸に見舞われる。もっと大きな被害としては、家や町が洪水に襲われたり、湖が干上がったりする。
文献118
⇨ クバ、クグザ、付録25

ジェルシュク
JERŠUK
　旧ソビエト連邦のマリ人(チェレミス人)の民間信仰に登場する風のデーモン*。夜に森で休んでいる旅人や狩人の焚き火に風を吹き付け、火花や燃えさしを撒き散らして悪戯する。休息場所の入り口にナナカマドの枝を置いておけば、この危険な悪戯から逃れることができる。
文献118
⇨ 付録26

シェルト・テルカン
ŠERT TERKAN
　旧ソビエト連邦のマリ人(チェレミス人)の民間信仰に登場するケレメト*(悪霊)の名前。
文献118
⇨ 精霊

シェルト・ボデズ
ŠERT BODƏZ
　旧ソビエト連邦のマリ人(チェレミス人)の民間伝承に登場する悪霊またはケレメト*。シェルト・ボデズとは「悪魔*の精霊*」の意味で、その邪悪さは人々を恐れおののかせた。ひどい災難に見舞われた時には、人々はこの精霊に雄羊を生贄として捧げてなだめ、呪いを解いてもらおうとした。
文献118
⇨ 付録9

ジェル・ボデジュ
JER BODƏŽ
　旧ソビエト連邦のマリ人(チェレミス人)の民間信仰に登場する、姿の見えない湖の精霊*。漁師がパンやウォッカを捧げて、大漁を祈願する。
文献118
⇨ 付録25

ジェワ=ジェワ
JEWA-JEWA
　西マレーシアのマレー人が信じている、斡旋役の精霊*。天使*と同じく、天での任務は人間のために創造者との間を取り次ぐことである。
文献87

シエン
THIEN
　ミャンマーの民間信仰に登場するナット*。彼らは雨の精霊*で、星に宿る。シエンが星から出てきて模擬戦争をすると雨が降ると言われている。また、雷雨は彼らが武器をガチャガチャぶつかり合わせた時の音や閃光だと言われる。土地が干上がると、ミャンマーの人々は村で綱引き競争を行ない、シエンたちを刺激して待望の雨を降らせようとした。
文献88
⇨ 付録10、付録26

シエン (仙)
XIAN せん
　中国の民間伝承、伝説、民話に登場する精霊*、ジン*および不死の人を指す一般的な呼称。姿を消したり、どんな姿にも変身できる。普通は好意的であるが、ときに家族の一員にも化け、不注意な人間を混乱させる。
文献87
⇨ グイ (鬼)、デーモン、守り神、妖精

シェン (神)
SHEN しん
　中国の信仰や神話で善の精霊*を意味する

言葉。本来は地上に存在するあらゆる形態の超自然存在を意味し、地下に棲む悪の精霊グイ*（鬼）に対立するものとされていた。のちに人間の霊魂や生命の本質も含んで「シェン」と呼ぶようになり、やがて他の精霊、とりわけ守護霊*も含むようになった。シェン・シエン*（神仙）とは、ある任務を負って人間の姿をとったのち、不死の存在に戻った精霊の名前である。
文献39、111、131
⇨　ダイモーン、天使

ジェン
DGEN
⇨　ジン

シェン・シエン（神仙）
SHEN XIAN しんせん
　中国の民間伝承に登場するごく小さい妖精*たち。長いあごひげを生やした老人の姿をとることもあれば、美しい若い女の姿をとることもある。彼らは丘陵地や森の中に住み、月明かりの夜に林間の空き地に寄り集まるのが好きである。彼らが人間とうまく折り合っているらしい点は、ヨーロッパの妖精たちとよく似ている。
文献110
⇨　精霊、シェン（神）

ジェントリー
GENTRY, THE
⇨　妖精

ジェンバラン
JEMBALANG
⇨　ジェマラン

塩女（しおおんな）
SALT WOMAN
　北アメリカ先住民のコチティ・プエブロ族、イスレタ・プエブロ族、シーア・プエブロ族、ズニ・プエブロ族が信仰する重要な精霊*。「塩の老女」あるいは「塩の母」としても知られているが、タオスに住むホピ族の間では「塩男」である。正しく準備してきた者のみが、秋の儀式でこの精霊を呼び出すことが許される。彼女はとりわけコーン・マザー*と関係が深い。
文献45、87、88
⇨　オール・マン、グランドマザー・ファイア、クレイ・マザー、指導霊

シーオーグ
SHEE HOGUE, SHEEHOGUE
⇨　シー

シオド・ブラッド
SÍOD BRAD
⇨　コルパン・シーデ

シオ・フミス
SIO HUMIS
　北アメリカ先住民のホピ族の信仰や伝説に登場する重要な精霊*。シオ・フミスは善をなす雨の精霊である。
文献25
⇨　付録26

シクサ
SICKSA
　スラヴ人の民間伝承に登場する妖精*。自在に変身できる森の精で、旅人や森で生計を立てている人に悪戯をすることでよく知られている。
文献102
⇨　スプライト、精霊、付録19、付録24

シークサ
SEIKTHA
　ミャンマーの民間信仰に登場する悪霊。悪意に満ちたデーモン*で、樹木に宿る。
文献53
⇨　精霊、付録19

シグルーン
SIGRUN
　北欧ゲルマン神話に登場するヴァルキュリア*（戦闘の乙女）の一人の名前。この精霊はスヴァーヴァ*やブリュンヒルド*と同様、超自然存在と人間との間に生まれ、とりわけ人間にひきつけられ、戦場で人間に助力した。しかし彼女らが人間と結婚すると、ヴァルキュリアとしての能力は失われた。
文献95

醜女
SHIKO-ME
⇨ 日狭女

シシ
SISI
⇨ ファインガー

シシーモラ
SHISHIMORA
⇨ ドミーカ

シショク
SHYSHOK
　ロシアの古都ウラジーミル近隣の民間伝承に登場する、ドワーフ*に似た超自然存在の名前。
文献46

シック
SHIQQ
　イスラム教以前のイエメンの神話に登場するジン*の一種。人間の体を縦半分に割った姿で現れた。この悪霊は人間とつがいになってナシャ*を生み出した。
文献41
⇨ カキー・タペレレ、ドドレ、パイジャ、ビーアスト・ヴェラッハ、ヒンキー＝パンク、ファハン

シッタ
SHITTA
　ミャンマーのカチン族が信仰するナット*の一人。月のデーモン*だが、他のナットとは違い、善をなすとされる。
文献87
⇨ チヌン・ウェイ・シュン、付録10、付録13

シディ・ハモウ
SIDI HAMOU
　モロッコの民間伝承に登場する強力なジン*の長の名前。
文献90

シディ・ミモウム・エル・ジンナオウイ
SIDI MIMOUM EL DJINNAOUI
　「神の賓客」を意味するこの名前は、モロッコの民間伝承に登場する強力なジン*の王の婉曲的な呼び名。このように慎重を期してジンの名を呼ぶのは、万が一本人に聞かれても怒らせないようにするためである。
文献90

シディ・モウサ・エル・バハリ
SIDI MOUSA EL BAHARI
　「水夫」を意味するこの名前は、モロッコの民間伝承に登場する強力なジン*の首領の婉曲的な呼び名。このように慎重を期してジンの名を呼ぶのは、精霊*を呼び出してしまうのを避けるためである。この精霊は本来は海に関係していた可能性がある。
文献90

熾天使
SERAPHIM, SERAPH
　ユダヤ教とキリスト教の聖書に登場する、天使の*九階級中最上級の天使の名前。ヘブライ語で「サラフ」はもとは「燃える」を意味し、やがて「蛇」を意味するようになった（おそらく蛇に噛まれた結果の熱さに関連している）が、熾天使たちの熱狂的なまでの敬虔さにも関連しているかもしれない。イザヤ

熾天使

書によれば、熾天使は玉座の近くでつねに神を誉め称えている従者である。彼らのうち何名かはルシファー*が起こした反乱に加担し、堕天使*として天国から追放された。聖典の中で熾天使は三対の翼を持つ人間の姿で描かれる。ロマネスク絵画やルネサンス絵画では、熾天使はたいてい首か肩の後ろから短い翼を生やした子供の姿で描かれている。
文献39、40、93、114、119
⇨ 悪魔、従者の精霊、付録1、付録7、付録13

指導霊
TUTELARY SPIRIT
　個人や家族など何らかの人間の集団に対し、彼あるいは彼らを守り、導き、助け、教える天使*たちである。守護霊*が個人を邪道に入らせないのに対し、指導霊は真実の道を示すために人間の非行を諭すことさえある。本書に記載されているさまざまな文化における指導霊には、次のようなものがある。アグルーリク*、アラク*、オール・マン*、金嘉*、クレイ・マザー*、コーン・マザー*、ゾア*、ナグワル*、ハールートとマールート*、フィルギア*、レイブ・オルマイ*。
文献39、107
⇨　付録22

シトコンスキー
SITKONSKY
　北アメリカ先住民のアシニボイン族の信仰と伝説に登場するトリックスター*の名前。
文献88
⇨　精霊

シドナ・ジェブリル
SIDNA DJEBRIL
⇨　ガブリエル

ジーニー
GENIE
⇨　ジン

シニョーラ・アナ
SENHORA ANA
⇨　プレートス・ヴェーリュス

シニョール／シニョーレス
SENHOR（男性形）, SENHORES（女性形）
　アフリカ系ブラジル人のカルト、バトゥーキに登場する高位のエンカンタード*に与えられる呼称。バトゥーキの儀式で迎え入れる主な精霊*に対してもっとも頻繁に使われる敬称だが、「ブランコ」や「オリシャ*」といった呼称と互換性を持つこともある。「一族の長」たる精霊の多くがこうした敬称で呼びかけられるが、その他にも特権的に敬称を使われる精霊たちがおり、それらは以下の者たちである。
男性：アコッシ・サパタ*、ウルバタン・ジェズス、シャンゴ*、ジョゼ・トゥピナンバ、ドン・ルイス、ヘイ・ソロモン、ヘイ・タクルミ、ヘイ・ディ・ナゴ、ヘイ・トイ・アデウサ、ヘイ・ノエ、ベン・ボス・ダ・カナ・ヴェルデイ。
女性：イマンジャ*、オクシュン、ジャイミナ、ナン・ブロコ、ハイーニャ・バルバ*、プリンセザ・シーニャ・ベ。
文献89

シーフラ
SHEFRO, SIOFRA
　アイルランド南部の民間伝承に登場する群

れをなす妖精*の名前。クロフトン・クローカーの『アイルランド南部の妖精伝説と伝承（*Fairy Legends of the South of Ireland*）』によれば、シーフラはジキタリスの花に似た帽子をかぶった小さな妖精である。丘や森に住む多くの妖精と同じように、シーフラもさまざまに姿を変える。シーフラの女王は人間に悪戯をすることでよく知られている。
文献17
⇨ デ・ダナーン神族、付録6

ジブライル
JIBRA'IL
⇨ ジャブライル

シブリーチ
SIBHREACH
　スコットランドの民間伝承では、取り換え子*のことをスコットランド高地のゲール語で「シブリーチ」と言った。
文献80

シホ・イ・サロ
SIHO I SALO
　ソロモン諸島の伝承に登場する空のデーモン*の名前。彼は少々間の抜けたデーモンとして描かれ、人間の姿をしているが、耳がとても大きいので、一方の耳で体全体を包み、もう片方の耳の上に横たわることができる。ある日彼は嵐の中から姿を現わすと、すぐさま漁師たちが陸揚げしたばかりの漁獲物をむさぼり食べてしまった。しかしそれでもまだお腹をすかせていると、漁師たちが彼にもっと魚を捕るから待っていろと言う。間抜けなデーモンを待たせておいて、漁師たちは隣人たちのところへ行き警戒を呼びかけていた。デーモンは漁師たちがあばら屋にいるのを見つけると、またすぐさまそこにあった食糧を全部食べてしまった。隣人たちの中に魔術師が一人おり、この食い意地は張っているが憎めないデーモンに魔法をかけた。以後シホ・イ・サロは、漁師たちの漁獲物をもらったお返しに、野菜畑を見張って他の精霊*たちか

ら守るようになった。
文献29

シャアルマルーシュ
CHAARMAROUCH
　モロッコの民間信仰と伝説に登場するジン*の王の一人。グーンドフィ山地山腹の洞穴に住むと言われる。目撃されることはなく、意地悪な性質だと考えられている。彼の存在は敬遠すべきものだが、人間の侵入者への目くらましのために投げられる石つぶての雨で認識されることがある。
文献90

シャイ
SHAI
　古代エジプト人の信仰に登場する個人の守護霊*。シャイは人間の一生を定める運命の精霊*で、人間の運不運、財産、寿命までも決定する。グリン*と同様、シャイも人間一人につき一人ずつ、人間の出生時にその守護霊となるが、その死後についても責任を負い、天における場所を確保するために人間を弁護する。この点で、シャイはいわば死者を裁く冥界の王オシリスの法廷における霊魂の弁護士である。審判が下されると、シャイは人間の霊魂に付き添ってその最終目的地まで一緒に行く。
文献119
⇨ ダイモーン、付録16、付録23

シャイタン（1）
ŠAJTAN
　旧ソビエト連邦のマリ人（チェレミス人）の民間信仰に登場する悪魔*、あるいはデーモン*の名前。神が天使を作ったのに対抗して、雷神が火打ち石を打って火花を出した結果、この悪魔たちができたのだと言われる。彼らは行く先々で、人間たちのみならず神々にも不幸と不和をもたらした。あまりにも悪戯が過ぎるので、雷神が彼らの跡を追っているが、彼らは少年少女の姿をとって人間の中に紛れ込んでいる。したがって人々はデーモ

ン除けに、しばしば鉄のかけらを身に付けている。折にふれて、シャイタンを村から追い払うために、悪魔払いの儀式を行なう必要がある。とりわけオオカミの姿をとっているシャイタンは追い払う必要がある。
文献118

シャイタン（2）
SHAITAN/T
　イスラムの信仰における悪霊の総称で、ジン*の第三種。シェイタン*とも呼ばれる。魔王イブリース*とともに、これらのジンは地獄の無煙の炎から造られた。彼らは姿を変えることができ、官能的な女性、人食い鬼、スプライト*、野生動物など、さまざまな姿で現われる。あるいは肉体を持たずに砂漠の風にのる声になったり、つむじ風そのものになったりする。砂漠、荒野、辻、市場などに潜み、無防備な人間を餌食にする。シャイタンは機会があるごとに人間を欺き罠にかけ、罪を犯させて永遠の責め苦を負わせようとする。シャイタンという名前は、キリスト教徒が使う悪魔の別称「サタン」から派生した語である。
文献41、56
⇨　精霊

ジャヴェルザハルセス
JAVELZAHARSES
　アルメニアの民間伝承に登場する女性の精霊*。名前は永遠の花嫁という意味。無垢な花嫁の化身であり、その姿は人間には見えない。結婚式の準備と参列の化身であり、身づくろい、衣装、祭礼に関わりを持つ。
文献87

ジャウシュ・ケレメト
JAUŠ KEREMET
⇨　ケレメト

シャカク
SHAKAK
　北アメリカ先住民のアコマ族の信仰と伝説に登場する精霊*の名前。彼は冬の精である。
文献25
⇨　付録25

シャクンタラー
ŠAKUNTALA, SHAKUNTALA
　古代インド神話に登場する天女アプサラス*の一人の名前。彼女はドゥシュヤンタ王の恋人で、バラタ王の母親である。『マハーバーラタ』にその物語が語られている。
文献111
⇨　ニンフ

ジャージー・デヴィル
JERSEY DEVIL, THE
　米国ニュージャージー州の民間伝承に登場する悪魔*。リーズ・ポイントに住むとされ、プレザントヴィル、エステルヴィル付近の民間伝承では、リーズ・デヴィルとも言われる。痛みのあまり、出産するくらいなら悪魔の子がいるほうがましと叫んだ女性の言葉から生まれたとされる。夜、波間でマーメイド*とたわむれたり、煙突に座っておしゃべりしたり、あいた窓から覗き込んで家の人を驚かせたりすると報告されている。もとは人間だったとする説も、もとから超自然存在であるとする説もある。
文献87

シャス・デロドゥ
CHASSE D'HÉRODE
　幽霊狩猟*のフランス名の一つ。「ヘロデの狩猟」もしくは「ヘロディアスの狩猟」を意味する。この名前の由来には二つの可能性がある。（1）キリスト教の起源時にバプテスマのヨハネの死とベツレヘムの幼児大虐殺を招いたとされるヘロデ王、またはその妻ヘロディアの名が与えられた。（2）「栄光を持つ者」を意味するフローズソンが、北欧神話の主神で、北欧の幽霊狩猟*を先導するオーディンの別称だった。ノルマン人はフランス北部のノルマンディーに定住したので、二説のうち後者のほうが可能性は高そうである。

フランスの他の地域では、シャス・デ・カイン*、ラ・シャス・ダルテュ、アルメ・フュリューズ*、メニー・エルカン*という名でも知られている。

文献95
⇨　付録16、付録23

シャス・ド・カイン
CHASSE DE CAÏN
⇨　シャス・デロドゥ

ジャスト・ハーヴァー
JUST HALVER
⇨　お相伴妖精

ジャッキー・ランタン
JACKY LANTERN
⇨　ウィル・オ・ザ・ウィスプ

シャック
SHUCK
⇨　ブラック・シャック

ジャック・アップ・ザ・オーチャット
JACK UP THE ORCHUT
英国で幼児に行儀よくさせるため、親が子供部屋のボーギー*に使う怖い精霊*あるいは悪魔*。おそらくチャーンミルク・ペグ*など、熟した実や、その実の果樹の守護霊*に由来する。

文献17
⇨　付録22

シャッグ・フォール
SHAG FOAL
イングランド、リンカンシャーの民間伝承に登場するボーギー*あるいはボギー・ビースト*の名前。タター・フォールと呼ばれることもある。道路に出没する妖精で、変身を得意とするが、普通は炎のような大きな目をした、ぼさぼさした毛むくじゃらの馬またはロバの姿で現われる。人間を追いかけて怖がらせることが多く、実際に危害を加えること

はあまりない。

文献17、133
⇨　黒妖犬、コルト・ピクシー、付録12、付録24

ジャック・フロスト（霜）
JACK FROST
イングランドの民間伝承に登場する、凍える天気の化身である恐ろしい精霊*。真っ白な衣装を着て、衣装からはつららが垂れているとされる。寒い日に外出する者の手足の指を凍えさせ、鼻を熟したサクランボのような色にする。田舎で浮かれ騒ぎ、触ったものにきらめく霜柱を残していく。

文献41
⇨　アチャチラス、エルフ、ジュシュテ・クバ、ファーザー・フロスト、ポクシェム・クバ、モロースコ、付録26

シャック・モンキー
SHUCK-MONKEY
⇨　ブラック・シャック

シャパナン
XAPANAN
⇨　ヘイ・セバスティアン

ジャヒー
JAHI
イランのゾロアスター教で信じられている女性のドゥルグ*。パフラヴィー語（中世ペルシア語）ではジャーやジェーともいう。人間の女性の悪徳、罪、苦しみの化身。うっかりしていて騙されやすい女性をそそのかして、罪を犯させた。

文献87、102

ジャファル
JA'FAR
ジン*の王ザファール*の「息子」である強力なジン。イスラム教の言い伝えに、預言者の孫フセインに仕えたという話が残っている。

文献30

ジャブライル
JABRA'IL

　西マレーシアのイスラム教徒の信仰では、マレー語で天使*ガブリエル*をこう呼ぶ。ラジャ・ブラヒルともいう。アラーが送った天使のような使者とされる。

文献120
⇨　マラーイカ

シャフレーヴァル
ŠAHRĒVAR
⇨　フシャスラ

ジャペテクアラ
JAPETEQUARA

　アフリカ系ブラジル人のカルト、バトゥーキで信じられている、重要なエンカンタード*。アリゲーターという意味。南米先住民の威厳ある首領であり、アリゲーターの強力な精霊*とされる。尊敬を示して、ヴェリョ（年老いた者）、カボクロ・ヴェリョ（年老いたインディアン）とも呼ばれ、地域のシャーマン信仰に由来している。すみかはマラジョ島のアラリの森だとされる。その名前から、ジャペテクアラ「一族」のエンカンタードの称号が生まれた。ここに属するエンカンタードとしては、カボクラ・タルタルガ・ジ・アマゾナス、カボクロ・ペンバ、クルピラ*、クルピラ＝アイララ、クルピラ・シカ・バイアナ、クルピラ・ピリリ、ドナ・ロザリナ*、グウェレイロ、イタパクアラ、イタウアラ、イタクアリ、ジャシタリアなどがいる。

文献89

シャポー・デ・コウロ
CHAPEAU DE COURO
⇨　コンスタンティノ

ジャボル
JABOL

　旧ソビエト連邦のマリ人（チェレミス人）の民間信仰における悪魔*の呼び名の一つ。

文献118

イア

ジャマイーナ
JAMAÍNA

　アフリカ系ブラジル人のカルト、バトゥーキで信じられているエンカンタード*。マーメイド*であり、広い河口の塩水域に住む。同じ仲間のイマンジャ*のように、地域のシャーマン信仰に由来する。

文献89
⇨　精霊、付録25

シャマンティン
SHAMANTIN

　西アフリカのトゥイ族とアシャンティ族の信仰で、ササボンサム*として知られている森の精の妻の名前。スラーマンとしても知られるこの精霊*は、ササボンサムと同様に森の中やパンヤの木の下に住み、無防備な旅人が木の下を通りかかるのを待つ。シャマンティンは人間に対してより好意的で、森の動物や草木について教え諭すために人間を拘留するだけである。

文献41、110
⇨　ディオンビー、フンティン

シャムエル
CHAMUEL
⇨　大天使

ジャムシェナー
JAMŠENER

　旧ソビエト連邦のマリ人（チェレミス人）の民間信仰に登場するケレメト*。エムセナー、ジャムシェニェルともいう。とくに清水の泉に住み、衣服や髪で泉の水を汚した人間を、恐ろしい病気にかからせる。魚やキツツキを捧げれば、病気を取り除いてもらえることがある。

文献118
⇨　精霊、デーモン、付録17、付録25

シャムヤザ
SHEMYAZA
　堕天使*の名前。シェミハザ*としても知られている。本来は地上に降りて人間を導くはずだったのに、アザゼル*に説き伏せられて人間に邪悪な戦争の術を教えてしまった。他の堕天使たちは炎の谷に追放されたが、シャムヤザとアザゼルは、最後の審判の日までその谷に生き埋めにされることを宣告された。シャムヤザは罪を悔い改め、ふたたび天国へ行こうと努める天使*たちの一人である。

文献39、40、41、53、56、87、114
⇨　ハールートとマールート、付録1

ジャランダラ
JALANDHARA
⇨　バリ

ジャリナ
JARINA
　アフリカ系ブラジル人のカルト、バトゥーキで信じられているエンカンタード*。「象牙色のヤシの木」という意味。地域のシャーマン信仰で信じられている木の精霊*に由来するらしい。ヘイ・セバスティアン*の「娘」だと言われる。バトゥーキの儀式では、悪ふざけが好きな大酒のみの精霊として現われる。バトゥーキの言い伝えに、ジャリナが浮かれ騒いだために「父」に幽閉されたが、マリアナ*に助け出されたという話が残っている。

文献89

ジャル
DJALL
　アルバニアの民間伝承に登場する悪魔*の名前。ドレキ*とも呼ばれる。

文献93

ジャルキク
JARČIK
⇨　モチャ・クバ

ジャルジョーギニ
JALJOGINI
　インドのパンジャブ地方の伝承に登場する水の精霊*。悪い女性の悪しきデーモン*。女性と子供に水難を起こすとされる。

文献6
⇨　付録17、付録22、付録25

シャルト
ŠƏRT
⇨　チョルト

ジャルパリ
JALPARI
　インドのパンジャブ地方の信仰に登場する精霊*。女性の悪しき水の霊。人間の男を誘惑し、抱きしめて殺す。子羊の肉や花を捧げてなだめられることもある。

文献87
⇨　付録25

ジャルフター・ボデズ
JALXTER BODƏZ
⇨　ケレメト

ジャル・ユムバク・コシュトシェ・ケレメト
JAL UMBAC KOSTSƏ KEREMET
　旧ソビエト連邦のマリ人(チェレミス人)の民間信仰に登場するデーモン*。名前は「村を通り過ぎるケレメト*」という意味。名前からわかるように、家から家へと悪い影響を及ぼしては、通った後に災難を残して去っていく。

文献118

シャーロット
CHARLOT
　カナダ、ケベック州北部のメキナク湖周辺の森に住むと言われる邪悪な精霊*。遠い昔、森に孤立していた木こりたちと悪魔的な契約を結んだと考えられていた。

文献99

ジャーン
JĀN
⇨　ナット

ジャン
JANN
　イスラム教が広まる以前に、地位が低く力の弱いジン*を呼ぶのに使われた名前。
文献56

シャンゴ
XANGÔ
　アフリカ系ブラジル人のカルト、バトゥーキに登場する精霊*もしくはエンカンタード*の名前。高位の精霊*で、シャンゴ・バデとしても知られる。ブラジルではシャンゴはウンバンダ・カルトで用いられる名前で、バデはミナ・ナゴ・カルトで用いられる名前である。シャンゴの名はダオメー（アフリカ・ベナン共和国の旧称）の雷と稲妻の神に由来し、シャンゴ自身も嵐を起こしたり静めたりすることができると言われている。霊媒が精霊*をテリエロ（祭場）へと「招く」ときに用いる聖石（しばしば先史時代の石の斧頭である）を、シャンゴがもたらすと考えられている。シャンゴは厳しい精霊で、儀式が行なわれている間にもめったに帰依者にとりつかないとされる。シャンゴは聖ヒエロニムスに関連づけられ、9月30日が彼の祝日である。
文献89
⇨　シニョール、ハイーニャ・バルバ

シャン・リュウ（相柳）
XIANG LIU　そうりゅう
　中国の民間信仰や伝説に登場する悪霊もしくは悪魔*の名前。九つの頭を持つ人面蛇身の恐ろしい姿で現われる。湿地が悪臭を放ち、泉の水に病原菌が混じるのは相柳のしわざだとされる。彼は黒龍姿の巨獣「ゴン・ゴン（共工）*」の従者である。
文献93
⇨　付録12、付録25

シュア
SUIRE
⇨　メロー

シュヴァル・バヤール
CHEVAL BAYARD, LE
　フランス、ノルマンディー地方に伝わる水の精霊*。人間もしくは馬の姿で現われる。川、池、沼地の岸辺に住む。馬に乗ろうとする無謀な人間をおびき寄せるが、彼らが背に乗るや否や、精霊は彼らを水や茂みの中に振り落とす。エインセル*に似た物語も残っている。ハンサムな若者の姿をしたスプライト*がある農婦のもとに足しげく通うようになり、それが夫に露見した。嫉妬にかられた夫は台所の火で鉄の棒を熱くし、妻の衣類をつけ、妻の糸車のところに座ってスプライトが来るのを待った。やがて精霊が部屋に入ってくると、愛の言葉とともに「彼女の」名を尋ねた。「私自身よ」と夫は答え、赤く焼けた鉄の棒をスプライトに投げつけた。彼は叫び声をあげ、仲間に助けを求めた。他の精霊は誰にやられたのかと尋ねたが、シュヴァル・バヤールが「私自身がやったんだ」と答えると、彼らは自分で自分を傷つけたのだと彼をたしなめ、散っていった。
文献11
⇨　アッハ・イーシュカ、カーヴァル・ウシュタ、カリカンツァリ、ケルピー、ニュグル、ネッケン、付録25

シュヴォド
SHVOD
　アルメニアの家事の精*の総称。家庭や土地の守護霊*の役割を果たす。二月の末日になると、人々は棒切れなど軽い道具で室内の壁を叩き、住みついているシュヴォドの休息を邪魔する。精霊*たちは冬の間室内の暖かさに慣れてしまうので、無理やり追い出されないと、夏になって野へ出て仕事をしないと信じられている。
文献88
⇨　付録22

従者の精霊
ATTENDANT SPIRIT
　超自然の伴侶ともいうべき従者の精霊*は、守護天使*や使い魔*のように、よい目的のためであれ邪悪な目的のためであれ、奉仕し、導いてくれる。彼らは最高神やきわめて邪悪な存在や他の神々、他の精霊、あるいは人間に随行し、奉仕する。彼らの随行は通常なんらかの義理、約束、あるいは命令によるものと推測される。

文献41、107

ジュウタ
JUUTAS
⇨　ジュオド

ジュウダ
JUUDAS, JUUTAS
⇨　ジュオド

修道士ラッシュ
FRIAR RUSH
　托鉢修道士の姿をしたデーモン*。16世紀イングランドのチャップブック（呼び売り本）には、「牛の尾、偶蹄、鉤爪」を持つと書かれている。おそらく悪魔*に派遣されたものであり、修道士に術をかけて貪欲に堕落した振舞いをさせ、地獄に落とす。裕福な修道院の台所や酒蔵に好んで現われ、悪戯をして修道士に大食いさせたり、無気力にさせたりする。ある物語によれば、聖なる小修道院長がついにこのデーモンの正体をあばき、馬に姿を変えてから、廃墟となった城に追放した。だがラッシュが城から逃げて悪戯を再開したので、ふたたび小修道院長が策略を講じて退治した。14世紀ごろから16世紀にかけて、デンマークやドイツでも同じような物語が伝わっており、ラッシュはブルーダー・ラウシュ*と呼ばれた。始めはデーモンとされたが、後世の物語に登場するラッシュの突飛な悪戯は、ロビン・グッドフェロー*やホブゴブリン*の悪戯と似ている。

文献17、18、41、87、114

⇨　アビー・ラバー、食料室の精、精霊、付録22

ジュオド
JUODS
　ラトヴィアの民間伝承で悪魔*を呼ぶ名前。エストニアの民間伝承ではジュウダ、フィンランドの民間伝承ではジュウタと呼ぶ。名前は黒という意味だが、聖書のユダに由来するらしい。

文献88

シュクシャンダル
ŠÜKŠƏNDAL
　旧ソビエト連邦のマリ人（チェレミス人）の民間信仰に登場する、家につく邪悪な妖精*の名前。長い金髪をした美しく若い女性や、ハンサムな若い男性の姿をとるごく小さい妖精である。夜間の浴場や、人が住む家屋で見られることがある。とはいえこの邪悪な妖精は山から来て、石の下、岩間、石臼の中などをすみかとする。このデーモンは普通家の中に一人で残された子供に危害を加える。また、夜眠っている人の上に飛び乗って腹痛や悪夢をもたらす。愚かにも夜遅くに一人で浴場に行くような人間には、死をもたらすこともある。しかしその一方で、兄弟の結婚式に行けなかった若い男に同情して、姿を隠したままその男を結婚式まで運んでやったシュクシャンダルの話もある。チェレミス人は地元のシュクシャンダルに、他の悪霊を自宅から追い出すよう頼むことがよくある。

文献118

⇨　アルバストル、アスタロッテ、アスモデ、デーモン、家事の精、ナイトメア（夢魔）、精霊、付録22

ジュクゾ
JUČUZO
　旧ソビエト連邦のマリ人（チェレミス人）の民間信仰に登場するケレメト*。

文献118

シュケナン・オンチャマ・ケレメトと シュケ・ケレメト
ŠKENAN ONČƏMƏ KEREMET AND ŠKE KEREMET

旧ソビエト連邦のマリ人（チェレミス人）の多くの家庭で崇敬されているデーモン*あるいはケレメト*の名前。古代ローマの家庭の守護神ラール*やペナーテース*とよく似ている。

文献118
⇨ 付録9、付録22

シュケ・ケレメト
ŠKE KEREMET
⇨ シュケナン・オンチャマ・ケレメト

守護天使
GUARDIAN ANGEL

ローマカトリック教会、ギリシア正教会、ロシア正教会、英国教会の信仰では（正式な教義ではないが）、守護天使は、人間が生まれたときに、全能の神から割り当てられ、最後の審判まで守護する。古代エジプト人は、一人の人間に、三人の守護天使がつくと考えた。古代ギリシア人とローマ人は、守護天使は二人ずつだとした。一人は善いことの守護天使で、もう一人は悪いことの守護天使である。ロシアの民間伝承では、善いベス*と悪いベスがつくとされる。聖書には、二人の守護天使、ミカエル*とラファエル*の名があげられている。ローマカトリック教会では、10月2日を守護天使の祝日として祝う。イスラム教では、一人の人間に四人の守護天使がつき、二人が日中の危険を、あとの二人が夜の危険を追い払う。守護天使はふつう、姿を見せないまま、守護する人間のそばにおり、人間の善行と悪行を記録する。人間が神の助けを求めて敬虔な祈りを捧げたときは、超自然な力を及ぼして助ける。人間にたいする任務は、逆境のときに導きと支援を与え、とくに誘惑をしりぞけさせる。また、来るべき審判の日にそなえて、人間の行動を記録する。

文献52、92、107

⇨ 天使

眠る子供を守る守護天使

守護霊
GUARDIAN SPIRIT

　守護を与える者に助言や警告をして守る指導霊*。ガーディアン*とも呼ばれる。人間が生まれたときに与えられる精霊*と関わりが深い。守護天使*やグリン*、また古代ギリシアとローマの文化のダイモーン*やラール*が守護霊の例といえよう。北アメリカ先住民とオーストラリア先住民にとっては、守護霊を得ることは、成人して共同体の中で認められるための重要なステップだった。彼らの守護霊は、動物の姿で現われることが多かった。ヨーロッパの民間信仰に登場する、ほかの守護霊は、緊急事態にのみ姿を現わし、さまざまな姿となって守護の役目を果たす。犬などの馴染み深い動物の姿になることが多い。守護霊は、そのほとんどが人間を守るものだが、超自然的な守護を必要とする場合には、場所や、崇拝の対象となるものを守る例もある。古代の小山、立石、財宝、幸運を呼ぶ工芸品を、超自然存在が守るという話は世界中の伝説に残っている。

　思いも寄らないときに、守護霊の犬が現われて、人間を助けた話がたくさんある。ある話では、イングランドのサマセットのクォンタク丘で、年老いた農夫が、冷たい霧に包まれた。寒さに震えながら必死で道を探していたとき、突然、飼っている牧羊犬の毛のようなものに手が触れた。犬は農夫に「家はこっち！」といって道を促した。霧中から逃れて家の前に着いたとき、家の中から、愛犬の吠える声が聴こえた。さっと後ろを振り向くと、不自然な大きさの犬の姿をした守護霊が、霧に溶け込もうとしているところが見えた。

文献17、92、107
⇨　ヴリクシャカス、ウルヴァシー、ガンダルヴァ、デーウ、ニンフ、守り神、付録21、付録22

ジュジュ
JUJU

　かつて南ナイジェリアでは、呪物に宿るデーモン*をこの名前で呼んだ。いまは魔法やタブーを表わす一般的な言葉となっている。

文献88
⇨　精霊

ジュシュテ・エルゲとジュシュテ・エルベゼ
JÜŠTƏ ERGE AND JÜŠTƏ ƏRBEZƏ

　旧ソビエト連邦のマリ人（チェレミス人）の民間伝承に登場する、陽気な冬の子供の精霊*。「冷たい少年」、「冷たい子供」という意味。姿は見えないが、凍える夜にボール遊びをして、家のドアや屋根にボールをぶつけている音が聞こえる。風が吹くなか、家にいる子供に、外に出て遊ぼうと呼びかける。日中は、子供たちの指、足指、鼻、頬にとまって、自分を追いかけさせようとするので、この精霊がどこにいるかはすぐにわかる。

文献118
⇨　ジャック・フロスト、ジュジュテ・クバ、付録22

ジュシュテ・クバとジュシュテ・クグザ
JÜŠTƏ KUBA AND JÜŠTƏ KUGUZA

　旧ソビエト連邦のマリ人（チェレミス人）の民間信仰に登場する、凍えるように寒い天気の精霊*の名前の女性形と男性形。ジュシュテ・クバは「冷たい老女」、ジュシュテ・クグザは「冷たい老人」という意味。姿は見えないが、凍えるように寒い夜に、木の塀、家の壁、木にぶつかる音でわかる。人間に外に出てくるよう呼びかけ、外にいる人間をつかまえたら（とくに酔っ払い。酔っ払いの唄には腹を立てる）、雪中をあちこちへ連れまわす。誰も外に出てこないとき、家の中にいる人には、ジュシュテ・クバが悔し紛れに、氷の針で家のドアを縫い合わせる音が聴こえることがある。日中には、外出しなければならない人を、この精霊たちは、鼻をつまんだり、頭を殴ったりしてからかう。ときには殺すこともある。

文献118
⇨　クグザ、クバ、ジュシュテ・エルゲとジュシュテ・エルベゼ、ファーザー・フロス

ト、ポクシェム・クバ、付録 26

ジュシュテ・ムジェ
JÜŠTƏ MUŽƏ

旧ソビエト連邦のマリ人（チェレミス人）の民間伝承に登場する、病気のデーモン*。人間に悪寒を感じさせ、風邪をひかせる。寒さの病気という意味。このデーモンは、ほかにジュシュテ・ムジェ・ユデル*、ジュシュテ・エルゲ*とジュシュテ・エルベゼ*、ジュシュテ・クバ*、ジュシュテ・クグザ*にもなる。

文献118
⇨ クバ、クグザ、精霊、付録17

ジュシュテ・ムジェ・ユデル
JÜŠTƏ MUŽƏ ÜDƏR

旧ソビエト連邦のマリ人（チェレミス人）の民間信仰に登場する病気の精霊*。女性。寒さの病気の娘という意味で、寒さからくる病気を引き起こす。人間の眠るベッドに入り込み、悪寒と高熱を引き起こす。

文献118
⇨ 付録17

シュチャ
ŠUČƏ

天使*の名前。旧ソビエト連邦のマリ人（チェレミス人）の民間信仰で、シュチャとは「天使」を意味する。神が火打ち石を打って火花を出したときに、これらの天使が創られたと言われる。キリスト教の信仰と同様、シュチャも神の従者として、あるいは人間、場所、生物、現象の守護天使*として、さまざまな役割を果たす。人間の守護天使はブユ・シュチャ（「天使長」の意）、あるいはブチャ・ウンバル・シュチャ（「肩の上の天使」の意）として知られる。この「肩の上の天使」という名は、人間の一生を通じて、その右肩に天使、左肩に悪魔が座り、天使はその人の良い行ないをすべて記録し、悪魔はその人に悪い行ないをするようそそのかしてそれを記録する、と信じられていることに由来す

る。そしてその人が死ぬときに、天使と悪魔のうち長いリストを持っている方が、その人の霊魂の行方を主張する。

文献118
⇨ 悪魔、従者の精霊、精霊、ベス、付録1（個人名に関して参照のこと）

シュチュ・プンダシュ
ŠUČ PUNDƏŠ
⇨ チェムブラト

シュティレ・フォルク
STILLE VOLK

ドイツの民間伝承に登場する小さな精霊たち*の別称。彼らが姿を現わすときにはドワーフ*に似た姿をとると言われたが、シュティレ・フォルク（「静かな人たち」の意）はめったに姿を現わさず、人間の目に見えないまま、あるいは隠れたままでいる方が好きだった。彼らは田舎の人たちのために、畑や農場の建物内や牛小屋で働いた。しばしばいたずらや悪ふざけに関与していた。

文献38
⇨ ピクシー

主天使
DOMINATIONS, DOMINIONS
⇨ 天使

シュトヴカ
SHUTOVKA
⇨ ルサールカ

ジュト・ボデジュ
JUT BODƏŽ

旧ソビエト連邦のマリ人（チェレミス人）の民間信仰に登場する精霊*で、守護天使*によく似ている。「夜の精霊」という意味。暗い時間に、人間を守る。家族が眠っている間、デーモン*を寄せ付けないよう、この精霊に願う。

文献118
⇨ 付録21、付録22

シュトラーテリ
STRÄTELLI
⇨　シュトゥルーデリ

シュトルーデリとシュトラーテリ
STRUDELI AND STRÄTELLI
　スイスの民間伝承に登場する二人の悪霊の名前。邪悪な女の森の精で、ルツェルン湖の周囲の森に住むとされる。彼女たちはその地域の果樹を台無しにすることが大好きで、そのために果樹園や森の木々にとりつく。それゆえ、毎年十二日節（1月6日）の夜に、地域の少年たちが松明を持って練り歩く。ゴングを打ち、鈴を鳴らし、角笛を吹いて、できる限り大きな音を立てながら進行し、悪霊を怖がらせて追い払う。
文献48、110
⇨　スプライト、付録19

ジュヌン
JNUN
　モロッコの民間伝承に登場するジン*の種類。たいていヒキガエルの姿で現われる。よくあるような破壊的なジンではないが、ほとんどの人が敬意を示す。このジンが家に入ってきたら、誰も邪魔をせず、出て行ってもらえるよう、丁重にお願いする。
文献87
⇨　デーモン

シューピルティー
SHOOPILTIE
　英国シェットランド諸島の恐ろしい水の精で、マン島のカーヴァル・ウシュタ*やスコットランド高地地方のアッハ・イーシュカ*に似ている。ハンサムな若い男の姿をとることもあるが、たいていはきれいな子馬の姿をして現われ、海辺を元気に跳ね回る。その主な目的は、無防備な人間をそそのかして自分の背に乗せ、そのあと全速力で海の中に駆け込み、その人間を食らうことである。
文献17、18、132
⇨　ケルピー、精霊、ニクス、付録12、付録25

シュピンシュトゥーベンフラウ
SPINNSTUBENFRAU
　ドイツの民間伝承でペルヒタ*と呼ばれる精霊*の別称。シュピンシュトゥーベンフラウとは「糸紡ぎ部屋の女性」の意で、この名前で呼ばれるときには醜い老女の姿をとり、長い冬の間、人間の住居の近辺に現われる。この姿のときは、彼女は納屋や糸紡ぎ部屋の守護霊*である。これらの場所で仕事がなされているか、夜が短くなり春が戻ってくるまで、彼女が監督するのである。
文献87、88、93、95
⇨　デイヴ、ハグ、ホレ、付録14、付録22

シュライカー
SHRIKER
⇨　スクライカー

ジューラスマーテ
JŪRASMĀTE
　ラトヴィアの民間信仰に登場する女性の精霊*。「海の母」という意味。海の生き物の守護霊*。
文献88
⇨　ヴェーヤスマーテ、マーテ、付録12、付録25

シュラット
ŠRAT
　スラヴ人の民間伝承に登場する家につく精霊*の名前。アイトヴワラス*やクラット*と同様、家にいるときには家畜の姿をとる。しかし人間の住居の外では、この精霊は空中を飛び、火がついた尾を持つように見えることがある。シュラットは富をもたらすデーモン*で、自分がついた家の主を富ませるために、隣家から物資を盗んでくる。
文献93
⇨　家事の精、スミエラ・ガット、付録20、付録22

シュラート
SCHRAT
⇨ エルフ

シューリンクス
SYRINX
　古代ギリシア神話に登場するナーイアス*の一人の名前。好色が過ぎる牧羊神パーンにつきまとわれ、恐れをなした彼女は、ラドン川縁の湿地へ入った。しかしそれ以上先へ進めず、彼女は姉妹であるニンフ*たちに助けを求めた。パーンが手を伸ばして彼女を捕えたが、気がつくと彼がわしづかみにしていたのは葦だった。そこへ風が優しく吹き渡り、葦はとても美しい音を奏でた。それゆえパーンは手にしていた葦を七本切り取り、それらを葦笛に変え、シューリンクスと名づけたのである。
文献40、110、114
⇨ 付録11、付録25

ジュルア
JURUA, JURUWIN
　アンダマン諸島で信じられている、悪い海の精霊*。海底に住み、姿の見えない超自然存在である。ジュルアは北の島々で、ジュルウィンは南の島々で使われる名前。海に落ちてきたものは、何でも食べる。獲物が海に落ちてくるよう、漁師や泳ぐ人の脚に槍を振りかざし、痙攣を起こさせ、海底に引きずり込んで貪り食う。
文献88
⇨ ラウ、付録25

シュルイスシア
SHRUISTHIA
　北アメリカ先住民のアコマ族の信仰と伝説に登場する秋の精の名前。
文献25
⇨ 精霊

ジュルウィン
JURUWIN
⇨ ジュルア

ジュル・セル・クゲラク
JUL SER KUGƏRAK
　旧ソビエト連邦のマリ人（チェレミス人）の民間信仰に登場する、ヴォルガ川のケレメト*。ヴォルガ河畔の王子という意味。このデーモン*のいたずらと報復をさけるために使われた、遠まわしな言い方である。
文献118

シュルダシュ・シャルト
ŠERDƏŠ ŠƏRT
　旧ソビエト連邦のマリ人（チェレミス人）の民間伝承に登場するケレメト*。きわめてたちの悪い精霊*なので、時々牡牛を生贄として捧げ、精霊をなだめる必要がある。
文献118
⇨ チョルト

ジュール・トントー
JULE TOMTE
　スウェーデンでのクリスマスの精霊*の呼び名。ノルウェーとデンマークではジュレニス*という。
文献34

シュルナ
ŠURNƏ
　旧ソビエト連邦のマリ人（チェレミス人）の民間伝承に登場する、数多くの畑の精霊*の名前の最初の部分。畑の精霊には次のようなものがいる。シュルナ・プヤルジャ（「穀物を創る者」の意）、シュルナ・ペルケ（「穀物の恵み」の意）、シュルナ・サウス（「穀物を見張る者」の意）、シュルナ・ショチャン（「穀物を実らせる者」の意）。彼らはみなパス・キョガの従者であり、農地に豊富な穀物が実るように皆で責任を負う。彼らはデーモン*の一種なので、彼らをなだめて怒らせないようにし、農作物に害をもたらさないよう

にする。
文献118
⇨ 従者の精霊、精霊、パス、付録18

シュルナ・ピアンバル
ŠURNƏ PIAMBAR
⇨ ピアンバル

シュル・ムミー
ŠUR-MUMY
⇨ ムミー

ジュレニス
JULENISSE
　スカンディナヴィアの小さな精霊たち*の重要な一員。デンマークとノルウェーの民間伝承では、髭をはやした小さなゴブリン*に似ているとされ、赤い上着をはおって、先の尖った赤いナイトキャップをかぶっている。デンマークとノルウェーの良い子に、クリスマスの贈り物を配る役目のニス*である。歓迎を示すには、大好きなポリッジを一皿、テーブルに置いておく。nisse は、Nils の古い表記であり、ファーストネームのニコラスをスカンディナヴィアではこう呼ぶ。そのため、この精霊*の出自は、聖ニコラウスがサンタ・クロース*と呼ばれる精霊に変わった話と密接なかかわりがあるようだ。
文献34
⇨ ジョラ・スヴェイナル、ジュール・トント、付録22

ジュレマ
JUREMA
　アフリカ系ブラジル人のカルト、バトゥーキ、ウンバンダ、カチンボで信じられているエンカンタード*の重要な「一族」。木の精霊*に由来する。一族の長がジュレマ・ヴェリャで、「老婦人ジュレマ」という意味。セウ・ジュレマは「サー・ジュレマ（ジュレマ卿）」という意味。ジュレマ一族のほかの精霊*には、カピングエイロ、カピングエイロ・ジ・ジュレマ、カボクラ・ロザ、ジュサラ、ジュルワ、ジュレミニャ、ジュレメイア、ジュンクイエラ、セチ・フレシャス、ドン・カルロス、パラングアスー、フレシェイロ、ペナ・ヴェルディ*、ホンピ・マトゥ*、ミラシー、などがいる。
文献89
⇨ オショシ、ドン・カルロス

ジュレマ・ヴェリャ
JUREMA, JUREMA VELHA, SEU JUREMA
⇨ ジュレマ

ジュ・ロン（祝融）
ZHU RONG
　中国の神話と民間信仰に登場する精霊*。火の精霊で、神々を怒らせた者に報復して罰を与える。鳥の姿で現われることがある。
文献119
⇨ 付録12

シュンディ・ムミー
ŠUNDY-MUMY
⇨ ムミー

ジュンビー
JUMBY
　カリブ諸島のアフリカ系の人々が、精霊*をまとめて呼ぶ言い方。
文献88
⇨ ディオンビー

ジョアンジーニョ
JOÃOZINHO
　アフリカ系ブラジル人のカルト、バトゥーキで信じられているエンカンタード*。聖ヨハネの祝日とかかわりがあるとされる。エンカンタードのレグア・ボギ・ダ・トリニダーデ*の「一族」。
文献89

ジョアン・ジ・マタ
JOÃO DE MATA

アフリカ系ブラジル人のカルト、バトゥーキで信じられている、重要で強力なエンカンタード*。もとは人間だったが、不思議な力によって姿を変えられた。レイ・ダ・バンデイラ（バンデイラ族の王）ともいう。特定の病気を癒す力があるとされる。このエンカンタードの「一族」にはドリーナとタンバセがいる。ジョアン・ジ・マタは陽気な精霊*で、マルタ島の聖ヨハネやその祝日の2月8日と関わりがあるとされる。

文献89

⇨ 付録17

ジョク
DJOK

ウガンダとザイールのアールル族の信仰に登場する下級の精霊*。

文献33

ジョクー
JOCOO

ナイジェリアのムブザ族が信じている悪魔*。

文献81

ショクシャ・クバとショクシャ・クグザ
ŠOKŠA KUBA AND ŠOKŠA KUGUZA

旧ソビエト連邦のマリ人（チェレミス人）の民間信仰に登場する暖かさの精。ショクシャ・クバ、ショクシャ・クグザはそれぞれ「暖かさの老女」「暖かさの老人」の意で、これらの呼称には敬意と激励が込められている。彼らは寒さの精であるジュシュテ・クバとジュシュテ・クグザ*（彼らは冬の間、人間に病気と窮状をもたらす）に敵対するので、その点では人間に好意的な精霊*たちである。

文献118

食料室の精
BUTTERY SPIRIT

イギリスの民間伝承で、アビー・ラバー*として知られる、修道院のデーモン*の世俗化した形態。贈り物を無礼に受け取ったり、親切なもてなしをしぶしぶ行なったりする馬車宿、居酒屋、カントリーハウスの地下貯蔵室にのみ存在できた。この精霊*は、けちな盛りつけや非衛生的な貯蔵品でいいかげんに用意された食べ物を呑み込む。こうして食料室の精は太っていき、亭主や一家の主の強欲さに応じて膨れ上がっていく。きちんと準備したすばらしい食事をたっぷり出して訪問者や旅人を歓迎する場所や、贈り物を丁重に受け取る場所では、哀れな食料室の精は飢え、衰弱した。デーモンは住人に不誠実や強欲を吹き込む力を失い、やせこけた状態で、もっと見込みあるすみかを見つけるために姿を消した。

文献17

⇨ 修道士ラッシュ、付録22

ジョシュカル・セル
JOŠKAER SER

旧ソビエト連邦のマリ人（チェレミス人）の民間信仰に登場するケレメト*。「赤い岸」という意味。

文献118

ジョゼ・トゥピナンバ
JOSÉ TUPINAMBÁ

アフリカ系ブラジル人のカルト、バトゥーキで信じられているエンカンタード*。地元トゥピナンバ族の人々の性格に由来する。トゥピナンバは、ポルトガルの昔の探検家たちがつけた名前である。ジョゼ・トゥピナンバは、祖先の家に住むとされる。その性格は、道徳的な説教をしたがる、もったいぶった老紳士だと、帰依者は考えている。

文献89

ショック
SHOCK, THE

イングランドのサフォーク州の民間伝承に登場するボギー・ビースト*の名前。道路に出没する恐ろしい精霊*で、リンカンシャー

のシャッグ・フォール*に似ていなくもない。ショックはさまざまに姿を変える精霊で、皿のように丸く大きな赤い目をした毛むくじゃらのロバ、犬、子馬、子牛などの姿をとる。人気のない夜道を行く旅人のそばに現われ、その超自然の目で見つめて、旅人を釘付けにし恐怖におののかせる。
文献17、18
⇨ 黒妖犬、ボーギー、付録12、付録24

ショーニー
SHONEY, SHONY
スコットランド北西海岸沖のルイス島で古くから崇敬されていた海の精。18世紀に至るまで、ハロウィーン（10月31日）には厳粛な儀式が執り行なわれ、この精霊*に毎年ビールを供えて、畑地の肥料となる海草の豊作を願った。ショーニーに関しての明確な記述はないが、その名は海の悪霊デイヴィ・ジョーンズ*の起源と関連があっただろうと推測されている。
文献17、123
⇨ 付録25

ジョフィール
JOPHIEL
⇨ 天使、大天使

ジョラ・スヴェイナル
JOLA SVEINAR
アイルランドの民間伝承では、スカンディナヴィアのジュレニス*をこの名で呼んでいる。
文献34

ジョン・バーリーコーン
JOHN BARLEYCORN
イングランドとスコットランドの民間伝承に登場する精霊*。大麦とそのビール（さらに意味を広げてそのビールに酔うこと）を擬人化したもの。ロバート・バーンズの詩『ジョン・バーリーコーン』（1786年）に、この精霊の「生と死」が列挙されており、ある

ジョン・バーリーコーン

意味でコルンヴォルフ*やカリアッハ*になぞらえられる。米国に禁酒法が制定されてから、多くの醸造所がジョン・バーリーコーンの「死」を宣告した。
文献24、87

ジョンボル
JOMBOL
オーストラリア先住民が信じている、海風の精霊*。
文献14
⇨ コンパーニン、付録25

シラット
SILAT
イスラム教以前のアラビア半島の神話に登場する女デーモン*あるいはジン*の名前。彼女は稲光と嵐を司るジンで、山や森に住むと言われた。彼女の領地に入って捕えられた人間は、死ぬまで踊らされた。
文献41
⇨ オウダ

シーラ・ナ・ギーグ
SHEELA-NA-GIG, SHEILA-NA-GIG
英国でのケルト的伝統における不気味な女

デーモン*。シーラ・ナ・ギーグの像は、ローマ人が到来するずっと以前に英国中の聖地に置かれていた。官能的ではあるが気味の悪い裸の魔女の姿で表わされ、その女性器を大きく広げて誇示する姿の像は、バウボー*と同様死を遠ざけるための強力なお守りとして、また多産を保証するものとして使われた。この女デーモンの像は、暗黒と邪悪の力を撃退するために、中世にもまだ教会に彫られていた。

文献56、93
⇨　カリナ、ハグ

シ・ラヤ
SI RAYA
マレー人の民間信仰に登場する海の精の名前。シ・ラヤは人間の前に姿を現わすとき、その人の家族の誰かに似た姿をとって現われ、不和と災難をもたらすので、人間にとってとりわけ危険な精霊*とされる。このデーモン*に化けられた人は、デーモンが引き起こした問題のせいで非難され、ひどいときにはそれがもとで殺されかねない。

文献120
⇨　ハンツー・ラウト、付録25

シラリュイ
SCHILALYI
ヨーロッパのロマ（ジプシー）の信仰に登場する病気をもたらす女デーモン*。ケシャリイ*（妖精たち）の女王アナ*が魔王と交わるよう強いられて、シラリュイが生まれた。魔王が唾と死んだネズミから作ったスープをアナが飲んだ時に、アナは魔王と交わることになった。アナがシラリュイを吐き出すと、それは白いネズミの姿をしていた。シラリュイは多数の小さな足を持つ昆虫のような生き物として現われる。シラリュイが人間の体を這うと、その人間は寒気がしたり発熱したりする。

文献31
⇨　ビトソ、メラロ、ロソリコ、付録12、付録17

シーリー・コート
SEELIE COURT, SEELY COURT
イギリスの民間伝承では、妖精*はその性格によって分類され、シーリー・コートとアンシーリー・コートに分けられる。シーリー・コートは群れをなす妖精たちで、たいてい自分たちの社会で気高く廉潔に暮らすのに忙しく、また彼らの共同体は人間世界の中に比較的平和的に存在している。彼らは田園風景の中での祝宴、狩猟、ダンスを楽しむ。エルフ*や妖精*の丘の住人らがこのグループに属する。一方アンシーリー・コートは、悪意ある妖精たちから成り、彼らの目的は機会あるごとに人間を傷つけることである。彼らは一般に醜い外観をし、たいてい荒野や流血の惨事に関連する場所に独りで暮らしている。このグループはスルーア*としても知られ、荒れ地の茶色男*、シェリーコート*、赤帽子*などがこれに属する。

文献15、17、18、133
⇨　シー、付録6

シリニエッツ
SILINIETS
ポーランドの民間伝承に登場する自然の精霊*の名前。シリニエッツは森に住む。

文献102
⇨　付録19

ジリ・フフルータン
JILI FFRWTAN
ウェールズの民間伝承に登場する、ルンペルシュティルツヒェン*やハベトロット*の仲間の召使妖精*。この妖精は、ある女の手に余る仕事を手伝ったが、3日以内にその妖精の名前を言えなければ、できた仕事を渡さないという条件を出した。約束の期限が迫ったころ、必死になった女は、偶然、この妖精に知られずに近づくことができた。妖精は仕事をしながら歌っていた。「私の女主人は知らない、私の名前はジリ・フフルータン（By-chan wyr fy meistres i, Mai Jili Ffrwtan ydw i）」。これを聞いて、女は妖精の名前を言う

シルキー

ことができ、できあがった仕事も手に入れた。
文献59
⇨ シリ・フリット、付録14

シリ・フリットとシリ・ゴー・ドゥート
SILI FFRIT AND SILI-GO-DWT

いずれもウェールズの民間伝承に登場する妖精*の名前。彼らの話はトゥルティン・トゥラティン*やルンペルシュティルツヒェン*の話とほぼ同型で、妖精が人間に糸紡ぎの技術を提供し、その返礼にある約束をするというものである。その約束は、恩人である妖精の名前を人間が知ることができると無効になる。シリ・ゴー・ドゥートの場合、「あの娘はよもや知るまい／わしの名前がシリ・ゴー・ドゥートだとは」と歌っているのを偶然聞かれてしまった。
文献17、59
⇨ グワルウィン＝ア＝トロット

シル・アリ
SIR ALI

西マレーシア人のイスラム信仰に登場する天使*の名前。シル・アリは「領海の主」の意味で、そこが彼の守護する領域である。
文献120
⇨ プタル・アリ、付録25

シルキー
SILKY

イングランド北部の民間伝承に登場する家事の精*あるいはボガート*。ブラウニー*に相当するが、シルキーは絹の衣をまとった女性の姿をとり、人間の目に見えるときも見えないときも、彼女が動き回るとサラサラと衣擦れの音がする。彼女は何軒かの屋敷では非常によく家事を手伝うが、他の場面では悪戯をすることで有名である。彼女は「シルキーの椅子」と呼ばれる木の枝から屋敷を見張り、ときには馬に乗っている旅人の真後ろに飛び乗って、旅人を驚かせた。ヘンダーソンが『イングランド北部諸州のフォークロア (*Folklore of the Northern Counties*)』(1866

妖精王とその妃がマッシュルームの天蓋の下に座り、その周りでシーリーコートたちが輪になってダンスを踊る。

年）の中で紹介しているブラック・ヘドン［ニューカースル市の西郊］のシルキーは、並はずれて騒々しく、彼女を制御できるのはナナカマドの木で作った十字架を身につけている人だけだった。このシルキーは、屋敷の天井の一部が崩れ落ちて秘蔵されていた財宝が現われた後、二度とその屋敷に現われることはなかった。また別のシルキーとして、デントン邸のシルキーが紹介されている。このシルキーは、かつてサウアビー家の老姉妹がその屋敷に住んでいたころは、よく働き姉妹にも好意的だった。ところが老姉妹が亡くなり、遠縁の男性が屋敷を相続すると、シルキーの振舞いはポルターガイスト*に近いものとなった。あるいはまた、ギルズランドのシルキーについて、ルース・タングが記述している。このシルキーはほかで見られぬほどの恐ろしい妖精になっている。ギルズランド邸の家族や屋敷を守るだけでなく、ある晩屋敷に強盗に入ろうとした盗賊を捕え、彼をゆっくり絞め殺して復讐したのである。
文献15、17、47、66
⇨ 精霊、付録22

シルティム
SILTIM
　古代ペルシア神話に登場するデーモン*あるいは邪悪なデーウ*。森のデーモンで、人間の姿をとって現われ、森を旅する者を引き寄せて傷つける。
文献110
⇨ 付録24

ジル＝バーント＝テイル
GYL-BURNT-TAYL
　イングランドのウォーリックシャーの民間伝承に登場する、女性のウィル・オ・ザ・ウィスプ*を地元で呼ぶ名前。ジル（Gyl、Jill）は、100年以上前に、若い女性が恋愛遊戯をしたがる傾向を表わすためによく使われた名前である。ここでは精霊*の名前に使われており、その誘惑するような光についていった者はトラブルに見舞われた。

文献17

シルフ
SYLPH
　錬金術師パラケルスス（1493〜1541年）が定義した四大精霊*のうちの一つ。パラケルススは世界を構成する四元素にそれぞれ精霊*をあてた。シルフは空気と風の精で、人間より背が高く力も強く、移り気で信頼できない性分として描写される。オカルト主義者エリファス・レヴィによれば、シルフたちの「皇帝」の名はパラルダである。シフルはまた、男女を問わず純潔なまま死んだ者の霊魂が変化したものとも言われる。処女あるいは童貞の人は、来世でシフルたちと楽しく交際できると言われている。
文献40、92、98、107、114、136
⇨ ニンフ、フーリ、付録18

シルヨン
SILLYONG
　韓国の民間信仰で用いられる、低位の精霊*に対する総称。
文献79
⇨ シン（神）

シーレーノイ
SILENOI
⇨ シーレーノス

シーレーノス
SILENUS
　古代ギリシア神話に登場するサテュロス*の中でもっとも賢く年長の者の名前。彼の姿はひょっとするとエジプトの守護神ベス*に由来するのかもしれない。シーレーノスはロバに乗った酔っ払いの太った老人として描かれ、酒神ディオニューソス（バッカス）の供をする。のちの神話では、年とったサテュロスたちはすべてシーレーノイ*と呼ばれた。シーレーノスが彼らの首領で、伝説によっては彼らの父親とされた。シーレーノスは本来喜劇的な人物であるが、過去も未来も見るこ

とができ、もしも人間がシーレーノスを長い間縛りつけることができたなら、自分の運命を聞き出すことができた。シーレーノスとサテュロスはしばしばルネサンス絵画の題材となった。サテュロスの下半身は山羊だが、シーレーノスの下半身は馬だった。

文献20、40、56、88、92、93、119
⇨　従者の精霊、付録12

白い手を持つもの
ONE WITH THE WHITE HAND, THE

　イングランドのサマセット州の民間伝承に登場する、悪意に満ちた木の精。青白い顔のやせこけた若い娘の姿で現われ、すみかとしている雑木林の中で樺の高木の白い幹の間を素早く駆け抜ける。雑木林の中の人気のない荒れ地に若者が危険を冒してやってくるのを待ち伏せし、来ると触ってその若者の運命を決定する。頭を触られた者は気が狂い、胸を触られた者はただちに死ぬ。

文献44
⇨　精霊、付録24

白い帽子のジャック
JACK THE WHITE HAT

　イングランドのデヴォン州の民間伝承に登場する、謎めいた水の精霊*。古い白い帽子ともいう。大きな白い帽子と光るランタンをもった姿で見分けられる。ブラウントン・バローズからアップルドアにやってくる渡し船に合図を送ると言われた。おそらくウィル・オ・ザ・ウィスプ*と同じものだろう。

文献19
⇨　付録25

白婦人
WHITE LADY

　白婦人という呼称は、透けて見える白い服を着た若い女性の姿をとる精霊*に用いられ、ドイツ、フランス、イギリスの民間伝説に見られる。ドイツでは、白婦人はペルヒタ*の伝説と結びついている。フランスでは、白婦人は橋や渡り場などに住む妖精の一種である。こうした川を渡る場所で、彼女たちは月明かりの夜にダンスを踊り、通りがかった人間を一人残らず魅惑して、水の中に落とされたくなければ一緒に踊ろうと誘う。有名な白婦人にアボンド婦人とアピニー婦人がいるが、このうちアピニー婦人はバイユーの町のサン・クエンティン通りに出没したと言われる。イギリスでは、白婦人はバンシー*など凶事の前兆となる妖精*たちと関連づけられるが、その性質はいくらか温和である。そうした温和な白婦人はウォルター・スコットの歴史ロマンス『修道院』に登場し、アヴェナルの白婦人と呼ばれている。

文献40、95、114
⇨　ハボンド

シワテテオ
CIHUATETEO, CIUATETEO

　メキシコのアステカ族が信じる邪悪なデーモン*。シワピピルティン*とも呼ばれ、太陽を地下の主人のところに運ぶ蛇女、シワコアトルの召使だった。シワテテオは女性の姿で十字路に現われ旅人を怖がらせた。また子供たちに病気や癲癇をもたらし、男たちを肉欲にかりたてた。このデーモンは出産の際に亡くなった女性の精霊*が変化したものとされた。のちのスペイン人文化のもとで、シワテテオは次第にリョローナ*へと変化していった。

文献41、53、87
⇨　付録22

シワピピルティン
CIUAPIPILTIN
⇨　シワテテオ

シワンナ
SHIWANNA
⇨　クラウド・ピープル

シー・ワン・ム（西王母）
XI WANG MU　せいおうぼ

　中国の民間伝承と伝説に登場する仙人の女帝の名前。仙人の皇帝トン・ウォン・ゴン（東王公）の妻である。二人はともに崑崙山に住んでいる。

文献41
⇨ 精霊、守り神

ジン（1）
DJIN/N, GINN, JINN, JINNEE

（1）イスラム教の信者に伝わる民間伝承や民間信仰に多く登場する精霊*。とくに北アフリカのサハラ地域と、地中海沿岸北部と東部の国々に多い。ジェン*（Dgen）、ドゥシン（Dschin）*、ジーニー*（Genie）*、ジン*（Ginn）、ジャン*（Jann）、ジン*（Jinn/I）、ジン*（Jinnee）、ジュヌン*（Jnun）などさまざまな綴りがある。天使は光から、シャイタン（2）*はアラーの怒りの炎から、人間は土から、ジンはサハラの熱風（シムーン）から、アラーが創造したと言われている。タラヌシ*が指導者として他のジンを率いていたが、堕天使*と同じくジンも反乱を起こし、アザゼル*とイブリス*を恐るべき首領に仰いで、天使軍団と対立した。

　ジンは姿を消せるし、巨人など、どんな姿にも変身できる。美しくも、醜悪に変形した姿にもなれる。美女に変身したジンは、縦に並んだ目と山羊や駱駝の脚で見分けることができる。だが見分けられるほどジンに近づいた人間は、たいてい助からない。好意的なジンと邪悪なジンがいるが、超自然的な力を人間に役立ててくれるジンでも信用できない。ジンは砂漠、孤立した廃墟、遠島に住み、一人または集団で、町や村に災難を引き起こす。『アラビアンナイト』には、ジンについての最も有名な描写が見られる。

　好意的なジンは、人間と恋をして子供をつくることがある。生まれた子供は、壁を抜けたり空を飛んだりでき、年をとるのがたいへん遅い。ジンは、好意をもった人間や自分を支配する魔法使いに、大きな富や美しさやす ばらしい宝を与える。ジンが嫌う相手や悪意を向ける相手には、災難、悪夢のような苦痛、恐ろしい死をもたらす。

　モロッコ　各人は一生を通じて自分のジンまたはグリン*を持つと信じられている。他の独立したジンは孤立した暗い場所に住む。地のジンは下水溝、洗い場、洗面所、墓地、廃墟に住む。たいへん怒りっぽく、人間が下水溝や建物の基礎を掘るときに正しい手順を踏まなければ、恐ろしい仕返しをする。水のジンは川、泉、井戸のそばに住み、とくに悪意を人間に向け、人間を殺すのがおもしろくて水の中に誘い込む。木のジンはハマドリュアデス*のように樹木に住み、たいていは人間に好意的で、木陰で人間を憩わせてくれる。ただしイチジクの木は例外である。イチジクのジンは、争いあうよう人間をそそのかすので、イチジクの木陰では休まないほうがよい。

　エジプト　砂漠の砂嵐は、悪いジンが旅をしている証拠だと言われている。こうした悪いジンには注意が必要である。屋根から人間に石礫を投げ、気に入った食べ物や美女を奪うからである。アラーの名を呼べばジンを追い払える。砂漠の流れ星は、アラーがジンに向けて放つ矢だと言われている。

　セルビア、アルバニア　ジンは自然の悪い精霊で、山、湖、森に住む。ジンの支配する地域にうっかり踏み込んだ旅人を脅かして道に迷わせる。スクタル湖付近の森に住むジンは、森の葉に触れた人間を悪夢の幻影と妖気で包む。

（2）ジンとは、オカルト主義者エリファス・レヴィが、サラマンダー（火の精）*と呼ばれる四大精霊*の「皇帝」につけた名前である。

文献36、39、40、53、78、90、92、93、107、114
⇨ アイチャ・カンディダ、アフリト、シディ・ハモウ、シディ・モウサ・エル・バハリ、シディ・ミモウム・エル・ジンナオウイ、シャアルマルーシュ、ディフ・エレビ、ナス・ラコリーン、ハデュオク・エナス、ハド・アルコリン、マエツダル・ルードゥー、

大地のデーモン、ジン・タナー。自分の住む森を歩く生き物すべてに力を及ぼす

マリク・エル・アビアド、ムーレイ・アブデルカデル・ジラニ、ララ・ゾウイナ、ララ・ミラ、ララ・ムコウナ・ベント・ムコウン、ララ・レキヤ・ビント・エル・カマール、レジャル・エル・マルジャ、付録2

ジン（2）
JIN, JINN/I

西マレーシアのマレー語では、イスラム教の民間信仰に登場するジン*の名前をJinと綴る。

文献110
⇨ びんの小鬼

ジン・アスラム
JIN ASLAM
⇨ サング・ガラ・ラジャ

シン＝アン＝エフ
CIN-AN-EV

トリックスター*のオオカミ。北アメリカ先住民ウート族の信仰する超自然英雄である。

文献87

ジン・カフィール
JIN KAFIR
⇨ サング・ガラ・ラジャ

シン（神）
SIN

韓国の民間信仰では、シンは低位の精霊*あるいは超自然力に対する総称である。

文献79
⇨ シルヨン

シンター・クラース
SINTER KLAAS

オランダの民間信仰に登場する、司教のような服を着たこの妖精*は、道徳心と慈愛に満ち、スペイン（かつてオランダを植民地支配した国）に夏の別荘を持っている。そこで彼はムーア人の助手スワルト・ピート*とともに、子供たちの良い行ないと悪い行ないを記録している。11月になるとガリオン船におもちゃを積み込んでアムステルダムへと向かう。シンター・クラースはアムステルダム港に着くと、そこから白い馬に乗ってオランダ中を回り、良い子供には贈り物を、悪い子供には罰を受けるための道具を配る。

シンター・クラースは聖ニコラスに由来するが、その環境や召使は、オランダがスペインに植民地支配され、ムーア人が文化の一部となっていた時代を彷彿とさせる。しかしシンター・クラースの性格や白い馬に乗っている点は、北欧・ゲルマン人の神オーディンから派生している。

文献34
⇨ 精霊、ファーザー・クリスマス、付録22

ジン・タナー
JIN TANAH

西マレーシアのマレー人の民間信仰に登場する悪い精霊*。「地のデーモン*」という意味。名前からわかるように、土から生まれたデーモン。森に住み、森の土の上を歩く生き物に力を及ぼす。

文献110
⇨ ジン、ハンツー

シンドリ
SINDRI
⇨ ブロック

シンビ
SIMBI

ハイチのヴードゥー教に登場する精霊*の名前。シンビは治癒の儀式のときに呼び出される癒しの精霊で、西アフリカの神に由来する。

文献137
⇨ エンカンタード

シンメル・ライター
SCHIMMEL REITER
⇨ ベルツニッケル

シンラップ
SINLAP
　ミャンマーのカチン族が信じる善をなすナット*の一人。シンラップは空に住む大気の精霊*である。知恵の精霊でもあり、彼に帰依する者に洞察力を与える。
文献87、88
⇨　チヌン・ウェイ・シュン、付録10

［ス］

スアン・スアン
SOUIN-SOUIN, LE
　フランスの民間伝承に登場する眠りの精の名前。イングランドのミスター・サンドマン*と同様、スアン・スアンも子供部屋のボーギー*で、フランスの子供たちを優しく夜の眠りへといざない、楽しい夢を見させてくれる。スアン・スアンと対になる女の眠りの精は、フランスではドルメット*として知られている。
文献17、88
⇨　ウィー・ウィリー・ウィンキー、オーレ・ルゲイエ、精霊、ダストマン、付録22

スィエン
SYEN
　ヨーロッパ東南部のスラヴ民族の民間伝承に登場する、家事の精*。彼らはデーモン*かジン*の一種で、家畜の姿をとって人家に入る。ひとたび家にとりつき、なだめられると、彼らはその家と家族の守護霊*となる。
文献41
⇨　ドゥヤヴォ、付録22

ズイボシュニク
ZUIBOTSCHNIK
⇨　レーシィ

ズィン
ZIN
　ナイジェリアのニジェール川上流地域の民間信仰に登場する悪霊あるいはデーモン*。水の精の一種で、人間はこの精霊*を見ないよう用心しなければならない。というのも、この精霊を見かけると死に至ることがあると言われているからである。その名はアラブのジン*から派生した可能性がある。
文献119
⇨　付録25

スヴァーヴァ
SWAWA
⇨　シグルーン

スヴァルド
SVALD
⇨　イーヴァルディ

スヴァルトアールヴ［複数：スヴァルトアールヴァル］
SWARTALFAR, SVARTALFAR
⇨　アールヴ

スカデガムトゥク
SKADEGAMUTC
　北アメリカ先住民のミクマク族の民間信仰と伝説に登場するデーモン*の名前。彼らは森に住み、一人で森の中を旅する者のあとをつけて薄気味の悪い金切り声を出し、旅人を震え上がらせた。さらに厄介なことに、彼らは樹木の幹の形と同化できたため、人間の目では彼らの姿をとらえることができなかった。
文献99
⇨　悪魔、レーシィ、付録19

スキャントリー・マブ
SCANTILIE MAB
⇨　ハベトロット

スキュラ
SCYLLA
　古代ギリシア神話に登場する水のニンフ*の名前。非常に美しく、グラウコスを恋のとりこにした。しかし不幸なことに、グラウコスの方は魔女キルケーに愛されてしまった。

スキュラ*が恐ろしい怪物に変えられた経緯については諸説ある。一つは、嫉妬に狂ったキルケーが、スキュラがいつも水浴びをしていた場所に毒を投げ入れた結果だというものである。また、スキュラがポセイドーンの求愛を拒んだせいだとする説もある。スキュラは海の怪物としてオデュッセウスの仲間六人を殺し、その後やはり同じように危険な岩に変えられた。

文献20、130
⇨ アムピトリーテー、付録25

スキリー・ウィデン
SKILLY WIDDEN

イングランド、コーンウォール州トゥレリッジの農夫に発見され養子にされたという妖精*の男の子の名前。

文献17、18、41
⇨ ウンディーネ、コールマン・グレイ、緑の子供、付録6、付録22

スクバ
SUCCUBA
⇨ スクブス

スクブス（夢魔）
SUCCUBUS

中世ヨーロッパの夜の女怪。スクブス、スクバ*という名は、ラテン語のsub（「下」の意）とcubare（「横たわる」の意）から来ている。睡眠中の女の上に乗って性交すると言われるインクブスとちょうど同じように、この女怪は睡眠中の男と性交する。どんな姿でもとり、男性の姿をとることもあるが、普通は妻か恋人に似た姿で現われ、まったく目に見えないこともある。16～17世紀の魔女狩りの時代には、女性が悪魔の使いであるスクブスだとして訴えられることがよくあった。その場合、そうした非難に異議を唱えるチャンスはほとんどなかった。

文献40、53、88、92、93、98
⇨ インクブス、ナイトメア（夢魔）、フィーンド、リリス

スクライカー
SKRIKER

イングランドのランカシャー地方では、ゴブリン*、ボガート*、ボギービースト*のことをスクライカーと呼ぶ。彼らはまたブラッシュ、ガイトラッシュ*、シュライカー、ストライカー、トラッシュとしても知られる。トラッシュという名前は、この妖精が誰かの後ろを歩くときにピシャピシャという音を立てることから使われる。スクライカーと呼ばれるときは、この妖精は巨大な犬の姿をとっているか、あるいは巨大な燃えるような目を持つ妖怪となって現われる。スクライカーが連れのない旅人の目の前に現われると、旅人はいやおうなしにそちらの方へ引き寄せられる。あるいはスクライカーは姿を見せずに旅人の横に並んで歩くが、その間絶えずうめき声をあげたり吼えたりする。あるいはまた、森の中で金切り声を挙げているのが聞こえることもある。スクライカーを見るのは不幸の前触れであり、スクライカーに攻撃を加えると災難や死がもたらされる。

文献17、69、123
⇨ 黒妖犬、ボーギー、付録24

スクラッチ
SCRATCH
⇨ オールド・ホーニー

スクリムスル
SKRIMSL

アイスランドの民間伝承に登場する水の精の一種。人間に対しては友好的なところがまったくない、邪悪な精霊*である。

文献88
⇨ ニクス、付録25

スクルド
SKULD
⇨ ノルン

聖ダンスタンを挑発するスクブス（左）。

スコヴトロルデ
SKOVTROLDE
⇨ ベルク・ピープル

スコーグス・フルー
SKOGS FRU
　北欧の民間伝承に登場する女の樹木の精の一種で、その名は「森の女」を意味する。スコーグスラーとしても知られる。この精霊*は木々に留まるフクロウの姿をとったり、激しいつむじ風となって現われたりするが、たいていは小柄で美しい人間の女性の姿で現われる。彼女は一見友好的な態度で、夜間森で野営のたき火をしている狩人たちに近づく。彼女に会うと非常に運が悪いとされるのは、若い男性は彼女に森の奥へと誘い込まれるからである。愚かにも彼女についていった者は、二度とその姿を見せることがない。それを防ぐには、狩りの獲物の一部を捧げて彼女をなだめなければならない。
文献44、88、99、110
⇨ ディルネ・ヴァイブル、付録12、付録19

スコーグスロー
SKOGSRÅ
⇨ スコーグス・フルー

スコグル
SKOGUL
⇨ ヴァルキュリア

スタピュレー
STAPHYLE
　古代ギリシア・ローマ神話に登場するニンフ*の名前。彼女は酒神ディオニューソスの恋人だった。
文献102、130

スット
SUT
　イスラム教の信仰に関連するジン*、あるいはデーモン*。魔王イブリース*の子孫で、人間をそそのかして嘘をつかせる。
文献41

⇨ ベルク・ピープル

スティヒ
STIHI
　アルバニア南部の民間伝承に登場する悪霊。火を吐く女デーモン*で、隠された財宝を守っているとされる。
文献93
⇨ 守護霊、精霊、付録20

ステュクス
STYX
⇨ オーケアニス

ストラフ
STRAKH
⇨ トラス

ストラス
STOLAS
　ヨーロッパの悪魔研究に出てくるデーモン*の名前。地獄から来た悪魔*の一人と考えられていた。彼は占星術と霊石の知識に通じていたため、これらについて知りたい者が儀式を行なって彼を呼び出した。
文献53
⇨ 付録13

ストリガエ
STRIGÆ
　古代ローマ人が信じていた邪悪な女の精霊*。鳥の姿で現われ、ほったらかしにされている小さな子供をさらった。
文献93
⇨ 付録22

ストリングロス［ストリングラ（女性形）］
STRINGLOS, STRINGLA（女性形）
　現代ギリシアの民間伝承に登場する精霊*で、さまざまに姿を変える。人間や動物の姿をとったり、路上を疾走する馬のひづめの音になったり、姿なく暗闇に響く声になったり

する。ストリングロスは山地、さびれた道路、深い谷など人気のない場所に住む。赤ん坊のように泣いたり、親族の姿を真似たりと、ありとあらゆる方法で人間をだます。また動物が不慮の死を遂げるのは、ストリングロスのしわざだと考えられている。ストリングロスが人間に実害を加えたことは一度もないようだが、彼に遭遇した人間は、あまりの恐ろしさに結果的に命を落とした。その典型的な例として次のような話がある。ある男が夜遅くにドクソリオ地方の路上をスパージーに向かって歩いていた。するとうす暗闇の中で、小さな赤ん坊が目の前の路上に横たわっているのが見えた。こんなところに子供を置いていくなんていったいどんな母親だ、と声に出してつぶやきながら、男は優しく赤ん坊を持ち上げ、両手で抱きかかえると、また道を歩きはじめた。ほどなくして彼の両腕が痛みだした。歩けば歩くほど、赤ん坊が重くなることに彼は気づき、赤ん坊の体も大きくなっているように見えた。ついに彼は、もはやそれ以上赤ん坊を抱いていられなくなった。すると精霊*が空中に両手を広げ、彼をむさぼり食うぞと脅しながら飛び去った。男は恐怖におののいて家に帰ったが、そのあとすぐに心臓麻痺で死んでしまった。

文献12
⇨　付録12、付録22、付録24

ストローク・ラッド
STROKE LAD, THE
⇨　アマダン

ストロームカール
STRÖMKARL
　ノルウェーとスウェーデンの民間伝承に登場する水の精。ノルウェーではこの精は特に滝に住む。ストロームカールとは「川の男」の意で、音楽に秀でた精霊*であり、その演奏は文字通り聞く者に魔法をかける。彼は11曲のレパートリーを持っていると言われ、そのうちの10曲を定期的に奏でる。彼が11番目の曲を奏でるのを聞いた人間は、ゆりかごに寝ている赤ん坊から老人まで、身体が虚弱な者さえ、地面に固定されていないものすべてが踊りださずにはいられない。彼よりもうまく音楽を奏でようとする音楽家は、木曜日の夜、水辺でストロームカールに黒い子羊を生贄として捧げなければならない。目をそらしながら水辺に近づき、捧げ物を右手で差し出すのである。するとストロームカールが捧げ物をつかみ取り、人間の手を指先から血が流れるまで前後に激しく振り動かす。その後向上心にあふれる音楽家は、彼の師匠であるストロームカールのように演奏できるようになるのである。

文献78、88
⇨　付録25

スナグルポット
SNUGGLEPOT
⇨　ガムナット・ベイビーズ

砂の祭壇の女
SAND ALTAR WOMAN
　北アメリカ先住民のホピ族の伝説と信仰に登場する重要な女の精霊*の名前。「子供の医術の女」としても知られる彼女は、マサウウィの妻であり、モイングワの姉である。モイングワとは冥界と創造の長である。「子供の医術の女」は出産の守護霊*として、母親に子供を無事授ける。また家畜の守護霊でもあり、家畜を生き長らえさせる。

文献88
⇨　付録12、付録22

スーナワヴィ
SÜNAWAVI
⇨　クナワビ

スーパイ
SUPAY
　ペルーの古代インカ神話に登場する邪悪なデーモン*たち。スーパイという名は、現在ではケチュア族が「悪魔」を表わすのに使っている。

文献88

スパエー・ワイフ（女予言者）
SPAE-WIVES
　アイスランドの民間伝承に登場する女のエルフ*の名前。エルフ・ダムゼル（乙女の小妖精の意）とも呼ばれる。他の多くのアイスランドの妖精たちと同様、スパエー・ワイフも北欧の小さな精霊たち*から派生した。彼女たちとよく似た妖精に木の妻*がいる。スパエー・ワイフは小柄な田舎の女の姿で描かれ、アイルランドのシー*のように古代の埋葬地、細長い土塚、神聖な墳丘などに住む。スパエー・ワイフは薬草を使った魔法や治療法に熟達している。ある民話によると、けがを負った男がスパエー・ワイフの助言に従って、「エルフの墳丘」に牡牛を一頭捧げ、墳丘に血を塗りつけて肉の饗宴の準備をしておいた。するとその返礼として、エルフたちは彼のけがを治してくれた。

文献110

スパーン
SPURN, THE
⇨　スポーン

スパンキー
SPUNKIES, SPUNKY
　スコットランドの民間伝承で、この精霊は通常複数形で語られる。スパンキーは邪悪なゴブリン*の姿で現われ、夜中にこっそりと荒野を動き回る。人間にとってはとりわけ邪悪な存在で、ウィル・オ・ザ・ウィスプ*とよく似た振舞いをし、道に迷った旅人に明かりをかざしてついて来させることが大好きである。しかしスパンキーはウィル・オ・ザ・ウィスプよりもずっと悪意に満ちており、疑いを持たずについて来る人間を断崖の向こうや沼地の中へと導くことがしばしばある。まだ灯台が設置されていなかった時代には、夜間に航海する船に向かって、スパンキーが海岸の断崖の上から合図を送った。スコットランド東岸沖で船が難破するのはそのせいだ

と考えられていた。

文献17、18、53
⇨　付録24

スパンデュール
SPANDULE
⇨　グレムリン

スピゲナ
SPIGENA
⇨　ラウメ

スプライト
SPRITE, SPRIGHT, SPRYTE
　エルフ*、妖精*、ピクシー*などの低位の精霊*を総称する名称で、通常いたずら好きで何をしでかすかわからない性格の精霊を指す。まったくの善の精霊にこの呼称が用いられることは稀で、普通は使い魔*やデーモン*など邪悪な精霊が親切になったときにこう呼ばれる。この名称の旧式の形が「スプレット」で、古い写本で見ることができる。

文献17、59、92、133

スプリガン
SPRIGGANS
　イングランド南西部コーンウォール州の民間伝承に登場するドワーフ*の一種、あるいは妖精*たち。彼らはきわめて醜く、ずんぐりしたドワーフの姿をしているが、恐ろしいほど巨大な姿に変身することもできる。彼らはクロムレック（環状列石）、古代の砦、人里離れた田舎の家に住み、そこで財宝を守っていると言われる。またスプリガンは人間の子供をさらい、代わりに自分たちの醜い子供を置いていったり、嵐をもたらして農作物を枯らすと考えられている。ロバート・ハントの『イングランド西部の民衆物語（*Popular Romances of the West of England*）』（1865年）に出てくる話によると、ある男が丘の上の財宝が隠してある場所を突きとめたと思った。そこで男は月夜の晩に鋤を持って掘り起こしに出かけた。彼が掘りはじめるとすぐに大嵐

が起こり、稲光に照らされて、何百ものスプリガンたちが周りの岩かげから出てくるのが見えた。スプリガンたちは近寄るにつれ、巨大な姿に膨らんで威嚇したため、男は恐れおののいて逃げ出した。彼は家にたどり着くとベッドにもぐりこみ、恐怖がおさまった後でさえ、二度とそこへ掘り起こしに戻ることはなかった。
文献15、17、18、44、133
⇨ 守護霊、取り換え子、ノッカー、付録20、付録22

スプレット
SPRET
⇨ スプライト

スペリー・コート
SPELLY COAT
⇨ シェリーコート

スポーン
SPOORN, THE
　イングランド南西部ドーセット州の民間伝承に登場する精霊*の名前。スパーンとしても知られる。邪悪なスプライト*、あるいは子供部屋のボーギー*で、小さな子供を怖がらせて行儀良くさせるために使われたらしい。
文献107
⇨ 付録22

ズマークラス
SUMERKLAS
⇨ クネヒト・ルプレヒト

スミエラ・ガット
SMIERA-GATTO
　スカンディナヴィア北部に住むラップ人の民間伝承に登場する、家事の精*の名前。その名は「バター猫」の意で、このデーモン*は通常猫の姿で現れる。猫の姿をとったスミエラ・ガットは、野菜や果物、特にバターを主人のために盗む。スミエラ・ガットを友人にするのは危険である。なぜならスミエラ・ガットは自分の主人の家族を豊かにするために隣人たちを犠牲にし、その結果さまざまな問題を引き起こすからである。
文献87、88、93
⇨ アイトワラス、カウカス、パラ、ブキス、付録12、付録22

スミラクス
SMILAX
　古代ギリシア・ローマ神話に登場するニンフ*の名前。クロコスという名の若者がスミラクスと恋に落ちたが、彼女と一緒にいられないため恋い焦がれて、ついにサフランの花に変身してしまった。その後スミラクスはイチイの木に変身した。
文献130

スモレンコス
SMOLENKOS
　五大湖地方に住む北アメリカ先住民の民間信仰に登場するデーモン*の名前。スモレンコスは一つ目のデーモンとして描かれ、手足にはまったく関節がなかったが、鹿よりも敏速に走ることができた。この悪鬼は森の中や山腹に住むと言われた。
文献110
⇨ フィーンド

スラーイン
THRAIN
⇨ ダーイン

スラオシャ
SRAOSHA, SRAOŠA
　イランのゾロアスター教に登場する精霊*の名前。古代ペルシャ神話に出てくる聴力のジン*に由来する。スラオシャとは「傾聴」の意で、天使*の一種ヤザタ*である。デーモン*に苦しめられている人間の叫びを聞くのがこの精霊である。スラオシャはアエーシュマ*の悪行をはばむよう最高神アフラ・マズダに命じられ、夜になると地上に降りてこの悪霊を追いかける。のちにイスラム教への改

宗がなされると、スラオシャは天使スルシュとして生き残り、アッラーの神の使者となって、ときに大天使ガブリエル*に匹敵する存在とみなされる。
文献33、41、88、93
⇨　守り神、付録13

スラーマン
SRAHMAN
⇨　シャマンティン

スラーリ
SURÄLI
⇨　オブダ

スランピン
THRUMPIN
　イングランドとスコットランドの境界地方の民間伝承に登場する妖精*。それぞれの人と生涯ともにいるスプライト*として描写された。守護天使*が自分のつく人間の命を守るのに対し、スランピンは命を終わらせる力を持っていた。ウィリアム・ヘンダーソンは『イングランド北部諸州のフォークロア(Folklore of the Northern Counties)』(1866年) の中で、次のような詩を引用している。「月が下弦になり、フクロウの子がわびしい声で鳴き、男の子たちが浮かれ出し、堅い塔が押しつぶされ、鳥がキスをしたら、そのときはスランピンのための時間だ。もしもその神秘の時間を逃したなら、執念深い妖精が力を得て、不実な人間どもを残らず押しつぶす」
文献17、66
⇨　グリン、精霊、付録16

スリ
SRI
　チベットのボン教に登場する悪霊。彼らは岩の下、洞窟、墓の中など、地上の暗所に住む。カンボジアのスレイ・アプ*と同様、スリも死者や死にかけている人間が埋葬前に安置される場所に潜み、人間の肉を食らう。そ

れで満足できない場合は、無防備な人間、特に小さな子供を誘い出して殺す。ある程度は子供部屋のボーギー*として、小さな子供たちを見苦しい場所から遠ざけるためにこの精霊*が使われた。
文献93
⇨　デーモン、付録16、付録22

スリエル
SURIEL
⇨　ラファエル

スリース・マ
SLEETH MA
⇨　スルーア・マイ

スルーア
SLAUGH, THE
　スコットランドの民間伝承に登場する、アンシーリー・コート*あるいは邪悪な妖精*たちの名前。スルーアとは「群れ」を意味し、彼らの名前を口にして呼び出してしまうのを避けるため、そして彼らに苦しめられるのを防ぐための婉曲的な呼称である。彼らは堕天使*で、死者の魂を求めて真夜中の空をうろつき回っていると信じられている。スルーアはまた家畜に病気や死をもたらし、人間を堕落させると信じられている。
文献17、18
⇨　シーリー・コート、フーア

スルーア・マイ
SLEAGH MAITH
　スコットランド高地地方の民間伝承では、妖精*たちをこれらの名前で呼ぶ。スコットランド高地のゲール語でスルーア・マイは「善い人」、スリース・マは「平和の人」をそれぞれ意味する。ともに妖精の婉曲的な呼称である。妖精たちは人間に対して相反するような態度をとることがよくあるからである。アイルランドのディーナ・シー*と同じように、スルーア・マイも鉄器時代の砦や、細長い土塚や、ブロッホと呼ばれる古代の円塔に

住む。また険しい岩山や森の中で彼らに出会うこともある。
文献15、17、18

スルシュ
SURUSH
⇨ スラオシャ

スルーズ
THRUD
⇨ アルヴィース

スルタン
SULTAN
　旧ソビエト連邦のマリ人（チェレミス人）の民間信仰に登場するデーモン*の名前。このケレメト*は、タタール族との接触によってチェレミス人の信仰に導入された。七月にスルタンに捧げ物がなされる。
文献118
⇨ 付録9

スルト・マランダ・ボダズ
SURT MƏLANDƏ BODƏZ
　旧ソビエト連邦のマリ人（チェレミス人）の民間伝承に登場するケレメト*あるいはデーモン*。スルト・マランダ・ボダスとは「家屋の土地の霊」の意で、所有地の家屋の基礎を通して姿を現わした。
文献118
⇨ 精霊、付録22

スレイ・アプ
SREI AP
　カンボジアの民間信仰に登場する邪悪な精霊*。人間に死をもたらしたり、その肉を食らうために死にかけている者のそばをうろついたりするデーモン*である。
文献53
⇨ スリ、付録16

スレイ・ベガ
SLEIGH BEGGEY, SLEIGH VEGGEY
　英国マン島で用いられるマン島語で、小さな精霊たち*あるいは妖精*を指す婉曲的な呼称。ニ・モインジャー・ベガ（「小さな親類」の意）と呼ばれることもある。妖精たちは機嫌を損ねると相当邪悪になったので、彼らのことを話題にするときはつねに、極力ていねいな言葉を使うのが賢明だと考えられていた。彼らは群れをなすごく小さい妖精たちで、マン島の森や丘に共同体を作って暮らしていた。人間社会と同じような妖精社会を築き、妖精同士で戦争もすることで知られていた。戦闘中や狩猟中の彼らを人間が見たり、そんな彼らに近づいたりするのは、非常に危険だった。スレイ・ベガは音楽を非常に好み、音楽を奏でて人間をおびき寄せて誘拐した。マン島に大勢いたフィドル奏者たちは、祝宴での演奏に向かう道すがら、妖精たちが奏でる曲を耳にすることがあったが、祝宴場に着いたときにはもう、二度とその曲を思い出せないのだった。近代的な機械類の騒音が聞こえるようになって、妖精たちは丘へ引きこもってしまったと言われている。
文献17、81
⇨ 精霊

スレム・ムザ
SÜREM MUŽƏ
　旧ソビエト連邦のマリ人（チェレミス人）の民間信仰に登場する悪霊、あるいは夜のデーモン*。夜の村や町からこの悪霊を追い出し、悪霊に苦しめられぬよう注意が払われる。
文献118
⇨ 精霊

ズロイ・デューク
ZLOI DUKH
　ロシアの民間伝承において、悪霊を表わすのに用いられる呼称。デーモン*あるいは悪魔*を表わす呼称として用いられることがある。

スログート

文献75
⇨ 精霊

スログート
SLOGUTE
　リトアニアの民間伝承に登場する、悪夢をもたらす精霊*の名前。
文献88

⇨ ナイトメア（夢魔）

スロール
THROR
⇨ セック

スワルト・ピート（右）はシンター・クラースを手伝って、子供たちの良い行ないと悪い行ないを記録する。

スワルト・ピート
ZWART PIET

　オランダの民間伝承に登場する不吉な「ムーア人の」精霊*。彼はクリスマスの時期に子供たちに贈り物を配るシンター・クラース*の召使である。スワルト・ピートとは「黒いピーター」の意で、16世紀のモロッコやアラブ世界で見られた東洋風の衣服を着た、ムーア人の少年の姿で描かれる。スワルト・ピートは年間を通じて行儀の悪かったオランダの子供たちの名前をすべて記録しておき、クリスマスの時期に悪い子供たちに罰を与えるか、あるいはその子たちを袋に詰めてスペインへ連れ去る。一方良い子供たちは贈り物を受け取るのである。この精霊は、オランダがスペイン帝国の一部であった時代に生まれた（スペイン帝国は英雄エル・シッドがムーア人を撃退するまで、ムーア人による支配を受けていた）。この困難な時代の記憶が民衆の中に残存し、三世紀を経たのちに、オランダの悪い子供たちにムーア人のスワルト・ピートが厳罰を与える、という形で現われたのである。
文献34
⇨　付録22

［セ］

聖体
HOST, THE
⇨　スルーア

セイリム
SE'IRIM

　サヒリムとしても知られる精霊*あるいはデーモン*で、ヘブライとキリスト教の聖書の中で言及されている。彼らはヤギの姿で現われ、その名は「毛むくじゃらの」を意味する言葉「サーイル」に由来する。ギリシア神話のサテュロス*の起源である可能性もある。
文献93
⇨　セリム、付録12

精霊
SPIRIT

　人間と同じ世界に住み影響力を及ぼす超自然存在の概念。この語が神を指す場合もあるが、たいていは神よりも力が劣り、活動範囲も限られている存在を指す。あらゆる文化では、程度の差はあれ、精霊が神話や民間伝承の中に登場する。その性格、活動、人間や上位の神とのかかわりは、各社会でさまざまな形で信じられ、伝承されている。
文献39、88

セイレーン
SIREN

　この海のニンフ*たちは古代ギリシア・ローマ神話に登場する邪悪な妖精*である。彼女たちは海神ポルキュスの子孫だった。鳥の胴体をした乙女の姿で現われ、シチリア島の岩場に集まり、美しい歌声でそばを通る船乗りたちをひき寄せて惑わせるかむさぼり食うかした。彼女たちの名前はそれぞれアグラオペーメー、レウコシアー、リギアー、パルテノペー、ペイシノエー、テルクシエペイアーである。伝説によると、オデュッセウス

は彼女たちがいる島のそばを通るとき、乗組員たちにろうで耳を塞ぐように命じたうえ、自分の身体をマストに縛り付けさせて、無事通り抜けることができた。また、勇士イアーソンとアルゴナウテース（アルゴン船隊員）がセイレーンたちを滅亡させたと言われた。イアーソンの船に乗りあわせていたオルペウスが、セイレーンよりもうまく歌ったためとされる。

スペイン北西海岸地方に「ラ・シレーナ」と呼ばれるマーメイド*の一種が存在するが、これはセイレーンから派生したものと考えられる。ただしこの妖精は邪悪ではない。

文献20、40、56、88、92、93、114、119、129、130、132

⇨　ヘスペリデス、ローレライ、付録25

セウ・ジュレマ
SEU JUREMA
⇨　ジュレマ

セウ・トゥルキア
SEU TURQUIA

アフリカ系ブラジル人のカルト、バトゥーキに登場する高位のエンカンタード*の一人。彼はトゥルコ「一族」の長老であるため、ヘイ・トゥルキア（「トルコの王」の意）としても知られる。その名は「モウリスカス」（イベリア半島からのムーア人追放を祝って行なわれる擬似戦争）に由来すると言われる。しかしエンカンタードのトゥルコ族は、外観はムーア人やトルコ人のようだが、南米先住民で高貴な戦士たちであると見られている。セウ・トゥルキアの「一族」には、以下の精霊*たちが含まれる。

息子たち　カボキーニョ、グアピンダイア、グイド、ゲヒエロ、ジャトラナ、ジョアキンジーニョ、ジョアン・ファマ、センティネッラ、タバジャラ、タピナレ、ニロ・ファマ、バジリオ・ボム*、ピンダ、ピンダイエ、フレシエル、ホンダドゥ、マリアーヌ、ミリアン、メンサジェイル・ダ・ローマ、ラウレンスィヌ。さらに養子として、カボクロ・ノブリとゴイアベイラがいる。

娘たち　アナ・ジョアキマ、ジャガレマ、ジュラセマ、シリアキ、スィガニナ、ノクシニナ、プリンセザ・ドラ、プリンセザ・フローラ、フレシエラ、マリアナ、メニナ・ダレイラ、ラウレンスィナ。さらに養女として、イタ、ウビラジャラ、ウビラタン、ジズエがいる。

姉妹　フロリオピ、フロル・ドゥ・ヴィーニョ、フロル・ドゥ・オウル、フロル・ドゥ・セウ、フロル・ドゥ・ヌヴェムス、フロル・ドゥ・マール。

兄弟　ジャンディラ。

文献89

⇨　アヴェレケテ、アルバ姫、グアピンダイア、シニョール、付録5

セウ・レグア
SEU LEGUA
⇨　レグア・ボギ・ダ・トリニダーデ

ゼジーニョ
ZEZINHO

アフリカ系ブラジル人のカルト、バトゥーキに登場するエンカンタード*の名前。ドン・ジョゼ*の「一族」に属すると言われる。

文献89

セック
THEKKR

北欧神話でスロールとしても知られるドワーフ*の名前。この名は最高神オーディンの呼称としても用いられることから、ドワーフの姿はオーディンの数多くの変装の一つだった可能性がある。あるいはそうした変装に関連を暗示するために、この名が用いられたのかもしれない。

文献41

⇨　付録4

セドナ
SEDNA

北アメリカのイヌイット族が信じる女の守

護霊*で、アーナーカグサッグあるいはネリヴィックとしても知られる。たいてい海底に住む老婆として描かれる。セドナはイヌイット族が依存する海の生物すべての守護霊である。彼女の起源については諸説ある。彼女が子供のころ、その魔力が増していくのに気づいた両親によって捨てられたのだという説もあれば、海の精にさらわれて精霊*に変えられたのだという説もある。あるいは次のような話もある。彼女は人間の求愛には応じず、鳥（たいていはフルマカモメ）のほうを好んだ。そこで父親はその鳥を殺し、船でセドナを連れ戻したが、その途中で嵐を起こす娘を恐れて、彼女を船から水中に投げ落とした。セドナはボートにしがみつこうとしたが、恐怖におののく父親が彼女の指をたたき切った。すると海に落ちた指の一本々々が海獣に変わり、父親をむさぼり食ったというのである。この精霊は善悪両面を持っている。彼女をなだめて大漁を祈願する儀式が、海獣の仮面を付けたシャーマンたちによって執り行なわれる。

文献29、87、93

⇨　カツオの乙女、付録12、付録25

セナン入り江の警告妖精
HOOPER OF SENNEN COVE, THE

南西イングランドのコーンウォール州セナン入り江に住んでいた精霊*。もやのような雲の姿になり、不思議な光と騒音を発した。カウロー・ロックという岩の近くにもいた。夜に現われるときは、火花のシャワーを発した。いつも善良で、漁師に暴風が迫っていると警告し、漁師はこの超自然存在を守護霊*と見なしていた。だが、ある漁師と息子が警告を無視して海に出てからは、漁師親子も警告妖精も、二度と姿を見せていない。

文献17、69

⇨　ドゥナ・エー、ハウラー、付録25、付録26

ゼパール
ZEPAR

ヨーロッパの神秘主義と鬼神学に登場するデーモン*の名前。彼は地下世界で他のデーモン群を支配する。

文献53

ゼフォン
ZEPHON

ミルトンの『失楽園』の中で名づけられた天使*の名前。ゼフォンは大天使*ガブリエル*の命を受けてイスーリエル*に伴い、天国にいるサタンを捜し出す。

文献114

セベトゥ
SEBETTU

「七者」の意味で、古代バビロニア神話に登場する七人のデーモン*の総称。彼らは天空神アヌの子孫で、疫病の神エラの跡を追って天空を駆けながら、病気やペストをまき散らす。ときおり月を取り囲んで覆い隠すので、彼らのせいで月食が起こると言われた。また古代バビロンのアッカド人たちにとっては、セベトゥとはプレイアデス*のことだった。

文献93

⇨　付録13、付録17

セマンゲラフ
SEMANGELAF

⇨　リリス

ゼミナ
ŽEMYNA

リトアニアの民間信仰に登場する自然の精霊*。その名は「土の女主」の意で、彼女は肥沃と豊饒に関与している。ゼミナと対をなす男の精霊はゼムパティス*である。

文献93

⇨　ヴェーヤスマーテ、ガビジャウジャ、付録18

セムナイ
SEMNAI
　古代ギリシア神話に出てくるエリーニュエス*の別名。セムナイとは「尊敬すべき人々」という意味で、これらの畏れ多い女神たちの婉曲的な呼び名として使われた。彼女たちはまたディーライ、エウメニデス*、フリアイ*としても知られた。

文献93
⇨　精霊、付録23

ゼムパティス
ŽEMEPATIS
　リトアニアの民間信仰に登場する自然の精霊*。その名は「土の主」の意で、豊作をもたらすのは彼である。ゼムパティスと対をなす女の精霊はゼミナ*である。

文献93
⇨　ヴェーヤスマーテ、ガビジャウジャ、付録18

セラフィル
SERAFIL
⇨　イスラーフィール

セリム
SERIM
　イスラム教以前のセム族の信仰に登場した精霊*あるいはジン*。彼らは砂漠やその他の荒れ地に、毛むくじゃらの人間の姿で現われると言われた。旧約聖書のレビ記（17：7）に彼らについての記述がある。

文献41

セル
SELU
　北アメリカ先住民のチェロキー族の信仰と神話に登場するコーン・マザー*の名前。伝説によると、セルは狩人カナティの妻であり、サンダーボーイズ*の母である。

文献88
⇨　コーン・スピリット、付録15

セルキー
SELKIES
　オークニー諸島およびシェットランド諸島（英国）の民間伝承に登場する海の妖精*で、ヘブリディーズ諸島のローン*と似ている。彼らはヒレ族*あるいはアザラシ族であり、あどけない眼をした美しい人間の姿をしているが、水中の洞窟へ行くためにはアザラシの皮を着て不格好な姿をとらねばならず、その美しさは眼にしか表われていない。彼らはもとは堕天使*だったが、地獄に落ちるには善良すぎたため、地上の海岸線に落とされたと考えられていた。ときには人間に虐げられることもあったが、もしセルキーの血が流されると、ひどい嵐が起こり、人間が海で命を落とすとされた。男のセルキーは好色で、よく人間の女と結婚するが、彼らは当てにならず、たいてい結婚は長続きしない。セルキーの男と人間の女との間に生まれた子供は、手足に水かきがついていると言われる。

文献17
⇨　精霊、ポーパス・ガール、メロー、付録25

［ソ］

ゾア
ZOA
　守護霊*の名前で、ナイジェリアのニジェール川上流地域に住むソンガイ族の信仰に登場する。ゾアはソンガイ族の始祖神であり、ロシアの民間信仰におけるドモヴォーイ*に似た守護神であると言われる。

文献119
⇨　家事の精、指導霊、ナグワル、フィルギヤ

それ
IT
　英国シェットランド諸島の民間伝承では、この超自然的な精霊*は、クリスマスの季節によく姿を現わす。どんな姿にもなれる。「それ」の姿や動きについては目撃証言が一

致しないが、「それ」が意思を通じ合わせたり、もっと恐ろしいことに人間の考えていることをそのまま言葉に表現したりする、テレパシーめいた不思議な行動については証言が一致している。
文献17

⇨　**カリカンツァリ**

ソンネイロン
SONNEILLON
⇨　悪魔

[タ]

タイテイニア
TITANIA
⇨ ティターニア

ダイティヤ
DAITYA
インドのヒンドゥー教神話に登場するデーモン*の種族。ダイテーヤ*とも呼ばれる。神の善き仕事をいつも妨害し、神に捧げようとする犠牲や聖餐をいつも邪魔し、ついには滅ぼされた。
文献93、111
⇨ 精霊

ダイテーヤ
DAITEYA
⇨ ダイティヤ

大天使
ARCHANGEL
いくつかの宗教の教理にみられる天上の階層の中で、他の天使*より上位に属する天使の長。キリスト教の天使の概念は旧約聖書が起源で、教会の教理の中で非常に発展した分野となった。天使は七つに分かれ、それぞれを大天使が率いる。その合計数は49万6000人にのぼると言われている。無名の場合には、大天使と天使は若く女性的な外観で描かれる。

ヘブライの神学の文献や著作物にはラファエル*、ガブリエル*、アリエル*、ミカエル*、カフジエル*、ザドキエル*、サマエル*の名が見られる。有名で、最も崇められるキリスト教の七人の大天使（ミカエル、ガブリエル、ラファエル、ウリエル*、シャムエル*、ジョフィール*、ザドキエル）に含まれる者もその中にはいる。これらの大天使は中世の神学では、当時天文学者に知られていた七つの惑星と関連づけられた。彼らの七つの名前は聖書外典に記されている。聖書に言及されているのはミカエルとガブリエルだけで、彼らの名はコーランにも見られる。エノク書では、ラファエル、ガブリエル、アリエル、ミカエルという四つの主要な名前、そして他の三つとしてラグエル*、サリエル*、ジェラーミール*の名前が記載されている。コーランには全部で四人の大天使の名が見られる。まずミカエルとガブリエル、それからアズラエル*とイスラーフィール*だ。

中世ヨーロッパでは、大天使は黄道12宮と関連づけられ、異端の治療を施そうとする植物学者その他の人間から頼りにされることも多かった。
文献40、87、107、114
⇨ アムシャ・スプンタ、カフジエル、付録1

ダイモーン ［複数：ダイモネス］
DAIMON, DÆMON, DAIMONES
古代ギリシア神話と民間信仰に登場する精霊*あるいは守り神。現代人が考えるデーモン*と同じではない。古代のダイモネスは、変身する超自然な存在で、人間の日常生活を支配していた。人間との関係は一定しておらず、恩恵を与えるときもあれば悪意を向けるときもあった。恩恵を与えるときは善霊アガトス・ダイモーン*、悪意を向けるときは悪霊カコ・ダイモーン*と呼ばれた。
文献93、130
⇨ 付録2

ダーイン
DAIN
北欧神話とゲルマン神話に登場するドワーフ*。ダーインは同じドワーフ*のスラーイン*とともに登場する。ダーインは「死」、スラーイン*は「死体」を意味する名前である。二人のドワーフは地下世界や予言と関わりが深く、北欧のハルマゲドン、ラグナロクについて知っているとされる。
文献95

タウス
TAUS
イスラム支配前の神話に登場する魔王イブリース*の通称。この名は「孔雀の天使*」を意味し、彼の高慢と終局での没落を表わしている。
文献41

ダエーヴァ
DAEVA
⇨　ダエーワ

ダエモン
DAEMON
⇨　ダイモーン

ダエーワ
DAEVAS
イランでは、ゾロアスター教が広まったあと、ダエーワはデーモン*や悪魔*であると見なされた。ダエーヴァ*とも呼ばれる。極悪の存在アフリマンの家来として、善神アムシャ・スプンタ*の善き仕事を妨害する任務についた。
文献23、93、119
⇨　デーウ

タガマリング
TAGAMALING
フィリピンに住むマレー系バゴボ族の民間伝承に登場するブソ*の一種。この精霊*は隔月にブソの姿をとるだけなので、他の精霊ほど邪悪ではない。
文献87

ダーキニー
DAKINI
インドの女性のデーモン*で、仏教神話では「血を飲む者」を意味するアシュラパ*とも呼ばれている。ダーキニーは美しいが怒りっぽい裸身の乙女の姿や、獅子や鳥の頭をして、さらにそこから馬や犬の首が飛び出しているような乙女の姿で現われる。彼女たちはカーリー女神の家来であり、人肉を好んで食べる。空を飛び、超自然的な力を持つ。ヨーガ行者の祈りに応えて、新参者にタントラの秘儀や超自然的洞察力を授ける加入儀式に現われるときもある。また個人の守護霊*の役目を行なう場合もある。
文献56、93、111
⇨　付録12

タク・ケング
TAK-KENG
⇨　フクム・イエン

ダグダ
DAGDA
アイルランド神話に登場するデ・ダナーン神族*の妖精*の中でもっとも強力な王。戦いでは棍棒、大鎌を巧みに操る。魔法のハープのすぐれた腕前とも称されている。貪欲さや残酷さでも有名。
文献44、76

ダクテュリ
DACTYLI
⇨　ダクテュロイ

ダクテュロイ
DAKTYLOI
古代ギリシア神話に登場する三人の超自然存在で、それぞれ製錬者のケルミス、鍛冶屋のダムナメネウス、鉄床のアクモンと呼ばれる。指先が器用で優れた腕前を持つことから、ギリシア語で「指」を意味するダクテュロイという名前がついた。ダクテュロイは金属加工法を発明し、植物学、音楽、医療、魔術の知識を持つと信じられており、フリュギアのイダ山とクレタ島に住んでいた。ダクテュロイという名前は、山の尖った頂上に住んでいたことにも由来するようだ。ダクテュロイは、アイルランド神話のフォウォレ*やゲルマン神話のドワーフ*と同じような先住民であるとする伝説もある。
文献93、130

ターコイズ・ボーイ（トルコ石の少年）
TURQUOISE BOY
　北アメリカ先住民のズニ・プエブロ族の信仰と伝説に登場する植物の精で、善い精霊*である。ターコイズ・マン*とも呼ばれる。彼はコーン・スピリット*で、塩女*の仲間である。

文献88
⇨　付録15

ターコイズ・マン（トルコ石の男）
⇨　ターコイズ・ボーイ

ダシム
DASIM
⇨　イブリス

ダジョジ
DAJOJI
　北アメリカ先住民イロコイ族の神話では、ダジョジは西風が化身した精霊*であり、ピューマの姿をとる。ガ＝オー*に命じられて嵐と戦い、暴風雨をおさめた。海に高波を起こしたり、森の木々をなぎ倒したりする力も持っていた。

文献87
⇨　付録18、付録26

ダストマン
DUSTMAN, THE
　イングランドの民間伝承に登場する子守り精霊*。デンマークのオーレ・ルゲイエ*のように、夜、眠りの精霊となって幼い子供の枕辺に現われ、子供の目の上に魔法の粉をまいて眠りに誘う。子供は楽しい夢を見ることができる。

文献17
⇨　ビリー・ウィンカー、ドルメット、ミスター・サンドマン、ウィー・ウィリー・ウィンキー、付録22

ダスユ
DASYUS
　インドの神話や民間伝承に登場するドワーフ*。名前は「暗黒の人」という意味を持つ。太古の黒いドワーフで、のちに民間伝承のデーモン*となった。

文献56

タタネ
TATANE
　イースター島の伝承や伝説に登場する超自然存在。ある程度まで、北半球での使い魔*に似る。タタネは若く美しい娘やハンサムな若い男の姿で現われ、人間の信頼を得ようとすることがある。また人間の目に見えることを嫌うときもある。あるいは家畜や鳥の姿をとることや、無生物の形をとることさえある。タタネは人間社会とよく似た妖精社会に暮らし、それぞれ自分の家族を持つと言われる。彼らは食事の準備方法、衣類の身につけ方、狩りの仕方などを人間に教えたと考えられている。他にデーモン*のように振舞い、人間に対して悪意を抱いているタタネもいる。

文献22
⇨　アクアク

タター・フォール
TATTER FOAL
⇨　シャッグ・フォール

タタリキ
TATARIKI
⇨　アトゥア

ダタン
DATAN
　ポーランドの民間伝承に登場する自然の精霊*、野原の精霊。古代の神がその地位から追い落とされてダタンとなった。

文献102
⇨　付録18

タチュキ
TACHUKI
北アメリカ先住民のホピ族の信仰に登場する豊穣の精霊*コイエムシ*の集団の呼び名。
文献88

タデブツィー
TADEBTSY
中央シベリアに住むサモイェード族の信仰で、タデブツィーはタディベイと呼ばれるシャーマンの使い魔*である。
文献88

堕天使
FALLEN ANGEL
キリスト教、イスラム教、ユダヤ教には、天界の主人に仕える天使*が、主人に対して反乱を起こしたため、主人の恩寵を失って天国から追放された話が伝わっている。

ヘブライの伝承では、堕天使は地獄のサタン*の側近であるデーモン*や悪魔*と同じものであり、人間に病気、争い、災難をもたらして苦しめるとされた。その性格と行動は、周囲の国々に古くから伝わる多神教がもとになっている。たとえばリリスやカナン人の神シェーディーム*がその例である。

キリスト教では、堕天使（地位を追われた精霊*）は、天国から追い落とされ、地上（空気、大地、水、山地など）や地獄に散らばった。地上に落ちたものは、天国にいられるほど善良ではなく、地獄におちるほど邪悪でもないので、小さな精霊たち*、エルフ*、妖精*などの精霊*になった。いちばん邪悪なものは、デーモン*や悪魔*となって地獄に落ちた。小さな精霊たちの民間伝承によれば、彼らは天界での地位を失ったことをいつも後悔し、天界にもどるために魂を求めている。だがデーモンの伝統では、堕天使がサタンに忠誠を誓っていることと地獄での地位しか語られていない。それはアスモデ*や天使オリヴァー*のような、人間に比較的優しいものについても同じである。

イスラム教の伝統では、人間の地位に対抗しようとする天使が現われたため、アラーは、ハールート*とマールート*を人間の姿にして指導霊*として地上に降ろしたが、彼らは自分勝手に力をふるった。その結果、天国から永久に追放され、イブリス*などの堕天使の仲間に入り、人間を魔法の世界に引き込む役割を果たすようになった。
文献87
⇨ 付録3、付録7

ダド
BDUD
もともとはチベットのボン教における神聖な精霊*の一種だったが、ラマ教の出現によってデーモン*の地位に降格した。乳と神酒の井戸がある黒い城に住む黒いデーモンとされる。豚の生贄で鎮めることができると言われる。
文献87、93

ダーナヴァ
DANAVAS
インドの古代ヒンドゥー教神話に登場するデーモン*。アスラ*と同じく神の子孫である。雨と雷の神インドラに、海に沈められて滅ぼされた。
文献7、39、93、119

ダニー
DUNNIE
ヘドリーの牛っ子*やピクトリー・ブラッグ*によく似た、意地悪ないたずら精霊*。英国、ノーサンバランド州ヘイズルリッグ地方に住む。悪戯をたくらむときは、よくロバ、鋤を引くウマ、ポニーの姿に化けて現われ、ダニーが化けたと知らない人間に手綱をつけさせる。ぬかるみにはまった人間には手綱だけが残され、ダニーは笑いながら去っていく。
文献17、66、123
⇨ コルト・ピクシー、付録12

谷のクリム
CLYM OF THE CLOUGH
　英国サフォークに伝わるインプ*。
文献123
⇨　クリム

タパイル
TAPAIRU
　南太平洋のマンガイア島民の信仰や伝説に登場する妖精*たちの名前。ミル*という女デーモン*の四人の娘たちである。タパイルとは「比類なき者たち」の意で、彼女たちは非常に美しく、長い絹のような髪をしている。日没時に彼女たちは人間界に降り立ち、彼女たちの兄弟であるタウティティを讃える祝祭で踊ることがある。
文献110

タビ
TABI
　アラブの民間伝承に登場する使い魔*は、タビとして知られる供をする精霊*である。使い魔と言ってもヨーロッパのそれとは違い、むしろ「従者」あるいは影のような精霊で、呪術師に操られ要求されると、秘密の知識を明かす。
文献87

タピナレ
TAPINARÉ
　アフリカ系ブラジル人のカルト、バトゥーキに登場する重要なエンカンタード*の名前。トゥルキア「一族」の一員である。タピナレとは「ジャガー」の意で、その名が示す通り彼はジャガーに関係があり、その地域のシャーマンの信仰から派生している。タピナレは強力な治療力を持っていると崇拝者たちに考えられており、治癒の儀式に重要な役割を果たす。
文献89
⇨　セウ・トゥルキア

旅回りのアボンド婦人
WANDERING DAME ABONDE
⇨　ハボンド

ダフネー
DAPHNE
　古代ギリシア神話とローマ神話に登場するニンフ*で、河の神ペーネイオスの娘。求愛をはねつけてアポロンに追われ、川岸にたどりついたダフネーは、父に助けてくれとすがった。すると根が伸び、身体は樹皮に覆われ、手と腕と頭には葉が茂り、月桂樹に変身した。
文献110

ダミアン
DAMIÃO
　アフリカ系ブラジル人のカルト、バトゥーキに伝わるエンカンタード*。バトゥーキの儀式では、この精霊*はたいてい、コスメ*と呼ばれるエンカンタードとともに現れる。ダミアンは、聖ダミアノスやその祝日の9月27日と関わりがあるとされる。
文献89

ダム・アボンド
DAME ABONDE
⇨　ハボンド

ダム・ヴェネチュール
DAME VÉNÉTUR
⇨　トゥンデル

ダム・エラーホーン
DAME ELLERHORN
⇨　エルダー・マザー

ダム・ジェネ
DAME JENÖ
⇨　トゥンデル

ダム・ヒリップ
DAME HIRIP
⇨　トゥンデル

ダム・ランプソン
DAME RAMPSON
⇨　トゥンデル

ダラ・カダヴァラ
DALA KADAVARA
　スリランカの神話に登場する、古代シンハラ人の象の女神。スリランカに仏教が広まると、ダラ・カダヴァラは、男の厄病デーモン*の地位へと引き下げられた。ガラ・ヤカとも呼ばれている。
文献93
⇨　付録17

ダラゴ
DARAGO
⇨　マンダランガン

タラヌシ
TARANUSHI
　北アフリカ、地中海沿岸のイスラム諸国の信仰や民間伝承では、タラヌシはサハラの熱風シムーンから造られた最初のジン*とされる。彼は他のすべてのジンの活動を制御する役割を負う。
文献78、90、93

ダラム
DALHAM
　北アフリカの沿岸地方とアラビア半島に伝わるイスラム教神話に登場するジン*の名前。駱駝に乗った人間の姿をとるとされる。この残忍なジンは無人島に住み、航行する船を転覆させる。そして遭難した船乗りを魔力で海岸まで引き寄せ、貪り食う。
⇨　セイレーン

ダラント
DARRANT
　イングランドのダービーシャー州を流れるダーウェント川に住む、川のデーモン*。緑の牙のジェニー*と同じく、水中で待ち伏せをして、うっかり近づきすぎた人間を川に引きずり込む。(ダーウェント川では、アイザック・ウォルトンのエッセイ『釣魚大全』によって釣りの名所として知られるようになって以来、18世紀と19世紀にたくさんの人が溺れた記録が残っている)
文献123

タルイス・テーグ
TYLWYTH TEG
　ウェールズの民間伝承で通常用いられる妖精*の呼称で、「金髪族」の意。ダヴェッド州(旧ペンブルクシャー)ではダノン・バッハ・テーグ(「小さな妖精族」の意)、グラモーガン州ではベンディース・ア・ママイ(「母親の祝福」の意)とも呼ばれる。こうした妖精の呼び替え名が用いられるのは、妖精たちが呼び出されていたずらを働くのを避けるためである。ウェールズにはタルイス・テーグ型とエリュロン型の二種類の妖精がいるらしく、このうちタルイス・テーグ型の妖精のほうが大きい。両者とも山地、林間の空き地、湖中の島などに住み、ごく小さい者はジキタリスなどの野生の花の中に住むことさえある。タルイス・テーグは共同体を作って暮らし、グイン・アップ・ニーズ*と呼ばれる王を戴いている。彼らの背丈については約30センチくらいとも、人間より背が高いとも言われるが、その姿は非常に美しく、白い肌と輝くような金髪を持ち、金髪の人間の前にしか姿を現わさない。絹でできたような丈の長い服を着ており、服の色はたいてい緑だが、赤、青、白、黄色のこともある。彼らは人間の子供が好きで、よくさらっては取り換え子*を残す。タルイス・テーグの娘が人間と結婚することもあるが、何らかのタブーや約束事が破られるといなくなってしまうのは、妖精が人間の妻になるたいていの物語と同じであ

る。タルイス・テーグは概して人間に対し好意的で、自分たちに対して寛容な人間には幸運をもたらす。その場合、妖精たちがケーキを焼くときに使う調理用具、たとえばパン焼き用の鉄板やミルクを入れる手桶などを、人間に貸すのが普通である。もしも妖精のケーキを贈られたら、人間はそのケーキを黙って夜が明けるまでに食べなければならない。さもなければ、妖精のケーキは毒キノコに変わってしまうのである。たいていの妖精がそうであるように、タルイス・テーグも音楽と踊りが大好きで、演奏技術に熟達している。ただし、彼らが月明かりや朝もやの中で妖精の輪を作って踊っているところに人間の音楽家が迷い込むと、音楽家は残らず妖精たちにさらわれ、いつまでも拘束される。それを避ける唯一の方法は、ポケットに鉄片を忍ばせておくことで、それを見せれば妖精は消えてなくなる。あるいはナナカマドの枝を持っていれば、妖精の魔法を解くことができる。カダーイドーリスの妖精たちは、モーガン・リースという名の人間に、その親切なもてなしの礼として妖精のハープを贈った。そのハープはリースが弦に指を触れただけで、すばらしい音楽を奏でたという。

文献15、17、18、59、87
⇨ エサソン、ゴファノン、マナウィダン、付録6、付録22

タルウィ
TARVI
イランのゾロアスター教の神話に登場する悪霊あるいはデーモン*の名前。ザリチェ*（ザリクとも言われる）とともに、人間に加齢と老衰という苦難をもたらす任を負っていた。人類に破滅をもたらすため、タルウィとザリチェは大天使アムルタート*とハウルヴァタート*の善行を妨害した。

文献102
⇨ 精霊

タルトゥーガ・ディ・アマゾナス
TARTUGA DE AMAZONAS
アフリカ系ブラジル人のカルト、バトゥーキに登場するエンカンタード*の一群の名前。「アマゾンの亀」を意味するこの精霊*たちは、アマゾン流域土着のシャーマニズム的信仰から派生している。

文献89

ダルマパーラ
DHARMAPALA
チベット仏教で守護霊*のグループを表わす名前。「教えの保護者」を意味し、悪いデーモン*から信者を守る。中国の仏教ではフ・ファ*と呼ばれている。

文献93
⇨ 精霊

タレイア
THALIA
⇨ グラティアエ、ムーサイ

タロンハルティヤ
TALONHALTIJA
エストニアの民間信仰に登場する家事の精*、あるいは守護霊*。家に住んでいる者よりもむしろ家そのものにとりつくのが普通で、たいていその家にいちばん最初に住んだ者の姿で表わされる。その点でロシアの民間伝承に登場するドモヴォーイ*によく似ている。

文献88
⇨ ヴェデンハルティア、コディンハルティア、精霊、トントゥ、ハルジャス、ハルド、メツァンハルティア、付録22

タンギー
TANGIE
英国のオークランド諸島やシェットランド諸島の民間伝承に登場する海の精、あるいは海馬のデーモン*。海草に覆われた老人の姿をとることもあれば、もじゃもじゃした毛の子馬の姿をとることもある。親切な精霊*ではなく、水棲馬ケルピー*やニューグル*によ

く似ている。記録によると、ブラック・エリックという名の恐ろしい羊泥棒がタンギーに乗っていて、この男がサンディ・ブリーマーという名の小作人と戦ったとき、タンギーは超自然的な力で援助した。ブラック・エリックは最後にはフィットフル・ヘッドと呼ばれる海岸の絶壁から落ちてしまったが、タンギーはその後もその地域に恐怖を与え続け、とりわけブラック・エリックが誘拐しようとしていた若い女性たちを恐れさせ続けた。

文献17、40、47、78
⇨ アッハ・イーシュカ、付録12、付録25

タンケラボガス
TANKERABOGUS
⇨ カンコボブス

タンゴ・ドゥ・パラ
TANGÓ DO PARÁ
　アフリカ系ブラジル人のカルト、バトゥーキ*に登場する重要なエンカンタード*の名前。グアピンダイア*としても知られる。その名は鳴鳥タンガル・パラに由来する。カティンボのカルトではヒタンゴ・ドゥ・パラ、タンガル・パラといった別の名前で知られている。

文献89
⇨ ペナ・ヴェルディ

ダンター
DUNTERS
　イングランド、北部境界地帯の民間伝承では、廃墟となった古代の塔や城砦に住むと言われる。パウリー*とも呼ばれる。人間が廃墟に近づくと、廃墟の奥からダンターのたてる音が聴こえるが、その音は、ひき臼で穀物をひいたり、亜麻を叩いたりする音に似ている。音がうるさくなり、えんえんと続くのは、災難が近づいている徴である。

文献17、29、66
⇨ 赤帽子、精霊、付録23

ダンドーと猟犬群
DANDO AND HIS DOGS
　イングランドの民間伝承に登場する幽霊狩猟*が、コーンウォール州に伝わって変化したもの。夜空を飛ぶデーモン*の主人の供をする猟犬である。洗礼を受けていない人間や死者の霊魂を捕まえて地獄に運ぶと言われている。姿を見た者に死や災いをもたらす力を持つ。彼らが近づく音を聞いたら、逃げ遅れた旅人は地面に顔を伏せて彼らが通り過ぎるのを待たねばならない。

文献18、133
⇨ クーン・アンヌウン、ガブリエル・ハウンド

タントラボブス
TANTRABOBUS
⇨ カンコボブス

［チ］

小さいさん
TIDDY ONES, TIDDY MEN, TIDDY MUN, TIDDY PEOPLE
　あちらさん*、ヤースキン*、ちっちゃい人など、さまざまな名前で呼ばれた一群の下位の精霊*あるいは小さな精霊たち*。その多くははっきりした区別がなく、イングランドのリンカンシャーにある沼沢地帯（ザ・フェンズ）や湿地帯の住民に崇敬された。なかでも小さいさんは個性的な妖精として他よりも知られ、愛着も持たれていた。小さいさんは水を引かせる能力があるとして知られていたので、深刻な洪水が起こると人々は小さいさんに祈願した。しかし小さいさんをどのようにであれ怒らせてしまうと、農作物は枯らされ、家族には病がもたらされた。そんなときは呪いを解いてもらおうと、人々は家の外に立って、護符を持って小さいさんに呼びかけた。もしも川の方からタゲリの鳴き声が聞こえてきたら、それは小さいさんの許しがあったというしるしだった。

文献17

小さい民
LITTLE FOLK
⇨ スレイ・ベガ

小さい葉の男
LITTLE LEAF MAN
⇨ 緑の服のジャック

小さい人
SMALL PEOPLE
⇨ ムリアン

小さな精霊たち
LITTLE PEOPLE, THE

　この名称は本来、小形の精霊*たちの呼び替え名であり、おもに英国でスプライト*や妖精*を呼ぶときに用いられている。これに相当する呼び名は他の言語や文化でも見られる。小形の精霊について話すとき、彼らが怒って超自然な仕返しをしてくるのを避けるためにこうした呼び名を用いることがある。彼らは実名で呼ぶと気分を害すると言われている。呼び替え名を用いれば、彼らに敬意を表すことができるばかりか、望ましくない精霊を直接呼び出してしまうのを防ぐこともできる。また、よその土地を訪問したときにこれらの小形の精霊の地元の呼び名を知らない場合、こうした呼び替え名を用いることがある。

文献40、107
⇨ マニキン、昔の人々、付録6

チェムブラト
ČEMBULAT

　旧ソビエト連邦のマリ人（チェレミス人）が信じるケレメト*。クレク・クゲ・イェン、クレク・クグザ、ネムデ・クレク・クグザ、ネムデ・クレク・クグザ、レムデ・クレク・クグザという名でも知られている。この精霊*は古代から信仰されており、はるか昔の英雄的な王子が姿を変えられたものとされ、よく黒馬が生贄に捧げられた。チェムブラトーヴァで彼に奉納された聖なる石は、1830年、キリスト教徒の宣教師によって破壊された。チェムブラトは今では悪魔*を指す言葉になっており、代わりにクレク・クゲ・イェンとクレク・クグザが、今では彼の山々とネムダ川の水の守護霊*の務めを果たすことになっている。この精霊は機嫌を損ねると、旱魃、病気、あるいは凶作を引き起こすため、こういった脅威が感じられる場合には機嫌をとって鎮める。チェムブラトと関係ある精霊には、アス*、アズレン*、アバ（母親の意）、ウステル・オロル*（テーブルの番人の意）、ウゼダシュ*（病気の意）、ウンバチュ・コシュツァ*（上を歩く者の意）、ウンバル・ケレメト（上位のケレメトの意）、エル・オロレク*、オセル・パマシュ*（オセルの泉の意）、カプカ・オロル*（門番の意）、クバール・クグザ*、シュチュ・プンダシュ*（焼けた切り株の意）、スルト、テルマチュ（解釈者の意）、ティアク*（筆記者の意）、ピアンバル*、ビトゥヌズ*、ボドゥジュ*がある。

文献118
⇨ クグザ、クゲ・イェン、付録9

チェルーヴェ
CHERRUVE

　チリのインディオ、アラウカノ族の民間信仰における精霊*の集団。雷神ピリャンの召使だった。人間の頭をもった蛇とされ、災厄の前兆と考えられた。流星と彗星を空に放って共同体に病気をもたらすのがその役割である。災難の起こる場所はその流れ星や彗星が落ちる方向によって示された。

文献102

チェールト
CHERT
⇨ 悪魔

チェルトーフカ
CHERTOVKA

　ロシアに伝わる女性の悪魔*もしくは水のデーモン*。「冗談を言う女性」を意味するチェルトーフカは、ルサールカ*の別称であ

る。深くて静かな、あるいはよどんだ池に住むことの多い、意地悪な精霊*である。
文献75
⇨　ベス（1）、緑の牙のジェニー、付録25

地下食料室の魔物
CELLAR DEMON
　中世イギリスの修道院に伝わるこの精霊*は、富裕な修道院や修道会の地下食料室に住むことで名高い。この魔物は食料室の中身を私的に持ち去ろうとする者から食糧やワインを守る。
文献17
⇨　クルーラホーン、修道士ラッシュ、食料室の精、ビールザール、付録21、付録22

地下の人々
UNDERGROUND PEOPLE
⇨　トロール

チシン・トンボップ
CHISIN TONGBŎP
　この超自然存在は、韓国の民間信仰における大地のインプ*である。とくに意地悪で、新しい名物が初めて敷居を通過するとき、その中に隠れて家に入ってくる。または新しい家の土台を作ろうとして凶日に地面を動かすと、偶然呼び出される場合がある。彼らを見つけ、万神（巫女）の力を借りて追い払わなければ、この精霊*は家族に不和や病気を引き起こす。
文献79
⇨　トンボップ、ナング・モクシン、モクシン・トンボップ

チタル・アリ
CHITAR ALI
　マレーシア西部のイスラム教徒が信仰する天使*。「渦巻きの主」を意味する。
文献120
⇨　サブール・アリ

チティパティ
CITIPATI
　チベット仏教の神話に登場するデーモン*。この邪悪な精霊*の名は「墓場の主人」を意味する。彼らは墓場に住み、踊る骸骨の姿で表される。
文献93
⇨　付録16

智天使（ケルビム）
CHERUBIM
　キリスト教とヘブライの伝説で、ケルブ*はこれら天界の精霊*を指す単数形、ケルビムは集合名である。ケルビス Cherubis、ケルビム Kerubim、ケルビン Cerubin、Chrubin、という名でも知られており、神の従者であるとともに天使*の階級の第一（もしくは第二）の階層に属する天界の守護天使*である。彼らはライオン、人間、鷲の姿、あるいはこれらを組み合わせた翼のある姿で描かれることもある。しかし通常は、子供の頭と数対の翼を持ち、青か金色で、本を抱えている姿に描

全能の神の玉座に仕える天界の智天使（ケルビム）

かれる。ヘブライの宗教文書は、ケルビムの像が契約の箱（十戒を刻んだ石版を納めた箱）とソロモンの神殿を守ったと明言している。彼らはのちにキリスト教の教義と美術に取り入れられた。ケルビムは神の使者ならびに救いの従者であるばかりか、全世界への教えの普及とも関連づけられている。アッシリアのラマッス*もしくはシェデュ*に由来する可能性がある。

文献39、93、107、119
⇨ 従者の精霊

チトラグプタ
CITRAGUPTA

インドのヒンドゥー教神話に登場する精霊*。来世と関わりのある超自然存在。人間一人一人の高潔な行ないと邪悪な行ないを記録しており、それが天国に行くか地獄に落ちるかを決める判断材料になる。

文献87
⇨ 天使、付録16

チトーン
CHITŌN
⇨ ナット

チー・ヌー（織女）
CHIH NU しょくじょ

中国の民間伝承と伝説における天空のニンフ*。彼女は「天空の織姫」で、神の衣となる美しい布を織るのが役目だった。彼女の物語にはいくつかの異説がある。ある物語では、彼女は地上に追放され、そこで一人の牛飼いとともに過ごし、最終的に織女星と牽牛星に変えられた、ということになっている。別の話では、彼女とその妹が自分たちのいる天上から地上を見て、水浴びに行くことを決めた。牛飼いが、羽衣を奪えば最も美しい乙女の愛を勝ち取ることができる、とウシから教えられる。羽衣がなければ、彼女は天上に帰れない。彼女と牛飼いが幸福に暮らしているあいだ、神々は美しい服が手に入らなくなったので、彼女を天界に呼び戻した。取り乱した牛飼いは魔法のウシの皮を身に着けて彼女を追った。しかし天界の門番が彼を押しとどめた。天帝は哀れに思い、彼らが年に一度、カササギがその翼でかけた橋を渡って会うことを許した。彼らは中国のみならず、韓国や日本でも伝説に取り入れられている。

文献87

チヌン・ウェイ・シュン
CHINÜN WAY SHUN

ミャンマーに住むカチン族の信仰で最初の、そしてもっとも重要なナット*。カー*という名でも知られ、肥沃土の精霊*である。伝説ではシッタ*、ジャーン*、シンラップ*、チトーン*、ポンヒョイ*、ムー*、ムボーン*、ワーウン*といった他のナットの構成に責任を負っている。そのそれぞれがいくつかの魔法の要素をカボチャに与え、そこから最初の人間が形作られた。

文献87
⇨ 付録10

チノイ
CHINOI
⇨ マット・チノイ

ちびっこ
LIL FELLAS, LI'L FELLAS

マン島（英領の島）における妖精*の呼び替え名の一つ。

文献17、18
⇨ 付録6

チャックルバッド
CHUCKLEBUD
⇨ ガムナット・ベイビーズ

チャッツェ・オルマイ
TCHATSE-OLMAI

バルト諸国の北部地域に住むラップ人の民間信仰に登場する水の精の一種。この「水男たち」、あるいは水棲デーモン*たちは、その地域の聖なる湖（パッセ・ヤルヴェ）や聖な

る川（パッセ・ヨッカ）に住む。
文献102
⇨　アス・イガ、クル、精霊、ナッキ、付録25

チャネコス
CHANEKOS
⇨　チャンケス

チャネス
CHANES
⇨　チャンケス

チャハツェ＝オルマイ
ČACCE-OLMAI
　北欧の極北に住むラップ人とバルト海沿岸諸国の民間伝承では、この水の精霊*は「水の男」として知られている。
文献88
⇨　チャハツェ＝ハルデ、ハルド、付録25

チャハツェ＝ハルデ
ČACCE-HALDDE
　北欧の極北に住むラップ人とバルト海沿岸諸国の民間伝承では、この名前は水の精霊*を指す。
文献88
⇨　チャハツェ＝オルマイ、ハルド、付録25

チャフル
CHAHURU
　北アメリカ先住民のポーニー族に伝わる水の精霊*。
文献25
⇨　付録25

チャムパンキターチ
CAMPANKITĀCI
　インド南部のタミル神話に登場するデーモン*の女王。カータラヴァラーヤンの物語では、主人公の英雄がチャムパンキターチをサイコロ試合で負かす。
文献68

チャンケス
CHANQUES
　メキシコと中央アメリカに伝わる小さな精霊たち*もしくはドワーフ*。チャネコス*やチャネス*という名でも知られる。森の動物たちの守護霊*である。好意的なこともあるが、人間の魂を奪って病気や死をもたらすことも多い。彼らはタバコの煙を恐れると言われ、彼らを遠ざけておくために利用される。ヴェラクルス州のポポルカ族は、狩りを成功させたいとき、供物を捧げ、香を焚いてチャンケスの助力と承認を祈る。
文献87
⇨　付録12、付録19、付録21

チャン・シエン（張仙）
CHANG SHEN　ちょうせん
　中国の民間信仰における精霊*で、長い灰色のあごひげを生やした老人と描写され、かたわらに小さな少年を連れていることが多い。または弓矢で「天の犬」つまり「天狼星」（シリウス）を射ているところが描かれる。チャン・シェンは妊婦の守護霊*で、とくに後継ぎの男児が欲しい場合に祈りを捧げられる。彼は女性を天狼星の邪悪な影響から守る。しかし、もし一家の星まわりが天狼星に支配されているなら、男児は短命に終わるか、あるいは男児にはまったく恵まれないだろう。
文献87、131
⇨　ウースード、エシュ、ビー・シャ・ユエン・ジュン（碧霞元君）、ベイフィンド、付録21、付録22

チャーンミルク・ペグ
CHURNMILK PEG
　イングランド、ヨークシャーに伝わる自然の精霊*。成長途中のヘーゼルナッツを、熟れていないのにとろうとする人間から守った。女性のゴブリン*の姿をしており、彼女がいることは、小さなパイプから漂う煙でわかる。もし誰かが熟れていないヘーゼルナッツを食べたら、チャーンミルク・ペグはその人のお腹にひどくガスをためたり、胃痙攣を起こさ

せたりする。
文献17、44
⇨ メルシュ・ディック、付録21

チュ＝ウハ
CHU-UHÀ
　ベトナムのアンナン（安南）人が信仰する、家の守護霊*。各家庭がビンロウの実を調合するために持っているライム（石灰）のジャグ（容器）に住む。もしジャグをうっかり壊してしまうと、それは家族に災厄が起こる前兆である。これを回避する唯一の方法は、なだめられた精霊*がその新しいすみかを受け入れるよう、壊れたジャグを新しいジャグとともに一番近くの祠に持っていくことである。
文献87
⇨ 付録21、付録22

チュタス
CHÛTÂS
　インドに伝わる森のデーモン*。
文献110参照
⇨ ブート、付録19

チュダング
CHUDANG
　韓国に伝わる邪悪な精霊*。
文献79

チュトサイン
CHUTSAIN
　北アメリカ先住民ティンネ族が信じる邪悪な精霊*。死の化身である。
文献122
⇨ 付録16

ヂュー・バー・ジェ（猪八戒）
ZHU BA JIE ちょはっかい
　中国に伝わるブタの妖精*で、『西遊記』のサルの王（孫悟空）の道連れである。もともとは天界の役人だったが、大酒のみだったために地上に追放され、ブタに生まれ変わった。彼はおのれの苦境に嫌悪を感じ、ブタの母親と兄弟たちをたいらげ、それから福陵山に立ち去り、そこに冒険に来た人々をすべて襲った。その後、慈悲の女神、観世音菩薩のおかげで仏教徒に改宗した猪八戒は、再び許され、浄壇使者として西方浄土へ返された。
文献131
⇨ 精霊、付録12

チュルパン・スルト
ČURPAN ŠƏRT
　旧ソビエト連邦のマリ人（チェレミス人）の民間信仰におけるケレメト*もしくは邪悪な精霊*。「切り株の悪魔*」を意味し、木が切り倒された場所で遭遇する。野ウサギを生贄に捧げて鎮めなければならない。
文献118
⇨ チョルト

チョドゥラ・クバとチョドゥラ・クグザ
ČODRA KUBA AND ČODRA KUGUZA
　旧ソビエト連邦のマリ人（チェレミス人）の民間信仰における森の精霊*。それぞれ「森の老婆」と「森の老人」を意味する。この精霊は目に見えないが、彼らの住む森には存在を示すしるしが必ずある。チョドゥラ・クグザは通り過ぎるときにカサカサと木の葉の音をたてる。粥を供えて機嫌をとらない狩人に腹を立てると、木を乱暴にゆすって猟の獲物を追い払い、森の見知らぬ場所に彼らをおびき寄せて何日もさまよわせる。チョドゥラ・クバは森に住む野生動物の守護霊*である。彼女は他の女性の精霊とトランプをするのが好きで、自分の掛け金に森の獲物を使う。もし彼女が負けると、勝って取り戻すまで、動物たちは勝った精霊のなわばりに移動する。狩人たちは掛け金が払われているあいだ（つまり動物たちが移動しているあいだ）は狩をすることが許されない。そんなことをすれば森に深刻な不和をもたらすからである。
文献118
⇨ ラスコヴィツェ、レーシィ、付録19、付録21

チョパキン
ČOPAKIN
　旧ソビエト連邦のマリ人（チェレミス人）の民間信仰におけるケレメト*もしくは邪悪な精霊*。
文献118

チョルト
ČORT
　旧ソビエト連邦のマリ人（チェレミス人）の民間信仰における悪魔*もしくは邪悪な水の精霊*。シェルトという名でも知られるこの精霊は人間の姿をとることが多いが、眉毛がないので簡単に見分けがつく。しばしば邪悪なケルテマシュ*とともに目撃される。真夜中、真昼、朝夕の6時頃に水辺に現われ、軽率な水浴者や漁師を破滅に導こうとする。また、邪悪な目的でケレメト*の手助けもする。
文献118
⇨　付録25

チョンチョン
CHONCHONYI, CHONCHÓN
　チリのインディオ、アラウカン族が信じる邪悪な精霊*の集団。翼の働きをする巨大な耳のついた人間の頭として描写される。チョンチョンは病人を探しだし、餌食にする。病人が一人になるのを見計らってその上にとびのり、精気を吸い取る。
文献29、56、102
⇨　マーラ

チ・ルン・ワン（治竜王）
ZHI LUNG WANG　ちりゅうおう
　中国の伝説と民間伝承に登場する精霊*。家庭の水の供給を管理すると考えられている。その名は「火を沈める竜王」という意味で、人々は家が火事になった際、十分な水を供給し、ポンプの能率的作業を行なってもらうために、この精霊の機嫌を取る。この低い地位の精霊は、地上の水の供給者である竜王信仰に由来している。

文献87
⇨　ディウトゥルナ、付録22、付録25

チン・チア
CHIN CHIA
　中国の伝説と民間信仰に登場する精霊*。文学や学業成績ととくに関わりのある指導霊*である。その名は「金の鎧をつけた紳士」という意味で、子孫が学問的に成功する家の前で旗を振っている姿が目撃される。また、怠け者の学生や勉強を投げ出した者たちを罰することでも知られている。
文献87

チン・ロン（青龍）
QING LONG
　中国の神話で、バイ・フー（白虎*）と対をなす超自然存在。両者とも天の神の使者である。幸運と回春のしらせをもたらす。長寿と関わりがあるとされる。東方を司る。
文献93
⇨　精霊

ツァドキエル
TZADKIEL
⇨　ザドキエル

ツァン
BTSAN
　チベットの信仰と伝説に登場する恐ろしいデーモン*の集団。空気のデーモンで山に住む。この精霊*は、赤い馬に乗った赤い狩人の姿で描写される。
文献129

ツィ・ズーイ
TSI-ZHUI
　北アメリカ先住民のオーセイジ族が信仰するクラウド・ピープル*すなわち空の精の名前。
文献25
⇨　精霊

ツェクツ
TSECTS

　北米北太平洋岸に住む先住民が信仰する、善をなす女の精霊*の名前。

文献25

使い魔
FAMILIAR, FAMILIAR SPIRIT

　一般に、人間に仕える精霊*をいう。姿の見えないものも、目に見える形をしたものもいる。「召使」という意味のラテン語ファムルスに由来する。おもに二つの種類がある。
（１）守護天使*と同じようにして、超自然的な力によって保護、警告、助言をあたえる役割を持つ従者の精霊*。詩人のW・B・イェーツは、麝香の匂いの漂う妖気として現われたこうした精霊と、会話ができたと言われている。
（２）どんな姿にも変身できるデーモン*、悪魔*、インプ*。たいていは予言、癒しや邪悪な目的のために、魔法を使って人間に呼び出される。その報酬としてデーモンは主人から「滋養」を受け取る。使い魔という言葉がこの意味で最初に使われたのは、レジナルド・スコット作『魔術の正体をあばく（*Discovery of Witchcraft*）』（1584年）である。ヨーロッパや北米で16世紀から18世紀にかけて行なわれた魔女狩りの話の多くは、家の中に使い魔（猫、犬、鳥、ハリネズミなど）がいたり、「魔女」の身体に使い魔が吸った跡があったりすることによって「立証」されたと考えられている。コットン・マザーは、こうした考え方を1563年から1604年の間にアメリカに持ちこみ、魔女を見つける目安とした。

　ヨーロッパのほとんどの地域や北米のヨーロッパ出身者の間では、使い魔はどんな家畜や鳥の姿にも変身でき、その多くは野原や生垣に姿を現わすとされた。使い魔が変身したのはハリネズミ、カエル、ガマガエル、カブトムシ、トカゲ、ネズミなどである。

　ウェールズ地方では、使い魔はたいてい、姿の見えないデーモンである。

　ラップランド、ノルウェー、フィンランドの民間伝承では、使い魔はハエの姿になる。

　シベリアでは、使い魔はヤキーラ*と呼ばれており、敵対するシャーマンの使い魔を打ち負かすために呼び出される。

　アラブの民間伝承に登場する使い魔は、タビ*という名の従者の精霊*である。

　南アフリカのズールー族は、ウンコヴ（ゾンビ）を使い魔にしている。バンツー族の使い魔オベ*は、大きな動物の姿で現われる。ナイジェリアのヨルバ族の使い魔は、フクロウの姿になる。

　インドとマレーシアでは、使い魔はフクロウ、アナグマ、オオジャコウネコの姿をとる。

　ニューヘブリディーズ（現ヴァヌアツ）とニューギニアでは、使い魔は蛇の姿になる。

　オーストラリア先住民の使い魔は、たいていはトカゲの姿である。

　北アメリカ先住民のシャーマンの使い魔の中には、声は聴こえるが姿は見えないものがいる。

　イヌイット族とユダヤ人の民間信仰に登場する使い魔は、生命のない物体に宿る。イヌイットの使い魔はタケラ、ユダヤ人の使い魔はオブ*という名である。

文献7、40、53、59、87、98、107、113、114、128

⇨　コントロール、バジャング、付録8、付録22

［テ］

ディアヴォル
DIAVOL

　悪魔を表わすロシア語。悪魔*を呼ぶときにも使われた。

文献75

ディアウル［複数：ディアウリアイド］
DIAWL, DIAWLIAID（pl.）

　ウェールズ地方の民間伝承に登場する悪い精霊*。ディアウル（複数形はディアウリアイド）はウェールズ語である種の悪魔*を表わす。

文献59
⇨　キトラウル

ティアク
TIAK
⇨　チェムブラト

ディアッカ
DIAKKA
　A・J・デーヴィスが心霊主義の教えの中で作った言葉。「夏の国」で人間の肉体から離れた魂を苦しめるインプ*のこと。
文献53

ディアブロタン
DIABLOTIN
　小さな悪魔*やインプ*を表わすフランス語。
文献107

ディアン・ケーフト
DIANCÉCHT
　アイルランドの神話や民間伝承に登場するデ・ダナーン神族*の一人の名前。部族の魔法の治療者であり、戦いで殺された者を甦らせ（死体に頭が着いている場合）、銀で魔法の手足をつくることができた。
文献88

デイヴ
DEIVE
　リトアニアの民間伝承に伝わる妖精*。もとは女神だったが、キリスト教が広まって神の地位を追われた。青い目、長い金髪、豊かな胸をした美女として描かれる。家事に長け、人間の男に捕えられて妻にされると、良妻賢母となる。だが、白鳥乙女*と同じように、タブーをおかされたら元の姿に戻る。とくに女性と女性の仕事を大事にし（日が暮れたら洗濯をしない、木曜日に糸つむぎはしない、など）、これに従わない男性は罰を受ける。また、不誠実さや我欲も嫌う。後世の伝承では、ハグ*と結び付けられるようになった。畑で長時間、働いてくたびれた母親が、赤ん坊を忘れて帰った民話がある。朝になって、すやすや眠っている赤ん坊が見つかったが、まわりにはデイヴからの贈り物が積んであった。母親は喜んで赤ん坊を抱いて帰り、村人にこの話をした。それを聞いた金持ちの女が、我が子を畑に一晩、置き去りにして、翌朝、迎えに行くと、赤ん坊はデイヴに首を絞めて殺されていた。
文献93
⇨　セルキー、ラウメ、付録22

ディヴ
DIV
⇨　デーウ

デイヴィ・ジョーンズ
DAVY JONES
　船乗りに伝わる民間伝承に登場するフィンド*、海の邪悪な精霊*で、溺れそうだと警告し、溺れ死んだ者の魂を深海にある自分の「ロッカー」に閉じ込める。名前の由来は、いくつか考えられている。デイヴィは、水流を意味するケルトの言葉、TauやTaffから来ているらしい。イギリスでは多くの川の名前に、TauやTaffに由来するテイヴィやティヴィという語が含まれている。ジョーンズは、ケルト語の愛称Shonから来ているようだ。Shonからはショーンやジョンというファーストネームが生まれている。ハイランド地方のショーニー*も関係があるだろう。霧から名付けられたジャック・フロスト*の場合も同類である。死んだ者の魂は地下世界や骨でできた水底の牢獄に行くという神話は世界各地に残っており、そうした場所はケルト神話ではオクロンと呼ばれていた。さらに可能性の高い説によると、デイヴィは西インド諸島で幽霊や悪魔*を表わすダビーという語から、そしてジョーンズは死と海難を象徴する旧約聖書の小預言者ヨナから来ているとされている。この二つの事柄は17世紀の船乗りによく知られていた。
文献40、107、116

ディヴェ
DÍVE
⇨ アスラ

ディヴェル
DYVELL
⇨ 悪魔

ディーヴェル
DIEVEL/E
⇨ 悪魔

ディウトゥルナ
DIUTURNA
　古代ローマ神話に登場するニンフ*。ユトゥルナ*とも呼ばれる。ユピテルによって泉に変身させられ、癒しの泉や井戸の守護霊*となった。それに関連して、火災からの守護者ともされている。1月11日のユテルナリア祭は、水道橋や井戸をつくる労働者の祭りである。ディウトゥルナは他のニンフ*とともに、火災から守ってくれる守護者として、8月23日のヴォルカナリア祭でも祝われた。
文献87、130
⇨ 守護霊、チ・ルン・ワン（治竜王）、ニンフ、付録21、付録25

ディウル
DIWL
⇨ 悪魔

ディエヴィニ
DIEVINI
　ラトヴィア共和国の民間伝承に登場する家事精霊*。家と家族を守る守護霊*。
文献93
⇨ 付録22

ディエヴェル
DYEVEL, DYEVLE, DYVELL
⇨ 悪魔

ディエヴル
DYEVLE
⇨ 悪魔

ディオウル
DIOUL, DIOWL
⇨ 悪魔

ディオフル
DIOFUL
⇨ 悪魔

ディオブル
DIOBUL
⇨ 悪魔

ディオンビー
DYOMBIE
　南米スリナムの民間伝承に登場するカポックの木の精霊*。ダオメーの森の精霊から生まれた。この名前は西インド諸島のジュンビー*と同じ由来を持つらしい。
文献88
⇨ ササボンサム、シャマンティン、フンティン

ティキ
TIKI
　ポリネシア人の信仰や伝説で用いられる言葉。さまざまな身分の人々の守護霊*を指す場合と、その力を象徴する彫像やお守りを指す場合とがある。ティキと呼ばれるお守りは、ほとんどが翡翠で彫刻を施したもので、特にニュージーランドのマオリ族が身につけている。
文献102
⇨ 精霊、付録21

ティクドシェ
TIKDOSHE
　南アフリカのズールー族の信仰に登場する邪悪な精霊*の名前。ティクドシェは意地悪なドワーフ*の姿で現われ、上機嫌で人間に

ティキはマオリ族の家庭と財産の守護霊である。

戦いを挑む。ティクドシェは不死身なので、毎回彼が勝つのはほぼ決まっているようなものである。戦いの度にティクドシェは魔法の力を使い、負けた人間は彼の餌食になる。しかしそれでもティクドシェの挑戦を受ける人間は跡を絶たない。なぜならティクドシェを倒した者は、その褒美として強力で超自然な魔力の偉大な知識を得られるからである。
文献33

ティグバヌア
TIGBANUA
フィリピンのマレー系バゴボ族の民間伝承に登場する、とりわけ邪悪なブソ*、デーモン*。この悪霊たちは絶えず事故や病気を引き起こして、人間を早死にさせ、その肉を食らおうとする。
文献87
⇨　精霊

ディー・ザン（地蔵）
DI ZANG じぞう
中国の神話と民間信仰に登場する、地獄の統治者に任命された者。地蔵は菩薩（ボーディーサットゥヴァ）でもあるため、地蔵に身をゆだねて救済へと導いてもらう人間の魂の守護霊もつとめる。
文献93

ディジェヴェル
DIJEVEL
⇨　悪魔

ティーシポネー
TISIPHONE
古代ギリシア・ローマ神話に登場する恐ろしい精霊*の名前。ティーシポネーとは「報復」の意で、究極の復讐をする精霊あるいは守護霊*である。この精霊は蛇の髪の毛をした女性の姿で描かれ、血まみれの服を着て、冥府の門のそばで待っている。彼女はエリーニュス*たちの一人で、極悪非道な犯罪、とりわけ母親殺しや父親殺しを犯しておきながら、人間界の法律では罰されなかった者に懲罰を加える。
文献29、40、114
⇨　守り神

ディース
DIS
ゲルマン神話に登場する運命と戦いの精霊*の乙女で、イディス*としても知られる。ふつうは人間の姿をして黒いベールを着けている。破滅が迫っていることを警告しに現われる。恐ろしい姿で現われて、ローマ帝国の司令官ドルススに死を予告したと言われている。
文献53、95
⇨　アルラウン、ヴァルキュリア、ノルン、付録23

ティソーア
THISOA
⇨　ハグノー

ティターニア
TITANIA
シェイクスピアの『真夏の夜の夢』に登場する妖精*の女王の名前。タイテイニア*とも呼ばれる。彼女は妖精王オベロン*の妻である。ティターニアという名前は、古くは古代ローマの詩人オウィディウスの作品に登場し、そこでは月と狩猟の女神ディアーナの別名として使われている。しかしシェイクスピアの描くティターニアは、一般によく知られている女王マップ*よりも威厳に満ち、見事な衣装を着た廷臣たちにかしずかれている。彼女はとても活動的で、お供をする花の妖精*たちといっしょに月明かりの中魔法を紡ぎだすが、それでもやはりオベロンには、はからずも魔法をかけられたりだまされたりする。スコットランド高地地方の民間伝承では、ティターニアは13世紀にスカイ島のダンヴェガン城に住むマクラウド氏族の長に、妖精の旗を与えたとされる。この旗は極度の危険が迫った時に作り出され、彼女の魔法が危機的状況

を打開してくれることになっていた。ただし三度この旗を使った後は、旗はティターニアに戻されることになっていた。幸か不幸か、つい最近三度目の難局が訪れたが、旗はティターニアに回収されないまま残っている。

文献17、40、114、133
⇨　従者の精霊

ティティハイ
TITIHAI
⇨　アトゥア

ティティリチュア
TITILITURE
⇨　ルンペルシュティルツヒェン

ディーナ・オシー
DAOINE O'SIDHE
⇨　ディーナ・シー

ディーナ・シー
DAOINE SIDHE
　アイルランドの民間伝承に登場する妖精*で、ディーナ・オシー*、ディーナ・ベガとも呼ばれる。名前の意味は「小さな人々」である。ケルト神話の勇ましい精霊*、デ・ダナーン神族*の子孫である。人間に似ているが、変身したり、姿を消したりできる。シー（細長い塚のこと、彼らの名前の後半部につけられた）、湖、森、荒野、孤立したサンザシの木などに住む。高地ゲール族の民間伝承に登場するスルーア・マイ*と似ている。人間界のように、ディーナ・シーにも王と女王がおり、病人を治し、予防する力を持つことで知られている。群れをなす妖精でもあり、宴会、踊り、パレードを楽しみ、とくにケルトの祭り、ベルティネ祭とサウィン祭を楽しみにしている。ときにはたいへん乱暴で意地悪な振舞いをし、戦いを好み、砂嵐を起こし、人間の花嫁や赤ん坊をさらい、植物を胴枯れ病にするなどして、人間を困らせる。牛乳を捧げればディーナ・シーを宥められると言われているが、悪意を向けられないようにする

ために、良家の方、善い人、小さな精霊たち*、おちびさんといった遠まわしな呼び方をしている。

文献15、17、18、53、76、87
⇨　アーネ、イーヴィン、ウーナ、クリオズナ、フィンヴァラ、付録22

ディーナ・ベガ
DAOINE BEAGA
⇨　ディーナ・シー

ディーナ・マイタ
DAOINE MAITE
　アイルランドの民間伝承に伝わる妖精*の遠まわしな呼び方。「善い人」という意味を持ち、アイルランドでは、この名前を使って精霊*のことを遠まわしに言い、悪意を向けられないようにする。

文献88
⇨　シー、デ・ダナーン神族

ディーナ・マラ
DOINNEY MARREY
⇨　ドゥナ・マラ

ティニホウィ
TINIHOWI
　カリフォルニア州に住む北アメリカ先住民のアコマウィス族の信仰に登場する水の精。ティニホウィは深い湖に住むと言われた。この精霊*は人間に対して好意的で、人が水の中に落ちると救助してくれた。

文献99
⇨　付録25

ディニンガ
DYINYINGA
　西アフリカ、シエラ・レオネのメンデ族の伝承に登場する自然の精霊*で、川、森、岩場に住むジーニー*。ディニンガには、ティンゴイ*とンドグボジュスイ*という別の種類の精霊も含まれる。災難を避けたければ、これらの精霊に対してあえて強い態度をとれと

言われている。
文献33
⇨　ジン

ディノン・バ・テーグ
DYNON BACH TEG
⇨　タルイス・テーグ

ディーフェル
DIEFEL
⇨　悪魔

ディフ・エレビ
DIF ERREBI
　モロッコの民間信仰や伝承で用いられる遠まわしな呼び名。「高貴な方」という意味。ジン*の王にこの名で丁寧に呼びかけ、親切や祝福を与えてもらおうとする。ヨーロッパの妖精*と同じく、いたずら好きな精霊*の名前をあからさまに呼ぶと、精霊が腹を立てて現われ、仕返しをするとされた。
文献90

ディブキム
DYBBUKIM
　ヘブライの伝統や民間信仰に登場するデーモン*の名前。
文献91

ディフル
DIFLE
⇨　悪魔

ティ・マリス
TI MALICE, 'TI MALICE
⇨　アナンシ

ティ・ミク
TI-MIKU
⇨　ラウ

ディムメ
DIMME
　古代シュメール神話に登場する女性デーモン*。病気をまねくデーモンで、出産したばかりの母親を産褥熱にかからせ、新生児も病気にさせる。
文献93
⇨　ラマシュトゥ、付録17、付録22

ティーラ
TIRA
　ペルーのケチュア族の信仰に登場する悪霊あるいはデーモン*。ティーラは「カカ」（アンデス山地にある巨大な崖）に住む。
文献94

ディラエ
DIRAE
⇨　エリーニュス

ディリン
DYRIN
⇨　ドゥリン

ティル
TIR
　アラビアの民間伝承やイスラム教の信仰に登場するジン*の名前。ティルは魔王イブリース*の子孫で、致命的な事故を起こす張本人のデーモン*である。
文献40、78、88、93
⇨　付録16

ディルネ・ヴァイブル
DIRNE-WEIBL
　ドイツの民間伝承で、この小さな森の精霊*は木の妻*の仲間であり、森から現われて旅人に同行したいと頼み、断られたら泣きながら姿を消す。ふつうは白い服を着ているが、バイエルン州では赤い服を来てリンゴを入れた籠を持っている。人間がもらうと、リンゴはお金に変わる。
文献110

⇨　スコーグス・フルー、付録19

ティンカーベル
TINKERBELLE

　ピーターパン*の物語に登場する妖精*の名前。繊細な翼を持つごく小さい妖精として描かれ、半透明の服を着ており、その存在は銀の鈴がチリンチリンと鳴る音で示される。ティンカーベルは自分が必要とされる場所で意のままに姿を現わすことができ、魔法の杖を一振りして悪を善に変えることができる。彼女は子供部屋の妖精であり、民間伝承や神話に登場する妖精たちが持つ活力やあいまいな性質とは無縁である。

文献56
⇨　精霊

ディンギル
DINGIR

　古代シュメール神話で、すべての超自然存在を表わす言葉。

文献88、93

ディングベル
DINGBELLE

　女性のグレムリン*で、第2次世界大戦中にカナダ軍婦人師団で有名になった。とくに、内輪のおしゃべりを拡声装置で流したり、緊急時にタイプライターのキーを動かなくさせたり、一等兵や二等兵の男性とデート中に女性のバッグからハンサムな士官の写真を落とさせたりする（または士官とデート中に男性兵卒の写真を落とさせる）。

文献87
⇨　デーモン、フィフィネラ

ティンゴイ
TINGOI

　この自然の精霊*は、西アフリカ、シエラレオネのメンデ族の伝承に登場するディニンガ*（魔神）の一種である。ティンゴイは柔らかくて白い肌をした、若く美しい女性の姿をとる。彼女は普通人間に対して好意的か親切である。

文献33

デーウ
DEV

　さまざまな文化に伝わる精霊*の呼び名。起源は古代インド、イランの宗教にある。征服したり、大災害から逃れたり、伝道したりして、人びとが各地に移住するにつれて、こうした精霊の概念は広まり、発展していき、次のように名前が変化していった。変化した名前は、デーウ、デーヴァ（1）*、ダエーワ*、デーヴィー*、デヴ*、ディヴェなどである。この超自然存在の四つのおもな概念は次のとおりである。

（1）デーウ。ペルシアの神話や民間伝承に登場する邪悪な精霊やデーモン*。つねにペリと戦い、捕らえたペリを、木のてっぺんに吊るした鉄の檻に閉じ込める。邪悪なデーウは、すべての美しいものを嫌う。

（2）ダエーワ*。イランのゾロアスター教では、ダエーワは悪い守り神*やデーモンであり、極悪の存在アフリマンの家来として、つねにアスラ*、アムシャ・スプンタ、ヤザタ*の善き仕事を妨害している。28人のダエーワがいると言われており、そのうち6人は大ダエーワである。大ダエーワは、ハレス*、イブリス*と、彼らに率いられたデムラッシュ*、ホンドコンツ*、ムンヘラス*である。大ダエーワは、人間を変形した姿に描かれ、もじゃもじゃの髪、角、出目、大きな牙、獣の前足と尾を持つ。甘い匂いが大嫌いなので、それで追い払える。ダエーワは死体を食らい、地獄に落ちた魂を苛むとされる。

（3）アルメニアのデヴ。アルメニアでは、デヴは人間の男女の姿をした邪悪で強力な精霊*で、蛇などの野生動物に変身できるが、変身した姿には片目しかなく、頭を七つまで持つ。洞穴や森に住む。人間の気が遠くなったり、かゆくなったり、くしゃみをしたりしたら、そばにデヴがいるという徴である。刃で空気を切ると、デヴから身を守れる。

（4）デーヴァ（1）。ヒンドゥー教と仏教の

伝承によると、デーヴァは「輝ける者」であり、たいていは神か半神とされるが、慈悲深い精霊、英雄、ゴブリン*とされることもある。

文献78、88、92、93、100、107、110
⇨ アエーシュマ

デヴ
DEVS
⇨ デーウ

デーヴァ（1）
DÆVAS

デーヴァはヒンドゥー教神話の神聖存在で、ある意味でキリスト教の天使*に似ている。古代ペルシアの神聖存在のダエーワ*と同一起源だが、ダエーワの方はのちにゾロアスター教の教義によって神聖な地位から追い落とされ、デーモン*の役割を担わされた。しかしインドではまだ、慈悲深く神聖な精霊*の地位にある。

デーヴァ（2）
DEWAS

インドの仏教徒の民間信仰に登場する樹木の守り神*、精霊*。

文献110
⇨ ジン、ハマドリュアデス

デーヴィー
DEVI
⇨ デーウ

デヴィルフィッシュ・ピープル
DEVIL-FISH PEOPLE

北アメリカ先住民のハイダ族の神話では、この水中に住む魚の精霊*は、人間と同じような社会で暮らすが、自分が変身したり他のものの姿を変えたりする魔法の力を持つとされる。古くから伝わる話によると、あるシャーマンが家族とともに漁に行き、デヴィルフィッシュを見つけて捕えようとした。だが牝のデヴィルフィッシュによって、シャーマンは水中の世界に引きずり込まれた。デヴィルフィッシュはシャーマンを、族長である自分の父親に紹介した。しばらくして、シャーマンは自分を捕えた族長の娘と結婚した。シャーマンの家族は、シャーマンが死んだと思い込み、悲しみながらカヌーで帰っていった。年月がたち、シャーマンは故郷を懐かしみ、人間の家族に会いたくなり、デヴィルフィッシュの仲間にいちど元の家に帰してくれと頼んだ。シャーマンとデヴィルフィッシュの妻は、たくさんの贈り物や交換する品を携えて家族を訪ね、歓待された。何度も重ねられた祝宴の席で、あるときデヴィルフィッシュの妻は海が恋しくなり、しだいに液状の姿に変わり、ついに床板の隙間から水中にこぼれ落ちていった。シャーマンも同じように変身し、静かに妻の後を追って水中の家に戻った。

文献122
⇨ セルキー

デオハコ
DEOHAKO

北アメリカ先住民のイロコイ族とセネカ族の信仰では、トウモロコシ、豆、カボチャの守護霊*をまとめてデオハコと呼んでいる。ふつうは、守護する作物の葉を身にまとう三人の乙女の姿で描かれる。

文献25、87
⇨ オナタ、精霊

デクマ
DECUMA
⇨ パルカイ

デ・ダナーン神族
TUATHA DÉ DANANN

アイルランドの妖精*族で、その名は「女神ダヌの部族」の意。彼らはアイルランドの先住民フィル・ヴォルグ族*やフォウォレ族*を打ち負かした伝説的な部族であり、その卓越した魔力、美貌、気品、知性で知られていた。彼らは自分たちの姿を人間の目に見える

ようにも見えないようにもすることができ、また意のままに変身することができた。通常は不死身であるが、戦闘で死ぬこともあった。人間とは自由に交わり、気に入った人間には恩恵を施し、気に入らない人間には破滅をもたらした。彼らは人間にすばらしい財宝をもたらしたが、それらは現在四つの護符として知られている。主神ダグダの無尽蔵の大鍋、太陽神ルーの無敵の槍、偉大な指揮官ヌアザの魔法の剣、そしてファールの石として知られる聖なる石である。のちにミレシウス族に打ち負かされると、デ・ダナーン神族は土塚や、「シー」と呼ばれる草で覆われた丘の内部へと避難した。妖精たちがシー*とも呼ばれるようになったのは、その丘の名に由来する。そうした丘の内部の避難所で彼らは未だに魔術を行ない、その超自然の力は彼らを征服した者たちにも崇敬されている。地上にあったかつての王国の領土は考慮に入れられ、地上での王と王妃が地下世界でも統治した。彼らは地下でも宮廷と妖精社会を築き、音楽を楽しみ、酒宴を催した。地下世界には人間も誘い込まれたが、そこでは時間の経過も、食べ物の味も、景色も、聞こえる音も、すべて通常の人間が経験するものとは違っていた。デ・ダナーン神族はアイルランドの数多くの神話や民話の題材となっている。

文献17、29、56、87、88、93、105
⇨ アーネ、アレーン・マク・ミーナ、アンガス・オーグ、おだやかアニス、クリオズナ、ゴヴニウ、コーブル、ダグダ、ディーアンケフト、ディーナ・シー、人食いアニス、ボアン、ボドヴ、マク・ケフト、マハ、ミディル、メーヴ、ルフティン、

鉄枷のジャック
JACK-IN-IRONS
イングランドのヨークシャーの民間伝承に登場する道のボーギー*。夜に不注意な旅人の上で跳ね回り、怖がらせてから消える。通行人への恐ろしい警告として、道端や十字路に、絞首刑にした重罪人の遺体を置いておいた習慣に由来するらしい。

文献17
⇨ 精霊、付録24

デックアールヴァル
DÖCKALFAR, DÖCÁLFAR
⇨ アールヴ

テティス
THETIS
古代ギリシア神話に登場するニンフ*の名前。彼女はネーレウスとドーリス*の間にできた娘たち「ネーレーイス*」の一人であり、トロイア戦争の英雄アキレウスの母である。テティスは並ずれて美しかったが、彼女が産む子供はその父親よりも強くなるだろうと予言された。これを聞いた彼女の求婚者たち（ゼウスとポセイドーン）は、みずからの優位が脅かされるのを恐れて、テッサリアの王ペレウスをそそのかし、自分たちの代わりに彼女と結婚させた。テティスは息子アキレウスに不死身の身体を授けることにほぼ成功したが、彼女がつかんでいたかかとの部分だけは不死身にならなかった。それゆえ、アキレウスはトロイア戦争で、彼の弱点を知った敵に殺されたのである。

文献20、40、56、92、93、114、119、129、130
⇨ 付録25

デ・ヒ・ノ・ヒノ
DE HI NO HINO
⇨ ヘング

テ・マカウェ
TE MAKAWE
⇨ アトゥア

デムラッシュ
DEMURUSH
イランのゾロアスター教では、デムラッシュはデーウ*の仲間で、もっとも獰猛である。悪い守り神*やデーモン*の仲間であり、極悪の存在アフリマンの従者をつとめ、アム

シャ・スプンタ*やヤザタ*の善き仕事をいつでも邪魔する。デムラッシュが住むと言われている暗い洞窟には、インドやペルシアから奪い集めた宝が山積みされている。
文献114、136
⇨ 従者の精霊

デーモゴルゴン
DEMOGORGON
ヨーロッパで信じられていた恐ろしいデーモン*。古代、デーモゴルゴンという名前はたいへん恐れられ、めったに口にされなかった。4世紀にキリスト教護教家ラクタンティウスが命名し、のちにスペンサー、ミルトン、ドライデン、シェリーが著作で言及している。アリストはデーモゴルゴンをヒマラヤ山脈のエルフ*とフェイ*の王だと述べているが、デーモゴルゴンはだいたい「恐ろしい地獄」に住んでいる。その名を口にしたり、思い浮かべたりするだけで、デーモゴルゴンが現れ、人間に死と災難をもたらす恐れがあるとされる。
文献40、107、114

デーモン
DEMON, DAEMON
古代、精霊*はダイモーン*と呼ばれ、善と悪両方の性質を備えていた。だがのちに、悪意を持つ悪魔*のみがこの名で呼ばれるようになった。デーモン（悪魔）は、サタン*の追随者、アダムを認めない堕天使*だとされた。デーモンはサタンと同様に、角、尾、二つに裂けたひづめを持った姿で描かれることが多い。デーモンは天使*の仕事を妨害し、魔王の使者をつとめる。地上に貧困、病気、死をもたらし、人間を誘惑して罪をおかさせ、魂を地獄へ送る。また、さらに悪事を働くために、人間をはじめとする生物の中に入り込んで支配することもできる。

さまざまな文化におけるデーモン
仏教 仏教の教義は、とくにデーモンについて触れていないが、仏教が優勢となった文化にもとから存在していた悪い精霊（ヤッカ*やピシャーチャ*）は、たいてい、仏教の教えに取り込まれている。インド亜大陸では、デーモンはふつう、僧侶を誘惑し、その宗教的な活動を邪魔するだけだが、さらに東の地方では、仏教が広まる前から存在していたデーモンは、はるかに大きな力をもっている。チベット仏教では、デーモンはケンマの使い魔*であり、いつも人間の家に入り込んで悪いことをしようとしている。だが、玄関の上に置かれた容器におさめた肖像に騙されて家には入れず、被害をもたらすことはできない。

セレベス諸島 デーモンは生き物がまだ住んでいない家（新築の家など）に住んでいると言われており、僧侶がデーモンをなだめなければならない。

中国の道教 デーモン、鬼（き）*は、中国では何百年も前から迷信と畏怖の的であり、たくさんの民間伝承が残っている。デーモンは生きているものと死んだものの両方を支配し、見えるものも見えないものも含めて、自然界のあらゆるものの中に存在するとされている。デーモンとその仕業の悪影響を防ぐため、道教の僧侶たちは複雑な儀式や方法を考案し、実行してきた。アモイでは、デーモンは幽霊の馬に乗り、子供を病気にして、弱った子供から魂を抜こうとすると言われている。これを防ぐために、親戚が銅鑼を叩いている間、母親が屋根の上で子供の衣類を振り回す。

キリスト教圏 天使の階級と同じく、キリスト教ではデーモンの階級もある。その中に含まれるアスモデウス*、アスタロス*、ベルゼブブ*、ベヘリトなどは、オリエントの異教の神々がヘブライ文化の中で地位を失ってデーモンに変わったものである。改宗したキリスト教徒は元の宗教のデーモンを信じ続けることが多く、そうしたデーモンもまた異教の神々とともに民間伝承の中に吸収されていった。デーモン、フィーンド*、使い魔*を信じることが、ヨーロッパでは18世紀まで救済の教義を支え、魔女や異端を粛清する根拠となっていた。ローマ・カトリック教会と英国国教会では、東方正教会や非国教会と同様

デーモン

魔女から贈り物を受け取る悪魔。上空にはデーモンが飛んでいる。

に、悪魔払いの儀式がいまも残っている。デーモン信仰は、ヨーロッパ民間伝承の文献では大きく扱われている。東ロシアのデーモンは、嘆き悲しむ寡婦の姿をとり、収穫期の真昼には畑をさまよった。デーモンから目をそらさないと、収穫者は腕や脚が折れた。その苦痛はある神聖な木の樹皮で癒すことができた。またデンマークの民間伝承では、森のデーモンはとくにサクランボの木に隠れていて、実を食べようと近づいてきた人間に悪意を向けるとされた。

古代の文化では、いつも記録が残っているわけではないが、デーモンは地下世界で罰を与える役目についていたらしく、その役割から「骨を砕く者」と呼ばれていた。ほかに重要なデーモンとして、ベス*、ベボン*、バビ*、闇のデーモンなどが知られているが、人間に災いや病気をもたらす多くの仕業は、名もないデーモンのせいだとされ、それを防ぐ儀式が記録に残されている。

ギリシア 現在使われている「デーモン」という言葉は、古代ギリシア語のダイモーン*から来ているが、ダイモーンは善い性質と悪い性質を兼ね備えている。当時、もっと邪悪な存在だったハルピュイア*やアラストール*などから生まれたのが、現代ギリシア民間伝承に伝わるストリングロス*やエクソティカ*などのデーモンである。

ヘブライ人 ヘブライ語の文献には、たい

へん古くからデーモン信仰が記録されており、リリス*やアザゼル*について書かれている。悪魔の家来だったデーモン族は、のちに堕天使*となり、それをもとに、アスモデウス*、ベルゼブブ*、ベリアル*などを含むデーモンの階級が決められた。現代のデーモン、シェディーム*は、聖書の申命記（32：17）に登場する、シェディム*と呼ばれるカナン人の神々にさかのぼることができる。このことから、宗教や民間伝承の中でデーモンの概念が受け継がれてきたことがわかる。

イラン、ペルシア ゾロアスター教が広まる前、ペルシア人が信じるデーモンはアエーシュマ*であり、ダエーワ*は、ヒンドゥー教と同じく善い性質を持つと信じられていた。だがゾロアスター教が広まると、ダエーワはデーモンと見なされるようになった。アフリマンが、アフラ・マズダやアエーシュマ*と戦いを続けさせるためにデーモンをつくったと考えられたのである。アズ*のようなデーモンは、人間の悪い考えや行ないから生まれたものであり、不潔で不快な場所をうろつき、つねに災いをもたらす。

イスラム教 イスラム教が広まる前、デーモンはそれぞれの文化の中に存在したが、のちにイスラム教に吸収されるか、不要なものとして打ち捨てられた。そうした古いデーモンについては、有名なジン*として多くの話が残されている。たとえば砂漠のアフリト*やダルハム*がその例であり、デーモンの災いを防ぐ儀式やさまざまな物語が生まれることとなった。

日本 日本の古い民間伝承では、デーモンは自然の精霊や悪い精霊として登場する。動物の姿をした河童*がその例である。神道では、デーモンは鬼と呼ばれ、災いや病気をもたらすものとされている。鬼には個別の名前はないが、たいていは雪女*のように人間の姿をとる。地方の民間伝承には、狐の精霊のようなデーモンに関する話が多く伝わっているが、これは日本と中国に共通する現象である。

中東、古代メソポタミア 古代メソポタミアの宗教で、デーモンは大きな役割を果たしていた。精霊*は、復讐する幽霊と超自然存在の二つに分けられていた。超自然存在の中には、砂漠、荒野、病気の危険な精霊がいた。ラバルトゥ*やリリトゥ*がその例である。その他、ラマッス*のようなデーモンは、守護精霊の役割を果たすこともあった。この時代の考古学遺物の多くは、楔形文字で書かれた魔除けや護符である。

デーモンは世界中の文化でいろいろな姿で現われており、宗教や民間伝承でも多く取り上げられている。

文献 7、23、27、39、40、48、53、62、91、92、107、110、114、126、136
⇨ アルダト・リリー、付録 2

デーモンの恋人
THE DEMON LOVER

この精霊*は、スコットランドの民間伝承で多くのバラッドに歌われている。言い伝えによると、この「小妖精の騎士」は、人間の乙女と恋をして婚約し、しばらくよそへ行かねばならないが必ず戻ってくるから、乙女が貞操を守っていたら結婚する、と誓った。七年が過ぎたが、その間、悲しみに暮れていた乙女は別の男と結婚し、子供をもうけた。やがて妖精の騎士が、絹の帆と黄金のマストを備えたガリオン船に乗って戻ってきて、乙女を探し出し、ふたたび魔法をかけた。騎士は乙女をガリオン船で連れ去り、船は岸からわずか九マイル沖で、永遠に海中に姿を消した。

文献44
⇨ エルフ、デーモン、妖精

デュンドゥ
DHUNDH
⇨ ドゥンド

デリック
DERRICKS

イングランド、デヴォン州の民間伝承に伝わる妖精*あるいはドワーフ*の名前。外見は小柄でしわくちゃの人間に似ており、いたず

スコットランドのハイランド地方の民間伝承では緑の女はとくに邪悪なデーモンとされる

ら好きな性格である。デヴォン州の人々は、こうした小さな精霊たち*の性格が善いとは言えないので警戒している。デリックは旅行者を道に迷わせるようないたずらを仕掛ける。
文献17
⇨　ピクシー、ピスキー

テリートップ
TERRYTOP
　イングランドの民間伝承に登場するトム・ティット・トット*の変形で、コーンウォール州の話における名前。ただしテリートップはドワーフ*というよりはむしろデーモン*である。コーンウォール州の話もまた、一風変わった結末になっており、その全容はロバート・ハントの『イングランド西部の民衆物語(*Popular Romances of the West of England*)』に見ることができる。その話を要約すると次のようになる。ダフィーという名の非常に怠け者の娘がいた。ある日、トローヴ村の地主ラヴェルさんが、ダフィーと彼女の継母がけんかをしているところに出くわし、ダフィーが糸紡ぎと編み物の名人だと言うのを小耳にはさんだ。そこで女中の助っ人によかろうと、ラヴェルさんはダフィーを連れて帰った。ダフィーはこっそりデーモンに助けてもらうのだが、例のごとくその返報としてデーモンの名前を当てるという条件付きだった。ルンペルシュティルツヒェン*の話と同様、名前がわかるとデーモンは煙となって消えてしまうが、それと同時にデーモンが作ったものも全部一緒に消えてしまったので、不運な地主さんは気がつくと裸同然の姿で家まで歩いて帰っていた。
文献17、18
⇨　付録14

テルキーネス
TELCHINES
　テルキーネスは古代ギリシア神話で一種のドワーフ*あるいはマーマン*として、さまざまに描写されている。北欧神話のドワーフと同様、テルキーネスも金属細工と魔術に秀で

ていた。その優れた腕前にまつわる伝説は、特にロドス島に多く残っている。一方ごく小さいマーマンとしては、幼少の海神ポセイドーンの教育係を任せられていた。神話研究者の中には、テルキーネスはのちに侵略を受けて征服された古い民族だとする意見もある。ちょうどアイルランド神話でフォウォレ族*がデ・ダナーン神族*に取って代わられるのと同じだと言うのである。

文献93、130
⇨ 付録22

テルプシコラー
TERPISCHORE
⇨ ムーサイ

テルマチュ
TELMAC̆
⇨ チェムブラト

天狗
TEN-GU, TENGU/S

日本の神道における精霊*。見かけは人間であるが、翼と鳥のくちばしを持つとされる。衣服を身につけ、人間社会と同じような共同体を作っているが、彼らが暮らすのは森や山の中の木立である。天狗の活動はさほど悪意に満ちたものではなく、むしろトリックスター*の活動に相応する。

文献33、41、53、88、93、119
⇨ 河童、付録12

天使
ANGEL

「天使」は古代からの語で、写本にはÆngel、Ængle、Engel、Enngell、Fnngle、Angil、Eangel、Angle、Aungel、Aungele、Aungelle、Aungil、Angell、Angelle、Angele など、さまざまな綴りが見られる。もともとはギリシア語のアンゲロス（angelos：使者）に由来する。ヘブライ語の訳語マルアク（mal'akh）も「使者」という意味である。これらの概念と命名はさまざまな形でヨーロッパじゅうに受け入

れられている。13世紀末までに、英語の発音は古英語やゲルマン語の様式から硬音の「G」を使っていたが、のちに古期フランス語の影響を受けて軟音化した。天使の概念はさまざまな宗教で認められ、個々の神学的伝統によって、さまざまな特徴づけがなされている。古代メソポタミアでは大きな翼を持つ精霊*が描かれ、ゾロアスター教のアムシャ・スプンタ*は目に見えない。中国のシェン（神）*は人間と同じ姿をしている。初期のヘブライの概念では人間そっくりだが無性である。のちに個々の天使が識別されるにともない、男性名が与えられた。イスラムの伝統では、天使は混じり気のない輝く宝石から作られ、固有の名を持つ場合もあり、2対、3対、あるいは4対の翼を持つと描写された。

キリスト教の天使の概念は旧約聖書が起源で、教会の教理の中で非常に発展した分野となった。完全なヒエラルキー・システムとなっており、七つの部に分かれ、それぞれを一人の大天使*が統率し、天使たちの数は49万6000人と推定された。このヒエラルキーの各階級にはそれぞれ固有の姿が想定された。（1）第一集団は熾天使*、智天使（ケルビム）*、座天使*、（2）第二集団は主天使*、力天使*、能天使*、（3）第三集団は権天使*、大天使、天使となる。次に挙げるのは、古くから宗教美術に見られるそれぞれの描写である。

熾天使——子供の頭と翼は通常赤く描かれる。ロウソクを持つこともある。あるいは三対の翼を持つ人間の姿で描かれる。
智天使——子供の頭に数対の翼を持つ。翼の色は通常青または金で、本を抱えている。

以下の天使たちはふつう人間の姿をして、流れるような白と金の衣服をまとい、そこから大きな金色の翼が突き出している。翼は広げていることも畳まれていることもある。たいていの場合、裸足である。

座天使——玉座を携えていることがある。

許しをもたらす天使

主天使——王冠を載せていたり、宝珠や笏を携えていることがある。
力天使——バラまたはユリの花を抱えている。
能天使——甲冑をつけていることがある。
権天使、大天使、天使——無名の場合には、若く女性的な容姿をしている。

　天使は伝統的に神の使者であり、天界の至上の神に仕える従者の精霊*である。彼らは導き、癒し、慰め、希望をもたらすが、罪人に罰を、あるいは改悛者に許しを与える仲介者でもある。行ないの正しい人の魂を天国に案内するのも彼らの役目である。
　キリスト教の神学上のヒエラルキーと、階級および個々の天使の命名にともない、特定の役割あるいは活動が彼らに割り当てられた。第一集団の天使たちは神を崇敬する直接の集団、第二集団の天使たちは天上や諸要素に責任を持つ、第三集団の天使たちは地上の王国と、とくに人間たちに責任を持つ。守護天使*はこの最後のランクから選ばれる。
　固有の名前を持つ、非常に崇敬されている七人の大天使は、ミカエル*、ガブリエル*、ラファエル*、ウリエル*、シャムエル*、ジョフィール*、ザドキエル*である。これらの天使たちは、中世の神学では、当時天文学者に知られていた七つの惑星と関連づけられた。彼らの名前は聖書外典に記録されている。聖書で言及されているのはミカエルとガブリエルだけで、彼らはコーランにも登場する。コーランにはマーリク*、ハールートとマールート*という他の天使も登場している。また死の天使イズラーイール*とイスラーフィール*がイスラムの文献に言及されている。ヘブライのタルムードの伝統では、三人の天使サンヴィ*、サンサヴィ*、セマンゲラフ*が、道をはずれたリリス*を説得してアダムのもとに帰らせる任務を帯びるほか、子供たちにはリリスの悪から身を守るための呪文を授けている。
　中世のキリスト教神学では、人間界での悪事の存在は、「人間」を認めようとしない天使ルシファー*とその追随者の「反乱」によるものだと説明された。彼らは天国から追放され、敵対者悪魔*あるいはサタン*と、デーモン*の追随者あるいは堕天使*になった。堕天使の一部は悔い改め、天上へ戻ろうとした。
文献39、40、56、59、62、75、91、92、107、113、114
⇨　アズラエル、ピトリ、マネス、マルート、ラール、付録1、付録3、付録7

天使オリヴァー
ANGEL OLIVER
　サタンが天国で神に反乱を起こすまで、天使オリヴァーは大天使*の代表とも言うべき天使*だったが、彼は自らの名を汚す行ないをし、他の堕天使*とともに追放された。以来、キリスト教の伝統では、彼は貧者を虐待する役目を負っている。彼に割り当てられた敵は聖ラウレンティウスである。しかし、彼は深く後悔し、天国における自分の地位を取り戻す望みを捨てなかったと言われる。
文献87
⇨　付録7

デンジャラス・アワー
DANGEROUS HOUR, THE
⇨　バッド・アワー

[ト]

トゥア
TUA
　ボルネオのイバン族（海ダヤク族）が信仰する守護霊*の名前。この精霊*は人間が成長する過程で夢の中に現われ、たいてい蛇の姿をしている。もしもトゥアがニシキヘビの姿で夢に現われたなら、その人間は自分の先祖に教え導かれることになる。もしもコブラの姿で現われたら、その人間は軍神クリングに導かれることになる。トゥアは猫、鹿、その他の身近な動物の姿をとることもある。
文献33
⇨　使い魔、付録12

トゥアサ・デ・ダナーン
TUATHA DÉ DANANN
⇨　デ・ダナーン神族

ドゥーアズユーウッドビーダンバイ夫人
MRS. DO AS YOU WOULD BE DONE BY
⇨　ビーダンバイアズユーディド

ドヴァリン
DVALIN
　北欧神話に登場する、四人のドワーフ*の一人。ほかの三人はダーイン*、ドゥラスロール、ドゥネイル。彼らの名前は宇宙樹ユグドラシルの芽を食べる四頭の牡鹿に由来し、もとは世界樹を守る守護霊*であったらしい。ドヴァリンは、世界樹をその泉の水によって支えたノルン*たちのうち少なくとも一人の父であるとされる。

文献95
⇨　ドゥリン

ドゥアルガー
DUERGAR
　スカンディナヴィアとゲルマンの神話に登場するドワーフ*。丘の下、暗い森、人里はなれた岩間に住む。イングランド北部では黒いドワーフとよばれているが、これはドゥアルガーのドイツ語での別名スヴァルト・アールヴとまさに意味が等しい。滅ぼされた巨人ユミルの遺体にわいた蛆からつくられたとされ、ユミルと同じく、人間に腐敗と悲惨をもたらす。ドゥアルガーのリーダーはモーズグニル*。ドゥリン*とドヴァリン*も仲間である。
　小人に似ているとされ、色黒の肌、緑の目、灰色の長い髭、ずんぐりして力強い身体、カラスの足先がついた脚を持つ。英国では子羊の皮のコートを着て、モグラの毛皮のズボンと靴をはき、キジの毛を飾ったミドリゴケの帽子をかぶっているとされる。魔法のマントをはおれば姿が見えなくなるが、日光がさしている間に捕まえれば、ドゥアルガーは滅ぶ

るか、別の伝説によれば石になる。すべての金属、とくに金と銀の細工にすぐれている。神々のためにすばらしい武器をつくったが、その武器を強奪した者には災難がもたらされる。

文献78、88
⇨　アールヴ、ベルク・ピープル、荒れ地の茶色男

ドゥイル
DWYLLE
⇨　悪魔

ドゥヴェルガー
DVERGAR
⇨　ドゥアルガー

ドゥエリ
DUERI
⇨　ドワーフ

ドゥエリー
DUERY
⇨　ドワーフ

ドヴェルガー
DVERGAR
⇨　ドゥアルガー

ドゥエルグ
DUERGH
⇨　ドワーフ

ドゥエルチ
DUERCH/E
⇨　ドワーフ

ドゥエルツ
DUERZ
⇨　ドワーフ

ドゥエルー、ドゥワルグ、ドゥワルー
DWAERUH, DWAEGH/E, DWARW
⇨ ドワーフ

ドゥエンデ
DUENDE
　スペインの民間伝承に登場する、家事の精*、ドワーフ*。村の家の白壁に住む。ナイトメア（夢魔）*の仲間で、その家の人間の眠りを妨げる。
文献38
⇨ 精霊、付録22

ドゥオロー
DUOROW
⇨ ドワーフ

ドヴォロヴォイ
DVOROVOI
　ロシアの民間伝承に登場する、農家の精霊*。白い毛をした獣を嫌っていじめるが、白い雌鶏はいじめない。子牛や子馬は被害にあうので、ドヴォロヴォイのいたずらに負けなくなるまで、農家の中につないでおかなければならない。パンをあげ優しく話しかければ、ドヴォロヴォイをなだめられるが、いたずらが目に余るときは、塀に干草を運ぶ熊手を突き刺したり、埋葬布から抜いた糸を音をたてて振り回したりして、懲らしめることができる。ふつうは姿が見えないが、ドモヴォーイ*に似ていると言われる。ある話には、人間のように嫉妬心を持つハンサムな若い男として現れる。農地で困っていた若い娘を助けてやった後、その娘が他の男と結婚しようとすると、ドヴォロヴォイは娘の髪の毛をもつれさせた。
文献29、56、75、88、119
⇨ 付録22

トゥキ
TUKI
　ソロモン諸島の小さな精霊たち*の名前。トゥキは背丈が約30センチほどの、長い黒髪と鉤爪を持つ姿で描かれた。彼らは低木の茂みや荒野に棲息し、岩の裂け目や木の幹のうろ穴の中、石の下などをすみかとした。
文献109

ドゥク＝タニャ・バ
DÚC-THÁNH BÀ
⇨ ドゥク＝バ

トゥクトリアク
TUKTORIAK
　カナダ北部に住むイヌイット族やイハルミュット族の信仰に登場する自然の精霊*。トゥクトリアクは鹿の守護霊*で、要求されれば、食用の獲物を狩人に提供する。
文献101
⇨ 付録12

ドゥグナイ
DUGNAI
　スラヴの民間伝承に登場する、女の家事の精*。主婦のパン種を守り、腐敗をふせぐ。
文献102
⇨ キキーモラ、精霊、マテルガビア、付録22

ドゥク＝バ
DÚC-BÀ
　ヴェトナムのアンナン（安南）人の信仰に登場する、ドゥク・バ（森の精霊*）、バ＝ドゥク＝チュア*（空気の精霊）、ドゥク＝タニャ・バ（水の精霊）と呼ばれる三人の母の一人。玉帝によって創造されたと言われる。彼女たちはブッダに捧げられたパゴダの中の小部屋で崇められ、樹木の霊として供物が行なわれる。
文献87
⇨ 付録19

トゥクルカ
TUCHULCHA
　古代エトルリア人の宗教に登場する、地下世界のデーモン*の名前。グロテスクな超自

然存在で、両腕に蛇を巻き付けている姿で描かれた。
文献93

ドゥシ
DUSII
　古代ガリア地方で、ケルトのホブゴブリン*につけられた名前。「毛深い人」という意味のピロシとも呼ばれた。イングランドの民間伝承に登場するブラウニー*によく似た、毛深い家事の精*だったらしい。
文献37
⇨　精霊、付録22

ドウ・シェン（痘神）
DOU SHEN とうしん
　中国の民間信仰や伝説に登場する恐ろしい精霊*の名前。病気をもたらす精霊で、とくに天然痘をもたらすとされる。
文献131
⇨　アラルディ、コン＝マ＝ダーウ、シェドラ・クバとシェドラ・クグザ、ミンセスクロ、付録17

ドゥシン
DSCHIN
⇨　ジン

トゥース・フェアリー（歯の妖精）
TOOTH FAIRY, TOOTHY FAIRY
　ヨーロッパ文化圏のたいていの民間伝承に登場する子供部屋の妖精*。子供の乳歯が抜けたとき、そこにちゃんと大人の歯が生えてくるよう面倒を見る妖精である。この妖精の話が伝承されていく過程で、いつしか抜けた乳歯をその夜枕の下に入れて寝るのが子供にとっては重要な意味を持つようになっていった。すると妖精が乳歯を引き取る代金として、銀貨を一枚置いていったからである。現在では乳歯に対する支払いは現地通貨に換算され、物価上昇も考慮に入れられているようである！
英国民俗学学会文書（Folklore Society Documents）
⇨　精霊、付録22

トゥット
TUT
⇨　トット

トゥット・グット
TUT GUT
⇨　トット

トゥーティヴィルス
TUTIVILLUS
⇨　トム・ティティヴィル

トゥーテガ
TOOTEGA
　カナダのイヌイット族の信仰に登場する女の水の精。小柄な老女の姿で現われ、水面上を歩く姿が見られることがある。とある島の小さな石造りの家に住んでいると言われる。
文献102
⇨　精霊、付録25

ドゥナ・エー
DOOINNEY-OIE
　英国マン島の民間伝承に登場する、親切な天気の精霊*。名前は「夜の人」という意味。輪郭のぼやけた人間の形をして現われるか、優しい声を風に乗せて届けたり、角笛の音を響かせたりする。ハウラー*と同じく、ドゥナ・エーも、漁師や農夫に嵐が近づいていることを警告する。
文献17、18、69
⇨　ドゥナ・マラ、付録26

ドゥナ・マラ
DINNY MARA, DOOINNEY MARREY
　英国マン島の民間伝承に登場するマーマン*。マン島語で「海の男」という意味のディーナ・マラ*が変化した語である。ドゥナ・マラは、イギリス本島のマーマンより人間に好意的であるとされる。だが船上で口笛

を吹くのは、ドゥナ・マラを引き寄せて風も激しくなるので、禁じられている。
　その昔、「若者の船」という名の漁船があり、七人の乗組員は独身の若者ばかりだった。漁に出るたびに、乗組員はドゥナ・マラにニシンを捧げ、お返しに毎回、大漁に恵まれていた。他の船の乗組員がそれを妬み、漁船隊を率いる隊長が、ニシンがたくさん集まる漁場を教えてくれと頼んだ。若者たちからマン島の分離氷塊のそばだと聞き出すと、漁船隊は出漁した。その晩、「若者の船」の乗組員は、ドゥナ・マラが「いまは晴れて波も静かだが、もうすぐ嵐が来る」と語るのを聞いた。乗組員が漁網を引き上げて波止場に戻ったときに、ちょうど激しい嵐になった。そして漁船隊の他の船は行方不明となってしまった。それ以来、漁船隊の隊長は乗組員に既婚者と独身者を混ぜるようになったという。
文献17
⇨　ドゥナ・エー、ハウラー、マーメイド、精霊、参照25

ドゥーニー
DOONE
　スコットランドの民間伝承に登場するいたずら妖怪。年老いた人間や、ときにはポニーの姿に化ける。老人やポニーに化けるほかの精霊*と違って、ドゥーニーにはまったく悪意がない。道に迷った旅人を見つけては、道案内をしてやる。
文献17
⇨　ダニー、付録24

トゥパン
TUPAN
　ブラジルのトゥピ・グアラニー族あるいはトゥピナンバ族の信仰では、トゥパンとは雷のデーモン*のことで、波状の髪を持つずんぐりした人間の姿で描かれた。ところがキリスト教の宣教師たちがブラジルにやって来ると、彼らはキリスト教の神を示すのにトゥパンの名を使ったので、以後トゥパンとは「神聖な」という意味を持つようになった。

文献88、102
⇨　精霊、付録26

ドゥーフ
DWRF/E
⇨　ドワーフ

トゥマ・デュン・ケレメト
TUMA DÜη KEREMET
　旧ソビエト連邦のマリ人（チェレミス人）の民間信仰に登場するケレメト*あるいは悪霊の名前。その名は「カシの木の下のケレメト」の意で、この精霊*の生息地を示している可能性がある。しかしこの精霊は、病気をもたらす強力なデーモン*である。
文献118
⇨　付録9、17

ドゥムとルム
DMU AND RMU
　チベットの古代ボン教に登場する精霊*。空に住む太った紫色のフィーンド*で、空の神ドゥム・ブドゥド・カン・ポ・サ・ザンに仕えるとされる。
文献88、93
⇨　サダグ

ドゥヤヴォ
DYAVO
　セルビアの民間伝承でデーモン*を表わす言葉。
文献41

トゥーリッキ
TUULIKKI
　フィンランドの民間信仰に登場する女の森の精。彼女は森の神タピオの娘で、男の森の精ヌーリッキは彼女の兄弟である。
文献88
⇨　精霊、付録19

トゥリハンド
TULIHÄND
⇨　クラット

ドゥリン
DURIN, DOUL
　スカンディナヴィアとゲルマンの神話に登場する、ドワーフ*の強力な三首領の一人。ディリン*ともいう。あとの二人はドヴァリン*とモーズソグニル*。魔法を使って奇抜な武器をたくさん製造し、北欧神話の神々に使われた。スヴァフルラミ王と魔法の剣チュルヴィングの物語が示すように、ドゥリンの製造した武器を強奪した者は、その武器によって殺される。

文献95、102
⇨　ドゥエルガー

ドゥール
DOUL, DULE
⇨　悪魔

ドゥルウェ
DURWE
⇨　ドワーフ

ドゥルガー
DURGĀ
　ヒンドゥー教神話に登場する、悪いデーモン*。虎に乗った黄色い女性の姿に描かれる。

文献87
⇨　デーウ

ドゥルグ
DRUG
　ドゥルジ*とも呼ばれる。古代ペルシア神話では、このデーモン*の集団はドゥルフ（古代ペルシア語のドラウガに由来する）という名前で知られている。ゾロアスター教の神話では、アーリマンに従う女性のデーモンであるとされ、洞穴に住むと言われる。アシャ・ワヒシュタ*と呼ばれるアムシャ・スプンタ*に対抗するものとして、アンラ・マンユに創造されたらしい。ドゥルグは、詐欺、裏切り、悪徳を呼び起こすものと考えられている。ドゥルグの中でも最悪なのが、アジダハーカ*、ジャヒー*、ナスシュ*である。のちにはドゥルグの仲間に、ダエーワ*、カーヴィ、ヤーツなどの、悪意を持つ超自然存在も含まれるようになった。彼らの首領がアクティア*である。

文献87、93
⇨　デーウ

ドゥルジ
DRUJ
⇨　ドゥルグ

トゥルティン・トゥラティン
TRWTYN-TRATYN
　ウェールズの民間伝承に登場する女の妖精*の名前。ハベトロット*と同様、トゥルティン・トゥラティンも糸紡ぎをする妖精で、人間の娘を手助けしに来る。トゥルティン・トゥラティンの話でも、娘は　手助けしてくれる妖精の名前を知ることになり、シリ・フリットとシリ・ゴー・ドゥート*の話と同型となっている。

文献15、17、18
⇨　ウーピティー・ストゥーリー、グワルウィン＝ア＝トロット、テリートップ、トム・ティット・トット、ピーリフール、ルンペルシュティルツヒェン、付録14

トゥル・ボダズ
TUL BODəZ
　旧ソビエト連邦のマリ人（チェレミス人）の民間信仰に登場するケレメト*の名前。その名は「火の精」を意味する。同じような呼称の精霊*にトゥル・ボダズ・タルマゼがあり、これは「火の精タルマゼ」の意で、タルマゼと呼ばれる場所、あるいはまた別の精霊と関連があることを示している。

文献118

トゥレック・クグザ
TUREK KUGUZA
　旧ソビエト連邦のマリ人（チェレミス人）の民間信仰に登場するケレメト*あるいは悪霊の名前。通常ケレメトとは悪魔*のことであるが、トゥレック・クグザは「トゥレックの老人」の意で、この呼称には尊敬が込められている。事実このデーモン*にかぎっては、トゥレックの町の守護霊*とみなされている。
文献118
⇨　クグザ、精霊

ドゥワリン
DWALIN
⇨　ドゥリン

ドゥワルー
DWARW
⇨　ドワーフ

ドゥワルグ
DWAEGH/E
⇨　ドワーフ

トゥンデル
TÜNDÉR
　ハンガリーの民間伝承で妖精*を示す言葉。善い妖精と悪い妖精とがいて、いずれも魔法の水、牛乳、涙、唾液、薬草、貴石、宝石などを使って人間に魔法をかけることができた。彼らは音楽と踊りが大好きで、月明かりの夜にはよく森の中の空き地へ出てきた。トゥンデルは山の中にある美しい庭付きの妖精の城に住み、庭には黄金色のあずまやがある。彼らは群れをなす妖精たちで、共同体の中で組織立った社会生活を営んでいる。またハンガリーの民間伝承には独り暮らしの妖精も数多く登場する。こうした温和で慈悲深い妖精たちのほとんどには、彼らが住んでいるとされる各地方により、それぞれ地元での呼称が付いている。たとえばデイム・ヒリップ、デイム・ジェノー、デイム・ランプソン（妖精の女王）、デイム・ヴェネトゥール、フェアリー・ヘレン、フィルトス（善い妖精たちの女王）、マロス（水の精）、ミカ（戦士の精）、オルト（水の精）、タルコー、タルトド（悪い妖精たちの女王）などがある。
文献77

ドゥンド
DUND
　インドの民間伝承に登場する恐ろしい精霊*で、デュンドゥ*とも呼ばれる。頭や手足のない騎手の姿をして現われる。頭が鞍に縛り付けられているときもある。夜、家の中の人に呼びかけながら通り過ぎるが、返事をしてはいけない。返事をすれば、頭がおかしくなるか、死んでしまう。
文献87
⇨　ドラハン

ドエアルフ
DWEARF
⇨　ドワーフ

ドエオーズ
DWEORZ
⇨　ドワーフ

ドエオー
DWEORH
⇨　ドワーフ

ドエリー
DWERY
⇨　ドワーフ

ドエルズ
DWERUZ
⇨　ドワーフ

ドエルフ
DWERUF
⇨　ドワーフ

ドエロウ
DWEROWE
⇨ ドワーフ

ドガイ
DOGAI
　オーストラリアとニューギニアの間にあるトレス海峡の島々に伝わる悪い精霊*。どんな姿にも変身できるが、若い美女に化けたときがいちばん恐ろしいとされる。膝が逆向きに曲がったり、首がぐるりとひとまわりしたりするところから、正体を見破られる。また、耳たぶがたいへん長く、脚がとても細い。ドガイは人間（とくに子供）を脅し、病気にしたり殺したりする。穀物を駄目にし、漁師の網にかかった魚を奪う。
文献88、102、109
⇨　付録22

トクタル・ポシュクダ
TOKTAL POŠKUDƏ
　「トクタルの隣人」を意味するこの名は、旧ソビエト連邦のマリ人（チェレミス人）の民間信仰におけるケレメト*の婉曲的な呼称である。ケレメトは悪霊あるいは悪魔*で、うかつに呼び出すと人間に危害を加える恐れがある。
文献118
⇨　精霊

トサリデュイ
TÇARIDYI
　ロマ（ジプシー）の民間信仰における、病気をもたらす女のデーモン*。この悪霊は、アナ*がザリガニを食べさせられた後、魔王と交わった結果生じた。トサルデュイはトスロ*というデーモンの妻になった。彼女は毛に覆われた芋虫の体を持つとされた。人間の体に入ろうとし、男性の身体に入ったときには焼けるような高熱をもたらす。女性の身体に入ったときにはそのまま待機して、出産時に産褥熱をもたらす機会を待つ。自分の身を守るため、女性はよくザリガニでできたお守りを身につける。
文献31
⇨　精霊、ロソリコ、付録17、付録22

トシュタ・コジュ・イェン
TOŠTƏ KOŽ JEη
　旧ソビエト連邦のマリ人（チェレミス人）の民間伝承に登場するケレメト*。その名は「古い松の木の男」を意味し、この悪霊は森の中に潜んでいることがある。折にふれて若い雄鶏を生贄に捧げてこの悪霊をなだめ、彼の領地に足を踏み入れてしまった人間に対し危害が加えられぬようにする。
文献118
⇨　コジュ・イェン

トシュトット・イェン
TOŠTOT JEη
　旧ソビエト連邦のマリ人（チェレミス人）の民間伝承に登場するケレメト*あるいはデーモン*の名前。野ウサギを捧げてこの精霊*をなだめる。
文献118
⇨　付録9

トスロ
TÇULO
　ロマ（ジプシー）の民間信仰における、病気をもたらす男のデーモン*。この悪霊は、魔王がザリガニとクワガタを食べた後、眠っていたアナ*と交わった結果生じた。トスロは太いだるまのようなとげの塊で、くるくると巻いて球状になり、人間の体へと入る。ひとたび人間の体へ入ると、下腹部に激痛をもたらす。トスロは特に妊婦を苦しめるのを得意とする。彼の妹であり妻でもある女デーモンのトサリデュイ*に対するのと同様、女性はザリガニでできたお守りを身につけて、トスロの悪意から身を守ることがある。
文献31
⇨　精霊、ロソリコ、付録17

トット
TOT
ホブゴブリン*に対するイングランドのリンカンシャーでの呼称。トット、あるいはトゥット・グットとも呼ばれる。たいていは害のない家つきの妖精*とみなされている。

文献18、40
⇨ 家事の精、付録22

トット・グリッド
TOT GRID
⇨ トット

トッド・ローリー
TOD LOWERY, TOM LOWERY
イングランド、リンカンシャーの民間伝承に登場するゴブリン*の名前。沼地や湿地に住み、無用心な人間を沼沢地に誘い込むと言われる。この妖精は、おもに小さな子供たちがザ・フェンスと呼ばれる沼沢地帯に入って怪我をせぬよう、引き合いに出される子供部屋のボーギー*である。

文献17
⇨ ウィル・オ・ザ・ウィスプ、付録22

ドッブズ
DOBBS
イングランド、サセックスの民間伝承に登場する家事の精*。ドッブズだんな*とも言う。ブラウニー*の仲間で、とくに高齢者をいたわると言われている。

文献17
⇨ 精霊、ドービー、ボダハン・サヴァル、付録22

ドッブズだんな
MASTER DOBBS
⇨ ドッブズ

ドト
DOTO
⇨ ネーレーイス

ドドレ
DODORE
ソロモン諸島のマライタ族の民間信仰に登場する小さな精霊たち*。脚、腕、目が一つずつで、馬の尾に似たたいへん長い赤毛を持つとされる。人間に悪意を向けることがあり、長い爪で人を殺すこともあるが、たいていはうまくだませる。昔、ドドレが住むバンヤン樹の樹皮で寝床を作った男がいた。男が眠る寝床へ、怒ったドドレが毎晩現われた。ある夜、ドドレは男ごと寝床を丸め、運び出そうとした。男ははっと目を覚まし、これは夢ではないと気づいた。すぐさまそばにあった木の枝にしがみつき、寝床からするりと抜け出した。ドドレはそれに気づかず、寝床だけを抱えていった。

文献109
⇨ カキー・タペレレ、シック、精霊、ナシャ、パイジャ、ビーアスト・ヴェラッハ、ヒンキー＝パンク、ファハン

ドナ・ロザリナ
DONA ROSALINA
アフリカ系ブラジル人のカルト、バトゥーキで崇拝されているエンカンタード*。別名「湖の大蛇」。ジャペテクアラ*に次ぎ、第2位の地位を占める。アマゾン川に棲む大蛇のカルトと関連が深いが、ドナ・ロザリナは気高く威厳があり、茶と煙草のパイプは受け取るものの、酒ははねつける。

文献89
⇨ クルピラ、精霊、セウ・トゥルキア

トバデスツィニ
TOBADZISTSINI
大砂漠地帯に住む北アメリカ先住民の信仰や伝説に登場する精霊*の名前。「滝の子供」として知られるが、戦争に関わる精霊である。

文献25

ドビー
DOBIE, DOBBIE, DOBBY
北イングランドの境界地帯や郡部にいるブ

ラウニー*、エルフ*、ホブゴブリン*、家事の精*。この名前は愛称で、ロバートという名前から生まれたものであり、ドビーに対する親しみやひいきを表わしている。ふつうは家に住み着くが、ブラウニーほど役には立たず、もっと怠惰、のろま、間抜けだとされている。家の中に住み着くこともあるが、たいていは納屋に居つき、家畜を見張っている。一家のドビーは、家に困難が起きたときに、家の財産の守護霊*として呼び出される。

　家に住み着かないドビーは性格が異なり、邪悪だとされている。川、淋しい見張塔、廃墟に住み、馬に乗った旅人が一人で通りかかるのを待つ。スコットランド低地地方のバッキー*のように、旅人の背中に飛びつき、首を絞めるものもいる。

文献15、17、40、66、123、133
⇨　スプライト、ブラウニー・クロッド、付録22

トピェレツ
TOPIELEC
　スラヴ人の民間伝承に登場する水棲デーモン*。溺死した人間の霊魂が変化したものと言われ、今度は水中に落ちた人間を食らう。

文献99
⇨　精霊、付録25

ドマヴィーカ
DOMAVICHKA
⇨　ドミーカ

ドマヴィーハ
DOMAVIKHA
⇨　ドミーカ

ドミーカ
DOMIKHA
　ロシアの民間伝承に登場する、ドモヴォーイ*の妻。別名はドマヴィーハ*、ドマヴィーカ*、キキーモラ*、シシーモラ*。家の床下に住み、夜になると現われて糸つむぎをすると言われる。スモレンスク地方では、ドミーカの子供の泣き声が聞こえたら、その声が聞こえてきたあたりに布をかぶせろという言い伝えがある。すると子供の姿が見えなくなったドミーカは、子供を返してほしくてどんな質問にも答えてくれると言う。

文献75
⇨　付録22

ドミナティオン
DOMINATIONS, DOMINIONS
⇨　天使

トミー・ロー・ヘッド
TOMMY RAWHEAD
⇨　ロー・ヘッド・アンド・ブラディー・ボーンズ

トム・コックル
TOM COCKLE
　この妖精*あるいはブラウニー*は、家よりもむしろ家族につく。トム・コックルはアイルランドのある一家に仕えた家つきの妖精だった。一家がアメリカに移住すると、トム・コックルも一緒について行った。

文献17
⇨　家事の精、精霊、付録22

ドム・ジョアンオ・スエイラ
DOM JOÃO SUEIRA
　アフリカ系ブラジル人のカルト、バトゥーキでとくに崇拝されているエンカンタード*で、スエイラ一族の仲間。スエイラは、「南部人」という意味の言葉スリエラのくだけた言い方である。ドム・ジョアンオ・スエイラは、邪悪なエクス*を服従させたと言われている。ドム・ジョアンオ・スエイラの性格は、ヨルバ族の戦いの神オグン*から来ているとされる。精霊*のフィナ・ジョイア（「美しい宝石」という意味）を妻としている。二人の性格は、18世紀にミナスジェライス州で伝説的な活躍をしたジョアン・フェルナンデス・デ・オリヴィエラとその愛人チカ・ダ・シルヴァから発展してきたと考えられている。ド

ン・ジョアン・スエイラは、洗礼者聖ヨハネとその祝日6月24日に結びつけられている。スエイラ一族のほかの精霊*は、コンセイサオン・スエイラ、ジョアン・ジ・オウロ、ジョアンジーニョ・スエイラ、バシリオ・ボム*、メニーノ・アグドゥイである。

文献89

ドム・ジョゼ
DOM JOSE
　アフリカ系ブラジル人のカルト、バトゥーキで崇拝されているエンカンタード*。別名はフロリオアノ王。聖ヨセフとその祝日3月19日と関連づけられている。一族にはゼジーニョ*がいる。

文献89

トム・タンブラー
TOM TUMBLER
　イングランドの民間伝承に登場する、インプ*、デーモン*、あるいは使い魔*の古い名称。

文献107

トムテ
TOMTAR, TOMTE, TOMTE GUBBE
　スウェーデンの民間信仰に登場する小さな精霊たち*。ヴァイキングの侵攻によって国を追われた古い民族だと考えられていた。アイルランド伝説のデ・ダナーン神族*のように、彼らは古代の砦、環状列石、土塚などに住んでいた。魔術、道具の製作、その他の手工芸に秀でていた。トムテは自分たちの土地に侵入した人間をしつこく悩まし、概して非常に意地が悪かった。結局は人々もトムテのためにちょっとした贈り物を置いておいて、彼らをなだめることを学んだ。するとそのお返しに、トムテは夜間に畑仕事や家事をやってくれた。こうして各農場に一人ずつトムテが守護霊*として住みつくようになり、幸運と繁栄をもたらした。トムテはデンマークのニス*に似ていると言われるが、ニスよりはずっと小さく仕事がのろい。しかしボウル一杯の粥と、少量のパンとタバコを好むところは同じである。ただしトムテがそれらを望むのはクリスマスの日の朝だけである。その日以外の日にトムテに何かもっと良い贈り物をすると、確実にトムテを怒らせてしまい、もうそれ以上働いてくれなくなる。

文献18、34、66

⇨　家事の精、ゴブリン、コーボルト、ブラウニー、ピスキー、付録22

トム・ティット・トット
TOM TIT TOT
　イングランドの民間伝承に登場するデーモン*の名前で、その話はグリム童話の「ルンペルシュティルツヒェン*」と同じ話型である。トム・ティット・トットの話はサフォーク州に伝わるもので、それに基づきエドワード・クロッド（1840～1930年）が『トム・ティット・トット』という題の研究書を出版した。物語は次のようである。あるおかみさんがパイを数個焼いたが、みな皮が固く焼きすぎてしまった。そこでおかみさんは娘に、パイをしばらく置いておけば「戻る」から、と言った。つまり硬い皮が柔らかくなるからと言ったつもりだった。ところが娘は母親の言葉を文字通り受け取り、おなかもすいていたので、パイを全部食べてしまった。あとで娘が食べてしまったと白状すると、おかみさんは大声でどなりつけた。その声があまりにも大きかったので、ちょうど家の前を馬に乗って通りかかった王様が、いったい何の騒ぎだと尋ねた。ばつが悪かったおかみさんは、本当のことを言う代わりに、娘は糸紡ぎがとてもうまいのだと自慢した。すると王様は娘を妃に迎えると約束した。ただし部屋が一杯になるほど、上等の亜麻布を娘が織って見せることを条件とし、それができなければ娘の首をちょん切ると言った。おかみさんは承知し、娘は王妃になって、やがて糸紡ぎを見せるときがやって来た。糸紡ぎをするために、亜麻と糸車がたくさん置いてある部屋に閉じ込められたお妃が座り込んで泣いていると、誰かが戸をノックする音が聞こえた。戸を開

トム・ティット・トット

クリスマスの季節には、ユーレニッセと二人のトムテが北欧の子供たちにプレゼントを配る。

けると、そこには尻尾のある黒いドワーフ*が立っていた。なぜ泣いているのかとドワーフに聞かれて、お妃が事情を話すと、ドワーフは毎朝亜麻をもらっていって、夜までに紡いで持ってきてやろうと約束した。その代わりに、もし自分の名前を一ヶ月の間に当てられなかったら、お妃は自分のものになる、とそのドワーフが言った。はたしてあと一日で一ヶ月が終わるという日の夜になっても、お妃にはまだそのインプ*の名前がわからなかった。すると夕食時に、王様が白亜坑で奇妙な黒いインプを見たと言い、そいつが自分の名前が入った歌をうたっていたと言うではないか！ 翌日インプがお妃を手に入れよう

としてやって来ると、お妃は「ニミ・ニミ・ノット、私の名前はトム・ティット・トット」と歌った。するとインプは恐ろしい叫び声をあげて、暗闇の中へふっ飛んでいき、二度と現われることはなかった。

この話の類話はイギリス国内に多数存在し、それらに登場するインプの名前は、ウーピティー・ストゥーリー*（スコットランド）、テリートップ*（コーンウォール）、トゥルティン・トゥラティン*（ウェールズ）、ハベトロット*（スコットランド）、ピーリフール*（オークニー諸島）などである。

文献17、18、66
⇨ 付録14

トム・ティティヴィル
TOM TITIVIL

中世イングランドの民間伝承や教会の伝説に登場するデーモン*の名前で、トゥーティヴィルスとしても知られる。このデーモンの仕事は、教会で宗務が正しく行なわれていないときをとらえることだった。トム・ティティヴィルはいつでも教会で待ち構えており、怠惰な司祭や修道士が礼拝で読み飛ばしたり、はっきり言わなかったりした語句を残らず記録した。こうして拾い集めた語句を地獄へ運び、彼らを地獄へ落とすための証拠として使った。トム・ティティヴィルは中世イングランドの多くの道徳劇に登場したが、それ以後は迷惑な密告者の代名詞になりさがった。

文献114
⇨ 修道士ラッシュ

トム・ドッキン
TOM DOCKIN, TOM DONKIN

イングランドのヨークシャーに伝わる子供部屋のボーギー*の名前。恐ろしい悪鬼で、巨大な鉄の歯を持ち、悪い子を食らい尽くすとされた。子供が危険な場所に一人で入っていくのを防ぐため、この悪鬼の名前が使われた。

文献17
⇨ フィーンド、付録22

トム・ポーカー
TOM POKER

イングランドの東アングリア地方に伝わる子供部屋のボーギー*の名前。トム・ポーカーは階段の下、地下室、奥の深い戸棚、屋根裏部屋など、子供たちが入ってはいけない暗い場所に住むとされた。したがって、そうした場所から子供たちを遠ざけるには、このボーギーがいるかもしれないと思わせれば十分だと考えられた。

文献17、107
⇨ 付録22

トミリーズ
TOMMELISE
⇨ 親指トム

トム・ローリー
TOM LOWERY
⇨ トッド・ローリー

ドモヴィク
DOMOVIK
⇨ トモヴォーイ

ドモヴォーイ
DOMOVOI, DOMOVOJ

ロシアの民間伝承に登場する、家を守る精霊*。ウクライナ地方ではドモヴィク*と呼ばれる。イングランドのブラウニー*と同じものである。名前はロシア語で「家」や「家庭」を意味するドムに由来する。個々の家庭に守護霊*として住み着く。おそらく古代の先祖の精霊から生まれたものだろう。姿を変えることができるが、ふつうは、灰色のあごひげを生やした、毛深い老人として描かれる。たいていは家のストーヴのそばに住む（ロシアの家では中央部に、かまどを兼用する大きな暖炉がある）。ドミーカ*という名前の妻がいて、妻は床下に住んでいるとされる場合もある。

ドモヴォーイは火と暖かさが好きで、ドモヴォーイを怒らせた家は火災にあう。そのため、家族はドモヴォーイを良い気分にさせておくために、夕食の一部をいつもドモヴォーイに捧げる。家族が新居に引っ越すときは、ドモヴォーイも、古い暖炉から燃え木を持って着いていき、新居の暖炉にその燃え木で火をつける。ドモヴォーイという名前ではなく、チェロヴィク（あの人）、デドゥシュカデドゥコ（おじいさん）といった遠まわしな言い方で呼ばれる。

ドモヴォーイは夜、とくに忙しく、家がギシギシきしむ音がするのは、ドモヴォーイがやりかけの仕事をせっせと片付けてくれているしるしである。だがドモヴォーイの本来の

仕事は、家族に危険が迫っていることを警告したり、悪い精霊や人間の侵入者から守ったりすることであり、ときには悪者や悪い精霊を窒息させたり熱湯でゆでて殺すこともある。ドモヴォーイは未来の予言を伝える役目もはたす。暗がりで人間がドモヴォーイに触られたとき、暖かくで毛深い感触がしたら、幸運に恵まれる。だが湿っぽくて冷たい感じだったら、悪いことが起こる。ドモヴォーイには、家族の中でもとくにお気に入りの人間がおり、その人間にはいつも幸運をもたらす。だがお気に入りでない人間には、いたずらをしかけることが多い。

ドモヴォーイとその同族の精霊は、かつては天国に住んでいたが、反乱を起こして追放され、地上に落ちて来たと言われる。人間の家の中に落ちて来たものがドモヴォーイであり、住み着いた家の人間には親切に振舞うようになった。家の中ではなく周囲に落ちて来たものがドヴォロヴォイ*、バンニク*、オヴィンニク*、フレヴニク*であり、新しいすみかを守るようになったが、人間に対しては警戒心を持っている。荒野に落ちてきたものがポレヴィーク*、レーシィ*、ヴォディアノイ*、ルサールカ*であり、人間には悪意を向ける。

文献29、56、75、87、119
⇨　エッケッコ、家事の精、ゴブリン、コボルト、トムテ、ニス、ポレヴィーク、ロビン・グッドフェロー、付録22

ドラク［複数：ドラカイ、ドラクス］
DRAC, DRACAE (pl.), DRACS (pl.)

中世英国の歴史家、ティルベリーのゲルヴァシウスが記録に残した悪意の水の精霊*。川に住み、金の輪や木の皿となって水面に浮かんで人間の前に現われるという。この姿で油断させて人間につかませたとたん、元の姿にもどって哀れな犠牲者を水中に引きずり込む。授乳中の母親をおびき寄せてかどわかし、川の底で妖精*の子供を育てさせると言われている。

文献15、18

⇨　ニクス、付録22、付録25

トラス
TRAS

ボヘミアの民間信仰に登場する二人のデーモン*のうちの一人。もう一人はストラクフと言う。トラスは「震え」、ストラクフは「恐れ」をそれぞれ意味する。この二人のデーモンはボヘミアの深い森に住み、戦士の精霊*の一種とみなされていた。戦争中、彼らが暗い森の奥から突然現われ、敵の兵士に襲いかかると言われた。敵兵一人一人の喉元をつかみ、彼らから恐怖の悲鳴をしぼり出した。

文献110
⇨　ダーイン

トラスグ
TRASGU, EL
⇨　エル・トラスグ

ドラッグン・ヒル・ボグル
DRUGGEN HILL BOGGLE

イングランド、カンバーランドのドラッグン・ヒル地方の民間伝承では、19世紀の行商人が行方不明になる物語が、夜に旅人を脅して襲う黒妖犬*型のボーグル*の出現と同じ時期の出来事とされた。この精霊*はうろつく地方の名にちなみ、ドラッグン・ヒル・ボグルと呼ばれた。地元の人々はこれが行商人の行方不明事件と関連があると考えた。行商人の遺体が発見されて教会の墓地に埋葬されると、黒妖犬は現われなくなった。また、ボーグルが犠牲者につけた傷もようやく治り始めた。

文献47
⇨　付録24

トラッシュ
TRASH
⇨　スクライカー

ドラハン
DULACHAN

ケルトの神話と民間伝承に登場する悪いゴブリン*で、クルーラホーン*に似ている。馬に乗った首なし騎手として姿を現わし、寂しい夜道を行く旅人を脅す。

文献41

⇨　ドゥンド

トランカ・フア
TRANCA RUA

アフリカ系ブラジル人のカルト、バトゥーキ*に登場するエンカンタード*。信奉者にとって非常に危険であると考えられているデーモン*群「エシュ*」の一員である。

文献89

トリー
TRIEE

ボルネオのダヤク族の信仰に登場する、主神タパによって作られた精霊*の一団。

文献57

⇨　コマン

取り換え子
CHANGELING

ヨーロッパの民間伝承では、妖精*は自分たちの病弱で醜い子の代わりに、美しく元気でよく太った人間の子供を欲しがるとされた。そのため、妖精は付き添いのいない洗礼前の人間の子供を盗み、その場所に彼らの取り換え子を置いていくのである。取り換え子はしなびて醜いだけでなく、正常な発達をしておらず、見かけの年齢よりも早熟であることが多いため、すぐに見分けがついた。ただし、もし妖精に取り換える「子供」がいない場合は、魔法をかけた丸太が置いていかれるが、それはしなびていて、まもなく「死んで」しまう。あるいは仲間の中で年老いた者が、人間の子供のふりをすることによって大事にしてもらえるならと、代わりを務めることもあった。取り換え子は、ヨーロッパの民間伝承に多くみられるが、北米や極東にも同様の

取り換え子

信仰がある。

　取り換え子の身元を確認し、追い払うために、多くのことが試された。そのほとんどは、取り換え子をまったく歓迎しなければ本当の子供を返してもらえるだろうという誤解のもとに行なわれた。これらの方法は、十字架の形にしたシャベルの上に塩をのせシャベルと塩を火で焼く、取り換え子をジギタリス草でこする、あるいは見て見ぬふりをする、といった非常に簡単なことから、意地悪な、残酷な、とっぴな行動をとることまでさまざまである。妖精は火によって祓われると信じられていたため、取り換え子ではないかと疑われた多くの子供は、赤々と燃える炉辺で「試され」たり、火にかざしたシャベルの上に塩とともにのせられたりした。そうすれば精霊が煙突から飛んで逃げるだろうと期待したのである。鉄の釘で打たれたり、一日中丘の斜面や肥やしの塊の上にさらされたりする赤ん坊もいた。

　それほどひどくない試みの中には、取り換え子を笑わせることができたら悪魔を祓えるという信仰から生まれたものもあった。ある物語では、賢明な母親が卵を一つとり、それを半分に割って中身を投げ捨て、殻を水で満たし、それをゆでるために火の正面に置く。

これを見た取り換え子は大声で笑い、感嘆の声をあげた。「わしは千年生きとるが、こんなことを見たのは初めてだ」すると、たちまちのうちに取り換え子はいなくなり、彼女の本当の子供がもどった。もっと勇気づけられる記録では、母親が取り換え子に親切にすれば子供はもどってくるだろうと助言され、幸運なことにその通りになった、という例もある。

文献17、28、40、44、53、56、59、76、80、87、92、107、136

⇨ エルフ、コルパン・シーデ、シブリーチ、精霊、ニクス、マニキン、付録22

トリクラット
TRIKURAT

　ミャンマーの民間信仰に登場するナット*の名前。慈悲深い精霊*で、狩猟の対象となる野生の動物の守護霊*である。狩人が食用とするのに十分な獲物をしとめられるようにする。

文献39、53、78、88

⇨ 付録10、付録12

ドーリス
DORIS

　古代ギリシア神話に登場するニンフ*の一人。オーケアノス*の娘。テーテュースとオーケアノスの娘であり、ネーレウスの娘たちネーレーイス*を産んだ。

文献130

⇨ 付録25

トリックスター
TRICKSTER

　精霊*の特性や活動を分類するための概念的な術語で、神にも下位の精霊にも等しく用いられる。トリックスターであると分類される精霊は、道徳観念がなく、怠惰で信頼できず、強欲でずるいのが普通である。彼らの悪行は殺人、窃盗、わいせつ行為、詐欺から、どうにか許容できる悪ふざけまで、多岐に渡っている。しかしもっと肯定的な見方をすれば、彼らは道化、虐げられている者の救済者、特殊技術の師、火など重要な贈り物を人間にもたらす者、などと言えるだろう。この正負両面の価値を持つ興味深い精霊は、その結果はさておき、しばしば媒介者の働きをして人間社会の営みを活性化するため、神話や民間伝承では非常に重要な役割を果たしている。本書に掲載されているトリックスターの精霊には、以下のようなものがある。アナンシ*、イェル*、イサカウアテ*、イワ*、エクス*、エシュ*、オノ*、オリファト*、カウェロ*、クーナワビ*、クワティ*、コヨーテ*、ジェデ*、シトコンスキー*、スパイダー*、天狗*、チン・アン・エヴ*、ナーガ*、ナビ*、ナンシーおばさん*、パマパマ*、ブルー・ジェイ*、ペコイ*、マウイ*、マナボーゾー*、マヒ・ナー・ティエヘイ*、ミンク*、レグバ*、レンミンカイネン*。

文献39、56、88

トリートーン
TRITONS

　古代ギリシア・ローマ神話に登場する海の精たち。彼らは海神ネプチューン（ギリシア神話のポセイドーンに当たる）とアムピトリーテー*の息子たちで、三叉のほこを持ち、ほら貝を吹き鳴らすマーマン*として描かれる。彼らは海のニンフ*たちであるネーレーイス*を護衛し、ネプチューンと海の精ガラティア*のお供をする。トリートーンはルネサンス期のイタリア絵画にしばしば描かれた。

文献62、114

⇨ 従者の精霊、精霊

ドリュアデス
DRYAD

（1）古代ギリシアとローマの神話に登場するニンフ*たちの名前。ギリシア語で「樫の木」という意味のドリュスに由来する。樹木、木立、森の守護霊*であり、森に害を及ぼす生き物に罰を与える。狩りの女神アルテミス（ディアナ）の侍女。ドリュアデスを見ると不運にあうとされる。牛乳、蜂蜜、油を捧げ

れば機嫌をとることができると言われている。ハマドリュアデス*と同じく、名前の由来となった木とともに滅びることもあるが、木から木へと自由に移動できるところが、ハマドリュアデスとは違っている。ドリュアデスの中でも有名なのが、オルペウスが冥界から助け出そうとした妻のエウリュデケである。
（2）神秘主義の哲学者パラケルスス（1493～1541年）が、自然元素から生まれたとされる精霊*として記録した、自然の四大精霊*の仲間。木立や野原に住む植物の精霊。
文献29、40、53、88、93、98、107、110、114、129、136
⇨ 従者の精霊、付録19

ドリュオペー
DRYOPE
　古代ギリシアとローマの神話に登場するニンフ*で、アポロンの息子アムピッソスを産んだ。アンピッソスが父のために神殿を建てたとき、神殿を訪れたドリュオペーは、子供のときに育ててくれたハマドリュアデス*にさらわれ、神殿の庭に立つポプラの木に変えられた。
文献110

ドルーダ［複数：ドルーデン］
DRUDE, DRUDEN（pl.）
　南ドイツとオーストリアの民間伝承では、この悪い精霊*は、ナイトメア（夢魔）*と同じく、睡眠中の人間を苦しめるデーモン*である。悪い精霊から身を守る護符とされる五芒星形は、ドルーデンフュース（ドルーダたちの足）と呼ばれている。
文献93
⇨ アルプ、インクブス、マーレ

ドルチ
DORCH
⇨ ドワーフ

トルト
TORTO
　スペイン北部とフランス南西部に住むバスク人の民間伝承に登場するデーモン*。人間の姿をしているが、目は顔の中心に一つあるだけである。トルトは人間、とりわけ若者を待ち伏せしてさらい、むさぼり食う。
文献93

トルナク
TORNAK, TORNAQ, TORNAT, TORNRAK
　カナダ北部のイヌイット族・イハルミュット族の信仰に見られる守護霊*の概念。アンガコックと呼ばれるシャーマン（呪術師）は、トルナクの加護と指導を受けてはじめてシャーマンたりえる。トルナクはその外観によって石、人間、熊の三種類に分けられる。そのうち熊の姿をしたトルナクが最も強力である。トルナクの指導に従って、シャーマンは病人を治癒したり、危険を警告したり、狩猟に適した好天気をもたらしたりすることができる。シャーマンとトルナクとの関係には奇妙な点が一つある。もしもトルナクが要求された時にちゃんとシャーマンを手助けしないと、怠けすぎとみなされ、泣いてもかまわずシャーマンによって追い出され、仕事を失うのである。
文献41、88、101
⇨ 指導霊

ドルメット
DORMETTE, LA
　フランスの民間伝承に登場する、眠りや子守りの精霊*。ラ・ドルメット・ド・ポワトゥーとも言う。英国のミスター・サンドマン*やデンマークのオーレ・ルゲイエ*と同じく、夜、ベッドに入った幼い子供に、安らかな眠りと心地良い夢を届ける。
文献17
⇨ ウィー・ウィリー・ウィンキー、精霊、ダストマン、ビリー・ウィンカー、付録21、付録22

ドレキ
DREQI
⇨　ジャル

トロー
TROWS
　英国のオークニー諸島やシェットランド諸島におけるトロール*の呼称。ドローとしても知られ、三つの異なったタイプがいた。ランド・トローは「善い人たち」あるいは「善い隣人たち」と呼ばれ、古代の土塁、環状列石、洞窟などに住み、そのすみかの内部は黄金と宝石で光り輝いていると言われる。ランド・トローはたいてい灰色の服を着ており、金属細工と病気の治療に秀で、気に入った人間の家族には幸運をもたらす。クナル・トローは陰気なトローで、人間の妻をめとるが、その妻は子供を産むとすぐに死んでしまう。あるクナル・トローが魔女と結婚して生まれたのが、ガンファーとフィニス*という二人の精霊*だったと言われる。ランド・トローの下位集団の一つはピーリー・トローと呼ばれる。ピーリー・トローは極小の妖精で、緑色の服を着、トードストゥールと呼ばれる毒キノコの下に住む。彼らは音楽を奏でることと、月明かりの中で魔法の輪を描いて踊ることが大好きである。旅をするときには、イグサに乗って空中を飛んでいく。三つ目のタイプはシー・トローで、海底深くの洞窟に住む。シー・トローが陸に上がるときには水生生物の姿をとるので、マーメイド*かハイイロアザラシに似た姿になる。彼らは一人につき一個の水生「表皮」しか持っておらず、陸上に上がる時にはその皮を取り外さなければならない。ヒレ族*(フィン・フォーク)やメロー*の場合と同様、美しいシー・トローの皮を見つけた人間は、彼女を妻にすることができる。しかしトローは太陽の光に当たると石に変わってしまうので、夕暮れから明け方までしか姿を現わせない。すべてのトローは人間をさらい、とくに若い母親や幼児を珍重する。なぜなら人間の母親はトローの子供を育てられるし、また人間の赤ん坊とトローの子供とを取り換え子*できるからである。フィドル奏者や笛吹き人がトローのすみかの近くで休憩を取ると、まず間違いなくトローにさらわれ、彼らのために音楽を奏でさせられる。なかにはトローのために演奏した結果、新しい曲が生まれ運が開けたと明かす演奏家もいた。

文献17、18、40、78、88、133
⇨　妖精、マーマン、ローン、付録22

ドロイチ
DROICH
⇨　ドワーフ

ドローズ
DROWS
⇨　トロール

トロール
TROLL
　この超自然存在は、本来は北欧神話に登場する精霊*だが、北欧のトロールとその他の国々のトロールとを比べると、その描写や特徴は多種多様であることがよくわかる。北欧では、トロールはトロルドまたはトロールドとも呼ばれる。当初は悪意に満ちた毛むくじゃらの巨人として描かれたが、現在ではノーム*かドワーフ*のようにやや小さめの姿をしていると考えられている。とはいえ彼らは変身できるので、どんな姿でもとれる。デンマークでは、白く長いあごひげを生やしたドワーフの老人として描かれるのが普通で、赤い帽子をかぶり、職人用の革のエプロンをつけている。エブレトフトのトロールは、背中にこぶがあり、大きな鉤鼻をして、灰色のジャケットと尖った赤い帽子をつけている。一方グドマンストルップのトロールは、背が高く、丈の長い黒い服を着ている。ノルウェーでは、女のトロールは美しく、長い赤毛をしていると言われた。トロールは丘陵地、長塚、古代の土墳などの下に共同体を作って暮らしたため、スウェーデンでは「ベルグ・フォルク」すなわち丘の人々とも呼ばれた。

トロール

全速力で逃げる乗り手を、トロールたちが追いかける。

彼らのすみかは財宝で一杯のすばらしい宮殿で、夜になると光り輝くと言われた。彼らは騒音を嫌うので、教会の鐘の音が聞こえる場所からは逃げ去った。人間に対しては好意的な態度をとるときもあり、気に入った家族には富と幸運をもたらす。しかし悪意を抱いたときには、不運と破壊をもたらす。トロールはまた女性や子供をさらい、財産を盗む。トロールにさらわれないようにするには、人間も動物もヤドリギの枝を身につける。トロールは金属細工に秀で、薬草や魔法を使った治療法に詳しいと考えられている。しかし日の光に当たると石に変わってしまうので、夕暮れから明け方までの間にしか姿を見せない。

デンマーク領のフェロー諸島では、トロールはフォッデン・スケマエンドとして知られている。彼らは「うつろな人々」あるいは「地下の人々*」であり、人間をさらって何年も捕えておくことで知られた。アイスランドでは、トロールは一つ目の邪悪な巨人である。フィンランドでは、池に住む邪悪なトロールがシェトロールとして知られていた。ケーカルにあるその池の両端にルーン文字が刻まれた石を一つずつ置くと、トロールを池の底に閉じ込めておけると言われた。霧が出たり嵐が来たりして石の魔力が弱まるときには、トロールが池から出てきて人間を溺れさせるので、人々は家の中に留まり釣りには出かけなかった。シェットランド諸島やオークニー諸島（英国）では、トロー*あるいはドローとして知られ、ランド・トロー、ピーリー・トロー、シー・トローの三種にはっきりと分類できた。グリーンランドのトロール、およびカナダのイヌイット族やイハルミュット族の民間伝承に登場するトロールは、古代北欧のトロールのイメージに似ており、邪悪な巨人として描かれ、毛の生えていない巨大な腹を地面に引きずり、その指にはナイフのように鋭い鉤爪が生えているとされた。彼らは丘陵地に住み、物陰に潜んで、人間を襲ってその肉を引き裂く機会をうかがっている。

文献17、18、40、47、56、78、88、92、93、99、101、110、114、133

⇨ 丘の人々、クヌーレ・ムーレ、ドゥアルガー、ベルク・ピープル、ヘンキー、ホグブーン、ローン、付録22

ドワーウェ
DWERWE, DWARWHE
⇨ ドワーフ

ドワーウ
DWERWH
⇨ ドワーフ

ドワーク
DWERK
⇨ ドワーフ

ドワーグ
DWERGH
⇨ ドワーフ

ドワーズ
DWERZ/E
⇨ ドワーフ

ドワーフ／ドワーフェ
DWARF, DWARFE, DWAEFF/E,
DWERF/E , DWERFF/E,

　ドワーフは、世界のほとんどの民間伝承に見られるエルフ*やゴブリン*の仲間である。ふつうは人間の形をしているがたいへん小さく、年老いて萎びており、奇妙な形の脚をしている。たいてい洞穴や地下神殿や暗い森に住み、水流と関係が深い。ほとんどの民間伝承でドワーフのすばらしい能力とされるのは、金属を美しいが危険な工芸品に変える魔法の力である。こうした工芸品には、呪いがかかっている場合が多い。ドワーフは変身でき、たいていは姿を消すための魔法の帽子、マント、ベルト、指輪などをもっている。宝石、貴金属など、地下に眠る宝の番人である。そうした宝のありかを幸運な人間に知らせるか、犠牲者をおびき寄せるための餌とする。たいていは不死身だが、朝日を浴びると罠にかかって動けなくなったり、石になったりすることもある。

ゲルマンのドワーフ
　バルト海のリューゲン島では、ドワーフは衣装の色によって（1）白ドワーフ（2）茶ドワーフ（3）黒ドワーフの3種類に分けられている。白ドワーフは、見た目も行動も優しく気持ちよい。冬は地下の鍛冶屋で見事な金銀細工をつくる。夏になると蝶などの生き物の扮装をして踊ってすごし、ふたたび冬がくれば仕事に精を出す。茶ドワーフは、イングランドのブラウニー*とよく似た服を着て同じように振舞うが、人間の赤ちゃんを盗んだり、狙いをつけた家にいたずらをしたりはしない。月光を浴びて踊り、貴金属ですばらしい贈り物をつくる。ある家の人間が気に入ったら、すばらしい贈り物をして家族を守る。だが怠惰で不注意な人間は、困難な目にあわせて悪い夢を見させる。黒ドワーフは醜く意地が悪く、人間に悪意を向ける。偽の光で船を岩におびき寄せてぶつけ、積荷を奪ったり、旅人を道に迷わせたりする。鉄の細工に長けており、たいへん危険な武器をつくる。武器の製造やいたずらをしていないときは、メンフクロウに化けて夜に空を飛ぶか、夏の長いたそがれどきにはニワトコの木陰ですごす。たいへん危険なので、人間は黒ドワーフの姿を見てはいけない。ドイツの他の地方で、コーボルト*は鉱山のドワーフであり、金属や鉄鉱石にたいへん詳しく、鉱夫に豊かな鉱脈の在り処を教え、坑道の屋根が落ちると警告する。ドワーフの王、ゴルドマル王*と、その兄弟のアルベリヒ*やエルブガスト*について伝説が残っている。

スカンディナヴィアのドワーフ
　スカンディナヴィアでは、ドワーフは神話や民間伝承の多くに、アース神族やヴァン神族のために工芸品をつくる職人として登場する。巨人ユミルの遺体にわいたウジから、ドワーフは生まれたとされる。ドワーフには、モーズソグニル*の人々、ドゥリン*の仲間、ロヴァル*と同盟するドゥワリン*の仲間という三つのグループがある。すぐれた金属細工の技量でドワーフは、女神シヴの鬘、魔法の

働くドワーフ

槍グングニルや、ハンカチのサイズにまで分解できる魔法の船〈スキードブラドニル〉号をつくった。ドワーフは詐欺、殺人、復讐を引き起こし、人や物の姿を変える。すべての超自然存在の中で、ダーイン*とスラーイン*と呼ばれる二人のドワーフは、ラグナロクの訪れを予告する。

ほかの文化に登場するドワーフ

　中欧のスラヴ民族の民間伝承では、カルリキ*とリィエスチ*とリィチエ*は、暗い森に住み、災いをもたらすドワーフである。フランスの民間伝承では、ブルターニュ地方のコリガンは、丘に住むドワーフである。スペインの民間伝承に登場するドワーフは、壁に住むドゥエンデである。これらのドワーフは、ふつうの場所に住む東欧のドワーフと、癖やいたずら好きな性格が似ている。ウェールズ地方のドワーフは、悪魔*に唾を吐きかけられた人間の魂から生まれたとされる。イングランドのドワーフは、さまざまな名前と姿をとり、コーンウォール地方のスプリガン*、民話に出てくる親指トム*、鉱山で働くノッカー*、北部の州のドゥアルガー*、スコットランドの荒れ地の茶色男*などがいる。これらのドワーフはすべて、よく知られた小人の姿をして衣装を身に着けており、たいていは灰色の長いあごひげを生やしている。人間を助けることもあるが、ドワーフを怒らせた人間には、懲らしめのために害を及ぼすこともある。

　アイルランドでいちばん有名なドワーフがレプラホーン*であり、緑の服を着てめかしこんでいる。ほかにはゴヴニウ*、ルホルパーン*やルフティン*がいる。これらのドワーフは、アイルランドの民間伝承で重要な位置をしめている。たいていは一人で暮らし、金属よりも樹木を加工している。ドワーフはユカタン半島の古代文化の伝説にも登場し彼らはメキシコではドワーフはチャンケス*と呼ばれている。ネイテゥヴ・アメリカンの神話では、パイユート族、チェロキー族、カユーガ・イロコイ族、セネカ族、ショーニー族などに、ドワーフの豊かな言い伝えが残っており、人間に害を与えたり、助けたりする者として描かれている。ヨーロッパのドワーフと同じく、いつでもいたずら好きで、人間に近づくときには信用できない。また、ドワーフの姿を見るのは災難の前触れだとされる。アラスカ湾にあるコディアク島の民間伝承には、二人の猟師が霧の立ち込める湖でカヤックに乗ったドワーフを見つけ、家に連れて帰って面倒を見てから幸運に恵まれたという話が伝わっている。また北極圏のバフィン島では、ドワーフ族は海底に住むと信じられている。

　インドでは、黒くて悪いダスユ*が地下に住むとされるが、これはドイツに伝わる黒ドワーフに似ている。またヴァーマナ*は、ヴィシュヌ神がデーモン*のバリ*を騙すために、ドワーフとして生まれ変わったものである。南アフリカのドワーフ、悪いウーラカンヤナ*は、人間と超自然存在の性質をあわせ持つ。ザイールでは、ビロコ*が木に住む悪いドワーフである。東アフリカでは、人間に話しかけられたドワーフは、姿を見えなくして逃げると考えられている。

　ドワーフの物語は、グリム童話集の『白雪姫と7人のこびと』として書き直されたり（ディズニーのアニメにもなった）、J・R・トールキンのホビット族の物語として新たに創造されたりして、民間伝承の豊かな遺産として生き続けている。

文献 26、40、41、59、69、78、87、95、107、114、119

⇨　**アダンク、アポパ、カルリキ、クリール、守護霊、小さな精霊たち、ドゥエンデ、ロヴァル、付録 4 、付録22**

トン・ウォン・ゴン（東王公）
TUNG WANG GONG
⇨　**シー・ワン・ム（西王母）**

トンガ
TONGA
⇨　**アトゥア**

ドン・カルロス
DOM CALOS
　アフリカ系ブラジル人のカルト、バトゥーキで崇拝されているエンカンタード*。人間だったドン・カルロスは深酔いし、ジュレマ*の木の下で前後不覚になっていたらしい。三日後に蘇ったドン・カルロスは、ジュレマ*一族のエンカンタードになっていた。

文献89
⇨　ジョアン・ジ・マタ

トンクス
TONX
　西部シベリアのヴォグル族の伝承に登場する水の精で、人間に対して好意的である。トンクスをなだめると、狩りや釣りをする者は幸運が授けられる。またヴ・クティスと同様、この精霊*も病人を癒してくれると考えられている。

文献102
⇨　アス・イガ、クル、付録25

ドンゴ
DONGO
　西アフリカのソンガイ族の伝承に登場する天気の精霊*。雷鳴と稲妻を起こすと言われている。

文献119
⇨　付録26

トント
TONT
⇨　クラット

トントゥ
TONTTU
　フィンランドの民間伝承に登場する家事の精*の名前。スウェーデンのトメテから派生した可能性がある。アイトワラス*と同様富をもたらすデーモン*で、墓場で悪魔やその他の悪霊と厳粛な契約を結び、このデーモンを手に入れることができる。トントゥには家の中でもっとも良い部屋とテーブルの席を与える。するとそのお返しとして、トントゥがその家に穀物と金貨をもたらして富ませてくれるが、隣家を犠牲にしてそうする場合が多い。

文献87、88
⇨　ヴェデンハルティア、コディンハルティア、トムテ、ドモヴォーイ、ハルジャス、ハルド、メツァンハルティア、付録20、付録22

ドン・ペドロ・アンガソ
DOM PEDRO ANGAÇO
　アフリカ系ブラジル人のカルト、バトゥーキでとくに崇拝されているエンカンタード*でセウ・トゥルキア*の一族である。マラニャオン州とパラ州で重視される。聖ペテロとその祝日6月29日に関連づけられている。妻のラインハ・ロサとの間に生まれたとされる精霊*は、エスメルダ・エディチ、モサ・ダ・グイア、アンガシーノ、カボクロ・ノブリ、ボムビエロ*、フロリアーノ、ペドロ・エストレロ、レグラ・ボギ・ダ・トリニダーデ*であり、その子孫たちも同じ精霊一族に属する。ドン・ペドロ・アンガソとその一族は、セウ・トゥルキアに打ち負かされてマラニャオン州に追放され、クドー森の精霊を支配するようになった。息子のカボクロ・ノブリは、トゥルキア族に降伏した。

文献89

トンボップ
TONGBŎP
　韓国の民間伝承に登場する邪悪なインプ*たち。彼らはきわめて意地が悪く、不吉な日に初めて敷居をまたぐ新しい物品の中に隠れて、家の中へ入る。早い時期に彼らを見つけて、万神（巫女）に追い払ってもらわないと、トンボップはその家の家族に不和と病気をもたらす。

文献79
⇨　チシン・トンボップ

ドン・ルイズ
DOM LUIZ

　アフリカ系ブラジル人のカルト、バトゥーキで崇拝されているエンカンタード*。1793年に処刑されたフランス国王ルイ16世の霊から生まれた精霊*だと言われている。35年前にサン・ルイズ市で、マイ・デ・サント（儀式を指導する霊媒）のドナ・マリア・ジ・アグイアルが初めて交信した。

文献89

［ナ］

ナーイアス ［複数：ナーイアデス］
NAIAD, NAIADES （pl.）
　ギリシア・ローマ神話に登場する、水に住むニンフ*の一団の総称。湖、川、小川、時には泉を支配していた。髪にイグサの冠をつけた美しい乙女の姿をしていて、清らかな水がわき出ている壺に寄りかかっているという。ナーイアデスは大勢おり、それぞれの名前はよく伝説の中に述べられている。
文献20、40、62、92、114
⇨　アイグレー、ララ、付録25

ナイキヤス
NAIKIYAS
⇨　ナーンハイスヤ

ナイゲル
NYGEL
⇨　ニューグル

ナイタカ
NAITAKA
　ブリティッシュコロンビアに住む北アメリカ先住民のシュスワップ族の信仰における、オカナガン湖の水棲デーモン*。湖を渡っている最中に突然嵐が起こり、荒波が立つことがあるのはこのデーモンのせいと考えられていた。穏やかな湖を静かに渡ることができるよう、人々は像や供物を持っていき、ナイタカに投げ与えてなだめた。
文献99

ナイトメア（夢魔）
NIGHTMARE
　ラテン語でインクブス*と呼ばれる、中世ヨーロッパの夜のフィーンド*。各国の民間伝承の中ではそれぞれ異なる名称で知られている。イングランドではナイトメアと呼ばれており、これは「押しつぶすもの」を意味する古英語の mara という言葉から来ている。

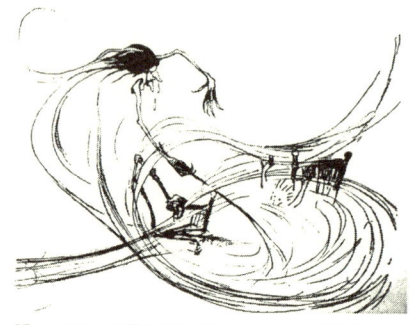

眠っている子供を起こすナイトメア（夢魔）。

このデーモン*は夜中にやってきては眠っている人の上にのしかかって呼吸を止め、怯えて力尽きた状態で目覚めさせる。
文献88
⇨　コシュマール、マーラ

ナーイン
NAIN
　北欧神話に登場する死のドワーフ*の名前。

ナウンハス
NAUNHAS
⇨　ナーンハイスヤ

ナーガ
NAGAS
　インドの神話および伝説に登場する、強い力を持つトリックスター*型の精霊*たち。上半身は人間で下半身は蛇の姿をしている。地下世界にある美しい宮殿に、非常に美しいというナーギニー*と呼ばれる妻たちと一緒に住んでいる。彼らはアナンタ・シェージャ王の支配下にある。この王はヴィシュヌ神を守っており、叙事詩『ラーマーヤナ』ではラーヴァナ*と同一視されている。仏陀はムチャリンダ*と呼ばれるナーガの王に守られたが、ふつうはナーガたちと神々や人間との関係は曖昧である。現代のヒンドゥー教ではカールコータカ*がナーガの王である。この

王は天気を支配し、とくに雨を降らせる。
文献33、56、88、102
⇨ ナーギニー・ベサンディ、付録25、付録26

ナカヘット
NAKAHET
⇨ ナーンハイスヤ

ナキシイヤ
NAKISIYYA
⇨ ナーンハイスヤ

ナーギニー
NAGINI
⇨ ナーガ

ナーギニー・ベサンディ
NAGINI BESANDI
　ミャンマーの民間信仰におけるベサンディの王ドゥッタボーングの妻。ナーガ*の一族である。
文献30

ナキネイウ
NÄKINEIU
　エストニアの民間伝承に登場する女のナッキ*。ナキネイツィ*とも呼ばれる。英国のマーメイド*とよく似ており、上半身は美しい金髪の乙女で、下半身は魚の尻尾のようだという。水上で長い金髪をとかしている姿や、波間で飼っている「水の牛」を世話している姿がよく目撃される。
文献88
⇨ ナキンネイト、メロー、付録25

ナキネイツィ
NÄKINEITSI
⇨ ナキネイウ

ナキール
NAKIR
⇨ ムンカル

ナキンネイト
NÄKINNEITO
　フィンランドの民間伝承に登場する女のナッキ*。英国のマーメイド*とよく似ており、上半身は輝くような白い肌をした美しい金髪の乙女で、下半身は魚の尻尾のようだという。この水の精は巨大な乳房を持っており、それらを肩にかけることもできる。水上で長い巻き毛をとかしている姿がよく目撃されている。
文献88
⇨ オブダ、精霊、ナキネイウ、付録25

ナクシャトラ
NAKSHASTRAS
　インドの古典神話に登場する精霊*。「星」という意味。インドラの従者の一人である。
文献41
⇨ ヴァス、従者の精霊

ナグムワサック
NAGUMWASUK
　北アメリカ先住民、パサマクウォディ族の信仰における小さな精霊たち*。背丈は約90センチしかなく、異様に醜い人間の姿をしているという。彼らは自分たちが醜いことを知っているため、めったに姿を現わさない。パサマクウォディ族の守護霊*であり、部族の誰かが結婚すると浮かれ騒ぎ、誰かが死ぬと嘆き悲しんでいるのが聞こえる。彼らを怒らせると、仕返しに不幸をもたらす。
文献17
⇨ 精霊、メクムワサック

ナグルファル
NAGLFAR
　北欧神話に登場するドワーフ*。ノートの夫であり、霜の巨人たちのために超自然的な船を造った一人である。
文献41
⇨ 付録4、付録14

ナグワル
NAGUAL
　中米、アステカ族の信仰における使い魔*。ナワル*とも呼ばれる。動物やその他よく知られた生き物の姿で現われ、指導霊*または守護霊*であった。この精霊*は、一人の人間に誕生の瞬間から死ぬときまで結びついていた。その人に対してはたいてい好意的で、指導をしたり幸運をもたらしたりした。だが他の人間に対しては横柄で、夜中に出没しては病気や不幸をもたらすと考えられていた。

文献88、93
⇨　アグルーリック、アラク、オール・マン、グリン、ゾア、チン・チア、フィルギヤ、レイブオルマイ、付録12、付録17

ナーサティヤ
NASATYA
⇨　ナーンハイスヤ

ナーシハイスヤ
NAOSIHAITHYA
⇨　ナーンハイスヤ

ナシャ
NASHAS
　イエメンおよびハドラマウトのイスラム教以前の信仰におけるジン*の一種。人間とシック*との間に生まれたと言われる。姿を現わすときは、片腕、片脚、および頭の片側だけを持った、半身の人間にしかなれない。シナ海の島に住むとされる別の一団は、コウモリの翼を持つ。

文献41
⇨　カキー・タペレレ、ドドレ、パイジャ、ビーアスト・ヴェラッハ、ヒンキー＝パンク、ファハン

ナシュ
NASUŠ
　イランのゾロアスター教の神話に登場する悪霊で、死体を汚染させるドゥルグ*。ハエの姿になって死者に取りつき、そこからすべての人間に伝染病を感染させようとする。だがこの邪悪な行為は、番犬がにらみつけるか、あるいはバラシュノムと呼ばれる清めの儀式を行なうことによって、防ぐことができる。

文献53、93
⇨　精霊、付録12、付録17

ナステ・エスツァン
NASTE ESTSAN
⇨　蜘蛛

ナス・ラコリーン
NASS L'AKHORINE
　モロッコの民間伝承に登場するジン*の呼び替え名。「他の人」という意味で、ジンのことを口に出していうときに用いる遠回しな呼び方である。マリ人の民間伝承で用いられるクバ*や、マン島の民間伝承で用いられるアド＝ヘネ*と同じで、彼らが怒って仕返しをしてくるのを防ぐための呼び名である。

文献90

ナッキ
NÄKKI
　フィンランドの民間信仰における恐ろしい水の精。水の神アートの従者であり、宝石で飾られたすばらしい宮殿のある水中の王国にいると言われている。ナッキは朝と晩に湖岸に上がってくることがある。どんな姿にもなることができ、危険を冒して水中に入ってきた人間を騙す。硬貨または祈りをもってなだめておかないと、人々を水中に引きずり込んで溺死させる。

文献87、99、102
⇨　従者の精霊、精霊、ナック、付録25

ナッギー
NUGGIES
⇨　ノッグル

ナック
NÄKK
　エストニアの民間信仰における恐ろしい水

の精。スウェーデンの民間伝承に登場するネッケン*に由来すると言われている。どんな姿を取ることもできるが、ふつうは人間あるいは馬その他の動物になって水辺で歌っている。あまりに魅惑的なその歌声を聞いた者は、みな彼の魅力のとりこになり、たちまちその巨大な口に飲み込まれてしまう。単に彼の姿を見ることも、溺死の前兆だと考えられている。

文献88

⇨ 精霊、ナキネイウ、ナッキ、ニクス、ニッカー、ネック、付録25

ナッグル
NUGGLE
⇨ ニューグル

ナット
NATS
　ミャンマーの神話に登場する、意地の悪い自然の霊。ナットに対しては絶えず警戒が必要であり、とくに供物や生贄を捧げてなだめなくてはいけない。彼らはおもに森林地帯に生息している。最高三十七人の首領によって支配されており、その首領たちの上には最高位の王がいる。このデーモン*はいくつかの集団に分けられ、影響を与える領域によってそれぞれ異なる名称がつけられている。アカカソー*、ブーマソー*、シェッカソー*、およびフミン*は樹木に住んでおり、ジャーン*、シッタ*、ムボーン*、およびムーは空中に生息している。このほか、サバ=レイッピャ*、シンラップ*、シエン*、トリクラット*、ウ・パカ*といった名称のものがいる。ナットは自然元素を利用して人間に不幸や病気、破壊をもたらすが、家や家族や財産を守ることもできる。たとえばナット・タミ*は、マンダレーで王室の財産を守っているナットの娘たちの集団である。

文献39、53、88、110

⇨ 守護霊、付録10、付録17、付録19、付録22

ナット・タミ
NAT THAMI
⇨ ナット

七鳴き
SEVEN WHISTLERS, THE
　イングランドのウスターシャーの民間伝承に登場する悪霊たちの総称。嵐の夜や日没時に、空を駆けめぐるヒューヒューという悲鳴のような声となって現れる。ブロムズグローヴ近くのリッキー・ヒルズに伝わる民話によると、七鳴きは幽霊猟師*が解き放った七匹の猟犬の姿をとる悪魔の使いで、死者の霊魂を探し求めている。彼らは不幸や災難の前触れで、彼らの声を聞いた者は（彼らの姿を目にすることはめったにない）みな災難に見舞われる。彼らは一人ずつ現われるが、万一七人全員が一緒に現われた場合、世界の終わりが来ると言われている。

文献17、47、133

⇨ 精霊、デーモン、幽霊狩猟、付録12、付録23

ナニカヘート
NANIKAHET
⇨ ナーンハイスヤ

ナパイアー／ナパイアイ
NAPÆAE
　古代ギリシア・ローマ神話に登場するニンフ*の一団。おもに森や木立の守護霊*であった。

文献129、130

⇨ 付録19

ナバエオ
NABAEO
　メラネシアのルク島に住む人々の信仰における悪霊。本来は好意的な神であったようだが、デーモン*の身分に降格させられている。

文献102

⇨ 精霊、マルサバ

ナピ
NAPI
　北アメリカ先住民のブラックフット族の伝説および信仰におけるトリックスター*型精霊*。「ナピおやじ」と呼ばれることもある。コヨーテ*とよく似た振舞いをするが、ナピの場合は動物の形で現われることはあまりなく、人間の姿で現われるほうが多い。
文献88
⇨　ブルー・ジェイ、ミンク

ナプファンス
NAPFHANS
　スイスの民間伝承に登場する家事の精*またはドワーフ*。英国のブラウニー*と同じように振舞い、夜間に家事をした。そして、その報酬として、毎日ボウル一杯のクリームが与えられた。
文献38
⇨　エル・トラスグ、クリムバ、コーボルト、マージャス・ガルス、付録22

鍋掛けゆらし
WAG AT THE WA'
　イングランドとスコットランドの境界地方の民間伝承に登場する、独り暮らしの家事の精*の名前。ブラウニー*の系列に属する妖精で、曲がった脚と灰色の髪をした小柄な老人の姿をとると言われた。赤い上着に青いズボンを着ていたが、時には灰色のコートをまとって、ウールのナイトキャップを、顔面の歯の痛む側を覆うように引っかぶっていることがあった。この妖精は尻尾によって見分けられ、この尻尾を使ってお気に入りの座席――炉辺にある大釜用の自在鉤（かぎ）――に腰掛けるのだった。彼は人の集まりに加わるのが大好きで、炉辺で交わされる滑稽な話に、いちいち笑い声を立てるのが聞かれることもあった。しかしこの妖精は自家製のビール以外の酒は嫌いで、人が強い酒を飲んでいると腹立たしげに咳払いをしたものだった。また台所が雑然として散らかっているのはもっと我慢ができず、台所女中たちを容赦なく苦しめた。「鍋掛けゆらし」を台所に入り込ませないために、自在鉤には十字の印がつけられた。それでもなお、人々は炉辺の自在鉤をブランコのように揺さぶったりしないよう気をつけた。そうすると「鍋掛けゆらし」が招かれているのだと思って、その家にやって来ると信じられていたからである。
文献17、18、66
⇨　付録22

ナムタル
NAMTAR
　シュメールの宗教における病気のデーモン*。ナムタルとは「急死させるもの」という意味で、これは冥界の女王エレシュキガルの使者である。この精霊*は人間に不幸や病気、死をもたらすと考えられている。
文献27、41、93、119
⇨　エラ、付録17

ナ・モンジャー・ヴェガ
NY MOOINJER VEGGEY
⇨　スレイ・ベガ

納屋のちび爺さん
LITTLE OLD MAN OF THE BARN
⇨　ボダハン・サヴァル

ナラカ
NARAKA
　インドのヒンドゥー教神話に登場する悪霊。もっとも邪悪なアスラ*の一人で、変身することができた。ある伝説では、ナラカは象の姿になって人間や神々の娘たちを誘拐し、その女性たちを山の中の豪華な宮殿に捕えておいたという。また、ナラカ（那落迦（ならか））はヒンドゥー教の地獄の一つを指す名称でもある。
文献88
⇨　精霊、デーモン、ナラー、付録12

ナリ
NARI
　三つの文化に見られる精霊*の一団の名称。

（1）ブルガリアの民間伝承では、鳥の姿で現われるデーモン*のこと。
（2）スラヴ民族の民間伝承では、もとは死んだ子供たちの霊であったと思われる、いたずら好きのデーモンのこと。
（3）ウクライナの民間伝承では、ロシアのドモヴォーイ*とよく似た、いたずら好きの家事の精*のこと。
文献93
⇨ 付録12、付録22

ナルニウォ
NARNYWO
⇨ ガムナット・ベイビーズ

ナルブルーイ
NARBROOI
　イリアン・ジャヤ（ニューギニア）のグリーヴィンク湾地方に住む人々の信仰における精霊*。高い木々のうち最古のものの頂きに住んでおり、最上部の枝を覆う霧の中に影のように見えることがある。ナルブルーイは自分の気に入った人間の魂を捕えに降りてきて、そのうちの一人が病気だとわかると、その人の魂を前もって持ち去る。友人が精霊の生息する木のところへ行き、交渉を行なって魂を取り戻さないかぎり、その人は死んでしまう。しかし、たとえ高価な供物と引き換えに魂を引き渡してくれたとしても、ナルブルーイはその魂をまた取り戻すこともあるので油断してはならない。
文献41、110

ナレト
NALET
　ロシアの民間伝承に登場する悪魔*またはデーモン*。とりわけ意地の悪いデーモンで、愛する人の死をあまりに深く悲しむ者を苦しめ、殺してしまうこともある。
文献75
⇨ 付録16

ナワル
NAGUAL
⇨ ナグワル

ナン
NAIN
　フランスの民間伝承で、ドワーフ*を意味する言葉。
文献40
⇨ ナン・ルージュ、リュタン、付録16

ナング・モクシン
NANGGU MOKSIN
　朝鮮の民間信仰における超自然存在。モクシン・トンポプ*とよく似た木のインプ*。とりわけ意地が悪く、新しい木製の品物の中に隠れており、不吉な日に初めてそれが家の中に運び込まれると、一緒に入ってきてしまう。また、家を建てたり、木を切ったり、薪を家に持ち帰ったりといった特定の活動を、それをするには縁起が悪いとされている日に行なうと、彼らを呼び出してしまう恐れがある。家の中に入り込んだら最後、ナング・モクシンはその家族に不治の病をもたらす。
文献79
⇨ チシン・トンポプ

ナンシ
NANSI
⇨ アナンシ

ナンシーおばさん
AUNT NANCY
⇨ アナンシ

ナンテナ
NANTENA
　北アメリカ先住民のティンネ族の伝説に登場する小さな精霊たち*または妖精*。地、水、風の三元素に生息しており、好意的なこともあれば意地悪なこともある。
文献25

ナンパ
NAMPA
セネガルの人々の民間信仰で、植物の物神として崇敬されている精霊*。崇拝の対象となっていた。

文献29

ナーンハイスヤ
NAONHAITHYA
イランのゾロアスター教における、アフリマンのフィーンド*の一人。ナーシハイスヤ*とも呼ばれる。アールマティ*のもたらす善に対抗し、人間に不和、傲慢、反乱の種をまく。彼の名前は、インドのヴェーダ神話ではナーサティヤ*といい、中世ペルシア語ではナイキヤス*、ナキシイヤ*、ナカヘット*という。さらに古代ペルシア語名はナウンハス*およびナニカヘート*である。

文献88、102

ナンバー・ニップ
NUMBER NIP
⇨ リューベツァール

ナン・ルージュ
NAIN ROUGE
フランス北部のノルマンディー地方の民間伝承に登場するドワーフ*またはリュタン*。「赤いドワーフ」という意味で、その名のとおり、赤い服を着ている。家事の精*であり、とくに漁師の家族に対して親切である。同種の精霊*に、「小さな赤い男」を意味するル・プティ・オム・ルージュがいる。

文献40
⇨ 付録22

[二]

ニアヴ
NIAMH
アイルランドの伝説および民間伝承に登場するデ・ダナーン神族*の一員。彼女はオシアンと結婚し、ティール・ナ・ノーグ（常世の国）へ行って暮らした。

文献18
⇨ 妖精

ニーアグ・ナ・ハッハ
NIGHEAG NA H-ATH
⇨ バン・ニーァハン

ニアグリウサル
NIÄGRIUSAR
北海にあるフェロー諸島の民間伝承に登場するブラウニー*、エルフ*、またはゴブリン*の一種。赤い帽子をかぶった、とても小さな精霊たち*だという。この精霊*たちが住み着くと幸運がもたらされると考えられている。ニアグリウサルは人間の住む家の周囲に立ち並ぶ高木を住み処とし、守護霊*の役割を務める。したがって、敷地内の木を切り倒すことは、彼らから居住を取り上げてしまうことにもなりかねないので、きわめて向こう見ずだとみなされる。そのようなことをしたら、その家の持ち主は、精霊たちだけでなく幸運まで失ってしまうかもしれない。

文献110
⇨ 付録20

ニイリッキ
NYYRIKKI
⇨ トゥーリッキ

ニヴァシ
NIVASHI
ロマ（ジプシー）の民間信仰における意地悪な水棲デーモン*。インクブス*のような精霊*の姿を装い、眠っている若い女性と性的行為を行なう。その女性は将来、魔女になる。

文献31、53
⇨ マティヤ

ニヴァショ
NIVASHO
⇨ ニヴァシ

ニウ・トウ（牛頭）
NIU T'OU
中国の神話に登場する、牡牛の頭を持つデーモン*。地獄の魔王、イェンロー（閻羅、閻魔）の従者である。

文献131
⇨ 従者の精霊、ウー・チャン・グイ（無常鬼）

ニェンヴェティチュニン
ŇE'NVETIČŇIN
シベリアに住むトナカイ飼育民のコリヤーク族による、カラウ*の呼び名。

文献88

ニェンバイ
NJEMBAI
⇨ ニャンバイ

ニ・ギリン・ベギー
NY GUILLYN BEGGEY
⇨ ギリン・ベギー、ニ

ニキル
NIKYR
⇨ ニッカー

ニクシー
NIXIE
⇨ ニクス

ニクス
NIX, NIXE
北欧、ドイツ、およびスイスの民間伝承に登場する水の精。ニクシー*とも呼ばれる。女性の精霊*は、マーメイド*と同じく上半身は美しい女性の姿で下半身には魚の尻尾がついているが、たいてい淡水に住んでいる。この美しい姿は、人間を誘惑して水中に引きずり込むための装いであった。ふだんは、緑色の肌と歯と髪をしたしなびた小さな人間の姿、あるいは灰色の馬の姿をしていることが多い。水中に家族や子供がおり、立派な宮殿に住んでいるという。ただ、その子供たちは醜かった。ドイツの民間伝承では、ニクスは自分の子供を人間の赤ん坊と取り換えるといわれ、その取り換え子*はヴァッサーコップ*と呼ばれた。時には人間の妻や恋人を手に入れることもあったが、子供が生まれるときはいつも信用できる人間の助産婦を連れてきて手伝わせ、多大な謝礼をした。ウェールズのエサソン*と同じように、ニクシーの女性たちは主婦の姿に変装して人間の市場に出かけるのを好んだが、エプロンの裾から水がしたたっているのが見えると、彼女たちは正体を見破られ、避けられてしまうのだった。

文献88
⇨ ナキネイウ、ナッキ、ニッカー、ネック、ベルク・ピープル、付録22

ニクネーヴィン
NICKNEVEN
スコットランドの民間伝承に登場する意地悪な精霊*。詩人ウィリアム・ダンバーの作品「ダンバーとケネディーの悪口応酬詩(Flyting of Dunbar and Kennedy)」に述べられているように邪悪なハグ*とも、エルフェイムの女王だとも言われる。エルフェイムはアールヴ*の住む北欧の国とされるが、これはダーク・エルフの住む地下世界と関係があるという意味かもしれない。

文献17、40、114
⇨ エルフ

ニクル
NYKUR
⇨ ニッカー

ニコライ・チュドヴォリッツ
NICOLAI CHUDOVORITS
ロシアの民間伝承に登場する超自然的な冬の精。ロシアの北極近くの地域にいるという。1月6日の御公現の祝日に、トナカイの引く橇に乗って凍った空を駆け巡り、一軒一軒の家に内緒で入り込んで大人や子供に贈り物を届けると、煙突から立ち昇る煙とともに再び

姿を消す。ニコライ・チュドヴォリッツは聖ニコラスに由来するものだが、これはキリスト教の伝来よりずっと以前からシャーマニズムの超自然存在としてロシア全土に定着していた。

文献75
⇨　**精霊、ファーザー・クリスマス、ファーザー・フロスト**

ニコル
NICOR
⇨　**ニッカー**

ニス
NIS, NISSE

デンマークおよびノルウェーの民間伝承に登場する家事の精*。スウェーデンではトムテ*と呼ばれている。灰色の服を着て赤いとんがり帽子をかぶった小さな男だという。騒音や大騒ぎを嫌うが、英国のブラウニー*と同じように夜中に家事にいそしみ、その報酬としてボウル一杯のポリッジ（粥）とバターの小さな塊だけを要求する。ただブラウニーと違って、ニスは近所の家からくすねてきた品々を運んできて自分の守っている農家を豊かにすることがある。これはアイトワラス*とよく似ている。そこの家庭で無視されたり、何らかの不正行為を発見すると、この精霊*は無礼者たちを厳しく罰する。ある物語では、自分のポリッジの中にバターが入っていないと思ったニスが、怒って牝牛の首をへし折る。しかしそのあとでボウルの底にバターを見つけたニスは良心がとがめ、死んだ牝牛のそばに箱一杯の宝を置いていったという。別の物語では、ある若者がしつこくからかうので怒ってしまったニスが、ある晩、裸で眠っているその若者を外へ運び出し、庭の深い井戸の上に木の板を二枚渡してその上に彼を寝かせたと語られている。だが寒さで若者は運良く目を覚まし、ただぎょっとしただけでそこから逃れることができたという。また、ニスについてはボガート*と同様の話も語られている。ただ、「Ay, we're flittin'（ああ、わしらは引っ越すところさ）」というボガートのせりふが、ニスの言葉では「I dag flytter vi」と表現されている。

文献18、28、34、78、88
⇨　**ガルドスヴォル、ゴブリン、ジュレニス、ピスキー、付録22**

ニーズヘグ
NIDHÖGGR, NIDHOGG

北欧神話に登場する地下世界のデーモン*。「嫉妬のドラゴン」という意味。この悪霊は、宇宙樹ユグドラシルの根や死者の肉をしきりにかじり、世界の存在を脅かしている。

文献78、93
⇨　**精霊、付録12**

ニッカー
NICKER

北欧の民間伝承に登場する水棲デーモン*。スウェーデンではネッケン*、フェロー諸島ではニッカル*、アイスランドではニックル*、ニンニル*、ハイクル*、リューゲン島ではニッケル*、英領のマン島ではニキル*、デンマークではヌッケ*と呼ばれている。その姿についてはさまざまな説があり、赤い帽子をかぶった金髪の少年だとも、顎ひげから水をしたたらせている老人だとも、上半身はハンサムな若者で下半身は馬であるとも、ひづめが逆向きについた美しい白馬だとも言われる。この精霊*は海、湖、川、小川に生息してい

ニコライ・チュドヴォリッツ

る。彼らが音楽を奏でるのを邪魔しなければ概して人間には優しいが、馬の姿のときの彼らに乗ろうとすると、そのまま永遠に水中に連れ去られる。ニッカーは、時には人間の妻を求めたり、最高に思いやりのある恋人になったりするが、軽蔑されるとスコットランドのケルピー*のように意地悪で恐ろしい性格になりかねない。鉄はニッカーの力を「縛る」とされているので、彼の悪事に対する予防措置として漁船の底にはナイフや金属製品が置かれている。

文献28、41、78、81、88
⇨ ナキネイウ、ナッキ、ニクス、ネック、付録12、付録25

ニッカル
NICKAR
⇨ ニッカー

ニックイェン
NYKUR
⇨ ニッカー

ニックル
NICKUR
⇨ ニッカー

ニッケ
NIKKE
⇨ ニッカー

ニッケル
NICKEL
　二種類の精霊*を指す名称。
（1）ドイツの民間伝承に登場するゴブリン*の一種。岩盤の色から判断して銅が豊富に採れると見られる鉱山に生息している。そして不幸にもその鉱山から銅がまったく採掘されないと、それはこのゴブリンのいたずらのせいだとされた。
（2）バルト海にあるリューゲン島における、ニッカー*の地元名。

文献40

⇨ 鉱山の精、コーボルト、ハウス・シュミードライン

ニッターシング
NITTERSING
⇨ ガムナット・ベイビーズ

ニニアン
NINIANE
⇨ ニミュー

ニハンサン
NIHANSAN
⇨ 蜘蛛

ニーベルング
NIBELUNG
　北欧神話およびゲルマンの神話に登場するドワーフ*の王。霧と闇につつまれたニーベルヘイムに住んでいた。そこには膨大な宝が秘蔵されており、アルベリヒ*がそれを守っていた。ニーベルングの話はワーグナーの歌劇『ニーベルングの指輪』で有名になった。この歌劇には、宝がジークフリートに奪われたいきさつが形を変えて語られている。やがて、その宝の守護霊*たちがニーベルングという名で知られるようになった。

文献87、95、119

ニミュー
NIMÜE
　アーサー王伝説に登場する湖の姫*によくつけられる名前。フランス北部で語られている物語では、ニニアン*またはヴィヴィアン*と呼ばれることもある。ある物語では、ブロセリアンドの森に住む木のニンフ*であるとされており、マーリンが彼女に魅了されたと語られている。彼女はマーリンに水晶の塔の築きかたを教えてくれと願う。そして彼が築いてみせると、彼女は彼をその中に閉じ込めてしまうのである。湖の姫としての彼女は、アーサー王の最後の救い手となると同時に運命を決定づけた彼の片親違いの不思議な姉妹、

水棲デーモンのニッカーは恋人のスカートをつかむ。

モルガン・ル・フェ*の分身として描かれている。
文献17、56
⇨ 付録19

ニャンバイ
NJAMBAI

1865年の報告書によると、ナイジェリアの人々の信仰における精霊*のこと。ニェンバイ*とも呼ばれる。女性の守護霊*であり、男性からの虐待や理不尽な要求から女性を守る。また、家庭内で女性たちが不当な扱いを受けたときには加害者に仕返しをし、女性側には助言をした。この好意的な精霊の崇拝者は広い範囲に存在し、みな指導や助けを求めてこれをなだめた。
文献81
⇨ 付録22

ニューグル
NEUGLE

スコットランドの北にあるシェットランド諸島本島のスカロウェーの民間伝承に登場する恐ろしい水の精。ノグル*、ノッグル*、ナッグル*、ナッギー*、ナイゲル*という名前でも知られている。ニュガルス・ウォーターに生息し、車輪のように円を描いて背中の上に巻き上がっている変わった形の尾を持つ馬の姿で現われた。アッハ・イーシュカ*と同じように、鞍と手綱をつけた格好で海岸を跳ね回る。そして人間をそそのかして背中に乗せると、すぐに水中に潜っていく。乗り手は降りることができず、そのまま連れていかれて二度と姿を見せないこともあった。とはいえ、ニューグルは必ずしもいつもカーヴァル・ウシュタ*やケフィル＝ドゥール*のように意地悪だったわけではない。たいていの場合乗り手は、みっともないほどずぶ濡れになるだけですんだ。そして精霊*のほうは青い炎となってゆらゆらと水中に消えていくのだった。またこの精霊は水車小屋で回っている水車が好きで、その動きを止めては大喜びし、粉屋をひどくいらだたせた。ニューグ

ルは、ブリティッシュコロンビアでも北欧やシェットランドからの移民によって目撃され、ノグルとしてカナダの民間伝承に加えられたとされる。
文献17、47、99
⇨ 付録12、付録25

ニワトコ婆さん
OLD LADY OF THE ELDER TREE
⇨ 　エルダー・マザー

ニンヴィット
NI'NVIT

トナカイ飼育民のコリヤーク族におけるカラウ*の別名。
文献88
⇨ 　精霊、ニェンヴェティチュニン

人魚
NINGYO

日本の民間伝承に登場するマーメイド*の名称。ヨーロッパの精霊*と同じように、上半身は美しい乙女で下半身は脚の代わりに魚の尻尾がついた姿で現われる。ただ、西洋の民間伝承に登場する精霊と違って人魚は好意的な精霊であり、陸や海における災難から人々を守ってくれる。
文献88、93
⇨ 付録25

ニンニル
NINNIR
⇨ 　ニッカー

ニンフ
NYMPH

ギリシア・ローマ神話に登場する、女の自然の霊たち。透き通った優美な衣装を身につけた美しい乙女たちで、美しい髪を古代ギリシア風に束ね、頭に金の輪をはめた姿に描かれた。不死身ではなかったが、数千年は生きたという。たいていは神々の従者であり、音楽や演劇をよく披露した。楽器を演奏したり、

踊ったり、幼少の神々を教育したり、神のお告げを伝えたりすることもたびたびあった。ニンフたちはいくつかの集団に識別されており、各集団は住んでいた場所や守護していたものにしたがって名づけられていた。人間に対しては好意的なこともあったが意地悪になることもあったため、デーモン*あるいはスプライト*とも呼ばれた。たいていの文化の古代神話には、ニンフと同様の活動を行なう精霊*の乙女たちがおり、神々の従者としての役割を果たし、保護者の任務を負っていた。ニンフの話はそれだけで数多くの物語や伝説のテーマとなっている。各文化におけるニンフの集団の名称は次のとおりである。

北アメリカ先住民のチェロキー族 アニットサ*
ドイツ コケの娘たち*
ギリシアおよびローマ アトランティデス*、アルセイス、ウンディーネ*、オーケアニス*、オレイアス*、カメーナイ*、クレナ、シルフ*、ドリュアデス*、ナーイアス*、ナパイ*、ナパイア、ネーレーイス*、パガイ、ハマドリュアデス*、ヒュアデス*、ヒュラエオラ、プレイアデス*、ヘスペリデス*、ムーサイ*、メリア、メリアデス、メリッサ*、リムナイ*、リメニア*、リモネアス*、レイモニアデス*
インド アプサラス*、ヴリクシャカス*、ウルヴァシー*、ガンダルヴァ*、コーリマライカンニヤルカ*、デーウ*
アイルランド シュア*
イラン（ペルシア） フーリ*
文献20、40、56、62、88、92、93、102、110、114、129
⇨ 従者の精霊、付録11

ニンブル・メン（敏捷な者たち）
NIMBLE MEN, THE
⇨ フィル・ヒリーシュ

［ヌ］

ヌアラ
NUALA
アイルランド神話のいくつかの物語では、ヌアラはデ・ダナーン神族*の王フィンヴァラ*の妻であり、妖精*の王妃であるとされる。
文献17、18

ヌータイコック
NOOTAIKOK
イヌイット族の信仰における好意的な自然の霊。海に住む氷山の精で、アザラシの守護霊*である。アザラシがうまく繁殖するようにし、狩人たちの空腹を満たすのに足りる数のアザラシをいつも確保しておいてくれる。
文献102
⇨ 精霊、付録12、付録25

ヌッケ［複数：ヌッケン］
NØKK/E, NÖKKE, NØKKEN (pl.)
フィンランドの民間伝承に登場する水の男。フィンランドではノッケという名前で、ノルウェーではヌックという名前で呼ばれている。また、フィンランドでは水面に浮かぶ丸太となって現われるが、ノルウェーでは馬やヨーロッパヤマカガシ（無毒の蛇）、さらには干し草の山の形にまで変身することがある。北欧の他の民間伝承やゲルマン人の伝承にさまざまな姿で登場するニッカー*と同じく、この水の精も人間とは曖昧な関係にあるので、とにかく避けておくのがいちばんである。
文献99
⇨ 精霊、ナキネイウ、ナッキ、ニクス、ネック、付録12、付録25

ヌニュヌウィ
NUNYUNUWI
北アメリカ先住民のチェロキー族の信仰におけるデーモン*。「石の衣をまとった」という意味で、この悪霊は破壊的な人食い精霊*だと言われている。

水中に住む自分の家族に囲まれているヌッケ。

文献25

ヌベロ、エル
NUBERO, EL

スペイン北西部の民間伝承に登場する邪悪な天気の精。長い顎ひげを生やし、獣の皮を着ているという。フアン・カブリト*とも呼ばれている。妻や家族とともに霧に覆われたエジプトの山に住んでおり、そこから巨大な雲に乗って現われては激しい嵐を起こし、人間に災いをもたらすとされる。

文献88

⇨ 精霊、付録26

ヌル・クバとヌル・クグザ
NUR KUBA AND NUR KUGUZA

旧ソビエト連邦のマリ人（チェレミス人）の民間信仰における自然の霊を女性と男性に擬人化したもの。冬が終わって初めて田畑に放された牛たちを守ってくれるよう、初春になると人々はこの精霊*たちに祈る。そうすると、ヌル・クバとヌル・クグザ（「田畑の老女」と「田畑の老人」の意）は牛たちを危険から守り、夏じゅう生草をたっぷりと食べられるようにしてくれる。

文献118

⇨ ギド＝ムルト、クデ・オェルト・クバ、グーナ、ラウコ・サルガス、付録9、付録12、付録18

ヌル・ボデジュ
NUR BODƏŽ

旧ソビエト連邦のマリ人（チェレミス人）の民間信仰におけるケレメト*もしくは悪魔*。「畑の精霊*」という意味で、植物の精。作物を荒らされたり家畜を殺されたりしないよう、若い雄鶏と雌鶏を供物として捧げてこの精霊*をなだめなくてはいけない。

文献118

⇨ 付録9、付録18

ヌレス＝ムルト
NULES-MURT

　ロシアのキーロフ（旧ヴィヤトカ）地方に住むフィン＝ウゴール語族であるヴォチャーク（ウドムルト）族の信仰における、自然の霊。「森の男」という意味で、その名のとおり、この精霊*はロシアの民間伝承に登場するレーシィ*とよく似た森の守護霊*である。善い行ないをしてもらうにはなだめなくてはいけない。

文献88
⇨　アタマン、ケルテマシュ、チョドゥラ・クバ、ムルト、ラスコヴィツェ、付録19

ヌングイー
NUηUÍ

　エクアドルのアマゾン川流域に住むヒバロ族の信仰における、自然の霊または妖精*。「大地の母」という意味で、この精霊*はヒバロ族に土器づくりや猟犬による狩りのしかたを教えたと言われている。いつも単数形で呼ばれるが、ヌングイーはどこの菜園にも存在することから、実際には複数いると考えられる。彼女たちは森の空き地に全員で集まって踊る。姿を現わしているときのヌングイーは、背丈約90センチほどでとても太っていて、黒いタラチ（女性用のドレス）を着ているという。地中に住んでおり、そこから植物の芽を押し上げて必ず発芽するようにする。この点で、彼女は発芽および植物の生長の守護霊*である。ヒバロ族は、空き地にした栽培用の土地に必ずヌングイーが来てくれて、そこにとどまって作物を育ててくれるようにするため苦労する。この精霊は、夜中に踊るスペースを必要とするので、雑草や生長した植物をすべて除去した土地にしかとどまらない。したがって、手入れの行き届いた菜園がもっともヌングイーの注意を引くことになる。手入れが行き届いていないと、精霊はその菜園から離れて地面の奥深くに潜ってしまう。また、完全にその菜園から立ち去り、そこから奪った作物をもって手入れの行き届いた別の人の菜園に引っ越していくこともある。この精霊は日中、生長した植物をもって地面の下のほうへ潜っていくと考えられているため、女性たちはキャッサバの収穫には朝早く出かける。そしてヌングイーを怖がらせないようにと、気持ちの静まる歌を歌い、今の居場所に満足してもらうために、大切にしている準宝石の碧玉で作った「赤ん坊たち」を彼女に与える。満足していれば彼女はその一家を守ってくれ、よそ者が菜園を通ると、その人の足の裏から血をすべて吸い出してしまう。そのため、子供たちはヌングイーを怒らせてしまう恐れがあるので菜園で遊ばないようにと警告される。

文献64
⇨　付録14、付録18

［ネ］

ネアゴ
NE-A-GO
⇨　ガ＝オー

ネウィン
NEMAN, NEAMHAIN

　アイルランドの伝説や民間伝承に登場する、争いや死をもたらす女の悪霊。本来は女神であったが、後にアイルランドのデ・ダナーン神族*の一員となり、ヴァルキュリア*と同じような役割を果たすほうが多くなった。

文献17、105
⇨　精霊、ボドヴ、バンシー、ボドゥア、マハ、付録16

ネガフォク
NEGAFOK

　カナダに住むイヌイット族の信仰における精霊*。寒さをもたらすと言われる。

文献25
⇨　付録26

ネク
NEK
⇨　ネック

ネサル
NESARU
　北アメリカ先住民のアリカラ族の信仰における空の精。人類が生きられるようにまず地上世界を整えてから、地下世界から地上への出現を助け、さらに穀物の育て方も教えた。

文献119
⇨　指導霊、精霊

ネダ
NEDA
⇨　ハグノー

ネチスタイア・シラ
NECHISTAIA SILA
　「不浄な力」という意味。ロシアの民間伝承に登場する悪霊たちを指す語。

文献75
⇨　イア、精霊、デーモン、ネチスティイ・ドゥフ

ネチスティイ・ドゥフ
NECHISTYI DUKH
　「不浄な精霊*」という意味。ロシアの民間伝承に登場する、悪霊を指す用語。

文献75
⇨　イア、デーモン、ネチスタイア・シラ

ネッカン
NECKAN
⇨　ネック

ネック
NECK
　北欧の民間伝承に登場する水の精の一種を指す名称。ネッカン*、ネク*とも呼ばれる。湖に浮かぶ丸太や人のいないボート、あるいは湖岸や川岸にいる犬の姿になって現われることがある。だが、緑色の目をしてあごひげを生やした金髪の男性の姿になり、水をしたたらせながら湖上でハープを弾いている姿が目撃されることがもっとも多かった。この精霊*たちは人身御供を毎年要求すると言われるが、魂の獲得や請け戻しとも関係があるとされている。

文献18、44、88、95、132
⇨　ナッキ、ニッカー、ニクス、付録25

ネッケ
NÄKKE
⇨　ヌッケ

ネッケン
NÄCKEN
　北欧の民間伝承に登場する精霊*で、「水の男」として知られている。本来は境界の精であったため、彼が出没するのは湖の縁という境界の場である。ベカヘスト*を含め、どんな姿にでも変身することができるが、水面に浮いている丸太あるいは転覆したボートの形を取っていることがいちばん多い。

文献40、99
⇨　アッハ・イーシュカ、カーヴァル・ウシュタ、ケルピー、付録25

ネデク
NEDƏK
　旧ソビエト連邦のマリ人（チェレミス人）の民間伝承に登場するデーモン*の名前。「歯痛」という意味である。これは歯痛を擬人化した悪霊であり、歯茎の痛みや歯肉炎をもたらす。

文献118
⇨　コジュ・ネデク、付録17

ネテュン
NETUN
⇨　リュタン

ネナウニル
NENAUNIR
　ケニアに住むマサイ族の信仰における、強い力をもった悪霊。嵐を生み、邪悪なものと見られている虹で大地を脅す。伝説では、マサイ族が正確に矢を射って撃退していなければ、ネナウニルは大地を飲み込んでしまった

かもしれないと言われる。
文献102
⇒ 精霊、付録26

ネナブシュ
NENABU-SHU
⇒ マナボゾ

ネヌファレミ
NENUFAREMI
　中世ヨーロッパの神秘学で風の元素につけられた名称。
文献53
⇒ 四大精霊

ネベド
NEBED
　古代エジプトの神話に登場する闇のデーモン*。セト神と結びつけられていた。
文献39

ネポクワイ
NEPOKWA'I
　北アメリカ先住民のテワ族の信仰における、狩人であるカチナ*の精霊の名前。
文献88
⇒ ココペリ

ネミッサ
NEMISSA
　北アメリカ先住民のアルゴンキン族の神話に登場する、超自然的な「星の乙女」。そのあまりの美しさに「雲の運び人」までがすっかり夢中になり、彼女と暮らすために「星の国」へ行ってしまった。
文献122
⇒ ミカケ、付録13

ネムデ・クレク・クゲとネムデ・クレク・クグザ
NEMDə KURəK KUGə AND NEMDə KURəK KUGUZA
⇒ チェムブラト

ネリヴィク
NERRIVIK
⇒ セドナ

ネルゲ・クバとネルゲ・クグザ
NERGE KUBA AND NERGE KUGUZA
　旧ソビエト連邦のマリ人（チェレミス人）の民間信仰におけるケレメト*もしくは悪魔*。この精霊*は男性や女性に擬人化されることがあり、擬人化された存在は「風邪の老婆」と「風邪の老人」を意味するこれらの名前で呼ばれる。誰かが風邪をひくと、この病気の精霊が体内に入り込んだと言われる。入浴するとこの悪魔はなおさら怒るため、彼らを追い払う方法として唯一勧められるのは、細かく刻んだラディッシュを身体じゅうに塗りつけることである。
文献118
⇒ 付録17

ネーレーイス
NEREID
　この名を持つ精霊*についての記述は、古代ギリシアのものと現代ギリシアのものの二種類ある。
　（1）古代ギリシアの神話では「濡れたものたち」を意味し、海のニンフ*のことをいう。「海の老人」と呼ばれたネーレウスとニンフ*のドーリス*との間に生まれた娘たちである。金色の長い髪をした美しい乙女たち、あるいは後の文献にあるように、緑色の髪をして魚の尻尾を持つマーメイド*のようだと言われている。波間で遊び戯れている姿や、ネプトゥヌスとネーレーイスの一人であった彼の妻アムピトリーテー*の従者として、トリートーン*と一緒に白いヒッポカムポス（海馬）に乗っている姿が見られた。ネーレーイスの人数は五十人とも百人ともいわれ、ほとんどの名前はスペンサーの『妖精女王』（第Ⅳ巻、lxi、48～51節）に登場する。もっとも有名なのは、アムピトリーテー、ドト*、ガラティア*、パノペ*、テティス*である。

（2）現代ギリシアの民間伝承に登場する美しい乙女たちのこと。田園地方や森林に住むニンフ*であり、ブズーキを演奏している音が聞こえることがある。人間にいたずらを仕掛け、疲れ果てるまで踊らせたり、誘拐してぬかるんだ場所で道に迷わせたりすることもある。また、怒らせると意地悪にもなり、人の顔を膨らませたり歪めたりする。代表的なネーレーイスの物語は次のようなものである。ある若者がイチジクの木の下（精霊たちが潜んでいると言い伝えられている場所）で休んでいると、一人の美しい若い女性が現われた。しばらくして、彼はこの女性と結婚したいと祖父に話した。その女性がネーレーイスであることに気づいた祖父は、結婚するには彼女のスカーフを盗んできて保管するしか方法はないと孫に教えた。若者は祖父の言ったとおりにし、やがて子供も生まれ、完全なる幸福を手にした。彼女は最高の妻であり、一緒に村祭に行ったときにも彼女が誰よりも上手に踊ったので、彼は自慢だった。彼は妻にそのことを伝えた。すると彼女は、きちんと踊るにはどの踊り子もスカーフが必要なのだと答えた。そこで、若者がためらうことなく彼女にスカーフを返すと、彼女は見事な踊りを披露しながらまっすぐ空へ向かい、二度と姿を見せなかった。
（1）**文献20、40、56、62、92、93、114、130**
（2）**文献12**
⇨　（1）**従者の精霊、付録25**（2）**エクソティカ、メリュジーナ、付録18**

［ノ］

能天使
POWERS
⇨　天使

ノグル
NOGLE
⇨　ニューグル

ノチュニッツァ
NOČNITSA
ブルガリア、チェコ、ポーランド、ロシア、セルビア、およびスロヴァキアの民間伝承に登場する意地悪なデーモン*またはハグ*。ブルガリアではゴルスカ・マクア*、ロシアではクリスキー*またはプラスキー*とも呼ばれている。ノチュニッツァは夜中にやってきて、眠りにつく前に親の祝福を受けなかった子供を苦しめたという。単に子供の足をくすぐったりムズムズさせたり、お腹をつついたりして困らせるだけのこともあった。だが本当に意地の悪いときは、子供の血管から血を吸い、それからその子に病気をもたらした。この手のデーモン*はみなそうだが、泣き叫ぶ子供を心配して親が様子を見にくると、ノチュニッツァは姿を消してしまうのだった。揺りかごの下にナイフを隠しておくか、揺りかごを囲むように床にナイフの先で「鉄の円」を描くと、この精霊*から子供を守ることができると考えられていた。
文献88、104
⇨　**ポルノチニッツァ、付録22**

ノッカー
KNOCKERS
イングランドのコーンウォール州に住む鉱夫たちの民間伝承に登場する、善意のあるゴブリン*または鉱山の精*。その姿はめったに見られなかったが、人間の鉱夫のような服装をした小さなスプライト*であったと伝えられている。この精霊*は自分たちのために錫や金などの鉱石を掘っていたようだが、よい鉱脈があると坑道の壁をコツコツたたき、その在り処を人間の鉱夫たちに喜んで教えてくれたという。また、ノッカーは落石の危険を察知すると、四方八方に向けてコツコツと激しく音をたてて人間に警告してくれた。この精霊と良い関係を保っていくため、鉱夫たちは坑道の中でののしり声を上げたり口笛を吹いたり十字の印を描いたりするのを控えた。ノッカーはこれらのもので気分を害することがあり、彼らの気持ちを尊重しない鉱夫の作

業場には雨のように石を降らせたり落石をもたらしたりしたと言われている。
文献5、17、18、40、87、92、97、107
⇨ 青帽子、カッティー・ソームズ、ガートホーンズ、コブラン、スプリガン、ハウス・シュミードライン

ノックおばけ
KNOCKY-BOH
　イングランドのヨークシャー北部の民間伝承に登場するボーギー*。部屋の壁の裏からノックして住人を怖がらせるなど、ポルターガイスト*と同じようなことをした。
文献17
⇨ ポーキー・ホーキー、付録22

ノッグル
NOGGLE
⇨ ニューグル

ノーナ
NONA
⇨ パルカイ

ノ・ボンヌ・メールとボンヌ・ダム
NOS BONNES MÈRES AND BONNES DAMES
　「我が善き母親たち」と「善き婦人たち」という意味。フランスのブルターニュ地方の民間伝承に登場する妖精*たちにつけられた名称。彼らのことを口に出していうときにはこのような呼び替え名を用いるようにする。そうすれば彼らを呼び出してしまうこともなければ、怒らせて仕返しをされる恐れもない。
文献87
⇨ 精霊

ノーム
GNOME
　ノームという名前を持つ小さな精霊*には、次の2種類がある。
（1）神秘主義の哲学者パラケルスス（1493～1541年）が、自然元素から生まれた精霊*として定義した自然の四大精霊*。小さな老人として描かれるが、巨人の大きさにも変身できる。欲が深く、悪意をもった、みすぼらしい精霊である。オカルト主義者のエリファス・レヴィによれば、ノームの皇帝はコブという。
（2）ゲルマン神話では、ドワーフ*によく似た地の精霊*で、太っていて小さく、グロテスクな姿をしている。いつも修道士の衣服を着た老人の姿で現われる。土の中に住み、いつでも土や木の中に姿を消すことができる。地中の採石場や鉱山で勤勉に働き、財宝の守護霊*をしていると言われる。
文献7、17、18、40、67、88、93、98、107、114、136
⇨ 付録21

ノル・イェン
NOL JEη
　旧ソビエト連邦のマリ人（チェレミス人）の信仰におけるケレメト*もしくはデーモン*。この精霊*にはニワトリを供えてなだめる。
文献118
⇨ 付録9

ノルグ
NORG
　ゲルマン人の民間伝承に登場するデーモン*。北ヨーロッパの森で、中空の木の幹に生息していた。
文献110

ノーム

ノルニル
NORNIR
⇨ **ノルン**

ノルン
NORNS

　北欧神話に登場する運命の三女神*の総称。ドワーフ*のドヴァリン*の娘たちである。アルラウン*、ディース*、イディス*、ノルニル*とも呼ばれる。ふつうは超自然的な三姉妹であり、聖なるトネリコの木、ユグドラシルの根元に住んでいる。ウルズ*は過去、ヴェルザンディ*は現在、スクルド*は未来を象徴している。この三姉妹は子供が誕生するたびに現われ、その子の運命を決定する。昔から伝わる「眠り姫」の物語の中で洗礼式に招待された妖精たちはこの三姉妹である。しかし、後の物語では妖精の人数は十二人以上に増えている。たいてい彼女たちは、長い灰色の服を着て灰色の薄いガーゼのベールを頭からかぶった姿で描かれる。

文献33、39、40、41、56、78、88、95、114
⇨ **ヴァルキュリア、ウースード、パルカイ、ベイフィンド、ヘルド、モイラ、付録22、付録23**

［ハ］

ハイクル
HAIKUR
⇨ ニッカー

パイ・ジェロニム
PAI JERONIMO
⇨ プレートス・ヴェーリュス

パイジャ
PAIJA
　カナダのイヌイット族、イハルミュット族の信仰に登場する悪魔*の名前。一本足が女性器のあたりから生え、長い黒髪が体の上に垂れ下がる、グロテスクな女性の姿で現われる。長い冬の夜に、吹雪に遭った人間を捜して食らう。彼女に一目見られただけで、あるいは単に彼女を見かけただけでも即死してしまうため、一本足の曲がりくねった足跡を雪の中に見つけた者はだれも、安全が確認できるまで先に進まない。
文献101
⇨ カキー・タペレレ、シック、ドドレ、ナシャ、ビーアスト・ヴェラッハ、ファハン、ヒンキー＝パンク

パイソー
PYTHO
⇨ 悪魔

ハイター・スプライト
HYTER SPRITES
　イングランドのリンカーンシャーとイーストアングリアの民間伝承に登場する妖精*。さまざまな姿に変身できる。ふつうは人間の姿で、フェリアー*のような砂色の肌と髪をし、美しい緑の目を持つ。だが砂丘や崖の穴に巣を作るショウドウツバメの姿になることもある。ハイター・スプライトに親切にすると、お返しに人間を助けてくれ、いなくなった子供を捜して見つけてくれる。

文献17
⇨ 精霊、付録22

パイ・トマス
PAI TOMAS
⇨ プレートス・ヴェーリュス

バイニカ
BAINIKHA
⇨ バンナイア

ハイーニャ・エオワ（エオワ女王）
RAINHA EOWA
　アフリカ系ブラジル人のカルト、バトゥーキに登場するエンカンタード*の一人。彼女は高位の精霊*で、聖アンナ、および7月26日の祭日に関連づけられている。また彼女の「家族」の中には、トイア・ナヴェロアイム（処女懐妊および12月8日の祭日に関連づけられている）がいる。ハイーニャ・エオワもトイア・ナヴェロアイムも、一昔前ほどの人気はなくなっている。
文献89

ハイーニャ・オヤ（オヤ女王）
RAINHA OYÁ
　アフリカ系ブラジル人のカルト、バトゥーキに登場するエンカンタード*の一人。彼女は高位の精霊*で、「シニョーラ」の敬称を付けて呼ばれる。コスメ*、ダミアンの二人の精霊と関係が深い。コスメとダミアンは人間の子供として生まれたが、母親にバイーアの海に捨てられた。そこを救ったのがハイーニャ・オヤで、二人を海の底のエンカンタリア（精霊の家）で、エンカンタードに育て上げた。
文献89
⇨ シニョール、ビーダンバイアズユーディド、付録25

ハイーニャ・バルバ（バルバ女王）
RAINHA BARBA
　アフリカ系ブラジル人のカルト、バトゥー

キに登場するエンカンタード*の中でも、高位の精霊*の名前。ベレム市ではバルバ・スエイラあるいはマリア・バルバ、ウンバンダ・カルトを信仰する地域ではイニャサンとしても知られている。彼女は12月4日のサンタ・バルバラ祭と関連づけられている。ハイーニャ・バルバは、嵐のときに雷と稲光を制御できると考えられている。

文献89
⇨　アヴェレケテ、シニョール、セウ・トゥルキア、付録26

バイフー（白虎）
BAI HU　びゃっこ

中国の民間信仰、伝説に登場する精霊*の名前。つねにチン・ロン（青龍）*と関連づけられる。彼らはともに天神の使者。白虎は天罰、災害、秋の終わりを予言し、西の方位を司る。

文献93
⇨　付録23

パイ・ベネディトゥ
PAI BENEDITO
⇨　プレートス・ヴェーリュス

バイ・マーセ
VAI-MAHSE

アマゾンに住むトゥカノ族の信仰に登場する強力な自然の精霊*。バイ・マーセとは「動物の主人」の意である。彼は赤い身体をしたドワーフ*の姿で現われ、魔法の赤い杖を持っている。森に住む動物や川に泳ぐ魚の守護霊*であり、狩人や釣り人に捕られる動物や魚の数を決める。いくつかの小さな丘が、バイ・マーセに供え物をする聖なる場所とされ、そこに狩りや釣りをさせてもらう礼として捧げ物を置いておき、彼の機嫌を損ねないように注意を払う。バイ・マーセはとりわけ妊婦や若い母親に対して意地が悪いと、女性たちに信じられている。バイ・マーセ自身は子供の父親になったことがないので、嫉妬心から彼女たちに伝染病や不幸をもたらすと言うのである。

文献33
⇨　付録12

パイル・パク
PAIL PAK

旧ソビエト連邦のマリ人（チェレミス人）の民間伝承に登場するきわめて意地の悪い精霊*。家に住みつく悪鬼で、見かけはドワーフ*のようだと言われる。ひとたび家に入ると、その家の者が夜眠るときに悪夢を見させる。妊婦や新生児にとってはさらに危険で、胎児を食べてしまったり、ベッドで寝ている赤ん坊の心臓を食べてしまったりする。

文献118
⇨　ザガズ、デーモン、ペナンガラン、付録22

バイローン
BHAIRON

インド神話に登場する畑の精霊*だが、バイラヴァ神との結びつきによって、ベナレスにあるシヴァ神殿の守護霊*に出世した。ムンバイ（ボンベイ）では、剣と血の杯をもった姿で描かれる。

文献87
⇨　付録18

ハインツェ
HEINZE
⇨　コーボルト

ハインツェルマン［複数：ハインツエルメンヒェン］
HEINZELMANN, HEINZELMÄNCHEN（pl.）

ドイツのケルン市の民間伝承に登場する、友好的な家事の精*。イングランドの民間伝承に出てくるブラウニー*に似ている。夜に、パン屋や商店ですぐれた技量を生かして働くので、主人は弟子をあまり取らなくてもよくなる。どんな姿をしているかは誰も知らないが、すばらしい作品を受け取るだけで、人間

は満足していた。だが、ある仕立屋の女房が、好奇心を抑えられなくなった。精霊*の姿を見ようと決心し、干した豆を工房の床一面にばらまいた。精霊が転んだら、逃げていけないだろうと思ったのだ。だが、精霊は女房の策略を見抜き、永久に去っていった。

文献 8、18、88
⇨　付録22

ハウグボンド
HAUGBONDE
　北欧の古い民間伝承に登場する精霊*。農場とそこに暮らす者の守護霊*とされた。

文献47
⇨　ホグブーン

ハウス・シュミードライン
HAUS-SCHMIEDLEIN
　ボヘミアの民間伝承に登場する、銀山のドワーフ*、ノッカー*。めったにその姿を見ることはないが、小さな老人で、大きすぎる頭をして、しゃがんだ姿勢で、鉱夫と同じ服装をしているとされる。コーンウォールのノッカーと同じく、トンネルの壁の中から音を立てて、銀の鉱脈のありかを鉱夫に知らせる。鉱脈に近づけば、音は大きくなる。トンネルのあらゆる方向からこのドワーフのハミングが聞こえたら、もうすぐ落盤が起きるから、入り口から逃げ出せという警告である。鉱夫はそのお礼に、食物や子供服を置いていく。

文献38
⇨　鉱山の精、コーボルト、小さな精霊たち

ハヴストランベ
HAVSTRAMBE
⇨　ハヴマンド

バウダ
BOUDA
　エチオピアに伝わる邪悪で意地悪なデーモン*。若く美しい人々にとりつき、醜態をさらさせて彼らを苦しめる。1865年の記録によれば、正常で健康な奉公人が、ある日バウダにとりつかれた症状を見せ始めた。まず、この勤勉な人物は消耗し、ふらふらになった。夕暮れには意識を失った。びっくりした仲間の奉公人はエクソシスト［悪魔祓いの祈祷師］に助けを求めた。エクソシストが現われると、とりつかれた女性はすぐに狂人のように荒れ狂い、笑い、嚙みつき、蹴り、叫んだ。エクソシストがバウダに女性から出て行くよう命じると、燃える石炭を突きつけて脅すまで、バウダは女性の体から発する恐ろしい声で拒否した。要求に応じる前に、バウダは自分が望む食物を求めた。他の動物の糞や水を混ぜた排泄物が皿に入れて置かれた。すると、とりつかれた女性は四つんばいになって皿に飛びつき、胸の悪くなるようなにおいのする汚物をぴちゃぴちゃなめた。彼女はそれからもっとも巨大な岩（数人の男たちがかかっても持ち上げられなかった）をつかみ、体をまっすぐに起こすと、自分の頭のまわりを旋回させ、勢いよく放り投げた。その後、彼女は気を失って地面に倒れた。まもなく彼女は回復したが、自分に何が起こったのかまったく覚えていなかった。

文献57

ハウフルエ
HAVFRUE
　デンマークの民間伝承に登場する、たいへん美しいマーメイド*。長い金髪をはやしており、海面に浮かんで髪をとかす姿が見られる。親切なときも、悪意を示すときもある。重要な出来事を予言する力があるとされ、デンマークの国王クリスチャン4世の誕生も予言したらしい。砂丘の上を海岸まで、ミルクのように白い馬を走らせて餌をやる姿や、海面に霧がただよう初夏の海にいる姿が見られるときもある。だが、その姿を見るのは、暴風雨の前触れだとされる。海辺で焚き火をする漁師のもとへ、若い美女の姿で現われたという話があり、美女は濡れて寒さに震えていたという。美女のそばにおびき寄せられた不注意な漁師は、美女にとらえられ、海底の世界に連れて行かれ、ほかの溺死者と同じく、

バウボー

バウダにとりつかれた女性を助けるためにエクソシストが呼ばれる

二度と地上には戻れない。
文献18、78、88
⇨ **ハウマンド、バル、付録25**

バウボー
BAUBO
　古代ギリシアと小アジアで信じられていた女性の精霊*もしくはデーモン*。女性の豊かさの概念を擬人化したもの。開いた脚の間に頭があったり、まったく頭のない姿で描かれ

ハヴマンド
HAVMAND
　スカンディナヴィアの民間伝承に登場する、善良なマーマン*。グリーンランドの民間伝承ではハヴストランベ*ともいう。人間の姿のときはたいへんな美男子で、緑か黒の髪とあごひげを持つ。海底の家にいないときは、海辺の崖や洞穴にいることがある。
文献18、78、89、99
⇨　ハウフルエ、マーメイド、付録25

バウムエーゼル
BAUMESEL
　ドイツに伝わる一種のデーモン*もしくはゴブリン*。「木の愚か者」を意味し、森の木に住むと言われる。
文献110
⇨　付録19

ハウラ
HAURA
⇨　フーリ

ハウラー
HOWLAA
　英国マン島の民間伝承に登場する天気の精霊*。いつも姿は見えないが、マン島人の守護霊*として、暴風が近づくのを警告する声を発する。ドゥナ・マラ*やドゥナ・エー*と伝説における役割がよく似ている。
文献17、18
⇨　付録26

パウリー
POWRIES
⇨　ダンター

ハウルヴァタート
HAURVATAT
　イランのゾロアスター教で信じられている精霊*。幸福、保健、全体といった意味。アムシャ・スプンタ*とヤザタ*の仲間であり、アフラ・マズダの従者の精霊*である。大地の水と死後の生活にかかわりが深い。昔の川の神に由来するらしい。
文献41、88
⇨　アムシャ・スプンタ、従者の精霊、守り神、ヤザタ

バエタタ
BAETATA
　アマゾン流域のトゥピ＝グアラニ族に伝わる精霊*。ウィル・オ・ザ・ウィスプ*に似たいたずら好きな精霊である。人間をそそのかしてどこまでもついてこさせるため、しまいに人間は絶望して死んだり、厄介な場所に迷い込んだりする。
文献102

バエル
BAEL
　中世ヨーロッパの悪魔学では最も強大な力を持つ地獄のデーモン*の一人。
文献53

バカ
BAKA
　中米ハイチの信仰で、悪意ある精霊*の総称。これらの人食いデーモン*は人間の姿をした精霊であったり、デーモンになった人間だったりする。
文献67

バガブー
BUG-A-BOO, BUGABO
　デーモン*あるいはバグベア*を意味する古英語Bug（バッグ）の異形。バギー・バウ*、ブッカ・ブー*、ボグル・ブー*、バッグ・ボーイ*という名でも知られる。この精霊*は大人にはもはや真面目には受け取られてお

ず、たいていはいたずらな子供たちを行儀よくさせるための子供部屋のボーギー*として利用されている。
文献92、119
⇨　バッグ、ボーグル、付録22

バガン
BUGAN
⇨　ホブゴブリン

ハギス
HAGITH
　オリンピアの宇宙の精霊*。この名前は中世ヨーロッパの神秘主義で使われた。
文献53

バギー・バウ
BUGGY BOW
⇨　バッグ

バギブス
BUGIBUS
⇨　バガブー

ハグ
HAG
　老婆の姿をした超自然存在。だいたいは善良だが、悪意を持つことも多い。ケルトとゲルマンの民間伝承によく登場し、シー*の女王やスコットランドのカリァッハ*などのコーン・スピリット*を表わすことが多い。島、環状列石などの特徴的な地形をつくると言われている。またその活動は天気、収穫、糸紡ぎと深く結びついている。とくにケルトのベルティネ祭とサウィン祭では、眠っている人を苦しめるスクブス*となる。ハギーは、16世紀イングランドのナイトメア（夢魔）*の名前である。
文献17、88
⇨　精霊、付録14、付録26

パグ
PUG
⇨　パック

バクシュ・イア
BAKŠ IA
　旧ソビエト連邦のマリ人（チェレミス人）が信じる水車小屋の精霊*。「水車小屋の悪魔*」を意味し、バクシュ・クバ*やバクシュ・オザ*（水車小屋の親方）という名でも知られる。この超自然存在は水車小屋と粉ひき仕事の守護霊*で、キルムーリス*に似ている。床下か水車の陰に住み、夜になると出てきて、契約を結んだ粉屋のために水車の作業を管理する。毎日この仕事と引き換えに、精霊は見つけやすい場所におかれた一杯のバター入り粥を受け取る。もしこれを忘れると、怒った精霊は仕返しをし、水車や穀物の状態に問題を生じさせる。
文献118
⇨　カバウターマネキン、クバ、ブロラハン

バクシュ・オザ
BAKŠ OZA
⇨　バクシュ・クバ

バクシュ・クバとバクシュ・クグザ
BAKŠ KUBA AND BAKŠ KUGUZA
　旧ソビエト連邦のマリ人（チェレミス人）が信じる水車小屋の精霊*。この超自然存在はバクシュ・イア*もしくはバクシュ・オザ*と呼ばれることのほうが多い。バクシュ・クバ（「水車小屋の老婆」の意）と呼ばれる女性の姿で現われることもある。銀貨を飾りにつけた伝統的な農婦の服装をしているとされる。バクシュ・クグザ（「水車小屋の老人」の意）と呼ばれる農夫の姿で現われることもある。クバ*やクグザ*という遠まわしな呼び方をするのは、彼らが感情を害したり復讐を企てたりしないようにするためである。
文献118

白鳥乙女
SWAN MAIDEN

この妖精*は北ヨーロッパ諸国の民間伝承に登場し、特にケルトの伝統を持つ地方に多く見られる。しかし同様のテーマは他文化の民間伝承にも数多く存在する。白鳥乙女はたいてい人気のない美しい湖の周りの木立や森に住むが、時には海辺にも住む。この妖精たちは魔法の羽のマントによって、若く美しい娘から優美な白鳥にまで姿を変えることができる。また別の伝承では、指輪、王冠、一対の翼などにも変身できる。白鳥乙女が人間の姿をとる時は、水浴びをしているあいだ羽のマントを置いておく。するとそのマントが未来の夫や、あるいは邪心を抱く悪漢に盗まれるのである。そうなると白鳥乙女は魔法の羽のマントを持っている者の手中に落ちてしまい、やがては自分でマントを取り返して飛び去るか、英雄に助けられるのである。

文献17、18、40、88、110
⇨ アンガス・オーグ、ヴァルキュリア、ヴェルンド、ウルヴァシー、精霊、ブリュンヒルド、ローン

ハクツィ／ハクツィン
HACTCI/N

北アメリカ先住民のアパッチ族が、「黒い空と地球の子供」だと信じている精霊*たち。

文献88
⇨ ガヘ

ハグノー
HAGNO

ギリシア・ローマ神話に登場する、幼児ゼウス（ユピテル）を教育した三人のニンフ*の一人。あとの二人は姉妹のネダーとティソーア。

文献130
⇨ 付録22

バグベア
BUGBEAR/E

イギリスの民間伝承では恐れられる精霊*の一種。デーモン*もしくは意地悪な精霊で、クマ、あるいは大きな獣の姿をとると考えられた。のちにいたずらな子供たちをむさぼり食うのが好きだと言われるようになり、子供を脅して行儀よくさせるための子供部屋のボーギー*として利用されることが多くなった。

文献17、40、107
⇨ ボーギー、ボーグル、付録22

バクル
BAKRU

南米スリナムのとくにパラマリボ付近や海岸地域に伝わる小精霊*。この小さな精霊たち*は、西アフリカの森に住む邪悪なアプク*に由来する。半人半木で、小さな子供のような胴体にとても大きな頭がのっている。かならず男女ひと組で現われる。バクルを人間の召使にするには、それがもたらす富と引き換えに魂を手放すという邪悪な契約を結ぶしかない。その点はヨーロッパのアイトワラス*と非常によく似ている。

文献87
⇨ アジザ、イジメレ、プキス、プックメリア、モアティア

バグル
BAGUL

インドの伝説におけるデーモン*あるいは有害な精霊*。ヒンドゥー教神話でもマラータ族のものによく登場している。

文献92
⇨ ボーグル

バグレト・エル・ケボール
BAGHLET EL QEBOUR

モロッコに伝わる邪悪な女性の精霊*。「墓のラバ」を意味し、定められた服喪期間が終わらぬうちに再婚した寡婦の精霊が、アラーによって姿を変えられたものと言われる。彼女はラバの姿で、夜間マラケッシュやさびれた場所をさまよい歩く。夜遊びに出る怠惰で軽率な男を探し出すと、その男を生き埋めに

する。
文献90

バーゲスト
BARGUEST

　イギリス北部のノーサンバーランド、ダーラム、ヨークシャーに伝わるボーギー*もしくはフィーンド*。BarghestやBoguestとも綴られる。「棺台の精霊*」を意味するドイツのBahrgeisに由来するとも考えられる。角と牙と燃えるような目を持つ、マスティフ犬ほどの大型の黒犬だとか、大型の毛むくじゃらの犬だとか、大きな鉤爪と燃える石炭のような目をしたクマだとか、さまざまに形容される。鎖を引きずっていることもあれば、鎖でぐるぐる巻きにされていることもある。首なし男や首なし女、白ウサギ、猫、犬の姿をしていて、炎になって姿を消すこともある。特定の地域に属するフィーンドで、災厄、あるいは目撃者やその家族の死を予告するものとされている。近づこうとしたり、その正面を通り過ぎようとしたりすると、決して癒えることのないひどい傷が残ると言われる。ヨークシャーのリーズ周辺では、誰か重要人物が死にそうになるとバーゲストが現われ、街の犬すべてに遠吠えをさせる。
文献15、17、28、66、87、123
⇨　ガイトラッシュ、カペルスウェイト、教会グリム、首なし女、黒妖犬、スクライカー、パドルフット、ブラック・シャック、ブルベガー、フレイバグ、ボガート、モーザ・ドゥーグ、ロンジュール・ドス

化け物
BAKEMONO

　日本の民間伝承に登場する意地悪な精霊*の総称。ゴブリン*のような姿で現われる。
文献87

ハーケル＝ベーレント
HAKEL-BÄREND

　ドイツのヴェストファリア地方で、幽霊猟師*を表わす名前。「マントを持つ」という意味。名前の由来には二つの説がある。一つは、デーモン*が嵐の日に空を飛ぶときにはおる大きな黒いコートからきたというもの。もう一つは、ハンス・フォン・ハッカルベルクという人間に関わるというものである。フォン・ハッカルベルクはブルンズウィック公爵の筆頭猟師だったが、地獄の猟犬を連れて永久に狩りをするよう宣告された。日曜に教会に来ないで狩りをしていたからだ。
文献95
⇨　悪魔の猟犬群、ホレ、幽霊狩猟

パコレ
PACOLET

　フランスの伝説「ヴァランティンとオルソン」に登場するドワーフ*の名前。この中世のロマンスには、淑女クレリモンとその兄である緑の騎士*も登場し、数多くの英雄的な冒険が繰り広げられる。双子の兄ヴァランティンと赤ん坊のときに引き離されたオルソンは、森の中で熊に育てられる。一方、ヴァランティンは伯父のペパン王に宮殿で育てられる。物語の終盤で、オルソン、ヴァランティン、クレリモンは巨人フェラグスに捕えられ、巨人の城の地下牢に閉じ込められる。パコレは魔法の木馬を使って彼らを救出し、ペパン王の宮殿まで送り届けた。
文献40、114

バサ＝アンドレ
BASA-ANDRE
⇨　バシャジャウン

パシコラ
PASIKOLA
⇨　マナボゾ

バシャジャウン
BASAJAUN, BASA-JAUN

　スペイン北西部のバスク人に伝わる自然の精霊*、ならびにトリックスター*。フォーン*や木のスプライト*の姿をしている。フランス名はオム・ドゥ・ブー（Homme de Boug）

人間に農業と鉄細工を教えたと信じられている。また、いたずら好きで人をペテンにかけ、ピレネー山脈高地の森や洞穴に住み、そこでヒツジとヤギを守っている。妻のバサ＝アンドレ*は一種のセイレーン*で、座って長い髪を梳き、人間を誘惑して殺すと言われる。
文献87、93
⇨　アナンシ、エシュ、コヨーテ、バマパマ、ブルー・ジェイ、マナボゾ、ミンク

バジャロシュッシュ
BAŽALOSHTSH

　ドイツ東部に住むスラヴ系の、ウェンド族に伝わる一種の妖精*もしくはバンシー*。「神の嘆き」を意味し、長い髪をした小さな女性の姿をしていると言われる。死にかけている人の窓の下に座って泣くためだけに現われる。
文献87
⇨　カヒライス

バジャング
BADJANG, BAJANG

　マレーシア西部のマレー人が信じている意地悪なデーモン*、あるいは病気をもたらす精霊*。バジャングという言葉は Musang（ヤシジャコウネコ）の姿をした使い魔*を指す。この精霊の超自然的な力を利用しようとする人間の一族は、祈りを捧げ、竹でつくった家に卵と牛乳を供えなければならない。バジャングはとくに子供たちに意地悪である。また、主人一族の命令によって攻撃を仕掛ける標的のもとに送りこまれると、またたくまに相手を災厄や病気で苦しめる。夜間、人々の眠りを妨げ、とくに産婦に害を及ぼす。
文献87、120
⇨　アイトワラス、アル、カル・クマーラ・ヤカ、トサリデュイ、ハンツー、ポンティアナク（吸血女）、マーラ、付録22

バジャング
BAJANG
⇨　バジャング

バシュキール
BASHKIR
⇨　バシュクシェ

バシュクシェ
PAŠKƎČE

　旧ソビエト連邦のマリ人（チェレミス人）の民間伝承に登場する精霊*、あるいはデーモン*。バシュキールとも呼ばれる。悪霊クゲ・イェン*の従者。
文献118
⇨　悪魔、ケレメト、従者の精霊

バシリオ・ボム
BASILIO BOM

　アフリカ系ブラジル人のカルト、バトゥーキでは、グイレルミ*という名でも知られるエンカンタード*。セウ・トゥルキア*の息子とされ、ドン・ジョアン・スエイラ*のエンカンタードの一族として育てられた。治療の儀式ではグイレルミという名が使われる。
文献89

パス
PASU

　旧ソビエト連邦のマリ人（チェレミス人）の民間伝承に登場する、数多くの畑の精霊*の呼称に付く最初の部分。パス・ヤル（「田園の奉納」の意）、パス・キョガ（「田園の中心」の意）、パス・クバ（「野の老女」の意）、パス・クグザ（「野の老人」の意）などがある。これらの田園の精霊は農耕の守護霊*であり、農耕期の初めや、必要に応じて収穫期の初めなどに祈願される。パス・キョガは、精霊群シュルナ*の援助を受ける。
文献118
⇨　イザ・ヌル・ボデュシ、精霊、ヌル・ボデジュ、付録18

パスク
PASUK

　エクアドルのアマゾン川流域に住むヒバロ族の伝承に登場する使い魔*。昆虫か動物の

姿をとり、シャーマンが呪いをかけた相手のところに留まって、確実に呪いがかかるよう手助けする。もしも別のシャーマンがその呪いの性質を見極めて、呪いを解くことができた場合でも、パスクがその相手を主人（すなわち呪いをかけたシャーマン）のためにもう一度襲うこともある。パスクは魔法の鎧で守られているため、パスクそのものを駆逐することは不可能だと言われている。

文献64
⇨　付録12

パズズ
PAZUZU

　古代アッシリア神話に登場する病気をもたらすデーモン*。二組の翼とサソリの尾を持ち、一部人間の姿をしている不気味な生き物として描かれた。パズズは砂漠から吹きつける、焼けつくような暴風が変化したものだった。彼は発熱と病気をもたらしたが、魔よけと特殊な呪文によって阻止された。

文献93
⇨　アスモデウス、付録17、付録26

畑の精霊
FIELD SPIRIT

　畑の守護霊*で、とくに穀物などの豊作をもたらす。その働きはコーン・スピリット*によく似ており、同じ場合もある。農業を続けてきた社会では、どこでも見られる。人間の姿に描かれることもあるが、ふつうは、狼、山羊、犬、鹿などの動物の姿になると考えられている。畑に風が吹いたときに穀物がさざなみのように揺れたり、畑で音がしたり、精霊*が守っている穀物や家畜の状態が良かったりすることで、この精霊がいることがわかる。この精霊の性格は、熱心に畑の世話をする優しく善良な妖精*から、人間を脅す邪悪な悪魔*にまでわかれており、人間は悪魔の災厄を受けないよう、この精霊をなだめなければならない。

文献87
⇨　付録18

バッキー
BUCKIE

　スコットランド低地地方に伝わるインプ*もしくはデーモン*。人気のない荒野や谷、森、道に住んでいた。数少ない記述によれば、ヤギにやや似ているという。馬に乗った旅人は、この超自然存在が出没する寂しい田舎を夜間通るとき、道連れがいっしょに乗っていることに気づくはずだ。というのも、バッキーは一人で馬に乗る旅人のうしろに飛び乗り、絞殺しようとするからである。

文献17、133
⇨　付録24

ハッグ
HAGGE
⇨　ハグ

バッグ
BUG/G, BUGGE

　意地悪なスプライト*、デーモン*、ホブゴブリン*を指す古代ケルトのBwgと中期英語Buggeに由来する古風な名前。バガブー*、バグベア*、ボーグル*、ボーギー*といった名前にその名残がみられる。はるか昔の恐ろしい精霊*から、後年子供部屋のボーギー*に落ちぶれたバッグは、今や民間伝承の中で大きな影響力を有してはいない。そこから派生して、単に邪魔者を指す言葉として使われることもある。

文献7、17、28、40、92、107
⇨　アウフホッカー、バーゲスト、バグル

パック
PUCK/E

　イングランドの民間伝承に登場する、いたずら好きな、家付きスプライト*、あるいは自然の妖精*。名前の綴りは上記の二つがもっとも一般的である。地方によってポーク*、プーク（2）*、パックル*、パグ*などとして知られている。その姿はさまざまに描かれ、ホブゴブリン*のこともあれば、妖精、ブラウニー*、エルフ*、またはゴブリン*のこと

もある。どれも違った姿に描かれているという事実が、はからずもこのいたずら好きな妖精の変身能力を証明している。一般に受け入れられているパックのイメージは、人間の姿をした小柄で毛深い生き物というもので、半人半獣の林野牧畜の神ファウヌスのように、ヤギの脚を持つこともある。パックは古くから数多くの物語や文学作品に登場しているが、もっとも有名なものはおそらくシェイクスピアの『真夏の夜の夢』と、ラドヤード・キプリングの『プークが丘のパック（*Puck of Pooks*）』だろう。パックの性格は陽気なスプライトのそれで、だまされやすい人間を相手にいたずらをしかけ、しばしばウィル・オ・ザ・ウィスプ*のように、人間を困らせたりまごつかせたりする。しかしこの妖精にも、貧乏人や虐げられている者、そして恋人たちの利益を図る面があると信じられている。この点で、パックはよくロビン・グッドフェロー*やロビンフッドと混同される。ロビンフッドもまた自然の精霊*だと言われていたからである。ウェールズの人々はこの妖精をピスカあるいはプカと呼ぶ。ドイツではポーク、アイスランドではプカ*、スカンディナヴィアではプキイェ、エストニアとラトヴィアではプキス*と呼ばれる。

文献7、15、17、18、37、40、56、59、69、87、92、93、114、125
⇨　アリエル（2）、フォーン、ブッカ、付録6、付録8、付録22

バッグ・ボーイ
BUG BOY
⇨　バガブー

バックランド・シャッグ
BUCKLAND SHAG, THE
　イングランド、デヴォンのバックランドに伝わる水棲馬の姿をしたデーモン*。このあたりでは、大きな岩についた消すことのできない赤いしみは、バックランド・シャッグが獲物を連れてきて殺した跡だと言われた。バックランドの教区司祭が鐘と聖書とろうそくを使って精霊*を祓うまで、バックランド・シャッグに出くわす怖れのある場所に、あえて一人で行ってみようとする者はほとんどいなかった。

文献47
⇨　カーヴァル・ウシュタ、ケルピー、シャッグ・フォール、ニューグル、付録24

パックル
PUCKLE
⇨　パック

ハッケンマン
HAKENMANN
　ゲルマンの神話と民間伝承に登場する、悪い水の精霊*。

文献88
⇨　ニクス、ハヴマンド、マーマン、付録25

バッジ・ファー
BUDGE FUR
⇨　ボーギー

バッド・アワー
BAD HOUR, THE
　現代ギリシアの民間伝承に登場するデーモン*あるいは一種の邪悪な精霊*で、デンジャラス・アワー*、アグリー・アワー*、シェイムフル・アワー*という名でも知られる。この種のデーモンは目に見えないのが普通だが、小さな黒犬、美女、つむじ風、イチジクの木の下の影、あるいは何らかの動物の姿をとることもある。人間の不機嫌によって呼び出されて個人にとりつき、その人が異常な行動をとる原因となる。また、この精霊が潜む交差路や高い山間の狭い道を人間が通ると、とりつきたいという誘惑にかられるようだ。人間にとりついたり襲ったりする際、バッド・アワーは相手の声を「奪って」、その人がしゃべれないようにする。また、バッド・アワーはナイトメア（夢魔）*あるいは病気をもたらすデーモンであるとも考えられる。夜間、家にいる子供たちやその他の家族がバッド・

アワーにとりつかれると、突然発熱し、目や四肢が痛み、死ぬこともある。クセメトリアと呼ばれる特別な祈りを唱えたり、神官や、プラクティカと呼ばれるこの地方の一種のエクソシストに助力をあおいだりすることによって、祓える場合もある。

文献12

パッドフット
PADFOOT

　人間を怖がらせる精霊*で、パッドフイトとも呼ばれる。イングランド北部のヨークシャー地方、とりわけリーズ周辺の荒野に出没する。その姿はさまざまに描写され、もじゃもじゃの毛と燃えるような赤い目をした羊のお化けだとか、ころころ転がる羊毛の塊だとか、巨大な白い犬だとか、あるいはぎらぎら輝く巨大な目を持つ黒いロバだとも言われる。人間の目には見えないとされることもある。どのような形態をとるにせよ、暗闇の中で人間の後ろから近づく、柔らかで薄気味の悪い綿の詰め物のようなものである。うめき声をあげたり、あるいはジャラジャラと鎖の音を立てたりすることも多い。それを聞いた者は、恐怖のあまり死に至る。杖で突いてみた者もいたが、なんであれ堅いものはその体を突き抜けてしまう。パッドフットはボギー・ビースト*、ボガート*、ボーギー*の一種であり、バーゲスト*やガイトラッシュ*、スクライカー*、それにトラッシュ*といったイングランド北部の道端に出没する精霊と同類である。それらはたいてい不吉なしるしで、けっして近づいたり触ったりしてはならない。

文献15、17、18、28
⇨ **カペルスウェイト、教会グリム、黒妖犬、ブラック・シャック、ブルベガー、フレイバグ、モーザ・ドゥーグ、ロンジュール・ドス、付録24**

バデ
BADÉ

　アフリカ系ブラジル人のカルト、バトゥーキにおける精霊*もしくはエンカンタード*の家族。カトリックの聖ヒエロニムスとその祝日9月30日と関連づけられる。その名は西アフリカ、ダオメーの神に由来している。

文献89
⇨ **シニョール、シャンゴ**

バディ
BADI

　マレーシア西部のマレー人の信仰と民間伝承における精霊*の一種。目に見えないが地上のあらゆる場所に存在し、危害を加え、不和を引き起こすと考えられている。最初のバディは、最初の人間アダムが流した三滴の血から生まれたと言われている。今では190以上のバディたちが、可能な場所ならどこででも危害を加えるとされている。

文献120
⇨ **インプ、スプライト、ベス**

ハティフ
HATIF

　イスラム教が広まる以前にアラブ人が信じていた見えない精霊*。ジン*や自然の精霊の仲間。後のジンとは違って、まったく危険でない。聞く耳を持った人間に、助言や警告を与える。

文献41、53
⇨ **付録18**

バティム
BATHYM

　中世ヨーロッパの悪魔学では、地獄でもっとも強大な力を持つ高位のデーモン*の一員とされる。マルティムという名でも知られる。

文献53

ハデム・ケムクオマ
KHADEM QUEMQUOMA

　モロッコの民間信仰における女のジン*。この名前は「銅鍋の黒い女」を意味する。とりわけ幼い子供たちに対して意地が悪く、夜中に眠っている赤ん坊を起こしては泣くほど怖がらせる。

文献90
⇨　アリファ、ウーム・セビアン、ザガズ、精霊、付録22

ハデュオク・エナス
HADDUOK ENNASS
　モロッコの民間伝承で、ジン*を遠まわしによぶ言い方。「これらの人々」という意味。精霊*を呼び出さず、いたずらもされないように、この名前を使う。
文献90

バド
BAD
　古代ペルシア神話の邪悪な精霊*もしくはジン*。建物への被害・惨事・死をもたらす嵐や大風は、この精霊のしわざと考えられた。
文献53
⇨　付録26

ハド・アルコリン
HAD AL'KHORINE
　モロッコの民間伝承に登場するジン*を遠まわしによぶ言い方。「他の人たち」という意味。精霊*を呼び出さず、いたずらもされないように、この名前を使う。
文献90

バドゥー
BADUH
　アラビアの神話でブドゥー*あるいはベドゥー*としても知られる好意的な精霊*。メッセージの迅速な伝達を確実に行なうのがその役目である。彼の助力を請うには、8642という数字を記せばよい。これは（逆の順では）アラビア語のアルファベット BDUH を表し、精霊の名前を示すことになるからだ。このやり方は20世紀になった今も、イランやエジプトでは、迅速な配達の保障が必要な書類や手紙に使われているようだ。
文献41、53

バ＝ドゥク＝チュア
BÀ-DÚC-CHÚA
⇨　ドゥク＝バ

パトゥ・パイアレヘ
PATU-PAIAREHE
　ニュージーランドのマオリ族の民間伝承に登場する、群れをなす妖精*たちの名前。人間の姿をした小さな生き物だが、肌や髪の色は薄い。彼らは山の上の森の中で、高木の枝分かれ部分に育つ「妖精の亜麻」をすみかとし、そこで人間と同じように共同体を形成している。ワイタラ川近くの丘では、キーキー（つる性の低木）の赤い実以外、すべてが白一色である。これはキーキーの実が妖精たちの食べ物だからだ。人間がこの実を摘み取る場合は、捧げ物をしてからでないと災難に見舞われる恐れがある。パトゥ・パイアレヘたちはつねに人間の気配を察知し、マオリ族の言葉であいさつしてくることもある。しかしその歓迎の言葉のする方向へ行ってみても、誰も見つけることができず、道に迷うことさえある。アトゥア*と同様、パトゥ・パイアレヘも霧や夕靄や朝もやの中など、人間の目に触れにくい、現実との狭間に現われる。彼らは特に歌や踊りを好み、ヨーロッパの妖精のように、よく人間を歌や踊りに誘い、ときには人間と結婚することさえある。白子（先天性色素欠乏症の人）は、そうした結婚の末生まれた子供たちの末裔だと考えられている。この魅惑的な妖精たちは、人間に魔法や特別な祈りの歌や呪文を教えるという責任を負っていた。また、人形劇や魚釣り網を作る技術を人間に教えたのも彼らである。パトゥ・パイアレヘはいくつかの聖地の守護妖精であり、神々に供え物をするのを怠った人間を罰した。
文献63、110

パドルフット
PUDDLEFOOT
　スコットランド東部テイサイド州のピトロッホリーの近くにあるクロッホフォールディック農園に出没したブラウニー*の名前。

彼は農園の近くを流れるオルトモー・バーンという名の小川の淵で、泳ぎ回る習性があった。いつも小川で水をはね散らしてから、濡れた足のまま農園へ行って家事をしていたので、この名(「どろんこ足」の意)が付いた。彼が来たあとは、あたり一面に濡れた足跡がついていたものだった。それで農園主たちは、きちんと片付けてあったものを散らかし、散らかっていたものを片付けたのは誰か、わかるのだった。ある晩、男が一人、酔って帰る道すがら、ブラウニーに地元での呼び名で呼びかけた。するとブラウニーはひどくショックを受けた様子で、「なんてこった、とうとう名前をつけられた。みんなおいらをパドルフットと呼んでいるのか！」とうめくように言うと、姿を消してしまい、以後二度と人々の耳目に触れることがなかった。トム・ティット・トット*の話に見られるように、精霊*を名指しで呼ぶと、それを放逐する力になることは周知の事柄である。

文献17、133
⇨　ホイッティンゲーム村のショート・ホガーズ、ルンペルシュティルツヒェン、付録22

花の妖精
FLOWER FAIRY

とくに16世紀と17世紀のイングランドの民間伝承と文学で、花の妖精たちは、自然の精霊*として、牧歌にうたわれる妖精*の王と女王の側に仕えていた。花の妖精の役割は、ヴィクトリア朝後期とエドワード王時代(19世紀と20世紀始め)に、さらに詳しく論じられ、花をみごとに咲かせ、バラを守り、夜気にかぐわしい香りをそえ、豊穣をもたらす役目を担うことになった。花の妖精は、小さく繊細な精霊で、守護する花の色の服を着て、きらめく透明な羽根をはやしている。夏の露の中で踊り、若い恋人たちを守る。人間が花の妖精と争ったり侮辱したりすると、穀物や花は胴枯れ病にかかるか、カビにおおわれる。シェイクスピアは『真夏の夜の夢』(1596年)で、花の妖精に重要な役を与えた。後には、

メイ・ギップスが書いたスナグルポットとカドルパイの物語にも取り上げられ、ビブ、バブなどオーストラリアの花の妖精として活躍した。

文献1、41
⇨　ガムナット・ベイビーズ、付録18

パノペー
PANOPE

ミルトンの詩『リュシダス(*Lycidas*)』(1637年)に登場するネーレーイス*(海の精たち)の一人の名前。

文献40
⇨　付録11、付録25

ババ(1)
BABA

ハンガリーで昔信仰されていた妖精*。その地位は、次第にハグ*や魔女のような邪悪な精霊*へと変わっていった。

文献93
⇨　ババ・ヤガ

ババ(2)
BABA

⇨　カリァッハ

ババ・ヤガ
BABA YAGA

ロシアや東欧の民間伝承に登場する超自然的な森の女精霊*。悪意のかたまりで、ジェジ＝ババという名でも知られている。人間の獲物(普通は子供)をおびき寄せ、悲惨な殺し方をして食べてしまうか、あるいは獲物の魂を食べる死神とともに旅をする。石の歯を持つ恐ろしいハグ*と形容される。また、あまりに巨大なので、彼女が横になると頭は小屋の片方の端に、足はもう片方の端にとどき、青い鉤鼻は天井に届くという。彼女は森の空き地に住んでいる。ドクロを飾りつけた塀に囲まれた小屋はめん鳥の脚の上にあり、休みなくまわり続けている。移動する際は、すり鉢に乗ってすりこぎを漕いで進むか、あるい

花の妖精親指姫は親指トムの女性版

は鉄なべに乗って火のついたほうきで掃きながら空を飛んでいく。同様の魔力をもった同じ名前の姉妹たちがいるとも言われる。
文献18、93
⇨ ケラッハ・ヴェール、人食いアニス、付録19、付録22

ババン・ナ・ウェイレア
BABBAN NY MHEILLEA

マン島（イギリス）に伝わる、収穫期の豊穣をつかさどる精霊*。マン島語で「収穫期の赤ん坊」を意味する。収穫期、この精霊は穀物の最後のひと束に閉じ込められるため、精霊をとどめておくために、その束を刈り取ってコーン・スピリット*の人形を作る。それから人形を飾りつけ、おごそかにパレードと祝宴を催す。その後ババン・ナ・ウェイレアは保管され、次の種蒔期、その年の豊穣のために解放される。19世紀、マン島の詩人ウィリアム・ケニッシュは、伝説について次のようにうたっている。

> 若い娘たちの一団の中でもっとも年長なキティが
> そのやさしい手を使って一番の刈り手になりなさいと畑の皆を励ます
> その年農場でとれた最後のカラス麦のひと束で「乙女」が作られる
> リボンをつけ、藁で編んだ腕をつけるというお決まりのスタイルで……
> 彼女は手にした勝利感で腕を前に突き出している

296

この場合、「穀物」はカラス麦である。北部ヨーロッパでは「コーン」はライ麦、カラス麦、大麦、とうもろこしといった穀類を指す一般的な言葉だが、たいていの場合小麦を指す。穀物人形の伝統は、必ずしもマン島のもののように穏やかとは限らない。模擬の、あるいは実際の殺人を演じてみせる場合すらあった。
文献81
⇨ カリャッハ、コルンヴォルフ、コルンムッター、サラ・ママ、付録15

バビ
BABI
　古代ギリシアとエジプトの神話に登場するデーモン*。バボ*あるいはベボン*という名でも知られる。冥界に住む。『死者の書』と、死後の生命を願うギリシアの呪文にその名が登場する。
文献93

ハピニュニュ
HAPINUNU
　ボリビアのケチュア族とアイマラ族の信仰に登場する女のデーモン*。夜空を飛び、垂れた乳で人間をつかまえて運び去る。
文献88
⇨ ハルピュイア

バブ
BUB
⇨ ガムナット・ベイビーズ

パフアヌイアピタアイテライ
PAHUANUIAPITAAITERAI
　タヒチ神話に登場する男の海の精霊*、あるいは海のデーモン*。その名は「天空を開いた偉大なる者」の意で、タヒチの漁師たちに大いに畏怖されている。海の悪霊としてはこの他に、アヒファトゥモアナ（「海蛇」の意）、アレマタポポト（「短い波」の意）、アレマタロロア（「長い波」の意）、プアトゥタヒ（「一つだけ立っている珊瑚の岩」の意）がある。
文献33
⇨ 付録25

ハフェルボックス
HAFERBOCKS
　ドイツの民間伝承に登場する畑の精霊*。名前はカラス麦のヤギ*という意味。収穫期に呼び出され、畑の最後の区画で穀物の最後の束に閉じ込められる。この最後の束で、カラス麦のヤギに似た精霊の像がつくられ、収穫祭で祝われる。
文献87、88
⇨ カリャッハ・ヴェーラ、コルンヴォルフ、コーン・スピリット、ブルカーテル、付録18

ハベトロット
HABETROT, HABITROT, HABTROT
　イングランドの北部諸州の民間伝承に登場する妖精*。唇の変形した醜い老女だが、紡ぎ女や糸紡ぎの守護をつとめる優しい妖精である。草のはえた塚にある大きな石の下に、よく似た姉妹たちとともに住む。姉妹の一人がスキャントリー・マップ*で、ハベトロットよりさらに醜く、鉤鼻と出目である。ハベトロットが織った衣装を着れば、どんな病気にもかからないと言われていた。
　イングランドの境界地域に伝わる話によると、ある若い娘が、糸紡ぎができなければ幸せな結婚ができないというのに、どんなにがんばっても糸紡ぎの仕事が間に合わなかった。絶望した娘が草地をさまよう姿を、ハベトロットが見つけた。ハベトロットは、自分の名前をもらさないなら、糸紡ぎをやってあげようと娘に約束した。糸は期限までにできあがり、娘は喜んで駆け戻り、母親が眠った後に家に着いた。翌朝、母親はとてもきれいに紡がれた糸を見つけて、近所に自慢してまわった。馬に乗って通りかかった大地主が、たいへん興味をいだいて娘に会い、一目で恋に落ちた。まもなく結婚式が行なわれたが、花婿はきれいな糸で自分の衣服をつくってくれと望んだ。ハベトロットがふたたび娘を助

けに来て、娘と花婿を、自分が姉妹たちと糸紡ぎをしている場所に招いた。花婿は招待を受け入れ、草塚の石のそばにきても、花嫁の超自然的な友人を軽蔑するそぶりは見せなかった。だが、どうして唇が変形したのかと尋ねた。ハベトロットは、糸紡ぎのせいで変形したと答えた。そこで大地主は自分の妻には決して糸紡ぎはさせないと誓った。
文献17、66
⇨ 付録14

バポ
BAPHO
⇨ バビ

ハボリュム
HABORYM
中世ヨーロッパの悪魔学で、大火事を起こすデーモン*をいう。
文献53

ハボンド
HABONDE
イングランドの民間伝承に登場する妖精*。ホバニー*の妻と言われる。黒髪を編んで、星のついた金の輪を飾った若い美女とされる。ハボンドは妖精*の女王であり、おそらくフランスの妖精の女王らしい。別名はアブンディア*、さまよえるアボンド夫人。
文献10

パマシュ・オザ
PAMAŠ OZA
旧ソビエト連邦のマリ人(チェレミス人)の民間伝承に登場する恐ろしい水の精霊*。「泉の主」という意味のその名が示すように、淡水の泉に住み、そこから水を引く人間たちに礼節をわきまえた行動をとるよう要求する。悪い言葉を使ったり、がなり声を出したり、口論をしたり、あるいは汚い水桶を使ったりする者がいると、パマシュ・オザに罰せられ、腫れ物や発疹など、皮膚の病気にかかる。罰せられた者は、泉の淵にポリッジを供えると、病気から回復する。
文献118
⇨ オザ、付録25

ハマドリュアデス
HAMADRYAD
古代ギリシアとローマの神話に登場する木の精霊*。守護する木に住み、木の一部となっている。上半身は美女、下半身は木の幹と根という姿で描かれる。守護する木とともに死ぬが、木が人間に切られるとき、最初に斧を打ち込まれた瞬間に泣き叫ぶ。
文献7、53、92、107、110
⇨ アカカソー、シェッカソー、ドリュアデス、ニンフ、ブーマソー、付録19

バマパマ
BAMAPAMA
クレイジーマンという名でも知られる精霊*。オーストラリア、アーネムランドのムルンギン(ヨロンゴ)族の信仰や伝説に登場するトリックスター*。伝承では、人間同士の戦いや対立、敵意を挑発すると信じられている。近親相姦など、部族のタブーを故意に破ることによってこういった反応を引き起こし、部族民にあらわな恐怖心やひそかな楽しみを生じさせる。
文献87
⇨ アナンシ、エシュ、コヨーテ、バシャジャウン、ブルー・ジェイ、マナボゾ、ミンク

ハミングジャ
HAMINGJA
英国マン島とカンブリア州の民間伝承に登場する女の家事の精*。家族を守り、幸運や幸せを家庭にもたらす。この精霊*は世代を経て受け継がれる。この精霊の名前と姿は、ヴァイキングが1000年前に島を侵略したときに、北欧から伝わったと信じられている。
文献133
⇨ ドモヴォーイ、付録21、付録22

ハム・ウカイウ
HAMOU UKAIOU
モロッコの民間伝承に登場する、邪悪なアフリト*。ジン*のアイチャ・カンディダ*の夫だとされる。夜、一人で旅する女性を追いかけ（彼の妻は、夜に一人で旅する男を追いかける）、つかまえて食べる。地面でナイフを研ぐと、追い払えるとされる。

文献90

パモラ
PAMOLA
北アメリカ先住民のアルゴンキン族の伝説に登場する悪霊の名前。この悪霊は夜になると人間を恐怖に陥れていたが、文化英雄グルースカップによって退治された。

文献41
⇨　精霊

ハヤグリーヴァ
HAYAGRIVA
古代インド神話に登場するデーモン*。この名前でよばれる精霊*は二人いるが、一人は神である。「馬の首」という意味。腹の出た人間の小さな胴体と、馬の頭をしている。ヴェーダ神話では、このダイティヤ*の悪い仲間は、聖典を盗んだが、最後に魚（マツヤ）に化身（アヴァターラ）したヴィシュヌによって滅ぼされた。（チベット仏教では、人間をデーモンの攻撃から守る守護神である。）

文献15、33、41

パユベルダ・シャルト
PAJBERDA ŠƏRT
旧ソビエト連邦のマリ人（チェレミス人）の民間伝承に登場する悪霊。たたりを鎮めるためには小牛を生贄にする。

文献118
⇨　ケレメト、精霊、チョルト

パラ
PARA
フィンランド人の民間伝承に登場する、家事の精*の名前。「運搬人」を意味するスウェーデン語のbüraから派生した名前で、スカンディナヴィアのスミエラ・ガット*に似ている。猫などの家畜、あるいはカエルなどの両生類の姿をとることもあり、主人のために物資を調達することに従事する。あるいは、主人自身が盗んだ盗品が変化してパラとなることもある。するとこの精霊はバター・牛乳・クリーム・ライ麦などの貴重な物資を、たいてい隣近所から盗んできて主人のものとする。

文献87、88、93
⇨　アイトワラス、カウカス、プキス、付録12、付録22

バラヴァシュカ
BARAVASHKA
ロシアに伝わるポルターガイスト型の家事の精*を指す語。

文献46
⇨　精霊、付録22

パラヴォイ・イア
PARAVOJ IA
旧ソビエト連邦のマリ人（チェレミス人）の民間伝承に登場する精霊*の名前。「船の悪魔」の意。この悪魔たちは人間の姿をして、船倉に現れる。真冬の暗闇の中、あるいは長い夏の夜に、船員が皆寝静まったあと、彼らが甲板の下を動き回っている音が聞こえる。

文献118
⇨　クラボテルマン

バラオ・デ・ゴレ
BARÁO DE GORÉ
アフリカ系ブラジル人のカルト、バトゥーキにおける高位の精霊*もしくはエンカンタード*。その名は「サメ」を意味し、ゴレジンホと同じ一族に属する。これらは自然の精霊へのシャーマニズム的な畏敬から生まれ

た。
文献89

ハラク・ギマル
HALAK GIHMAL
⇨　マット・チノイ

バラム
BALAM
　メキシコ、キチェー族の信じる守護霊もしくは先祖の超自然精霊*の総称。トラ、またはジャガーという意味で、元来東西南北の守護霊*とされていた。彼らの名はイキ・バラム（月のジャガー）、バラム・アカブ（夜のジャガー）、バラム・キツェー（笑うジャガー）、マフ・カタフ（有名な名）で、これらは恐ろしい精霊に対する遠まわしな呼び方だったのかもしれない。これらの精霊は、近代マヤ民間伝承では自然の精霊という役割に降格させられてしまった。バラムはいまでは住民や村々とその農地を守っている。
文献87

パラルダ
PARALDA
⇨　シルフ

腹を切り裂く者
STOMACH-SLASHER
　ドイツの民間伝承でベルヒタ*として知られている精霊*の別称。この名で呼ばれる時は、彼女は冬季に年老いた人間の姿で現われる魔女である。恐ろしいデーモン*で、もしも公現祭（1月6日）の日にきちんと分け前をもらえないと、酒盛りをして眠り込んでいる者の腹を切り裂く。それから彼女は自分の分け前をとり、針の代わりに鋤の刃、糸の代わりに鎖を使って、腹の裂け目を縫い上げるのである。
文献87、88、93、95
⇨　ハグ

バラン
BALAN
　中世ヨーロッパの悪魔学では、とくに強大な力を持つデーモン*。
文献53

バリ
BALI
　ヒンドゥー教神話に登場するデーモン*。ラーヴァナ*の化身とされるヒラニヤカシプ*の孫。天界と地界の支配者として跡を継いだ。力と支配領域をバリに奪われた神々は、ヴィシュヌにドワーフ*のバラモン僧に変身してバリを打倒するよう求めた。ヴィシュヌは客としてバリを訪ね、願いを聞き入れてもらう約束をとりつけた。ここで彼が望んだのは、三歩で囲むことのできる領土だった。ヴィシュヌはすぐさま正体を現し、巨大化して全宇宙を二歩でまたいだ。敗北を悟ったバリはヴィシュヌの三歩目で地下世界に追いやられ、そこを支配することになった。バリは泥の小屋でロバの姿で生きることを余儀なくされたという説もある。
　バリの敗北には異説があり、それによればジャランダラ*とそのデーモンが引き起こした戦いで、インドラ*がバリを滅ぼしたことになっている。バリが最終的に倒れたとき、身体から血が流れる代わりに、彼の口から宝石が溢れ出した。好奇心にかられたインドラが彼の体を切り裂いたところ、バリの死体は歯が真珠、血がルビーに、目がサファイアに、肉が水晶に、骨がダイヤモンドに、髄がエメラルドに変わったという。
文献29、41、93、102

バリアウア
BARIAUA
　メラネシアのツベツベ族とワガワガ族に伝わる自然の精霊*の集団。この恥ずかしがりやで親切な精霊は、人間から姿を隠し古木の幹に住む。ときには人間のカヌーを借りることもあるが、すぐに姿を消すという。
文献87

⇨ カラワトニガ、ドリュアデス、付録19

ハリー＝カ＝ナブ
HARRY-CA-NAB

イングランドのウースターシャー州ブロンズグローブのそばにあるリッキー・ヒルズの民間伝承に登場する精霊*。幽霊狩猟*に加わり、ウースターシャーの空で狩りをするデーモン*の一人。白い牡牛に乗って、悪魔*とその猟犬とともに、嵐の夜にさまよえる魂をさがしにいく。

文献47

⇨ フィーンド

ハーリティー
HARITI

インド神話に登場する女性のデーモン*。中国では、ホー・リー・ディー・ムー（訶梨帝母）*として知られる。日本でも、鬼子母神*として知られる。インドと中国の神話で、このデーモンは子供をつかまえて貪り食っていたが、仏陀に改心させられた。いまは子供の守護霊*であり、女神の地位にまつり上げられ、子を持つ夫婦を祝福したり、病気の子供を治したりする。日本ではもともと、訶梨帝母*とよばれ、とくに真言宗と日蓮宗で崇められ、子供や吉祥果（ザクロ）を持った姿で描かれる。

文献93、102

⇨ 付録22

バリーマン
BURRYMAN

スコットランド、フォース湾地域のサウス・クイーンズフェリーに伝わる草木の精霊*。収穫期、一人の若者がこの精霊に選ばれ、イガや他の種子包ですっかり覆われた服をまとった姿になる。あたかも植物がひとりでに動いているように見える。この精霊は家から家へと運ばれ、将来の豊作とそれにつながる繁栄を願う人々から贈り物をもらって、機嫌を取られる。

文献123

⇨ コーン・スピリット、緑の男、緑の騎士、緑の服のジャック、付録15、付録18

ハール
HARR

北欧神話のエッダに登場する岩のドワーフ*の一人で、名前は「古い者」「高貴な者」という意味。

文献41

バル
BAR

北欧神話に登場する海の美しい女精霊*。デーン人エギルの妻になった。彼は彼女に愛されたため同じく精霊になり、海の王となった。伝説によれば、バルは溺死者の魂を手に入れるだけでなく、積極的に人間を探して深みに引き込み、彼らを海底の砂に埋めたという。

文献95

⇨ 付録25

パルカイ（パルカたち）
PARCAE

古代ローマ神話に登場する精霊*たち。ギリシア神話のモイライ*に相応する。子供が誕生したときに現われ、その子の将来を決定する「運命の三女神」である。女神たちの名前はそれぞれノーナ、デクマ、モルタ。

文献93、114

⇨ ベイフィンド、付録22、付録23

バルク
BARQU

中世ヨーロッパの悪魔学におけるデーモン*。賢者の石の秘密の守護霊*だと言われる。

文献53

バールザフォン
BAALZAPHON

中世ヨーロッパの悪魔学では、強大な力を持つ地獄のデーモン*とみなされた。

文献53

溺れた船乗りの魂を奪うバル

ハルジャス
HALDJAS
　エストニアの民間信仰に登場する自然の精霊*たち。接尾辞の言葉がついた形で、精霊*それぞれの個別の活動が表わされる。
文献87
⇨　コドゥハルジャス、ハルティア、ハルド、マジャハルジャス、メツァンハルティア、付録18

ハールズ・レイド
HERLE'S RADE
⇨　ハーレシンガス

パルタカン
PALTƏKAN
　旧ソビエト連邦のマリ人（チェレミス人）の民間伝承に登場する悪霊の名前。赤いマントを着た人間の姿で現われる。この悪鬼は木立ちの中に住み、ときおり木々の間に姿を見せることがある。あるいは近辺の川で、金色のボートを漕いでいるのが見られることもある。
文献118
⇨　ケレメト、デーモン、付録9

バルヴァ
BARDHA
　アルバニアに伝わる自然の精霊*もしくは大地の精霊*。「白いもの」という意味で、形のはっきりしない白い姿で現われるという。彼らの機嫌をとるために、アルバニアの主婦たちは地面に砂糖や甘いケーキをまく。
文献93
⇨　マアヒセット、付録22

ハルティア
HALTIA
　フィンランドの民間信仰に登場する守護精霊*をまとめてよぶ言い方。ほかの名前と組み合わせて、精霊それぞれの活動分野を示すことがある。
文献88

⇨　ヴェデンハルティア、コディンハルティア、タロンハルティア、ドモヴォーイ、トントゥ、ハルジャス、ハルド、メツァンハルティア、付録21

バルテル
BARTEL
⇨　クネヒト・ルプレヒト

ハルド
HALDDE
　北スカンディナヴィアとロシアに住むラップ人の民間信仰に登場する、自然の精霊*。他の言葉と一緒の形でも用いられ、それぞれの精霊の活動の連関が示される。
文献88
⇨　チャハツェ＝ハルデ、ハルティア、メァラハルド、付録18

ハールートとマールート
HARUT AND MARUT
　イスラム教の伝統に登場する二人の天使*。アラーによって人間の姿にされ、人間を幸福にするために、指導霊*として地上に送られたが、その力を使って人間のあらゆる悪徳にふけったため、天国から永久に追放された。イブリス*のようなほかの堕天使*とともに、人間を魔法の世界におびき寄せ、人間に争いと災難をもたらした。
文献41、88、114
⇨　アグルーリック、シャムヤザ、ゾア、ナグワル、フィルギヤ

ハルナ
HARUNA
⇨　ハルン

パルナッシデース
PARNASSIDES
⇨　ムーサイ

パル・ネル
PƏL NER
　旧ソビエト連邦のマリ人（チェレミス人）の民間伝承に登場する天気の精。パル・ネルとは「雲の鼻」の意で、雲に命じられて悪天候をもたらすデーモン*である。チェレミス人は、この精霊*に献酒をして、農作物を破壊するような大雨や嵐をもたらすことを思いとどまらせる。
文献118
⇨　付録26

バルバ・スエイラ
BARBA SUEIRA
⇨　ハイーニャ・バルバ

バルバソン
BARBASON
　16世紀・17世紀イングランドの記録や文献に登場するデーモン*もしくはフィーンド*。スコットの『魔術の正体を暴く（*Discoverie of Witchcraft*）』（1584年）にその名がみられる。のちにシェイクスピアの『ウィンザーの陽気な女房たち』と『ヘンリー五世』でも言及されている。
文献40

バルバーレ
BALUBAALE
　東アフリカのガンダ族が信仰する精霊*の総称。その中には神格化された祖先の英雄も含まれるが、大多数は自然の精霊と自然現象の化身である。カトンダ（創造神）はそれを使って自らの意思を地上で遂行させる。少なくとも50のバルバーレに名前がついており、有名なものにキブカ（戦い）やワルンベ（死）がある。ワルンベは死者の魂の訪問を受けてからでなければ、その親類に遺骸の埋葬を許さない。
文献33

ハルピュイア
HARPY

　古代ギリシアとローマの神話で、もとは暴風、ハリケーン、つむじ風の化身である風の精霊*だったが、のちに恐ろしい復讐のデーモン*の役割を与えられた。タウマースとエーレクトラー*の娘である。人数は、報告者によって一人から五人と差がある。ホメロスは、「足の速い女」という意味のポダルゲーについて触れている。ヘシオドスは、「疾風する風」という意味のアエローと、「速く飛ぶ女」という意味のオーキュペテー*をあげている。ほかにも、ケライノー、ケリアノ（「黒い女」という意味）、アロポス（「嵐の足を持つ」という意味）などをあげている作家がいる。鳥の身体をして、頭と胴体は醜い女の姿をし、熊の耳と人間の腕を持ち、指には鉤爪がある姿で描かれる。姿が醜いだけでなく、嫌な匂いもする。触ったものを汚染する。この邪悪な姉妹たちはイアーソーンとアルゴナウテスの物語に登場し、退治されている。
文献20、29、40、56、88、92、93、107、129、130
⇨　フィーンド、付録26

バールベリス
BAALBERITH

　中世ヨーロッパの悪魔学では、この精霊*は最も強大な力を持つ地獄のデーモン*とみなされた。
文献53

ハルン
HARUN

　モロッコの民間信仰に登場する危険な水の精霊*。川の蛇の姿になる。クスクスとパンを捧げてなだめる。
文献93
⇨　付録25

ハーレシンガス
HERLETHINGUS

　イングランドの民間信仰に登場する幽霊狩猟*。ハーレシンギ*、ハールズ・レイド*とも呼ばれる。12世紀にさかのぼる記録にも見られ、後にフランスでは、メニー・アルルカンとよばれるようになった。おそらく昔のイングランドのヘルラ王（またはハールウィン、ハールウェイン）に由来する。ヘルラ王はだまされて、妖精*の結婚式に参列した。妖精の時間では3日だったが、人間の時間では300日だった。王とその軍隊が領地に戻るとき、おともに妖精の犬をつけられ、何があっても、犬が地面に足をつけるまでは馬から降りてはいけないと言われた。だが、家にはやく戻りたいと焦った兵士が、いいつけを守らずに馬から降りた。足が地面についた瞬間、兵士は粉々に砕けた。妖精の犬はいまなお、王の鞍の上におり、王とその軍隊は、さまよえる魂の狩人に変えられた。ハールウェイン Herlwain は、おそらく「地獄の荷馬車（古い英語で Hell Wain）」が転化したものだろう。これは19世紀まで、イングランド西部の民間伝承に語られていた。
文献88、95、133

ハーレシンギ
HERLETHINGI
⇨　ハーレシンガス

ハレス
HARES
⇨　イブリス

ハンキー・パンク
HUNKY PUNK
⇨　ヒンキー＝パンク

ハンギング・ヘア
HANGING HAIR
⇨　ギルデプティス

バンクシア人
BANKSIA MEN

　バンクシア・セラータ（オーストラリア原産の低木）の姿をした邪悪な自然の精霊*。「大きな悪党のバンクシア人」とも呼ばれている。これは作家メイ・ギブスが1910年代にオーストラリアで創作した精霊で、『スナグルポットとカドルパイ（*Snugglepot and Cuddlepie*）』という物語に登場する。大きな目をしていて、鼻の上にこぶがあり、厚ぼったい唇にひげが生え、出べそである。ガムナット・ベイビーズ*を追跡しては攻撃をしかけ、苦しめる。低木の枝に集団で座り、危害を加える機会をうかがっている。

文献55
⇨　デーモン、妖精、付録18

バンシー
BANSHEE, BAN SHEE

　ケルト世界、アイルランドの精霊*で、その名前は「丘の女」あるいは「小山の女」の意味。アイルランド語で「女性」を表すベン（bean）と、古代の「丘」のちには「妖精*」を表す語となったシー（Si、Sidhe）に由来する。バンシーはさまざまな地域によって名前が異なる。ウォーターフォードではBadbh、ウェックスフォードやキルデアやウィックローではBadhbh、キルケニーとレイシュではBadhbh Chaointeと呼ばれる。バンシーはくぼんだ眼窩に燃えるような赤い目をして、白髪を長く垂らし、緑の服（妖精の色）に灰色のマントをはおった老女である。長い赤毛にふちどられた死人のような顔つきで、白い服（死の色）を着た女性だという説もある。しかしワイルド夫人は彼女を、服喪のベールに美しい顔を隠した女性だとしている。彼女は姓にO'もしくはMacのつく古いケルトの一族の従者の精霊*である。一族の窓の下でバンシーが泣き叫ぶ、つまりkeenするのは、死の予兆である。精霊の名が一族に知られている場合もある。南マンスターのマッカーシー家にはクリオズナ*、北マンスターのダルカッシオン家にはイーヴィルという名の精霊が仕えている。

文献15、17、41、53、56、66、87、92、105、107、114、136
⇨　ヴァルキュリア、カヒライス、従者の精霊、バジャロシュッシュ、バン・ニーァハン、ボドヴ、モリガン、付録22

バン・シー
BEAN-SIDHE
⇨　バンシー

パンチャジャナ
PANCHAJANA

　もとはインドのヒンドゥー教神話に登場する邪悪な海のデーモン*の名前だった。デーモンは海中深くのほら貝に住んでいたが、ある日彼はサンディパニの息子をさらって海の底へと連れ去った。デーモンの大胆不敵さに激怒したクリシュナは、海に飛び込んで彼を探しに行った。クリシュナはデーモンを倒し、魔力を備えたほら貝を奪って自分のものとした。クリシュナがそのほら貝を吹いたときは、パンチャジャナが死んだときと同様、誰か邪

ガムナット・ベイビーをさらうバンクシア人。

悪な生き物が死んだことの合図なのだ。現在では、そのほら貝がパンチャジャナの名で呼ばれている。
文献88
⇨　付録25

ハンツー
HANTU
　西マレーシアのマレー人の民間信仰で、デーモン*、幽霊、ゴブリン*、妖精*など、すべての悪い精霊*を表わす言葉。シャイタン*とも呼ばれる。キリスト教のサタン*に由来する。
文献88

ハンツー・アエール
HANTU AYER
　西マレーシアのマレー人の民間信仰で、水の精霊*の総称。ハンツー・アエールとは「水の精霊」という意味だが、川、流水、湖などの清水に限られる。
文献120
⇨　ハンツー、付録25

ハンツー・ガハル
HANTU GAHARU
　西マレーシアのマレー人の民間伝承に登場するガハル（沈香の木。香料の原料となる）のデーモン*、守護霊*。ハンツー・ガハルとは「沈香の木の精霊*」という意味。人間の命を捧げなければ、守護するガハルの木を切ることは許さない。人間がガハルの木を切らなければならなくなったときは、その人間の夢にハンツー・ガハルが現われて、生贄を要求する。その時まだ眠っている者の中から犠牲者が選ばれ、選ばれた者の額にはライムが塗られる。この印を見たハンツー・ガハルが、犠牲者の魂を奪うと、木を切り倒してもよくなる。
文献110、120
⇨　ドリュアデス、ハンツー、ハンツー・カユ、ハンツー・ガルー、ハンツー・フタン、付録19

ハンツー・カユ
HANTU KAYU
　西マレーシアのマレー人の民間信仰で木に住むデーモン*の総称。ハンツー・カユとは「木の精霊*」という意味。悪意を持ち、森に入った人間を病気にすると考えられており、たいへん恐れられている。
文献110
⇨　ハンツー・ガハル、ハンツー・ガルー、ハンツー・バカル、ハンツー・フタン、付録17、付録19

ハンツー・ガルー
HANTU GHARU
　西マレーシアのマレー人の民間信仰に登場する危険で強力なデーモン*。ハンツー・ガルーとは「伽羅の木の精霊*」という意味で、この木の守護霊*でもある。伽羅の木を切り倒さなければならなくなったときは、切り倒す準備を入念にする必要がある。この精霊は、木を切り倒す人間に害を与えようと、つねに目を光らせているからだ。木が地面に倒れても、切った幹や切り株の間を通ってはいけない。ハンツー・ガルーに命をとられてしまう。
文献110、120
⇨　ドリュアデス、ハンツー、ハンツー・ガハル、ハンツー・カユ、ハンツー・フタン、付録19

ハンツー・クボル
HANTU KUBOR
　西マレーシアのマレー人の民間信仰に登場する恐ろしい精霊*。ハンツー・クボルとは「墓場の精霊」という意味。グールのように、人間が葬られる場所の上を飛び、死者だけでなく生者も襲う、墓場のデーモン*。
文献120
⇨　グール、ハンツー

ハンツー・コペク
HANTU KOPEK
　西マレーシアのマレー人の民間伝承に登場する悪い精霊*。ハンツー・コペクはマレー

語で「萎れた精霊」という意味。ヨーロッパのナイトメア（夢魔）*を表わす言葉。夜に現われて、眠ろうとしている人や眠っている人の邪魔をする。
文献120
⇨　ハンツー

ハンツー・サワン
HANTU SAWAN
　西マレーシアのマレー人の民間信仰に登場するデーモン*。ハンツー・サワンとは「痙攣の精霊*」という意味。子供に発作や痙攣を起こさせる。
文献120
⇨　ハンツー、付録17、付録22

ハンツー・シ・ブル
HANTU SI BURU
　西マレーシアのマレー人の民間信仰に登場する精霊*。ハンツー・シ・ブルとは「狩をする精霊」という意味。満月の夜に、猟犬の群れを引き連れ、ジャングルをうろつくデーモン*の狩人。ブリック・ブリック鳥が鳴くときは、ハンツー・シ・ブルが近づいている警告だと言われる。この精霊は病気と死の前触れであり、姿を見るのは致命的である。捧げ物をしたり、なだめたりすれば、病気が治ることもある。かつては人間の男であり、その妊娠中の妻が、息子を産むために、マメジカの子供の肉を欲しがった。男は鹿を狩りにでかけ、手に入れるまで帰らないと誓ったが、妻の言葉を聞き違え、雄鹿の子を追いかけた。妻には子供が生まれたが、男はなおも獲物を追いかけつづけた。猟犬に空を飛ばせ、獲物を見つけるためにあらゆる方向に首を回しているうちに、だんだんとデーモン*の狩人になり、永久に狩りをするようになった。
文献88
⇨　ハンツー・ペンブル、ヘーカル=ベレント、幽霊狩猟、幽霊猟師

ハンツー・ソンケイ
HANTU SONGKEI
　マレー人の民間信仰で、解放するデーモン*として知られている精霊*。大きな鼻と、全方向を見渡せるように頭を一巡りする両目を持つ。腰から下は見えない。人間が仕掛けた罠から動物を解放して助ける。
文献120
⇨　ハンツー、付録12

ハンツー・デナイ
HANTU DENAI
　西マレーシアのマレー人の民間信仰に登場するデーモン*。「足跡の精霊」*という意味。野生動物の足跡に表われると言われる。獲物を追ってきた狩人を襲う機会を待ち構えている。
文献120
⇨　ハンツー、付録12

ハンツー・バカル
HANTU BAKAL
　西マレーシアのマレー人の民間信仰に登場する、ジャングルに住む自然の悪い精霊*。
文献120
⇨　ハンツー

ハンツー・バン・ダン
HANTU BAN DAN
　西マレーシアのマレー人の民間信仰に登場する水の精霊*。滝のデーモン*。急流が岩にぶつかる場所で、水面に逆さに浮いた銅鍋の姿で現われる。
文献120
⇨　ケフィル=ドゥール、ニクス、ハンツー、フォッセグリム、付録25

ハンツー・ハンツアン
HANTU HANTUAN
　西マレーシアのマレー人の民間信仰で精霊*をまとめて表わす名前。ジャングルに住み、ジャングルにやって来た人間の声のこだまとなったりして、人間を困らせて楽しむ。

文献120
⇨　デーモン、ハンツー

ハンツー・フタン
HANTU HUTAN
　西マレーシアのマレー人の民間信仰で森のデーモン*の総称。ハンツー・フタンとは「森の精霊*」という意味。
文献110、120
⇨　ドリュアデス、ハンツー、ハンツー・ガハル、ハンツー・カユ、ハンツー・ガルー、付録19

ハンツー・ブロック
HANTU B'ROK
　西マレーシアのマレー人の民間信仰に登場するデーモン*。森に、ヒヒの姿となって現われる。ダンサーに乗り移り、高いところへ昇るすばらしい離れ業を演じさせる。
文献120
⇨　クルピラ（2）、ハンツー、精霊、付録12

ハンツー・ベリアン
HANTU BELIAN
　西マレーシアのセランゴールに住むマレー人の民間伝承に登場する虎の精霊*。虎の背に乗る鳥の姿で現われる。虎の背に乗っていればいつも安全だからだ。使い魔*として人間に呼び出され、操る人間を裕福にする。特技はダイヤモンドを盗むこと。
文献120
⇨　アイトワラス、デーモン、ハンツー、付録12、付録20

ハンツー・ペンブル
HANTU PEMBURU
　西マレーシアのマレー人の民間信仰に登場する恐ろしい精霊*。ハンツー・ペンブルとは、マレー語で「狩人の精霊」という意味。幽霊猟師*と同じタイプの精霊。ヨーロッパの幽霊狩猟*のように、嵐の空を、超自然的な猟犬の群れを引き連れて狩をする。一人で旅する人や、罪人のさまよえる魂をさがし、地獄へ送り込む。
文献120
⇨　ハンツー・シ・ブル、付録24

パンツマンツィ
PANCZUMANCZI
⇨　ルンペルシュティルツヒェン

ハンツー・ラウト
HANTU LAUT
　西マレーシアのマレー人の民間信仰で海の精霊*の総称。ハンツー・ラウトとは「海の精霊」という意味。
文献120
⇨　ハンツー、シ・ラヤ、付録25

ハンツー・ラヤ
HANTU RAYA
　西マレーシアのマレー人の民間信仰に登場する強力なデーモン*。ハンツー・ラヤとは「偉大な精霊*」という意味。十字路のまんなかに住み、夜遅く通る人や不注意な旅人を待ち受けて獲物にする。
文献120
⇨　ハンツー

ハンツー・リブート
HANTU RIBUT
　西マレーシアのマレー人の民間信仰に登場する嵐のフィーンド*。ハンツー・リブートとはマレー語で「嵐の精霊*」という意味。つむじ風を起こし、鋭い音をたてて森を通り抜け、被害をもたらす。
文献120
⇨　ヴィラ・ビロン、コンパーニン、デーモン、ハンツー、付録26

ハンツー・リンバ
HANTU RIMBA
　西マレーシアのマレー人の民間信仰に登場する森のデーモン*。ハンツー・リンバとはマレー語で「原生林の精霊*」という意味。

人間が訪れては危険な、ジャングルの奥に住む。

文献120

⇨ 　ハンツー、付録19

ハンツー・ロンゴック
HANTU LONGGOK

西マレーシアのマレー人の民間信仰に登場するデーモン*。ハンツー・ロンゴックとは「ごみの山の精霊*」という意味。病気の精霊*で男性である。人間がこの精霊に襲われたことは、その行動からわかる。ずっと空を見上げつづけ、口から泡を吹いているからだ。

文献120

⇨ 　ハンツー、付録17

バンナイア
BANNAIA

ロシアに伝わる精霊*。バイニカ*という名でも知られ、浴場の邪悪なデーモン*、バンニク*の妻である。

文献75

⇨ 　付録22

バン・ニィァハン
BAN NIGHECHAIN

ケルトのスコットランドに伝わる、予言と運命の女精霊*。「小さな洗濯女」の意。ニーアグ・ナ・ハーとしても知られており、これは「浅瀬の小さな洗濯女」を意味する。小さな老婆で鼻孔が一つしかなく、出っ歯で、足には赤い水かきがついているという。川の浅瀬に立ち、戦場から盗んできた瀕死の人間の血染めの服を洗っているところが目撃される。彼女を見た者には死か災厄が差し迫っているが、もし通りかかった人間が彼女を先に見つけ、捕まえることができたなら、死ぬ運命にある人の名を教わり、三つの願いをかなえてもらうことができる。

文献87、88

⇨ 　クーンチアッハ、バンシー、ベン・ニィァ

バンニク
BANNIK

ロシアに伝わる浴場、バンヤ（戸外にある一種のサウナ）の精霊*。長い白髪と白ひげをたくわえた小柄な老人に似ていると言われる。めったに姿を見られないが、現われる際には家族そっくりに変身することもできるので、（湯気の立ち込めた部屋であることも手伝って）本当の姿を形容するのは難しい。バンニクは寛大な場合もあるが、もちろん邪悪でもあり、不幸にもバンニクが入浴しているとき（4回に1回が彼のために割り当てられる）に浴場に入った人は、皮をはがれたり、やけどさせられて死ぬこともある。この恐ろしい精霊の機嫌をとるために、人々はバンニクやその仲間の家事の精*に入浴時間を与えるだけでなく、石鹸やモミの枝、水などの捧げ物を自分たちの入浴後に残しておく。するとバンニクはその人に感謝する。

新しい浴場を建てる際、村人たちは黒いめんどりを生贄に捧げ、バンニクを喜ばせるために羽をむしらないまま入り口の下に埋める。バンニクは機嫌を損ねると浴場を全焼させることすらできる。彼が復讐しようなどという気をおこさぬように、同様の儀式が挙行され、新しく建てられた浴場を去る際には、村人たちは再度後ろ向きにその場を離れ、おじぎをし、呪文をとなえる。

驚くほどのことではないが、浴場に一人で、それもとくに暗くなってからあえて入ろうとする者はほとんどいない。汚れているせいだけでなく、他のデーモン*も出没すると考えられているからだ。バンニクは危険な力から村人たちを守った。浴場は快適な場所ではないものの、子供たちの多くが生まれる。バンニクはとくにこういった子供たちを守ると信じる者もいた。しかし、彼が洗礼を済ませていない赤ん坊を盗もうとすると考える者もいた。そのため、産婦と赤ん坊がそこに残されることはけっしてなかった。

クリスマスの季節になると、村の少女たちはバンニクに一種の占いをしてもらった。少女たちは一人ずつ浴場の入り口に立って、ス

カートを頭の上までまくり、浴場の内部に向かってお尻をあらわにする。もしバンニクが手荒く引っかいたなら、翌年は悪い年になる。軽くたたくか撫でるかしたなら、新年はよい年になる。ある地域には、バンニクが指輪をくれたらすばらしい未来が訪れる知らせだという慣わしすらある。とりわけ意地悪なバンニクについての話もある。不幸な娘が指輪を欲しいと思いながら自分の手を見ていたところ、気がつくと彼女の指全部に大きな鉄の輪がはまっていたというのだ。また、沐浴客の世話を頼まれた老女たちが、首を絞められたり皮をはがれたりして死体で発見されたという話もある。別の女性はバンニクをとらえて自分の夫を始末しようとしたが、皮をはがれ、頭にバケツをかぶせられているところが見つかった。とはいえ、バンニクの恐ろしさを語る話ばかりではない。ベロツェルスクには、デーモンに追いかけられ悩まされていた少女たちが、バンヤで守護霊*のバンニクにかくまわれたという話も残っている。

文献29、75、87
⇨ ドモヴォーイ、付録22

ハンパルマン
HAMPELMANN

ドイツの民間伝承に登場するゴブリン*、マニキン*。

文献133

[ヒ]

ピー
PHI

ピーという精霊*の名前は、二つの異なる文化では使われているが、精霊の性質は類似している。
（1）ミャンマーの神話では、ジャングルの精霊のこと。ジャングルに分け入ろうとする者に、高熱、とりわけマラリア熱をもたらすとされる。解熱するためには、一番最後に身を寄せた木の所まで戻らなければならないとされる。気を悪くした精霊が罰としてこの熱をもたらしたのだから、陳謝して捧げ物をすれば、精霊は病気を取り除いてくれる。
（2）タイの民間信仰では、ピーと言えば自然の精霊すべてを指し、ミャンマーの民間信仰で言うナット*と同義になる。精霊たちは機嫌を損ねると、人間に病気と不幸をもたらす。彼らは森、特定の木々、大気中、土中、山、丘、家、淡水の川、滝、湖、池、海などに住む。人間に対し好意的なときは、農作物の成長を促進し、良天候、大漁、豊作をもたらす。彼らを怒らせると、大損害を受けることになる。

（1）**文献110** （2）**文献39**
⇨ （1）デーモン、ナット、フミン、付録10、17 （2）精霊、プラブーム、付録18、付録19、付録25

ビア
BIA

ガーナのアカン族の神話に登場する川の精霊*。

文献119
⇨ 付録25

ピアサ
PIASA

ミシシッピ州の北アメリカ先住民の伝承に登場する水の精霊*の名前。この恐ろしい精霊については、1855年にフランス人探検家マルケットが記述している。巨大な滝の上の岩に描かれた精霊の像は、鹿の大きさの生き物をあらわしていた。あごひげを生やした人間の顔をしていて、目は赤く、緑色の体はうろこで被われ、そこから長い尾が伸び、尾の先は鉤状になって毒を持っていた。この精霊はのちに、渦巻きに呑まれた漁夫の霊と考えられるようになった。

文献99
⇨ デーモン、付録25

ビーアスト・ヴェラッハ
BIASD BHEULACH

ヘブリディーズ諸島のスカイ島（イギリ

ス）オデイル峠に出没する、スコットランド地方特有の凶暴な精霊*。さまざまな姿をとるが、グレイハウンドや一本足の男の姿で現われることが最も多い。夜間、吠え声や金切り声が聞こえることがあり、それを聞いた者や峠越えをしなければならない者は誰もが恐怖心をつのらせた。この地方の伝説によれば、ある朝、脚とわき腹にぞっとするような傷を負って死んでいる職人が見つかった。しかしこれ以降、ビーアスト・ヴェラッハは二度と姿を現さなくなったという。

文献17
⇨　**カキー・タペレレ、デーモン、ドドレ、ナシャ、ファハン**

ピアムバル
PIAMBAR

　旧ソビエト連邦のマリ人（チェレミス人）の民間伝承に登場する精霊*の集団の呼称。「預言者」と訳されるが、人間の預言者の行動とはほとんど共通点がない。この精霊は通常何らかの特色か自然現象の守護霊*である。精霊やその従者、あるいは独立した神の呼称である場合もある。この範疇に入る精霊たちには、ボラク・ピアムバル（「家畜の預言者」の意）、カバ・ピアムバル（「運命の預言者」の意で、運命の神カバ・ユマの従者）、カズナ・ピアムバル（「山の預言者」の意で、精霊）、ムクシュ・ピアムバル（「ミツバチの預言者」の意）、シュルナ・ピアムバル（「穀物の預言者」の意）などがある。

文献118
⇨　**ケレメト、従者の精霊、チェムブラト、付録9**

ピーエリデス
PIERIDES
⇨　**ムーサイ**

ビエルグ＝トロルデ
BJERG-TROLDE
⇨　**ベルク・ピープル**

ヒオナ
HI'ONA
⇨　**フィゴナ**

ピカーク
PICĀCU
⇨　**ピシャーチャ**

ビガーズデールのジェニー
JENNY OF BIGGERSDALE

　イングランドのヨークシャー州ノース・ライディングの民間伝承に登場する悪い精霊*。マルグレイヴの森に住むと言われた。おそらく子供部屋のボーギー*だろう。

文献17

光のエルフ
ELVES OF LIGHT

　二つの文化で、精霊*をこの名前で呼んでいる。
（1）スカンディナヴィアの神話に出てくるリョースアールヴの英語訳。
（2）北アメリカ先住民のアルゴンキン族が信じている、超自然存在。

文献122
⇨　**アールヴ、サマー**

ピグウィジョン
PIGWIDGEON, PIGWIGGEN

　英国の詩人ドレートンの妖精詩『ニンフィディア（*Nymphidia*）』に登場する妖精*の騎士の名前。彼は、妖精王オベロン*の妻であるマッブ*女王と恋に落ちる。

文献40、114
⇨　**付録6**

ピクシー
PIXIE, PIXY

　イングランド南西部諸州の民間伝承に登場する群れをなす妖精*の一種、あるいはエルフ*（小妖精）。彼らは赤い髪をし、小さくて青白い顔は若々しく、鼻は反り上がり、耳は尖っている。たいてい緑色の服を着て、しば

しば先の尖ったナイトキャップをかぶっているが、他の服装で見かけられることもある。家につく妖精がたいていそうであるように、ピクシーも貧しい者や虐げられた者のために仕事をするが、新しい衣服を贈られると「退散せざるをえなくなる」。しかし、ボウル一杯のクリームをご馳走になることは多い。または、収穫したリンゴの最後の一個を、木の下に残しておいてもらうこともある。家庭内の誰かが怠けていると、ピクシーたちはその怠け者をつねったり、追いかけたり、ポルターガイスト*のように目に見えない姿で物を動かして驚かせたりして、懲らしめる。彼らはいつも善をなすわけではなく、ピスキー*と同様、一晩中ぐるぐると輪を描いて馬を乗り回す習性がある。「ガリトラップ」と呼ばれる妖精の輪がこれである。馬に泡汗をかかせて疲れ果てさせ、翌朝馬のたてがみとしっぽを奇妙に編んで馬を返すのである。また、疲れて夜道を行く旅人を惑わせ、くたくたに疲れさせて道に迷わせるいたずらも大好きである。これは「ピクシーの惑わし」と呼ばれている。ピクシーは古代の土塚やストーンサークル、洞穴などに隠れ住んでいて、夜になると森の中や林の中の空き地に出てきてダンスをすると考えられている。偶然彼らに出くわした旅人は皆一緒に踊らされ、時間の観念をなくしてしまうことがある。そうならないための妖精除けの方法は、上着を裏返しに着ることである。ピクシーは洗礼を受ける前に死んだ子供の霊魂が変化したものだと考えられていて、人間の赤ん坊を盗んだり、取り換え子*をしたりするのはピクシーのしわざだとみなされることが多かった。サマセット州とデボン州では、つい最近のヴィクトリア朝時代まで、子供をピクシーにさらわれないように、女性は赤ん坊をベビーベッドに縛り付けていた。

文献15、18、19、40、56、76、88、92、114
⇨ 家事の精、スプライト、付録22、付録24

ピークス
PICUS

古代ローマの神話や民間信仰に登場する森林のデーモン*。農耕の神サートゥルヌスの息子だと信じられていた。あるいは、魔女キルケーの求愛に応じなかった古代の狩人だとも言われている。いずれにせよ、彼が身につけていた衣装の鮮やかな紫色と金色は、キツツキに特有の羽毛の色に引き継がれている。ピークスはキツツキに姿を変えられてしまったのである。

文献93、110
⇨ 付録12、付録19

ピクト
PICTS
⇨ ペッホ

ピクトリー・ブラッグ
PICKTREE BRAG

イングランド北部ダーラムのガーランド地方に出没するたちの悪い妖精*。イングランド北部の民間伝承では、変身して人間をだまし、悪いいたずらをする妖精としてよく知られている。ピクトリー・ブラッグはボギー・ビースト*の一種で、時にはロバになり、時には白いハンカチを巻いた子牛になった。また、首なしの裸の男に変身したこともあったし、四人の男に四隅を持たれて広げられている白い敷布に変身したこともあった。ピクトリー・ブラッグはヘドリーの牛っ子*と同じようないたずらをし、夜道を行く旅人の前を走って、旅人を恐怖で震えあがらせたり、疲れた旅人をその背に乗せて、最悪の乗り心地を味わわせたあと、どこか不快な場所で旅人を振り落としたりした。

文献15、18、66
⇨ ケルピー、精霊、ダニー、プーカ、ブラッグ、付録12、付録24

ビゲル・ノス
BYGEL NOS

ウェールズに伝わるボーグル*もしくは

デーモン*。夜にだけ現われる。
文献104

ヒゴナ
HIGONA
⇨　フィゴナ

ピサチャー
PIÇACÂS
⇨　ピシャーチャ

日狭女
HISA-ME
　日本の民間伝承に登場するデーモン*。嫌な顔の女という意味。醜女ともいう。黄泉の国に住む、恐ろしい女のデーモン。
文献29

ビサン
BISAN
　マレーシア西部のマレー人に伝わる自然の女精霊*。とくに樟脳を採るクスノキの守護霊*で、セミの姿で現われる。樟脳を探すためには、適切な方法でビサンに接しなければならない。それゆえ、ジャングルの中で樟脳を探すときにはバハサ・カポル（樟脳語）だけが用いられる。白い雄の若鶏が生贄にされ、食べ物も捧げられる。そうしないと、ビサンは人々に樟脳のありかを示してくれない。
文献87
⇨　付録19

ヒーシ
HIISI
　フィンランドの古い信仰に登場する森の神。キリスト教が広まってから、森の守護霊*の地位におとされた。ぼろをまとった、髭のない人間の姿をし、目にはまぶたがないとされる。いまはさらに、小さな悪魔*にまで地位が低下している。
文献29、88、93
⇨　精霊、付録19

ピシャーチャ
PIŚĀCAS
　インドの古典神話や民間信仰に登場する、病気をもたらすデーモン*たち。ピサチャー*、ピシャチャ、ピシャーシャなどの呼び名もある。女デーモンはピシャーチーと呼ばれる。ヴェーダ神話では、アスラ*（阿修羅）やラークシャサ（羅刹）と同時に創られた、もっとも卑劣なデーモンだと言われている。ヒンドゥー教の聖典プラーナには、彼らはカシュヤパとその妻ピシャーチャーの子孫であると記されている。彼らは最も悪質で攻撃的なデーモンであると考えられている。生者にも死者にもとりつき、しばしばその肉をむさぼり食う。イスラム教のグール*（食屍鬼）と同様に、納骨堂、墓地、廃墟に住み、ぞっとするような声でしゃべりながら、餌食となる人間を捜し、病気や狂気で殺そうとする。南インドでは、この悪鬼たちは村落間の深い森の中にも潜んでいると考えられ、特に妊婦は彼らの恰好の餌食になると考えられている。したがって別の村へと旅する必要がある場合には、ピシャーチャに対する魔よけとして、鉄片かニームの木の葉を持っていく。女性は、道すがらピシャーチャをなだめるための供え物をして、安全を確保することもある。ブータやチュータといった森や山のデーモン、さらにタミル人の民間信仰に登場する女デーモン、ピチャーチュも、このピシャーチャの仲間である。
文献29、39、41、53、68、88、110、111
⇨　チュタス、フィーンド、ブート、ラークシャサ、付録17

ビー・シャ・ユエン・ジュン（碧霞元君）
BI XIA YUAN JUN
　中国の古典神話に登場する青い霞の女仙人の名前。泰山の神である東岳大帝の娘で、西海の神の妻である。かすかな風にたなびく霞に乗って空を旅する優美な乙女として描かれる。碧霞元君は産婦の守護神で、出産時に分娩室の中を取り仕切る。
文献131

⇨　ウースード、エシュ、守護霊、ベイフィンド、チャン・シエン（張仙）、付録22

ピシュミ
PISHUMI
　北アメリカ先住民のアコマ族の信仰に登場する病気をもたらす精霊*。
文献25
⇨　付録17

翡翠の乙女
JADE MAIDENS
⇨　ユー・ヌー（玉女）

ピスカ
PISCA
⇨　パック

ピスキー
PISKEY, PISKY
　イングランドのコーンウォール州の民間伝承に登場する、家事の精*。家事や野良仕事を喜んでやるところは、イングランドで普通に見られるブラウニー*と似ているが、ピスキーは非常に気まぐれで、働くよりも人間をだますほうを好む。乗馬が大好きなので、一晩中馬を乗り回し、翌朝泡汗だらけになった馬を馬屋へ返すといういたずらをする。またウィル・オ・ザ・ウィスプ*（鬼火）遊びも大好きで、夜道を行く旅人をランタンで誘導して道に迷わせ、そのあと高笑いとともに消えてしまう。コーンウォールのピクシー*は小柄でしなびた老人の姿で描かれるが、これは近隣の州では泥臭くてたくましい若者として描かれるのと大違いである。ピクシー*は自分が気に入った人間には、とほうもない幸運をもたらすと考えられている。
文献18、28、41、87
⇨　ゴブリン、コーボルト、トムテ、ニス、付録22

ピスハンド
PISUHÄND
⇨　クラット

ピーズ・ブロッサム
PEASE BLOSSOM
　花の妖精*の一人。シェイクスピアの『夏の夜の夢』に登場する、妖精の女王ティターニア*に仕える小妖精の一人。ピーズ・ブロッサムは、コブウェブ、モス、マスタード・シードら他の妖精たちとともに、ティターニアに命じられ、妖精王オベロン*によってロバの頭にされた織工ボトムのお供をしている。
文献114
⇨　従者の精霊、精霊

ビダダリ
BIDADARI
⇨　ベディアダリ

ピーターパン
PETER PAN
　J・M・バリー（1860～1930年）作の童話劇『ピーターパン』（1904年）の主人公の名前。ピーターパンは「成長を拒んだ」いたずら好きな少年の妖精で、ネヴァーランドに住み、ロストボーイズを率いている。この王国に、恐ろしい海賊のフック船長が忍び込むが、少年たちの使いとして妖精*のティンカーベル*が現われ、人間の子供ウェンディとその兄弟、犬のナナが一緒にネヴァーランドへ行く。この物語は、もとはシルヴィア・ルエラン・デーヴィスの子供たちのためにバリーが作ったものだったが、とても評判がよかったので、のちに『ピーターとウェンディ』（1911年）として出版された。この物語の人気は衰えることがなく、もっと後の世代の子供たちはディズニー映画を通して親しんでいる。これらの物語は英国ヴィクトリア朝時代に書かれた、道徳童話のジャンルに属する。同様のものに、チャールズ・キングズリーの『水の子』がある。その中には、ビーダンバイアズ

ユーディド夫人*やドゥーアズユーウッドビーダンバイ夫人*といった妖精が登場する。
文献56
⇨　精霊、付録22

ヒターボース
HITABOHS
⇨　ビターボース

ビターボース
BITÂBOHS
　西アフリカ、ガボンのポンゴ族とニャムニャム族に伝わる邪悪で意地悪な精霊*。ヒターボース*という名でも知られる。森の木をすみかとし、彼らのなわばりを通る人間に危害を加えることばかり考えている。老女はよく彼らの共犯者だとして告発される。
文献110

ビーダンバイアズユーディド夫人（報いのおばさん）
BEDONEBYASYOUDID, MRS.
　チャールズ・キングズリーの古典的な物語『水の子』(1863年) に登場する、19世紀イギリスの倫理的価値を体現した妖精*。ドゥーアズユーウッドビーダンバイ夫人*同様、水の中の世界で水の子を指導する年配の厳格な女教師として描かれている。
文献37

ビチャ・イア
BIČA IA
⇨　ビチャ・クバとビチャ・クグザ

ビチャ・オザ
BIČA OZA
⇨　ビチャ・クバとビチャ・クグザ

ビチャ・クバとビチャ・クグザ
BIČA KUBA AND BIČA KUGUZA
　旧ソビエト連邦のマリ人（チェレミス人）に伝わる「家畜小屋の老婆」と「家畜小屋の老人」の精霊*。その名が意味するとおり、小屋に入った家畜の守護霊*である。この精霊は、「小屋の悪魔」ビチャ・イアや「小屋の主人」ビチャ・オザというもう二種類の小屋の精霊と仕事を分け合っている。ビチャ・クバは白い服を着た小さな老婆とされ、夕方、家畜を点検している姿が目撃される場合もある。これらの精霊にはお気に入りの動物がいるが、ある動物に嫌気がさすと、苦しめたり病気にさせることもある。ときにはイギリスのピクシー*のようにひと晩じゅう馬を乗りまわすため、馬が朝に汗みどろでへとへとになっていることもある。
文献118
⇨　イア、クグザ、クバ、付録12

ビッグ・ウォーター・マン
BIG WATER MAN
　北アメリカ先住民タオス・プエブロ族が信仰する強大な力を持つ川の精霊*。とげだらけの体、黄色い目、大きな口を持つとされる。健康をつかさどり病気を防ぐ守護霊である。川の周辺地域をすべて支配し、洪水をひきおこし、川の深さと流量を変えることができる。また早急にどこかへ移動しようと思い立ったときには地すべりを引き起こすことすらある。「穀物の乙女」から常に拒絶されるため、腹いせに彼女たちを懲らしめようとしている。
文献88
⇨　守護霊、デオハコ、付録25

ヒックス
HICKS
⇨　ウンディーネ

ビッグ・パーラ
BIG PURRA
　オーストラリア先住民の「夢の時」の伝説と神話に登場する嵐の精霊*。
文献14
⇨　ヴィラ・ビロン、付録26

ピテュス
PITYS

　古代ギリシア・ローマ神話に登場するニンフ*の名前。牧神パンと北風の神ボレアースの両者に愛された。しかし彼女はパンの方を愛していたので、嫉妬に狂ったボレアースによって断崖の向こうへ吹き飛ばされてしまった。彼女は落ちた地点で松の木に変身し、以後、松の木はパンの聖樹となった。

文献102、110、130

ビトゥヌズ
BITNəZə

⇨　クゲ・イェン

ヒトカ
KHITKA

⇨　ルサールカ

人食いアグネス
BLACK AGNES

⇨　人食いアニス

人食いアニス
BLACK ANNIS

　イギリス、レスターシャーにほど近いデイン・ヒルズに伝わる、この地方特有のデーモン*もしくはハグ*。人食いアグネス*としても知られる。もともとのキャラクターは、デ・ダナーン神族*と同じ起源を持つケルトの女神ダヌに由来しているかもしれない。強大な力を持つ恐ろしい超自然存在で、長い鉤爪と黄色い牙を持ち、「人食いアニスの隠れ家」と呼ばれる洞穴に住んでいる。それは彼女が岩を掘ってつくったものだと言われている。人食いアニスは夕暮れ時、デイン・ヒルズに迷い込んできた土地の子供たちをつかまえて食料とした。彼女は獲物の皮をはぎ、貪り食ってはその骨を撒き散らし、皮を木につりさげて乾かすと言われていた。のちに彼女の影響力は子供部屋のボーギー*と同程度になった。

文献47、123

⇨　ババ・ヤガ、付録22

人さらいのネリー
NELLIE LONGARMS, NELLY LONG-ARMS

　イングランドのダービーシャー、チェシャー、ランカシャー、シュロップシャー、ヨークシャーの民間伝承に登場する、性悪な女のゴブリン*。よどんだ水の水面近くに潜み、無鉄砲な子供やいたずらっ子が危険なほど近づくと、その子供を捕まえて水中に引きずり込む。そうして犠牲になった子供は二度と見つからない。当然ながら、この人さらいのネリーは子供部屋のボーギー*や脅し精霊*として、子供たちがあまりに危険なことをしたりひどい目にあったりするのを防ぐために親たちに使われている。

文献15、17、123、133

⇨　河童、グリンディロー、ペグ・パウラー、緑の牙のジェニー、付録22、付録25

ビトソ
BITOSO

　ヨーロッパのジプシー（ロマ）に伝わる、病気を運ぶデーモン*。この邪悪な精霊*は、デーモンの王が自分の尿に漬かったニンニクを食べてアナ*と交わった結果生まれた。その名は「絶食する者」を意味し、頭のたくさんある小さな虫の姿をしている。人間の食欲を失わせ、頭痛や腹痛を起こさせる役目を負っている。ビトソには人間の身体のまわりをぶんぶん飛び回る「子供たち」がいて、それらは耳痛、歯痛、痙攣、疝痛といった問題を引き起こす。

文献31

⇨　ケシャリイ、シラリュイ、メラロ、ロソリコ、付録17

ヒトハ
KHITKHA

⇨　ヒトカ

ピトリ
PITRIS

インドのヒンドゥー教神話に登場する祖霊全般の呼称。神秘主義哲学では、ピトリは人間の能力を開発する手助けをするとみなされている。神智論者たちの考えでは、太陽のピトリと月のピトリがいる。彼らは守護天使*とほぼ同様の役割を果たすとされる。

文献53

⇨　アンギラス、マネス、ラール、リシ、付録13

ビナイエ・アルバニ
BINAYE ALBANI

北アメリカ先住民ナバホ族の信仰と神話に登場する邪悪な精霊*。滅ぼされる以前は、その目で一瞥するだけで殺す能力を有していた。

文献87

⇨　デーモン

ピナリ
PINARI

ソロモン諸島に住む人々の民間信仰に登場する小さな精霊たち*。彼らは人間の姿をしているが、足が長く、身体は毛むくじゃらである。

文献109

ピ・ネレスカ
PI NERESKƏ

旧ソビエト連邦のマリ人（チェレミス人）の民間伝承に登場する悪霊たち。ピ・ネレスカとは「犬の鼻」の意で、この悪霊たちは人間の姿をしているものの、手も足も一本ずつしかなく、犬の鼻をしている。彼らは狩りをする精霊*で、シベリアの森に分け入った人間を鋭い嗅覚で嗅ぎつける。二人一組になって狩りをするので、彼らの足跡を見た人間は、ピ・ネレスカ二人ではなく、人間一人の足跡だと思ってしまい、結局は彼らの餌食になってしまう。

文献118

⇨　フーア、ファハン、付録12、付録24

ヒノ
HINO

⇨　ヘング

ヒビル
HIBIL

グノーシス派の信仰で、ヒビルは、とげのついたよろいを着て戦い、地獄の「存在」を打ち負かしたウトラ*の一人。

文献29

ヒビル・ジワ
HIBIL ZIWA

⇨　ヒビル

ビブとバブ
BIB AND BUB

⇨　ガムナット・ベイビーズ

ビブンク
BIBUNG

古代ゲルマンの伝説に氷の妖精*であるヴィルジナル*の保護者として登場するドワーフ*。

文献58

ビメスシュナイダー
BIMESSCHNEIDER

⇨　ビルヴィス

ピヤレイ
PEALLAIDH

スコットランドのパースシャーの民間伝承に登場するウリシュク*の名前。フーア*と総称されるたちの悪い妖精の一つ。ピヤレイに会った人間は、必ず不運や災難に見舞われる。フーアはたいてい毛むくじゃらだが、ピヤレイもその例にもれず、その外観から「もじゃもじゃなもの」として知られている。ピヤレイはパースシャーの、川に分断されている森林地帯に住む。スコットランド低地地方で見

317

られるピヤレイはシェリーコート*と呼ばれる。
文献17

ヒュアデス
HYADES
　古代ギリシアとローマの神話に登場する、七人のニンフ*。名前は「雨を降らす女」という意味で、アトラースの娘たち。兄弟のヒュアスの死を嘆き悲しみ、その名前を持つ星座になった。おもな三人の名前はアンブロシアー、コローニス、エウドーラー。
文献40、102、129、130
⇨　アトランティデス、付録13

ピュック
PÜCK
⇨　ブキス

ヒラニヤカシプ
HIRANYAKASIPU
　インドのヴェーダ神話に登場するデーモン*。ダイティヤ*の一人で、ラーヴァナの化身。ヌリシンハ（人獅子）に化身したヴィシュヌ神に滅ぼされた。
文献41
⇨　バリ

ピリーウィギン
PILLYWIGGIN
　イングランドの民間伝承に登場するごく小さい自然の妖精*。大きさは、ミツバチしか入れないほど、ごく小さな花の内部くらいだと言われている。森林地のオークの木の根元に生える、ブルーベル、カウスリップ、ジギタリス、ワイルドタイムなどの小花の中が、この小さな妖精のすみかとなる。
文献44
⇨　エルフ、花の妖精

ビリー・ウィンカー
BILLY WINKER
　ランカシャーに伝わる眠りの精霊*。イギリスの他の地域ではウィー・ウィリー・ウィンキー*とも呼ばれる。子供部屋の精霊で、就寝時間に小さな子供をなだめて穏やかに眠らせるため、呼び出される。
文献17
⇨　オーレ・ルゲイエ、ダストマン、ドルメット、ミスター・サンドマン、付録22

ピリス
PIRIS
⇨　ペリ

ピーリー・トロウ
PEERIE TROWS
⇨　トロール

ピーリー・フォーク
PEERIE FOLK
⇨　ピーリフール

ビリー・ブラインド
BILLY BLIND
⇨　ビリー・ブリン

ビリー・ブリン
BILLY BLIN
　（1）イングランド・スコットランド間にあるボーダーズ州の家事の精*。ビリー・ブラインド*もしくはブラインド・バロウ*とも呼ばれる好意的な精霊*で、姿が見えなくなる服を着ているとされる。とくに一族の保護と結婚の幸福に関係しており、役立つ助言を数多く与え、邪悪な魔法の呪縛から解放してくれると信じられている。
　（2）七つの頭を持つコーンウォールの邪悪なフィーンド*。アーサー王とその廷臣をスパイするため樽の中に隠れた。戦いで緑の騎士*サー・ブレッドベドルに敗れ、アーサー王のもとに遣わされて円卓の騎士に仕えた。
文献15、37、87、135
⇨　（2）精霊、付録22

ピーリフール
PEERIFOOL

　スコットランド北部のオークニー諸島で、ピーリー・フォークとして知られている小さな精霊たち*の一人の名前。ティム・ティット・トットの物語と非常によく似た、スコットランドの民話に登場する。三人の姫のうちのいちばん年下の姫が、邪悪な人食い鬼に捕らえられて、砦に幽閉されていた。姫は糸を紡ぐよう命じられるが、ハベトロット*の物語と同様、姫は糸の紡ぎ方を一度も習ったことがなかった。姫がすすり泣いていると、その泣き声を聞きつけて、小さな精霊たちが壁の割れ目を通ってやって来た。哀れな姫は、小さな精霊たちといっしょに悲しみと粥を分け合った。のちに亜麻色の髪の小妖精*が、姫のかわりに糸紡ぎをすべて上手にやってくれた。ただし、ある時までにその妖精の名前がわからなければ、すべて失われるだろうと妖精は言った。姫は妖精に感謝し、亜麻布を鬼に手渡して、無事城へ帰ることができた。しかし亜麻色の髪のドワーフ*が戻ってくる時が近づいている。姫が困り果てていると、一人の年老いた乞食女がやって来て、穴から妖精たちの住みかをのぞいたときに、ドワーフの一人が「姫はピーリフールなんて変わった名前は思いつかないだろう」と言っていたのを聞いた、と姫に伝える。こうして姫は求めていた名前を期限までに知ることができ、呪いをかけられるのをまぬがれ、それを教えた老女は褒美を与えられた。

文献17
⇨　トロール、ルンペルシュティルツヒェン、付録14

ビルヴィス
BILWIS

　中世ドイツとオーストリアに伝わる自然の精霊*。ピルヴィス Pilwiz、ビメスシュナイダー*という名でも知られていた。木をすみかとし、病気平癒のために祈りを捧げられた。のちに、この比較的穏やかな特性を持つ精霊*は、人間の姿をしているものが、大きなつま先から突き出た鎌で見分けのつく、一種のデーモン*に変わった。夜間、ビルヴィスは髪をもつれさせ、策を弄して人間を苦しめた。畑では、農家の熟した作物を細切れにする、足の鎌で作物を台無しにする、などのいたずらをした。ときには病気から子供たちを守るためにちょっとした供物を捧げられることもあるが、現在ではほとんど一種のボーギー*とみなされている。

文献87、93

ピルウィズ
PILWIZ
⇨　ビルヴィス

ヒルグアン
HIRGUAN

　アフリカ北西岸沖にあるカナリア諸島の中のコメラ島で、民間伝承に登場するデーモン*。姿を表わすときは、毛深い姿になるとされる。オラファン神の敵。

文献93
⇨　精霊

ビールザール
BIERSAL

　ドイツ、ザクセン地方に伝わるコーボルト*もしくはゴブリン*。この家事の精*は、宿屋のビール貯蔵地下室をすみかにする。そこに居を定めたビールザールは、毎日自分の飲むビールと引き換えに、使い終わった甕やジョッキを喜んできれいにしてくれる。

文献87
⇨　精霊、セラー・デーモン、付録22

ヒルデ
HILDE

　ゲルマン神話に登場するヴァルキュリア*の一人。ヒルドともいう。名前は「戦い」という意味。彼女は死者とその武器を戦いが始まる前の状態に甦らせることができたので、戦いは永遠につづいた。

文献95

ヒルデ=ヴィンデ
HYLDE-VINDE
　ニワトコの木の守護霊*をよぶドイツ名。エルダー・マザー*、ヒルデ=モアー*ともいう。「ニワトコの女王」という意味。
文献18、88
⇨　付録19

ヒルデ=モアー
HYLDE-MOER
　ドイツとデンマークの民間信仰に登場する木の精霊*。「エルダー・マザー*」という意味。ニワトコの木の守護霊*。この精霊に敬意を表して許可を得なければ、ニワトコの木の実や枝を集めてはいけない。
文献18、88
⇨　付録19

ヒルデモダー
HYLDEMODER
⇨　ヒルデ=モアー

ヴァルキュリアの一人、ヒルデ。名前は戦いという意味。戦場の上空を飛びまわる

ヒルトンの血無し少年
CAULD LAD OF HILTON

　イングランド、ノーサンバーランドのヒルトン城に住んでいたブラウニー*のような精霊*。ギルスランドの血無し少年*同様、この精霊は時間通りに馬の鞍を置かなかったばかりにヒルトン領主に殺された厩の少年の幽霊が変化したものだと言われている。伝説によれば、領主は遺体を隠した後、領地の池にそれを捨てたという。何年も経ってから池は干上がり、少年の白骨化した遺骸が発見された。

　ヒルトンの血無し少年は姿は現さないが、夜間、乱雑になったままのものを片付ける音が召使たちに聞かれている。しかし彼は助かることをしてくれる一方で、同じぐらい困ることもした。すべてがきちんと片付いていると、めちゃくちゃに散らかすのだ。ヒルトンの血無し少年は実に親切だったものの、召使たちは彼のおせっかいを昔ながらの方法でやめさせることにした。家事の精*は報酬を受けたり服を贈られたりすると機嫌を損ねるので、召使たちはわざと緑色のマントとフードを彼に贈って、永久に追い払ったのである。

文献15、18、66、133
⇨　付録22

ヒル・ビンゲルズ
HILLE BINGELS
⇨　ヒンツェルマン

ヒル・フォーク
HILL FOLK
⇨　丘の人々

ビルベリー・マン
BILBERRY MAN

　ドイツ、フランケン地方の森や雑木林に住むデーモン*。もともとはビルベリー・フルーツの守護霊*で、そのなわばりを侵すものは誰でも攻撃する。熟した実を集めたければ、ビルベリー・マンを宥めねばならない。それにはパンか果物の供え物をはっきり見えるよう、石の上におくとよい。

文献110
⇨　リンゴ園の主、付録21

ヒル＝メン
HIL-MEN

　英国マン島の民間伝承に登場する、とくに恐ろしい妖精*のタイプ。ホグメンともいう。マン島の人々は、この精霊*をなだめるため、果物を捧げる。だが、とくにこの精霊が毎年、ホランタイドの日（11月1日）に住みかを変えるときなどは、避けるのがいちばん賢いとされた。

文献17、78

ヒレ族
FIN FOLK

　英国シェットランド諸島とオークニー諸島の民間伝承に登場する超自然存在。海底や、沖に沈んだアインハロウなどの島に住む。セルキー*とマーメイド*はヒレ族の仲間。だがマーメイドと違って、ヒレ族の妻は、年を取ると容姿が衰えるので、ヒレ族の男は人間の女性を盗みたがる。妻を盗まれた漁師エヴィーの話が有名である。妻を盗まれたエヴィーは、ストーンズ・オブ・ステネスにあるオーディンの石へ行き、ヒレ族の住むアインハロウ島の在り処を知るために、聖なる儀式を密かに遂行した。エヴィーは困難と闘い

大波にもまれ、イルカの背につかまるヒレ族の男

ながら旅をつづけ、ついにヒレ族を出し抜いて妻を助け出した。
文献47、132
⇨ メロー、付録25

ビロコ
BILOKO
　ザイールに伝わる意地悪なドワーフ*。大きな口と草のような髪をしている。大きくて凶暴な鉤爪を持ち、体は葉に覆われている。うろのある木に住み、獲物が来るのを待ちかまえている。
文献56

ピロージ
PILOSI
⇨ ドゥシ

ヒンキー＝パンク
HINKEY-PUNK
　イングランド西部地方の民間伝承では、ウィル・オ・ザ・ウィスプ*をヒンキー＝パンクとよぶ。ハンキー・パンクともいう。脚が一本しかない。人間にろうそくの後を追わせて沼に誘い込む。
文献17、18
⇨ **カキー・タペレレ、シック、スプライト、ドドレ、ナシャ、パイジャ、ビーアスト・ヴェラッハ、ファハン**

ピンケット
PINKET
⇨ ウィル・オ・ザ・ウィスプ

ヒンツェルマン
HINZELMANN
　ドイツのアラー付近のフーデミューレン城についての伝説に登場する家事の精*。ふつうは見えないが、家族の仲間となり、召使とも仲良くなる。幼い子供と一緒にいるときは、巻き毛の少年の姿になることもある。家族には、自分の別名はリューリング、妻の名はヒレ・ビンゲルズだと話した。最初、城主はこの精霊*から逃れようとし、自分の家族、財産、従者をつれて城を出て、ほかの居城にうつろうとした。だが旅の途中で宿に泊まったとき、ヒンツェルマンがついてきていることに気づいた。ヒンツェルマンからは逃れられないと悟った城主は、しかたなく、元の城に戻った。（イングランドのボガート*やホブスラッシュ*、デンマークのニス*、アイルランドのクルーラホーン*の物語でも、同じような物語が語られている）。ヒンツェルマンはブラウニー*のような働きをし、ロビン・グッドフェロー*のようないたずらをした。とくに城主の二人の娘に愛着をいだき、求婚者を追い払ったので、娘たちは結婚できなかった。1588年に、ヒンツェルマンが城主に三つの贈り物をした記録が残っている。それは絹で編んだ十字架、麦藁帽子、真珠で縁取りをした手袋であり、この三つが一緒にあれば、いつでも幸運に恵まれるそうである。その後ヒンツェルマンは城を去って、二度と姿を見せなかった。
文献18
⇨ 付録22

ヒンド・エティン
HIND ETIN
　スコットランドの民間伝承に登場するヒル＝メン*、ドワーフ*。伝説によれば、王の娘を誘惑して密かに自分とともに暮らさせ、七人の息子をもうけた。だが、魔法がとけると王女は亡くなり、結婚の秘密も王と女王に知られることになった。
文献88

びんの小鬼
BOTTLE IMP
　民話における精霊*の民俗学的分類の一タイプ。低級なデーモン*や精霊が、人間の魔法によって入れ物（たとえばランプやびんや壺）の中に閉じ込められる。精霊は閉じ込められたままでいなければならず、その超自然的な力を新しい人間の主人のために使わねばならない。小さな精霊たち*の力を入れ物の

中に封じ込めるという筋立ては、アラビア、フィリピン諸島、北欧、スイス、バルト海沿岸で一般的である。この伝説の典型は、『千夜一夜物語』の中の「アラジンと魔法のランプ」である。

文献87
⇨　ジン

［フ］

ファ
FA
　西アフリカのベニン族が信じている精霊*で別名イファ。天上のヤシの木に住む。予言をする精霊であり、秘伝を授けられた人間がこの精霊に、未来の出来事についてお伺いをたてる。ヤシの実を特別な儀式によって投げた帰依者が、未来の予言を授けられ、仲間に解釈を教えることができる。

文献119
⇨　付録23

ファイア・ドレイク
FIRE DRAKE
　イングランド沼地地方の民間伝承では、この恐ろしい精霊*は蛇や空飛ぶドラゴンとして姿を表わす。宝を守っていると言われる。イグニス・ファテュウスやウィル・オ・ザ・ウィスプ*が化身したものである。

文献107
⇨　アイトワラス、付録21

ファインガー
FAINGAA
　南太平洋サモア諸島のトンガタプ族の伝承に登場する悪い精霊*。精霊のシシ*とともに、鮮やかな黄色い髪をしたパシコレという名の人間を追いかけていた。パシコレは、この精霊たちがだまされやすいと知っていたので、ある日、棒の両端につけた籠に二人がそれぞれ入ったら、旅に連れていってやるともちかけた。籠の蓋からのぞけるのは空だけだったので、木のてっぺんからぶら下げられている

ことに気づかずにいるうちに、籠が腐って精霊は転がり落ちた。二人の精霊はふたたびパシコレを追いかけた。パシコレは二人に、海底で宴会を開く予定だと告げた。二人は宴会に出たいと言った。外洋に出て、パシコレは二人に先に、錘をつけた網に飛び込ませた。海が燐光を発しているとき、それを見た子供たちは、ファインガーとシシがまたパシコレを捜していると教えられる。

文献109

ファウニ・フィチャリ
FAUNI FICARI
　シチリアの民間伝承に登場する悪い精霊*。血に飢えたデーモン*で、名前は「イチジクのフォーン」という意味。イチジクの木に住み、一枚の葉に一人ずついると言われている。アヴォラでは、夏にイチジクの木陰で休む人間の前に、ナイフを持った修道女の姿で現われるとされる。ナイフのどちら側を持ちたいかと尋ねられたら、柄と答えるのが賢い。刃先を選べば、ただちに死が訪れるからだ。

文献110
⇨　フォーン

フアガス
HUAGAS
　ペルーの古代インカの宗教で、一般に超自然存在を表わす言葉。小さい精霊*も含む。聖なる道具もかかわりがある。今日、この言葉は、ふつうでないことや説明できないことすべてを表わす言葉として使われている。

文献88、119
⇨　ヴィルカノタ

ファーザー・クリスマス
FATHER CHRISTMAS
　イングランドの民間伝承で春の来訪を司るこの冬の精霊*は、ローマ人に侵略される前の古代ブリタニアで行なわれていたドルイド教の儀式にさかのぼることができる。また、古代ローマ人のサトゥルナリア祭に由来する冬の痴愚祭の一部でもある。ファーザー・ク

リスマスは、太陽の復活や春の訪れを祝う喜びや希望を擬人化するものとなった。ファーザー・クリスマスは、シンター・クラース*と同じく、オーディンの白髪と白く長いあごひげを受け継ぎ、ロバや山羊に乗って旅をし、冬至に酒盛りをする人たちに贈り物を届ける。14世紀以降、ファーザー・クリスマスは、クリスマスの12日間の仮装劇を主宰するようになっており、この伝統はイングランドの地方にいまも残っている。イングランドの子供にとって、ファーザー・クリスマスは善良な精霊であり、クリスマス・イヴ（12月24日）には、幼児キリストへの最初のクリスマスの贈り物にならって、良い子にプレゼントを配る。

文献34
⇨ クネヒト・ルプレヒト、サンタクロース、ジュレニス、ニコライ・チュドヴォリッツ、ファーザー・フロスト、ベファナ、ペルツニッケル、付録22

ファーザー・タイム
FATHER TIME

ヨーロッパの時間の精霊*。古代の神クロノス（サトゥルヌス）が形を変えたもののようである。クロノスはたいてい、白く長い髪と顎鬚をはやし、鎌を持った姿に描かれる。

クロノスと同じくファーザー・タイムも、鎌や大鎌を持つが、水時計も携えている。修道士のような衣装から、羽根が飛び出していることもある。キリスト教の暦では、12月31日の真夜中になったとたん、ファーザー・タイムの姿は消えてベイビー・ニューイヤーに取って代わられる。一年が過ぎ行くとともに、このベイビーもだんだんとファーザー・タイムへと成長していき、大晦日には次のベイビー・ニューイヤーと役目を交代する。

文献87
⇨ 運命の三女神

ファーザー・フロスト
FATHER FROST

ロシアの民間伝承に登場する冬の精霊*。ニコライ・チュドヴォリッツ*の子孫と言われている。北極圏の森林や荒野に、娘の雪娘*と暮らしている。長く白い顎鬚と髪をして、毛皮の服を着て、森を歩き回る。不注意な旅人がファーザー・フロストに出会うと、その腕に抱かれて凍えてしまう。だがファーザー・フロストは邪悪な精霊ではない。元日には、トナカイの引く橇に娘と一緒に乗ってロシアじゅうを旅して、良い子がいる家を訪れ、家の中の飾られた木の下にプレゼントを配ってまわる。

この精霊にまつわる話は多いが、その一つ

ファーザー・クリスマス

ファーザー・タイム

が次の話である。継母と二人の義妹と暮らす、ある無学な若い娘が、ファーザー・フロストが良い夫になってくれるよと義母に吹き込まれた。娘の父親は、二番目の妻の尻に敷かれていたので、妻に逆らいもせずに娘を森へ連れて行き、花婿が現われるのを待たせておいた。娘が吹雪の中で骨まで凍えそうになったとき、精霊が現われて娘を抱きしめた。凍え死にしそうなほど寒かったが、娘は大丈夫だといって泣き言をもらさなかった。そこでファーザー・フロストは娘を毛皮でくるみ、すばらしい贈り物を与えた。翌日、娘の様子を見に来た父親は、豪華な贈り物に驚き、大喜びした。娘の幸運に嫉妬を燃やした継母は、二人の妹娘に、おまえたちもファーザー・フロストを夫にして豪華な贈り物をもらってくればと勧めた。だが、精霊が二人の妹娘の前に現われたとき、妹娘たちは寒さや不快さについて文句しか言わなかった。翌朝、父親が妹娘の様子を見に来たとき、喧嘩ばかりしていた娘たちは、雪の中で凍え死んでいた。

文献34、44

⇨ **アチャチラス、ジャック・フロスト、ジュシュテ・クバ、ファーザー・クリスマス、ポクシェム・クバ、モロースコ、付録22**

フアサ・マルク
HUASA MALLCU

南米ボリビアのアイマラ族の信仰に登場する精霊*。山のビクーニャの群を守る守護霊*である。ビクーニャの姿を見えなくして、狩人から守る。

文献88

⇨ **付録12**

ファタ
FATA

イタリア語で「妖精*」という意味。ヨーロッパの他の地域と比べて、イタリアでは妖精についての民間伝承が少ない。ほとんどのファタが女性である。有名なのはファタ・シルヴァネッラとファタ・モルガナの話で、メッシナ海峡に蜃気楼を起こしたと言われている。

文献40、87、114

⇨ **精霊**

ファー・ダリッグ
FIR DARRIG

⇨ **ファル・ジェルク**

ファット・リップス
FAT LIPS

イングランド北部境界地域の古い民間伝承に登場するゴブリン*型の精霊*。ベリックシャーのドライバラ修道院の女隠者とともに暮らした。この女隠者は、1754年のジャコバン革命で恋人を亡くし、悲しみのあまり気がふれたと言われている。女隠者はさすらい人となり、放置された修道院の部屋に住み、そこから外に出ては物乞いをした。女隠者はファット・リップスと話をし、ファット・リップスは部屋の粘土の床を鉄の長靴で踏んで、床が湿気ないようにしてやった（鉄の長靴は、境界地域の赤帽子*という精霊がよく履いている）。

文献47

ファティ［複数：ファティト］
FATI, FATIT（pl.）

アルバニアの民間伝承に登場する運命の精霊*。ミレン*と呼ばれることもある。三人の運命の精霊をまとめて言い表す名前であり、古代ギリシアとローマ神話の運命の女神たちと同じく、三人とも女性である。妖精によく似た姿に描かれ、蝶の羽に乗って空を飛ぶ姿が見られる。新生児が生まれると、その揺りかごにファティがすぐにやってきて、子供の運命を定める。

文献93

⇨ **運命の三女神、ベイフィンド、モイラ、妖精、付録22、付録23**

プアトゥタヒ
PUATUTAHI

⇨ **パフアヌイアピタアアイテライ**

ファド・フェレン
FAD FELEN
古代ブリタニアの病気の精霊*。金色の目、髪、歯を持ち、不気味な人間の形をしている。名前は「黄色い死」という意味で、湿地帯に住み、そこから現われては犠牲者を睨んで動けなくする。犠牲者は死に至る病におかされ、めったに回復することはない。古代ブリトン人の王子イルグンは、この精霊の犠牲となって死んだとされる。

文献123
⇨ ホンガエク、ラーチ、付録17

ファハン
FACHAN
アイルランドとスコットランド高地の民間伝承に登場する恐ろしいゴブリン*。胸から手が1本と臀部から脚が1本のび、1つ目で、頭からは毛が1房はえているが、そうした姿はたいてい、鳥の毛を荒く編んだマントで隠している。フーア*に属する悪い精霊*。人気のない場所に住み、迷い込んできた生き物を襲う。

文献17、123
⇨ カキー・タペレレ、シック、ドドレ、ナシャ、ビーアスト・ヴェラッハ、ヒンキー＝パンク

フーア［複数：フーアハン］
FUATH, FUATHAN (pl.)
スコットランドの民間伝承に登場する、人間の姿をとる邪悪な精霊*たちの総称。変形した恐ろしい人間の姿に描かれる。身体じゅうに毛がはえていることが多い。人間に対していつもひどい悪意を向けるが、人里離れた場所に住んでいるのでめったに姿を見ることはない。この事典で取り上げたフーアの仲間は、ヴーア*、ウリシュク*、クアハック*、クーニアック*、グラシュティグ*、シェリーコート*、ファハン*、フィジアル*、ブロラハン*、ピヤレイ*、ペヒル*などである。

文献15、17、99

ファライルディス
PHARAILDIS
⇨ ベン・ソシア

ファラオニ
FARAONY/I
ロシアの民間伝承に登場する、ルサールカ*やヴォディアノイ*の別名。ファラオンキ*とも呼ばれる。キリスト教徒の間では、モーセとイスラエルの部族を追いかけて紅海に沈んだファラオの軍勢から生まれた水の精霊*の子孫であると信じられている。

文献75
⇨ 付録25

ファラオンキ
FARAONKI
⇨ ファラオニ

ファランジ・ジ・ボトス（ブラジルイルカ団）
FALANGE DE BÔTOS
アフリカ系ブラジル人のカルト、バトゥーキで信じられている、おもなエンカンタード*のグループ。「イルカの群れ」という意味だが、人間の姿として描かれる。ブラジル北部のパラ州でのシャーマニズムに由来する。湖、川、アマゾン川流域の入り江に住む。優しい守護霊*とされる。仲間に属するのはジョアン・ダ・リマ、デュル・エンカント、ドナ・イナ、ドナ・ダダ、パラジト、ベロ・エンカント（絶世の美）、ボト・アラス、ボト・ヴェルメリョ（赤いイルカ）、ボト・カスターニョ（茶色のイルカ）、ボト・トゥクヒ*、ボト・ブランコ*、ボト・プレト（黒いイルカ）など。

文献89
⇨ マーメイド、付録25

ファリスタ
FARRISTA
アフリカ系ブラジル人のカルト、バトゥーキで信じられている、エンカンタード*のグ

ループ。荒々しい精霊*であり、憑依された帰依者は、大酒をくらって暴れまわる。
文献89

ファル・ジェルク
FEAR DEARC
　アイルランドの民間伝承に登場するエルフ*、妖精*。名前は「赤い男」という意味。別名はファル・ダリグ*、フィル・ダリグ、フィル・ジャルガ。アイルランド各地に、さまざまな姿で現われるとされる。マンスターでは、灰色の長髪をした、萎れたノーム*で、身長は75センチメートルぐらい、真紅の上着をはおって円錐形の帽子をかぶっている。この姿で人間の家を訪れ、暖炉で暖まらせて欲しいと請う。頼みを聞いてやれば、のちに幸運に恵まれる。赤毛のいたずら者となって現われるときもある。ドニゴールのファル・ジェルクは、赤い服を着た、いたずら好きの大男であり、不注意な人間に、恐ろしい幻影を見せて楽しむ。
文献17、18
⇨　精霊

ファル・ダリグ
FAR DARRIG
⇨　ファル・ジェルク

ファルム
FALM
　スコットランド高地のデーモン*。ジェイムズ・ホッグが、アヴォン谷周辺の高い岩山をうろつく「エトリック森の羊飼い」と記述した。夜明けにちらりと姿を見せることがあるが、たいへん邪悪な精霊*であり、ファルムが通った場所は汚染されるが、朝日が差せば魔力は消える。朝日が昇る前に、ファラムが通った場所に入り込んだ不運な生き物は、まもなく死に至らしめられる。
文献6

ファレグ
PHALEG
　ヨーロッパ中世の神秘主義文学に登場するオリュンピアの霊*の名前。ファレグは火星の化身で、火曜日がその祝日とされる。ファレグはオリュンピア世界の35の地方を支配する。
文献53
⇨　付録16

フアン・カブリト
JUAN CABRITO
⇨　ヌベロ

ファンティン
FANTINE
　スイスのヴァンド州の民間伝承に登場する小さな精霊たち*。自然の精霊*であり、アルプス牧草地の家畜の安全にとくに関心が深い。それぞれの牛に鈴をつけ、居場所がわかるようにして安全を確保している。丁重になだめれば、この精霊は豊かな収穫を得られる環境をつくってくれる。
文献87
⇨　付録12

フィーオリン
FEEORIN
　イングランドの民間伝承に登場する小さな妖精*の種類。赤い帽子をかぶって緑の上着をはおっているとされる。妖精の輪の中で踊るのを好む。
文献17

フィゴナ
FIGONA
　メラネシアのサンクリストヴァル諸島で信じられている自然の精霊*。アロシ族にはヒゴナやヒオナ、フロリダ島民（メラネシア）にはヴィゴナとも呼ばれている。姿が見えないか、または蛇や石の姿になる。フィゴナの首領はアグナやアグヌアと呼ばれている。
文献87、88

フィジアル
FIDEAL

　スコットランドの民間伝承に登場する邪悪なデーモン*。ゲアロッホ湖に住むと言われる。この女性の水の精霊*は、一人で湖に近づいてきた愚かな人間を餌食にする。だが、イェーインという人間の時には、いつものように湖の底で食べようとしたが、反対に滅ぼされた。

文献17
⇨　付録25

ブイ・シュチュ
BUJ ŠUČƏ
⇨　シュチャ

フィトルトロット
FITTLETROT
⇨　ウーピティー・ストゥーリー

フィナ・ジョイア
FINA JOIA
⇨　ドン・ジョアン・スエイラ

フィニス
FINIS

　スコットランド北沿岸にあるオークニー諸島とシェットランド諸島の民間伝承に登場する精霊*。クナルトローと魔女の子孫と言われている。死にかけている人間の肖像画にだけ姿を表わすと考えられている。フィニスはラテン語で限界と終わりという意味。

文献17
⇨　トロー、トロール

フィノデリー
FINNODEREE, FYNNODEREE
⇨　フェノゼリー

フィフィネラ
FIFINELLA

　イギリス、アメリカ、カナダの軍隊に伝わる、グレムリン*に似た女性の精霊*。ディングベル*と深い関係がある。姿は見えないが、目標の位置が正確につかめたときに空軍の爆弾兵やパイロットをくすぐって、目標からわざとそらせたりした。

文献87
⇨　スプライト

フィル・イアルガ
FIR DHEARGA
⇨　ファル・ジェルク

フィル・ヴォルグ族
FIR BHOLG, FIR BOLGS

　アイルランドの民間伝承と伝統によれば、デ・ダナーン神族*に征服される前に住んでいた、最初の先住民。北マンスターのフィル・ドヴナン族（「ドヴヌー人」という意味）、南マンスターのフィル・ガリーン族（「ガリーン人」）、コナハトのフィル・ボルグ族（「ボルグ人」）という三つの部族があった。色黒のがっしりした身体で、彼らからコルカ・オイドカ（闇の人）、コルカ・ドゥイブナ（夜の人）という名前が生まれた。侵略者に打ち負かされた後、彼らは山、洞穴、森にこもり、魔法を使って暮らし、アイルランドの最初のグロテスクな小さな精霊たち*となった。

文献17、18、125

フィルギヤ［複数：フィルギル、フィルギュル］
FYLGJA, FYLGIR (pl.), FYLGJUR (pl.)

　ゲルマンと北欧の神話に登場する精霊*たち。人間の先祖から子孫へと受け継がれる守護霊*。「従者」という意味。武器を持ち、空を飛ぶ女性の姿か、動物の姿で現われる。だがどんな姿でも、夢の中でしか現われない指導霊*。夢の中で、未来の出来事について警告や助言を与える。起きているときにこの精霊の姿を見るのは、死が近づいた前触れだった。キリスト教が広まってから、デーモン*と見なされるようになった。

文献88、93、102

⇨　アグルーリック、アラク、オール・マン、クレイ・マザー、コーン・マザー、ゾア、チン・チア、ナグワル、ハールートとマールート、レイブオルマイ、付録22

フィルトス
FIRTOS
⇨　トゥンデル

フィル・ヒリーシュ
FIR CHLIS
　スコットランド高地の民間伝承では、北極光は、神の恩寵からは見放されたが、天国と地上との間で宙ぶらりんになっている堕天使*が姿を現わしたものだとされる。「陽気な踊り手」や「器用な人」という名でも呼ばれている。

文献17
⇨　ペリー・ダンサーズ

フィロ
WHIRO
　ニュージーランドのマオリ族の伝説や信仰に登場する悪霊で、デーモン*たちの元締め。フィロは絶えず英雄神タネと敵対している。

文献24
⇨　精霊

フィンヴァラ
FINVARRA, FINVARA
　アイルランドの神話や民間伝承に登場する、コナハトの妖精*の王。Finn Bheara、Finbeara、Fionnbharr と綴る場合もある。配偶者ウーナ*とともに、アイルランド民間伝承に登場するシー*の至高の王と女王である。やはり高貴な超自然存在で、地方の女王であるクリオズナ*、イーヴィン*、アーネ*らは貢物をおさめ、二人に忠誠を誓っている。フィンヴァラは領地であるゴールウェイ県クノック・マーの人間に親切なことで有名である。喜んでフィンヴァラを助ける者には、豊作、馬の繁殖、富を約束するが、気に入った若妻をさらっていきたがる。ある物語では、キルワン王の妻エタインを誘拐したが、エタインを無傷で返した後は、家族と財産の後援者にして守護霊*となった。

文献17、88、105
⇨　精霊

フィンズ・ヴァイブル
FINZ-WEIBL
⇨　コケの人々

フィーンド
FIEND
　地獄からきた、悪意しか持たないデーモン*、悪魔*、邪悪な精霊*の名前。古代に、邪悪な存在をこの名前で呼んだ。時代によって、Feigne（フェーヌ）、Feint（フェイント）、Fend/e（フェンド）、Feond/e（フェオンド）、Feont（フェオント）、Feynd（フェインド）、Find/e（フィンド）、Fint（フィント）、Fiond（フィオンド）、Fond（フォンド）、Fynd/e（フィンド）、Fynt（フィント）、Veond（ヴェオンド）、Vyend（ヴィエンド）などさまざまな形がある。フィーンドはどんな姿にもなれるが、人間や犬の姿をしていることが多く、姿が見えないときもある。
　さまざまな文化のフィーンドでこの事典に載っているものには、アエーシュマ*、アスタロッテ*、アスモデウス*、アマイモン*、インクブス*、ヴァタク*、海の老人*、エピアルテス*、カリナ*、グル＝イ＝ババン*、ケルピー*、黒妖犬*、コシュマール*、スクブス*、スモレンコス*、デイヴィ・ジョーンズ*、トム・ドッキン*、ナイトメア（夢魔）*、バーゲスト、ハリー＝カ＝ナブ*、バルバソン*、ハンツー・リブート*、ビリー・ブリン*、ブラック・シャック*、フリバーティジビット*、フレイバグ*、ベリアル*、マーラ*、マール*、モーザ・ドゥーグ*、ロンジュール・ドス*などがある。

文献40、52、107
⇨　インプ

骨や骸骨を燃やす火にあたるフィーンド

フィンバラ
FINN BHEARA, FINBEARA
⇨ フィンヴァラ

フィンバル
FIONNBHARR
⇨ フィンヴァラ

ブーヴァン・シー
BAOBAN SITH

　このスコットランド・ゲール語の名前はアイルランド語のバンシー*、つまり「妖精*の女」とまったく同じ意味だが、ハイランド地方では、美しいが邪悪な女性の精霊*を指す。通常、緑の服を着ており、もし人間の姿で現われても、その鹿のひづめで見わけることができるが、冠毛のあるカラスの姿でいることもある。ブーヴァン・シーは人間、とくに荒野にいる若い狩人の血を吸って生きる。D.A. マッケンジーは『スコットランドのフォークロアと庶民生活 (*Scottish Folklore and Folk Life*)』の中で、四人の若い狩人がシーリング（羊飼いの避難小屋）で一晩休息した話を紹介している。彼らはダンスの相手を欲しがっていたところに四人の若い娘たちが入ってきたので喜んだ。みんなのために音楽を演奏していた一人の狩人は、「女たち」にひづめがあり、そこに血のしずくがついていることに気づいた。それで彼は馬を連れて逃げ、隠れた。馬の蹄鉄は魔よけだった。彼は女たちが恐ろしいブーヴァン・シーであることに気づいたが、友人たちはこの女デーモン*の魔力に屈服していた。超自然的なダンスの相手ブーヴァン・シーは、懸命に努力したものの彼をつかまえることができず、夜明けとともに姿を消した。その後、彼は血を吸われてかさかさになった友人たちの遺体を見つけた。
文献15, 17, 37
⇨ スクブス

フェ
FÉE
⇨ 妖精

フェイ
FAY
⇨ 妖精

フエクヴ
HUECUVU
　チリのアラウカノ族の民間信仰に登場する悪い精霊*たち。変身する、病気のデーモン*である。雷と火山の神、邪悪なピランに仕えている。

文献56、102
⇨　チェルーヴェ、ラソゴナガ、付録17

ブエス
B'ES
　旧ソビエト連邦のマリ人（チェレミス人）が信じる邪悪な精霊*もしくは悪魔*を指す言葉。

文献118
⇨　ベス（1）

フェネ
FENE
　ハンガリーの民間伝承に登場するデーモン*。昔はとても怖がられたが、いまではあまり重要でない地位に落とされている。だが、フェネが忘れ去られることはなく、フェネのいたずらを示す、Egye meg a fene（「フェネに食べられる」）などの言い回しがいまも残っている。

文献77

フェノゼリー
FENODYREE, FENODEREE
　英国マン島の民間伝承に登場するブラウニー*、ホブゴブリン*の仲間。Finnoderee、Fynnoderee、Phynodderee とも綴り、Yn Foldyr Gastey（「器用な草刈人」）とも呼ばれる。毛むくじゃらで大きな身体をしてたいへん力強いが醜い。フェリシンの仲間だったが、ラッシェンの谷に住む人間の娘に恋をして、仲間の祭をすっぱかしたため、罰としてこの姿に変身させられたと言われている。ほかのブラウニーと同じく、羊飼い、収穫、脱穀などの農作業を、たいへん勤勉に行ない、すべてを夕暮れから夜明けまでの間に済ませる。報酬には、農家から食べ物や飲み物をも

フェノゼリー

らうだけである。しかし、あるうっかり者の農夫が、報酬として、ブラウニーが恐れる新しい衣服を贈って怒らせたため、フェノゼリーに手伝ってもらえなくなった。

文献17、18、41、81、110
⇨　付録22

フェリアー
FERIERS
　イングランドのサフォーク州にいる妖精*。砂色をした小さな精霊たち*で、砂色の長髪をしている。フェリシャー*とも呼ばれる。緑の上着に金色のベルトを締め、黄色い絹の靴を履いた姿のときもある。床板の裂け目から、人間の家に入ってきて、整理整頓してある家庭には、薪やお金を贈る。人間が贈り物をもらった秘密をもらすと、フェリアーは、不運を残して家から出て行く。ほかの妖精と同じく、人間の幼児が好きで、隙を見て赤ん坊をさらい、かわりに取り換え子*を残していく。1840年ごろ、80歳の女性が語った話によれば、赤ん坊のころ、フェリアーにさらわれそうになったそうである。月光を浴びて赤ん坊を抱いているところを、母親に見つかったフェリアーは、赤ん坊をおいて床板の裂け目から逃げていった。それ以後、母親は、赤ん坊を自分と夫の間に寝かせ、シーツをピンで留めておいたそうだ。

文献133
⇨　付録22

フェリシャー
FERISHERS
⇨ フェリアー

フェル・シー
FER-SIDHE
　アイルランドの民間伝承で、シー*やデ・ダナーン神族*の男性を遠まわしに呼ぶ言い方。「丘や小山の上の男」という意味。
文献125

フェロハーズ
FEROHERS
　イランのゾロアスター教で信じられているアフラ・マズダー（オフルマズド）の守護天使*や従者の精霊*をまとめてよぶ呼び名。
文献78

フォヴォイラ
FOMHÓIRE
⇨ フォウォレ族

フォウォレアン
FORMORIAN
⇨ フォウォレ族

フォウォレ族
FORMOR
　アイルランドの民間伝承と伝説に登場する種族。フォモール、フォヴォイラ*、フォウォレアン*ともいう。アイルランドの先住民と考えられている。侵略してきたフィル・ヴォルグ族*に打ち負かされ、グロテスクなデーモン*に変えられた。後にフィル・ヴォルグ族はデ・ダナーン神族*に滅ぼされた。フォウォレ族は、嵐、霧、穀物の胴枯れ病に関わりの深い天気の精霊*とされることが多い。
文献17、88、93、105
⇨ 付録26

フォッセグリム
FOSSEGRIM
　ノルウェーの民間伝承に登場する水の精霊*たち。ハンサムな金髪の小さな男の精霊で、滝に住む。音楽がたいへん好きで、人間とすごすのを楽しむ。滝の下の水溜りで姿が見られ、晴れた日には、フォッセグリムの唄を聞きに、人びとが訪れる。
文献88
⇨ グリム、ニクス、付録25

フォデン・スケメンド
FODDEN SKEMAEND
⇨ トロール

フォノス
PHONOS
⇨ アケファロス

フォマガタ
FOMAGATA
　コロンビア中部のチブチャ族の古代神話に登場するデーモン*。天気の精霊*で、暴風雨を起こした。太陽神ボチカに倒された。
文献56
⇨ 付録26

フォラス
FORAS
⇨ フォルカス

フォリオット
FOLIOTS
　イタリアの民間伝承に登場する精霊*たちで、ロバート・バートン（1577～1640年）作『憂鬱の解剖（*The Anatomy of Melancholy*）』に紹介されている。カラス、ウサギ、黒妖犬*に変身できる。廃墟に住み、ポルターガイスト*のような振舞いをするが、実害は及ぼさない。
文献17
⇨ 付録12

フォルカス
FORCAS
　ヨーロッパ中世悪魔学で取り上げられている、強力なデーモン*。フルカスともいう。
文献53

フォルネウス
FORNEUS
　ドイツの伝統と文学に登場するデーモン*。フォルンヨート*ともいう。海に住む悪い精霊*とされる。中世ドイツの文学によれば、魔法の力を使うために、このデーモンは呼び出された。
文献93

フォルマルのゴルドマル王
KING GOLDMAR OF VOLLMAR
⇨　ゴルドマル（王）

フォルンヨート
FORNJOTR
⇨　フォルネウス

フォレット
FOLLET, FOLLETTO
⇨　インクブス

フォーン
FAUN
（1）神秘主義哲学者パラケルスス（1493〜1541年）が、自然の元素を象徴するものとしてつくり出した、自然の精霊*の1グループ。フォーンは動物の精霊で、動物の守護霊*として森林に住む。
（2）古代ギリシアの半人半獣神ファウヌスの子孫である自然の精霊。ファウヌスに似て、半人のフォーンも山羊の脚、蹄、角を持つ。サテュロス*に似ているとされ、自分が住む森や野原の野生動物の守護霊*をつとめる。
文献40、98、107、136
⇨　ベティカン、四大精霊、付録12、付録18

ブカ ［複数：ブキ］
BWCA, BWCI（pl.）
　コーンウォールのブッカ*のウェールズ語の異称。家事の精*で、イングランド北部のブラウニー*やパック*によく似ている。イングランドのブラウニー同様、ブカは夜間家族のために単純な家事をすべて引き受けてくれ、その返礼には一杯の甘いミルクや小麦パンの入った粥しか期待しない。もっぱら忠実で好意的だが、侮辱されると非常に執念深く意地悪になることがある。「ブカル・トゥルイン」と呼ばれるトゥルイン農場にすみかを構えるブカがいた。彼はとくに、タルイス・テーグ*の血を引くと言われる一人の女中と親しかった。しかしある晩、まったくの悪ふざけから、彼女は哀れなブカにミルク酒と粥の代わりに、羊毛の媒染剤に使う古い尿でお椀を満たした。翌朝、彼女が起きると、ブカは彼女を待っていた。ブカは彼女に飛び乗り、首をしめあげ、足蹴にして家じゅうで叫んでまわった。家の者たちはみな、何が起こっているのか不審に思った。ブカは目に見えなかったので、何が起こっているのか、理解し難かったのだ。男たちが屋根裏から駆けつけてくるとブカは手を放し、もうその家にはとどまらず、二度と仕事をすることもなかった。
文献17、18、123
⇨　付録22

プカ
PUCA
⇨　ブッカ、パック

プカ
PÚKA, PWCA
⇨　パック

プーカ
POOKA, POUKA, PHOOKA, PÚCA
　アイルランドの民間伝承に登場する妖精*で、さまざまな姿に変身する。プーカー*とも呼ばれる。馬、とりわけぼさぼさの長いたてがみを生やした子馬の姿をとることがもっ

仕事を評価してくれない農場から逃げるプカ

とも多く、鎖をつけていることもある。湖のほとりや小川などの未開拓の地に出没すると言われる。そうした人里離れた場所でプーカは人間の子供をそそのかして自分の背中に乗らせ、子供が乗ると、そのまま一目散に崖っぷちへと疾走する。奇妙にも、プーカは馬となって貧しい農夫の畑仕事を手伝う、という話もある。家事の精*としては、家事を手伝う点でイングランドのブラウニー*に近いのかもしれないが、アイルランドの作家キートリーによると、プーカは人間にいたずらを働く点で、イングランドのパックにより近い。そうした精霊*の例にもれず、プーカは謝礼として新しい服を贈られると、腹を立てて姿を消してしまう。古代ケルト人の祭りサウィン祭（11月1日）には、プーカは馬の姿になって、まだ残っているクロイチゴを踏みつけると言われた。また、人間が助言を求めると、プーカはそれに答えて予言を下すと言われた。

文献15、17、18、41、66、87
⇨　ケルピー、パック、ピクトリー・ブラッグ、ヘドリーの牛っ子、付録12、付録22

ブーガー
BOOGER
⇨　ボーギー

プーカー
PÚCÁ
⇨　プーカ

ブーガーマン
BOOGER MAN
⇨　ボーギー

ブガン
BWGAN
　ウェールズに伝わる精霊*。ゴブリン*もしくはポルターガイスト*の一種である。
文献59
⇨　ブバッハ

プキイェ
PUKJE
⇨　パック

ブキオド
BWCÏOD
　コーンウォールのブッカ*のウェールズ語の異称。同時に、デーモン*やポルターガイスト*のような他の精霊*のすべての種類を指す意味の広い言葉でもある。
文献17、18、123

プキス
PUKIS
　ラトヴィアの民間伝承に登場する家事の精*の名前。リトアニアではプキュス、エストニアではプキイェ*またはプーク*として知られているが、これらの呼称はドイツでの呼称プク、プクス、ピュックなどから派生したものと考えられる。彼はいたずら好きな、財産をひそかに貯め込む妖精で、たいていは隣家に損失をもたらすことによって、自分がついた家の主人の利益を図る。姿をさまざまに変えるスプライト*で、地上では猫やオンドリのような家畜の姿をとるが、空中では火を吹く尾を持つドラゴンに似た姿をとることもある。
文献87、88、93
⇨　アイトワラス、カウカス、スミエラ・ガット、パラ、付録12、付録20、付録22

ブギブス
BUGIBUS
⇨　バガブー

ブギル
BUGIL
⇨　ボーグル

プク
PUK
⇨　プキス

プーク（1）
PUUK
⇨ クラット

プーク（2）
POUK/E
⇨ パック

プクス
PŬKS
⇨ プキス

フクム・イエン
HKUM YENG
　ミャンマーのワ族が信じている、とくに攻撃的なナット*。タク・ケンともいう。村の守護霊*としてなだめられる。
文献88
⇨ 付録10

ブクラ・エ・ヅェウト
BUKURA E DHEUT
　アルバニアに伝わる非常に強大な力を持つ妖精*で、その名は「大地の美女」を意味する。すばらしい生き物たちに守られたおとぎ話のような城に住んでいる。守護天使*のように好意的なこともあるが、破壊的になったり悪魔的な力と結束したりする場合もある。
文献93
⇨ デーモン

ブグル
BWGWL
　ウェールズの民間伝承では恐怖の対象とみなされる精霊*。
文献104
⇨ ボーグル

ブゲル
BUGELL
⇨ ボーグル

フ・シェン（狐仙）
HU XIAN
　中国と日本の民間伝承で、狐の精霊*として知られる精霊。姿を表わすときは狐に化けることもあるが、ふつうは若い美女に化ける。中国では、親切なことが多く、幸運を運ぶと見なされている。だが、いたずらをして夫婦喧嘩を起こさせることもある。書類を「狐の箱」にしまいこんでしまう官僚の守護霊*である。日本では、狐の精霊はふつう、意地悪な美女として現われる。いたずらが好きで、犠牲者に災難や死をもたらす。獲物を誘惑して、完全に虜にしたら、精を抜き取り、犠牲者を病気にしたり、死なせたりする。
文献88、131
⇨ 緑の女

ブシャスタ
BUSHYASTA
　イラン、ゾロアスター教の神話に登場するデーモン*。全身黄色の人間の姿で表される。人間を怠惰にし、無気力な状態にさせるのがその役目で、寝過ごしたり宗教的義務を怠ったりするようしむける。
文献87
⇨ マジキーン

フシャスラ
KHSHATHRA
　イランのゾロアスター教におけるアムシャ・スプンタ*の一人であり、アフラ・マズダの陪臣である。フシャスラは「支配」または「統治」という意味であり、フシャスラ・ヴァイルヤ*、フシャトラヴェール*、シャフレーヴァル*などと呼ばれることもある。これは金属の守護霊*であり、悪に対する神の力と勝利のシンボルでもある。フシャスラはミスラ*、アスマン*、アニラン*を率いて悪のサウルヴァ*と戦う。
文献41、53、119
⇨ 従者の精霊、精霊、ヤザタ

フシャスラ・ヴァイルヤ
KHSHATHRA VAIRYA
⇨　フシャスラ

フシャトラヴェール
XŠATRAVĒR

　イランのゾロアスター教におけるフシャスラ*のパフラヴィ語名。彼はアムシャ・スプンタ*の一員であり、最高神アフラ・マズダに仕えるジン*である。フシャトラヴェールは金属の守護霊*であり、ミスラ、アスマン*、アニラン*を率いて邪悪なサウルと戦う。

文献41、53、119
⇨　従者の精霊、守り神

フジャラル
FJALAR

　北欧神話に登場する悪いドワーフ*。ガラル*とともに、クヴァシルという名の賢く優しい男を殺し、その血を集めて魔法の酒をつくった。この酒を飲んだ者は雄弁になったので、ドワーフたちの評判は広まった。彼らは祭りに招かれ、ふたたび巨人ギリングとその妻を殺した。伯父の死に疑いを擁いたストゥングが、ドワーフたちに復讐して酒を取り上げた。魔法の酒は「ストゥングの酒」として知られるようになった。

文献41、95

プスヴァシ
PSUVASHI

　ヨーロッパのロマ（ジプシー）の民間信仰に登場する精霊*たちの名前。インクブス*（夢魔）に似たふるまいをする地霊、あるいはデーモン*。彼らは夜やって来て、魔女になる運命の若い女性と交わる。

文献31
⇨　ニヴァシ、マティヤ

プスケグデムス
PSKÉGDEMUS

　北アメリカ先住民のペノブスコット族の信仰に登場する悪霊の名前。女デーモン*で、沼地に住む。乱心した女性の姿で現われ、たとえばリョローナ*と呼ばれる精霊*は、人家の外で夜中にむせび泣く。プスケグデムスは特に男性や子供の気を引こうとするが、この乱心した女性の泣き声に、どんな形であれ同情を示すのは危険である。心の中で同情するだけでも危険である。そんなことをすれば、彼女の邪悪な魔力に逆らえなくなってしまうからだ。

文献88
⇨　リリス、付録22

プセズポルニカ
PSEZPOLNICA
⇨　ポロヴニッサ

ブソ
BUSO

　フィリピン諸島のバゴボ・マレー族に伝わる邪悪で危険なデーモン*。縮れ毛に低い鼻、巨大な黄色もしくは赤色の一つ目、二本の出っ歯の、背が高くやせた姿で表される。恐ろしがられるが、愚かでもある。人里はなれた森や岩場や、墓場にはえた木に住んでいる。彼らはそこで死者の腐肉を食い、さらに多くの人間の死を絶えず引き起こしている。ブソにはティグバヌア*とタガマリング*という二つの特別な種類がある。彼らはとくに危険だが、彼らが出し抜かれた話も数多く伝わっている。ある愉快な話では、一匹の猫が、自分の尾の毛の本数をブソが朝までに勘定できれば、飼い主の人間を連れていってよいという条件を承諾した。ブソがその仕事をそろそろ終え、成功しそうになるたびに、猫は尾をひょいと動かしたため、とうとう夜があけ、ブソは姿を消さざるをえなかったという。

文献87
⇨　河童

プータナー
PUTANA

　インドのヒンドゥー教神話に登場する邪悪な女デーモン*。悪鬼バリ*の娘。赤ん坊のク

リシュナに毒入りの乳を飲ませて殺そうとしたが、逆に神であるクリシュナに生気を吸い取られてしまい、企みは成功しなかった。流産や乳幼児の病気はプータナーのしわざだと現在でもみなされている。いくつかの言語では彼女の名前は、「売春婦」を指す言葉が語源になっていると信じられている。
文献88、111
⇨ 付録17、付録22

プタル・アリ
PUTAR ALI
西マレーシアのイスラム教の信仰に登場する天使*の名前。プタル・アリとは「虹の主」の意。
文献120
⇨ マラーイカ

ブチュ・ウムバル・シュチュ
BUČə ÜMBAL ŠUCə
⇨ シュチャ

ブツェンベルヒト
BUTZENBERCHT
ドイツ民間伝承でベルヒタと呼ばれる精霊*の別称。「贈り物の運び手」を意味し、公現祭（1月6日）前夜にドイツの子供たちに贈り物を届ける役目を負う。この祝宴は、元来古典高地ドイツ語で Perahtun naht（ペルヒトの夜）として知られていた。
⇨ サンタクロース、ベファナ、付録22

ブッカ
BUCCA
イングランド、コーンウォールに伝わるスプライト*。出没する状況により、ブッカ・ブー*、ブッカ・ドゥー*、ブッカ・グウィデンといったコーンウォール方言の別称で呼ばれる。ウェールズではブカ*やブキオド*とも呼ばれ、目に見えないが、その活動は観察できる。彼らの好意を確実に得ようとして魚を供える漁師や、収穫期にパンとビールを供える農夫によって、彼らはなだめられた。とく

にニューリン港あたりの漁師はブッカが嵐をおこすと信じており、それでブッカはこの危険な海岸線に難破船が数多くでることを予言できると考えられていた。漁師たちは魚を海岸に供えてブッカを鎮め、良好な天気と豊漁を確かなものにしようとした。ブッカはまた、ドイツのコーボルト*同様、スズ鉱山の精霊*としても現われ、その際、ブッカはノッカー*という名で呼ばれた。19世紀末になるとこれらの風習は廃れ、ブッカの役割は子供部屋のボーギー*にまで落ちぶれた。
文献10、17、18、40、59、87、107
⇨ パック、付録26

ブッカ・ドゥーとブッカ・グウィデン（もしくはギダー）
BUCCA DHU AND BUCCA GWIDDEN（BUCCA GUIDDER）
ブッカ・ドゥーとは「黒い、すなわち邪悪なブッカ*」を意味し、コーンウォールに伝わる、その意図と行動がほとんど有害といっていいほどのブッカの名前である。この精霊*は行儀の悪い子供を脅かすための子供部屋のボーギー*として、よく引き合いに出される。一方、ブッカ・グウィデンもしくはブッカ・ギダーは「白い、すなわち善良なブッカ」という意味で、その意図と行動がかなり好意的なブッカを指す。
文献17、18、40、87、107
⇨ 付録22

ブッカ・ブー
BUCCA BOO
⇨ ブッカ、バッグ、バガブー

ブックメリア
PUKKUMERIA
ジャマイカの民間信仰に登場する精霊*の名前。ブックメリアは森に住むと言われ、ジャマイカでは崇拝の対象となっている。
文献87、88
⇨ アジザ、アプク、イジメレ、モアティア、付録19

プット［複数：プッティ］
PUTTO, PUTTI (pl.)

　この小さな妖精たち*は、古代ギリシア・ローマ神話ではエローテス*として知られており、智天使（ケルビム）*が世俗化したものだった。彼らはヨーロッパのルネサンス芸術で盛んに題材として取り上げられ、アモレッティとも呼ばれた。彼らは古代ギリシア・ローマ神話の愛の神々に仕えた精霊*たちの末裔で、愛のメッセンジャーだった。プットはたいてい、背中に小さな羽根を生やした丸ぽちゃの幼い男児の姿で描かれる。彼らは地上の恋人たちの頭上を舞っている。

文献62
⇨　従者の精霊、付録22

ブト・イア
BÜT IA

　旧ソビエト連邦のマリ人（チェレミス人）に伝わる淡水の精霊*。湖や川の底に住む。「水の悪魔*」を意味し、「水の主人」を意味するブト・オザとも呼ばれる。馬（ブト・イムヌ*）や牡牛（ブト・ウスクズ*）、あるいは上流に頭を向けた巨大な魚の姿で現われることもある。それよりも、「水の老人」を意味するブト・クグザと記述されるほうが一般的である。その際、彼は長い灰色の髪に角のはえた老人の姿で現われる。「水の老婆」を意味するブト・クバの姿をとることはあまりない。ブト・イアは裸で現われることもあるが、服を着ているときにはそのなわばりの広さと地位を服装に反映している。したがって、大きな湖や広い河のブト・イアは豪華な服をまとっており、一方沼や池のブト・イアはぼろ服を身につけている。この精霊は、家族や家財とともに水の下の共同体で暮らしていると考えられている。

　ブト・イアは意地悪なこともあれば、好意的なこともある。ソバ粉のパンケーキであるブリヌイやお金やウォッカといった適切な供え物で鎮められているときには、その川や湖からの豊漁を約束し、その水域に入ってくる人間を安全に陸地にもどしてくれる。そうで

プットが蝶に狙いを定める。

ない場合は、危険を冒して近づいてきた者すべてを溺れさせる。日のあたる場所に座って髪を梳くブト・イアを見たら、精霊はすぐに消えてしまうが、それは災厄や死の前兆である。精霊に直接声をかける場合には、ていねいな言い方であるブト・クバやブト・クグザが使われる。
文献118
⇨　クグザ、ブト・イアン・ウドゥルジュ、ブト・ボドゥジュ、付録12、付録25

ブト・イアン・ウドゥルジュ
BÜT IAN ÜDƏRŽƏ
　旧ソビエト連邦のマリ人（チェレミス人）に伝わる水の精霊*。「水の悪魔*の娘」を意味する、人間の姿をした女性の淡水の精霊である。この精霊は、一面の水の広がりとして崇拝される主要な精霊より下の地位にあり、そのためその精霊、つまりこの場合はブト・イア*の「娘」と呼ばれている。ブト・イアン・ウドゥルジュは川岸に座り、金や銀の櫛で長い金髪を梳いているところを目撃されることがある。人間の男たちは、彼女が逃げられないよう鉄で触って捕まえることができたら、彼女と結婚できる。しかし、精霊の正体を暴露されると、彼女は人間のようにすぐに死んでしまう。
文献118
⇨　セルキー、ヒレ族、マーメイド、メリュジーナ、付録25

ブト・イムヌ
BÜT IMNƏ
　旧ソビエト連邦のマリ人（チェレミス人）に伝わるデーモン*もしくは悪魔*。馬の姿で現われるブト・イア*としても知られている。
⇨　アッハ・イーシュカ、ケルピー、付録12

ブドゥー
B'DUH
⇨　バドゥー

ブトゥス
BÛTÛS
⇨　ブート

ブト・ウスクズ
BÜT USKƏZ
⇨　ブト・イア

フトゥルス
FUTRUS
　イスラム教で信じられている天使*。預言者ムハンマドの孫息子、フセインに仕えたとされる。
文献30

フトキン
HUTKIN
　ドイツの民間伝承に登場する家事の精*。ヒルデルスハイムの主教の邸宅に住んでいた。善良で働き者だが、台所の下働きの少年にいじめられたときは、お返しにいたずらをした。
文献18
⇨　スプライト、付録22

ブート／ブータ
BHUT/A
　インドの民間伝承でブトゥス*という名でも知られるこの意地悪な精霊*もしくはデーモン*は、さまざまな姿をとるが、ブタや馬といった動物の姿で現われることが多い。人間の姿で現われるときには、鼻声で話すゴブリン*に似ていると言われる。影がないこと、地面に横たわれないことで見分けがつく。墓場や暗い森に出没することもある。ブートを避けるために、彼らに真似できないよう地面に横たわったり、彼らがどうも嫌うらしいターメリックの棒を燃やしたりすることがある。四方と中心とに穀物を投げることによって、彼らを鎮められる場合もある。
文献29、87、93、110
⇨　チュタス、ピシャーチャ、ペーイ

ブト・ボドゥジュ
BÜT BODƏŽ

　旧ソビエト連邦のマリ人（チェレミス人）に伝わる淡水の守護霊*。人間が使うことの多い泉や川に住む。もし誰かがそこから直接水を飲んで水を汚したり、もっとひどい場合、水に排尿したりすると、ブト・ボドゥジュは相応の罰を与える。前述の場合では、それぞれ唇やペニスが痛くなる。川や小川を渡る者は、必ず礼儀正しくしなければならない。無礼な行為があれば、身体の水に触れた部分に潰瘍が出たり痛みが起こるので、それとわかる。それらは流れの名を冠した精霊*のせいとされる。たとえば、アムシェ・ボドゥジュ・チェルはアムシェ川の精霊*によって引き起こされる伝染病である。粥や生贄の雌鶏でなだめると、そのような事態を防いだり、病気を終息させたりできる。

文献118

⇨　ブト・イア、付録25

フネサイ
HUNESSAI

　南米ウイトト族の信仰に登場する精霊*の総称。清水とそこに茂る植物を守る守護霊*。

文献88

⇨　付録25

ブバク
BUBÁK

⇨　ボーギー

ブバッハ　[複数：ブバホッド]
BWBACH, BWBACHOD（pl.）

　ウェールズに伝わるこの精霊*はイングランド北部のブラウニー*に相当し、同様に茶色で毛むくじゃらとされる。ブバッハは家族とともにすみかを構え、夜間に家の仕事を数多くこなす。恥をかかされたり嫌がらせをされたりすると、ポルターガイスト*のようにふるまう意地悪な精霊になる可能性がある。ジラルドゥス・カンブレンシス（1147頃～1223年頃）によると、ペンブルックシャーのスティーヴン・ウィリエット家とウィリアム・ノット家には、衣服を破ったり人に汚物を投げたりするブバッハがいたという。ブバッハはとくに絶対禁酒主義者、非国教徒とその牧師を嫌う。サイクスはその著書『イギリスのゴブリン（*British Goblins*）』の中で、ブバッハが国教に反対する牧師の椅子を礼拝中に引いたり、またあるときには牧師そっくりの姿で現われたりして悩ませたという話を紹介している。

文献15、17、18、59、123、125

⇨　ブカ、ブッカ、付録22

フ・ファ
HU FA

⇨　ダルマパーラ

ブベル
BUBER

　旧ソビエト連邦のマリ人（チェレミス人）に伝わるデーモン*もしくは邪悪な精霊*。ウーベル*という名でも知られ、さまざまな姿に変身できる。火花の尾をひきながら地面を走り回るウィル・オ・ザ・ウィスプ*に似た姿で目撃されることもある。長い灰色の髪をした老女、あるいは長い灰色のあごひげをたくわえた老人の姿をとることもあり、どちらの場合も地面から浮かんでいる。ブベルは生き物から生命を抜き取ることができる。樹液がすべてなくなり中空の幹だけになるまで、木をつつくこともある。人間にとりつき、彼らがおそらく眠っている間に邪悪なことをさせる。人間たちはそれがナイトメア（夢魔）*だと思っているが、もし彼らが起こったことを正確に思い出せ、ほかの人にも話すことができるなら、彼らは精霊にとりつかれるのを拒否できる。ブベルは妊婦がとる食べ物に化けて、人間や動物の胎盤にとりつくこともできる。

　このデーモンは食べ物と飲み物の両方を腐らせ、病気、とくに皮膚のただれをひきおこす。夜間、牛の乳を吸うが、搾乳時に乳に血や泥が混じるので、それとわかる。人が眠っ

ている間にキスをし、血を抜き取ってまたくまに死なせてしまう。家畜や人間の目を食べ、目を真っ白にしてしまう。これは山に生えるトネリコの木の皮をどろどろにしたもので治ると信じられている。大食いのブベルは月さえもかじり、そのために月食が起こる。

この精霊から身を守るには、魔除けをするとよい。もしも精霊が近くに感じられたら、敷居の上に蹄鉄を置くとか、シャツのウエストバンドやくつひもをはずすとか、木のピッチフォークを縦に割るなどするとよい。また勇敢な人なら、呪文を唱えて近くに引き寄せて、さんざんに打ち据えるもよい。あいにく、精霊は時を待たず復活するのが普通で、そうなると邪悪な行ないが再び始まる。

文献118
⇨ アペプ、ラーフ

ブーマソー
BOOMASOH
ミャンマーに伝わる木の精霊*もしくはナット*。木の根に住む点ではギリシア神話のハマドリュアデス*によく似ている。

文献110
⇨ アカカソー、シェッカソー、フミン、付録19

ブーマン
BUMANN
⇨ ボッゲルマン

ブーマン
BOOMAN
⇨ ボーギー

フミン
HMIN
ミャンマーの神話に登場するナット*。旅人を餌食とし、旅人に出会ったら激しく揺さぶる。犠牲者をマラリアに感染させるとされる。

文献41、88
⇨ アカカソー、エラ、シェッカソー、デーモン、ナムタル、ピー、ブーマソー、付録10、付録17

フヤブパ
KHYAB-PA
チベットで仏教導入以前から信仰されていたボン教において、大きな力を持つとされたデーモン*。

文献119

フラ
HULLA
⇨ ホレ

プライ
PRAY
カンボジアの民間信仰に登場する悪霊の呼称。変死した人間の霊魂が変化した場合が多い。クモック・プライは、出産時に死亡した女性の霊魂が変化してできた悪霊である。これらのおぞましい悪霊は木々に住みついているとされるが、人間の目には見えない。しかし彼らは木の下を通る人間めがけて石をどっさり落とすので、そこに居ることがすぐわかる。彼らは驚きおののいている人間をあざ笑い、時には殺すこともある。

文献53、88
⇨ シワテテオ、精霊、デーモン、ラングスイル、付録19

ブラインド・バーロウ
BLIND BARLOW
⇨ ビリー・ブリン

フラウ・ヴァッハホルダー
FRAU WACHHOLDER
ドイツの民間伝承に登場する木の精霊*。ビャクシンの木の守護霊*をつとめる女性のゴブリン*。盗まれた財産を取り戻すために、特別な儀式で呼び出される。儀式では、ビャクシンの木の低い枝をたわめて地面につけ、石で押さえつけ、泥棒に出て来いと呼びかける。泥棒と盗まれた財産が、フラウ・ヴァッ

ハボルダーの力で引き寄せられたら、石をどけて枝を元にもどす。
文献110
⇨ 付録19

フラウ・ヴェルト
FRAU WELT
ドイツの民間と教会の伝承に登場する女の精霊*。超自然的な恋人や妖精*の愛人で、中世に修道院の修道士、平修士などの聖職者のもとに現われた。スクブス*、デーモン*や悪魔*であると考える人もいた。
文献88
⇨ インクブス、ギャン・カナッハ、修道士ラッシュ

ブラウニー
BROWNIE, BROUNY, BROWNY
イングランド北部とスコットランドに伝わる、家事の精*。Broonie、Browney、Brouny、Brownyと綴られることもある。イングランド南部ではロビン・グッドフェロー*という名で通っている。たいへん小さく、茶色い毛むくじゃらの人間で、裸のこともあれば、茶色のぼろ服を着ていることもある。いくつかの事例では、鼻がなく鼻孔だけが二つあるとされている。地域によって、すべての指に水かきがついていたり、親指以外の指が完全にくっついていたりする。エイケン・ドラム*やミグ・モラッハ*、マギー・モロック*、パッドフット*のような特定のブラウニーについての記録は数多く残されている。ブラウニーのいる一族は、幸運をもたらすものとして彼らを誇りにした。ブラウニーを失うことはたいへんな損害だった。家の外にいるブラウニーは、いらいらするといたずらをしやすいため、警戒の目を向けられた。

一般的に、ブラウニーはもっとも勤勉な家事の精で、耕し、収穫し、脱穀し、家や小屋を掃除し、バターをつくった。実際、単純労働のほとんどを喜んで引き受けてくれた。お返しには極上のクリーム一鉢と焼きたてのケーキやパンが、ブラウニーの手の届くところに置かれた。それ以上のなにか、とくに同情したり新しい服を与えるなどといった報酬を与えるのは侮辱であり、そんなことをすれば彼はただちに姿を消してしまった。さらに、ブラウニーはあら捜しをされると、今までしてきたことをしなくなるどころか、それ以上のぶちこわしをした。使用人や職人は、しばしばその怠けぶりや無能さを用心深いブラウニーによって暴露された。ブラウニーは彼らを策略やいたずらで懲らしめるのだった。昔、境界の無法地帯では、ならず者や泥棒が自分たちの金を埋めて宝守のブラウニーを呼び出し、見張りをしてもらう報酬として生贄の動物を埋めたという。

ヘンダーソンの『ベリックシャーの伝承歌謡（*Popular Rhymes of Berwickshire*）』の中に、次のようなエピソードがある。何年もの間、一族によく仕えてきた「クランショーズ農場のブラウニー」は、その年の収穫について使用人の一人が批判するのを聞いた。その夜、ブラウニーの「うまく刈れてないだと！

うまく刈れてないだと！ それなら二度と刈ってやるものか。『烏が岩』にばらまいてやる。もう一度自分たちで刈りなおせばいいさ」という声とともに、途方もない音が納屋から聞こえてきた。朝になって見てみると、穀物は怒り狂ったブラウニーによって一晩かけて納屋から運び出され、「烏が岩」から下の川にばらまかれていた。仕返しを果たしたブラウニーは、二度とクランショーズ農場に姿を見せることはなかった。
文献15、17、18、28、39、40、56、66、87、92、107、114、133
⇨ ゴブリン、コーボルト、精霊、トムテ、ニス、パドルフット、ピスキー、付録22

ブラウニー・クロッド
BROWNIE CLOD
スコットランドに伝わるブラウニー*型の家事の精*。しかし多くのブラウニーとは異なり、このミグ・モラッハ*の息子はドービー*で、非常に愚かなため使用人でさえ彼をだますことができた。スコットランド、バ

ンフのグレンリヴェットにあるアクナロウの古い農家に住んでいたと言われる。
文献17
⇨ 精霊、付録22

ブラウニー（蜂の）
BROWNEY
　イングランド、コーンウォールの民間伝承では、この目に見えない一種のブラウニー*はミツバチの守護霊*である。初夏、ミツバチが群がると、農場のおかみさんはブラウニーを呼んで、蜂たちを巣箱に安全に集める手伝いをしてもらう。
文献99
⇨ キュレネ、精霊、付録12

フラウ・ヒルデ
FRAU HILDE
⇨ ホレ

フラウ・ベルヒタ
FRAU BERCHTA, FRAU BERTA
⇨ ベルヒタ

ブラウンガー
BROUNGER
　スコットランド東海岸、とくにフォース湾に住む意地悪な海の精霊*。「火打石の息子の火打石」と呼ばれる男の精霊で、それはつまり雷雨、もしくはひょっとしたら「セントエルモの火」と呼ばれる現象との関係を示している。自分の縄張りの漁船すべてに魚や牡蠣の一割を要求し、船の索具から突然現われて漁師たちを怖がらせると言われる。そんな場合（または誰かが悪ふざけでこれを呪いだと言い出したら）、ブラウンガーの害悪を取り除く唯一の方法は、正しい進路をとる前に、船長が船を完全に360度、3回旋回させるよう命じることである。
文献123
⇨ 付録25

フラガイ
FLAGAE
　中世ヨーロッパの民間信仰に登場する、予言する使い魔*の精霊。鏡に映った姿しか見えず、その姿で未来の出来事を明かすと言われている。
文献53
⇨ 付録23

ブラザー・マイク
BROTHER MIKE
　イングランド、サフォークに伝わるこの地方の妖精*。
文献17

プラスキー
PLASKY
⇨ ノチュニッツァ

プラチナ
PLATINA
⇨ メリュジーナ

ブラッグ
BRAG
　イングランド北部に伝わる意地悪な精霊*で、変身できる。アイルランドに伝わるプーカ*同様、馬の姿で現われることが多いが、他の姿をとることもある。畑や荒野、人気のない道で遭遇する。しかしブラッグは人が会いたいと思うような親しみのある農場の動物ではなく、人を惑わすボーギー*で、旅人をしばしば危険な状況に導く。彼らのたくらみについてはピクトリー・ブラッグ*のエピソードが名高い。
文献17
⇨ 付録12、付録24

ブラック・ヴォーン
BLACK VAUGHAN
　イングランド、ヘレフォードシャーに伝わる邪悪な精霊*で、ゴブリン*とされることもあれば、黒妖犬*とされることもある。何世

紀も前にハーゲスト・コートの所有者だったヴォーンによってもたらされたもの、あるいは彼自身だと言われている。このデーモン*は、時を選ばず、さまざまな姿で現われた。恐怖と破壊を引き起こし、牡牛の姿をして教会で暴れまわったり、あるいは農夫の荷を積んだ荷馬車を倒したりした。とうとう近隣の人々はブラック・ヴォーンを呼び出し、聖書から「彼を読み取る」ことによって彼を封じ込めた。これはうまくいき、銀のかぎ煙草入れが彼の牢獄となったらしいが、誰もあえてそれが置いてある部屋に入ろうとはしなかった。そこからはブラック・ヴォーンの足音と鎖をがちゃがちゃ鳴らす音がいまでも聞こえると言われている。

文献123

ブラック・シャック
BLACK SHUCK

　イングランドのイーストアングリアに伝わる黒妖犬*タイプのフィーンド*。シャック*、シャック・ドッグ、オールド・シャック*という名でも知られる。この名はおそらくアングロサクソン語でデーモン*を意味するスクッカ（Scucca）に由来する。ロバほどの大きさで毛深くて黒く、大きな燃えるような赤い目をしているか、あるいは片目だけで緑か赤の火花を散らすと描写される。しかしストウマーケット近くのクロプトン・ホールでは、このフィーンドは猟犬の頭を持つ修道士に似ていると言われる。そのすみかはさまざまで、塩湿地とも海そのものとも言われる。そこからブラック・シャックは夕暮れにのみ現われて、小道や湿地や川の土手や墓地を歩き回る。このデーモンに路上で遭遇すると、その氷のような息と毛むくじゃらの皮膚が、旅人のすぐそばに迫ってくるかのように感じられるかもしれない。サフォークでは放っておけば危害を加えることはないが、邪魔する者にはすぐに死が訪れる。ノーフォークでは、ブラック・シャックを見るだけで病気になったり死んだりするとされる。このデーモンには変種があり、それは顔がサルだと言われている。

この精霊*はケンブリッジシャーのボールシャム・ラティング間に出没し、その地方ではシャック・モンキーとして知られている。しかし、エセックスのシャックは好意的な精霊*で、この地方では道に迷った旅人を導いたり、彼らを攻撃から守ったりすることで知られている。この精霊は絞首門や絞首人のさらし柱や墓場に出没するという事実から、デーモンであるシャックと関連づけられている。

文献19、47、69、133

⇨　**ガイトラッシュ**、**カペルスウェイト**、**教会グリム**、**スクライカー**、**バーゲスト**、**パッドフット**、**ブルベガー**、**フレイバグ**、**ボガート**、**モーザ・ドゥーグ**、**リュバン**、**ロンジュール・ドス**、**付録12**、**付録24**

ブラック・ソウ
BLACK SOW

　イングランドとウェールズの境界であるウェールズ丘陵地付近に住む冬のデーモン*。クロップド・ブラック・ソウ、あるいはカッティー・ブラック・ソウという名でも知られている。この精霊*は、ハロウィーン（10月31日、ケルトの暦のサウィン祭）に焚かれるこの地方の伝統的な大かがり火と結びつけられている。この地方の迷信では、大かがり火の現場を最後に離れた者は、追いかけられ捕まえられることがあったという。おそらく古代にはその者が生贄として捧げられたのであろう。このデーモンはまた、子供たちのボギーマン*として利用された。

文献123

⇨　**付録12**

ブラック・タマナス
BLACK TAMANOUS

　北アメリカの太平洋側北西部海岸の先住民に伝わる人食い精霊*。

文献87、88

ブラック・ハウンド
BLACK HOUND
⇨ 黒妖犬

ブラック・ベア
BLACK BEAR
　北アメリカ先住民オーセイジ族の信仰する守護霊*。ワカベ*という名でも知られる。人間に勇気と力を奮い起こさせる。長寿の精霊*でもある。
文献87
⇨　付録12

ブラッシュ
BRASH
⇨　スクライカー

プラット・アイ
PLAT-EYE
　西インド諸島および米国ジョージア州の民間伝承に登場する悪霊の名前。人気のない暗い夜道に、光を放つ大きな目をした大型の黒犬の姿で現われる。時には目だけが現われて、その目が刻一刻と大きくなっていくように見えることもある。悪霊は出会った人間の周りに音もなく漂い、やがて人間をすっぽり包み込んで、人間は跡形もなく消えてしまう。
文献87
⇨　オスカエルト、黒妖犬、シャック、精霊、バーゲスト、パッドフット、付録12、付録24

ブラディー・キャップ
BLOODY CAP
　イングランドとスコットランドとの境界地方に伝わる邪悪なスプライト*もしくはゴブリン*。赤帽子*もしくはレッド・コーム*という名でも知られている。廃墟となった城やピール（要塞化した国境の塔）、つまり過去に小競り合いや流血沙汰のあった場所に住んでいる。この邪悪な精霊*は非常に小さな老人の姿で、長く薄気味悪い髪、燃えるような赤い目、突き出た歯をしており、その骨ばった指には醜悪な鉤爪がついている。鉄の長靴をはき、赤い血染めの帽子をかぶり、杖をついている。道に迷った旅人が愚かにもこういった古い廃墟に避難してこようものなら、ブラディー・キャップは彼らを虐殺し、帽子を血で染めようと待ち構えている。彼の思いどおりにさせない唯一の方法は、聖書を暗誦することである。そうすればブラディー・キャップは悲鳴をあげ、歯を一本残して逃げ出すだろう。グランタリー城にもブラディー・キャップが住んでいると言われる。彼は人間に好意的で、幸運を授けてくれるという。しかし、赤帽子の伝説はソーリス卿とその使用人の身の毛もよだつ物語と同様のものが多く、その恐ろしい行為と煮えたぎる大鍋の中での死は、境界地方の伝説のテーマになっている。
文献15、17、66、133

ブラディー・ボーンズ
BLOODY-BONES
⇨　ロー・ヘッド・アンド・ブラディー・ボーンズ

プラブーム
PHRA PHUM
　タイの民間信仰に登場する土地霊の名前。プラブームは家事の精*で、家庭の守護霊*である。彼はピーと呼ばれる精霊*たちの中でも重要で、機嫌を損なうと、人間に災難と不幸をもたらす。プラブームの恩恵にあずかるために、たいていの家庭では、サムと呼ばれる特製の小さな祠を玄関脇に建てている。ここに毎日供え物をして、末永く家族の繁栄がもたらされるよう祈願する。
文献39、110
⇨　ピー（2）、ペナーテース、付録22

フラル
H'URARU
　北アメリカ先住民のポーニー族が信じている、地の精霊*。
文献25
⇨　マアヒセット

フラワシ
FRAVASHI, FRAVAŠI
　イランのゾロアスター教の精霊*たち。「告白する女」や「選ばれた女」という意味。人間が生まれたときからずっと、一生そばにいる守護天使*。良いことをもたらすとして崇拝されているが、人間には姿が見えない。オフルマズド（アフラ・マズダー）の補佐役として、成長を助け、悪と闘う。後のアルメニアの民間伝承でも、守護天使で、先祖の埋葬地のそばにいるとされた。
文献29、41、53、88、93、102、114
⇨　グリン、ピトリ、マネス

フラン
HURAN
⇨　フーリ

プラント・アンヌヴン
PLANT ANNWN
　ウェールズの民間伝承に登場する妖精*たちの名前。彼らは妖精の地下世界に住み、グイン・アップ・ニーズ*と呼ばれる王の支配下にある。この地下世界への入口はウェールズの湖の底にある。彼らのうち美しい乙女たちはグラゲーズ・アンヌヴン*と呼ばれ、白い妖精牛と妖犬を持っている。妖犬クーン・アンヌヴン*は、幽霊狩猟*の猟犬群と同様、飼い主である女の妖精と一緒に、悔い改めずに死んでいった罪人たちの霊魂を捜して真夏の夜空を飛んでおり、その吼え声だけが聞こえてくることがある。
文献17
⇨　付録6

プラント・フリース・ドゥヴェン
PLANT RHYS DDWFN
　ウェールズの民間伝承に登場する妖精*の一族につけられた名前。彼らは、ウェールズ南西部のディベド州沖に浮かぶ島に住んでいると言われたが、生い茂る草のおかげで、その島は人間の目には見えなかった。名前は「地底に住むフリースの子孫」という意味で、彼らは人間の姿をしていたが、背丈はたいてい普通より少し低かった。しばしばウェールズ南西の町カーディガンの市場に現われたが、あいにく彼らは正直な取引をするだけにとどまらず、非常に裕福でもあったので、普通の買い手たちが張り合うことのできない法外な高値で商品を買った。そのため、商品の値段が吊り上がり、貧乏な人々の手に商品が渡らないこともあった。
文献17、18、59
⇨　付録6

フランネル・フラワー・ベイビーズ
FLANNEL FLOWER BABIES
⇨　ガムナット・ベイビーズ

フーリ
HOURI
　イスラム教に伝わる、美しく純粋なニンフ*。文献により、ハウラ*、フル*、フリ*とも呼ばれる。複数形はフラン*。この姿の良い女性の精霊*は天国に住み、音楽を奏で、ダンスをして、忠実な信者を待ち受ける。忠実な信者に死後、約束された喜びである。
文献88

フリ
HURI
⇨　フーリ

フリアイ
FURIES
　古代ローマ神話に登場する復讐の精霊*たちをまとめてよぶ言い方。「怒れる者」という意味。ディラエ*とも呼ぶ。ギリシア神話では、エリーニュエス*、エウメニデス*、セムナイ*と呼ばれた。出自にはさまざまな説があり、ギリシア神話では大地女神ガイアや夜の女神ニュクスの娘たちとも、去勢されたウラノスから滴った血によって生じたとも言われる。アレクトー*、ティーシポネー*、メガイラ*という名の三姉妹のハグ*で、髪のかわりに頭に蛇を持った姿や、コウモリの羽根

フリアイ

忠実な信者を天国に迎え、楽しませるフーリ

や犬の首を生やした姿などに描かれる。罰を受けなかった人間の悪行に、恐ろしい情熱を傾けて復讐し、死後も復讐を行なう。そのためたいへん恐れられており、エウメニデスやセムナイといった遠まわしな呼び方でしか呼ばれない。

文献40、53、56、107、129、130
⇨ **メリア**

プリギルスチチス
PRIGIRSTITIS

　ヨーロッパのスラヴ人の民間伝承に登場する、家事の精*の名前。小柄な老人の姿をし、家事を手伝うところが、ドモヴォーイ*によく似ている。プリギルスチチスはきわめて耳が良いため、家の中のごく小さなささやき声も漏らさず聞くことができた。このように非常に音に敏感なため、騒音をひどく嫌い、特に叫び声はどんなものであれ毛嫌いした。彼を怒らせた者には懲罰が下された。

文献102
⇨　付録22

フリスト
HRIST
⇨　ヴァルキュリア

フリッド［複数：フリージ］
FRID, FRIDEAN（pl.）

　スコットランド高地の民間伝承に登場する精霊*。ドナルド・A・マッケンジー『スコットランドのフォークロアと庶民生活（Scottish Folklore and Folk Life）』に取り上げられ、マッケンジーは、ゲアロッホ、ロス、クロマーティ地域の先住民ではないかと考察している。岩山の中や、洞穴の岩の下に住む。牛乳やパンを地面にまいてなだめることができた。

文献17、18

ブリトマルティス
BRITOMARTIS

　古代クレタのニンフ*。ミノス王につきまとわれ、地中海に身を投げた。そこで彼女は漁師の網にかかった。

文献130

フリバーティジビット
FLIBBERTIGIBBET

　イングランドの民間伝承に登場する精霊*。文献には、Flebergebet、Flibbergib/be、Flibber de jibb、Flibirgibbit、Flybbergybe など、さまざまな綴りが見られる。この名前は次の二つのやり方で使われる。
（１）パック*の別名
（２）ハースネットが1603年に、イエズス会士の悪魔払いによって追放されデーモン*の一人と認定したフィーンド*の名前。シェイクスピア作『リア王』（1608年）では、「惨めなトム」に憑依した者とされた。

文献40、107

プリパルチッス
PRIPARCHIS

　ポーランドの民間伝承に登場する自然の精霊*の名前。家畜の守護霊*で、家畜が健康で無事であるよう手段を講じた。とりわけ牝豚の分娩と子豚の乳離れの成否は、プリパルチッスにかかっていると考えられた。この精霊は、クレーマラ*と呼ばれる別の精霊と一緒に働いた。クレーマラもまた豚の健康に関わる精霊である。

文献102
⇨　付録12

ブリュンヒルド
BRUNHILDE

　北欧およびゲルマン神話のヴァルキュリア*で、ブリュンヒルトという名でも知られる。白鳥乙女*で、オーディンの従者でもある。彼女が登場する伝説によれば、ブリュンヒルドは白鳥乙女のマントをアグナルに盗まれ、それを返してもらうために戦いで彼に味方した。そしてオーディンの意志に反し、彼女はヒャールムグンナルとの戦いでアグナルを勝たせてしまった。このため、彼女はオーディンによって火の壁の中に閉じ込められたが、そこから恋人のシグルズに救い出された。のちに魔法の薬を飲まされたシグルズは、代わりにグズルーンと結婚し、ブリュンヒルドをグズルーンの兄グンナルと結婚させた。悲嘆に暮れたブリュンヒルドはシグルズとグンナルの間に争いを引き起こした。シグルズが殺されると、彼女は火の中に飛び込み、自らも命を絶った。

文献87、95、119
⇨ シグルーン、従者の精霊

フリント・ボーイズ
FLINT BOYS
⇨ グランドマザー・ファイア

フル
PHUL

ヨーロッパ中世の神秘主義文学に登場するオリュンピアの霊*の一人。月の化身で、「月曜日」がその祝日とされる。オリュンピア世界の七地方を支配する。

文献53
⇨ 付録13

フル
HUR
⇨ フーリ

フルカス
FURCAS
⇨ フォルカス

ブルカーテル
BULLKATER

ドイツのシュレージエン地方に伝わる穀物の精霊*、もしくは畑の精霊*。穀物の最後のひと刈り分が収穫されると、「牡猫」を意味するブルカーテルは隠れ場所がなくなって、その区域を担当した刈り手に取りつくと信じられている。この最後の刈り手は、精霊を表わす編んだ緑の尾をつけたライ麦わらの衣装で飾られる。それから棒を手に畑じゅうを駆け回り、逃げ遅れた者を打ってまわる。この儀式的な追跡は、老いたブルカーテルを排除し、翌年の豊穣を確かなものにするために行なわれる。

文献87
⇨ カリャッハ、コルンヴォルフ、コーン・スピリット、付録15

ブルー・ジェイ
BLUE JAY

チヌーク族、ジャカリラ・アパッチ族、その他の北アメリカ先住民の創世伝説に登場する、半ば超自然的な変身できる存在。いたずら好きのトリックスター*精霊*である。魔法や幻惑に関する数多くの物語の中に、ブルー・ジェイの姉イオイの話がある。イオイは仕事の助けが必要になり、ブルー・ジェイに嫁とりを勧める。ブルー・ジェイは酋長の娘スティクアとの結婚を承諾する。しかし彼女がちょうど死んでしまったため、彼は婚約者の亡骸を「偉大なる者」のところに運び、生き返らせてもらう。怒った酋長が彼の「死んだ」娘の代わりにブルー・ジェイの髪を要求すると、トリックスターは鳥に姿を変え逃げ出す。酋長の娘は「死者」にもどり、ブルー・ジェイのおせっかいへの罰として、姉イオイを幽霊の一人と結婚させるために連れ去る。ブルー・ジェイは姉を探し、すでに家族となった骨の山とともにいるところを見つける。彼らは恐ろしい人間の姿に化けるが、ブルー・ジェイは彼らを再び骨にもどす呪文を知っている。そうして彼は、次に骨が人の姿になるとき、互いの脚、腕、手、頭がごちゃ混ぜになるよう、骨を交換してふざける。

文献41、87
⇨ アナンシ、エシュ、コヨーテ、バシャジャウン、バマパマ、マナボゾ、ミンク

フルジョン
HURGEON
⇨ アーチン

フルダ
HULDA
⇨ ホレ

ブルーダー・ラウシュ
BRUDER RAUSCH

ドイツの修道院に伝わる精霊*で、修道士ラッシュ*と呼ばれるイギリスの教会の精霊に相当する。ブルーダー・ラウシュとは「酩

配修道士」を意味する。この精霊は悪魔*が修道院にとりつくため、仲間の修道士のふりをさせて送り込んだデーモン*である。その任務は、敬虔で献身的で禁欲的な生活を送る修道士たちを誘惑し、堕落させ酔っ払わせ、地獄に落とすことだった。ブルーダー・ラウシュのしわざによって、修道士たちは主なる神にきちんと奉仕する代わりに、彼らの敵である邪悪な者のしもべとなった。
文献114
⇨　アビー・ラバー、食料室の精、付録22

フルデン
HULDEN
⇨　ホレ

フルドゥ
HULDU
　この名前を持つものは二種類ある。
（1）ドイツの精霊*、ホレ*おばさんの別名。
（2）スカンディナヴィアの民間伝承に登場する、隠れた人*、小さな精霊たち*、エルレの人々*。
文献18、40、114

フルドゥ・フォーク
HULDU FOLK
⇨　エルレの人々

フルド＝メン
HULDE-MEN
⇨　ホレ

フルドラ　［複数：フルドレ］
HULDRA, HULDRE（pl.）
　この名前は二つのものに使われる。
（1）スカンディナヴィアの民間伝承に登場する精霊*。美しい木のニンフ*か、年老いた醜い木の妻*の姿で描かれる。前からはどんな姿に見えても、後ろはいつも穴があいており、牛の尾のような長い尾を垂らしているが、尾を隠そうとしている。家畜の群れの世話をしたり、山腹で歌っているとき以外は、人間の男を探している。穴のあいた後ろ姿や尾を見れば、人間の女でないことがわかるが、フルドラはたいてい注意深く正体をかくし、魅力をふりまく。フルドラの誘いに負けた男は、正気を失うなど、何らかの形で傷を受ける。
（2）ドイツの精霊、ホレおばさん*の別名。
文献18、44、110
⇨　付録19

ブルーニー
BROONIE
　スコットランド西部のバルフォア家の精霊*。ブラウニー*の一種で、嵐の間、停泊中のボートを安全のため岸に引き寄せたり、厄介な場所に道を作ってくれたりすることで名高かった。
文献47
⇨　付録22

プルヒ
PULCH
　ドイツの民間伝承に登場する森の精。カンマーフォルストの木々を守る妖精*で、木々を傷つけたり、許可なく木々を持ち出す人間には、懲罰を与える。
文献110
⇨　守護霊、精霊、付録19

ブルー・フェアリー
BLUE FAIRY, THE
　イタリアの妖精物語『ピノキオ』に登場する守護妖精*。彼女は主人公が人間になるのを助ける。今ではディズニー映画の描写が、そのイメージとして定着している。背が高く、長い青のガウンをまとった美しいブロンドの女性で、肩からはゆらめく薄い羽がはえ、魔法の杖をもっている。
文献37
⇨　守護霊

ブルベガー
BULLBEGGAR
　ボー・ブルベガーとも呼ばれるイングラン

ドのデーモン*もしくはボーギー*。道に横たわってけが人のふりをするいたずら好きな精霊*。善意の人物が手を貸そうとすると、ブルベガーは巨大な影のような高さに伸び上がって、怯えた旅人が安全な場所に逃げるまで追いかけ、ものすごい笑い声を残して消えてしまう。また、黒い気味悪い姿で現われたり、あとをつけてくる足音になったりする。夜道を行く旅人が背後に近づく者を確かめようとすると足音はやみ、歩き始めるとまたついてくる。サマーセットのクリーチ丘でもしばしば「ついてくる足音」についての報告がなされているが、これは18世紀末にサクソン人とノルマン人と思われる二人の男の死体が十文字に重ねられて発見された事件が原因だと考えられていた。

文献17、133

⇨ バーゲスト、黒妖犬、付録24

プレイアデス
PLEIADES

古代ギリシア・ローマ神話に登場するニンフ*たちの名前。アトラース*とプレーイオネーの娘たち。ヒュアデス*の異母姉妹で、アトランティデスとも呼ばれる。アルキュオネー*、ステロペー、ケライノー、エーレクトラー*、マイア*、メロペー*、ターユゲテーの七人。猟夫オーリーオーンに追われて困り果て、神々に助けを求めたところ、最初ハトに変えられ、その後星に変えられプレアデス星団(昴星)となった。七つの星のうち地球からは見えない星が一つあるが、これは人間のシーシュポスと結婚したのを恥じて姿を隠しているメロペーとも、あるいはトロイの崩壊を嘆くエーレクトラーとも言われる。

文献130

⇨ アニツツサ、付録13

フレイバグ
FREYBUG

イングランド中世の民間信仰に登場する、道のデーモン*。黒妖犬*、フィーンド*であるとされ、1555年のイングランドの文献にも記述されている。

⇨ バーゲスト、ボガート

フレイ・ボガート
FLAY-BOGGART

イングランドの民間伝承に登場する、恐ろしいボーギー*、ボガート*。

文献17、107

フレヴニク
CHLEVNIK

ロシアに伝わる牛小屋の精霊*ならびにウシの守護霊*。新しい小屋を建てたり、新しいウシを小屋に入れる際には、この精霊を適切な方法でなだめなければならない。位置や色を誤ると、精霊は意地悪になってすべてを破壊するからだ。フレヴニクは破壊的な性向のせいで、壁を叩く音や大きな騒音をたて、よく立ち去るよう勧められたり、あるいはたんに出て行ってくれと頼まれたりする。

文献87

⇨ ドモヴォーイ、付録12

ブレクラス
BULLEKLAS

⇨ クネヒト・ルプレヒト

ブレス
BREAS

デ・ダナーン神族*の王。アイルランド神話ではエオフ・ブレスとしても知られている。その名は「美しい」という意味だが、彼は自国の民をフォウォレ族*に売り渡した。

文献105

プレータ
PRETA

⇨ プレート

プレッシーナ
PRESSINA

⇨ メリュジーナ

プレート
PRET
　インドの民間伝承やヒンドゥー教神話に登場する精霊*。プレータ*とも呼ばれる。悪意に満ちたゴブリン*のこともあれば、休みなく地上をさまようよう定められた、罪を犯して死んだ人間の霊魂のこともある。燃えている木になって現われたり、あるいは巨大な腹と小さな口をした人間の姿をとることもある。彼らは墓地、境界、十字路の近くに潜み、そこを通らなければならない人間を怖がらせる。

文献88、102
⇨　アチェーリ、ピシャーチャ、ブート、ペーイ、ヤッカ

プレートス・ヴェーリュス
PRETOS VELHOS
　アフリカ系ブラジル人のカルト、バトゥーキやウンバンダに登場するエンカンタード*の呼称。カボクロ*とかプレートス・ヴェーリュス（「年老いた黒人たち」の意）とも呼ばれる。たいてい年老いた卑しい身分の精霊*とみなされ、おそらく生前奴隷だった者の霊魂が変化したものと考えられている。彼らは親切で優しい精霊で、ウンバンダの治癒の儀式中によく現われる。この種の精霊でもっともよく知られているのは、パイ・ベネディトゥ、パイ・ジェロニム、パイ・トマス、セニョーラ・アナである。

文献89

ブレヒタ
BRECHTA
⇨　ベルヒタ

プレヒト
PRECHT
⇨　ベルヒタ

ブレルマン
BULLERMAN
　ドイツに伝わる精霊*。この名はドイツ語のbullen、つまり「叩く」からきている。ブ

ルベガー*のドイツ版で、ポルターガイスト*式に壁やドアを叩くデーモン*もしくは厄介な精霊である。

文献123

ブロック
BROCK
　北欧神話のドワーフ*。最高の魔法金属細工職人と定評のあるシンドリ*は兄である。ブロックはロキに兄が卓越した腕の持ち主であることを自慢し、自分の首を賭けた。このためブロックは兄を手伝って魔法のふいごを動かして空気を送り続けねばならなくなった。しかし、ロキから吸血バエが差し向けられたにもかかわらず、シンドリはもっともすばらしい魔法の贈り物を鍛造した。それらが、グリンブルスティンと呼ばれるイノシシ、ドラウプニルと呼ばれる魔法の腕輪、そしてトールの偉大な戦いの鎚である。こうしてブロックは賭けに勝ち、首をとられずにすんだ。

文献95

ブロッサム・ベイビーズ
BLOSSOM BABIES
⇨　ガムナット・ベイビーズ

ブロラハン
BROLLACHAN
　スコットランドに伝わる小さな精霊*。スコットランド・ゲール語で「形の定かでないもの」を意味し、フーア*の子供で水車のある小川に住むと考えられた。ブロラハンは基本的には決まった姿のない空気のようなものだが、目も口もある。しゃべることもできたが、「ミ・フレイン（私自身）」と「トゥ・フレイン（おまえ自身）」の二つしか言えなかった。J・F・キャンベルの『西ハイランド昔話集（*Popular Tales of the West Highlands*）』には、エインセル*の場合とほとんど同じエピソードが語られている。

文献15、17
⇨　骨なし

プロンゴ
PURONGO
⇨ ワルク

プワロンガ
PWARONGA
⇨ カカモラ

フンティン
HUNTIN
　ナイジェリアで信じられている、植物の精霊*。カポックの木の精霊で、時にひどく敵対的なことがある。この精霊が宿る木を切るときには、ヤシ油や鶏を捧げてなだめなければならない。
文献41、110
⇨　ディオンビー、ササボンサム、シャマンティン、付録18、付録19

フンババ
HUMBABA
　古代メソポタミアの神話に登場する、レバノン杉の森の守護霊*。もとは自然の神だったが、後に巨人のデーモン*の地位に落とされ、ギルガメシュの敵となった。
文献119
⇨　付録19

[ヘ]

ペーイ
PEY
　インドのタミル人の神話に出てくる悪魔たち。この悪魔の女性版はアラカイ、イルチ、ピシャーチャ*などの名で知られている。彼らはヤマ（閻魔）に仕える、もじゃもじゃ髪をしたゴブリン*の一種として描かれる。ペーイは不運と災難をもたらし、また戦争で負傷した者の血を飲んで、負傷者を確実に死に至らしめる。伝説によっては、破壊神シヴァの配偶者パールヴァティーが、これらの悪魔のどれかに姿をかえて現われることもある。

文献68、93
⇨　従者の精霊、デーモン、ブート、プレト

ヘイ・セバスティアン（セバスティアン王）
REI SEBASTIÃO
　アフリカ系ブラジル人のカルト、バトゥーキに登場する重要なエンカンタード*。別名シャパナン。ただし、シャパナンはかつてアフリカの病気の神の名前だったが、バトゥーキに登場するシャパナンは戦士の精霊*であり、病気とは関係ない。ヘイ・セバスティアンは、アルカサール・ケビルの戦い（1578年8月4日）で24歳の若さで死んだポルトガルのセバスティアン王の霊だと言われている。この若き君主の死に関しては、イングランドのアーサー王伝説と同様の伝説が作られている。バトゥーキでは、「眠っている」王とその臣下たちの霊が、魔法の地であるマラニャン州レンソル海浜に今なおいると信じられている。彼は1月20日の聖セバスティアンの祝日に関連づけられ、またジャリナとサバスティーノという二人の主要なエンカンタードは、彼の「家族」とされている。
文献89
⇨　ジャリナ

ヘイツィ＝エイビブ
HEITSI-EIBIB
　南アフリカのコイサン族の信仰に登場する、ブッシュの精霊*。狩りをする人間の「祖父」や守護霊*として崇められ、なだめられる。
文献93
⇨　付録21

ヘイ・トゥルキア（トゥルキア王）
REI TURQUIA
⇨　セウ・トゥルキア

ベイフィンド
BÉFIND
　ケルトの妖精*。アイルランドではシー*の女性。子供の誕生に付き添う三人の守護霊*

の一人。子供に能力や性格という贈り物を授け、その子が将来どんな人生を歩むか、予言する。フランスのブルターニュ北部では、産室にお祝いのテーブルを用意してこれらの妖精を招待するという習慣が19世紀まで残っていた。この妖精が登場する最も有名な伝説は、『眠れる森の美女』である。

文献35
⇨　ウースード、ウルシトリー、エシュ、チャン・シエン（張仙）、パルカイ、ビー・シャ・ユエン・ジュン（碧霞元君）、ファティ、モイラ、付録22

ヘイ・フロリオアーノ（フロリオアーノ王）
REI FLORIOANO
⇨　ドン・ジョゼ

ペイレーネー
PIRENE
　古代ギリシア・ローマ神話に登場するニンフ*の名前。息子を亡くして悲嘆に暮れる彼女の流した涙が、やがてコリントスの近くの泉になった。

文献102、130
⇨　付録25

平和の人々
PEOPLE OF PEACE
⇨　付録6

ベウギブス
BEUGIBUS
⇨　バガブー

ペギー・オネール
PEGGY O'NELL
⇨　ペグ・オネール

ペグ・オネール
PEG O'NELL
　イングランドのノースヨークシャーの民間伝承に登場する悪い妖精*の名前。ペギー・オネール*とも呼ばれる。この妖精についての初めての記述は、ロビーの著書（1831年）に見られる。ロビーによれば、リブル川で人がよく溺れ死ぬのは、川に近いワッドー邸の敷地内にある「ペギーの井戸」にとりついたボーギー*、ペギーの仕業だった。井戸のそばには、女性の首なし石像が置かれていたが、これは屋敷内から移動させたものだった。屋敷内で起こる災難は、その首なし像のたたりだと召使たち全員が言ったためだ。その幽霊は、何世紀も前にその井戸で溺れ死んだ女中が化けて出ているのだと考えられた。女中は、身を売ったかどで、あるいは嫉妬深い女主人の犠牲となって、命を落としたのだった。ドブソンは著書『リブル河畔散策（Rambles by the Ribble）』（1864年）の中で、農作物が枯れたり、家畜や人間が病気にかかったり、所有地がなくなったり荒れたりするのは、すべて彼女のたたりだと記述している。一千年以上も前、イギリスが古代ローマの植民地だったころ、リブル川は女神ミネルヴァが支配する聖なる川で、巫女たちは生贄を要求した。おそらくこの女神、あるいは女神に仕える妖精の一人がもとになって、ペグ・オネールも少なくとも七年に一度、人間かそれに代わる動物の生贄を要求するという伝統が生まれたのだろう。もしこの七年の間に誰も溺死しなかったら、リブル川の妖精みずからが乗り出して誰かの命を奪うとして、住民たちに怖れられている。

文献15、17、18、69、123
⇨　ニンフ、ペグ・パウラー、精霊、付録17、付録25

ペグ・パウラー
PEG POWLER
　イングランドのヨークシャーとダーラムの境界地方の民間伝承に登場する邪悪な川の精霊*。ティーズ川に棲息する性悪で醜い魔女で、緑の頭髪をなびかせ、口を大きく開けて緑の歯をむいている、ぞっとするような老婆の姿で描かれる。彼女は川に潜み、無用心な人間を水中に引きずり込む機会をうかがって

いる。水面下のみずからのすみかへ連れていって、食べてしまおうというのだ。ペグ・パウラーの好物は、親の言いつけを守らずに水際で遊ぶ、小さな子供たちである。この点で、ペグ・パウラーは子供部屋のボーギー*の範疇に入る。この魔女が実在するというしるしが二つある。一つはティーズ川の上流に見られる泡で、これは「ペグ・パウラーの石鹸泡」として知られている。もう一つは川の流れがもっとゆるやかなところで見られる、表面が緑色の浮き泡で、これは「ペグ・パウラーのクリーム」と呼ばれている。

文献15、17、18、123、132
⇨ **河童、グリンディロー、ハグ、人さらいのネリー、ペグ・オネール、ボーギー、緑の牙のジェニー、付録22、付録25**

ヘグフォーク
HØGFOLK
⇨ 丘の人々

ペコイ
PEKOI
　ハワイの民間伝承に登場するトリックスター*型精霊*。どんな姿にも意のままに変身できた。また、そのとっぴな行為で知られていた。
文献29
⇨ **カプア、デーモン**

ベス
BES
　（1）ロシアに伝わる悪魔*を指す言葉。肩のどちらに坐るかで、好意的か意地悪かが決まる。善良なベスは守護天使*に相当し、右肩に坐っている。邪悪なベスは誘惑者で、左肩に座る。
　（2）もともとはグロテスクなドワーフ*に似た、ライオンの毛皮をまとうエジプト神話の半神半人だった。音楽好きと陽気さとおどけでデーモン*に対抗する醜い保護者ベスは、サテュロス*のシーレーノス*としてギリシア神話に取り入れられた。

（1）文献46、75　（2）文献29、39、41、87、93、114、119
⇨ チョルト

ヘスティアー
HESTIA
⇨ ヘスペリデス

ヘスペリデス
HESPERIDES
　古代ギリシア神話に登場するニンフ*の一群の総称。アトランティデス*ともいい、この名前のときは由来が異なる。ヘスペリデスは、ヘスペリスとアトラースの娘たちである。ほかに、ニュクスとエレボスの娘、またはポルキュスとケートーの娘という話もある。人数も、三人から七人まで説がわかれており、三人の場合、それぞれの名前はアイグレー*、エリュテイア*、ヘスペレトゥーサである。ほかの娘の名前は、エリュテイア、ヘスティアー*、アレトゥーサ*など。神々の果樹園にある黄金の林檎を守る女王の守護霊*である。ヘラクレスは、十二功業の一つとして、この林檎を手に入れることを命じられた。
文献88、93、110

ヘスペレストゥーサ
HESPERSUTHUSA
⇨ ヘスペリデス

ペセヤス
PESEIAS
　スラヴ民族の民間伝承に登場する家事の精*。ロシアのキキーモラ*と同様、家畜の守護霊*と考えられた。
文献102
⇨ クルキス、付録12、付録22

ヘダム
HEDAMMU
　古代メソポタミアを侵略したフルリ人の神話に登場する海のデーモン*。蛇の姿をしていた。

文献93
⇨ 付録25

ベータラ
BĒTĀLA
⇨ ヴェターラ

ベッカヘスト
BÄCKAHÄST
　邪悪な精霊*で、スカンディナヴィアの民間伝承に登場するネッケン*がとる姿の一つ。淡水の湖や川に住み、水棲馬の姿で目撃されることもあるが、転覆したボートや漂流木にも似ている。この精霊によって水に誘いこまれた者は死ぬ運命にある。
文献99
⇨ アッハ・イーシュカ、カーヴァル・ウシュタ、ケルピー、付録12、付録25

ペック
PECHTS
⇨ ペッホ

ペッホ
PECHS
　スコットランド高地地方の民間伝承に登場する小さな精霊たち*の総称。彼らはエルフ*らしいずんぐりしたドワーフ*で、髪は赤く、長い腕を持ち、足がとても大きかったので、雨が激しく降るとあおむけに寝て、自分の足の下に雨宿りした。彼らは古代のピクト族だと言う者もいる。ピクト族はかつてブロッホという丸い石塔を建造したが、時とともにその数は減少して、今ではそうした石の砦や古代の土塚に住む精霊*になってしまっている。
文献10、17、18
⇨ ムリアン、付録6

ベディアダリ
BEDIADARI
　「妖精」の遠回しな呼び方。ビダダリ*とも呼ばれる。マレーシア西部のマレー人が信じる小さな精霊たち*もしくは妖精*を指すの

に使われる。
文献120

ベティカン
BETIKHÂN
　インドの民間伝承に登場する自然の精霊*。森の精霊、もしくはネイルゲリー丘の動物を狩るフォーン*の一種である。
文献110
⇨ 付録19

ヘデキン
HÖDEKIN
⇨ コーボルト

ベドゥー
BEDUH
⇨ バドゥー

ヘドリーの牛っ子
HEDLEY KOW
　北イングランドのノーサンバーランド州エブシェスター付近ヘドリーの民間伝承に登場する、悪いスプライト*、動物のボーギー*。どんな姿にも変身して、いたずらをする。牛になるときは、農家の乳牛に似た姿をとり、人間が乳を搾ろうとしたときに、手桶をけり転がし、縄をすり抜け、笑いながら去っていく。また、農家の主婦の台所に入り込み、チーズを撒き散らし、猫にクリームを与え、紡いだ糸や編んだ糸をほどく。怒った農夫が杖を振り上げたことがあったが、反対に杖を取られて背中をたたかれた。馬の姿をしているときは、おとなしく馬具をつけられて小川や沼まで連れて行かれるが、そこで馬具から抜け出して乗り手を沼に落とし、もがく姿を見て大笑いする。薪を拾いに出た老女も、薪の束に化けて道で待ち伏せてからかう。老女が束を拾おうとすると、束は手の届かないところまで転がるといういたずらを繰り返し、老女を翻弄した挙句、笑いながら去っていく。
　ヘンダーソン『北部地方の民間伝承（*Folk-Lore of the Northern Counties*）』（1866年）で

は、ヘドリーの牛っ子が、同時に二つの姿に化けたという不思議な話が紹介されている。二人の若者が、ニューランズ付近で、それぞれの恋人に会う約束をした。二人は恋人の姿を見たが、どんなに急いでも、恋人に追いつけなかった。ようやく追いついたと思ったとき、二人は沼に膝までつかっていた。女性たちはゲラゲラ笑うボーギーの姿に変わり、ようやく沼から抜け出して必死で逃げていく若者たちを追いかけた。ダーウェント川のそばまできたとき、若者たちはうっかりぶつかって、川にまっさかさまに落ちた。若者たちは互いに相手をヘドリーの牛っ子だと思い込み、なんとか相手から逃げようともがいた。最後に、若者たちはなんとか、それぞれの家にたどり着くことができた。
文献15、17、18、66、69、133
⇨　シェリーコート、精霊、ボーグル

ベトール
BETHOR
　中世ヨーロッパの悪魔学に登場する。オリュンピアの霊*で、世界42州の守護霊*とされる。
文献53
⇨　精霊

ベドン・ヴァーラ
BEN VARREY
　マン島（イギリス）の民間伝承でマーメイド*を指すマン島語。金髪の美しい生き物で、漁師を魅了し彼らを悲運に誘い込むと言われる。マン島のマーメイドは好意的なところをみせる場合もあり、ドラ・ブルームの『マン島昔話集 (*Fairy Tales from the Isle of Man*)』には、マーメイドが救い主である人間に感謝のあまり宝のありかを教えるという話が紹介されている。しかし、無教養な漁師はスペイン無敵艦隊の金塊の価値を知らず、その宝を海に投げ込んで捨ててしまう。
文献17
⇨　妖精、付録25

ペナ・ヴェルディ
PENA VERDE
　アフリカ系ブラジル人のカルト、バトゥーキに登場する重要なエンカンタード*の名前。ペナ・ヴェルディとは「緑色の金剛インコ」の意味だが、実物の金剛インコは青色で、その羽根を使って、バトゥーキのテリエロ（祭場）に出てくる精霊*の人形を飾る。ペナ・ヴェルディはおそらく、この地域のアニミズムとシャーマンの霊魂信仰に由来するものだろう。
文献89
⇨　オショシ、ジュレマ

ペナーテース
PENATES
　古代ローマの神話と儀礼に登場する家庭の守り神。通常複数形で言及されるが、語源は貯蔵室・食糧庫を意味するラテン語のペヌス (penus) である。彼らは食糧の蓄えを守る責任を負い、炉辺に住む。その家の住人たちは彼らをなだめて、家族の健康と富という形で恩恵を施してもらえるようにした。
文献29、40、88、93、114
⇨　家事の精、守護霊、ラール、付録22

ペナンガラン
PENANGGALAN
　西マレーシアのマレー人の民間伝承に登場する邪悪な精霊*。ペナンガランは夜中に、生まれたばかりの赤ん坊にとりつき、その子に病気と死をもたらす。
文献120
⇨　アビク、ウーム・セビアン、ハデム・ケムクオマ、ラングスイル、付録17、付録22

ヘノ
HENO
⇨　ヘング

ベヒル
BEHIR, BEITHIR
　スコットランド、ハイランド地方の民間伝

承では、フーア*として知られる恐ろしい精霊*の一団。その名は稲妻および蛇と関連づけられている。日の長い夏の夜にこういったものが目撃されると、ベルが間違いなくそばにいると考えられる。めったに見られないが、蛇同様、この精霊はハイランドの洞穴や横穴に住むと言われているため、人々はできるだけそういった場所を避けるようにする。

文献17

ベファナ
BEFANA

イタリアに伝わる、家につく好意的な妖精*。ふつう醜い老婆と形容されるが、十二夜、つまり公現祭（1月6日）には親切なおばあさんであるとされる。キリスト教のクリスマスの伝説によれば、幼子キリストに会うためベツレヘムに向かう東方の三博士が道すがら彼女のもとに立ち寄ったが、彼女は家事であまりに忙しかったため、彼らが戻ってくるまで温かいもてなしを延期したという。また、彼女はいっしょに行こうと誘われたが、忙しかったのであとで追いつこうとしたら道に迷った、という伝説もある。それからというもの、彼女は毎年十二夜になると、彼らがやってくることを期待して歓迎の準備をするのだという。そして幼子イエスに贈り物をしそこねたため、公現祭には両親のふりをしてイタリアの子供たちの靴を贈り物でいっぱいにする。目をさまして彼女が来たのを耳にした子供たちは、「エッコ・ラ・ベファナ Ecco la Beffana！（ほら、ベファナが来た）」と叫ぶ。彼女の名前は公現祭を意味する「エピファニア」を誤って発音したものである。家の窓にベファナの人形をおいて、歌い、音楽を奏で、浮かれ騒ぐという伝統的なお祝いは、毎年十二夜になるとイタリアの町や都市で行われている。

文献40、87、93

⇨ サンタクロース、ブツェンベルヒト、ベルヒタ、付録22

ベヘモス
BEHEMOTH

中世ヨーロッパの悪魔学では、もっとも強大な力を持つデーモン*。グロテスクなゾウの姿で現われる。もっぱら「大食の喜び」に関係し、人間を過食という悪徳に引き込むのがその仕事である。

文献53、113

ベボン
BEBON
⇨ バビ

ペラ・コルシャ
PELƏ KOLŠƏ

旧ソビエト連邦のマリ人（チェレミス人）の民間伝承に登場する、恐ろしい水の精の名前。ペラ・コルシャとは「半死人」の意で、うつ伏せになって川面に浮かぶ人間の死体となって現われる。死人を家族のもとへ帰してやろうと考えて、その死体に手を伸ばすと、水中に引きずり込まれて、溺れるか食べられるかする。

文献118

⇨ 精霊、デーモン、付録25

ペーリ
PERI

ペーリ、またはペリ*という名の精霊*が登場する文化は、次の二つである。

（1）ペーリとは、ゾロアスター教が導入される以前のペルシアの信仰と神話に出てくるごく小さい妖精*の名前である。妖精の一種で、人間に対しては好意的であると同時にいたずらもしかけた。彗星の出現、日食、農作物の大被害などは彼女らのしわざだとされた。したがってかつては川や森の神々だったかもしれない。のちにイスラム教の時代になると、ペーリは堕天使*たちとみなされ、その名もPirisと綴られ、彼らのリーダーはイスラム神話の悪魔イブリース*だとされた。彼らはみずからの行ないを悔い改めるのが遅すぎたために天国へ帰れなかったが、そこへ預言者

ムハンマドが遣わされ、彼らをイスラム教に改宗させた。この段階で、ペーリは人間に好意的なジン*の一種となった。

同様にゾロアスター教では、このごく小さい、美しくてきらきら光る女妖精は、もとはパリカーというデーモン*で、ドゥルジ*（女の夢魔）として知られる精霊たちの仲間だったとみなされた。これがのちにもっと優しいイメージに変わっていき、やがて民間伝承における妖精ペーリが出来上がっていった。彼らはえりすぐった芳香だけを食料にして生存していた。邪悪なデーウ*たちにしつこく苦しめられて、彼らとはつねに戦っていた。ペーリは捕らえられると、鉄のかごに入れられて木の先端に吊り下げられた。すると仲間たちが寄ってきて、かぐわしい芳香を漂わせて支援した。ペーリは不死身ではなく、無視されると死んでしまうこともあった。また自然の寿命は数千年だった。

（2）旧ソビエト連邦のマリ人（チェレミス人）の民間伝承に登場する悪霊の名前。殺された者や自殺した者が流した血のしたたりから生じたと言われ、その罪が犯された場所に閉じ込められている。ペーリはほとんどどんな姿でもとることができるが、たいていは豚・子牛・熊・人間の姿をとる。また、液体の入った樽になって道を転げ落ちることも多い。どのような外観をとろうとも、ペーリは旅人を惑わそうとする。旅人を混乱させて、わけがわからなくする。あるいは、旅人が疲れ果てるか道に迷うかするまで、執拗に追いまわす。人間が神の加護を求めて祈ると、ペーリは抑えられ、人間に及ぼす力をなくすこともある。

(1) 文献40、41、78、88、92、110 (2) 118
⇨ (1) ペリト、守り神 (2) カズナ・ペリ、精霊、ヘドリーの牛っ子、付録12、付録24

ペリ
PERI
⇨ ペーリ

ベリアス
BELIAS
⇨ 悪魔

ベリアル
BELIAL, BELIAR

ヘブライとキリスト教の文献、そして中世ヨーロッパの文学では、強大な力を持つ悪魔*、デーモン*、もしくはフィーンド*。Belial は「無価値」、あるいは「基盤」を意味し、Beliar は「邪悪な者」を意味する。ミルトンはのちに『失楽園』の中で、ベリアルを堕天使*の一人としている。

文献40、53、67、87、93、107

ヘリコニアデス
HELICONIADES
⇨ ムーサイ

ベリス
BERITH

中世ヨーロッパの悪魔学では強大な力を持つデーモン*。

文献53

ペリー・ダンサーズ
PERRY DANCERS, THE

イングランド東部のサフォークの民間伝承に登場する北極光の名前。北極光は、夏の夜

ペリ

空に踊る妖精*たちだと考えられた。
文献17
⇨　フィル・ヒリーシュ

ペリト
PERIT
　アルバニアの民間伝承に登場する自然の精霊*で、山地に住む。白い衣装を着たデリケートな女性の小妖精として現れる。彼女は倹約しない者を特に嫌い、パンを無駄にする人間がいると、罰としてその背中を曲げてしまう。
文献93
⇨　スプライト、ペリ

ペリフォール
PERIFOAL
⇨　ピーリフール

ベルクタ
BERKTA
⇨ベルヒタ

ベルク・ピープル
BERG PEOPLE
　ドワーフ*に似た小さな精霊たち*であるベルク・ピープル（「山の人々」の意）は、デンマークにおいてベルク・フォルク*、ビュルク・トロルデ、あるいはスコーブ・トロルデ（木のトロール*）などと呼ばれている。彼らはトロールの一種で、よくヒキガエルの姿で現れる。産婆の有名な話がある。人間のお産を首尾よく済ませた帰り道、彼女は白い縞模様の太ったヒキガエルと出会い、それにもお産を手伝ってやると喜んで約束する。２週間後、家の戸口に荷車が止まるのを聞きつけて彼女が出てみると、そこに立っているのは長い白ひげをはやした小さな男だった。彼は約束どおり妻の世話をしてほしいと懇願する。産婆は約束を果たすが、彼らの住みかの貧しさをつい口にしてしまう。するとこの小さな新米の母親は、傍らの壺に入った液体を目に塗るよう産婆に言う。塗ったとたん彼女の目に映ったのは、非常に美しく裕福な部屋の様子だった。そして彼女は仕事の報酬に金貨をどっさりもらう。それから小さな母親は、沼地に着いたら荷車からとびおりなさい、さもないと小さな男は産婆を家に連れて行かず、殺してしまうかもしれない、と忠告する。恐ろしかったが彼女は言われたとおりにし、報酬をもって無事に家に帰りつく。しばらく経ってから、彼女が市場で小さな老人に気づいて挨拶すると、彼はすぐに彼女の目をつつき出した。
文献18、38、133

ベルク・フォルク
BERG FOLK
⇨　ベルク・ピープル

ヘルスシェクロス
HERSCHEKLOS
⇨　クネヒト・ルプレヒト

ベルゼブブ
BEELZEBUB
　ヘブライやキリスト教の聖書で「蝿の王」としても知られる地獄の悪魔*。ほかにBaalzebub、Baalzebul、Beelzebul、Belsabub、Belsabubbe、Belsebub、と様々に綴られる。新約聖書では「悪霊の頭」とされ、ミルトンの『失楽園』ではサタン*に次ぐ堕天使*とされている。人間を大食の悪習に引き込もうと誘惑するのが特徴である。
文献40、53、107、119
⇨　デーモン

ベルタ
BERTHA
⇨　ベルヒタ

ペルツェ・ノコル
PELZE NOCOL
⇨　ペルツニッケル

ペルツニッケル
PELZNICKEL

　ドイツ北部に伝わるクリスマスの精の名前。「毛皮を着たニック」という意味の名前からわかるように、ルターの宗教改革が起こり、それまでの聖ニコラス伝説が否定されたあと、俗化した形で民間に受け入れられた精霊*である。すなわち宗教上の称号や法衣の代わりに、毛皮を着た陽気な冬の精となったのである。本来の聖ニコラス祭の前夜に、彼は空を飛んで人間の家を一軒一軒訪れ、良い子全員にプレゼントを届ける。ペルツニッケルはまたベルツェ・ノコル*、ヴァイナハト・マン（「白夜の男」の意）、あるいはシンメル・ライター（「白馬の騎士」の意）とも呼ばれる。興味深いことに、この「白馬の騎士」という名前は、ゲルマン人の神ウォーダン（オーディン）の別称の一つである。このことから、キリスト教の導入によってずっと以前から弾圧され卑しめられてきた神々が、民間伝承の中にまだ生き残っていたことがわかる。

文献34
⇨　クネヒト・ルプレヒト、付録22

ヘルド
HELD

　後期のゲルマン神話に登場する運命の女神の一人。新しい神話では、もとの三人よりもたくさんのヘルドが存在する。ある伝説では、昔話の『眠れる森の美女』に出てくるような悪い妖精*と考えられていた。

文献95
⇨　ノルン、付録23

ペール・ノエル
PÈRE NOËL

　聖ニコラスを祝うキリスト教会の伝統に代わって現われた、冬の妖精*「サンタクロース*」のフランス語名。聖ニコラスはクリスマスの日にやって来たが、ペール・ノエルはクリスマスの前夜にやって来て、一年間行儀よく過ごした子供たちに贈り物を配る。ノーム*や情け深い妖精がたいていそうであるように、彼も赤い服を着て、白馬にまたがっていることもある。しかしペール・ノエルは聖ニコラスとは違って、子供たち全員に寛容なわけではない。というのも、もっと陰険なペール・フエッタール*（鞭のおじさん）が導入されて、言うことを聞かない子供たちは罰せられるようになったからである。

文献34
⇨　精霊、ファーザー・クリスマス、ファーザー・フロスト、ペルツニッケル、ベルヒタ、付録22

ドイツ北部のクリスマスの精、ペルツニッケル。

ベルヒタ
BERCHTA

　ドイツ南部、オーストリア、スイス、アルザスに伝わる冬の精霊*。その時々の役割に応じて、様々に描写される。ベルクタ*、ベルタ*、プレヒタ*、ブツェンベルヒト*、アイゼンベルタ*、フラウ・ベルヒタ*、フラウ・ベルタ*、プレヒト*、ペルヒト*、ペルヒタ*、シュピンシュトゥーベンフラウ*、腹を切り裂く者*など、さまざまな地域名で知られる。

　彼女は鉤鼻にビーズのような輝く目、灰色のざんばら髪の醜い老婆で、だらしない服を着て糸巻棒を持っている。彼女はその片方の足で簡単に見分けがつく。紡ぎ車のペダルをひっきりなしに踏んでいるため、もう一方の足よりも平らで長いのだ。この精霊*は中が空洞の山の奥深くに住んでいるとされる。醜い老婆のベルヒタには子供部屋のボーギー*のイメージがあり、だらしない、あるいは手におえない子供たちは、それにおびえてお行儀よくきちんと整理整頓するようになる。とくにクリスマス・シーズンの前には効果てきめんである。この時期の彼女はブツェンベルヒト*として、公現祭の晩に、よい子に贈り物を届けてくれると信じられている。「腹を切り裂く者」としての彼女は、ニシンや団子もしくはパンケーキを出すお祝いの饗宴の席に仲間入りさせてやらないと、恐ろしい目にあわせる。

　また、ベルヒタが背の高いエレガントで若々しい美人の場合もある。彼女は長い亜麻色の髪に真珠をちりばめている。青白い顔は、流れるような長い白絹のローブにまで届く美しい白いヴェールで覆い隠されている。彼女は片手に幸福の鍵、もう一方の手に5月に咲く花枝をもっている。

　麦畑、納屋、糸紡ぎの恐ろしい守護霊*で「輝き」を意味するペルヒタのときもある。こういったものを放置しておくと、家畜もしくは人間に災いがふりかかる。彼女がつかさどる豊穣を確実なものにするために、醜いベルヒタと美しいベルヒタを象徴するベルヒテンとペルヒテンと呼ばれる踊り子が、収穫の祝宴を催す農家の畑で踊り、潜んでいる邪悪な精霊を追い払う。この姿のベルヒタは、レイジング・ホスト*とも関連づけられる。とりわけ十二夜には、冬の嵐の中、彼らを率いて死んだ赤ん坊の魂であるコオロギ（Heimchen）を拾い集めてゆく。彼らが夜空を泣き叫びながら行くとき、獲物をつかまえるため悪魔*が彼らに加わることもある。

　白婦人*の姿をしたベルヒタは死と災厄を予言する精霊で、来たるべき事件とかかわりある人間の前に現われる。彼女はナポレオンのプロシア征服とベルリン占領前の1806年と、その後のワーテルローをはじめとする戦いの前にも現われたと伝えられている。彼女からキバナノクリンザクラの花を受け取るか、あるいは彼女を魔法の世界から解放できた人間は、すばらしい幸運に恵まれると言われている。

文献87、88、93、95
⇨　コーン・スピリット、サンタクロース、スプライト、ハグ、バンシー、ファーザー・クリスマス　、ブツェンベルヒト、ペルツニッケル、ホレ、**幽霊狩猟**、**付録15**、**付録22**、**付録23**

ペルヒタ
PERCHT/A
⇨　ベルヒタ

ペルヒテン
PERCHTEN
⇨　ベルヒタ

ベルフェゴル
BELPHEGOR

　古代アッシリア神話では乱痴気騒ぎの祝典で有名な神だったが、中世ローマ・カトリックの文献ではデーモン*に降格させられた。デーモンになってからのベルフェゴルは、人間の結婚が幸福かどうかを吟味し、パートナーたちが無分別な行為や姦淫にはしるよう誘惑するのを務めとしている。

文献40、53
⇨ 悪魔

ペール・フエッタール（鞭のおじさん）
PÈRE FOUETTARD
　18世紀の初め頃、フランスの民間伝承に採り入れられたクリスマスの精。寛大なペール・ノエル*（サンタクロース）と対をなす存在で、「鞭のおじさん」の名のとおり、言うことを聞かない子供を捜し出して鞭打とうとする妖精である。この点で、祝祭期の前に子供たちを行儀良くさせるために親が利用する子供部屋のボーギー*である。
文献34
⇨ 　クランプス、精霊、付録22

ベレギーニ
BEREGINI
　ロシアの民間伝承に登場する水の精霊*。川や小川と関連づけられる好意的な精霊で、ルサールカ*がいる流れの岸辺に住むと言われる。
文献75
⇨ 　付録25

ヘレクグニナ
HERECGUNINA
　北アメリカ北部の森林地帯に住む先住民が信じている強力な悪い精霊*。
文献25

ペレシト
PELISIT
　西マレーシアのマレー人の民間伝承に登場する妖精の名前。ペレシトは使い魔*で、たいていコオロギの姿をしている。この妖精は人間の使いとなって、夜間にいたずらを働く。主人の命で、よその家族、とりわけ女性や子供の睡眠を邪魔することがある。
文献120
⇨ 　精霊、ハンツー、付録12、付録22

ペレシュタ
PEREŠTA
　旧ソビエト連邦のマリ人（チェレミス人）の民間伝承に登場する天使*の名前。何を守り、どこに介入するかによって、ありとあらゆる種類の天使が、悪魔*同様、認知されていた。たとえばカス・ペレシュタは夕べの精、マランダ・ペレシュタは土地の精、ムクシュ・ペレシュタはミツバチの精、といった具合である。
文献118
⇨ 　守護天使、付録1

ヘロカ
HEROK'A
　北アメリカ北部の森林地帯に住む先住民の信仰に登場する善良な地の精霊*。「角のない者」という意味。
文献25
⇨ 　マアヒセット

ヘンキー
HENKIES
　スコットランド北沿岸のオークニー島とシェットランド島の民間伝承に登場するトロール*あるいはトロー*の仲間。踊るときにhenk（足もつれ）と呼ばれたトロールがいたので、あるトロールのグループがこの名前で呼ばれるようになった。
文献17

ヘング
HENG
　北アメリカ先住民のヒューロン族が信じている、エネルギッシュだがうっかり者の雷の精霊*。デ・ヒ・ノ、ヘノ、ヒノともいう。不器用なため、森を通るときに木をたくさん倒して、根を引き抜いてしまう。被害が大きいので、彼の兄弟がヘングをある島に閉じ込め、これ以上、害を与えることがないようにした。いまでも雲の戦車に乗って現われ、稲妻で木を引き裂くことがあるが、豊作に欠かせない、暖かい雨も降らせる。

文献25、119
⇨ 付録26

ベング
BENG

ロマ（ジプシー）語で暗い林や森に住む悪魔*を指す言葉。人間を攻撃するが、夜間、悪事をはたらくために森から出てくることもある。オベングという言葉は、悪魔であるサタン*を表わすのに使われる。

文献31、93
⇨ デーモン

ベンシー
BENSHI
⇨ バンシー

ベン・ソシア
BEN SOCIA, BENSOCIA

フランスの民間伝承で妖精*を指すのに使う婉曲的な言葉。「良き隣人」を意味し、キリスト教の到来で降格された古代スカンディナヴィアの女神フリッグの通称に由来している。オランダでは、この女神とその通称はファライルディス*もしくはヴロウエルデン*に変わり、今ではそれがフラウ・ヒルデ*の地方名になっている。

文献95
⇨ ホレ

ベンディース・ア・ママイ
BENDITH Y MAMAU
⇨ タルイス・テーグ

ベン・ニーァ
BEAN NIGHE

スコットランドのハイランド地方、とくにヘブリディーズ諸島に伝わる、凶事を予言する精霊*。「水辺の洗濯女」としても知られる。バン・ニーァハン*によく似ているが、クーンチアッパ*のような、もっと悪意に満ちた性格をしている。ベン・ニーァとは「洗濯女」を意味し、小柄な身体に緑色の服に、足には赤い水かきがついているとされ、戦いやその他の人災の前兆と言われる。死にかけた人間の血に染まった肌着を洗っているところに出くわすことがあるが、その人間は目撃した本人の場合もあれば、その家族の場合もある。ベン・ニーァは目撃者に気づくと、肌着を振り回して襲いかかってくる。それが触れると両足が折れる。もし気づかれることなく彼女を見つけ、下がった乳房をつかんで吸うことができたなら、この「養い子」は「千里眼」のような恩典を要求することができる。比較的安全な作戦は、彼女よりも早く水辺に到着することで、この場合には三つの願いをかなえてもらえるが、その前にベン・ニーァの出す三つの質問に誠実に答えなければならない。ものさびしい未開拓の荒野を通っていて、石に水が激しくあたる音を聞いたら、多くの場合、回り道をしたほうが賢明である。というのも、ベン・ニーァが間違いなくそこで洗濯をしているからだ。45年の反乱（1745年）では、戦いの前になると、まさに殺されんとするハイランドの人々の血に濡れた服をベン・ニーァが洗っている姿が見られた。

文献17、123
⇨ カンナード・ノズ、バンシー

ベン・バイナック
BEN BAYNAC

スコットランドに伝わるゴブリン*で、同じくゴブリンの妻クラシュニクド・オールニアク*とクレイグ・オールニアク付近に住んでいる。すべてのスプライト*同様、彼らはほとんど不死だが、例外は目立っていて傷つきやすいベン・バイナックの胸のほくろである。二人のゴブリンはすぐに喧嘩する。ベン・バイナックが妻を殴り、痛めつけるので、彼女の金切り声は隣人を毎晩悩ませていた。ジェームズ・グレイというハイランド人は妻の苦痛の原因を聞くと、ベン・バイナックのほくろに矢を命中させ、執念深いゴブリンを殺すことによって問題に終止符を打った。ところがそれに感謝した妻は、その地方の一族にとりついてしまった。彼女の大食はとどま

るところを知らず、ゴブリンの強奪的な食欲に怒りを抑えきれなくなったある主婦は、とうとう盗み食いをしようとしたクラシュニクに熱湯をぶっかけた。やけどしたゴブリンは金切り声をあげて逃げ出し、二度とそのあたりに姿を現わすことはなくなった。

文献47

［ホ］

ボアン
BÓANN

　古代アイルランド神話に登場するデ・ダナーン神族*の女王で、ダグダ*の妻、アンガス・オーグ*の母。ボアンはネフタンの泉の呪い（泉をのぞきこんだ者の目が眼窩から飛び出す）が彼女には効かないことを自慢にしていた。泉の水をのぞきこみ、挑戦的にそのまわりを三回走ってまわると、水の波が彼女をとりまき、彼女の片目、片手、片方の太ももを奪った。彼女は死に物狂いで海に逃げようとしたが、水は完全に彼女を飲み込み、彼女はその名をとどめたボイン川になった。

文献87
⇨　シー

ボイアデイロ・ダ・ヴィサウラ
BOIADEIRO DA VISAURA

　アフリカ系ブラジル人のカルト、バトゥーキにおける精霊*もしくはエンカンタード*。精霊の低い地位のグループ、カボクロ*に属する。その名は「ヴィサウラの牛追い」という意味で、病気の癒しに熟練し、治療の場に呼び出される。

文献89

ホイタ
HOITA

　北アメリカ先住民のマンダン族が信じていた精霊*で、マダラワシの姿になる。

文献25

ホイッティンゲーム村のショート・ホガーズ
SHORT HOGGERS OF WHITTINGHAME

　スコットランドのホイッティンゲーム村に出没すると言われたスプライト*の名前。チェインバーズが『スコットランドの民衆詩（*Popular Rhymes of Scotland*）』（1826年）に記した土地の昔話によると、この妖精*は声をあげて泣きながらあちこち走り回る癖があり、村人を困らせていた。洗礼を受けずに死んだ子供の亡霊だと信じられていたが、ほとんどの村人は震え上がっていた。あるときついに、酔って陽気になった男が家に帰る途中この妖精に会い、「ショート・ホガーズ」と呼びかけた。これは宿無し子のことを親しみを込めて呼ぶ名前だった。こうして名前をつけられた妖精は、他の多くの妖精と同じように、その後二度と現われることがなかった。

文献18、133
⇨　精霊、パドルフット、ルンペルシュティルツヒェン、付録22

ボガート
BOGGART

　イングランド北部に伝わる精霊*もしくはホブゴブリン*で、バッグ*、ボガード*、バガード*という名でも知られる。非常に多くの姿に変身でき、デーモン*のようにもポルターガイスト*のようにもふるまうが、好意的なブラウニー*のような行動をとることさえある。どんな姿であれ、彼らが有形で現われるのは非常にまれで、それゆえ特定のボガートについての記述しかない。人間の姿をしたボガートは、動物の姿で現われるボガートよりも邪悪な場合が多い。ボガートは家の中でいたずらをしたり（寝具を引っ張ったり、台所で料理人をつまずかせたり、ドアを叩いたりバタンと閉めたりして人々をびっくりさせ、喜ぶ）、あるいは暗い人気のない道や荒野に潜んで旅人を恐れさせたりすることで有名。しかし友好的な、家につくボガートはブラウニーによく似た行動をとり、うまく扱

獲物を背後から襲う「小川のボガート」

えば、一生懸命洗濯や掃除や辛い農場の仕事をこなしてくれる。だが怒ると、この精霊は家や農場のあらゆるものを壊したり移動させたりする。

ボガートについては多くの物語がある。リンカンシャーのある物語は、農夫とボーギー*の物語とほとんど同じである。それによれば、ボガートに悩まされていたある農夫が、このいたずら者から離れたい一心で引っ越すことに決めた。しかし、彼が家財道具一切合財を積んで家族とともに農場の門を出て行こうとすると、隣人が驚いてどこに行くのかと尋ねた。誰かが答えるより早く、荷物の底のほうから声がした。「そうとも、俺たちは出て行くところさ」。農夫は悲しげにきびすを返した。どこにも逃げることができないと悟ったからである。

ヨークシャーのガースタングには「小川のボガート」の話が残っている。道端にフードつきマントをはおった女性が現われ、旅人に、たいていの場合、馬に乗せてほしいと頼むのだという。この「ヒッチハイカー」は馬に乗ったとたん骸骨に変わり、悪魔のようなかん高い笑い声をあげ、鉤爪でしがみついてくるため、旅人は狂ったように馬を駆けさせ、その結果、怪我をしたり死んだりする。ヨークシャー、シェフィールドに近いノートン（筆者の子供時代の家がある）のバンティング・ヌークと呼ばれる二つの丘に挟まれた薄暗い道で、これと同様の事件が起こり、歩いていた子供たちを恐怖に陥れた。暗くなってこの道を通ろうとする勇敢な人間はほとんどいない。

ハッケンソール・ホールのボガートは馬の姿をしていたが、その仕事ぶりが大いに評価され、冬には火のそばで眠ることを許された。

文献15、17、47、69、87、92、107、123、133、135
⇨ ガイトラッシュ、カペルスウェイト、教会グリム、黒妖犬、スクライカー、バーゲスト、パッドフット、ブラック・シャック、ブルベガー、フレイバグ、モーザ・ドゥーグ、ロンジュール・ドス、付録22、付録24

ポーカー・ボーイズ
POKER BOYS

北アメリカ先住民のズニ族の伝承および伝説に登場する、火に関連した精霊*。

文献88
⇨ グランドマザー・ファイア

ボーカン
BOCAN

イギリスに伝わるボーガン*という精霊*の地方名。この呼称はマン島（イギリス）、チェシャー、シュロップシャーに見られる。ほかにもボーハン*、ボーガン、バガン*という別称がある。ボーカンという名のときは、アイルランドの民間伝承に登場する一種の厄介な精霊である。

文献17
⇨ ホブゴブリン、スプライト

ボーガン
BOGAN

⇨ ホブゴブリン

ボギー
BOGEY, BOGY, BOGUEY

⇨ ボーギー

ボーギー
BOGIE

イギリスに伝わる恐ろしいゴブリン*もしくはバグベア*の一種。ボグ*、ボギー*、ボギー・ビースト*、ボギーマン*、ブーガー*、ブーマン*、バッジ・ファー*といったさまざまな名前で呼ばれることもある。ボーギーはふつう小さく、黒く、毛深いと形容される。彼らは危険な場合もあるが、いたずら好きあるいは狡猾であることが多く、頭がいいという評判は聞かないので、機転の利く人間ならばボーギーの邪悪な意図を簡単にくじくことができるかもしれない。ボーギーはまた、子供を脅かして行儀よくさせるための子供部屋のボーギー*としてよく利用される。ボーギーに似た行動をとる他国の精霊*は、ドイ

ツのブーマン*もしくはボッゲルマン*、アイルランドのボーカン*もしくはプーカ*、ボヘミアのブバク*などである。

スターンバーグの『ノーサンプトンシャーの方言とフォークロア（Dialect and Folklore of Northamptonshire）』に載せられたノーサンプトンシャーの物語では、なまけもののボーギーが、自分では何の仕事もせずに穀物の半分を要求して、農夫を困らせようとする。農夫はもし拒否すればどんなひどい目に遭わされるかわかっていたので、すぐに承諾し、ボーギーに穀物の上半分と下半分のどちらが欲しいかと尋ねた。ボーギーが下半分を欲しがったので、農夫は小麦を植えた。その年、根っこしかもらえなかったボーギーは、翌年は上半分を要求した。そこで農夫はカブを植えた。怒ったボーギーは、それなら畑を二分し、早く刈り終えた者が小麦を全部自分のものにできることにしようともちかけた。今度は収穫が始まる前日、農夫はボーギーが刈り取る予定の畑半分の小麦の茎と茎の間に細い金属棒を突き刺した。ボーギーは魔法の力で大鎌を使ったが、なまくらになっただけだった。「ウィッフル・ワッフル」、つまり共同の刃研ぎは正午だけだと言われ、へとへとに疲れたボーギーは負けを認め、二度と農夫を悩ませることはなかった。

文献15、17、18、40、92、107

ボギー・ビースト
BOGIE BEAST
⇨　ボーギー

ポーキー・ホーキー
POKEY HOKEY

イングランドのイースト・アングリア地方の民俗伝承に登場するボーギー*、あるいはゴブリン*。ポルターガイスト*とよく似たふるまいをし、壁の内側からノックして、家の者を怖がらせる。

文献17

⇨　付録22

ボギーマン
BOGYMAN, BOGEYMAN

イギリス本島の民間伝承ではブーガー*として知られるボーギー*の一種。人気のない場所に恐ろしくてグロテスクな人間の姿で現われ、夜間一人で旅する人間をおどかす。スコットランド北岸沖のオークニー諸島やシェトランド諸島では、ブーマン*という名で知られている。最近では、子供部屋のボーギー*として利用される度合が高まっている。

文献15、17、53、87、92、104、107、133

⇨　精霊

ボギル
BOGIL/L
⇨　ボーグル

ボグ
BOG, BOGGE
⇨　ボーギー

ポーク
POAKE

イングランド中西部ウスターシャーの民間伝承を採集したジェーブズ・アライズの記述によると、ポークとは人間にいたずらをする妖精*に与えられた名前である。この妖精は、夜間人気のない道を行く旅人を道に迷わせ怖がらせる習性があるようで、しばしば旅人を沼地や池にはまらせて、その災難を見て笑いながらどこかへ消えてしまう。この点では、ポークはウィル・オ・ザ・ウィスプ*、あるいはパック*と非常によく似たふるまいをする。

文献110

⇨　スプライト、精霊、付録24

ポクシェム・オバスカ
POKŠEM OBƏSKA
⇨　ポクシェム・クバとポクシェム・クグザとポクシェム・オバスカ

ポクシェム・クグザ
POKŠEM KUGUZA
⇨ ポクシェム・クバとポクシェム・クグザとポクシェム・オバスカ

ポクシェム・クバとポクシェム・クグザとポクシェム・オバスカ
POKŠEM KUBA, POKŠEM KUGUZA, AND POKŠEM OBƏSKA

　旧ソビエト連邦のマリ人（チェレミス人）の民間伝承に登場する自然の精霊*。ポクシェム・クバは「霜の老女」、ポクシェム・クグザは「霜の老人」をそれぞれ意味するが、両方合わせてポクシェム・オバスカとも呼ばれる。彼らが農作物に霜害を与えたり、所有地を霜で凍らせたりすると考えられている。「霜の老人」は朝降りる霜で、「霜の老女」は夕方や夜に降りる霜である。霜の精は、コチャ（祖父）、アチャ（父）、アルバザ（子供）、ウダル（娘）と、一家族揃っている場合もある。彼らが連続してやって来て、植物を凍えさせて枯らせてしまう。灰色か白色の動物を生贄として捧げて彼らをなだめると、霜害を防げる。

文献118
⇨ ジャック・フロスト、ジュシュテ・クバ、付録26

ホグブーン
HOGBOON

　英国オークニー諸島の民間伝承に登場する精霊*で、古い小山や農場に住む。ホグボーイ*とも呼ばれる。灰色の小人に似ているとされる。人間の住む建物には入ってこないが、出して置いた道具を修理し、家畜をトロー*から守る。そのお返しに、牛乳やエールを自分の住まいに届けてもらうことを期待する。この精霊*の住まいを掘り返そうとしたり、お礼を忘れたりして怒らせたら、あらゆる悪戯で仕返しをされる。ボガート*にまつわる「そうとも、俺たちは出て行くところさ」という話と同じ物語が、ホグブーンについても語られている。

文献47
⇨ ハウグボンド、付録12

ホグボーイ
HOGBOY
⇨ ホグブーン

ホグマン
HOGMEN
⇨ ヒル＝メン

ボグル
BOGGLE
⇨ ボーグル

ボーグル
BOGLE

　イングランド北部に伝わる恐ろしいバグベア*、ゴブリン*もしくはホブゴブリン*。地方によって、イングランドではボグル*、ボグル・ブー*、ボギル*、ブゲル*、ブギル*、ウェールズではボ＝ロル*、ブグル*、ビゲル・ノス*という名でも知られる。スコットランドではこの意地悪な精霊*をボギルと呼んでいる。この超自然存在には変身能力があり、人気のない路上に漂う陰気な黒っぽい妖気から、黒妖犬*、生きているかのように動く妙な穀物袋、果ては瞬く間に消え去る人間の姿に至るまで、ほとんど何にでも化けられるため、その姿を形容するのは難しい。ボーグルは一人旅の人間にびっくりするような悪戯をしかけることで有名だが、「罪を犯した者、つまり人殺しをした者、偽証した者、未亡人や父なし子をだました者」を除けば、実際に危害を加えることはまれだった。

　有名なボーグルには名前もあり、その一人、ジェシーと呼ばれるボーグルは、ノーサンバランドのウェストランズ・エンド農場に属していたという1870年代の記録がある。その他にも、ヘドリーの牛っ子*やシェリーコート*のように個性的な性質と振舞いをする特定のタイプのボーグルがいた。

　スコットランドのボーグルには祝日（ハロ

ウィーンによく似ている)があり、3月29日に催されていた。この祝日は廃れて久しい。
文献15、17、53、87、92、104、107、123、133
⇨ アウフホッカー、バグ、バーゲスト、ボーギー、付録22、付録24

ボグル・ブー
BOGGLE BOO
⇨ ボーグル

ボーゲスト
BOGUEST
⇨ バーゲスト

ボゲードン
BUGGANE

マン島(イギリス)に伝わる、とくに意地悪な変身できる精霊*。巨人(頭がある場合とない場合がある)や、道に寝そべる黒い子牛もしくは若い牝牛(頭と尾があったりなかったりする)、あるいは白い首輪をつけ巨大な輝く目をした毛むくじゃらの犬の姿で現われることがある。

ボゲードンの邪悪な行ないについてはいくつかの物語があるが、最も有名なのは、仕立て屋と聖トリニアン教会の話である。この教会は地元の人々から Keeill Brisht、すなわち「おんぼろ教会」と呼ばれていた。それは教会の建設中、石工たちが夜帰宅するたびにボゲードンが地下から教会の通路に現われて、彼らの苦労した仕事をぶち壊しにしたからである。ティモシーという名の勇敢な仕立て屋が、石工が去ったあと聖堂に座ってボゲードンが現われる前にズボンを縫い上げてみせると決心するまで、誰もどうしたらよいのかわからなかった。床が裂け、ボゲードンが顔を出し始め、この無鉄砲な人間の侵入にわめきちらしたときには、仕立て屋の仕事はほとんど終わっていた。ボゲードンがどんな脅しをかけても、当の仕立て屋は穏やかな様子で「わかってる、わかってる」と答えるばかりだった。ティモシーは仕事を終えると、すん

ボゲードン

でのところで窓から飛び出した。というのも、ボゲードンは完全に姿を現わすと、屋根全体を崩壊させたからである。仕立て屋はマローンの教会の清められた地面を目指して走りに走った。激怒したボゲードンは彼を追いかけることができず、自分の頭を引きちぎると、それを壁越しに仕立て屋に向かって投げつけた。頭は粉々に砕けた。それ以来ボゲードン(頭のあるものもないものも)は二度と現われなくなった。勇敢な仕立て屋のハサミと指ぬきはピール街道にむかうダグラスにある宿屋に飾られており、そこに行けば誰でもその物語を聞くことができた。
文献17、76、81、134

星の女
STAR WOMAN

南アメリカ先住民の伝説に登場する天空の精霊*。神話によると、恋愛にあこがれる一人の醜い男がいたが、あまりにもつまらない男だったので、一度も妻をめとることなく年老いてしまった。自分の惨めな境遇をなげいて、男は悲しみを頭上に輝く星に訴えた。そしてその星の美しさを讃えながら、その星を自分の妻にできたらどんなにうれしいだろうと言った。そう言い終わったとたん、若く美しい娘が彼の隣に現われた。彼はその娘と結婚し、長年にわたる惨めな日々は終わりを告げた。まもなく万事がうまく運び、彼は幸せになったが、やがて妻がもといた場所を見た

くなった。星の女が夫を天空へ連れて行くと、彼はすぐさま寒さのあまり死んでしまった。
文献88
⇨　付録13

星の人々
STAR PEOPLE
⇨　ミカケ

ホセレウ・ワヒラ
HOCEREU WAHIRA
　北アメリカ北部の森林地帯に住む先住民が信じている病気の精霊*。
文献25
⇨　付録17

ボダッハ・グラス
BODACH GLAS
⇨　ボダッハ

ボダッハ
BODACH
　バグベア*の姿をした、ケルトの恐ろしい精霊*。ボダッハとはスコットランド・ゲール語で「老人」を意味する。夜間、いたずらな子供をさらうために煙突から人間の家に入ってくるという。それゆえ、スコットランドの親たちはボダッハを子供部屋のボーギー*として利用した。この精霊のさらに恐ろしい面は、ボダッハ・グラス、すなわち「灰色老人」として知られている。彼がこの姿で現われるのは、家族に死が差し迫っている前兆である。
文献15、17、56
⇨　エインセル、バンシー、付録22

ボダッハ・グラス
BODACH GLAS
⇨　ボダッハ

ボダハン・サヴァル
BODACHAN SABHALL
　アイルランド、マン島、イギリス北西部のヘブリディーズ諸島に伝わる一種のブラウニー*もしくは納屋の精霊*。「納屋のちび爺さん」を意味し、農場の建物に住む。ブラウニー式に雑事全般をこなしたわけではないらしく、年をとりすぎて若者に遅れをとってしまう農夫のために農場で脱穀をした。
文献17
⇨　オヴィンニク、カペルスウェイト、ドービー、マッサリオル、付録22

ポダルゲー
PODARGE
　古代ギリシア・ローマ神話に登場するデーモン*の名前。ポダルゲーはホメロスの叙事詩『イリアス』に登場する唯一のハルピュイア*（女性の頭と鳥の体を持った貪欲な怪物）である。ゼウスとの間にできた子供は、二頭の妖馬バリオスとクサントスである。
文献88

ポタンカまたはびっこのポタンカ
POTAN'KA OR POTAN'KA THE LAME
　ロシアの民間伝承に登場する精霊*の名前。ポタンカとは悪鬼あるいは悪魔*の名前だが、「びっこのポタンカ」という言い方には侮蔑の響きがある。これはスコットランドやイングランド北部で使われる悪魔の呼び名「オールド・ホーニー*」や、フランス語の「ディヤーブル・ボワトー」（「二本の棒の上の悪魔」の意）と同様、ほとんど魔力を無くした悪魔に対する蔑称である。
文献75
⇨　デーモン

ボタンキャップのねえや
NANNY-BUTTON-CAP
　イングランドのヨークシャーに伝わる妖精*または子供部屋の精霊*。ウィー・ウィリー・ウィンキー*とよく似ており、幼い子供たちが安全で暖かいベッドに入って、眠る用意ができていることを確認する。
文献17

⇨　ドルメット、付録22

ポーチュン
PORTUNES
　イングランドの民間伝承に登場するごく小さい妖精*たち。畑に住み、ブラウニー*と同様、農夫がやり残した仕事を夜中に片付ける。13世紀のティルベリーのジャーヴィスの記述によると、彼らはとても小さく、しわくちゃの顔をした農夫といった風体で、継ぎはぎだらけの擦り切れた服を着ていた。ポーテュンは普段は慈悲深い妖精だが、カエルをつかまえて、それを焼いて食べる習性があった。また、夜間馬に乗って旅する者がいると、ポーチュンが馬のくつわを手に取ってどぶや池の中へと誘導し、びっくりしている旅人を見て高笑いしながら逃げていくというようないたずらをした。
文献15、17、18、133
⇨　ピクシー、付録22、付録24

ホツア・ポロ
HOTUA PORO
　サモア人が信じている悪い精霊*。デーモン*の恋人、インクブス*。夜に現われて、性的ないたずらをしては犠牲者を悩ませる。眠っている人間の呼吸ができないようにしてから性交する。犠牲者は疲れ果てて、死ぬこともある。
文献88
⇨　スクブス

ボックマン
BOCKMANN
　ドイツに伝わる森の精霊*の一種。サテュロス*のように半分が人間、半分がヤギである。その存在は、子供を脅して森に入らせないようにするための子供部屋のボーギー*として親たちに利用された。
文献110
⇨　デーモン、付録19、付録22

ボッゲルマン
BOGGELMANN
　ドイツに伝わる厄介な精霊*の一種。ブーマン*という名でも知られ、イギリスのボーグル*やボーギー*によく似た行動をとる。
文献41
⇨　ポルターガイスト

ホッジ
HODGE
　イングランドで20世紀よりもだいぶ前に、悪魔*やバグベア*を表わすために使われた名前。ホッジ＝ポーチャー*、ホッジ＝ポーカー*とも呼ばれる。当時も、恐ろしい精霊*というよりは迷惑な精霊に使われた。ファーストネームのロジャーの指小辞でもある。
文献107

ホッジ＝ポーカー
HODGE-POKER
⇨　ホッジ

ホッジ＝ポーチャー
HODGE-POCHER
⇨　ホッジ

ボッス
BOSSU
　西インド諸島におけるヴードゥー教の精霊*の一族。マイト・カルフールに服従する邪悪な犯罪的精霊の名でもある。カジャ・ボッスという名でも知られ、美術や儀式では3本の角のある男の姿で描かれる。その起源はおそらくアフリカのダオメーにある。
文献29

ホブ
HOBBE
⇨　ホブ

ホデキン
HODEKIN
　キリスト教が広まる前に、イングランドに

いた森のスプライト*。無法者のロビン・フッドが偽名として使った。ドイツのコーボルト*型の精霊*、ヘデキンの由来にもなったようだ。
文献69
⇨　付録19

ボドヴ（1）
BADB, BADHBH
　アイルランド神話の邪悪な女性の精霊*。デ・ダナーン神族*のエルンワスを母とする。変身できるが、通常はカラスの姿をしている。マハ*とネウィン*という二人の姉妹がいる。争いをけしかけるだけでなく、ヴァルキュリア*のように戦場で敗れた者や戦死した者のもとに現われる。
文献87
⇨　アラレズ、バンシー、ボドゥア、モリガン

ボドヴ（2）
BADHB/H, BADHBH CHAOINTE
⇨　バンシー

ボドヴ（3）
BODB
　古代アイルランド神話に登場するデ・ダナーン神族*の一員。ダグダ*の息子で、マンスターのティペアリー県にあるシー*の王。イーフェ（アイフェ）がリルの子供たちをだましたとき、ボドヴは彼女をデーモン*に変えた。
文献87

ボドゥア
BODUA
　古代ガリアの神話に登場する邪悪な精霊*。その存在は差し迫った死、あるいは災厄を意味する。
文献87
⇨　ヴァルキュリア、カヒライス、バンシー、バン・ニーァハン、ボドウ、モリガン

ボドゥジュ
BODəŽ
　旧ソビエト連邦のマリ人（チェレミス人）が、信仰する自然の精霊*を指す際によく使う言葉。普通は接尾辞であったり、別の名前に付け加えてその精霊の属する階級を示したりする。単独で使われる際には、この名前は水の精霊か、あるいは低級なデーモン*を指すことがある。
文献118

ボドヴ・フィーンテ
BADHBH CHAOINTE
⇨　バンシー

ボト・トゥクヒ
BÖTO TUCUXÍ, THE
⇨　ファランジ・ジ・ボトス

ボト・ブランコ
BÖITO BRANCO
⇨　ファランジ・ジ・ボトス

骨なし
BONELESS
　おもにイングランド、オックスフォードシャーに伝わる恐ろしい超自然の精霊*。湿っぽくひんやりして悪臭を放つ、形のない白っぽい塊だという。とくに闇夜や霧の晩、人気のない田舎道に出る。地面に沿って動き、暗くて寂しい道を歩く旅人に追いついて呑み込むと言われている。
文献17
⇨　クーンチアッハ、ブロラハン、付録24

ホノチェノケ
HONOCHENOKEH
　北アメリカ先住民のイロコイ族が信仰している善良な精霊*をまとめて呼ぶ言い方。人間を助けてくれる。「見えない援助者」という意味。
文献25

ボバ
BOBA
⇨ カリァッハ

ポーパス・ガール（ネズミイルカ少女）
PORPOISE GIRL
　ミクロネシアの信仰および伝説に登場する水の精の名前。英国のメロー*の伝説によく似た言い伝えによると、彼女は夜になると岸に上がり、岩間にイルカの尾を隠しておいて、人間たちが踊るのを眺めていた。ある晩、一人の男が砂浜についている奇妙な足跡をたどっていき、イルカの尾が隠してあるのを見つけた。男は尾を持って帰った。ネズミイルカ少女は尾がないと海に帰れないので、その男と結婚したが、男は尾を隠したままにしておいた。数年後、男の留守に、彼女はあばら屋の屋根に隠してあった尾を見つけた。すぐさま尾を取ってつけると、子供たちにけっしてイルカの肉を食べてはいけないと諭してから別れを告げて、彼女は海へ帰っていき、二度と戻ることはなかった。

文献29

⇨　精霊、ネーレーイス、マーメイド、付録25

ホバニー
HOBANY
　イングランドの民間伝承に登場するホブ*のフルネーム。ウースターシャーではこう呼ばれる。ホブレディとも呼ばれる。ハボンド*という配偶者がいる。

文献10

⇨　精霊

ボーハン
BAUCHAN
　イングランドの民間伝承に登場する一種のホブゴブリン*。ボーガン*としても知られる。好意的な場合もあるが、いたずら好きなほうが多い。

文献17、40

ホビー
HOBBY
　イングランドのイーストアングリア地方、ストーマーケット地区の民間伝承に登場するブラウニー*。

文献27

ホビット
HOBBIT
　J・R・R・トールキンが創造したドワーフ*に似た生き物。ノーム*に似ており、人間の膝ぐらいの身長で、明るい色を好む。ホビットの冒険は、トールキン作『ホビット』、『指輪物語』に語られている。

文献40、114

ホブ
HOB
　英語のファーストネームのロビンから転化した名前を持つ家事の精*。ホップとも呼ばれる。イングランド北部地方ではホバニー、ホブレディ、ロブ*ともいう。ブラウニー*に似ており、この夜行性の精霊*を見た人の話では、茶色の裸体で、たいへん毛深かったという。ほぼ善良な精霊で、人間の家族が助けを必要としているとき、姿を隠したまま夜に現われて働く。どんな労働もこなすブラウニーとは違って、ホブは得意な分野しか手を出さない。穀物を脱穀して挽き、牛乳を攪拌してバターをつくる。ホブ穴のホブは苦い咳を止めることで有名である。ほかのブラウニー型の精霊と同じく、ホブも衣服の贈り物をすると助けてもらえなくなる。ホブの登場するいちばん古い物語は、14世紀にドミニコ会修道士、ブロムヤードのジョンが記したものである。それによれば、「『ケープとフードを手に入れたので、これ以上、善いことをしてやるのはよそう』と英語で言った」（*Dicens Anglice、Modo Habeo capam et capuciam amplius bonum non faciam.*）そうだ。ホブは家族や土地に愛着をいだき、住み着いた家族や土地の名をつけて呼ばれた。その例はホブ・オブ・クロース・ハウス、ホブ・オブ・ハー

ト・ホール、ホブ・オブ・スターフィット・ハウス、ランズウィック湾のホブ穴のホブなどである。

ノース・ヨークシャーには、首なしホブと呼ばれる、悪いホブの話が残っている。旅人を脅かしたり、標識の向きを変えたり、ニーシャムとハーワースの間で、走る車のタイヤを滑らせたりした。このホブは鎮められ、99年と1日間、道端の大きな石の下の穴に追いやられたと言われる。この石も呪われており、石にうっかり腰掛けた人間は、二度と立ち上がれない。

文献15、17、18、28、66、69、92、123
⇨ ホブスラッシュ、ホブ＝ランタン、炉端のロブ、付録22、付録24

ホブゴブリネット
HOBGOBLINET
⇨ ホブゴブリン

ホブゴブリン
HOBGOBLIN

イングランドの民間伝承に登場する自然の精霊*の種類。たいへん醜い小さなエルフ*の姿に描かれる。ロブゴブリンともいう。ブラウニー*のようにとても役に立ち、人間に親切である。ふつうは気立てがよく、ゴブリン*のように悪意をもったりしないが、それでもすぐに怒り出し、いたずらをすることがある。

文献7、17、18、28、40、53、92、107、114
⇨ ボーハン

ホブスラスト
HOBTHRUST
⇨ ホブスラッシュ

ホブスラッシュ
HOB THRUST

イングランド北部地方のゴブリン*で、ホブ*に似ているが、ホブとは違って家ではなく、人気のない塚、洞穴、岩山、森に住むと言われる。そうした場所には、この精霊*の名前がついている。その例はホブスラッ

笑いすぎて脇腹が裂けそうになるホブゴブリン

シュ・ロック、オブトラッシュ・タマラス、ホブ・スラシュズ・ミル・ニック（岩の深い裂け目）などである。こうした名前はおそらく16世紀から使われ、1787年には、フランシス・グロースがこれらの精霊を、森に住んでいると記述している。ホブスラッシュという名前の由来はさまざまに説明されている。たとえば、ホブ・オ・ト・ハースト（「森のホブ」という意味）、ホブ・トゥルセー（古英語で「巨人」という意味）、さらに古いホブ・トゥルス（アングロサクソンの語で「精霊」という意味）などからである。この精霊はたいてい悪戯好きで、悪意をもってポルターガイスト*のような振舞いをすることもある。ボガート*とニス*について語られた「そうとも、俺たちは出て行くところさ」と

いうのと同じ物語が、ファーンデイル・ホブスラッシュの場合にも語られている（1853年）。
文献15、17、18、28、66、69、92、123

ホブトラッシュ
HOBTRUSH
⇨　ホブスラッシュ

ホブヤー
HOBYAH
　イングランドの民話に登場する子供部屋のボーギー*。恐ろしい人食い精霊*といわれ、不注意な子供をつかまえる。この精霊が恐れるのは黒妖犬*だけであり、最後には黒妖犬の1匹に滅ぼされた。
文献17
⇨　付録22

ホブ＝ランタン
HOB-LANTERN
　イングランド内陸地方の民間伝承では、ウィル・オ・ザ・ウィスプ*をこの名前で呼ぶ。ホベディーのランタン*ともいう。この名前から、旅人が道に迷うのはホブ*のせいとされていたことがわかる。
文献18
⇨　付録24

ボー・ブルバッガー
BOE BULBAGGER
⇨　ブルベガー

ホブレディ
HOBREDY
⇨　ホバニー

ホベディーのランタン
HOBBEDY'S LANTERN
⇨　ホブ＝ランタン

ボムビエロ
BOMBIERO
⇨　レグア・ボギ・ダ・トリニダーデ

ボラロ
BORARO
　トゥカノ族に伝わるアマゾンの森の悪意のデーモン*。「白い者」という意味で、人間の姿でいるときは、突き出した耳に大きな陰茎を持つ、長身の青白く男っぽい生き物である。彼らには膝関節がなく、足は踵と爪先が逆についている。だからもしつまずいてしまうと、立ち直るのが難しい。ボラロは森で狩りをする際、石の鏃を携行し、無用心な人間を罠にかけては貪り食う。
文献33
⇨　付録19

ボリ
BORI
　ナイジェリア北部のハウサ族が信じる、病気を運ぶ精霊*。彼らはボリの祭儀のダンスで呼ぶ出され、人間の媒介者にとりつくとされる。178種類以上のさまざまなボリがいて、それぞれが特定の病気を引き起こす役目を負っている。人間が病気になると、その精霊の媒介者は、その病を取り去る超自然存在を呼び出すよう請われる。もしそれが成功すれば、回復した人間は永遠にその精霊の家来として祭儀で踊らなければならない。この祭儀は現在禁じられている。
文献56、87
⇨　エンカンタード、付録17

ボリー
BOLL
⇨　ボール

ホー・リー・ディー・ムー（訶梨帝母）
HE LI DI MU かりていも
　仏教に伝わるハーリティの中国名。
文献93、102
⇨　精霊

ポリュヒュムニアー
POLYHYMNIA
⇨　ムーサイ

ボール
BOLL
　ランカシャーの方言で、イングランドに伝わるボーグル*を指す言葉。超自然精霊*で恐怖を吹き込む。ボリーは低級であることを示す語あるいは指小語で、一方、ボルロイはこの地方での別称である。
文献107
⇨　ボーギー

ボルク・ピアムバル
BOLƏK PIAMBAR
⇨　ピアンバル

ボルータ
BORUTA
　ポーランドに伝わる森の女精霊*で、モミの木に住む。
文献110
⇨　付録19

ポルターガイスト
POLTERGEIST
　ヨーロッパの民間信仰に登場する家事の精*のドイツ語での呼び名で、「騒霊」の意。ポルターガイスト現象の発生は、古代ローマ時代以前から記録されている。家の中のものを投げたり動かしたり、壁や床をコツコツたたいたり、あるいは人間を投げ飛ばしたりさえする、目に見えない力となって現われる。有名な事例として、イングランドで起こった「テッドワースの太鼓叩き」（1622年）がある。ほかにも、1751年と1759年にウェールズで起こった「ブガン・アル・ハヴォード（避暑地のボーガン）」はよく知られている。精霊は当初、家族が普段必要とする物をごく友好的なやりかたで動かしていたが、炉床の石を代えるなど厄介なことをしはじめたので、司祭が呼ばれた。ところがあいにくこの司祭は、精霊にひどく痛めつけられた。それ以後精霊は、ありとあらゆる姿をとって現われるようになった。ブタになったかと思えば、人間になって女性たちにキスし、その手からロウソクをひったくった。そうした現象はたいてい人間の子供か若者の周りに集中して起こっている。こうした説明のつかない出来事が今日でも報告されている。
文献40、53、59、91、113
⇨　ノックおばけ、バラヴァーシュカ、ブレルマン、ポーキー・ホーキー、付録22

ホルツ＝フラウ
HOLZ-FRAU
⇨　木の妻

ポルト・イアとポルト・オザ
PÖRT IA AND PÖRT OZA
⇨　ポルト・クバ

ポルト・クバとポルト・クグザ
PÖRT KUBA AND PÖRT KUGUZA
　旧ソビエト連邦のマリ人（チェレミス人）の民間信仰に登場する、家庭の守護霊*。ポルト・クバは「家の老女」、ポルト・クグザは「家の老人」をそれぞれ意味する。彼らはポルト・イア（「家の悪魔」の意）、ポルト・オザ（「家の主」の意）とも呼ばれるが、彼らが家にいると思われるときは、婉曲な呼び名が使われる。彼らは家族の健康、幸福、財産の守護霊であり、古代ローマのラール*によく似ている。引っ越すときにはかならず彼らをなだめ、また幸運が訪れたときには彼らに感謝する。いかなる形でも彼らを怒らせてしまうと、家族全員に不幸や病気や死がもたらされる。
文献118
⇨　家事の精、付録22

ポルト・ボダズ
PÖRT BODƏZ
　旧ソビエト連邦のマリ人（チェレミス人）の民間信仰に登場する悪霊の名前。ポルト・

ボダズとは「家の精霊*」の意で、ケレメト*であり、人間を怖がらせる精霊である。穏便になだめられれば、取りついた家の家族を守ってくれるが、そうでなければ危害をもたらす。この精霊は目に見えないのが通例だが、人間の姿をとるときもあり、その場合女性はポルト・クバ*、男性はポルト・クグザと呼ばれる。人間の姿をとっているときは、人間に対してずっと好意的である。

文献118
⇨ 家事の精、付録22

ポルードニッツァ
POLUDNITSA
⇨ ポロヴニッサ

ポルノチニッツァ
POLUNOCHNITSA
ロシアの民間伝承に登場する夜の精霊*の一種。おぞましい醜い魔女たちで、沼地に棲むと言われた。夜になると、この悪霊たちは眠っている子供たちのところへやって来て、悪夢を見させて苦しめた。ポルノチニッツァという名前は、「真夜中」を意味するロシア語 polnoch から来ている。

文献75
⇨ デーモン、ナイトメア（夢魔）、ノチュニッツァ、ハグ、付録22

ボルロイ
BOLLEROY
⇨ ボール

ホレ
HOLLE
ゲルマン世界の重要な精霊*。ホレおばさん*とも呼ばれる。空の神、豊穣の神、または地下世界の神に由来するらしい。さまざまな姿で描かれ、別名もたくさんある。その例はホイデ、ホルダ、フルダ、フドゥラ、フルドゥ、フラ、ミストレス・ヴェヌスなどである。家事の守護霊*として、糸紡ぎと織物の世話をする。だが美しい妖精*の姿のときは、チューリンゲン地方のヴェヌス山に取り巻きとともに住み、男たちをおびき寄せる。この話はタンホイザーの伝説に語られている。白くて美しい空の精霊の姿のときは、風に乗り、掛け布団を揺する。するとい地上では雪が降る。またこの姿のときは、幽霊狩猟*にも加わる。なぜなら彼女は地下世界で、これから生まれる赤ん坊を世に出す役目を、また洗礼を受けずに死んだ幼児の魂を集める役目も果たしているからである。この地下世界には、若さの泉に飛び込めば到達できる。若さの泉では、ホレが水浴びする姿が見られる。またコーボルト*やホレンが守っている井戸の底からも、地下世界へ行ける。現在、この精霊は子供部屋のボーギー*の地位にまで下げられている。ババ・ヤガ*に見た目も性質も似ており、悪いことをした子供をつかまえて森の奥で食べるとされる。

文献41、88、95
⇨ デイヴ、ベルヒタ、付録14、付録22

ポレヴィーク
POLEVIK
ロシアの民間伝承に登場する自然の精霊*。ポレヴィークは畑の精霊*であり（「ポーリェ」は「野」の意）、スラヴの民間伝承ではポレヴォイと呼ばれる。この精霊*の外観はさまざまに描写されるが、たいていはドワーフ*の姿をとり、髪の毛は亜麻か麦わらか草でできている。目の色はさまざまで、肌は大地の色（普通は黒色）で、白い衣服を着ている。畑の作物の高さに合わせて、自分の背丈をいろいろ変えることができるので、ポレヴィークはめったにその姿を見られることはない。怠け者に我慢ができず、酒に酔って畑で眠ってしまう農夫がいると、一人残らず首をしめて殺してしまう。また、よその地方から来た旅行者や農夫らに悪戯をすることもある。彼らをだだっ広い見知らぬ畑へと連れていって、道に迷わせるのだ。ポレヴィークをなだめるには、畑の端に若い雄鶏か卵2個を置いておく。

文献102

ホレおばさん
FRAU HOLLE
⇨ ホレ

ポレスコロ
PORESKORO
　ロマ（ジプシー）の民間信仰に登場する病気をもたらすデーモン*。この悪霊は、妖精の女王アナ*が魔王と交わった結果産み落とされた。恐れおののいたケシャリイ*（妖精*たち）が、地獄の番犬の毛と、猫と、蛇の粉末からケーキを作り、それを女王アナが魔王の求愛を退けるために食べたところ、ポレスコロが産まれた。ポレスコロは人間の体に七つの頭を持ち、その三つは猫の頭、残る四つはイヌの頭で、体から生えている尾は、二股に分かれた舌を持つ蛇である。あらゆる伝染病の流行、とりわけ寄生虫を介する病気の流行は、このデーモンとその子孫のしわざだとされる。

文献31
⇨ 精霊、メラロ、ロソリコ、付録17

ホレン
HOLLEN
⇨ ホレ

ポロヴニッサ
POLUDNICA
　ロシアの民間伝承に登場する、女の畑の精霊*。ポルードニッツァ*とも呼ばれ、セルビア人の民間伝承ではプセズポルニカとして知られていた。ポロヴニッサは白い服を着た、背の高いきれいな黒髪の乙女の姿で畑に現われるとされたが、時には旋風となって現われることもある。彼女は畑に現われる「正午の精霊*」で、一日のうちもっとも暑い時間帯には、誰にも働くことを許さなかった。言うことを聞かない者は、彼女に髪の毛を引っ張られるとされた。また、小さい子供たちを丈の高い麦畑の中に引き入れて道に迷わせるのは、ポロヴニッサだとされた。彼女を怒らせた人間は、発狂させられるか、手鎌で首を撥ねられた。19世紀にはポロヴニッサの民間信仰は廃れ、子供たちを畑や果樹園から引き離しておくための子供部屋のボーギー*のようなものになった。

文献29、75、102
⇨ 付録18、付録22

ボロートヌィ
BOLOTNYI
　ロシアに伝わる水の精霊*。沼地の精霊である。

文献75
⇨ 付録25

ボローニア・ベイビーズ
BORONIA BABIES
⇨ ガムナット・ベイビーズ

ホロー・マン
HOLLOW MEN
⇨ トロール

ボ＝ロル
BO-LOL
⇨ ボーグル

ポロン
POLONG
　西マレーシアに住むマレー人の民間伝承に登場する、悪意に満ちたごく小さい女の精霊*、あるいはビンの小鬼*。使い魔*として人間に仕え、他人に危害を加える。

文献53、120

ホンガ
HONGA
　北アメリカ先住民のオーセイジ族が信じている精霊*の総称。地の精霊である守護霊*、または地下世界に住むアース・ピープル*である。

文献25

⇨　丘の人々、マアヒセット

ボンガ
BONGA
　インドのサンタル族に伝わる邪悪な精霊*。死んだ人間が精霊に姿を変え、川や森や丘に住む意地悪な女性の超自然存在になったものである。人間と肉体関係を持つことができるが、邪悪ないたずらをすることもある。また、非常に好意的な場合もあり、ある牛飼いはボンガを助けたおかげで、「千里眼」という特別な能力を授かった。しかしこの力は、彼が妻に打ち明けたために取り消された。

文献87

ホンガエク
HONGAEK
　韓民族の民間信仰に登場する悪い精霊*の仲間。「赤い災難」という意味。有毒な妖気となって、大事故、自殺、殺人などが起きた、人間の苦悩に満ちた場所に現われることが多い。人間の犠牲者に妖気を感染させて、自分の力をさらに強くしていく。惨事のあった場所に近づきすぎた人間を感染させ、呑み込む。そのため、タクシーや救急車の運転手や、星占いで悪影響を受けると予告されている人は、とくにこのデーモン*の被害を受けやすい。

文献79

⇨　ファド・フェレン

ポンティアナク（吸血女）
PONTIANAK
　マレー人の民間信仰に登場する恐ろしい精霊*。出産時の問題はこの女悪鬼に関連づけられる。ポンティアナクの姿は、おぞましい頭の下に内臓がぶら下がっているとして描かれる。赤ん坊や幼児の血を吸って死なせる、邪悪な夜の精霊である。

文献120

⇨　デーモン、ペナンガラン、付録22

ホンドコンツ
HONDKONZ
⇨　デーウ

ボンヌ・ダム
BONNES DAMES
　ノ・ボンヌ・メール*と同様に、この名前は「私たちのよい母親」を意味する。フランス、ブルターニュ地方の民間伝承で妖精*の婉曲な呼び方。正当な理由もなしに彼らを名前で呼び出すと、彼らの怒りを買い、敵意を呼び起こすのはよく知られている。

文献87

⇨　付録6

ホンピ・マトゥ
ROMPE MATO
　アフリカ系ブラジル人のカルト、バトゥーキに登場する重要なエンカンタード*の名前。エクスス*（デーモン*）から派生した戦士の精霊*とされる。伝説によれば、この精霊はジュレマ*の養子になり、その教育を受けたらしい。人間にとりつくと、デーモンらしい行動は数多く示すが、通常のエクススが持ち合わせる邪悪さは見られない。

文献89

⇨　エシュ

ポンヒョイ
PONPHYOI
　ミャンマーのカチン族の信仰に登場する精霊*（ナット*）の一つの名前。

文献87

⇨　チヌン・ウェイ・シュン、付録10

[マ]

マアナライセット
MAANALAISET
⇨ マアヒセット

マアヒセット
MAAHISET
　フィンランドの小さな精霊たち*。この名称は「大地の住人たち」を意味する。「地下に住むもの」を意味するマアナライセットという名称でも知られている。大地の守護霊*であり、地中に住んでいる。ふだんは好意的だが、彼らの守っている領域に対して配慮を欠くと、乱暴な仕返しをしてくることがある。
文献93
⇨　精霊、バルヴァ、フラル、ヘロカ、ホンガ

マイア
MAIA
　ギリシア・ローマ神話に登場する山のニンフ*で、プレイアデス*の一人である。マイアは「母」または「保母」を意味する。彼女は最高神ゼウス（ユピテル）との間にヘルメス（メルクリウス）を産んだ。その後、母親カリストー*に死なれたアルカスを育てた。
文献40、93、114
⇨　付録13

マイジャン・ナ・トゥイナ
MAIGHDEAN NA TUINNE
⇨　ケァスク

マウアリ
MAUARI
　ベネズエラに住むマイプレ族およびバンバ族の信仰における好意的な水の精。マウアリはガマイニャス*と呼ばれる大きな精霊*の集団に属する。
文献110
⇨　付録25

マウイ
MAUI
　ハワイ人、ポリネシア人、マオリ人、そしてその他の太平洋の島々の神話および信仰における偉大なるトリックスター*。重要な建造物にはマウイを象徴する大きなグロテスクな像が彫られているが、本当のマウイの姿は先祖の霊に育てられた小さな人間のようだったと言われている。マウイは、海の底から土を持ち帰って太平洋の島々を形成したり、投げ輪で太陽を捕えて昼の時間を長くしたり、沼地のクイナをだまして火の秘密を聞き出したり、といった数々の偉業を成し遂げた。だがこれらのいたずらはどれも神々を怒らせてしまい、マウイは絶えず償いをしていた。ある伝説によると、マウイは毛虫に変身したあと、地下世界の女神に押しつぶされて死んだという。
文献33、56、119
⇨　アナンシ、コヨーテ、精霊、ブルー・ジェイ

マウラリ
MÁURARI
　ベネズエラに住むマイプレ族およびバンバ族の信仰における、意地の悪い精霊*。
文献88

マエツダル・ルードゥー
MAEZT-DAR L'OUDOU
　モロッコの民間伝承に登場する、強い力をもった意地悪なジン*。「洗面所のヤギ」という意味で、その名が示すとおり、夜間に風呂場や洗面所、その他水が流れる可能性のある場所を占有することが多い。ヤギの姿を取ってメーメー鳴き、日が暮れてからそれらの場所に無礼にも入ってきた者の前に現われて恐れさせる。
文献90
⇨　付録12

マカチェラ
MACACHERA
　ブラジルのアマゾン川流域に住むトゥピナンバ族の信仰における精霊*。道路の精の悪魔で、街道を行く旅人に不幸や病気、さらには死までもたらす。しかしポティグアラ族の信仰では、この街道の精は使者であり、これが現われるのは幸運が訪れる前触れだと言われている。
文献102
⇨　デーモン、付録24

マカル
MAKAR
　旧ソビエト連邦のマリ人（チェレミス人）の民間信仰における、ケレメト*あるいはその地方の畑の悪魔*。
文献118
⇨　付録18

マカルディット
MACARDIT
　スーダンに住むディンカ族の信仰における精霊*またはデーモン*。とくに人間に対して意地が悪い。マカルディットは出会った人々に無差別に不幸や不正、災難をもたらす。
文献29

マギー・モロック
MAGGY MOLOCK
　ブラウニー*の一種である家事の精*。スコットランドのパース州のフィンカースルにある粉ひき場に住んでいた。ミグ・モラッハ*と呼ばれる精霊*の変種とも思われる。
文献17
⇨　付録22

マギー・モロッホ
MAGGIE MOLOCH
⇨　マギー・モロック

マグ・ヴルフド
MAUG VULUCHD
⇨　ミグ・モラッハ

マク・クル
MAC CUILL
⇨　マク・ケフト

マク・グレーネ
MAC GREINÉ
⇨　マク・ケフト

マク・ケフト
MAC CECHT
　アイルランドの伝説および民間伝承に登場するデ・ダナーン神族*の三大王の一人。あと二人の王はマク・クル*とマク・グレーネ*である。ミールの子らとの戦いで敗れたあと、彼らは家来を連れてシー（妖精の丘）の下の世界に退き、そこでアイルランドの小さな精霊たち*となった。
文献125

マク・モーネァンタ
MAC MOINEANTA
　アイルランドの妖精*デ・ダナーン神族*の王であったが、フィンヴァラ*によって退位させられた。
文献125

マグ・モラッハ
MAUG MOULACH
⇨　ミグ・モラッハ

マーザ・ドゥー
MODDEY DHOO
⇨　モーザ・ドゥーグ

マサン
MASAN
　インドのヒンドゥー教の民間信仰における、黒色の恐ろしい病気のデーモン*。熊の姿あるいはもうもうと立ち込める灰の形を取るこ

ともある。この悪霊は火葬用の積み薪の燃えさしから現われ、子供に灰を浴びせて病気にかからせると言われている。
文献88
⇨ 付録17、付録22

マジキーン
MAZIKEEN
　ユダヤの神話に登場するデーモン*。アラブのジン*と同一視される。シェーディーム*とも呼ばれ、アダムの子孫だと言われている。アダムが神の恩寵を失ってエデンの園から追放されてから生まれた子供たちであり、カインとアベルより先に生まれている。ユダヤ人の民間伝承によると、このデーモンたちは今でも存在し、人間を愚弄しているという。マジキーンはあらゆる形を取ることができ、破壊や不和、災いをもたらす。よく知られた話に、ある怠け者の召使いについて語られたものがある。その召使いは、真夜中の礼拝のために人々を起こすという任務を怠った。かなり遅い時間になってしまったことに気づいた彼は、目の前に現われたロバの背中に飛び乗った。すると驚いたことに、ロバはみるみる大きくなっていった。ロバの背中があまりに高くなってしまったため、彼は降りることができなくなり、町でいちばん高い建物のてっぺんに降りることを余儀なくされた。彼は翌朝そこで発見された。このトール・テール（ほら話）から、「マジキーンのロバのように膨らむ」という疑いを表す表現が生まれた。
文献40、93

マジキン
MAZZIKIN
⇨　マジキーン

マージャクングス
MĀJAKUNGS
　ラトヴィアの民間伝承に登場する家事の精*。その特徴や行動のしかたはロシアのドモヴォーイ*と同じであり、ドモヴォーイと

同じく先祖の霊から派生したものだと言われている。一家と家を守るため、彼はその家の敷居の上または暖炉の中に居を定めている。
文献88
⇨ 付録22

マージャス・ガルス
MĀJAS GARS
　ラトヴィアの民間伝承に登場する、幸運をもたらす家事の精*。ロシアのドモヴォーイ*やイングランドのブラウニー*と同じように、数々の小さな贈り物を与えてなだめれば、絶えず善い行ないをしてくれた。
文献93
⇨ 付録22

マジャハルジャス
MAJAHALDJAS
　エストニアの民間信仰における、家を守る家事の精*。ロシアのドモヴォーイ*と同じように、一家の先祖とのつながりを象徴するものであろう。失礼な態度を取ってこの精霊*を怒らせたりしてはならない。また、家庭をずっと守り続けてもらうためには、食べ物や飲み物を捧げて機嫌を取らなくてはいけない。
文献87
⇨ コドゥハルジャス、守護霊、トントゥ、ハルジャス、ハルティア、ハルド、付録22

マージュージュ
MAJUJU
　イスラム教の伝承に登場する二人のデーモン*の片方。世界の終末および最後の審判の前兆として現われるとして、ヤージュージュ*とともにコーラン（xxi：96）に述べられている。
文献56
⇨ アズラエル、ガブリエル、ダーイン

マスキム
MASKIMS
　古代カルデアの宗教で、七つの悪霊からな一団につけられた名称。ニオイヒバの木片

を使えば、この悪霊から身を守ることができると言われた。
文献110
⇨ 精霊

マステマ
MASTÊMÊ
キリスト教の文献に登場する堕天使*の一人。伝承では、楽園に戻りたがっていると言われている。
文献87

マダ
MADA
インドのヒンドゥー教神話および叙事詩的伝説に登場する恐ろしいデーモン*。アシュヴィン双神を儀式に参加させることをインドラにむりやり同意させようとしたときに、聖者チャヴァナによって生み出された。
文献87

マタガイガイ
MATAGAIGAI
パプアニューギニアの信仰における意地悪な樹木の精。人間の姿で現われるが、女性の姿のときは、乳房が片方だけ小さいので超自然存在であることがわかる。その姿は病人にしか見えず、この精霊*によって身体に指を差し込まれた病人はまもなく死ぬ。
文献33
⇨ 付録19

マタビリ
MATABIRI
パプアニューギニアの信仰における、とりわけ意地の悪い沼地のデーモン*。大きな腹と膨らんだ頬を持つ人間の姿で現われる。あらゆる機会を利用して人間を自分の支配下に引きずり込み、不幸をもたらす。
文献33
⇨ 付録25

マータリシュヴァン
MATARISVAN
インドのヴェーダ神話に登場する神々の使者。リシ*に火を届ける任務を負っていた。
文献41
⇨ アンギラス、精霊

マッサリオル
MASSARIOL
イタリア北東部の民間伝承に登場するドワーフ*。とても小さい人間のような姿をしており、口ひげとあごひげを生やし、赤い長靴下、半ズボン、ジャケットを身につけ、布製のとんがり帽子をかぶっているという。農場の精であり、デンマークのニス*と同じように家に住み着き、家事もしたが納屋や家畜小屋の仕事もした。マッサリオルは「女ったらし」で、家畜小屋の仕事をしていないときは、台所で若い女中たちといちゃつくこともあった。
文献38
⇨ 精霊、トムテ、ブラウニー、炉端のロブ、ロビン・グッドフェロー、付録22

マット・チノイ
MAT CHINOI
マレーシアの森に住むセマング族の信仰における、チノイと呼ばれる小さな精霊たち*の首長の名前。この精霊*は、ヨーロッパの妖精と同じく草木や花に生息している。マット・チノイは大蛇の姿を取り、頭飾りと華やかな服を身につけた大勢の女のチノイを体内にかくまっている。そして体の上には、女のチノイたちの守護霊*であるハラク・ギマル*という男のチノイを乗せている。男のチノイたちは一連の試練を受けなくてはならず、それに耐えた者だけが、マット・チノイの体内に隠されている女のチノイを一人選ばせてもらえる。チノイは魔術や呪術を手伝うためにセマング族のシャーマンに呼び出される。
文献88
⇨ 妖精、付録18

マップ
MAB
イングランドおよびウェールズの民間伝承や伝説に登場する妖精*。おもに妖精の女王として描かれ、プールの『パルナッソス、詩歌集 (*Parnassus*)』(1657年) の中では、妖精の王オベロン*の妻として記述されている。また、シェイクスピアの『ロミオとジュリエット』(1597年) にあるように、妖精の産婆として描かれることもある。マップは瑪瑙ほどの大きさしかないとても小さな妖精で、昆虫の引く馬車に乗っている。

文献28、40、114

⇨ 付録6

マーテ
MĀTE
ラトヴィアの人々の民間信仰における自然の霊につけられた名称。この名称は古い神に由来するもので、「母」を意味する。現在では他の名称の接尾語として用いられ、その精霊*の身分、あるいは責任を負っている分野を示している。

文献88

⇨ ジューラスマーテ、マテルガビア、メジャスマーテ、ラウクマーテ

マティヤ
MATIYA
ロマ (ジプシー) の民間信仰における意地悪な妖精*の一種。美しい若い娘たちの姿で現われる。生まれつき子孫を増やす義務を課されているが、相手方となる男の妖精がいないため、不用心な人間の男を誘惑しては彼らと寝る。誘惑に負けた人間の男はただちに死ぬ運命にあり、一方、相手をした悪意のある超自然存在はハグ*に変身し、自分たちの種族の妖精の子孫となる美しい一卵性の女の双子を三組産む。

文献31

⇨ アナ、ケシャリイ

マテルガビア
MATERGABIA
スラヴ民族の民間伝承に登場する女の家事の精*。台所の仕事を指揮し、家事を切り盛りした。万事順調に運ぶようにと、主婦たちはパンをこねる桶の中からパンの最初の一切れをマテルガビアに捧げ、しっかりと家を守ってもらった。

文献102

⇨ キキーモラ、クリムバ、ドゥグナイ、付録22

マナウィダン
MANAWYDDAN
北ウェールズのディベド州の民間伝承に登場する妖精*の一種。アイルランドのレプラホーン*と同じように、靴の修繕に専念した。

文献37

⇨ タルイス・テーグ

マナボゾ
MANABOZO
北アメリカ先住民のメノメニ族の信仰における精霊*。この名前は「大きなウサギ」を意味する。変身できるトリックスター*であり、ネナブシュとかパシコラとも呼ばれる。マナボゾはお椀の下からこの世に出現したとされており、母なる大地の孫息子だと言われている。彼は悪と戦うこともあったが、悪戯を仕掛けるほうが多かった。また、球技を発案したとも言われる。この偉大なるトリックスターは、J・チャンドラー・ハリス作の『ウサギどん (*Brer Rabbit*)』という、世俗的な物語によって不朽の名を得た。

文献25、88、93

⇨ アナンシ、エクスス、コヨーテ、バシャジャウン、バマパマ、ブルー・ジェイ、ミンク

マニ
MANI
インドの古典ヒンドゥー教神話に登場する恐ろしいデーモン*。白い馬に乗り、兄弟の

マルラ*と一緒に破壊行為をしたり戦争を起こしたりするが、やがてカンドーバーにとがめられる。
文献68

マニキン
MANNIKIN
　ヨーロッパの民間伝承に登場する小さな精霊たち*。人間と同じように集団で暮らしている。彼らのすみかは人間の作った城、教会、その他立派な建物の廃虚であることが多い。とても小さい若者のような姿をしており、陽気で音楽を好むと言われている。農家の台所からクリームや卵、パン、その他の食べ物を盗むが、必ずそのお返しに作物の刈り取りや脱穀、干し草作り、その家の掃除などをする。
文献82
⇨　エルフ、ハンパルマン

マニマル
MANIMAL
⇨　マルラ

マニンガ
MANINGA
　北アメリカ先住民のマンダン族の民間信仰および伝説に登場する精霊*。洪水の精である。
文献25
⇨付録25

マッシュルームに囲まれて遊ぶマニキン

マーネース
MANES

　古代ローマの信仰で、死者の霊を指す用語。レムル*に変わるのを防ぐため、人々はこれを崇めてなだめた。人間に対して好意的なマーネースはラール*と呼ばれた。しかし、マーネースという用語はもっと漠然と、地下世界に住む超自然精霊*および墓や埋葬地の守護霊*を示すのにも用いられていた。

文献29、39、40、88、93
⇨ アラク、アンギラス、守護天使、天使、ピトリ、リシ、付録16

マノエルジーニョ・ボア・ダ・トリニダーデ
MANOELZINHO BOA DA TRINIDADE
⇨ レグア・ボギ・ダ・トリニダーデ

マハ
MACHA

　闘争と死をもたらす女の悪霊。アイルランドの民間伝承や伝説に登場するデ・ダナーン神族*の一人である。妖精であり、ズキンガラスの姿を取っては戦死した人々を満足げに眺める。

文献17
⇨ ヴァルキュリア、精霊、ネウィン、バンシー、ボド、ボドゥア、妖精

マハーマーリー
MAHĀMĀRI

　古典インド神話の中で、シヴァ神が生み出した女の復讐のデーモン*。グリタマーリー*とも呼ばれる。マハーマーリーは、ギーを塗った燃えるシヴァの髪の房から生まれ、冒瀆的な二人のフィーンド*、マルラ*とマニ*と戦うために送り出された。

文献68

マヒシャースラ
MAHISĀSURA

　インドのヒンドゥー教神話に登場するデーモン*。水牛の守護霊*であり、最終的には自分の花嫁であるマハーデーヴィーに殺された。

文献68

マヒナティーヒー
MAHIH-NAH-TIEHEY

　「変身するコヨーテ」という意味。アメリカ先住民のナヴァホ族がトリックスター*のコヨーテ*を指すときによく用いる呼び名。

文献41

マブ女王
QUEEN MAB
⇨ マッブ

ママグワセウグ
MAMAGWASEWUG

　カナダの森の民間伝承に登場する小さな精霊たち*。妖精*の一種であり、ヨーロッパの妖精たちと同じく、人間とは曖昧な関係にある。好意的なこともあれば、悪戯好きなこともあり、さらには怒らせると意地悪になることもある。

文献110

マーマン
MERMAN

　マーメイド*とペアをなす男の水の精。マーメイドと同じく腰から上は人間の姿で、緑色の髪の毛とあごひげを生やし、下半身は魚のような姿をしている。マーマンは、激しい嵐を起こして船を沈める恐ろしい生き物だと言われている。英国の伝説では、マーマンはマーメイドに対して攻撃的であり、自分の子供さえむさぼり食うと考えられている。一方、北欧のハヴマンド*はもっと好意的である。また、マーマンに関する言い伝えは古くからあり、古代シュメールのアブガル*やアラブの海人アブド・アッラーフ*から、スコットランド沿岸沖のヘブリディーズ諸島に伝わるミンチ海峡の青亡霊*という奇妙な物語まである。

文献18、47、88、92、123

マーメイド

⇨ 精霊、ナッキ

ママンダバリ
MAMANDABARI
オーストラリアの先住民ワルビリ族の信仰における夢の精霊*。
文献29

マー・ミェン（馬面）
MA MIEN
中国の神話に登場する、馬の顔を持つデーモン*。死者や地獄にいる者たちの支配者イェン・ロー（閻羅）、閻魔の従者で使者である。
文献131
⇨ ウー・チャン・グイ（無常鬼）、従者の精霊、付録16

マムポーカー
MUMPOKER
英国の民間伝承に登場する脅し精霊*。子供をしつけるための子供部屋のボーギー*と

して、とくにワイト島で使われている。
文献17
⇨ 付録22

マーメイド
MERMAID/E
女の水の精。腰から上は美しい若い女性の姿で、下半身は魚の尾のような形をしている。メールメイドゥン*とも呼ばれる。マーメイドは、古代から海や淡水の諸文化での神話や民間伝承に登場している。「海の乙女」および「湖の乙女」が語源である。岩に腰かけ、鏡を手にもって歌いながら長い髪をとかしている姿がよく目撃されている。その歌声はセイレーン*と同じく、水夫たちを死へ誘う。古代の物語でも近代になってからの物語でも、この超自然存在が現われることは不幸や災難を意味するとされているが、ときおり好意的な存在といえることもある。助けてあげたマーメイドたちは、死をもたらす病気を治す薬草による治療法を教えてくれたり、豪華な贈り物をくれたり、嵐を予告してくれたりする。こうした種類の物語は、スコットランド、ウェールズ、およびイングランドのコーンウォール州で伝えられている。マーメイドは人間と結婚して足と手の指に水かきのある子孫を残すこともあるが、ふつうは水の世界に戻ってマーマン*と呼ばれる夫を持つ。マーメイドに関する民話や歌は、世界中の様々な文化に豊富に存在する。
文献15、17、18、40、47、56、59、88、87、92、114、123、132、134
⇨ イマンジャ、カツオの乙女、グウェンヒドゥイ、クリュティエー、ケアスク、サイヴォ・ネイタ、ジャマイーナ、精霊、セルキー、ハウフルエ、ベドン・ヴァーラ、マリ・モルガン、メリュジーナ、メロー、ラミアー、リバン、ローン、付録25

マモ
MA-MO
チベットの信仰における、邪悪な女の病気のデーモン*。たいてい真っ黒の服を着た全

身黒ずくめの姿に描かれる。マモは他の恐ろしいデーモンたちの「妻」である。

文献88

⇨ グンヤン、付録17

守り神
GENIUS, GENII（pl.）

　古代ローマ、エトルリア、アッシリアなどの神話に登場する精霊*のグループ。おもに個人や諸物を守る守護霊*である。穀物、木、水、山、それぞれの動物、人間の守り神がいる。守り神は、人間が生まれたときに割り当てられる。各人の守り神（女性はジュノーに守られる）は、人間の性格と運命を支配し、最後には魂を生の世界から連れ出す。羽根をはやした裸体の若者、鳥の頭をした者など、さまざまな姿に描かれ、ポンペイのある家の守り神は蛇の姿で描かれていた。シェドゥーやラマッス*と呼ばれる善い守り神と、ウトゥック*と呼ばれる悪い守り神がいる。

文献28、29、40、56、88、92、93、102、107、114、129

⇨ ペナーテース、ラール、付録22

マモン
MAMMON

　古代アラム語で「財産」という意味。中世の神学者アグリッパ・フォン・ネッテスハイムは、このデーモン*は悪事を働いて不当に富を得た金持ちの化身であると考えた。現代の民間伝承では、マモンという名称はおもに貪欲と関係のある悪魔*に用いられる。

文献93

⇨ 精霊

マヨチナ
MAYOCHINA

　北アメリカ先住民のアコマ・プエブロ族の信仰における夏の精。

文献25

⇨ 精霊

マラ
MARA

　ゲルマン人の神話では、眠っている人間に悪夢を見させるエルフ*として描かれている。マラは「悪魔」という意味の古英語であり、これは「押しつぶすもの」を意味するアングロサクソン語の「マラ（Mara）」という言葉から来ている。イングランドでは、今日でも悪夢や睡眠障害はナイトメア（夢魔）*と呼ばれる夜のフィーンド*のせいだと考えられている。マラという名称はリトアニアでも使われているが、中世のヨーロッパではこのフィーンドはインクブス*というラテン語名で呼ばれていた。

文献15、17、104

⇨ コシュマール、スクブス、デーモン、マーレ

マーラ
MĀRA

　ヒンドゥー教および仏教の神話で、マーラはあらゆる手段を使って仏陀の解脱を妨げようとする悪霊。この悪魔的存在は、敬虔な生活をしようとする者の心を惑わす力を持つ。マーラとは「死をもたらす者」という意味だが、アタルヴァヴェーダでは死の擬人化をいう。マーラには誕生や欲望を支配する力もあり、彼は人間を誕生と欲望の循環から解放しようとする仏陀の目的が達成されないよう、絶えず邪魔をする。マーラは変身することができるが、いつも誘惑者であると見破られ、結果的に敗れる。彼の影響力は仏教の宇宙論における存在の下位三段階までしか及ばないため、それらをいったん達成した忠実な者には、もはや彼の力はおよばない。

文献33、39、41、56、87、93、119

⇨ イブリス、デーモン、メフィストフェレス

マラーイカ
MALA'IKAT

　西マレーシアの人々が信仰するイスラム教で天使を指す名称。

文献120
⇨ イスライール、チタル・アリ

マラーイカ・プテ
MALA'IKAT PUTEH
　西マレーシアの人々が信仰するイスラム教における、ジャングルの中のあらゆるものの守護天使*。マラーイカ・プテとは「白い天使」という意味である。
文献120
⇨ チタル・アリ、付録19

マラワ
MARAWA
⇨ カト

マリアナ
MARIANA
　アフリカ系ブラジル人の信仰するカルト、バトゥーキで人気のある高位のエンカンタード*。彼女はトゥルコスまたはトゥルキア一家の一員で、ノッサ・セニョーラ・デ・バターリャ（「我が戦いの女神」の意）と関係がある。マリアナはブラジルの海軍の守護霊*であると同時に、子供や妊婦にとってとくに大きな力を発揮する治療の精であると考えられている。マリアナという名前は、アララという金剛インコの名前から取ったものである。この鳥の羽根は、病気を治療するために地元のシャーマンたちによって何世紀もの間使われていた。マリアナは愛人同士が密会できるように手配するのが驚くほどうまいと考えられており、そのため、地元の娼婦の多くはマリアナを自分たちの保護者と見ている。相手方の男のマリアノ*は、ベレンではあまり人気がないが、マラニャンでは比較的人気が高い。
文献89
⇨ 精霊、セウ・トゥルキア、付録22

マリアノ
MARIANO
⇨ マリアナ

マリア・バルバ
MARIA BARBA
⇨ ハイーニャ・バルバ

マリーカ
MARICA
　ローマ神話に登場するニンフ*の名前。リーリス川の守護霊*であり、ファウヌスの配偶者であった。
文献130

マーリク
MALIK
　イスラム経典、コーラン（xliii：77）の中で、地獄の筆頭守護霊*とされている天使*。地獄に落とされた者が救出を求めて嘆願しても、地獄に残れと命令する。
文献39
⇨ 付録16

マリク・エル・アビアド
MALIK EL ABIAD
　モロッコの民間信仰における好意的な女のジン*。彼女に祈願すれば、悪霊に取りつかれた人間から意地悪なジンを取り払うのを手伝ってくれる。
文献90
⇨ 精霊

マリード
MARID
　イスラム教以前のアラブの神話に登場する、最強のジン*の一人。この名称はおそらくマールート*から派生したと考えられる。
文献41
⇨ ハールートとマールート

マリ・モルガン
MARI MORGAN
　フランス北部のブルターニュの民間伝承に登場するセイレーン*またはマーメイド*の一種。美しく、水夫たちにとって非常に危険な存在であると考えられている。単にモルガン

あるいはモルゲンという名称で呼ばれ、モルガン・ル・フェ*と結びつけられることもある。このマーメイドたちはアシャント島周辺の海中にある美しい宮殿に住んでいるが、人間の男性の愛を渇望している。そのため、漁船が近づくたびに彼女たちは水面に上がってきて、若い男たちを誘惑して抱きしめる。不幸なことに、彼女たちに触れられると命取りになるため、人々はその魔法にかかる前に逃げようとする。水中の宮殿で生き延びた人間もいると言われているが、魔法にかかった者は二度と人間界には戻れない。
文献87、123
⇨　モルガン、付録25

マール
MAHR
　中世のヨーロッパにおける夜のフィーンド*。ラテン語ではインクブス*という。また、各国の民間伝承ではさまざまな名称で呼ばれている。イングランドでは、「押しつぶすもの」を意味する古英語の「マラ(Mara)」から派生したマラ*、ナイトメア（夢魔）*という名称がつけられている。マラはリトアニアで用いられている名称でもある。ドイツおよびスラヴ民族の民間伝承ではマール、ポーランドとロシアではモーラと呼ばれている。また、ブルガリアの民間伝承ではモラヴァ*、チェコの民間伝承ではムラワ*という異伝形の名称がそれぞれ用いられている。このデーモン*はさまざまな姿で現われることができ、まったく目に見えないこともあれば、髪の毛や一束のわらに似た姿になったり、人に見られると消える小さな醜い形を取ったりすることもある。
文献93
⇨　コシュマール、マーレ

マルク
MALLCU
　南米ボリビアに住むアイマラ族の神話の中で精霊*につけられた一般名称。ケチュア族が用いるアポ*という名称と同じように使わ れる。
文献88

マルコシアス
MARCHOCIAS
　ヨーロッパの中世の悪魔学における地獄のデーモン*で、魔術師によって呼び出されることが多い。堕天使*の一人だったと言われており、グリプスの翼と蛇の尻尾を持つ姿に描かれる。
文献53、93
⇨　付録12

マルサバ
MARSABA
　メラネシアのルク島に住む人々の信仰における悪霊。もとは地下世界の神々の一人だったものが堕落してデーモン*になったと考えられる。
文献102
⇨　ナバエオ

マルザンナ
MARZANNA
　ポーランドの民間伝承に登場する女の畑の精霊*。収穫前の果物の生長と成熟を促進させた。昔の神に由来するものと考えられる。
文献102
⇨　付録18

マルシュアース
MARSAYAS
　古代ギリシアの神話に登場する精霊*で、もとはプリュギアのデーモン*であった。プリュギアがギリシア人に占領されたのち、マルシュアースは彼らに受け入れられ、シーレーノス*と同じような身分に変えられた。物語には、女神アテナが発明し捨ててしまったアウロス（フルート）をマルシュアースが拾ったいきさつや、アウロスの吹き方をおぼえた彼がその腕前を誇り、アポロン神を相手に音楽競争を申し込んだことが語られている。勝者は敗者に対してどんなことをしてもいい

という決まりだった。マルシュアースは負けてしまい、生きたまま皮を剥がれた。彼の流した血は、マルシュアース川となって今も流れている。
文献88、93

マルティム
MARTHIM
⇨ バティム

マルティンコ
MARTINKO
⇨ ルンペルシュティルツヒェン

マルト
MARUTS
インド神話に登場する、嵐の神ルドラの息子たち。このため嵐を呼ぶ雲の精霊*たちはルドラ*の子とも呼ばれる。伝説によって、人数は2人から180人まで差がある。インドラ神の従者の戦士たちである。黄金の鎧に身を固め、斑点のあるカモシカのひく戦車に乗り、稲妻の槍を武器に、雷雲の上を行軍する。干ばつのデーモン*、ヴリトラ*を追いかけて打ち負かし、雨を降らせる聖なる牛を助け出す。もっと激しい活動は、暴風となって木を引き抜き、唸り声をあげながら森を駆け抜ける。ヨーロッパの民間伝承に出てくる幽霊狩*の振舞いに似ている。
文献29、56、88、93、102、110、119
⇨ 付録26

マールート
MAROOT, MARUT
⇨ ハールートとマールート

マルファス
MALPHAS
ヨーロッパの中世の鬼神学における、強い力をもった地獄のデーモン*。
文献53

マルブロン
MALLEBRON
13世紀の武勲詩「ボルドーのユオン（*Huon de Bordeaux*）」の中で妖精王オベロン*に仕える妖精*。王国へ向かう勇敢な騎士たちを援助するために送り込まれ、オベロン*の激励を受けながら、たびたび彼らを危険から救い出したり安全な場所へ誘導したりした。
文献21、58

マルラ
MALLA
インドの古代ヒンドゥー教神話に登場する、恐ろしい破壊的なデーモン*。彼は兄弟のマニ*と一緒になって、地上で恐ろしい行為や乱暴を働いた。シヴァ神は大変怒り、マハーマーリー*という復讐の女デーモンを生み出すと、デーモンやフィーンド*の集団との戦いに送り込んだ。マニ*はカンドーバーに打ち負かされると降参したため、生き延びることができた。しかし、マルラは戦い続けた。すると、マハーマーリーはマルラの象や兵士、戦車、武器をむさぼり食い始めた。そしてカンドーバーもマルラに襲いかかった。危うく頭を失いかけたところでマルラは降参した。しかし、彼が三つの願いを叶えてもらおうとすると、賢いカンドーバーはマルラの頭を切り落とし、代わりにそこにヤギの頭をのせた。そしてマルラのもとの頭を聖堂の下に埋め、カンドバは自分をマルハーリ（「マルラを殺した者」の意）と名乗った。これらのことはすべてマルラの願いに反していた。中西部のマハラシュトラ地方でもこの物語はいろいろと形を変えて語られているが、登場するデーモンはただ一人、マニマル*という名のものだけである。
文献68
⇨ フィーンド

マーレ
MARE
「悪魔」を意味する古英語で、今日ではおもにナイトメア（夢魔）*もしくはラテン語

でインクブス*と呼ばれる、夜の悪魔が原因である恐ろしい夢のことをいう。同じ精霊*を指すフランス語名のコシュマール*も同様の語源を持ち、中央ヨーロッパで使われているマール*という名称と結びつけられる。このフィーンド*は夜中に現われると眠っている人間の身体の上にのしかかり、その人が息絶えるまで押しつぶすという。恐ろしい精霊を指す場合にマーレという語を用いることは、このほかにはウッドメアにも見られる。森の中で人間が発した声に続いて聞こえる無気味な声のことをそう呼んだのだが、これはその後、ローマのニンフ*にちなんだエーコー*という、より優美な名称で呼ばれるようになった。

文献113
⇨ デーモン、マラ

マレート
MARÉT
ブラジル東部に住むボトクド族の信仰における守護霊*。空に生息しているが、鳥や動物に姿を変えて地上に現われることもできる。ボトクド族を傷つける人々には悪天候をもたらすこともあるが、概して人間には好感をもっている。マレートはボトクド族に聖なる歌や特別な身体の飾り方を教えた。

文献88
⇨ 付録12

マロス
MAROS
⇨ トゥンデル

マンダランガン
MANDARANGAN
フィリピン諸島の民間伝承に登場する男のデーモン*。彼と「妻」のダラゴ*は、バゴボ族の戦士たちの守護霊*である。

文献88

マントゥスとマニア
MANTUS AND MANIA
古代エトルリアの宗教における地下世界の守護霊*。

文献41
⇨ 精霊、付録16

マンドラゴラ
MANDRAGORA
ヨーロッパの神秘学および悪魔学における使い魔*のデーモン*。植物のマンドレイクに由来する自然の霊。大昔から、マンドラゴラを地面から引き抜こうとする者には致命的な結果がもたらされるという言い伝えがあった。そこで、人々はこの植物の根元に紐をつけ、それを犬に結びつけて引き抜かせるという方法をとるようになった。この精霊*は地面から引き抜かれるときに悲鳴を上げるとされており、このことはシェイクスピアの『ロミオとジュリエット』(1596年) でも述べられている。マンドレイクの精は、その植物の根の形と同様、若い裸の男性または女性の姿に似ていると言われている。トマス・ニュートンによると、これは埋葬された殺人者の霊から生まれたものだという。旧約聖書(創世記 30:14—16)に記されているように、この植物には繁殖力や医薬的効果があると言われていたため、大昔から錬金術師や植物学者によって利用されていた。しかし、この植物を煎じた薬を飲み過ぎると虚栄心が強くなり、精神障害をもたらすとされた。

文献40、53
⇨ 付録18

[ミ]

ミカ
MIKA
⇨ トゥンデル

ミーカーイール
MIKA'IL
西マレーシアの人々の信仰するイスラム教

右図の男が両手で耳を覆っているのは、マンドラゴラは引き抜かれる時に叫び声をあげるとされていたため。

における、天使*ミカエル*の呼び名。毎日のパンを与えてくれると考えられている。
文献120
⇨　マラーイカ

ミカエル
MICHAEL

　ユダヤ教とキリスト教の聖書に登場する四大天使長の一人である大天使*の名前。戦士として知られており、天国から追放された最高悪魔サタンの主たる敵である。背が高く、輝く若い男の精霊*で、白い服または黄金の鎧を着ており、背中から巨大な白い翼が突き出ている。剣と盾をもってドラゴンを打ち負かしている姿や、最後の審判の日に昇天した死者の魂を量るための秤をもっている姿で描かれる。イスラム教では、ミカエルはコーランに述べられている大天使の一人であり、イスラム教の擁護者と考えられている。ミカエルは492年にイタリア南東部のガルガノ岬で牧夫たちの前に現われたと言われており、キリスト教では5月8日がこれを記念した祝日となっている。キリスト教におけるミカエル崇拝は中世にピークを迎え、彼をたたえる聖堂が数多く建てられ、9月29日は聖ミカエルと諸天使の祝日（聖ミカエル祭）となった。占星術の暦では、ミカエルは初期ユダヤ教では水星（マーキュリー）と結びつけられていたが、中世キリスト教の占星術では太陽と結びつけられた。
文献39、40、56、119
⇨　**イスラーフィール、守護天使、天使、ミーカーイール、ラシュヌ**

ミカケ
MIKAK'E
北アメリカ先住民のオーセイジ族の信仰における超自然な精霊*。「星の人々*」とも呼ばれる。

文献25

ミガマメサス
MIGAMAMESUS
北アメリカ先住民のミクマク族の信仰および伝説に登場するドワーフ*またはエルフ*の一種。ミカムウェス*と呼ばれていた可能性もある。この小さな精霊たち*はガスペー山の森に住んでいて、月明かりに照らされた空き地で踊り、危険を冒してそこへやってきた人間にいたずらを仕掛けると言われた。

文献99、110

ミカムウェス
MIKAMWES
⇨ ミガマメサス

ミグ・モラッハ
MIEG MOULACH
スコットランドのタロッホゴルム（ストラススペイ）のグラント家に住み着いていた、ブラウニー*の一種である家事の精。毛深いメグ*、マグ・モラッハ*、マギーまたはメイ・モロッホ、メグ・モロッコ*とも呼ばれていた。彼女の「息子」はブラウニー・クロッド*だったという説もある。ミグ・モラッハは、一族の長がチェスで勝てるように手助けをするなど、その家族のためにお決まりのブラウニーの仕事をしただけでなく、バンシー*のように涙を流して家族の死の予告もした。ミグ・モラッハがマグ・ヴルッフ*や、グレンリヴィットのアクナローの農家でブラウニーの仕事をしていたマギー・モロッホなどと同じ精霊*なのかは定かでない。これらの精霊はいずれもみな恐ろしい家事の精である。

文献15、17、18、40、47、114
⇨ 付録22

ミゲルジーニョ・ボア・ダ・トリニダーデ
MIGUELZINHO BOA DA TRINIDADE
アフリカ系ブラジル人の信仰するカルト、バトゥーキにおける、強い力をもったエンカンタード*。レグア・ボギ・ダ・トリニダーデ*の息子であり、ドン・ペドロ・アンガソ*の孫息子と言われている。聖ミカエルとその9月29日の祝日と関係がある。

文献89

ミコール
MICOL
中世ヨーロッパの魔術師によって呼び出された妖精*。17世紀の魔法使いたちによると、彼女はごく小さい、群れをなす妖精の女王だという。

文献17

ミジル
MIDHIR
⇨ ミディル

湖の姫
LADY OF THE LAKE
英国およびフランス北部のアーサー王伝説に登場する神秘的な妖精*の婦人または女王。伝説上の島、アヴァロン島を囲む湖に住んでいる。静かな水面から優雅に手や腕を差し出すということ以外、この精霊*についての詳細は明らかにされていない。アーサー王が最後の戦いで甥のモルドレッドに致命傷を負わされたときに湖に投げ込まれた、あの魔剣エクスカリバーを受け取ったのは彼女である。その後、湖の姫は他の三人の妖精の女王と一緒にアーサー王を船に乗せてアヴァロン島へ連れていき、永遠の命を与えた。このほかにも、妖精や邪悪な亡霊のような湖の姫たちが存在する。そのうちの妖精の一人は、イングランドのサマセット州のオーチャードリーに生息している。もう一人、リトル・ヴァン・レイクの麗人と呼ばれる妖精は、ハーブを

使った魔法の治療を行なうことで有名なウェールズの妖精である。悪意を持つ湖の姫の一人は、オーストリアのトラウンゼーに生息していると報告されている。この後者の麗人は美しく、髪を長く垂らしているという。彼女は皮をはがれたような姿の水棲馬に乗っており、真昼には湖で、月夜の晩には滝のそばで見られることがある。彼女の姿を見た者は必ず災難に見舞われる。また、彼女は死すべき運命にある者につきまとう。湖畔から何の形跡も残さずに消えてしまった漁師たちもいると言われている。

文献17、18、69、88
⇨ 付録25

ミスター・サンドマン
SANDMAN, MR.

　イングランドの民間伝承に登場する子供部屋のボーギー*。「ダストマン」としても知られている。彼が小さな子供たちの目の上に魔法の砂や埃をまくと、子供たちは穏やかな眠りに誘われ、よい夢を見る。彼は鮮やかな色のシルクの服を来たスプライト*で、魔法の砂が眠っている子供の目にふれると、絵や物語を作り上げるとされる。この心優しい妖精*はさまざまな名前で知られ、ヨーロッパ全土およびヨーロッパ人が移住した国々では、伝承童謡やポピュラーソングの主題となっている。

文献17
⇨ ウィー・ウィリー・ウィンキー、オーレ・ルゲイエ、精霊、ダストマン、ドルメット、ビリー・ウィンカー、付録22

ミスター・スパイダー
SPIDER, MR.
⇨ アナンシ

ミスター・ノーバディ（名無しさん）
NOBODY, MR.

　英国の伝説および民間伝承に登場する、子供部屋の精霊*。その姿は決して目に見えないが、ごく小さな影として束の間だけちらり

と見えることがある。寝室の床に服が脱ぎ散らかしてあったり、遊び部屋におもちゃが散乱していたり、重要書類の上にインクがこぼれていたり、といったような何か無作法な行ないが見られたときは、間違いなくこのいたずら者のインプ*、ミスター・ノーバディ（名無しさん）の仕業だといってよい。

⇨ オルセン、付録22

ミスト
MIST
⇨ ヴァルキュリア

ミス・ナンシー
MISS NANCY
⇨ アナンシ

水の子供たち
WATER BABIES

　北アメリカ西部の大盆地グレートベースンに住む先住民の信仰や伝承で、水棲の妖精*たちを指す呼称。ごく小さい水の精で、ドワーフ*に見える時もあれば、泉のそばにいる小柄な老婆のように見えるときもある。湖、小川、泉などに住む彼らを人々は警戒している。なぜなら彼らは格別邪悪な妖精たちではないものの、釣りをしている漁師の釣り糸を引っ張るなど、悪ふざけをするからである。

　（これはチャールズ・キングスレーが著書『水の子』で使っている呼称でもある。その中では「水の子供たち」とは溺死した子供の亡霊のことである。⇨ ビーダンバイアズ　ユーディド夫人）

文献88
⇨ 小さな精霊たち、精霊、付録25

水辺の洗濯女
LITTLE WASHER BY THE FORD
⇨ ベン・ニーア

ミーツホジン
MIEHTS-HOZJIN

　ラップ人の伝承および民間信仰における、

自然の霊。「森の主」という意味で、尻尾のある黒っぽい姿をしているという。人間の声や音が聞こえるとミーツホジンは大喜びで人々を道に迷わせるので、森の中では静かにしているのが賢明であった。

文献6
⇨　ウィル・オ・ザ・ウィスプ、精霊、レイブオルマイ、付録19

ミディル
MIDAR

　アイルランドの神話および民間伝承に登場するデ・ダナーン神族*の諸王の一人。ミジル*とも呼ばれる。ミディルは、ロングフォード県のブリー・リー（現スリーヴ・ゴルリー）に居を定めていた。彼が人間の女王エーダインの愛を勝ち取った話は二つの形で語られている。ワイルド夫人の『アイルランドの古代伝説とまじないと迷信 Ancient Legends of Ireland)』によると、エーダインはマンスターのエオヒド王の妻であり、妖精王ミディルはこのエオヒドにチェスの勝負を挑んで彼女を勝ち取ったという。別の伝説では、ミディルはエーダインを後妻として娶ったが、嫉妬した先妻のフアウナハが彼女を小さな羽虫に変えてしまう。ミディルは長いこと捜し回った末、エオヒドと一緒にいるエーダインを見つけ、チェスの勝負に勝って彼女を取り戻した。ミディルは自分とエーダインの姿を黄金の鎖で結ばれた二羽の白鳥に変え、我が家に向けて飛び立った。しかし、エオヒドや彼の軍隊と対決することになる。数々の激しい戦いの末、結局エーダインは人間の夫エオヒドのもとへ戻った。

文献17、18、105
⇨　デ・ダナーン神族、フィンヴァラ、リバン

緑の男
GREEN MAN, THE

　古代ヨーロッパで生まれた、森や植物の精霊*。切り落とされた頭、口、あごひげ、生え際から葉がはえているグロテスクで異教的な姿が、はやくも6世紀からキリスト教の教会を飾っている。森に住む野生の男として、古代の森の守護霊*をつとめる。この神秘的な緑の男は、いたずら好きで信頼できず、悪意を持つことがある。イングランドとスコットランドの伝説や文学では、ロビン・フッドや緑の騎士*となった。緑の男は、豊穣が再生するシンボルである。五月祭では、「花冠」や「五月の王」（どちらも、花の籠で飾られた人間が妖精に扮する）や、緑の服のジャック*の姿となって、重要な役をつとめる。

文献47、107、123
⇨　付録18、付録19

緑の女
GREEN WOMEN, THE

　スコットランド高地の民間伝承に登場する、とくに邪悪なデーモン*。夜に、緑の服を着た美女の姿で現われる。ある話では、夜遅く

緑の男

狩りをしていた二人の若者が、バシー（狩り小屋）に身を寄せた。荒野での寂しさを紛らわせるために、二人は楽しく音楽を奏ではじめたが、ともに踊ってくれる相手がいればと願った。その願いを口にしたとたん、緑の服を着た二人の美女が、踊りながら小屋の入り口から入ってきた。美女の魅力の虜となり、若者の一人が美女を小屋の外に誘い出した。小屋の中には、もう一人の若者が、美女の正体を怪しみながらも聖なるメロディを奏でていた。夜が明けて、緑の女は姿を消したが、一緒に外に出た若者は小屋に戻らなかった。残された若者が捜しにいくと、友だちは骨となり、デーモンの姿に戻った緑の女が、友だちを貪り食っていた。こうした危険を警告するため、この地域は今では「緑の女の谷」と呼ばれている。

文献16
⇨　ブーヴァン・シー

緑の騎士
GREEN KNIGHT, THE

　アーサー王と円卓の騎士の伝説に登場する、超自然的な妖精*の騎士。肌、衣服、鎧、武器は緑色である。不死身の戦士であり、頭を切られても取り戻し、闘いつづける。緑の服のジャック*と同じく、植物の再生のシンボルである。ある話では、アーサー王のお気に入りの騎士、ガーウェイン卿が、緑の騎士の妻が仕掛けた罠にはまった。クリスマスの武勇試合で、緑の騎士（変装して緑の礼拝堂の騎士と自称した）はガーウェイン卿に戦いをいどみ、頭を切り落とされた。しかし騎士は頭を拾い、自分の城で1年後に再試合をしようと要求した。ガーウェイン卿は約束を守り、緑の騎士とその妻に会った。妖精の騎士と再試合をしたガーウェイン卿が命を取り留めたのは、緑の騎士の妻の誘いを拒否したからだった。緑の騎士の妻とは、モルガン・ル・フェ*だった。

文献37
⇨　ビリー・ブリン

緑の女

緑の牙のジェニー
JENNY GREENTEETH
　イングランド北東部ランカシャー地方のよどんだ水に住む邪悪な女の水の精霊*。とくに、水に近づきすぎる不注意な子供を待ち受ける。長い緑の牙で子供をつかんで水中に引きずり込み、溺れさせる。緑のヘドロや藻が浮いた池や湖なら、どこにでも現われる。子供部屋のボーギー*の仲間で、注意深い子守りや両親は、そうした恐ろしい場所で子供が不慮の事故にあわないよう、子供にこの精霊のことを熱心に話した。
文献15、17、123、133
⇨　河童、人さらいのネリー、ペグ・パウラー、付録22、付録25

緑の子供
GREEN CHILDREN
　中世イングランドの文献に登場する子供の妖精*の名前。緑色の肌をして、緑色の服をよく着ている（緑は妖精の色）。13世紀イングランドのシトー修道会の年代記作者、コゲシャルのラルフの記述によれば、狼穴のそばで、緑の子供二人が、裸で道に迷って困っているところを見つけられた。地元民に服を与えられ、領主カーヌのリチャード卿の屋敷に迎え入れられた。別の話では、妖精の両親が子供を見つけて連れ戻したという。またニューバラのウィリアムが記した話によれば、少年は死んだが少女は生きのびて、リン出身の男の妻となったという。
文献15、17、133
⇨　ウンディーネ、コールマン・グレイ、スキリー・ウィデン、付録22

緑のジョージ
GREEN GEORGE
⇨　緑の服のジャック

緑の服のジャック
JACK-IN-THE-GREEN
　イングランドの民間信仰に登場する植物の精霊*である緑の男*の別名。ドイツのヴュルテンブルクではラッツマン、ハノーファーでは葉の王、チューリンゲンでは小さい葉の王と呼ばれた。ヨーロッパ、ロシア、スロヴァキア、ルーマニア、トランシルヴァニアでは緑のジョージと呼ばれる精霊が地元民に称えられ、とくにロマ（ジプシー）に崇められた。ヨーロッパでは、同じようなタイプの精霊と同様に、この精霊についても植物で籠をつくり、それを被った人間が精霊に扮してパレードすることが行なわれた。その後、人間が脱いだ籠は、儀礼的に壊され、土にもどされた。フレーザーの『金枝篇』（1922年）によれば、もっと古い時代には「柳の男」という同じような儀式が執り行なわれ、中に入った人間が犠牲にされたという。
文献47、48、88、107
⇨　コーン・スピリット、ババン・ナ・ウェイレア、付録18

緑の婦人
GREEN LADY, THE
　スコットランド高地の民間伝承に登場する精霊*。グルアガッハ*タイプの超自然存在で、ファイン湖近くのスキップネス城に住んでいた。長髪の女性の姿で現われるとされる。守護霊*であり、危険が迫ったときには、敵を超自然的な力で混乱させて、城に住む人間を守る。
文献47、76
⇨　付録21

ミニ
MINI
⇨　ミミ

ミ・フェイ（宓妃）
MI FEI　ふっぴ
　中国の神話に登場する女の水の精。川の精であり、フー・シー（伏羲）の娘である。
文献131
⇨　精霊、付録25

ミミ
MIMI
オーストラリアの民間信仰における精霊*で、ミニとも呼ばれる。アーネムランドの岩だらけの荒れ地に生息している。人間の姿で現われるが、骨が非常に長く、細くてもろい。（人間とヤムイモがミミの食糧である）。風で骨が折れて砕けてしまうのを恐れ、風が吹いているときには決して姿を現さない。したがって、人間は風が吹いているときに外出するのが安全である。

文献29、102

ミーミル
MIMIR
北欧神話に登場する水のデーモン*の巨人。ヨーツン（巨人族）の一人で、宇宙樹ユグドラシルの根元にある霊感と知恵の泉の守護霊*である。最高神オーディンがこの泉の水を飲ませてもらおうとしたとき、ミーミルは知恵を得る代償として彼に片目を差し出させた。その後の戦いでミーミルはヴァン神族に人質に取られ、首を斬られた。オーディンはそのミーミルの頭を取り返し、引き続きそれに助言を求めた。

文献56、93、95、114、119

ミムリング
MIMRING
ゲルマン人および北欧の人々の伝説に登場するドワーフ*または木のデーモン*。彼は金属細工師として、とくに魔法の剣を鍛造したことでよく知られている。

文献95
⇨ アルベリヒ、付録4、付録14

ミュアゲルト
MUIR-GHEILT
アイルランドの民間伝承に登場するマーメイド*の別名。
⇨ メロー、付録25

ミュイングワ
MÜY' INGWA
北アメリカ先住民のホピ族の信仰における植物の精。ミュイングワは男のコーン・スピリット*である。赤、黄、緑、白、黒の仮面をかぶり、身体がトウモロコシで覆われ、トウモロコシの頭花を足とした姿で表される。彼はトウモロコシやカボチャ、色とりどりの豆に囲まれて、色彩豊かな鳥や蝶が飛び交う地下世界に座っている。彼はカチナ*の踊りで象徴される精霊*の一人である。

文献45、88
⇨ コルンムッター、デオハコ、付録15

ミュクシュ・シェルト
MÜKŠ ŠƏRT
旧ソビエト連邦のマリ人（チェレミス人）の民間伝承に登場するケレメト*もしくは悪霊。「蜂の悪魔」を意味する。この悪魔に問題を起こされないようにするには、野ウサギ、牡羊、または牝羊を生贄に捧げてなだめる。

文献118
⇨ チョルト、精霊、付録12

ミュクシュ・ピアンバル
MÜKŠ PIAMBAR
⇨ ピアンバル

ミュクシュ・ペレシュタ
MÜKŠ PEREŠTA
⇨ ペレシュタ

ミュルシネー
MYRSINE
ギリシア・ローマ神話に登場するニンフ*の一人。ミュレーネー*とも呼ばれる。彼女がギンバイカの木に姿を変えたいきさつには次の二つの説がある。

（1）ミュルシネーはある競争で女神アテナを負かした。そのため、激怒した女神が彼女をギンバイカの木に変えてしまった。この説では、女神はその後、後悔のしるしとしてその木を自分の象徴にしたという。

(2) ミュルシネーは女神ウェヌスの従者であったが、女神のもとを離れて恋人と結婚することを望んだために姿を変えられてしまった。
文献110
⇨ 従者の精霊

ミュレーネー
MYRSINE
⇨ ミュルシネー

ミル
MIRU

　ポリネシアのマンガイア島の神話に登場する、地下世界の醜い奇形の女のデーモン*。地上には、死んだ人間の魂がアヴァキ、ハウアイ、ハワイキなどと呼ばれる霊界に向けて旅立つ場所がたくさんある。マンガイア島では、魂は高い岸壁の上から旅立ち、ブアの木の上に降り立つ。この木は魂を迎えるために海中から現われ、その部族の魂のために用意された特定の枝を差し伸べる。魂がその枝に乗ると木は地下世界に引っ込み、すべての魂は枝から落ちて、アカアンガ*率いるデーモン*の一団が支え持つ網に掛かる。そうして魂はミル・クラに引き渡される。ミル・クラとは「赤い」という意味で、この名前は彼女が番をしている地獄の猛火の色から来ている。彼女はその地獄の炎の中で魂を焼いてはむさぼり食う。ミル・クラは、タパイル*、クムトンガイテポ、カライアイテアタと呼ばれる妖精たちの母親だったと言われている。彼女は最終的にはンガルに打ち負かされた。ンガルは洪水を起こし、ミル・クラが魂を焼いていた火を消した。
文献41、110
⇨ 妖精

ミル・クラ
MIRU KURA
⇨ ミル

ミレン
MIREN
⇨ ファティ

ミンク
MINK

　太平洋北部沿岸地域に住む北アメリカ先住民の信仰における、多数の伝説を持つトリックスター*型改革者かつ文化精霊。利口で賢く、山地を再分配して人間に新鮮な水や動物を与えると考えられている。太陽を盗もうとするなど、この超自然存在が行なう冒険は、南部地域の同種の精霊*ブルー・ジェイ*の場合と同じく変化に富み、常軌を逸している。またブルー・ジェイと同様に彼も好色だが、その冒険はもっと強力な精霊に阻まれるか、自身の狡猾さがあだとなって失敗に終わることが多い。
⇨ コヨーテ、クツキンナク、クワティ、ナピ

ミンゲヘ
MINGEHE

　西アフリカに住むレレ人の信仰における森の精。好意的なこともあれば意地悪なこともある。魔術師によって呼び出され、人々に豊饒をもたらし、森で狩猟を行なうときには獲物がたくさん取れるようにしてくれる。
文献33
⇨ 精霊、付録12、付録19

ミンセスクロ
MINCESKRO

　ロマ（ジプシー）の民間信仰における女の病気のデーモン*。デーモンの子孫をあまりにたくさん産んでしまったので不妊になりたいとアナ*が望んだ結果、生まれた悪霊である。治療法として、メラロ*はアナに肥やしの山に首まで漬かることを勧めた。ところが食糞コガネムシが彼女の体内に入り込み、それがミンセスクロとなって生まれてきた。彼女はとくに血液の病気をもたらすが、彼女とロルミスコ*との間に生まれた子孫は、はし

か、猩紅熱、天然痘を引き起こす。
文献31
⇨ **コン＝マ＝ダーウ、シェドラ・クバとシェドラ・クグザ、精霊、ドゥ・シェン（痘神）、ロソリコ、付録17**

ミンチ海峡の青亡霊
BLUE MEN OF THE MINCH

　この悪意に満ちた海の精霊*は、スコットランド沖に浮かぶアウター・ヘブリディーズ諸島のミンチ海峡だけに存在する一種のマーマン*である。島民は彼らが堕天使*だと信じている。青亡霊はアウター・ヘブリディーズ諸島の伝説のみ語られている。青亡霊が目撃されるミンチ海峡は、スコットランド本土沖のルイス島とシーアント諸島の間にあり、「青亡霊の海峡」を意味するゲール語「Sruth nam Fear Gorma（スルー・ナ・ウィル・グルム）」で知られる。彼らは人間の姿をしているが、灰色のあごひげをはやし、まっ青である。

　諸島周辺の海はとくに天候が変わりやすいが、青亡霊とその長が水中の洞穴にいるときには天気は穏やかだという。彼らは現われると恐ろしい嵐を起こし、ミンチ海峡を急ぎ渡ろうとする無謀な船に泳ぎつき、船を難破させ、船員たちを溺死させようとする。この地方の船長は、青亡霊が企てに失敗する場合もあることを知っている。彼らは押韻競争が好きで、船を沈める前に船長に戦いを挑むからだ。もし船長が機敏な舌をもっていて、とどめのひとことを必ず思いつくことができれば、青亡霊は船と乗組員を見逃してくれる。

　ヴァイキング船を漕がされ、9世紀にスカンディナヴィア人によってミンチ海峡に置き去りにされたムーア人奴隷が、こういった信仰の起源だという有力な証拠がある。ムーア人の子孫である現在のトゥアレグ族同様、この不幸な人々は青色の長いローブと青灰色のヴェールを身に着けていたのである。

文献15、17、47、123
⇨ **付録25**

[ム]

ムー
MU
　ミャンマーに住むカチン族の信仰におけるナット*の一人。空のデーモン*である。
文献39、53、88、110
⇨ **チヌン・ウェイ・シュン、付録10、付録13**

昔の人々
OLD PEOPLE, THE
　イングランドのコーンウォール州で使われている、妖精*や小さな精霊たち*の呼び替え名の一つ。同州では、これらの精霊*はキリスト教の伝来によって地獄に落ちるには善すぎるが天国に入るほど善くはないとされた、古代の神々または大昔の人々の霊魂と考えられていた。したがって、彼らは地下界に住む運命となり、姿を見せずにたびたび現世の住人たちの命を奪った。
文献17
⇨ **付録6**

向こう見ずな人々
WILD FOLK
⇨ **コケの人々**

ムーサイ（ムーサたち）
MUSES
　ギリシア・ローマ神話に登場する芸術をつかさどるニンフ*または守護霊*たち。ふだんは好意的だが、怒らせると復讐することがある。住む場所に応じて、アガニッピデス*、アオニデス*、カスタリス*、コーリュキデス*、ヘリコニアデス*、リベトリデス*、オリュンピアデス*、パルナッシデース*、ピーエリデス*とも呼ばれていた。ムーサイは、記憶のニンフであるムネモシュネーと最高神ゼウス（ユピテル）との間に生まれた娘たちである。それぞれが芸術の一分野の保護者であり、歌ったり演奏したり朗唱したりしてオリュン

ポス山にいる神々を楽しませた。初めはアオイデー*（詩歌）、メリテー*（思索）、ムネーメー*（記憶）の三人だけであったが、後にヘシオドスが他のムーサたちをカリオペー*（叙事詩）、クリオー*（歴史）、エラトー*（叙情詩）、メルポメネー*（悲劇）、ポリュヒュムニアー*（雄弁術）、テルプシコラー*（舞踏）、タレイア*（喜劇）、ウーラニアー*（天文）と名づけている。このニンフたちはたびたび競技会を開き、必ずといっていいほど優勝した。そして敗者は、大胆にも競技に参加したということでたいてい不当な罰を受けた。視力を奪われたタミュリスがその例である。また、オイディプスが解いたスピンクスの謎は、ムーサイが創案したものである。

文献40、88、93、119、130
⇨ 付録11、付録14

ムジェ
MUŠə

旧ソビエト連邦のマリ人（チェレミス人）の民間信仰における悪霊。ムジェとは「病気」という意味で、これは病気の原因を擬人化した、病気のデーモン*である。この名前は、他の精霊*の名称に接頭語や接尾語としてつけられ、その精霊が影響を及ぼす領域を示すのに使われることがある。

文献118
⇨ ジュシュテ・ムジェ、ムジェ・ゴジョ、付録17

ムジェ・ゴジョ
MUŽə GOŽO

旧ソビエト連邦のマリ人（チェレミス人）の民間伝承に登場する、すべての小精霊*の呼び名としてよく使われる用語。

文献118
⇨ ムジェ

ムゼムムミー
MUZEM-MUMY
⇨ ムミー

ムチャリンダ
MUCHALINDA

インドの仏教説話に登場するナーガ*族の王。有名な伝説では次のように語られている。菩提樹の下で瞑想にふけっていた仏陀は、激しい嵐が近づいていることに気づかずにいた。それを知ったムチャリンダはナーガ蛇の姿に変身し、自分の体を菩提樹と仏陀に七回巻きつけ、頸部を頭巾状に広げてひさしを作り、仏陀を嵐から守った。嵐が去ると、ムチャリンダはもう一度変身して若者の姿になり、仏陀に敬意を表した。

文献33
⇨ 精霊

ムニヤ
MUNYA
⇨ ヴィーラ

ムネーメー
MNEME
⇨ ムーサイ

ムボーン
MBŌN

ミャンマーに住むカチン族の信仰における、強い力を持つナット*。風の守護霊*またはデーモン*であり、人々は収穫祭の間に供物を捧げて彼をなだめる。

文献88
⇨ チヌン・ウェイ・シュン、付録10、付録26

ムマ・パドゥラ
MUMA PADURA

スラヴ人およびルーマニア人の民間伝承に登場する、木の妖精*または木のニンフ*。人間に対してもっぱら好意的で親切である。森に生息しており、人間の子供が迷い込んできて迷子になるとすぐに気づく。ムマ・パドゥラは迷子になった子供を捜しにいき、心配している親のもとへ返す。

文献41、110

▷ 付録22

ムミー
MUMY

　「母」という意味で、ロシアのキーロフ（旧ヴィヤトカ）地方に住むフィン＝ウゴール語族であるヴォチャーク（ウドムルト）族の伝承に登場する、自然の女の霊につけられた呼び名。特定の自然現象の守護霊*であり、人間の姿をしているとは想像されないが、なだめると強さを増す魂を持つと考えられている。「ムミー」という用語は、他の精霊*の名称に接尾語としてつけられ、それぞれ責任を持っている分野を示すのに使われている。グディリムミー（雷の母）、ムゼムムミー*（大地の母）、シュンディ・ムミー*（太陽の母）、シュル・ムミー*（川の母）などがその例である。

文献88
▷ ヴィズイ・アンヤ、エルダー・マザー、オナタ、コルンムッター、守護霊、精霊、マイア、マーテ、ムルト

ムラ・ムラ
MURA MURA

　オーストラリア先住民のデイリ族、クイナイ族、ウラブンナ族の「夢の時」の信仰における、樹木に住む精霊*。超自然存在であり、人間に石斧その他の道具を与え、原始的状態から抜け出すのを手助けした。この精霊の姿が見える唯一の人間である呪医によって、クッチス*と一緒に呼び出される。

文献41

ムラワ
MURAWA
▷ マール

ムリアン
MURYANS

　イングランドのコーンウォール州にいる妖精*またはスモール・ピープル*につけられた、少々婉曲的な呼び名。ムリアンは「蟻」という意味である。彼らは非常に美しい姿をしているという。男性は緑色のズボンと青いジャケットを身につけて黒い帽子をかぶり、女性はレースの服を着て銀の鈴をつけている。ムリアンは病人や貧しい人々の家に入ってきては、彼らに楽しみや慰めを与えた。この妖精たちは、かつては巨大な超自然精霊*であり、神を怒らせてしまったが地獄へ落ちるには善すぎた者たちだったと考えられている。彼らに与えられた罰とは、地上に存在しなくてはならないが、別の姿に変身するたびに身体が小さくなるというものであった。もはや蟻の大きさに縮小しており、いつかは完全に消えてしまうのである。そういうわけで、コーンウォールでは蟻を殺すのは不謹慎と考えられていた。

文献14
▷ 小さな精霊たち、付録6

ムーリャルタッハ
MUILEATACH, MUILEATEACH, MUIR LARTEACH

　スコットランド高地地方の民間伝承に登場する邪悪な海の精の異名。ケラッハ・ヴェール*と同じく、ムーリャルタッハは頭のはげたひどく醜いハグ*で、青白い顔をして一つ目でにらみつけるという。水中にあるケルトの地下世界に住んでおり、水面に上がってくるときに大嵐を引き起こす。時には、ずぶ濡れになった哀れな老女の姿で岸から現われ、漁師たちの小屋の戸をドンドンたたき、中で休ませてくれと頼み込む。しかし、誰も決して彼女を中へ入れてはならない。いったん小屋に入り込むや、彼女は恐ろしいほどの大きさに膨れ上がり、大混乱を引き起こすからである。とはいえ、彼女はバルサム（芳香性軟膏）の壺を持ち歩いていて病人やけが人を治療することができるので、好意的であるともいえる。また、彼女はそのしなびた指で死者の口をつついて生き返らせることもできると言われている。

文献88、123
▷ 精霊、付録25、付録26

ムルウック
MURUWOOK
オーストラリア先住民の信仰における、内陸の風の精。コンパーニン*の子孫の一人である。

文献14
⇨　精霊、付録26

ムルグッハ
MURDHUACHA
⇨　メロー

ムルト
MURT
「男性」という意味で、ロシアのキーロフ（旧ヴィヤトカ）地方に住むヴォチャーク（ウドムルト）族の民間伝承に登場する、強い力を持つ男の自然の霊につけられた呼び名。この名称はマリ人（チェレミス人）の民間信仰におけるクグザ*と同じように使われる。本来は神、あるいは死者崇拝を意味するものであったとも考えられる。ムミー*と同じように、この用語も他の精霊*の名称に接尾語としてつけられ、その精霊の役割を示すのに使われている。

文献88
⇨　ヴ＝ムルト、オビン＝ムルト、ギド＝ムルト、コルカ＝ムルト、精霊、ヌレス＝ムルト、ユアンキ＝ムルト

ムーレイ・アブデルカデル・ジラニ
MOULAY ABDELKADER DJILANI
モロッコの民間伝承に登場する、強い力をもったジン*のリーダー。

文献90

ムンカルとナキール
MONKER AND NAKIR
イスラム教の伝承における二人の黒い天使*。恐ろしい顔つきで、雷のようにとどろく声をしているという。死んだばかりの人にその人の人生と信仰について尋ねるのが彼らの役目である。返事から敬虔さがうかがえれば、その魂は楽園に優しく引き寄せられる。しかし意にかなう返事ができないと、その人の肉体は燃える鉄の棍棒で打たれ、魂は地獄へ引きずられて永遠の拷問にかけられる。

文献114
⇨　付録16

ムンヘラス
MUNHERAS
イランのゾロアスター教におけるデーウ*の一人。デーウは邪悪な守り神（ジニー）*もしくはデーモン*であり、最高位の邪神アフリマンの従者である。ムンヘラスは、英雄ゲルシャブとの最初の戦いでは豚の頭を持ち、二度目の戦いでは雄豚と牡牛の二つの頭を持っていたという。ゲルシャブに痛めつけられたムンヘラスは、最終的にロスタムの息子ソフラーブに打ち負かされる。

文献78

［メ］

メァラハルド
MÄRA-HALDDO
ノルウェー北部およびフィンランドに住むラップ人の信仰における海の精。その名も「海の精」を意味する。

文献88
⇨　チャハツェ＝オルマイ、精霊、付録25

メーヴ
MEBD, MEADHBH
アイルランドの神話および民間伝承に登場する、デ・ダナーン神族*の女王かつコナハトのシー*の女王。彼女には複数の夫がいたと言われている。というのも、彼女を妻にしないかぎり、どの王もタラを統治させてもらえなかったからである。後の民間伝承に登場する妖精*の女王の名マップ*は、おそらくここから派生したものと考えられる。

文献105

メガイラ
MAGÆRA
　古代ギリシア・ローマの神話に登場する恐ろしい精霊*。「嫉妬による激しい怒り」という意味で、これは究極的な復讐の精または守り神*である。メガイラはフリアイ*の一人であり、とくに母親殺しや父親殺しなどの極悪な罪を犯していながら人間界の法律によって処罰を受けていない者に懲罰を与える。
文献29、40
⇨　エリーニュス、付録23

メーガマリン
MEGHAMALIN
　インドの古典神話および伝説では、パールシュヴァを襲ったデーモン*。
文献93

メカラ
MEKALA
　ボリビアに住むアイマラ族の民間信仰における恐ろしい悪霊。女の病気のデーモン*であり、田畑を荒廃させ、家畜を死なせた。
文献88
⇨　アチャチラス、精霊、付録17

メクムワサック
MEKUMWASUK
　北アメリカ先住民のパサマクウォディ族の民間信仰における小さな精霊たち*の一団。背丈は約90センチで、鮮やかな色の服を着た醜い人間のような姿をしており、顔は髪の毛にすっかり覆われている。森や荒れ地に住んで、その地域のカトリック教会の守護霊*だと言われている。ナグムワサック*と違って、この精霊*は少々意地が悪く、彼らをじっと見つめた人間には伝染病や不幸をもたらす。
文献17

メグ・モロッホ
MEG MOLLOCH
⇨　ミグ・モラッハ

メザテウス
MEZATEUS
⇨　メジャスマーテ

メジャスマーテ
MEŽASMĀTE
　女の自然の霊。Meža māte と綴られることもあり、ラトヴィアの人々の信仰における「森の母」を意味する。彼女は森とそこに住む動物の守護霊*であり、狩人たちが家族に食べさせるのに足りる量の獲物を必ず捕えられるようにしてくれる。彼女には「森の父」（メザテウス*またはメジャテウス*）と呼ばれる夫がいる。
文献88、93
⇨　ウーデンスマーテ、精霊、付録12、付録19

メジャテウス
MEŽATEUS
⇨　メジャスマーテ

メストレ・ベラミノ
MESTRE BELAMINO
⇨　グアピンダイア

メストレ・マラジョー
MESTRE MARAJÓ
⇨　カボクロ

メタトロン
METATRON
　ヘブライ人の伝承に登場する天使*または好意的なデーモン*の一人。カバラには、メタトロンは力を管理する者であり、神の栄光をたたえる人間の祈りを受け取る者であると述べられている。
文献53、93

メツァンネイツィト
METSANNEITSYT
　「森の乙女」として知られる、フィンランド西部にいる女の森の精。若くて美しい女性

の姿をしており、不用心な人間の若者をそそのかして森の奥へと誘い込む。だが、彼女の後ろ姿が見えれば、自分が騙されていることがわかるだろう。女性の姿なのは正面だけであり、隠されていた後ろ側は小枝の束や木の切り株、中空の丸太なのである。

文献88
⇨ エルレの人々、精霊、フルドラ、リョローナ、メツァンハルティア、付録19

メツァンハルティア
METSÄNHALTIA

エストニア人およびフィンランド人の民間信仰における、自然の霊。森の守護霊*または「支配者」。灰色のあごひげを生やした老人のような姿で、森の地衣で作った服を着ている。レーシィ*と同じく変身することができ、木のように大きくもなれるし、草の葉のように小さくもなれる。

文献88
⇨ ヴェデンハルティア、コディンハルティア、精霊、タロンハルティヤ、ハルジャス、ハルド、ラスコヴィツェ、付録19

メツィク
METSIK

エストニアの民間伝承に登場する森のスプライトまたはデーモン*。正しくなだめないと、家畜にいたずらを仕掛けたり危害を加えたりする。

文献110

メツハルジャス
METSHALDJAS

エストニア北部の民間伝承に登場する自然の霊。森のデーモン*であり、その悲しそうな泣き声が聞こえるのは災難の前触れである。

文献88、87
⇨ コドゥハルジャス、精霊、ハルティア、ハルド、マジャハルジャス、メツァンハルティア、レーシィ、付録19

メデイネ
MEDEINE

リトアニアの民間伝承に登場する、自然の霊。森の女王として知られており、森の中のあらゆるものの守護霊*である。ペアをなす男の精霊*はジラーイテスと呼ばれる。

文献88
⇨ 付録19

メドル
MEDR

エチオピアの古代神話に登場する大地の精。

文献93
⇨ 精霊

メーナカー
MENAKA

インドの古典ヒンドゥー神話に登場する天空のニンフ*。仙人のヴィシュヴァーミトラを魅了して修行を妨げるために送り込まれた。

文献114
⇨ 付録13

目に映る閃光によって殺す人々
PEOPLE WHO KILLED BY LIGHTNING IN THEIR EYES

北アメリカ南西部に住む先住民の伝説に登場する悪霊たちの名前。彼らは、輝く宝石でできたすばらしい宮殿に住んでいた。近くを通りがかった旅人たちは、この美しい宮殿を見て誘われるように中へ入ったが、それが彼らの運命を決した。というのも、中に入れば悪霊たちに襲われ食べられたからだ。この悪霊たちは最終的には、太陽の息子ナヘナッツァーニに、塩と火の魔法によって退治された。

文献25
⇨ 精霊、デーモン、付録24

メニー・エルカン
MESNIE HELLEQUIN

幽霊狩猟*のフランスにおける呼び名。メニー・エルルカン*、アルメ・フュリウーズ*、

シャス・ド・カイン*などとも呼ばれる。シャルルマーニュが率いて、軍旗を掲げた英雄ローランがそれに続いていると言われる。メニー・エルカンが姿を現わすことは災難、疫病、戦争の前触れだと考えられており、フランス革命（1789年）が起こる前にはこれが空を飛び、二度も太陽を覆い隠したと伝えられている。
文献95
⇨　シャス・デロドゥ、付録23

メニー・エルルカン
MESNIE HERLEQUIN
⇨　メニー・エルカン

メフィストファレス
MEPHISTOPHALES
　人を誘惑するフィーンド*または使い魔*の名称。メフィストフェレス、メフィストフィレス、メフィストフィリス、メフォストフィルス、メフィストフェレ、メフィストなどとも呼ばれ、ヨーロッパの初期ルネサンス期の民間伝承の中ではすっかり定着した存在である。彼は英国の劇作家のマーロー、シェイクスピア、フレッチャーの作品や、フランスのグノーのオペラ、ゲーテの『ファウスト』などに登場する。物語には、富と知識の獲得を強く望むファウストが、自分の魂と引き換えにそれらを手に入れるようすが語られている。ファウストがこの悪魔の契約を交わす相手となるメフィストファレスは、恐ろしいフィーンドではなく、優雅で洗練された皮肉家の悪魔*である。この契約は、メフィストファレスがファウストの召使いを死ぬまで務め、望みが実現した時点でファウストの魂をこの悪魔*に引き渡すことを条件としている。
文献40、93、114
⇨　アスモデ

メベデル
MEBEDDEL
　モロッコの民間伝承で取り換え子*のこと。誕生したばかりの人間の赤ん坊の代わりにジン*が置いていく。メベデルは人間の子供と違って、どんなに愛情をもって育てても、しなびて醜く、やせ細った姿になってしまう。赤ん坊がすり替えられたことに気づくのが早ければ、母親は自分の子を取り返すこともできる。取り返すには、母親はまず墓地へ行って壊れた墓を見つけ、そこにジンに捧げる供物と一緒にメベデルを置いてこなくてはいけない。それを済ませたら、母親はその場をいったん離れ、自分の赤ん坊の泣き声が聞こえてくるのを待つ。泣き声が聞こえたら急いで赤ん坊を引き取りにいき、その際に「私は他の人の子供ではなく、自分の子供を受け取った」と言う。そして、必ず子供の身体を聖水で洗ってから家に戻る。
文献90
⇨　付録22

メヘン
MEHEN
　古代エジプトの信仰における精霊*の名。太陽神ラーを守護する従者だと言われており、超自然的な蛇の姿で表されている。
文献29
⇨　アペプ、従者の精霊、ナーガ

メラロ
MELALO
　ロマ（ジプシー）の民間信仰における、男の病気のデーモン*。この名前は「不潔」または「猥褻」を意味する。カササギの脳を食べたアナ*とデーモンの王との間に生まれた悪霊であり、鋭い鉤爪を持つ双頭の汚い緑色の鳥の姿をしているという。この精霊*は捕えた人間の意識を失わせ、心と体に鋭く切り込む。やがて意識が回復したとき、その人は理性とは関係のない激しい怒りに燃えており、誰かを強姦して殺したい衝動にかられたり、狂人のように訳のわからない言葉を発したりするようになる。
文献31
⇨　ケシャリイ、シラリュイ、ビトソ、ロソリコ、付録17

メランデ・シェルト
MƏLANDƏ ŠƏRT
旧ソビエト連邦のマリ人（チェレミス人）の民間伝承に登場するケレメト*あるいは悪霊。「大地の悪魔」を意味する。この恐ろしい精霊*をなだめるには、パンケーキとビールを供物として捧げる。
文献118
⇨　チョルト

メランデ・ペレシュタ
MƏLANDƏ PEREŠTA
⇨　ペレシュタ

メランデ・ボデズ
MƏLANDƏ BODƏZ
旧ソビエト連邦のマリ人（チェレミス人）の民間信仰におけるケレメト*の名前。「大地の精」を意味する。
文献118

メリアス
MELIAS
ギリシア神話に登場するニンフ*たち。ウラノスの血の滴から生まれた。幼少のゼウスを育てたニンフたちメリッサ*の別称でもある。
文献130
⇨　アドラステイア、コーリマライカンニヤルカ、ハグノー、フリアイ、付録22

メリオール
MELIOR
⇨　メリュジーナ

メリサンド
MÉLISANDE
⇨　メリュジーナ

メリー・ダンサーズ
MERRY DANCERS, THE
⇨　フィル・ヒリーシュ

メリッサ
MELISSA
ギリシア・ローマ神話に登場するニンフ*たちによくつけられた添え名。「密蜂」の意。彼女たちがたびたび蜜蜂に変身して、自然および養育の守護霊*になったからであろう。
文献130
⇨　付録12

メリテー
MELETE
⇨　ムーサイ

メリヒム
MERIHIM
⇨　悪魔

メリュジーナ
MELUSINA
メリュジーヌ*とも呼ばれる。メリュジーナの物語は、1388年にフランスの文筆家ジャン・ダラスが執筆する以前に、すでにフランスの民間信仰でよく知られていた。メリュジーナは、泉の守護妖精プレッシーナ*と、人間の王であるアルバニア（スコットランド）のエリナスとの間に生まれた娘である。結婚するとき、妖精*のプレッシーナは、お産の床にいる彼女の姿は絶対に見ないと王に誓わせた。だがそうした伝説上の妖精との約束がどれもそうであるように、この約束も、王が最後の子供を産んでいる彼女を見てしまったことで破られた。王が誓いを破ったため、妻は三人の娘メリュジーナ、メリオール*、プラチナ*を連れて彼のもとを去り、妖精の宮殿に戻ることを余儀なくされた。やがて超自然的な力を十分に身につけた三人の娘たちは、父親をノーサンブリアの洞窟に永久に閉じ込めて恨みを晴らした。このことを知ったプレッシーナは娘たちをののしり、メリュジーナには、一週間に一度下半身が蛇に変わるという罰を与えた。そして、下半身が蛇になっている日には決して彼女を見ないという約束を守ってくれる人が現われないかぎり、

410

彼女は愛を経験することはなく、その約束が破られれば、彼女は永遠に翼のある醜い蛇の姿でいなければならなくなる、と言い渡した。メリュジーナはポワティエのレイモン伯と出会い、結婚した。伯爵は彼女のためにリュジーニャン城を築いた。二人の間にできた子供たちは、ほとんどが生まれつきひどい奇形で、正常な子は最後に生まれた二人だけであった。そして結局、この伯爵も誓いを破ったため、メリュジーナは城壁から飛び去り、下半身が蛇で翼を持つマーメイド*の姿で不死の身となった。彼女が残した高貴な家系の子孫は、フランス王家の先祖にあたると言われている。
文献17、18、44、114、133
⇨ 守護霊、ブト・イアン・ウドゥルジュ

メリュジーヌ
MELUSINE
⇨ メリュジーナ

メルシュ・ディック
MELSH DICK, MELCH DICK
　イングランドのヨークシャー州、ウェストライディングの民間伝承に登場する自然の霊。ハシバミの木とその未成熟の木の実を子供たちの手から守るスプライト*。ハシバミを傷つけた者がいると、激しい腹痛を起こさせて厳しく罰した。
文献17
⇨ 子供部屋のボーギー、精霊、チャーンミルク・ペグ、付録18、付録22

メルポメネー
MELPOMENE
⇨ ムーサイ

メールメイドゥン
MEREMAIDEN
⇨ マーメイド

メロー
MERROW
　アイルランドの「海の人々」を指す名称。ムルグッハ*、モルアー*、モルアッハ*、ミュアゲルト*、サムグバ*、シュア*などと呼ばれることもある。女のメローは、腰から上は美しい若い女性の姿で、肌は青白く、黒い瞳と長い髪を持ち、下半身は魚の姿である。男のメローは醜く、肌も歯も髪も緑色で、とがった赤い鼻と細くて小さな目をしている。どのメローも手の指に水かきがあり、陸の動物や人間に変身することもできるし、魔法の赤い羽根の帽子をかぶれば海に住む生き物になることもできる。ただし、もしその帽子が盗まれると、彼らは二度と水中の世界に戻れなくなる。そのため、メローを妻にしようとする人間の男はその手を利用することが多い。メローはおおかた物静かで人間に対して好意的であり、人間と結婚することがよくある。そうした結婚から生まれた子供たちは、足と手の指に水かきがあり、体には鱗まであるという。
文献15、17、18、123
⇨ セルキー、マーメイド、メリュジーナ、ローン、付録25

メロシナイ
MELOSINÆ
⇨ ウンディーネ

メロペー
MEROPE
　ギリシア・ローマ神話に登場するニンフ*。プレイアデス*の一人であった。彼女は若いうちに人間のシーシュポスと結婚してしまったため、姉たちほどきれいには空で輝かないと言われている。
文献130
⇨ 付録13

メロボシス
MELOBOSIS
　ギリシア・ローマ神話に登場するニンフ*

の名前。とくに牧羊と関係がある。
文献130
⇨ 付録12

メンフィス
MEMPHIS
　ギリシア・ローマ神話に登場する水の精。ナイル川の神の娘であった。彼女の名前は、ナイル川に臨むエジプトの都市の名となり、後には米国テネシー州の都市の名となった。
文献130
⇨ ニンフ、付録25

［モ］

モアティア
MMOATIA
　西アフリカの小さな精霊たち*の一団。アシャンティ族の伝承では、森や低木、およびそれらの場所に生息する野生の生き物の守護霊*であると考えられている。
文献88
⇨ アジザ、アプク、イジメレ、バクル、ブックメリア、付録12

モイラ［複数：モイライ］
MOIRÆ, MOIRAI（PL.）
　古代ギリシアの神話に登場する精霊*たち。運命の三女神*として知られている。ローマ神話ではモエラ*、モエラエとも呼ばれる。これは誕生の精であり、現代ギリシアではMoiraiと綴られ、今でも赤ん坊が生まれると三日目の晩に新生児室に現われてその子の運命を決定すると考えられている。モイラの祝福が必ず得られるよう、その晩になると両親が赤ん坊の揺りかごのかたわらに供物を置くのはめずらしくない。
文献12、39、88
⇨ ウースード、ベイフィンド、付録22、付録23

モエラ
MŒRÆ
⇨ モイラ

モーキン
MALEKIN, MALKIN, MAWKIN
　イングランドのサフォーク州のダッグワース城に住んでいた妖精*または取り換え子*の名前。13世紀のシトー修道会の年代記作者、コギシャルのラルフが彼女のことを伝えている。この精霊*は並外れて早熟であり、城主と立派な英語で会話し、召使い相手には方言を使って話し、司祭とはラテン語で知的な聖書談議をすることができたという。彼女は毎晩自分のために碗一杯の食べ物を出してくれる侍女ととくに仲がよかった。城の召使いたちといつも楽しそうに話していたこの精霊は、一度だけこの侍女の前に姿を現わした。侍女の話では、モーキンは白いリンネルのチュニックを着た、とても小さい人間の子供のように見えたという。
文献18、107、133
⇨ 緑の子供、付録22

モクシン・トンボップ
MOKSIN TONGBŎP
　朝鮮の人々の民間信仰における、ナング・モクシン*とよく似たインプ*の一種。木製のものに宿る木のインプで、とりわけ意地の悪い超自然存在である。彼らは薪や棚を作るための材木と一緒にうっかり家の中に運び込まれてしまうことがある。また、不吉な日に新しい木製の品物を初めて家の中に運び込むと、その中に隠れて一緒に入ってきてしまう。発見して万神（巫女）に追い払ってもらわないと、モクシン・トンボップは後々その一家の病気や不和の原因となる。
文献79
⇨ チシン・トンボップ、付録19

モコティティ
MOKOTITI
⇨ アトゥア

モーザ・ドゥーグはその姿を見た者すべてに危害を加える。

モーザ・ドゥーグ
MAUTHE DHOOG, MAUTHE DOOG

　マン島（英国）のピール城にいる悪霊。マーザ・ドゥーとも呼ばれる。黒妖犬*となって現われるが、その姿は子牛ぐらいの大きさで錫の皿のような目をしているとも言われるし、毛むくじゃらのスパニエル犬だとも言われる。この犬は、その姿を見た者すべてに危害をくわえるという。体験談は数多く聞かれるが、状況や結果は異なっていることが多い。17世紀、ピール城を軍隊が占領していたころの話がある。退屈した一人の番兵が、酒に酔ったあげく、例の超自然フィーンド*を捜し出してやると自慢げに言った。まもなく恐怖に怯えた悲鳴が聞こえたので仲間の兵士たちが廊下に出てみると、番兵がそこに横たわっていた。兵士たちが彼を番兵詰所まで引きずって戻ると、彼は「ドゥーグ」のことを何やらまくし立てて死んでしまった。悪魔払いをするために呼ばれたメソジスト派の聖職者も同じような運命となった。

文献69
⇨　ガイトラッシュ、カペルスウェイト、教会グリム、スクライカー、精霊、デーモン、バーゲスト、パッドフット、ブラック・シャック、ブルベガー、フレイバグ、ボガート、ロンジュール・ドス

モーズソグニル
MODSOGNIR

　北欧およびゲルマンの神話に登場する、ドワーフ*の一団のリーダー。彼と仲間のドワーフたちは、魔法の武器を鍛造したり、超自然的な力と美しさを持つ金属製品を生み出したりすることで知られている。

文献78、87
⇨　ミムリング、付録4、付録14

モチャ・イア
MOČA IA
⇨　モチャ・クバ

モチャ・オザ
MOČA OZA
⇨　モチャ・クバ

モチャ・クバとモチャ・クグザ
MOČA KUBA AND MOČA KUGUZA

　旧ソビエト連邦のマリ人（チェレミス人）の民間伝承に登場する浴場の精の擬人化。モチャ・クバとモチャ・クグザは、それぞれ「浴場の老女」と「浴場の老人」を意味し、どちらも長い髪をした初老の人間の姿をしている。この浴場の精は、「浴場の悪魔」を意味するモチャ・イア、「浴場の主人」を意味するモチャ・オザ*、あるいはヤルチク*と呼ばれることもある。この精霊*は浴場に住んでおり、夜中に音を立てることがある。浴場に残された用具を使って水浴びをしていることもあれば、閉じ込められた子供のように泣いたりうめき声を上げたりすることもある。新しい浴場を建設したときは、この精霊たちを喜ばせてサウナ風呂を良質のものにするために、発汗室のベンチの上にバターが置かれる。風邪をひいている人はモチャ・クバに祈り、粘液の精ルン・クグザ*や、人間にくっついて浴場までやってきたその他の悪い精霊を追い払ってもらうこともある。

文献118
⇨　クグザ、クバ、バンニク、付録22

モチャ・シェルト
MOČA ŠƏRT
　旧ソビエト連邦のマリ人（チェレミス人）の民間伝承に登場するケレメト*もしくは悪霊。「浴場の悪魔*」という意味で、とりわけ意地の悪い超自然存在である。ロシアの民間伝承に登場するバンニク*のように浴場で死者を出すので、それを防ぐために生贄の牡牛を捧げてなだめる。

文献118
⇨　チョルト、精霊、付録22

モデイナ
MODEINA
　ポーランドの民間伝承に登場する、自然の霊。森の守護霊*である。

文献102
⇨　精霊、付録19

ものぐさローレンス
LAZY LAURENCE
　イングランドのサマセット州およびハンプシャー州の民間伝承に登場する果樹園の精。リンゴ園の主*と同じように果樹園の果物の守護霊*であり、決してものぐさではなかった。子馬の姿で現われ、果樹園から泥棒を追い出し、彼らに痙攣や吐き気、方向感覚の喪失などを起こさせて罰を与えた。

文献17
⇨　**エルダー・マザー、子供部屋のボーギー、コルト・ピクシー、精霊、チャーンミルク・ペグ**

モノチェーロ
MONOCIELLO
　イタリア、ナポリの民間伝承に登場するドワーフ*またはエルフ*の一種。太った修道士のような姿をしているので、「小さな修道士」とも呼ばれる。足にはサンダルを履き、杖を持っている。だが、彼の僧衣も帽子も茶色ではなく、鮮やかな緋色である。彼は人間の家に住み着くが、その態度には敬虔さはまったく見られず、人間の身体をつねったり服を盗んだりして楽しむ。膨大な財宝の守護霊*だという噂があり、彼の姿を見たときにその緋色の帽子を盗むことができた者は、帽子と引き換えに宝の一部を分けてもらえるという。

文献38
⇨　修道士ラッシュ、付録20

モーメット
MAWMETS
　イングランドでよく用いられる妖精*たちの呼び替え名。「小さな母親たち」という意味。

文献10
⇨　付録6

モーラ
MORA
⇨　マール

モラヴァ
MORAVA
⇨　マール

モラグ
MHORAG
　スコットランドの民間伝承に登場する、モーラー湖に住んでいたマーメイド*の名前。アイルランドのバンシー*と同じように、一族の誰かが死にそうなときだけ姿を現わす。

文献99
⇨　付録16

モランハクト
MOLANHAKTO
　北アメリカ先住民のプエブロ族の信仰における精霊*。カチナ*のリーダーであり、「父なるコイェムシ*」としても知られている。

文献88

モリーガン
MORRIGAN
　アイルランドの神話に登場するデ・ダナーン神族*の邪悪な女王。モリーグまたはモ

リーギンとも呼ばれ、ボドヴ*、マハ*、ネヴィン*と結びつけられている。また、後には堕落した白髪のハグ*として語られている。その姿のモリーガンは、ズキンガラスの形を取り、戦場で武器から武器へと飛び跳ねて移動しながら、超自然的な力を使って戦いの流れを指示する。彼女はバンシー*とも関連づけられている。

文献105
⇨ ヴァルキュリア、バン・ニーァハン、ボドゥア

モリティヤマ
MORITYAMA
　北アメリカ先住民のアコマ族の信仰における精霊*。春を擬人化したもの。

文献25

森の乙女
GROVE DAMSELS
⇨ 森の人々（1）

森の人々（1）
GROVE FOLK
　スウェーデンの民間伝承に登場するエルフ*の名前。森の乙女*、エルヴォー*ともいう。森の守護霊*であり、古代ギリシア神話のドリュアデス*と同じく、木に住む。

文献110
⇨ ハマドリュアデス、付録19

森の人々（2）
FOREST FOLK
⇨ コケの人々

モルアー
MORUADH
⇨ メロー

モルアッハ
MORUACH
⇨ メロー

モルガン
MORGAN
　ウェールズの民間伝承に登場する邪悪な水の精またはマーマン*。湖に生息し、無鉄砲な子供やいたずらっ子をさらっては真っ暗な湖の底へ連れていく。この精霊*は明らかに子供部屋のボーギー*として使われているが、その源はアーサー王伝説のモルガン・ル・フェ*またはブルターニュ地方のケルト伝説のモルジェンズにあると見られている。この精霊が男なのは、リースの説によると、「モルガン」というのがウェールズでは男性の名前にしか使われないからだという。

文献17、88
⇨ 付録22

モルガン・ル・フェ
MORGAN LE FAY
　アーサー王伝説に登場する、妖精*の姿をした神秘的な精霊*。ファータ・モルガーナ、モルガイネ、モルガーナ、モルガネ、モルガン・ラ・フェー、モルガネッタ、モルグ・ラ・フェイといった呼び名でも知られている。アーサー王伝説では、本来彼女は湖の姫*であり、重傷を負ったアーサー王をアヴァロン島へ連れていった治療の精である。サー・トマス・マロリーの『アーサー王の死』（1469年頃）の中では、彼女はアーサー王の片親違いの姉妹であり、グウィネヴィアとランスロットに死をもたらすことで最終的にアーサー王を破滅させようと計画する。モルガン・ル・フェはこのほか『デーン人オジール』、『狂乱のオルランド』、『恋せるオルランド』などの作品にも登場する。ファータ・モルガーナとして知られるメッシーナ海峡の蜃気楼も、彼女の魔法のせいであると考えられている。彼女はマーメイド*またはケルトの水の神に由来するのではないかと言われており、そのためアイルランドのモリーガン*やブルターニュのマリ・モルガン*と関連づけられている。

文献17、18、40、41、44、56、78、91、114、119、121、123

モルクル・クア・ルアン
MORKUL KUA LUAN
オーストラリア先住民の信仰における、自然の霊。人々が日々の食事の材料にしているトウモロコシの守護霊*である。
文献29
⇨　精霊、付録18

モルタ
MORTA
⇨　パルカイ

モルモ
MORMO
この名称は、四つの文化で特定の精霊*を示すのに用いられている。
（1）オーストラリア先住民の信仰における精霊。邪悪な恐ろしい精霊であり、毛むくじゃらの生き物の姿で現われる。
（2）古代ギリシアおよびローマの伝説に登場する迷惑な女の精霊。
（3）現代ギリシアの民間信仰では恐ろしいボーギー*を指す名称。
（4）17世紀のイングランドにおける子供部屋のボーギー*の名前。
文献41、93、107、130

モレ
MORE
リトアニアの民間伝承に登場する、女の自然霊。豊饒を擬人化したものであり、告解火曜日には彼女をかたどった像が作られ、崇められる。
文献88
⇨　クルシス、コトレ、コーン・スピリット、精霊、付録18

モロス
MOROS
現代ギリシアの民間伝承に登場する夜のデーモン*。ふつうは目に見えないが、小さな黒妖犬*の姿で現われ、人の後についてこっそり家の中に入ってくることもある。また、エピアルテス*のように、眠っている人の身体の上に飛び乗って窒息死させることもよくある。モロスに襲われた人は、どんなにうめこうが唸ろうがモロスがいなくなるまでは誰にも起こしてもらうことはできず、最後にはすっかり消耗し、疲れ果ててしまう。
文献12
⇨　インクブス、コシュマール、ナイトメア（夢魔）、マーラ

モロースコ
MOROZKO
ロシアの民間伝承に登場する霜のデーモン*。厳寒の冬の間、森の奥にあるモミの木の中に隠れ、指をパチンと鳴らしては木々を引き裂いて粉々にする。また、木から木へ飛び移りながら、通ったところすべてにひどい損傷を与えていく。
文献110
⇨　アチャチラス、ジャック・フロスト、ジュシュテ・クバ、ファーザー・フロスト、ポクシェム・クバ、付録26

モロンガ
MOLONGA
クイーンズランドに住むオーストラリア先住民の信仰における悪霊。目に見えないが、なだめないと、出会った男性を殺し、女性を暴行する。
文献48
⇨　精霊

モンジャー・ヴェガ、ナ
MOOINJER VEGGEY, NY
⇨　スレイ・ベガ

モンゾ
MONDZO
1865年のある報告によれば、これはナイジェリアのボニー川流域に生息している悪霊である。
文献57
⇨　精霊

［ヤ］

ヤ＝オ＝ガー
YA-O-GAH
北アメリカ先住民のイロコイ族中最大の部族、セネカ族の信仰に登場する精霊*の名前。北風の精霊で、クマの姿で現われる。クマのごとく強くて頑健で、ガ＝オー*に解き放たれると、彼はひどく冷たい嵐のような北風をもたらし、その吐息で水を凍らせる。

文献17、18
⇨ 付録12、付録26

ヤオトル
YAOTL
古代メキシコのアステカ族の神話に登場するデーモン*の名前で、その名は「敵」を意味する。伝説によると、ヤッパンという名の人間が、神々の寵愛を受けたいと願い、辺境の岩を選んで、その上で世捨て人になった。神々はヤオトルを遣わし、ヤッパンの信心が本物であるかどうかを探らせた。ヤオトルは官能的な女妖精を何人も送り込んでヤッパンを試したが、ヤッパンは彼女たちを寄せつけなかった。その様子を見て腹を立てた女神トラゾルテオトル（罪深い愛と快楽と卑猥をつかさどる女神）は、か弱くも美しい人間に変身してヤッパンの同情を引き、どうかその岩の上に自分も乗れるよう手を貸してくれないかと言った。ヤッパンはまんまと罠にかかり、ヤオトルは意気揚々とヤッパンの首をはねた。するとヤッパンはサソリに変わり、みずからを恥じて岩の下に身を隠した。ヤッパンの妻が岩のところへ連れてこられ、そこで夫からすべてを聞かされると、彼女もサソリになった。一方、神々はヤオトルの行き過ぎた行動に立腹し、ヤオトルをイナゴに変えてしまった。

文献102

ヤキーラ
YAKEELA
シベリアの人々が信じる使い魔*で、シャーマンが執り行なう儀式に登場する。二人のシャーマンが互いに競い合う場合、それぞれのヤキーラが急いで呼び出され、彼らがシャーマンの代わりに競い合うと言われる。万一ヤキーラが殺されるようなことがあれば、彼を使っていたシャーマンも死に至る。

文献87

ヤクシー
YAKSHI
⇨ ヤクシャ

ヤクシャ／ヤッカ／ヤクシー／ヤクシニー
YAKSHAS, YAKKHAS, YAKSHI, YAKSHINI
インドの信仰や伝説に登場する精霊*およびデーモン*。彼らはさまざまに姿を変えることができ、人間に対しては、好意的なときもあれば悪意に満ちているときもある。ヤクシャは男の精霊で、ハンサムな若者の姿をとるときもあれば、太鼓腹で背中にこぶのある、黒くて恐ろしいドワーフ*の姿をとるときもある。ヤッカはヒマラヤ山脈の森に住むクベーラと関係があり、財宝を守りながら、風に乗って交戦する。彼らは残忍で敵意に満ちた行為をしがちである。ヤクシーあるいはヤクシニーは女の精霊で、官能的な女性の姿で描かれ、馬の顔をしていることもある。彼女たちは森の中を一人で旅している人間がいると、一人残らず道に迷わせ、攻撃する。ヤッカ、ヤクシャ、ヤクシー、ヤクシニーたちの中でも人間に対してもっとも好意的な者は、豊穣と結びつけられ、その加護を祈願されてなだめられる。

文献29、39、41、53、56、88、93、102
⇨ クベーラ、付録24

ヤザタ
YAZATAS
ペルシャのゾロアスター教では、ヤザタと

して知られる天界の精霊*たちは、最高神アフラ・マズダの聖なる使いである。その名は「尊敬するにふさわしい」の意。キリスト教における天使*と同様、ヤザタにも天界における階級があり、ヤザタは三番目の階級に属する。ヤザタはアフラ・マズダの側近たちであるアムシャ・スプンタ*を助け、神の意思を人間に伝える。彼らは道徳概念の権化であり、守護霊*と考えられている。その中でも特別な守護霊として、次のようなものがある。アナーヒター、アポ、アシャ、アタール、ダエーナ、ドラシュパ、ハウルヴァタート*、フアレクシャエタ、マー、ミスラ*、ラシュヌ、ラスン、スラオシャ*、ティシュトリヤ、スラエータオナ。現代イランの民間信仰では、彼らはヤズダンとして知られるようになり、善いデーモン*とされている。
文献41
⇨ 付録13

ヤージュージュ
YAJUJU
⇨ マジュジュ

ヤースキン
YARTHKINS
　イングランド東部リンカンシャーのザ・フェンズと呼ばれる沼沢地帯に伝わる自然の精霊*の名前。緑の服さん、あちらさん*、ちっちゃい人*、小さいさん*などとも呼ばれる。バルフォア夫人の『リンカンシャー沼沢地帯の伝説（Legends of the Cars）』によると、彼らは豊穣の地霊で、地の作物を恵み、そのお礼を期待した。ブラウニー*のように善意に満ちた時もあれば、ヤレリー・ブラウン*のように悪意に満ちた時もあった。
文献17、18
⇨ 付録18

ヤズダン
YAZDAN
⇨ ヤザタ

ヤッカ
YAKKHAS
⇨ ヤクシャ

ヤトゥス
YATUS
⇨ ドゥルグ

山の老婆
OLD WOMAN OF THE MOUNTAIN
　ウェールズ西部の民間伝承に登場するグウィリオン*の一人で、サンヒダル山に住んでいたハグ*である。灰色の服を着た醜い老婆で、エプロンを肩にかけ、角が四つある黒い帽子をかぶっていたという。人気のない暗い道で、牛乳の入った手桶をもって歩いている彼女に出くわすことがある。とぼとぼとゆっくり歩いているのだが、彼女に追いつくのは不可能かつ無謀である。彼女にあいさつをされた旅人は必ず道に迷った。しかし、鉄のナイフを引き抜いて構えれば、たちまち彼女は消え失せ、魔法も解けるのだった。
文献17、123

山姥
YAMA-UBA
　日本の民間信仰に登場する自然の精霊*。山に住む女の精霊である。
文献119

ヤラファス
YALAFATH
⇨ オリファト

ヤル＝ウン・エケ
YAL-UN EKE
⇨ オドカン

ヤレリー・ブラウン
YALLERY BROWN
　イングランド中東部のザ・フェンズと呼ばれる沼沢地帯に伝わるスプライト*、もしくは邪悪な妖精*の名前。バルフォア夫人の

『リンカシャー沼沢地帯の伝説（Legends of the Cars）』で描かれているヤレリー・ブラウンは、一歳児くらいの大きさの小さな生き物で、体全体がしわだらけで醜く、きらきら輝く金髪とあごひげを長く伸ばしていた。同書で語られている話によれば、トム・タイヴァーという若い農夫が、仕事から帰る途中、まるで捨て子のような哀れな泣き声が道端から聞こえてくるのに気がついた。その声は、「あちらさんの石」と呼ばれる平たい大きな石の下から聞こえてくるようだった。トムがその石を持ち上げてみると、スプライトが下敷きになっていた。その妖精は、髪の毛が体にからまって動けなくなっていた。トムが妖精を自由にしてやると、妖精はお礼のしるしに嫁か金貨をあげようと言った。しかしトムはそのどちらもいらないと答え、それよりも農場の仕事を手伝ってほしいと言った。すると妖精は同意し、「わしに仕事をしてもらいたい時には、ただヤレリー・ブラウンと呼ぶだけでいい。ただし、一言でもわしに礼を言ったなら、二度とわしの手は借りられないよ」と言った。朝になってトムが農場に出かけると、トムの仕事はすべて片づいていた。そんな朝が毎日続き、トムはとても喜んでいた。しかししばらくして、具合の悪いことになってきていると気がついた。妖精はトムの仕事はちゃんとやってくれても、ほかの男たちの仕事は台無しにしていたのだ。やがて仕事仲間たちがトムをとがめるようになり、ついには主人に解雇を申し渡された。悲惨な成り行きにたまりかねたトムは、ヤレリー・ブラウンを呼び出すと、「お前がしてくれたことはちっともよくない。お礼を言うから、もう僕には構わないでくれ」と言った。礼を言われると、ブラウニー*のような仕事をする妖精はみな気分を害して、どこかへ消えてしまうのが常である。ところがヤレリー・ブラウンは邪悪な妖精だったので、その後もトムを悩ませ続けて仕返しをし、トムには不運がつきまとった。

文献17、18

ヤン・ウー・チャン（陽無常）
YANG WU CHANG
⇨ ウー・チャン・グイ（無常鬼）

ヤンベ・アッカ
YAMBE-AKKA
バルト海北岸諸国に住むラップ人の民間信仰に登場する精霊*。ヤンベ・アッカとは「死者の老女」の意。彼女は地下世界すなわち冥界の守護霊*であるが、冥界は地上世界を支える氷の海であると考えられていた。この地下世界への入り口は、河口にあるとされた。地下世界に住んでいるのは年老いて死んだ者たちだったので、彼らの弱々しい手が震えると、上の世界に地震が起こると言われた。

文献33

［ユ］

ユアンキ＝ムルト
YANKI-MURT
ロシアのヴィヤトカ地方に住むヴォチャーク族（フィン＝ウゴール語族）の民間伝承に登場する邪悪な水棲デーモン*で、ヴ＝ヴォゾ*に似ている。きわめて危険なヴィズ＝エンバー*、ヴォディアノイ*、ヴ＝ヌナ、ヴ＝ヴォゾ、精霊*で、無防備な人間や、彼の機嫌を損ねた人間には、病気をもたらす。ヴ＝ヌナはヴォチャーク族を守る善い精霊で、ユアンキ＝ムルトに対抗する。

文献88、102

⇨ クル、ダラント、ナッキ、ニクス、ルサールカ、付録25

幽霊狩猟
WILD HUNT
幽霊狩猟は西欧全体の民間伝承に登場するが、他文化にも同様のものを見ることができる。概して、嵐の夜に轟音を立てながら空を駆ける物の怪の群れとして描写される。彼らは呪われた者、洗礼を受けていない者、軽率な傍観者たちの魂を地獄へ運ぶために捜し求めているのである。この物の怪の群れは、死

にきっていない下位の精霊*たちから成ることがあり、それらが猟犬・ヤギ・馬などの姿をとるか、あるいは伝説上の軍兵たちの亡霊となって現われる。彼らを率いるのが幽霊猟師*で、それは悪魔化した英雄であったり（アーサー王）、精霊*の猟師であったり（グラン・ヴァヌール）、悪魔化した人間であったり（向こう見ずダレル）、あるいは悪魔*自身であったりする。幽霊狩猟の音が聞こえると、自然災害、戦争、政治的・経済的大惨事が起こる前触れであるとされる。また幽霊狩猟を目撃した者は、たいてい近いうちに死ぬことになる。幽霊狩猟のもっとも初期の記録は、おそらく1127年にイングランドで書かれた『アングロ・サクソン年代記 (*The Anglo-Saxon Chronicles of England for the year*)』である。その記述によると、幽霊猟師はぞっとするような巨大で黒い生き物で、黒い馬やヤギにまたがっており、目を大きく見開いた恐ろしい猟犬たちを後ろに従えていた。この光景は修道僧たちによって、四旬節から復活節までの期間に、ピーターバラの町からスタンフォードに至る上空で目撃された。それはポアトゥーのアンリが大修道院長に就任する前のことだった。

イングランドでは、幽霊狩猟は一般に「フューリアス・ホスト（怒り狂った主人）」、「ハールズ・レイド」、「ハーレシンガス」（古代伝説より）、「レイジング・ホスト（激怒した主人）」、「ウォドンの狩猟」（古代神話より）などとして知られている。イングランド各地での幽霊狩猟の呼称は、以下のとおりである。サマセット州では「アーサー王の狩猟」、コーンウォール州では「ダンドーと猟犬群*」「悪魔の猟犬群*」、ダラム州、ヨークシャー、ランカシャーでは「ガブリエル・ハウンド*」「ガブル・レチェット」「ガブリエル・レチェット」「ガブル・ラチェット」「ガブルラケット」、ウスターシャーでは「七鳴き*」、東部諸州では「スカイ・イェルパーズ」、デヴォン州の荒野ダートムアでは「ウィッシュト・ハウンドの群れ*」、デヴォン州東部では「ウィッシュト・ハウンドの群れ」、デヴォン州北部では「イェフ（ヒース）・ハウンドの群れ」「イェス・ハウンドの群れ」「イェル・ハウンドの群れ」。

スコットランドでは、幽霊狩猟は「アーサー王の狩猟」と呼ばれる。

ウェールズでは、「クーン・アンヌヴン*」（妖精国／地獄の猟犬群の意）、「クーン・ママウ*」（母たちの猟犬群の意）と呼ばれる。

フランスでは、「アルメ・フュリウーズ*（荒れ狂う軍勢）」「アーサー王の狩猟」「シャス・ド・カイン*」「シャス・デロドゥ*」「メニー・エルカン*」などとして知られている。

スイスでは、「アルメ・フュリウーズ*（荒れ狂う軍勢）」として知られる。

北欧では、「オーディンの狩猟」として知られる。

ドイツでは、「ゴーデンおばさんの狩猟」「ホレおばさんの狩猟」「ヴォータンの狩猟」などと言われる。

これらは独自のものとして描写される場合と、何かに関連づけられて描写される場合とがある。

幽霊狩猟そのものが登場するのは西欧の民間伝承に限られるようであるが、これに似た性質を持つ他の精霊は、世界中の至るところに見られる。西マレーシアのハンツー・シ・ブル*などがその例である。

文献 3、17、18、40、56、69、95、110、125、133、136

⇨ フィルギヤ、付録12、付録16、付録23

幽霊猟師
WILD HUNTSMAN

物の怪の群れを率いて幽霊狩猟*を行なう超自然存在に対する一般的な呼称。幽霊猟師は、悪魔化した人間であったり（向こう見ずダレル）、悪魔化した文化英雄であったり（アーサー王）、精霊*の猟師であったり（グラン・ヴァヌール）、古代の神であったり（オーディン）、悪魔*自身であったりする。猟犬・ヤギ・馬などの姿をとる、死にきって

いない下位の精霊を従えていたり、伝説上の軍兵たちの幽霊を従えていたりする。彼らが追う獲物は、罪深い人間、人間の赤ん坊、死者の魂からコケの女たち*（モス・ウーマン）など他の下位の精霊まで、多岐に渡る。それと同様に、この幽霊猟師に関する伝説や民話も数多く存在し、身の毛もよだつほどの奇怪なものから、皮肉なユーモアのセンスが感じられるものまで、幅広く存在する。代表的なものとして、ベアリング＝グールドが伝えている次のような話がある。ある晩一人の農夫が、ダートムアのウィダクームにある市場から帰っていた。馬を駆って古代の石壇があるところを通り過ぎた時、農夫は遠吠えしながら空中を馳せる幽霊犬の群れに追いつかれた。農夫は幽霊猟師に敬意を払うことなく、今晩の獲物は何だねとぶしつけに訊ね、自分にも分け前をくれと言った。すると幽霊猟師は「これでもくらえ！」と声高に言い、農夫に包みを放り投げて過ぎ去った。農夫が家に着き、ランプの明かりのもとで包みを開けると、中には農夫の幼い息子の死体が入っていた。

イングランドでは、猟犬群を率いる幽霊猟師は、ブラック・ヴォーン（地獄の亡者）、ダンドー（地獄の亡者）、悪魔、デューアー（地獄の亡者）、グリム*、ハリー・カ・ナブ、狩人ハーン*、アーサー王、ヘルラ王、フランシス・ドレーク卿、トレギーグル（地獄の亡者）、向こう見ずダレル（地獄の亡者）、向こう見ずエドリック（サクソン人の英雄）などさまざまな場合がある。

スコットランドでは、幽霊犬の群れを率いるのはアーサー王である。ウェールズではグイン・アップ・ニーズ*、あるいはモールト・イ・ノス（夜のマチルダの意で、地獄の亡者）が幽霊猟師である。

フランスでは、アーサー王、カイン、フォンテンブローの偉大なる狩人、ヘロデ王、シャルルマーニュ（カール大帝）、英雄ローランなどが幽霊猟師として知られている。

ドイツでは、魔女ペルヒタ、ゴーデンおばさんもしくはゴーデおばさん（地獄の亡者）、ハンス・フォン・ハッケルンベルグ（ザクセン州の地獄の亡者）、ハケルベーレンド（ヴェストファーレン地方）、ホッケルブロック（ベルクキルヒェン地方）、オーディン、ヴォーエンスイェーガー（幽霊猟師の意）、ヴォーエンイェーガー（ハノーヴァー地方）、ヴォーインイェーガー（ザターラント地方）、ヴォータンもしくはウォーデン（ゲルマン神話の主神）などが幽霊猟師とされる。

デンマークでは、ヴァルデマール大王、クリスチャン二世（王）、あるいはグロンジェットらが幽霊猟師である。

スウェーデンでは、幽霊猟師はオーディンである。

西欧以外の国では、西マレーシアのハンツー・ペンブル*もしくはハンツー・シ・ブル*、インドのマルト*などが幽霊猟師とされる。

文献17、18、19、56、69、95、110、125、133
⇨　グロンジェット、スプライト、ハリー＝カ＝ナブ、フィルギヤ、ヘーカル＝ベレント、ペルヒタ、付録16、付録22、付録23

雪女
YUKI ONNA

日本の民間伝承に登場する悪霊の名前。雪女は吹雪をつかさどる美しい女の精霊*である。雪の女王*と同様、雪女もその美貌で人間の男性を惹きつけ、暴風雪の中へと誘い込む。雪女に魅せられた者は、彼女の姿を必死で追い求め、ついには凍え死んでしまうのである。

文献119
⇨　付録26

雪の女王
SNOW QUEEN

デンマークの民間伝承に登場する妖精*の女王の名前。彼女は目もくらむほど美しく、氷の結晶そのもののようだと描写される。彼女は氷の王国の女王で、北極の荒野から吹きつける雪嵐の中を旅する。雪の女王に誘惑された人間の男は彼女について行くが、日本の民話に見られる雪女*と同様、雪の女王に愛

雪の女王はその美しさでだまされやすい人間を誘惑し、氷の世界へ導いて死に至らしめる。

された人間は即座に死んでしまう。
文献44
⇨ 精霊、付録26

雪娘
SNOW MAIDEN
⇨ ファーザー・フロスト

ユトゥルナ
JUTURNA
⇨ ディウトゥルナ

ユー・ヌー（玉女）
YÜ NÜ
中国の民間信仰や神話に登場する妖精*たち。翡翠乙女として知られる。シー・ワン・ム（西王母）*に仕える五人の侍女たちで、四人がそれぞれ東西南北の四方位、もう一人が中央をつかさどる。美しい若い娘の姿をとり、伝統的な絹の衣装をまとっているが、その服の色は赤、黄、白、緑、黒とそれぞれ方角により決まっている。ユー・ヌーの名は、出産をつかさどる優美な妖精ビー・シャ・ユエン・ジュン（碧霞元君）*にも用いられる。
文献131
⇨ 従者の精霊、精霊

ユミス
YUMIS
ラトヴィアの民間伝承に登場するコーン・スピリット*。穀物畑にとりつく妖精で、生育中の穀物の中に住む。コルンヴォルフ*と同様、ユミスも収穫時の最後の一束とともに「捕えられ」、翌年も豊作が続くことを願って祝われる。
文献88
⇨ カリァッハ、付録15

ユルパリ
YURUPARI
アマゾン川流域に住むトゥピ族の信仰で、精霊*に対して用いられる一般的な呼称。ユルパリには温和な精霊も邪悪な精霊も含まれるが、たいていは危険なデーモン*である。この邪悪な精霊たちは森や荒れ地に住み、その多くは空き家・廃墟・埋葬地へと移動して人間を怖がらせる。
文献102

ユロバック
UROBACH
非常に限定された力しか持たないデーモン*あるいは悪魔*。コラン・ド・プランシーが著書『地獄の辞典（*Dictionnaire Infernal*）』(1863年)の中で定義した。
文献113

［ヨ］

善いお隣りさん
GOOD NEIGHBORS
イングランドとスコットランド低地の民間伝承では、妖精*を直接、その名で呼ぶかわりに、この呼び名が使われる。直接、名前を呼んで妖精を怒らせないためである。小さな精霊たち*の仲間の名前を直接呼ぶのは、彼らを怒らせ、侮辱することになる。怒った妖精は、姿を消すが報復をする。だから妖精が人間の暮らしに果たす役割を知っている人間たちは、そうした危険をおかさない。
文献18
⇨ ベン・ソシア

妖精
FAIRY
ヨーロッパとオリエントには、古くからこの小さく魅力的な精霊*にまつわる神話や伝説が残っているが、世界の他の国々にはそれほど残っていない。服装やすみかはさまざまだが、ふつうは小さな人間に似ており、美しいとされる。大きく二つのグループに分けられ、群れをなす妖精は、人間と同じような共同体、王国を持つ（例：アイルランドのシー*）。孤立した妖精は、一人で暮らすが、特別な場所、活動、一族には集まることがある（例：ロビン・グッドフェロー*、妖精の

代母)。

　ほとんどの妖精は人間に親切だが、悪戯好きで信頼できない性格をしており、利益をもたらすよりも魔法で災難をもたらすことが多い。たとえば元気な赤ん坊を誘拐して、かわりに虚弱な取り換え子を置いておく。貧しい者、恵まれない者、不運な者には、妖精は、超自然的な力を及ぼして助けようとするが、完全にはうまくいかない。たとえばカラカサタケでできたお金、カボチャの馬車などをくれるが、残念ながら元の形が残っているので役に立たない。

　妖精はその性格によっていくつかに分けられる。シーリー・コート*は、ふつうは自分たちの社会のことに専念し、人間の世界とは比較的、平和に共存し、宴会や狩りをしたり、牧歌に乗せてダンスを楽しんだりする。だがアンシーリー・コート*は悪い精霊の集まりであり、いつでも人間を破滅させようとしている。たいていは醜い姿で、荒野や、惨事の起きた場所に住む。

さまざまな国の妖精
イングランド　イングランドの文学、文化、美術、民間伝承では、妖精は古くから大きな地位を占めており、妖精の姿と活動が確立されている。エドマンド・スペンサー作『妖精女王』(1590年)は、女王エリザベス1世に捧げられたものであり、トマス・マロリー作『アーサー王の死』(1470年)は、アーサー王の超自然的な宮廷だけでなく、アヴァロンの妖精の世界についても描写している。

　善良な群れをなす妖精たちは、人間と同じ大きさのものもいるが、ふつうはたいへん小さいとされる。人間に似ているが、たいてい器量がよく、緑、金、青色の綺麗な服を着て、背中から薄くて繊細な羽根がはやしている。妖精はなんにでも変身でき、見えなくなることもできる。妖精のこの能力には、シェイクスピア作『真夏の夜の夢』(1596年)に素晴らしく描かれている。またこの作品には、妖精の王オベロン*、女王ティターニア、妖精パック*、花の妖精*たちが登場する。プールの作品『パルナッサス』(1657年)では、オベロンが皇帝、マップが女帝となり、他にはパック、ホブゴブリン*や親指トム*が登場する。イングランドの孤立した妖精でいちばん有名なものはパックとロビン・グッドフェローである。

　王国や宮殿に暮らす妖精は、古代のストーンサークルや塚と関わりのある地下世界か、人間とは時間の感覚が違う妖精の国に住んでいる。妖精は人間と同じ活動や楽しみを求めるが、そのスピードと質は超自然的である。妖精は音楽とダンスが好きで、とくにケルトのベルティネ祭(五月祭前夜)、夏至前夜、サウィン祭(ハロウィーン)などに、よく人間の音楽家やダンサーを「招待」する。人間の「ゲスト」は、楽しい夜を過ごして村に戻ると、生まれたのも知らなかったひ孫に怒った顔で迎えられる。同じように、親切な人間に「贈られた」富や財宝は、贈り主の手に戻るか、木の葉に変わる。

　おそらく、妖精がいつの世も魅力的なのは、この信頼できないユーモラスな悪戯のせいだろう。

ウェールズ　ウェールズの妖精は、たいていはタルイス・テーグ*という名で知られているが、ディノン・バック・テーグ、ベンディース・ア・ママイ*、ブラント・フリース・ドゥヴェン*といった別の呼び名も使われている。金髪の美しい人間に似ているとされる。一つのグループはたいへん小さく、もう一つのグループは、人間の膝ぐらいの高さがある。だが妖精は変身できるので、必要なときにはもっと背の高い姿になれる。牛乳とサフランを混ぜたものを食べる。女性の妖精は、タブーが破られないならば人間の男と結婚できる。

　妖精の王はグイン・アップ・ニーズ*であり、妖精はふつう緑色の服を着ているが、この王の廷臣たちは赤と青の絹の服を着ているとされる。ウェールズのもっと小さい妖精は、白、赤、青、緑色の服や、地元民の手織りの服を着ている。

　ウェールズの妖精は、沿岸や湖の人気のな

妖精

花の王冠にすわり、廷臣を迎える妖精の王と女王

い島々や、丘や山の森林地帯に住み、月光や霧を浴びて、妖精の輪をつくって音楽やダンスを楽しんでいると言われる。こうした妖精の輪にとらえられた人間は、1年と1日踊らされるが、自分ではたった数分踊った記憶しかない。ヨーロッパナナカマドの木でつくった棒を輪の上に載せれば、虜になった人間を救出できるが、輪の中に飛び込んでいった者は永遠に呪われる。

より小さな妖精のグループは、他のグループより美しく徳が高く、清潔で親切な人間には褒美を与えることが多いが、少しでも逆らった者には厳しく罰を下す。より背の高い妖精は、あまり正直ではない場合が多く、バター、牛乳、牛、山羊を盗み、また人間の赤ん坊を誘拐して醜い取り換え子*を残していく。広く伝わっている話に、産婆と魔法の目薬の話がある。また、シリ・フリット*とシリ・ゴー・ドゥート*、トゥルティン・トゥラティン*が名前を隠す話は、広くヨーロッパに伝わっている。

アイルランド アイルランドの妖精はディーナ・シー*と呼ばれる。堕天使*や地上の古代の神々に由来すると言われている。だがたいていは伝説上の超自然存在、デ・ダナーン神族*が姿を変えたものである。その行動は、『赤牛の書』『レカンの書』『リスモール司祭の書』などの中世アイルランド写本に記録されている。

妖精は、アイルランドの地方に見られる古代のシー*（小山と塚）、湖、ストーンサークルに、共同体や王国をつくって暮らす。妖精の王はフィンヴァラ*やダグダ*と呼ばれ、女王はウーナ*、アーネ*、イーヴィン*、クリオズナ*と呼ばれる。アイルランドの妖精にも孤立したものがおり、いちばん有名なのがレプラホーン*やバンシー*で、特別な活動をしていたり、特定の地域や一族に関わりがあったりするとされる。

こうした妖精は、イギリス諸島のほかの妖

妖精

精と同じく、親切にしてくれる者に対しては善意を示すが、妖精や人間に悪意を向けるものに対しては、超自然的な力で復讐する。人間の旅人が道で飢えていたら、気前よく丸いパンのバノックを与えると言われているが、それを断わると、見えない力で強く殴られる。この妖精の気まぐれな性質に注意を払う人間は、妖精を「ジェントリー*」、「小さな精霊たち*」などの遠まわしな言い方でしか呼ばない。

ジェントリーの身体は、目に見えるときはたいていとても小さく美しいが、どんな形や大きさにも変身できる。衣装は豪華な絹からみじめなぼろまであるが、たいていはエメラルドグリーン色である。妖精は宴会、狩りや、とりわけケルトの祭りで催される音楽とダンスが好きである。人間の花嫁や赤ん坊を盗むことがあるが、人間とは打ち解けず、呼ばれもしないのにやってきた人間には災いが降りかかる。

マン島 マン島の妖精はアド＝ヘネ*と呼ばれ、クロアン・ナ・モイルン（「誇り（大志）の子供たち」という意味）とも呼ばれる。それは妖精が天国から堕ちてきた堕天使*だが、地獄にいくには善良すぎたからとされる。妖精は善意を示すこともあるが、たいていは人間に悪意を向け、赤ん坊や女房を誘拐する。だが慈悲深い用事でやって来た人間には妖精の力は及ばない。目に見える姿のときは人間の子供の大きさで、海で漁をし、丘で牛追いをする。マン島の住民は、妖精が洞穴で貯蔵樽をつくっている音を聞いたときは、大量や豊作が見込めると知っている。

スコットランドと周辺の島々 スコットランドの妖精もどんな姿や大きさにでも変身できるが、ふつうはごく小さな人間の姿をしている。女性はふつう、とても美しいが意地悪である。その性格には信頼がおけないので、平和の人々*や善いお隣りさん*と呼んでうまくなだめている。一方で孤立したクーンチアッハ*とは、何としてでも関わらないようにしている。13世紀の詩人トマス（アルセルドゥーンのトマス。スコットランドの伝説的な歴史家）の作品によれば、妖精の女王は、緑のドレスを着て、たてがみに銀の鈴を編みこんだ馬に乗っているとされる。トマスは、妖精の国に7年間暮らしたと語り、妖精の超自然的な力や性格を生き生きと書き残している。

スコットランドの妖精は、シーリー・コート（善良なもの）とアンシーリー・コート（邪悪なもの）に分けられるが、人間とは接触したがらず、人里離れた沼地や山の住みかを好む。丘の上の砦、砦の塔、円形石塔、ドルメンに住み、そこから出てきてダンス、狩りをし、ケルトの祭や夏の夜の長く暖かい夕暮れには楽しくすごす。長い冬の夜は、アンシーリー・コートの活動する季節であり、賢明な人間は家の中にひきこもる。

フランス フランスの妖精フェ*は、その呼び名のノ・ボンヌ・メール*、ボンヌ・ダム*、ベン・ソシア*でわかるように、圧倒的に女性が多い。こうした名前はすべて、妖精の善良さを表わしているが、人間に対して信頼できない恐ろしい面もあることを示している。フランス中世の記録には、妖精についての豊かな伝統が残されている。最も有名なのが中世歴史物語に登場するメリュジーナ*である。フランスの国王たちは、メリュジーナの子孫であると誇らしげに主張している。妖精は、美貌の人間から恐ろしい姿にまで変身でき、姿を見えなくすることもできる。豪華な衣装に身を包むときもあれば、地元民のような格好をするときもある。ケルトの伝統を色濃く残すブルターニュ地方では、妖精ベフィン*とクーリル*は、イングランド、ウェールズ、アイルランドの妖精と同じ名前や性格をもっている。彼らはドルメンや丘の上の砦に住んでいる。

スペイン スペインの妖精はファダという。呼び名はラテン語のファトゥム（運命という意味）に由来し、魔法で運命を支配できる。地元民に似た姿の孤立した妖精が多く、仲間の妖精をも騙したり、意地悪をしたりする。人間界の建物に住むものもいるが、バスク地方のバジャジャウン*のように、山地に住む

雪の女王、妖精の女王

ものもいる。

イタリア スペインのファダと同じく、ファタ*という名前はラテン語のファトゥムに由来する。だがイタリアには古代からニンフ*がたくさんいたため、妖精にまつわる民間伝承は、北ヨーロッパほど多くは残っていない。イタリアの妖精は、イタリアでも祖国イングランドでも同じように邪悪とされるファタ・モルガナから、優しいベファナ*や勤勉で人間に親切なブルー・フェアリー*までそろっている。

ドイツ ゲルマン文化には豊かな英雄文学があり、その中で妖精の地位はアールヴ*やヴァルキュリア*のものと重なっている。だが、白鳥乙女*としてのヴァルキュリアの役割は、デ・ダナーン神族*での場合と似ている。ケルトの伝統にもっと似ているのは、バザロシュツ*（「神の嘆き」という意味）で、バンシーと同じ働きをする。ゲルマン伝説に登場するほかの妖精は、氷の妖精や氷の女王ヴィルジナル*の冒険などのように、この地域の冬の伝統を反映している。

スカンディナヴィア ドイツの伝統と同じく、スカンディナヴィアの散文エッダなどの英雄文学には、おもに神々やドワーフ*が登場する。しかしエルレの人々*やトロール*と重なるところもある。とはいえ、罰を科すヒルデ＝モアー*（エルダー・マザー*）などの守護妖精は、この地域の豊かな伝承においては主役の地位は占めない。

リトアニア デイヴ*とラウメ*は、金髪碧眼の美女妖精で、昔の神々が姿を変えたものであり、人間の女性を超自然的な力で守護する任務を与えられている。

ハンガリー ハンガリーの民間伝承では女の妖精が多く、妖精の女王でも、たとえばダム・ランプソン*のように、ダムの尊称をつけて崇められる。たいていは善良であり、人間と同じ姿や大きさに変身するが、人間よりも魅力がある。ババ*のように、人間に好意を持たない者もいて、さまざまな悪事を行なう。

ロマ ロマには優しい妖精ケシャリイ*にまつわる伝説がたくさん残っている。この妖精たちには、アナ*という名の女王がいたが、デーモン*の王と結婚させられた。このアナの悲劇によって人間に病気がもたらされたとされている。

アルバニア 民間伝承で妖精は大きな位置を占める。妖精のほとんどが、たいへん美しいブクラ・エ・ゼェウト*（「地上の美」という意味）であり、山頂の妖精の城に住んでいる。人間や他の妖精に対しては、気まぐれな行動をとる。

ペルシア／イラン ペルシア神話の妖精はペリ*という。小さく軽く、繊細な生き物であり、性質は善良である。木や花の選び抜かれた香料を食物としている。邪悪なデーウ*は、いつもペリを捕まえて、高い木のてっぺんに吊るした鉄の檻に閉じ込める。だが、ペリが捕らえられると、仲間が香料を運んでやり、デーウの悪巧みを打ち砕く。

ナイジェリア ダオメー族のアジザン*とヨルバ族のイジメレ*は、森林に住む、小さく優しい妖精である。

マレーシア ベディアダリ*とオラン・ブニイ*という、2種類の妖精がいる。ベディアダリはヨーロッパの群れをなす妖精に似ており、善良だが気まぐれな性質なので尊重する必要がある。オラン・ブニイは粗野であり、賢い人間ならそのいたずらを出し抜くことができる。

中国 中国の伝説と民間伝承の豊かな伝統の中では、チー・ヌー*（織女）やヂュー・バー・ジェ*（猪八戒）のような天上の小さい精霊*が、西洋文化で妖精が占める役割を果たしている。神より力が弱いが、善意や干渉を通して、人間の運命を支配する。

カナダ ヨーロッパ人が新世界を占領した後、古い伝統は形を変えられた。たとえばラブラドル半島の山地では、アプシルニック*と呼ばれる妖精は、ヨーロッパの妖精と同じく、子供を盗むのがうまい妖精になった。

アメリカ合衆国 アメリカ先住民には豊かな伝説や神話がある。その中には優しく美しいクラウド・ピープル*やシワンナ*が登場し、

虹色に変身したり、姿を見えなくしたりして、魔法の力を及ぼす。
文献17、18、28、40、44、48、52、56、59、81、87、91、92、93、98、107、108、110、133、134、136
⇨　エイニア、クリール、守護霊、トゥンデル、バジャロシュッシュ、ベイフィンド、付録6、付録22

妖精ヘレン
FAIRLY HELEN
⇨　トゥンデル

ヨーギニー
YOGINI
　インドのヒンドゥー教神話に登場するデーモン*たち。シヴァ*の配偶神で破壊の女神であるドゥルガーに仕える、八人の女デーモンたちである。
文献88
⇨　ラミアー

四大精霊
ELEMENTAL
　神秘主義哲学者パラケルスス（1493〜1541年）が、自然元素から生みだされるものとした、自然の精霊*のグループ。その仲間は風の精霊のシルフ*、地の精霊のノーム*、動物の精霊のフォーン*、植物の精霊のドリュアデス*、火の精霊のサラマンダー*、水の精霊のウンディーネ*。

　ポルターガイスト*やゴブリン*といった他の悪い精霊も、一般的には仲間に含まれている。この精霊たちは、彼らが宿る「元素」にからめて語られる。オカルト主義者のエリファス・レヴィは、こうした精霊それぞれの「皇帝」に名前をつけた。オカルト理論による説明は、こうした精霊について神話や民間伝承で語られる性格とは一致せず、たいていがもっと悪意に満ちた性格として描かれている。四大元素は「千里眼」を持つ人間にしか見えず、人間同士に騙しあいや仲たがいをさせたり、それぞれの自然元素と関わりのある痛みを起こしたりする原因でもあるとされている。
文献40、53、69、91、98、107、136
⇨　エルフ、ジン、ドモヴォーイ、ドワーフ、ニンフ

[ラ]

ラ
LA
　ミャンマーに住むカレン族の民間信仰における精霊*。人間の霊魂を象徴することもあるが、この名称はナット*と呼ばれる悪霊の別名として用いられるほうが多い。
文献88
⇨　付録10

ライ・ドッグ
RYE DOG
⇨　コルンヴォルフ

ライネック
WRYNECK
　ヘンダーソンの『イングランド北部諸州のフォークロア（*The Folklore of the Northern Counties*）』（1866年）に紹介されている精霊*の名前で、イングランドのランカシャーとヨークシャーにいた凶悪な精霊とされる。悪魔*よりさらにたちが悪いと言われていたらしいが、わずかに19世紀半ば頃までのことわざ的表現に残っているだけである。
文献17、66

ラーヴァナ
RAVANA
　インドのヒンドゥー教神話に登場する、ラークシャサ*たちの魔王の名前。彼の物語は、古代インドの叙事詩『ラーマーヤナ』の一部を占める。ラーヴァナは10の頭と20の腕を持ち、それらは戦いで切り落とされても、そのたびに新しく生え変わる。ラーヴァナは豪華な衣装を身につけているが、その身体は戦いで負った傷だらけで醜い。その戦いとは、天の丘をセイロンに持っていったり、ラーマ王の妻シーターを奪った結果だった。彼はヒラニヤカシプ*とシシュパーラに二度化身したが、ついにクリシュナに倒された。
文献29、88、93、102、114、119

⇨　デーモン、バリ

ラヴィヨイラ
RAVIYOYLA
　セルビアの民間伝承でヴィーラ*として知られている精霊*の名前。自然の精霊、あるいは妖精*として現われるが、美しい人間の女性の姿をとることもある。彼女はあらゆる種類の植物の癒しの効果について、すばらしい知識を持っている。セルビアの民話によれば、彼女はふとしたことからマルコ王子の親友を死なせてしまったが、薬草を使った魔法ですぐさま彼を生き返らせたという。
文献41
⇨　付録18

ラヴカパチム
LAWKAPATIM
　ポーランドの民間伝承に登場する畑の精霊*。とくに土地を耕すとき、作物が守られよく育つようにと、人々はこの精霊*に祈願する。ラヴカパチムは本来、古代の畑の神であった。
文献102
⇨　付録18

ラウクマーテ
LAUKUMATE
　ラトヴィアの民間信仰における、女性の自然の霊。「田畑の母」を意味し、農耕および放牧された家畜の守護霊*である。
文献88
⇨　ジューラスマーテ、マーテ、付録18

ラウコ・サルガス
LAUKO SARGAS
　リトアニアの民間伝承に登場する自然の霊。耕地とそこにいる家畜の守護霊*である。
文献88
⇨　ギド＝ムルト、クデ・オェルト・クバ、グーナ、精霊、ヌル・クバ、ビチャ・クグザ、ラウクマーテ、付録18

ラウマ
LAUMA
⇨ ラウメ

ラウメ
LAUMÉ

リトアニアの民間伝承に登場する妖精*の一種。ラトヴィアではラウーメと呼ばれており、そのほかラウマ*、スピゲナ*、ラガナ*という名称でも知られている。夜中に森の中の池で水浴びしているところや、糸を紡いだり織物をしたりしている姿がよく目撃された。ラウメは貧乏な人々や孤児たちの守護霊*であったが、時がたつにつれて慈悲深さがなくなり、ババ・ヤガ*とよく似たハグ*に変わってしまった。

文献88
⇨ デイヴ、付録22

ラウリン
LAURIN

ハインリッヒ・フォン・オフターディンゲンの作とされている13世紀のドイツの詩『小さな薔薇園（Der Kleine Rosengarten）』に登場する英雄のドワーフ*の名前。伝説では、このドワーフの王は美しい山の頂（現在はカンティナッチオと呼ばれている）にある魔法の絹糸で守られた宮殿の中の宝石で飾られた部屋で、家来たちと一緒に陽気に騒いで楽しく暮らしていたという。その壮大な宮殿は、夜になるとキラキラした宝石の輝きで照らされ、昼間は宮殿を囲む花園に咲く薔薇でピンク色に輝いた。ラウリンは王族以外の者とは結婚することができなかったため、なかなか花嫁が見つからず、独り寂しく暮らしていた。そんなとき、ラウリンはある美しい人間の王女の話を聞いた。彼は王女を口説こうとして、さっそく豪華な贈り物を送りつけた。ところが使いの者たちは、冷遇されたうえ強奪されて戻ってきた。そこでラウリンは王女の興味を引くためにアザミの冠毛に姿を変え、自ら彼女に会いにいった。王女の部屋に入ったラウリンは彼女にすっかり魅了され、王国に連れて帰れるよう、彼女を自分と同じアザミの冠毛の姿に変えてしまった。やがて、王女の兄弟が彼女の居場所を見つけ出した。そして裏切り行為によって王とドワーフたちを打ち負かし、愛し始めていた夫から王女を引き離した。悲嘆に暮れたラウリンは、この山の城はもはや昼間に薔薇色に染まることもなければ、夜中に宝石で輝くこともないと断言した。しかし、彼は夜明けと黄昏時が存在することを忘れていた。彼の宮殿と庭は、今日に至っても夜明けと夕暮れの空に美しく輝くのである。

文献38、40
⇨ アルヴィース、アルベリヒ

ラウ
LAU

アンダマン諸島に住む人々が信仰する恐ろしいデーモン*。ラオ*とも呼ばれる。北部の島ではエレム・チャウガ、南部の島ではティ・ミクとも呼ばれる。ひどく醜いということ以外にその姿について詳しいことはわかっていないが、死、男の領域にいる女性、島にやってきた他所者などと関係がある。ジャングルに生息しており、そこで道に迷った人間の魂を盗もうとしている。しかし、火または矢、蜜蝋、人骨、赤い塗料などを使って退治することができる。

文献88
⇨ ジュルア、精霊

ラオ
LAO
⇨ ラウ

ラガナ
RAGANA
⇨ ラウメ

ラ・グエスティア
LA GÜESTIA
⇨ エスタンティグア

ラグエル
RAGUEL
⇨ 大天使

ラークシャサ
RAKSHASAS

インドのヴェーダ神話に登場する邪悪なデーモン*。強大な力を持ち、さまざまに姿を変える邪鬼。夜の訪れとともに力を増し、闇夜に人間や人間の食べ物を汚し、病気や死をもたらす。変幻自在で、地上ではフクロウ、犬、ハゲワシなどの動物に姿を変えて現われる。しかし彼らの本当の姿は、醜く歪んだ人間に近い姿で、巨大な手と、複数の頭と目を持ち、赤い髪と髭を生やし、巨大な膨れた腹をしている。女デーモンはラークシーとして知られている。男デーモンは人間の生肉をむさぼり食うが、女デーモンは人間の男と結婚して、美しい乙女に変わることもある。古代インドの叙事詩『ラーマーヤナ』の中では、彼らの王はセイロンの魔王ラーヴァナ*である。ラークシャサは大食、色欲、暴力など、人間や神々に見られるあらゆる形の悪を提示している。しかし彼らは互い同士には忠実で、情愛を示すことさえある。彼らは悪意に満ちた役割を演ずるよう強いられているだけで、彼ら自身に責任はないので、宝石でできたすばらしい宮殿に住まうことを神々に許されている。

文献29、53、88、93、114
⇨ アスラ、精霊、付録22

ラケシス
LACHESIS

ギリシア・ローマ神話に登場する運命の三女神*の一人。人間の女性の姿をしており、糸を紡ぎ、死すべき定めにある人間の人生の長さを計っている。

文献119

ラゴアのコブラグランデ
COBRA GRANDE DA LAGOA
⇨ ドナ・ロザリナ

ラサス
LASAS

古代エトルリアの神話に登場する精霊*または守り神*の一団。宝石を身につけた慈悲深い女性たちで、時には翼があり、手鏡をもって花冠または花輪をかぶっている。彼女たちは愛の女神トゥランの従者であった。名前が確認されているのはアカヴィセル*、アルパン*、およびエヴァン*である。

文献93
⇨ 従者の精霊

ラジッド・ブロッサム（みすぼらしい花）
RAGGED BLOSSOM
⇨ ガムナット・ベイビーズ

ラージャ・ブラヒル
RAJA BRAHIL
⇨ ジャブライル

ラシュヌ
RASHNU

ペルシアの神話や信仰に登場する天使の名前。公正を司る天使*として、ラシュヌは黄金の天秤を手に持つ姿で描かれる。彼は最後の審判の日に、死者の魂をはかりにかけるのである。

文献88
⇨ ミカエル

ラスコヴィツェ
LASKOWICE

スラヴ民族の神話および民間伝承に登場する森の精。レスチア*とも呼ばれる。サテュロス*に似ており、身体は毛むくじゃらで足は山羊、上半身は人間のようだと言われている。自然の霊であり、森林とそこに住む動物の守護霊*である。とくにオオカミに親近感を抱いている。

文献93
⇨ 精霊、メツァンハルティア、レーシィ、付録12、付録19

ラソゴナガ
RASOGONAGA
チリのチャコ族の民間信仰に登場する精霊*の名前。人間に好意的な天気の精で、空中に住み、人間のために恵みの雨を降らせる。

文献56、102
⇨ チェルーヴェ、フエクヴ、付録26

ラタイニッツァ
RATAINITSA
ロシアの民間信仰に登場する家につく精霊*の名前。馬小屋とその中で休む馬たちの守護霊*である。

文献102
⇨ 家事の精、ドヴォロヴォイ、ドービー、付録12、付録22

ラーチ
WRACH
ウェールズのペンブルックシャーの民間伝承で、コーン・スピリット*の人形に対して用いる敬称。儀式にのっとってこの敬称が与えられ、この形で祝典であがめられ、その後次の耕作期まで保管される。

文献123
⇨ カリァッハ

ラッキー・デヴィル（幸運を招く悪魔）
LUCKY DEVIL
オーストラリアにある Lambertia formosa またはマウンテン・デビルと呼ばれる低木の精。姿はその低木と似ている。好意的な精霊*で、頭は低木に生えるとげのある莢のような形をしており、体は鱗に覆われ、とげのある尻尾を持つ。小さな精霊たち*の一人で、メイ・ギブが創作したスナグルポット*とカドルパイ*の仲間である。

文献55
⇨ ガムナット・ベイビー、花の妖精

ラッツマン
LATZMAN
⇨ 緑の服のジャック

ラ・ドルメット
LA DORMETTE
⇨ ドルメット

ラナンシー
LHIANNAN-SHEE
マン島（英国）の民間伝承に登場する妖精*。アイルランドにいる同名の妖精と違って、この妖精は少しも好意的でない。黄色いシルクのローブを着た美しい女性の姿をしていると言われる。彼女はねらった若者にとりついて誘惑する。その若者にとってはラナンシーはたまらなく美しく見えるが、他の人にはその姿も見えない。そして彼女の誘惑に負けたら最後、若者は身も心も憔悴しきって死んでしまう。だが、バラフレッチャーのラナンシーはちょっと違っていた。彼女はカーク・ブラダンのフレッチャー一族の守護霊*であり、「妖精杯」と呼ばれる不思議な力を持つ水晶杯を彼らに与える。この杯をもっているかぎりフレッチャー家の家系は絶やされることはないと言われた。毎年、一家の主人はラナンシーおよび一族の子孫繁栄のために乾杯した。バラフレッチャーの妖精杯の話が最後に聞かれたのは、それがシーフィールドのベーコン一族の手に渡ったあとだった。フレッチャー家は途絶えてしまっており、バラフレッチャーの屋敷ももう廃虚と化していた。

文献17、81、135
⇨ リァノーンシー、付録20、付録22

ラバーキン
LUBBERKIN
16世紀および17世紀の英国では、ラバーやロブ*の指小語として用いられた。一般にその精霊*を好意的に受け入れていることを示す、親しみを込めた呼び方であり、それが出没する場所にいる人間によって用いられる。

文献17
⇨ アビー・ラバー、家事の精、炉端のロブ

「妖精杯」をうやうやしく掲げるフレッチャー家の長男。この杯は、バラフレッチャーの家系を絶やさないようにするためのお守りとしてラナンシーから贈られたものである。

ラバードフィーンド
LUBBARD-FIEND
⇨ ラバーフェンド

ラパハンゴ
RAPAHANGO
⇨ アクアク

ラバーフェンド
LUBBAR-FIEND, LUBBER-FIEND
　英国の農場の精霊*。ジョン・ミルトンの詩「快活な人（*L'Allegro*）」の中で次のように描写されている。

村人が十人がかりでも手におえぬ麦の山を、
一晩でそれも夜が明けぬ前に、
目に見えぬ殻竿（からさお）で打ち終えた、
それからこのラバー・フェンドは寝そべると、
暖炉いっぱいに長々と体を伸ばし、
毛むくじゃらの手足を火で温めると、
満ち足りたお腹をかかえ、
一番鶏が朝を知らせるその前に、
煙突から外へ飛び出したとさ。
（『妖精事典』、井村君江訳、冨山房より）

　この描写から、いたずら好きだが働き者のこのブラウニー*が炉端のロブ*として知られるようになった理由がわかる。
文献17
⇨　家事の精、付録22

ラハム
LAHAMA
　古代シュメールとアッカドの神話に登場する水棲デーモン*。知恵の神エンキの側近であるアプスー*の子孫である。
文献93
⇨　付録25

ラバルトゥ
LABARTU
　古代メソポタミアおよびバビロンの神話に登場する女のデーモン*。湿地帯や山の荒れ地に生息し、とくに子供を襲った。妊婦に流産させることでも非難されている。
文献31、39
⇨　カル・クマーラ・ヤカ、精霊、トスロ、プータナー、リリス、付録22

ラーフ
RAHU
　インドのヒンドゥー教神話に登場するデーモン*の名前。このデーモンは不老不死の霊薬が入った瓶を盗んだが、それを少しだけ口に含んだところで太陽と月に見つかり、ヴィシュヌ神に言いつけられた。ヴィシュヌ神はすぐに瓶を取り上げ、罰としてラーフの首を切り落として追放したため、ラーフは竜座となった。しかしラーフは霊薬を少しだけ飲んでいたので、その頭部は不老不死のまま残り、今でも自分のことをヴィシュヌ神に告げた太陽と月とをうらんで追い続けている。ラーフが月や太陽に追いついた時には、ヴィシュヌ神が救助に向かうまで、それらをかじったり飲み込んだりする。このように、ラーフは日食・月食を引き起こすと考えられている。日食・月食は、今にも人類に災いがふりかかる予兆だとみなされている。カンボジアのクメール人の神話では、この精霊*はレアフと呼ばれている。
文献40、53、88、93、114
⇨　アペプ、ダイティヤ、ブベル、付録13

ラファエル
RAPHAEL
　ユダヤ教とキリスト教の聖典に登場する主要な天使*で、大天使*のランクに入る。ラファエルは旅人、巡礼者、若者の守護霊*で、巡礼者の装束で描かれることが多い。旧約聖書外伝のトビト書（5章以下）にある「トビアと天使」の伝説はしばしばルネサンス絵画の題材となったが、この中で彼は旅人の姿で描かれている。また彼はアスモデウス*というデーモン*を退治した。ラファエルは「癒す者」として知られており、この観点からスリエルという名もある。ユダヤ教の占星術の

暦では、ラファエルは太陽を司るとされたが、中世キリスト教の占星学では、水星を司るとされた。
文献40、62、88、93、114
⇨　付録13

ラマ
LAMA
シュメールの神話に登場する、人々を守る好意的な女のデーモン*。後にアッシリアのラマッス*と結びつけられるようになった。シェデュ*と同じく、翼のある牡牛の姿に描かれ、宮殿の入り口を守る守護霊*であった。
文献93、102
⇨　アガトス・ダイモーン、付録12、付録21

ラマシュトゥ
LAMAŠTU
バビロニアの神話に登場する悪意に満ちた女の病気のデーモン*。上半身が裸で、豚と犬に乳を飲ませている。ラマシュトゥが手にもっている櫛と糸車は、彼女があらゆる機会に襲いかかる人間の妻と母親を象徴している。この悪霊は、妊婦や出産直後の女性につきまとって産褥熱を患わせ、乳幼児に病気や死をもたらす。
文献93、117
⇨　ディムメ、カル・クマーラ・ヤカ、ラバルトゥ、リリス、プータナー、精霊、トスロ、付録17、付録22

ラマッス
LAMASSU
古代アッシリアおよびバビロンの神話に登場する好意的なデーモン*。翼のある牡牛または人間の頭を持つライオンの姿に描かれている。ラマッスは女であると考えられ、相手方の男はシェデュ*またはシェドゥと呼ばれた。彼らのもっとも重要な役割は宮殿や神殿を守ることであり、その彫像は現在も数多く残されている。ラマッスは、ふつうは目に見えなかったが、守護天使と同じように人間一人一人に割り当てられ、一生その人のそばについてウトゥック*の悪の力から守った。
文献41、102、114
⇨　アガトス・ダイモーン、守護霊、付録12、付録21

ラミアー
LAMIA
この名称で知られる精霊*は二人いる。

（1）ギリシア・ローマ神話では、北アフリカの砂漠に存在すると言われるラミアイ、ラミヤー、ラミエー、ラミェーなどと呼ばれるデーモン*の一団に属する、女のデーモンのことをいう。上半身は女性の姿、下半身は蛇の姿をしていたと言われるが、全身美しい女性の姿を取ることもできた。ラミアーの源については多数の言い伝えがある。もっともよく語られるのは、彼女は最高神ゼウス（ユピテル）に愛されたリビアの女王だったという話である。ゼウスの妻である女王ヘラ（ユノ）はラミアーを醜い姿に変え、彼女の子供たちを捕えて殺してしまう。それからというもの、ラミアーは男性や子供をおびき寄せては殺そうとするようになったという。この初期のころの伝承は、千年以上も前からローマの子供たちに聞かせる子供部屋のボーギー*として使われていた。そしてこの伝承から、ロバート・バートンの『憂鬱の解剖（*The Anatomy of Melancholy*）』（1621年）やジョン・キーツの詩「ラミアー（レイミア）」（1780年）の中で語られるような、好色な妖術師またはスクブス*のラミアーへと発展した。より近代になると、このデーモンは悪魔学の研究者によって二面的な吸血鬼もしくはナイトメア（夢魔）*として、また現代ギリシアの民間伝承では、意地悪で憂鬱な妖精のような道路のデーモンとして語られ続けた。

（2）フランス南部およびスペイン北西部に住むバスク人の民間伝承では、ラミアーはもっぱら好意的な水の精またはマーメイド*である。
文献12、40、44、53、87、92、93、107、113、114、129
⇨　アルダト・リリー、ババ・ヤガ、妖精、

ヨーギニ、リョローナ、リリス、付録22、付録25

ラミナック
LAMINAK
　フランス南西部およびスペイン北西部に住むバスク人の民間伝承に登場する小さな精霊たち*の一族。地下に壮大な城を構え、そこを住み処としている。彼らはおそらく、アイルランドおよび英国北部の小さな精霊たちが起源を持つとされているのと同じケルト族の伝承に由来すると考えられる。

　文献87

ラモ
LHA-MO
　チベットの信仰における、強い力をもった女の病気のデーモン*。人間の皮を身につけており、人間の頭蓋骨から脳みそと血を食べ、まわりを火に囲まれながら、白いロバの背中に乗せられた獣の皮をはいで作った鞍にまたがっていると言われる。彼女は他のデーモンたちを一人ずつ解放して病気を起こさせる。そのため、人々は一年の終わりにラモに供物を捧げ、次の年には彼女がデーモンを一人も解放しないことを願う。

　文献88
⇨　グンヤン、付録17

ララ
LARA
　ローマ神話に登場するナーイアス*であり、メルクリウスとの間に生まれたラール*と呼ばれる守護霊*たちの母であった。彼女はローマの最高神ユピテルの背信行為を暴いた。とりわけ口数の多いニンフ*であったため、ユピテルは彼女の舌を抜いてしまうよう命じた。恐ろしい姿に変わったララの話は、イタリアでは昔から子供たちを脅かして行儀よくさせるための子供部屋のボーギー*として使われている。

　文献29
⇨　エーコー、クロックミテヌ、付録22

ララ・ゾウイナ
LALLA ZOUINA
　モロッコの民間伝承に登場する、強い力をもったジン*の一人。他の精霊*たちを支配している。

　文献90

ララ・ミラ
LALLA MIRA, LALLA MIRRA
　モロッコの民間伝承に登場するジン*の王の一人。

　文献90

ララ・ムコウナ・ベント・ムコウン
LALLA MKOUNA BENT MKOUN
　モロッコの民間伝承に登場する、強い力を持つ女のジンの名称。「悪魔たちのスルタンの娘」という意味。恐ろしい名前をもってはいるが、彼女は好意的なジン*の一人だと考えられている。新居を守る守護霊*であるとされており、これから新居へ引っ越そうという家族は、自分たちよりも先にそこへ邪悪なジンが入り込んでいることがないようにと、香を捧げて彼女に祈る。

　文献90
⇨　付録21、付録22

ララ・レキヤ・ビント・エル・カマール
LALLA REKYA BINT EL KHAMAR
　モロッコの民間伝承に登場する、強い力を持つジン*の女王。「赤い者の娘、レディ・レキヤ」という意味で、彼女は好意的なジンの一人であると考えられている。浴場の守護霊*であり、入浴する人々に危害をくわえようとしていつも浴場に潜んでいる邪悪なジンから守ってくれるよう、女性たちは彼女に祈った。

　文献90
⇨　付録21

ラ・リョローナ
LA LLORONA
⇨　リョローナ

ラリラリ
LARILARI
ペルーに住むケチュア人の民間伝承に登場する恐ろしい精霊*の一団の総称。アンデスの高地に生息し、自分たちの領域に入り込んだ人間に危害をくわえることがある。

文献88

⇨ アンチャンチョ、コア

ラル
LULL
『ロビン・グッドフェローの生涯（*The Life of Robin Goodfellow*）』の中で、妖精*の赤ん坊の世話をした女の子守妖精。

文献17

⇨ 付録22

ラルヴァ［複数：ラルヴァイ］
LARVA, LARVAE（pl.）
古代ローマの信仰で、幽霊または邪悪な人の魂の化身である悪霊、ゴブリン*、デーモン*を指す名称。ラルヴァの姿はふつう目に見えない。この悪意に満ちた精霊*は、夜中に起きている人々を怖がらせ、あらゆる機会に不幸をもたらした。レムル*（レムレース）と同一視されることが多い。

文献40、88、107、130

⇨ ラール

ラール［複数：ラーレス］
LAR, LARES（pl.）
古代ローマの信仰における守護霊*で、ナーイアス*のララの子孫であると言われている。これらの守護霊は生息する場所や行なう活動によっていくつかの種類に分類されていた。そのおもな種類は家庭や公共の場にいるラーレスである。ラール・ファミリアリス（Lar Familiaris）は家庭の守り神であり、たいていその家族の祖先の霊が高められたものだと考えられた。この家庭の精霊*は炉端に特別な居場所をもち、家族の一員として食事を与えられた。公共の場の精霊として認められていたのは、都の守護霊のラール・プラエスティーテス（Lar Praestites）、都の地区や交差路の守護霊のラール・コンピタレス（Lar Compitales）、田舎の守護霊のラール・ルーラレス（Lar Rurales）、道路と旅人の守護霊のラール・ヴィアレス（Lar Viales）、海と漁師たちの守護霊のラール・マリニ（Lar Marini）などである。彼らは若者の姿をして、嬉しそうに踊りながら幸運を運んできたという。しかし、キリスト教の伝来とともに、彼らはホブゴブリン*のような家事の精*としての役割を果たすようになった。

文献20、29、39、40、53、88、92、93、107、114、129、130

⇨ アンギラス、ジニー、守護天使、天使、ドモヴォーイ、ピトリ、ペナーテース、マネス、ララ、ラルヴァ、レムル、付録21、付録22

ラルメ・フュリウーズ
L'ARMÉE FURIEUSE
⇨ アルメ・フュリウーズ

ラワ
LOA
アフリカの神々に由来する精霊*。ハイチで信仰されているヴードゥー教における精霊の使者である。

文献137

⇨ グイア

ランガ
RANGAS
⇨ ビターボース

ラングイ
LANGHUI
⇨ ラングスイル

ラングスイル
LANGSUIR
西マレーシアの人々の民間伝承に登場する意地悪な女のデーモン*。ラングスイルは産褥で死んだ女性の霊が姿を変えたものであり、

ラングイ*またはラングスヤルとも呼ばれる。踝に届くほど長い髪をしていて、それが首の後ろにあいた穴を隠しており、指には長い鉤爪を生やしている。また、丈の長い緑のローブを着ており、空を飛び、天気に合わせて異なる姿を取ることができる。漁師たちの魚網から魚を盗むときはとくに執念深い。だが、もっと悪意に満ちたこともする。たとえば乳幼児が置き去りにされる瞬間を待ち、その血を吸うのである。この精霊*の姿を認めた者は、彼女の爪と髪の毛を切って首の後ろの穴に詰め込めば、力を失わせることができるという。産褥で死んだ女性の霊がデーモンに変わるのを防ぐための複雑な儀式も行なわれている。
文献88
⇨ 付録22

ラングスヤル
LANGSUYAR
⇨ **ラングスイル**

ランドヴェティル
LANDVÆTTIR
　スカンディナヴィアの民間信仰における領地または土地の精。とくにその土地に幸運をもたらす大きな力をもっており、万一機嫌を損ねて出ていってしまうと、その土地には災難が降りかかった。領地で幸福な生活を送るためには好意的な精霊*たちの力は非常に重要とされ、930年のアイスランドでの連邦条約では、ウルフリョットの法が宣告されたが、これはランドヴェティルを怒らせてしまう可能性のある恐ろしい姿の船首像を掲げた船が領地に近づくのを禁止していた。
文献18、88
⇨ 付録20

［リ］

リ
LI
　中国の神話に登場する火の守護霊*。人間の日々の生活を指示し、秩序正しく整えるよう任命されていた。人間の姿をして鞍のついたトラにまたがっている。
文献119
⇨ **精霊**

リー
RI
　ニュージーランドのマオリ族の民間信仰に登場する、女の海の精。セイレーン*、あるいはマーメイド*の一種である。
文献99
⇨ **精霊、付録25**

リァノーンシー
LEANAN-SIDHE
　好意的でもあり意地悪でもあったアイルランドの美しい妖精*。英国、マン島の民間伝承ではラナンシー*とも呼ばれている。「妖精の恋人」という意味である。この妖精は、夢見がちな若者を求めて夜中に町や村をさまよい歩き、見つけるとその家のドアをノックする。ドアが開かれると、彼女は住人を抱きしめ、持ち前の雄弁さと音楽でその人に霊感を与え、名声をもたらす。だが、彼女は抱擁しながら徐々にその男性から生気を吸い取っていき、やがて男性は力尽きて死んでしまう。そうすると、彼女はまた別の若者を探しにいく。
文献17、44
⇨ **シー、付録14**

リィエスチ
LJESCHI
　ロシアの民間伝承に登場するレーシィ*のスラヴ語での名称。この森の精は、東ヨーロッパの多くの文化で広く知られており、さまざまな名称で呼ばれている。
文献29、41、44、119
⇨ **精霊、付録19**

リィチエ
LYCHIE
　ロシアの民間伝承に登場するレーシィ*のスラヴ語圏での呼び名。この精霊*は、東ヨーロッパの多くの文化では広く知られており、さまざまな名称で呼ばれている。
文献41、44、53、56

リウ・モン・ジャン・ジュン（劉猛将軍）
LIU MENG JIANG JUN
　古代中国の信仰および神話に登場する守護霊*の一人。子供たちに囲まれた若者として描かれることが多い。とくに田畑や作物を守る番人であり、バッタやイナゴによる被害を防いでくれる。
文献132
⇨　守護霊、付録18、付録22

リエスチ
LIESCHI
⇨　レーシィ

リオウメレ
LIOUMERE
　カロリン諸島の民間伝承に登場する恐ろしい女のデーモン*。巨大な口に金属の牙を生やした醜い女性の姿で現われると言われる。彼女は自分の居住地に向こう見ずに踏み込んだあらゆる生き物をその鉄の牙で捕えてむさぼり食い、破壊をもたらした。だが、その魔法の牙を手に入れようとしたある男が道化師を雇ってこのデーモンを笑わせ、打ち負かすことに成功した。男は彼女に飛びかかると、石で牙を粉々に砕き、人々を恐れさせていた力を彼女から取り去った。
文献33

リガイ
RIGAI
　南アメリカ、コロンビアのウィトト族の民間信仰に登場する自然の精霊*。彼は大気の精霊であり、鳥と飛ぶ昆虫の守護霊*である。
文献88
⇨　付録12

リーキオ
LIEKKIÖ, LIEKKO
　フィンランドの民間伝承に登場するウィル・オ・ザ・ウィスプ*のような自然の霊で、その名は「燃えているもの」を意味する。森の中に埋葬された子供の霊であり、夜になるとたいまつを手に森を探索すると言われている。また、荒野の植物や動物の守護霊*としても崇められている。
文献88
⇨　精霊、付録12、付録22

力天使
VIRTUES
⇨　天使

リクダン・リクドン
RICDIN RICDON
⇨　ルンペルシュティルツヒェン

リシ
R̥SI
⇨　アンギラス

リーズの悪魔
LEEDS DEVIL, THE
⇨　ジャージー・デヴィル

リースン
LISUN
⇨　レーシィ

リーゼンゲビルゲ
RIESENGEBIRGE
　ドイツの民間伝承に登場するドワーフ*たち、あるいはデーモン*たち。彼らはリーゼンゲビルゲ山中に住み、リューベツァール*という名（英語では「ナンバー・ニップ」と訳される）の君主の支配下にあるとされた。このドワーフたちはたちの悪いことで知られていたが、活動できるのは夜だけだった。夜

間にその山地を旅する者にとっては大変な脅威だった。彼らを打ち負かす方法が一つだけあった。朝日の光が彼らを照らすと、彼らは石に変わってしまうのだ。
文献95
⇨　付録24

リソヴィハ
LISOVIKHA
⇨　レソヴィハ

リゾス
RIZOS
　現代ギリシアの民間伝承でエクソティカ*として知られる、道路に出没する悪霊。大きな鉤爪を持つ巨大な犬の姿で現われ、夜間高速道路を走っているときに遭遇することがある。人間に危害を加えることもある恐ろしい精霊*だが、たいていは人間を恐怖に陥れたところで消えてしまう。
文献12
⇨　黒妖犬、付録12、付録24

リック
LICKE
　『ロビン・グッドフェローの生涯 (*The Life of Robin Goodfellow*)』に登場するイギリスの妖精*の名前。コックの仕事をしていたことからリック（「なめる」の意）と呼ばれるようになったと思われる。
文献17
⇨　ロビン・グッドフェロー、付録6

リデルク
LIDÉRC
　ハンガリーの民間伝承に登場するデーモン*またはインクブス*の一種。未亡人の嘆きを食べて生きている。最愛の夫に先立たれ悲嘆にくれている女性が夫にもう一目会わせてくれと声に出して願うやいなや、リデルクはやってくる。リデルクは降り注ぐ火の粉となって地上に降りてきて、亡き夫の姿で現われる。このデーモンの持つガチョウの足が見え、自分が騙されていることに気づかない女性は、毎晩夫が訪ねてきてくれているのだと信じながらどんどん痩せ衰えていき、やがて死んでしまうのだった。
文献104

リト
LIT
⇨　リトゥル

リトゥル
LITUR
　北欧神話に登場するドワーフ*の名前。バルドルがデーモン*神ロキに裏切られて殺されたあと、彼のために山のような火葬用の積み薪が用意され、盛大な葬式が執り行なわれた。この葬式に列席していたごく小さいドワーフのリトゥルは、儀式のようすをよく見るために前のほうへ進んでいった。彼は誰にも気づかれずに、ちょうど弔辞を述べようとして一歩踏み出したトール神の足元に来てしまった。あまりに小さかったリトゥルは、蹴飛ばされてまっすぐ火の中に突っ込んだ。こうしてリトゥルは、バルドルの火葬用の積み薪の上で誤って焼かれ、死んでしまった。
文献41、95
⇨　デーモン

リバ
LIBA
⇨　レグバ

リー・バン
LÍ BAN
　アイルランドの神話では、本来はエオヒドとエーダインとの間に生まれた娘であった。見捨てられていたある聖なる泉が洪水をもたらしたとき、彼女の家族はコニングとクルマンを除いてすべて溺死したが、リー・バンは波に押し流され、ペットの犬とともに水中の洞窟にたどりついた。そこに一年間閉じ込められた彼女は、やがて魚のようになりたいと祈った。すると彼女の腰から下は鮭の姿に変

わり、上半身は人間の姿にとどまった。ペットの犬はカワウソに変わった。マーメイド*になったリー・バンは自由を手に入れたが、そのまま水中で三百年も過ごした。そんなある日、ベオークという名の聖職者が彼女の歌声を耳にした。リー・バンは、自分を海から引き上げて聖コムガルのもとへ連れていってほしい、とベオークに願った。彼女は洗礼を受け、地上にとどまってもう三百年生きるか、それとも今すぐ死んで天国に昇るか、という選択を迫られた。リー・バンは後者を選んだが、彼女の姿は今でも見ることができる。彼女が聖コムガルに会いにいくときに通った道に建つ教会では、柱や信者席の多くに彼女の姿が刻まれている。

文献17
⇨　ケアスク、フィンヴァラ、付録25

リベトリデス
LIBETHRIDES
⇨　ムーサイ

リムナイ
LIMNÆ
　ギリシア・ローマ神話に登場するニンフ*の一団の総称。リムネアスとも呼ばれる。沼地の守護霊*であった。

文献130
⇨　付録25

リムネアス
LIMNEAD
⇨　リムナイ

リメニア
LIMENIA
　ギリシア・ローマ神話に登場するニンフ*の一団。港の守護霊*であった。

文献130
⇨　付録25

リモネアス
LIMONEADS
　ギリシア・ローマ神話に登場するニンフ*の一団の総称。牧草地とそこに咲く花の守護霊*であった。

文献107
⇨　付録18

リュカ
LYCA
⇨　エケナイス

リュタン
LUTIN
　フランス北部のノルマンディー地方の民間伝承に登場する、エルフ*またはいたずら好きな妖精*。彼らや農場のスプライト*たちは、本来はネテュン*と呼ばれ、人間の子供たちの相手をするのを好んだと言われている。めったに姿は見せなかったが、朝になると馬の尻尾やたてがみがもつれているので、彼らが夜じゅう興奮しながら馬を乗り回していたことは明らかだ。この精霊*はまた、シュヴァル・バヤール*という名前の馬にもなった。愚かにもその馬に乗ってしまった人間は、どぶや泥沼に放り込まれるはめになる。

⇨　イア、グイル、ゴブリン、コルト・ピクシー、ナン・ルージュ、ピクシー、ビチャ・クグザ、付録12、付録22

リュバン
LUBIN
　フランスの民間伝承に登場する悪霊で、教会の墓地に出没する。オオカミまたは大きな灰色の犬の姿で現われ、夜中に墓地にやってきた人を恐れさせた。この精霊*は死者の霊を捜し出してはむさぼり食ったと言われている。

文献28
⇨　教会グリム、グリム、付録12

リュビ
LJUBI

アルバニアの民間信仰におけるデーモン*の名前。この意地悪な女の精霊*は、甘美な果物であふれる果樹園を所有し、その果樹園を常に美しく保つために地上にある水をすべて人間から奪ってしまうと言われる。うまくリュビをなだめていないと、その地方の人間の居住地では水がまったく手に入らなくなり、農作物も干ばつで駄目になってしまう。かつては人身御供も行なわれたという。

文献93

リューベツァール
RÜBEZAHL

ヨーロッパ中部のシレジア地方(旧プロイセン領で現在はポーランド領)にあるリーゼンゲビルゲ山地の民間伝承に登場する森のデーモン*の名前。彼は英語圏では「ナンバーニップ」として知られているが、ドイツ語の名前も「カブを数える者」という意味である。リューベツァールは何をするかわからない、森と山の守護霊*である。ドワーフ*の姿をしていると言われるが、彼を見た者の話によれば、修道士のようだとも、炭焼き人、木こり、あるいは狩人のようだとも言われ、この精霊*の変身能力がうかがえる。彼は罪のない人間には何の危害も与えないようだが、ウィル・オ・ザ・ウィスプ*のように、旅人を道に迷わせるのは大好きである。また突然の嵐を引き起こして、彼の縄張りを荒らした人間を困らせることも好きである。しかしその名前から、このデーモンがだまされやすいことがわかる。リューベツァールは美しい姫をさらって、花嫁にしたいと考えた。そこでできる限り姫を喜ばせようとした。姫はカブが大好きだと答え、新鮮なカブをたくさん食べたいと言った。それで彼は畑一面にカブの種をまいた。カブが芽を出しはじめると、姫は何株育ったかどうしても知りたいと言った。彼は自分が数を数えられることを示したくて、カブを一つ一つ数えはじめた。その間に利口な姫は逃げ去った。

文献40、44、88、95、110
⇒ カッツェンヴァイト、ギュビッヒ、スプライト、リーゼンゲビルゲ、付録19

リョローナ
LLORONA, LA

メキシコの民間伝承に登場する女のデーモン*。頭の後ろに穴がある美しい女性の姿で現われる。リョローナとは「泣く女」という意味である。いなくなった子供を捜しているらしく、彼女はすすり泣きながら後ろを振り返るしぐさをする。いくつかの伝承では、彼女は自分の子供を殺したために放浪の身となったと言われている。時には、ヒューヒューと鳴る風の中に彼女の嘆き悲しむ声が聞こえるだけのこともある。だが、そんなおとなしい態度とは対照的に、リョローナは夜中に路地や森や川岸に現われると、不用心な男たちをおびき寄せる。彼女の幼い息子を見かけなかったかと尋ねるだけのこともあるが、多くの場合は長い時間をかけてぞっとするような性的交渉を行ない、男に糞便を孕ませたり、さらに恐ろしいことには男の肉を食ったりすると言われている。彼女のうつろな目の中に灰が溜まっているのに気づくのが早ければ、火のついた煙草を頭の後ろの穴に突っ込んで彼女の攻撃を避けることができる。そうすると彼女は本来のデーモンの姿に変わり、滑るように去っていく。

文献30、88
⇒ プスケグデムス、ラミアー、リリス、付録22

リリス
LILITH

ユダヤ教の律法解説書タルムードの伝承によれば、リリスはアダムの最初の妻であった。彼女はアダムへの屈従と、彼よりも劣ると認めることを拒んだため、夜のデーモン*に変えられてしまった。リリスは、実際にはバビロニアのデーモン、アルダト・リリー*に由来するのではないかとも考えられる。アルダト・リリーと同じく、リリスは子供や乳幼児

や妊婦を迫害して殺す。彼女はエデンの園からいったん追放されたが、神によって差し向けられた三人の天使*サンヴィ*、サンサヴィ、セマンゲラフによって、アダムのもとに戻るよう勧められた。そして彼女は楽園に戻り、デーモンのシェディム*とリリム*を産んだ。これら三人の天使の名前や姿がついたお守りは、赤ん坊をリリスやシェディムから守るために使われている。このヘブライ人の伝承と同様、イスラム教でも、リリスはジン*のように嵐の晩に砂漠や荒れ地、廃墟、人気のない通りなどに現われるとされる。イスラム教の言い伝えでは、ジンもリリスの子孫になっている。
⇨ **アスモデウス、カル・クマーラ・ヤカ、トスロ、プスケグデムス、プータナー、ラバルトゥ、リョローナ、リリム、付録22**

リリトゥ
LILITU
⇨ アルダト・リリー

リリム
LILIM
　ヘブライ人の伝承における樹木または植物の精。リリス*の子孫であると言われている。
文献88
⇨ 付録18

リリュイ
LILYI
　ロマ（ジプシー）の民間信仰における意地悪な女の病気のデーモン*。アナ*がデーモンの王によってロバの乳で煮た魚をこすりつけられ汚されたときに、二人の間に生まれた悪霊である。リリュイはメラロ*の妻であり、身体が魚で女性の頭部を持ち、顔の両側からはネバネバした九本の糸が垂れているという。彼女は素肌をさらした人間を見つけると近寄っていき、顔から垂れた糸でその人の肌に触れようとする。肌に触れた糸は瞬時に体内に入り込み、重いカタル性の病気に感染させる。この精霊*の名称は、リル*、リリトゥ*、

またはリリス*から派生した可能性が高い。
文献31
⇨ ロソリコ、付録17

リリン
LILIN
⇨ リリム

リル（1）
LIR
　アイルランドの神話に登場するデ・ダナーン神族*の族長の名前。
文献108
⇨ ボドヴ

リル（2）
LILU
⇨ アルダト・リリー

リワ
LIWA
　南米ニカラグアとホンジュラスに住むミスキート族およびスマ族の民間信仰における、邪悪な水の精。白いボンヤリした形の物体として水中に現われ、水中に自分のカヌーを持つとされている。リワは待ち伏せし、不用心な人間がやってくると水面下に引きずり込んで殺す。カラタスカのリワは、川の浅瀬で漁船を転覆させて漁師たちを溺死させた。ナマカルムックの渦潮にも生息していると言われていたが、これはシャーマンがワニの皮を燃やして追い払った。
文献88
⇨ **アダンク、ダラント、ケアヴィヒル・デプゲスク、精霊、緑の牙のジェニー、付録25**

リンゴ園の主
APPLETREE MAN
　コーンウォール、デヴォン、サマセットといったイングランド東部の民間伝承では、リンゴ園の精霊*が一番古い木に宿ると言われ、これが「リンゴ園の主」と呼ばれる。その年がまちがいなく豊作になるように、昔から毎

年公現祭の前日（1月5日）、農園主と使用人は上等のリンゴ酒を満たした手桶と焼きリンゴをリンゴ園の主のもとに運ぶのが習慣となっている。めいめいがリンゴ酒を飲み、次のような言葉で精霊のために乾杯する。

「汝古きリンゴの木の健康のために乾杯、
ポケットいっぱい、帽子にいっぱい、
何ペックも、何ブッシェルもの実がなりますように」

　残ったリンゴ酒はリンゴ園の主に捧げられ、人々が歓声をあげるなか、木の根元に注がれる。ときには、果樹園に魔女が入りこんでいるといけないので、魔女がいても怖がって逃げていくよう、銃を撃つこともあった。
文献69
⇨　コルト・ピクシー、ものぐさローレンス、オールド・ロジャー、付録19

［ル］

ルー
LU
　ミャンマーに住むカレン族の信仰における二人の病気のデーモン*。年取ったほうはさほど貪欲でなく大した危害を及ぼさないが、若いほうは決して躊躇することなく、自分の活動範囲内にいるすべての人間に恐ろしい伝染病を感染させて殺し、その死体を食う。誰かが病死すると、その家族は死体が連れ去られないよう、ルーの飢えを満たすために死んだニワトリや米を墓の中に置く。
文献88
⇨　ナット、付録10、付録17

ルアフ
RUACH
　ユダヤの信仰や伝統に登場する精霊*の一種で、その形態や由来によりさまざまに描写される。人間の霊魂から派生したものもいくつかあるが、完全な超自然存在もある。後者に属するルアフには、以下のようなものがある。ルアフ・ラアフは悪霊あるいはデーモン*として定義される。ルアフ・ゼラフタは頭痛を引き起こすデーモン、ルアフ・テザリトは発熱や狂気をもたらす病魔あるいはデーモンである。
文献88
⇨　付録17

ルアライ
LURLEI
⇨　ローレライ

ルオットチョジク
LUOT-CHOZJIK
　フィンランド北東部に住むラップ人の信仰における、好意的な女の精霊*。夏の間ツンドラの外れの森で放牧されているトナカイの守護霊*である。
文献88
⇨　付録12

ルギニス
RUGINIS
　リトアニアの民間伝承に登場する自然の精霊*の名前。ルギニスはコーン・スピリット*であり、特にライ麦の守護霊*である。この精霊は「ライ麦男」としても知られ、刈り取ったライ麦の最後の一束で、精霊をかたどったワラ人形が作られた。人々は収穫が終わったあとの祝宴で、牡ヤギを生贄に捧げてこの精霊をなだめた。ルギニスの女性版はルギュ・ボバ*として知られている。
文献88
⇨　カリァッハ、クルシス、付録15

ルギュ・ボバ
RUGIU BOBA
　リトアニアの民間伝承に登場するコーン・スピリット*。「ライ麦畑の老婆」としても知られ、刈り取ったライ麦の最後の一束で、この精霊*をかたどったわら人形が作られた。ルギュ・ボバの人形はパン生地でも作られ、これは幸運と多産のお守りとされた。人々は

収穫が終わったあとの祝宴で、若いオンドリを生贄に捧げてこの精霊をなだめた。ルギュ・ボバの男性版はルギニス*として知られている。
文献88
⇨　カリャッハ、クルシス、サラ・ママ、付録15

ルゲクラス
RUGEKLAS
⇨　クネヒト・ルプレヒト

ルゴフニク
LUGOVNIK
　ロシアの民間伝承に登場する自然の霊。ルゴヴィクとも呼ばれる。この超自然存在は草原や牧草地の守護霊*である。
文献75
⇨　イア・クバ、ドモヴォーイ、リモネアス、付録18

ルサールカ
RUSALKA, RUSALKI, RUSALKY
　ロシアや東ヨーロッパの民間伝承に登場する、淡水に住む精霊*。チェルトヴカ（冗談女）、シュトヴカ（冗談悪魔）、レスコトゥーハあるいはロスコトゥーハ（くすぐる者）、キトカあるいはキトハ（誘拐者）などの名でも知られている。ロシア南部では、彼女たちは長い金髪を持つ美しい乙女として描かれ、透き通った白い服をまとっていることもある。しかし北方地域では、ルサールカは緑色の髪に青白い顔をした老婆として描かれることが多く、恐ろしい緑色の目をぎらつかせ、巨大な乳房をたらしているとされる。ただし美醜の違いはあっても、その習性は一致している。冬の間は川に住み、夏になると水から出て森の中や林間の空き地に暮らした。森の中では、月明かりの晩に歌を歌ったり踊ったりして、若い男を誘惑した。人間はひとたび魅了されると、邪悪なニンフ*たちに抱きしめられて水中に引きずりこまれ、二度と浮かび上がることはなかった。しかし時にはルサールカも人間を愛することがあった。ある物語で、ルサールカは人間の王子にけっして浮気をしないことを約束させて、彼と結婚している。ところがある晩王子が約束を破ったので、彼女は川へ戻っていった。彼女がいなくなって、王子は自分がしたことの愚かさに気づき、悲嘆に暮れて、彼女を捜しに出かけた。川に着くと、王子は彼女に許しを乞い、ふたたび彼女への愛を誓った。王子の望みはただ彼女をその腕に抱くことだけで、他には何も望まなかった。彼女は、まだ王子のことを愛してはいるが、自分はまた本物のルサールカに戻ってしまったのだと警告した。彼女をもう一度その胸に抱いたらどうなるか、王子にはわかっていたが、王子はただ一人真に愛した女性にキスをして抱きしめ、そして死んでいった。
文献29、44、56、75、93、102、110、119
⇨　ドモヴォーイ、ベレギーニ、付録25

ルシファー
LUCIFER
　キリスト教およびキリスト教文学における、傲慢と関係のあるデーモン*または悪魔*。本来は天使*の一人であった。ルシファーという名前はラテン語で「光の運び手」を意味する。アダムの地位を認めよと主が命じたとき、ルシファーはそれを拒み、天の精霊*たちの一団を率いて反乱を起こした。彼らはその傲慢さゆえに天から投げ落とされ、堕天使*として悪魔の地位に下がった。ルシファーはたびたび悪魔と同等のものとみなされるが、極悪の精霊はサタン*と呼ぶのが普通である。
文献40、53、88、93
⇨　付録7、付録13

ルージャグ
LUIDEAG
　スカイ島に伝わるスコットランド高地の伝承に登場する、邪悪な女のデーモン*。ルージャグとは「ぼろ切れ」を意味する。汚らしいぼろ服を着た人間の姿で現われ、力の及ぶかぎり人々に死をもたらした。

文献17
⇨ コラン・グン・キアン、ビーアスト・ヴェラッハ

ルドラの子たち
RUDRAS
⇨ マルト

ルナンティシー
LUNANTISHEE

　アイルランドの民間伝承に登場する、ブラックサンザシの低木の守護妖精。この小さな木はふつうのサンザシ同様、小さな精霊たち*にとって神聖なものであるため、ケルト族の祭であるサウィン祭とベルティネ祭の日にはその枝の剪定をしないでおくことが重要である。これらの祭は昔からそれぞれ11月1日と5月1日に行なわれているが、妖精たちの怒りを買ったり不幸を招いたりしたくないため、人々はみな今でもその二日間はブラックサンザシの枝を切り落とすのを控えている。

文献17
⇨ エルダー・マザー、守護霊、チャーンミルク・ペグ、妖精、付録19

ルフティン
LUCHTAINE

　アイルランドのケルト神話に登場する、デ・ダナーン神族*の超自然的な木工。ルホルパーン*と呼ばれることもある。フォウォレ*族との戦いでデ・ダナーン神族が使用した盾と槍の柄を作ったのは、このドワーフ*とその仲間のクレドネ*およびゴヴニウ*である。

文献41、125
⇨ ドゥリン

ルブラホーン
LUBRICAN
⇨ レプラホーン

ルプラホーン
LUPRACAN
⇨ レプラホーン

ルプリヒ
RUPRICH
⇨ クネヒト・ルプレヒト

ルベット
RUBBET
⇨ クネヒト・ルプレヒト

ルホルパーン
LUCHORPAIN
⇨ ルフティン

ルホルパン
LUCHORPAN
⇨ レプラホーン

ルーラガドーン
LURICADAUNE

　アイルランドの民間伝承に登場するクルーラホーン*のティペラリ県における呼び名。

文献17、87

ルリダン
LURIDAN

　スコットランド北岸沖のオークニー諸島の中のポモーニア島（現メインランド）にいたと言われる家事の精*の名前。暖炉の火起こしや皿洗い、床の掃除をするなど、その仕事ぶりはブラウニー*とよく似ていた。だがルリダンは、使い魔*と同じように、その姿を見ることができた人々と談話も交わしたらしい。

文献17
⇨ 付録22

ルン・クバとルン・クグザ
RUN KUBA AND RUN KUGUZA

　旧ソビエト連邦のマリ人（チェレミス人）の民間信仰に登場する精霊*。ルン・クバは

「鼻汁をたらす老婆」、ルン・クグザは「鼻汁をたらす老人」の意で、その名が示すように、彼らは人間が風邪を引いたときに、その呼吸をしづらくして人間を困らせる、病気の精霊である。彼らは浴場の空気に我慢できず、自分たちの鼻を焦がさぬよう、浴場内では一時的に人間から離れる。
文献118
⇨ モチャ・クバ、付録17

ルンペルシュティルツヒェン
RUMPELSTILTSKIN, RUMPELSTILTZCHEN

ドイツの民間伝承では、ルンペルシュティルツヒェンは非常に醜い、少し奇形のドワーフ*であり、グリム童話（55番）に取り上げられて有名になった。童話によると、粉屋の娘、あるいはその母親が、愚かにも王の歓心を買って妃になろうと考えた。そこでドワーフがワラを紡いで金にする方法を娘に教えてやった。その代償としてドワーフは、娘が結婚して最初にできた子供をもらうと言った。粉屋の娘は快く聞き入れたが、その後女王になり初めての子供が生まれ、ドワーフが借りを返してもらいに戻ると、彼女はひどく取り乱した。ドワーフは自分の勝利を確信していたので、彼女がもしも三日以内にドワーフの名前を言えたら、子供はとらずに置いていくと言った。女王は恩人であるドワーフの名前を一度も尋ねたことがなかったのだ。彼女は至る所に使いをやって、期限内にドワーフの名前を知ろうとした。三日目の朝になり、もはやこれまでと思ったとき、召使の一人が偶然森の中でルンペルシュティルツヒェンの勝ち誇った歌声を聞き、急いで城へ戻って女王に告げた。ドワーフが子供をさらいに来ると、女王は最初ドワーフの名前がわからないふりをしていたが、突然その名を言い放った。するとルンペルシュティルツヒェンはひどいかんしゃくを起こし、じだんだを踏んだ。すると強く踏みすぎて地面に両足がめり込んでしまい、そこから抜け出ようとして体が裂けてしまった。

このルンペルシュティルツヒェンの話に似た物語は、ヨーロッパ全土とロシア西部で数多く見られる。イングランドにはトム・ティット・トット*、フランスにはリクダン・リクドン*あるいはロビケ*、オーストリアにはクルツィミュゲリ*、中央ヨーロッパにはティティリチュア*と踊るヴァルガルスカ、ハンガリーにはパンツマンツィ*とヴィンテルコルベ*、アイスランドにはギリトゥルット、イタリアにはロザニア*、ロシアにはキンカッチとマルティンコ*などの話がある。C・W・シドーはその著書の中で、この民話の発生地はイギリス諸島であり、そこから貿易商を通じてヨーロッパ大陸に伝わったと結論づけている。スカンディナヴィアにも類話があり、教会を建てている精霊*が、名前を言い当てられると仕事半ばで消えてしまう、というものである。
文献17、18、40、66、87、114
⇨ ギラ・グアラ、グワルウィン=ア=トロット、ジリ・フフルータン、テリートップ、ピーリフール、付録14、付録22

［レ］

レアフ
REAHU
⇨ ラーフ

レイ・ジェン・ズ（雷震子）
LEI ZHEN ZI

古代中国の伝説における変身する精霊*。父親である嵐の神、レイ（雷）が起こした雷鳴が生み出した卵から孵ったと言われている。雷震子は文学の神であるウェン・ワン（文王）の養子となる。そして数々の冒険の後、養父が捕虜にされていることを知った雷震子は、なんとかして彼を救い出そうと考え、ある方法を思いつく。彼はアンズの実を二つ食べ、輝く目をした翼のある緑色の竜の姿に変身した。そうして彼は超自然的に養父を救出したのである。
文献132

⇒　ブルー・ジェイ

レイジング・ホスト（激怒した主人）
RAGING HOST, THE
⇒　幽霊狩猟

レイブオルマイ
LEIB-OLMAI
　バルト海北部沿岸地域に住むラップ人の信仰における重要な森の精。「ハンノキ（榛の木）の男」を意味する。森の動物たちの守護霊*であり、ラップ人のシャーマンが行なうイニシエーション儀式における指導霊*でもあった。また、レイブオルマイは熊信仰や熊狩りととくに関係があり、それにはハンノキの樹液が不可欠であった。聖なる太鼓には、この精霊*が熊の姿で描かれている。

文献88
⇒　アグルーリック、アラク、オール・マン、チン・チア、クレイ・マザー、コーン・マザー、ゾア、ナグワル、ハールートとマールート、フィルギヤ、ブラック・ベア、付録12、付録19

レヴィヤタン
LEVIATHAN
⇒　悪魔

レウコシア
LEUCOSIA
　ギリシア・ローマ神話に登場するセイレーン*の一人。

文献130

レギン
REGIN
　北欧神話に登場する、裏切り者のドワーフ*。アイスランドの伝説集『ヴェルスンガ・サガ』では、レギンは魔力を持つ鍛冶屋で、名剣グラムを作り上げるとされている。しかし詐欺をしたため、兄ファーヴニルだけでなく、レギン自身も殺されることになった。

文献88

⇒　アルベリヒ、付録14

レグア
LEGUA
⇒　レグバ

レグア・ボギ・ダ・トリニダーデ
LEGUA BOGI DA TRINIDAD
　アフリカ系ブラジル人の信仰するカルト、バトゥーキで重要なエンカンタード*。この名前は、西アフリカのダオメーのトリックスター*であるレグバ*およびカサ・デ・ミナスのエンカンタード*やキリスト教の三位一体に由来するものである。ブラジル南部の都市ベレンのカルト集団ではセウ・レグアとも呼ばれ、酒好きだがまじめな性格をしていると考えられている。しかし、実際には彼は三位一体とは関係がなく、聖エクスペディトゥスの祭と結びつけられる。彼の子孫の精霊*たちは、ほとんどが陽気で悪戯好きな性格をしており、この一派の先祖の血を引いているようである。コドエサ・ダ・トリニダーデ、フォーリャ・セカ、ジョアンジーニョ・ジョアキンジーニョ・ボア・ダ・トリニダーデ、ジョセ・ライムンド・ボア・ダ・トリニダーデ、マノエルジーニョ・ボア・ダ・トリニダーデ*、ミゲルジーニョ・ボア・ダ・トリニダーデ*といった子孫たちも、セウ・トゥルキアの一族である。

文献89

⇒　ジョアンジーニョ、精霊、セウ・トゥルキア

レグバ
LEGBA
　西アフリカのベニン（旧称ダオメー）の信仰における超自然的なトリックスター*。もとはおそらく神だったと思われるが、現在は強い力を持つデーモン*であると考えられている。一家の主人の守護霊*であり、粘土で作られた彫像やわらぶきのケープをかぶせた男根像で象徴される。神々の使者であるレグバは、その地位を乱用して情報を手に入れる

ことができるため、たびたび悪ふざけをしては争いや不幸をもたらす。ダオメーの他の地域ではレグア*、レバ、リバとも呼ばれ、ナイジェリアではエシュ*と呼ばれている。また、これを崇拝する慣習が伝わったガイアナ、ブラジル、トリニダード島、ハイチ、キューバなどアメリカ大陸の諸国およびアメリカ合衆国の南部の諸州では、後者のエシュという呼び名が残されている。アメリカ大陸では、彼はぼろをまとった老人の姿をしているとされている。彼は他の精霊*たちを祭儀に導く役割を果たす。

文献29、88、89、93、119
⇨ エンカンタード、グイア、デーモン、レグア・ボギ・ダ・トリニダーデ、付録22

レゲレム
LE-GEREM

ミクロネシア西部のヤップ島の民間信仰における天空の精霊*。彼女はアナグマンという老人を海を越えたコキアル島に案内し、そこで美しい霰石(あられいし)の見つけかたを教えた。老人は採取した霰石を自分の島へもって帰り、車輪の形に加工した。これらの石はその後、レゲレムが魔法をかけたので、お金として使われるようになった。

文献30
⇨ 付録13

レサーク
L'ESAK

旧ソビエト連邦のマリ人(チェレミス人)の民間信仰における、恐ろしく醜い森の精またはデーモン*。身体を干し草の山ほどの大きさに巨大化させることができ、ビヤ樽のように大きな頭と開いたオーブンのような口をしているという。森の中で吠えたり、木々の間でカラスのようにカアカア鳴いたりしているのが聞こえることがある。レサークの鳴き声を聞くことは、家族の誰かまたは家畜に災難が降りかかるか、最悪の場合は死がもたらされる前兆である。森の中にやってきた人を見つけると、レサークは木の枝を銃に変えたり動物の糞をパンに変えたりといったように、辺りにあるさまざまな物を別の形に変えてその人を騙す。このデーモンが悪事を働くのを防ぐには、家のすべての出入口に十字のしるしを描いておかなくてはいけない。そうすれば、犬が吠えてレサークが近くに来たことがわかっても、家族は安心していることができる。

文献118
⇨ イア、精霊、付録19

レーシィ
LESHII, LESHIYE, LESHY

ロシアの民間伝承に登場する自然の霊の名称。動物と森(レースは「森」の意)の守護霊*で、イギリスの緑の男*とよく似ている。地方によって名称が異なり、レソヴィーク*、レシャーク*、レスノイ*、リースン*、リエスチ*、リイェスチ*、リィチエ*などとも呼ばれる。人間の姿で現われたが、肌が異様に青白く、緑色の目をして緑色のあごひげを生やし、ぼさぼさの長い髪をしていた。また、麻のブーツを左右逆に履いており、影をもたなかった。レーシィは変身することができ、森の木々と同じような大きさと形になることもできたし、草の葉のような形に小さくなることもできた。森の中で聞こえるあらゆる音を知っていてそれを真似ることができたので、森の中で道に迷った人々を騙す悪戯をした。特別に大きな森でなければ、どの森にもたいていレーシィが一人いた。そしてどのレーシィもレソヴィハ*と呼ばれる妻とレショーンキ*と呼ばれる子供を持つと考えられていた。ズイボシュニク*というレーシィの一種は、高い木の上で揺りかごの中の赤ん坊になりすまし、赤ん坊がのどを鳴らす音を真似て喜んだという。

春、冬の間の死から目覚めたばかりのレーシィは、秋にまた死を迎えることを考えて猛り狂い、他のレーシィたちとともに嵐や洪水をもたらしたが、それはすぐに静まった。レーシィは森の中で旅人に声をかけたり、近道をよく知っている親切な旅人仲間になりす

ましたりしては、その人をコースから外させた。そしてその旅人が泥沼にはまり込むか、あるいは完全に道に迷ってしまって動けなくなると、笑いながら姿を消すのだった。レーシィがこうしたいたずらやその他の悪ふざけをすることを知っていた牧夫や狩人たちは、塩とパンという伝統的な供物を捧げて、定期的にレーシィの機嫌を取るのがいちばんよいと考えた。また、レーシィの裏をかくもう一つの方法は、彼を真似て服とブーツをすべて後ろ前に身につけたまま、森の外れの安全な場所まで行くことであった。

文献29、41、44、75、102、110、119
⇨ コルノフヒイ、精霊、ドモヴォーイ、ヘドリーの牛っ子、ラスコヴィツェ、付録12、付録19、付録22、付録24、付録26

レシャーク
LESHAK
⇨ レーシィ

レシャチーハ
LESHACHIKHA
⇨ レソヴィハ

レジャル・エル・マルジャ
REDJAL EL MARJA

モロッコの民間伝承に登場する悪辣な水のジン*（精霊*）の一種。レジャル・エル・マルジャとは「沼地に住む者たち」の意で、彼らがもとはマラケシュ郊外の沼地に住んでいたことがわかる。その沼地が干上がったため、彼らはマラケシュに水を供給する運河や泉へと移ってきたのである。人々は運河や泉にロウソクを灯して奉納し、この精霊たちをなだめて、汚染されていない水が途切れることなく供給されるよう祈願する。

文献90
⇨ 付録25

レショーンキ
LESHONKI

ロシアの民間伝承に登場する、ごく小さい精霊*たち。森の中に住んでおり、レーシィ*とレソヴィハ*の子供であると考えられていた。

文献102
⇨ 付録19

レスチア
LESCHIA
⇨ ラスコヴィツェ

レスノイ
LESNOI, LESOVIK
⇨ レーシィ

レスヴィーク
LESNOI, LESOVIK
⇨ レーシィ

レソヴィハ
LESOVIKHA

ロシアの民間伝承に登場する女の森の精。レシャチーハ*とかリソヴィハ*とも呼ばれ、レーシィ*の妻と言われる。その姿についての描写はさまざまで、美しい裸の少女であるとも、乳房の垂れた醜い老婆だとも、白いサラファンを着た亡霊のような女性だとも言われる。モスクワに近いスモレンスクの辺りでは、森の中でレショーンキ*と呼ばれる子供を出産している最中のレソヴィハに出くわしたとき、祈りを捧げたり十字架を持ったりせずに、その子供に覆いを掛けて立ち去ると、彼女が後をついてくると考えられていた。レソヴィハはその人に感謝の意を表し、お礼にお金がほしいか、それとも幸福な暮らしを望むかとたずねる。お金を選ぶと、たちまち目の前にお金が現われるが、森の外れに辿り着いたときにそれは灰に変わってしまうのだった。一方、何も求めなかった者には必ず幸運が訪れた。

文献75、102
⇨ 付録19、付録22

レッド・コーム
RED COMB
⇨ ブラディー・キャップ

レバ
LEBA
⇨ レグバ

レフイェルスコル
LÖFJERSKOR
　スウェーデンの民間伝承で森の精を指す一般用語。人間の目にはふつうは見えない、森のエルフ*または樹木のスプライト*だという。個々の精霊*はロー*と呼ばれていた。
文献110
⇨ **付録19**

レプラホーン
LEPRECHAUN, LEPRACAUN
　アイルランドの伝説および民間伝承に登場する妖精*の靴屋。さまざまな名称で呼ばれているが、もとは「小さな身体」を意味するルホルパン*という名称、つまりドワーフ*を示す名称がつけられていた。文学ではルプラホーン*、ラバーキン*、ルホルパン、ルプラホーン*といった名称が用いられることもある。このほか、地方によっても異なる名称で呼ばれている。たとえば、アルスターのルフラマーン、マンスターのルフラガーン、ルルガダーン、クルーラホーン*、レンスター南部およびコナハトのルーラホーン、レンスター東部のレムレヘーンなどである。一般的にレプラホーンは、小さなしわくちゃの顔にごま塩のあごひげを生やし、とがった鼻と輝く目をしていると言われている。そして銀のボタンがついた赤いジャケットと茶色の半ズボンを身につけ、銀の留め金つきの黒い靴を履いて、先のとがった帽子をかぶっているという。全身緑ずくめの服装をしていると言われることもあるが、たいていは革のエプロンをかけ、小槌でコツコツたたきながら忙しそうに靴の修理をしている。このコツコツたたく音がしていたら彼がそこにいるというしる

レプラホーンは靴の修理に忙しい

しだが、人間は近づかないほうが賢明である。このエルフ*は金の入った壺を守っているとも言われているが、悪戯好きなので、彼から一瞬でも目を離すとその隙にその人に悪戯を仕掛け、笑いながら姿を消す。まさにその例を示している話がある。ある男が、野原の茂みに隠されている宝の在り処をどうにかレプラホーンから聞き出し、その場所へ案内してもらった。だが男はシャベルをもっていなかったので、自分の赤い靴下留めを一つ取って木にしるしをつけ、スプライト*には丁重にお引き取り願い、シャベルを探しにいった。男はすぐに戻ってきたのだが、その場の光景を見て驚いた。なんと、野原に生えているすべての木が赤い靴下留めをつけていたのである！

文献17、18、38、40、56、87、88、105、114、137

⇨　ウブダン

レムデ・クレク・クグザ
LEMDə KURəK KUGUZA
⇨　チェムブラト

レムル ［複数：レムレース］
LEMUR, LEMURES（pl.）

　この名称で知られる精霊*は二種類いる。

　（1）古代ローマ人の信仰における精霊で、邪悪な死者の霊がデーモン*またはボーギー*に変わったもの。この悪霊は不幸をもたらし、夜中に起きている人を怖がらせると考えられていた。レムレースが悪事を働くのを防ぐため、人々は黒豆を燃やした。レムレースはこの豆の燃える臭いをひどく嫌うとされていたので、こうすることで追い払うことができると考えられたのである。また、5月13日および11月9日の祝日には、レムレースをなだめるための供物として、この豆は食べられる状態でも残された。

　（2）神秘学では、ポルターガイストと同じように、物体が動く原因となる大気中の四大精霊*であると考えられている。

文献40、53、57、88、93、107

⇨　（1）ラール、精霊（2）四大精霊、ポルターガイスト

レンミンカイネン
LEMMINKKÄINEN

　シベリアに住むフィン＝ウゴール語族の信仰におけるトリックスター*。儀式を盛り上げ、超自然的な力を貸してくれる。

文献24

⇨　精霊

［ロ］

ロー
RÅ

　スウェーデンの民間伝承に登場する木の精の名前。ローダンデ*とも呼ばれる。独り暮らしの妖精*で、レーフイェルスコル*として知られる樹木の精霊*群に属する。おそらく古代ギリシア・ローマ神話のハマドリュアデス*やドリュアデス*の北欧版と考えられる。樹木の一本々々にそれぞれのローが宿り、夏の暑い日にはその木の陰に座っていた。彼らは普通人間の目には見えないが、木の枝に自分たちの洗濯物を干して乾かしていると言われた。ローは樹木の守護霊*であり、その樹木に敬意を払う人間には非常に好意的だった。ウェストマンランドに、岩から生えている有名な松の木があった。その松の木のローはマーメイド*だったと信じられていた。というのも、その木が老齢で倒れるまで、長年白い妖牛がその木のまわりで草を食んでいるのが見られたからである。

文献110

⇨　付録19

ロアンゴ・ウィンティ
LOANGO WINTI

　南米スリナムに住むアフリカ系の人々の信仰における自然の霊。コンゴ川流域のロアンゴ地方の神に由来する。

文献88

⇨　エンカンタード、精霊、付録18

ロウアー
ROWER
⇨　クネヒト・ルプレヒト

ロヴァル
LOFARR
　北欧神話に登場するドワーフ*の下位集団。彼らについてはあまり情報がなく、わかっているのはドヴァリン*と同盟を結んでいることと、11人の名前だけである。11人の名前は、アーイ、アールヴ*、エイキンスキアルディ、フィス、フィアラル*、フロスティ、ギナル、スカンダル、スキルフリル、ヴィルヴィル、ユングヴィである。アールヴはおそらく妖精の種族とされるアールヴたちと関連があると思われる。
文献41

ロク・シャルト
ROK ŠƏRT
　旧ソビエト連邦のマリ人（チェレミス人）の民間信仰に登場するケレメト*あるいは悪霊。その怒りを鎮め、たたりを逃れるためには、ガチョウを生贄に捧げる。
文献118
⇨　チョルト、精霊

ロゲリー・マン
LOGHERY MAN
　アイルランドの民間伝承に登場するクルーラホーン*のアルスター地方における呼び名。
文献17、40、41

ロザニア
ROSANIA
⇨　ルンペルシュティルツヒェン

ロジエ
ROSIER
⇨　悪魔

ロスコトゥハ
LOSKOTUKHA
⇨　ルサールカ

ロソリコ
LOÇOLICO
　ロマ（ジプシー）の民間信仰における恐ろしいデーモン*たち。もとは人間であったが、悪魔*によって地上にはびこる悪霊に変えられてしまった。伝説によると、彼らの王はケシャリイ*の女王アナ*と恋に落ちたという。そしてアナが誘いを断わると、王は彼女が結婚を承諾するまで彼のデーモンたちとともに彼女の取り巻きの妖精*たちを捕えてはむさぼり食った。王は彼女を自分の妻にするため、金のヒキガエルの助けを借りて彼女を眠らせ、関係を持った。そうして生まれたのがビトソ*、リリュイ*、ロルミスコ*、ミーミル*、メラロ*、ミンセスクロ*、ポレスコロ*、シラリュイ*、トスロ*、トサリデュイ*といったデーモンたちである。自分の運命に恐怖を抱き、絶望に追い込まれたアナは、ケシャリイたちが999年目を迎えたら自分はロソリコの一人のもとへ戻ってくるという約束で、このデーモンの王とどうにか別れることができた。アナは恥と深い後悔で永遠に自分の城の中に隠れたが、まれに金のヒキガエルの姿になっては危険を承知で現われることがある。
文献31
⇨　精霊

ローダンデ
RÅDANDE
⇨　ロー

ロッゲルフント
ROGGERHUNDS
⇨　コルンヴォルフ

ローティス
LOTIS
　ギリシア・ローマ神話に登場するニンフ*の名前。ロートスとも呼ばれる。プリアポス

に追われ、助けを求めて祈ったとき、神々が彼女をロートス（スイレン）の姿に変えた。

文献130

ロートス
LOTUS
⇨　ローティス

ロドナ
LODONA
　古代の英国の神話に登場するニンフ*の名前。シップレイクでテムズ川に注ぐ小川の名は、このニンフにちなむとされている。したがって、これはロンドンの語源の一つともいえる。この超自然存在は女猟師であったが、牧神パンに追いかけられ、安全な場所へ逃がしてほしいと助けを求めて祈ったとたん、透明な小川の水に姿が変わった。そして、この小川に彼女の名前がつくことになった。

文献40
⇨　付録25

ロード・ハリー
LORD HARRY
⇨　オールド・ホーニー

炉端のロブ
LOB-LIE-BY-THE-FIRE
　イングランドの民間伝承に登場する友好的なブラウニー*。その名が示すように、彼は昼間の家事よりも夜間の仕事をするほうが多かった。イングランド北部のリングボローの農家に住みつき、大きな人間の姿で現われては炉端に座り込んだ。家畜小屋の仕事も手伝ったが、いたずらや悪ふざけをすることでもよく知られていた。英国の作家のミルトン、ブレイク、およびユーイングの作品の中では、彼はラバーフェンド*として描かれている。ユーイングは、炉端のロブはエルフ*であるといい、「身体が大きく粗野で真っ黒であり、その姿は牛飼いが語るたびにますます大きく粗野で黒くなる」と述べている。いたずら好きであったにもかかわらず、彼が農場を去っ

たときには非常に惜しまれた。

文献17、41
⇨　スプライト、付録22

ロビケ
ROBIQUET
⇨　ルンペルシュティルツヒェン

ロビン・グッドフェロー
ROBIN GOODFELLOW
　イングランドの文学や民間伝承で盛んに取り上げられる妖精*の名前。ロビン・グッドフェローの名前は、早くも1489年に「パスターン・ペイパーズ（*Pastern Papers*）」の一つに記録されており、そこには「メイスター・ホブ・ハーストの名で、ロビン・グッドフェローは存在すると思われる」と宣言されている。ここから、この妖精とホブゴブリン*の共通点を見ることができる。ロビン・グッドフェローはおそらくパック*と同一存在だろうとして描かれるが、家事の精*、ホブゴブリン、あるいはブラウニー*の一種であるのは確かである。彼は人間がやり残した家事を夜中に片付け、そのお礼として女中が置いたボウル一杯のクリームをご馳走になった、という話はよく知られている。しかしこの妖精は悪戯好きでよく人をだますことでも知られていた。16世紀の諺に「今夜はロビン・グッドフェローがやって来た」というものがあったが、それはこの妖精がへまをやって混乱が生じたという意味だった。実際、ハースネットは1603年に、この妖精に礼としてボウル一杯の凝乳かクリームをご馳走してやらないと、妖精が大暴れして大混乱が生じると述べている。ロビンはシェイクスピアの『真夏の夜の夢』の中では妖精王に仕える小妖精だが、他の作品の中では、妖精王オベロン*と人間の女性との間に生まれた息子となっている。これらのシェイクスピアの作品の中では、彼の変身能力やその他の魔力について詳しく述べられているが、1628年刊の小冊子『ロビン・グッドフェロー　悪ふざけと陽気ないたずら』の表紙には、草ぼうきと松

ロビン・グッドフェロー

ロビン・グッドフェローを描いた中世の木版画。

明を持った、角を生やした半人半獣の姿で描かれている。おそらくこの松明からの連想で、ウィル・オ・ザ・ウィスプ*のようないたずらをするとされたのだろうが、ロビン・グッドフェローは人間を道に迷わせはしても、人間を殺すことはけっしてなかった。その名前からわかるように、人々はつねにロビン・グッドフェローに対して警戒心だけでなく親しみも抱いていた。彼にまつわる話の多くは、彼がおおよそ人間に対して好意的な態度をとることを示している。

文献 7、16、17、18、28、37、40、88、92、133

⇨ エルフ、グリム、サテュロス、修道士ラッシュ、スプライト、ヒンツェルマン、ホブ、付録6、付録22

ロビン・フッド
ROBIN HOOD
⇨ コーボルト、緑の男、パック

ロビン・ラウンドキャップ
ROBIN ROUND-CAP
　イングランド、イースト・ヨークシャーのホルダネスの民間伝承に登場する、家事の精*の名前。ホブゴブリン*かブラウニー*の一種で、農場で小麦の収穫や脱穀を手伝ったり、スポルディントンの館で家事をしたりした。しかしロビン・グッドフェロー*と同様、ロビン・ラウンドキャップもよくいたずらをした。せっかく分けたもみがらをまたもとの小麦と混ぜてしまったり、炉の火を消してしまったり、気に入らないことがあるといろいろな悪さをした。この妖精は、服を贈られるといなくなってしまうほかの家つきの妖精とは違って、牧師たちに祈りを唱えられると「退散」させられる。かつて牧師たちの祈りによって、「ロビン・ラウンドキャップの井戸」に押し込められたからだと言われる。
文献17
⇨ 付録22

ロブ
LOB
　イングランド北部の民間伝承に登場する、ブラウニー*の一種である素朴で無骨な精霊*。ホブ*とも呼ばれる。
文献17
⇨ 家事の精、炉端のロブ

ロブゴブリン
ROBGOBLIN
⇨ ホブゴブリン

ロー・ヘッド・アンド・ブラディー・ボーンズ
RAW HEAD AND BLOODY BONES
　イングランドのランカシャー、リンカーンシャー、ヨークシャーの民間伝承に登場する悪霊、あるいは水棲デーモン*。ブラディー・ボーンズ*、オールド・ブラディー・ボーンズ*、トーミー・ロー・ヘッド*などとも呼ばれている。このデーモンは、顔から血を滴らせている人間に似た生き物で、たいてい骨の山の上に座っているとされる。本来は子供部屋のボーギー*で、よどんだ池や、泥灰岩の採取場や、家の中の階段の下にある戸棚などに潜んでいると言われる。そうしたぞっとする場所から、デーモンは生意気で言うことをきかない子供を引きずり込んで殺そうと、機会をうかがっている。この悪霊に言及した成句に、次のようなものがある。「ブラディー・ボーンズかランスフォードくらい恐ろしい声音で話して、子供たちを逃げ出させろ」。ランスフォードとは、17世紀のイギリスの市民戦争で、ベッドフォード伯爵側の市民軍に加わって戦った大佐である。成句でこのデーモンと並び称されていることからわかるように、ランスフォード大佐と言えば皆が恐怖におののいたのであり、今でもその記憶が人々の間に残っている。
文献15、17、28
⇨ 精霊、付録22

ロルミスコ
LOLMISCHO
　「赤いネズミ」という意味で、ロマ（ジプシー）の民間信仰における男性の病気のデーモン*。これは、皮膚病にかかった妖精の女王アナ*にメラロ*が勧めた治療から生まれた悪霊である。その治療法とは、皮膚の炎症を起こしている部分を何匹ものネズミに舐めさせるというものであり、その治療中に一匹が彼女の腹の中に入り込み、ロルミスコとなって生まれてきたのである。このデーモンは赤いネズミの姿になって夜中に人間の肌に触れ、その人を腫れ物や湿疹で苦しめる。
文献31
⇨ 精霊、ケシャリイ、ロソリコ、付録12、付録17

ローレグ
LOIREAG, LORREAG

　スコットランドのヘブリディーズ諸島の民間伝承に登場する女の妖精*。ハベトロット*と似たような姿をしているが、醜い唇は持たない。たいてい白い服を着ている。ハベトロットと同じく糸紡ぎの名人であり、この作業をおろそかにする女性を罰した。ローレグは、本当は音楽が好きな水の精である。音程を外して歌う者がいると彼女は非常に不機嫌になり、その人に悪さをして歌をやめさせる。

文献17
⇨　ギラ・グアラ、ジリ・フフルータン、付録14、付録25

ロリヤック
LOIREAG
⇨　ローレグ

ローレライ
LORELEI

　ドイツのライン川流域の民間伝承に登場する、女の水の精またはセイレーン*。ルアライ*あるいはローレレイ*とも呼ばれる。その名と同じ名前を持つ岩に住み、ライン川のビンゲン近くで不思議なこだまを響かせながら美しい声で歌い、船乗りを誘惑して死に至らせたとされる。しかし、彼女は大昔に存在していたのではなく、クレメンス・ブレンターノが『ローレ・ライ（*Lore Lay*）』（1800年）に載せた物語の主人公なのである。その後、ハインリヒ・ハイネが彼女のことを詩に歌い上げ、その人気を通じてこの話はイングランドでさらに広く知られるようになった。そして、この話を信じた多くの人々が観光でやってくるようになり、この場所は今や有名な観光地となった。

文献40、88、95、114
⇨　精霊、付録25

ローレレイ
LORELEY
⇨　ローレライ

ローン
ROANE

　ローンとは「アザラシ」を意味するスコットランド高地のゲール語だが、妖精*の一種だと言われる「アザラシ族」の精霊*の名前でもある。この気立てのやさしい精霊たちは人間の姿をしているが、水中にある自分たちのすみかへ行くために海中を泳ぐときには、アザラシの皮をつける必要があった。ひとたび水中の洞窟へ入ると、彼らはアザラシの皮を脱いで空気を吸うのだった。ローンたちは、真夏の白夜にスコットランド北岸の浜辺やその近辺の島々に現われてダンスをする。彼らはシェトランド諸島では「海のトロー*」とも呼ばれる。美しいローン乙女（あるいはアザラシ乙女）の皮を手に入れることができた人間は、彼女を妻にすることができる。ノース・ユーイスト島のマック・コドゥム族は「アザラシ族の子孫」として知られ、ローン乙女と人間との結婚によって生まれた子供の末裔だと言われている。しかし世界中にあるそうした人間と精霊との結婚の例にもれず、彼らを結びつけているタブーが破られたり、魔法の品が取りかえされたりすると、精霊の妻は自分の仲間のところへ帰ってしまい、人間の家族のもとを永遠に去ってしまう。

文献15、17、18、47
⇨　ネーレーイス、ポーパス・ガール、メリュジーナ、付録25

ロンウェー
RONWE

　このデーモン*は、コラン・ド・プランシーの著書『地獄の辞典（*Dictionnaire Infernal*）』（1863年）の中で紹介されている。他言語の知識とそれを操る能力を人間に与えるとされた。

文献113
⇨　精霊

ロンジュール・ドス
RONGEUR D'OS

　フランス北部ノルマンディー地方の民間伝

承に登場する悪霊の名前。その名は「骨をかじる者」を意味し、犬の姿で現われる。この悪霊は夜間人気のない道を行く旅人に襲いかかると言われており、イングランドの民間伝承にみられるガイトラッシュ*とよく似ている。

文献17、19、47、69、133
⇨ カペルスウェイト、教会グリム、黒妖犬、スクライカー、精霊、デーモン、バーゲスト、パッドフット、フィーンド、ブラック・シャック、ブルベガー、フレイバグ、ボガート、モーザ・ドゥーグ、付録24

[ワ]

ワイト
WIGHT
　古くは「存在するもの」とか「生き物」を意味するゲルマン語だったが、しだいに邪悪な精霊*を意味するようになっていった。14世紀から16世紀にかけての英語では、この言葉はインプ*の意を含んで用いられた。
文献17

ワーウン
WĀWN
　ミャンマーのカチン族の信仰に登場するナット*の一人の名前。
文献87
⇨　チヌン・ウェイ・シュン、付録10

ワカニー
WAKANÏ
　南米エクアドルのアマゾン川流域に住むヒバロ族の信仰に登場する使い魔*の名前。シャーマンが人に呪いをかける時に使う鳥の姿で現われ、シャーマンを手助けする。呪いをかける相手の住まいのまわりを、ワカニーがぐるぐる飛び回り、相手に病気、狂気、死をもたらす。
文献64
⇨　付録12、付録17

我が母の兄弟
OUR MOTHER'S BROTHER
⇨　コヨーテ

ワカベ
WACABE
⇨　ブラック・ベア

ワシコング
WASICONG
　北アメリカ先住民のダコタ族の信仰に登場する守護霊*の名前。

文献25
⇨　精霊、付録21

ワタリガラス
RAVEN
⇨　イェル

ワットル・ベイビーズ
WATTLE BABIES
⇨　ガムナット・ベイビーズ

ワナゲメズワク
WANAGEMESWAK
　北アメリカ先住民のペネブスコット族の信仰と伝説に登場する川の精霊*。彼らの身体はあまりにも細いので、側面からしかその姿を見ることができない。ワナゲメズワクは川の流れのよどんだところに住み、時々堤の上に粘土で作った人形を置いていく。その人形を人間が見つけると幸運がもたらされると考えられている。
文献88
⇨　付録25

ワフマン
WAHMAN
⇨　ウォフ・マナフ

藁束のジョーン
JOAN THE WAD
　イングランドのほかの地域ではウィル・オ・ザ・ウィスプ*として知られる精霊*のコーンウォール地方での呼び名。この精霊はおそらくコーンウォールのピスキー*に由来する。正しい手順をふんで近づけば、旅人を安全に案内してくれるようだ。藁束のジョーンの像は、地域を旅する人に、よく幸運のお守りとして渡される。旅人が道に迷わないようにしてくれるとされるからだ。
文献17、18
⇨　付録24

ワリチュ
WALICHU
　チリとアルゼンチンのパンパス（大草原）地帯に住むアラウカン人が信じる悪霊。アラウカン人たちは、自分たちの村からこの悪霊を追い出すためにはどんなことでもやって、病気や災難がもたらされるのを防ごうとした。
文献88
⇨　精霊、付録17

ワルク
WARUK
　オーストラリアの先住民アボリジニーの「夢の時」神話に登場する悪霊。彼は巨大な玉が転がるような姿で描写され、行く手をふさぐものすべてを押しつぶすかむさぼり食うかする。あるいは自分に対立するものはすべて変形させてしまう。ある時彼は、腹いせに織物を織っていた老婆を蜘蛛に変えたことがあったが、今日でも彼女は蜘蛛のまま生き続けている。プロンゴもワルクのひどいかんしゃくの犠牲となった一人である。プロンゴはどんなに逃げようとしても、いつも足が遅すぎたので、自分でワラビーに変身して藪の中へと分け入って隠れた。ワルクは今でも夜になるとそのあたりの藪をバサバサと激しく打ち倒しながら、プロンゴを捜し回っている。
文献14

⇨　精霊

ワルタハンガ
WALUTAHANGA
　メラネシアの神話や民間伝承に登場する悪霊あるいはデーモン*。その名は「8ファゾム（尋）」の意。伝説によると、この精霊*は人間の女性から、メスの蛇の姿で生まれた。母親は夫の反応を恐れて、ワルタハンガを隠しておいた。また別の子供が生まれると、母親はワルタハンガに子供の守りをさせたが、その姿を見た父親に、自分の娘だとは知らずに切り刻まれてしまった。その後八日間雨が降り続け、ワルタハンガはまたもとの姿に戻ったが、腹いせに人間を食らうようになった。そしてまた捕えられて、切り刻まれた。今度は完全に殺すために、ワルタハンガはシチューの中に入れられて煮込まれた。皆そのシチューを食べたが、一人の女性とその子供だけは食べなかった。ワルタハンガはふたたび姿を現わし、シチューを食べなかった二人の守護霊*となり、彼らに幸運をもたらした。
文献29
⇨　付録22

ワルンベ
WALUMBE
⇨　バルバーレ

[ン]

ングウォレカラ
NGWOREKARA

コンゴに住むファン族の信仰におけるデーモン*の王。家来たちと同じで、ぞっとするほど醜く、象の鼻の先のような口に、垂れ下がった鼻、ボサボサの髪をしているという。山の頂に生息しており、危険を冒してそこへやってきた人間にめまいやパニック発作を起こさせる。ングウォレカラは、おもに邪悪な死者の霊が悪魔化したものである自分の家来の悪魔たちにさえも過度に意地悪くなって、彼らを執念深く新たな死に追いやることもある。

文献29

ンドグボジュスイ
NDOGBOJUSUI

西アフリカ、シエラレオネに住むメンデ族の民間伝承に登場する、ディニンガ*の一種である自然の霊。長くて白い顎ひげを持つ白い肌の人間の姿で現われる。人間に対してとりわけ意地が悪いが、うまく騙せばいつものいたずらの代わりに贈り物をさせることもできる。

文献33
⇨　精霊

ンブル
NBURU

森のデーモン*。1865年の報告書には、コンゴの辺りに生息していたと記されている。

文献57
⇨　付録25

監訳者あとがき

　世界各地の俗信とか民間信仰といわれているものには、神話体系に含まれないような神と人間の中間領域を占める小さな超自然存在が数多く登場する。妖精、妖怪、鬼、ジンなど地域によって異なる名称で呼ばれているこれらの小超自然存在を、本書では一括して「小さな精霊たち（リトル・ピープル）」という名称で呼んでいる。従来、「小さな精霊たち」は学問の対象として扱われることはほとんどなく、想像力の産物として、もっぱら子供や一部の好事家だけのものと思われがちであった。もっとも、こういう言い方をすると、日本民俗学の研究者から批判を受けるかも知れない。しかし、大体において日本民俗学の研究者は鬼、山姥、雪女といった自国の「小さな精霊たち」の伝承については熱心に研究しても、世界の他の地域に見られる同種の存在との比較には、あまり熱心であったとはいいがたいようだ。

　もちろんそれは故なきことではない。神話や伝説の神々や英雄に比べると、「小さな精霊たち」はテキストに記録されにくいので、充分な資料が集めにくい。昔話の主人公はよく知られているが、それは親指トム、白雪姫、桃太郎など一般的な名前であり、性格や行動も類型化されていて、「小さな精霊たち」の範疇には含めにくい。地域や環境に結びついた「小さな精霊たち」について世界規模で事典を編纂しようとすれば、資料収集の困難と資料解読の言語的困難は充分に予想できる。これまでこの種の事典がなかったのももっともなのである。

　本書の編者のキャロル・ローズは、現在、英国のケント大学の研究員、カンタベリー・カレッジの助教授である。序文の「研究のきっかけと本書の成り立ち」において述べられているように、ローズは世界各地の芸術で超自然存在がどのように視覚的に表現されてきたかを学ぶうちに、その意義について明らかにする包括的な研究がないことを知り、それならばと、世界各地の「小さな精霊たち」についての研究資料を自ら辛抱強く蒐集して、本書に纏め上げた。

　不可視の世界には大別して二種類あるだろう。一つは大伝統とでも呼ぶべき、神々と英雄たちの世界、つまり宗教の世界だ。こちらについてはすでに多くが語られ、書かれている。これに対して、小伝統とでも呼ぶべき、妖精、妖怪、精霊などの世界は、より身近で、より生活に密着している異界であり、想像力の産物としての文化的価値という点では、大伝統に劣らない重要性をもつはずである。そして本書によって、世界のかなりの地域での伝承における「小さな精霊たち」がはじめて一望のもとに収められ、相互に比較することが可能となった。「小さな精霊たち」を通して伺える人間心理の共通性、そしてそれぞれの地域、文化様式毎の独自性など、この事典を活用して考えることのできる問題は少なくないだろう。またただ単に、世界中の「小さな精霊たち」の名称やら特長のおもしろさを楽しむだけでも充分かも知れない。どのような読み方であっても、本書が身近な異界について考える契機となれば、幸いである。

　こうした世界中の資料を網羅した著作の日本語訳にはいつも特別な苦労が伴う。それは名前の読み方と表記の問題である。アルファベット文化圏では文字をそのまま表記して、それを読者がどのように読もうと筆者や編者は気にする必要はなのだが、日本語訳の場合にはどのような発音表記にするのか、つねに悩むことになる。幸いにも今回の翻訳では、英語以外にも多くの言語に堪能な、優秀な訳者の方々が揃ったので、監修者としての仕事は大いに軽減された。もちろん、それでもまだ、発音については遺漏があると思う。識者

監訳者あとがき

のご教示を賜り、今後改めていきたい。また早々と訳稿が完成していたにもかかわらず、次に触れるように一部について改善の必要を監修者が感じ、日本語版に変更を加えたので、そのための作業に予想外に時間を取られてしまった。この点をお詫びしておきたい。

　これだけ世界中の資料を集めるのだから、資料自体の出来不出来が当然あるし、さらに編者のローズにも、得意な領域と、必ずしも専門とはいえない領域とがあるので、項目の正確さにばらつきが出てくる。こうした欠点は不可避である。序文にもあるように、彼女がこうした事典の編纂を志したのは、自分の身の回りの「小さな精霊たち」への関心に発するのだから、当然、イングランド、スコットランド、アイルランド、ウェールズをはじめとするヨーロッパの「小さな精霊たち」に関する記述は詳しいし、正確である。一番弱いと思われたのはイランである。インドとイランの区別を彼女は充分にしていない。そこでイランについては、できうる範囲だが、より正しい記述に改めた。そうした加筆訂正はイラン以外の地域の場合についても、気づいた範囲で行った。またギリシアやインドの場合にも、古典神話に馴染んでいると、違和感を覚えるような記述に出くわした。もっともこれは、編者ローズの問題という以前に、彼女が参考にした文献に問題がある場合も少なくないのだろう。神話や宗教の場合もそうだが、一人で世界中の場合を記述しようとすると不正確な情報を排除することは難しい。ましてや「小さな精霊たち」のように、存在自体が曖昧な想像上の存在についての伝承が多

種多様であり、それぞれが矛盾する場合もあることは、少し考えれば納得できるだろう。つまりこの種の事典で百パーセントの正確さを求めても、それは無理なのだと理解してもらえたらいいと思う。私の意見では、完璧な正確さはかならずしも必要ではない。むしろ厳密すぎない方が事典としては楽しめるものとなる。専門的に利用する人なら、記述の正確さについて自分なりに再確認するだろうし、その能力もあるはずだ。私としてはこの事典を未だかつてなかった仕事であり、「偉業」と呼んでも差し支えないとさえ考えている。

　今回の仕事でも、これまで同様に原書房編集部の大西奈己さんにお世話になった。熱心な仕事ぶりに押されるようにして、なんとかこうしてゴールまでたどり着くことができた。心から感謝申し上げたい。

*

　本書は2003年12月に初版が出た。幸い多くの読者に好評をもって迎え入れられ、その後も版を重ねてきたが、今回、普及版として装いも新たに再登場することになった。科学の世界は日進月歩で、古いものは新しいものによって乗り越えられていくのが定めだが、妖精や妖怪といった私たちの心が生み出すイメージは、昔も今も変わることのない不思議さを秘めている。本書の魅力がさらに多くの読者の元に届きますように。

2014年7月

松村一男

参考文献

1. *About Us: A Catalogue of the Works of May Gibbs.* From *May Gibbs and Her Fantasy World* by R. Holden. Sydney, Australia: Royal Botanic Gardens, 1994.
2. アンデルセン『アンデルセン童話集 1～3』大畑末吉訳、岩波少年文庫
3. *The Anglo-Saxon Chronicles.* Collected and translated by Anne Savage. Published by arrangement with Phoebe Phillips Editions in association with Heinemann, London, 1983.
4. Ashton, J. *Chapbooks of the Eighteenth Century.* London: Chatto & Windus 1882. Reprinted by Skoob Books, London 1992.
5. Bamberg, R. W. *Haunted Dartmoor, A Ghost-hunter's Guide.* Newton Abbot, Devon: Peninsular Press, 1993.
6. Barber, R., and A. Riches. *A Dictionary of Fabulous Beasts.* Ipswich, England: Boydell Press, 1971.
7. Barclay, James. *Barclay's Universal Dictionary.* London: James Virtue, 1848.
8. Baring-Gould, S. *A Book of Folklore.* London: Collins, 1890.
9. バーム『オズの魔法使い』松村達雄訳、講談社文庫
10. Bayley, H. *Archaic England.* London: Chapman & Hall, 1919.
11. Bett, Henry. *English Legends.* London: B. T. Batsford Ltd., 1950.
12. Blum, R., and E. Blum. *The Dangerous Hour: The Lore of Crisis & Mystery in Rural Greece.* London: Chatto & Windus, 1970.
13. Burland, Cottie A. *The Gods of Mexico.* London: Eyre & Spottiswood, 1967.
14. Bozic, S., and A. Marshall. *Aboriginal Myths.* Melbourne, Australia: Gold Star Publications, 1972.
15. ブリッグズ『妖精の時代』石井美樹子・海老塚レイ子訳、筑摩書房
16. ———. *British Folktales & Legends: A Sampler.* London: Paladin, 1977.
17. ———. *An Encyclopaedia of Fairies (Hobgoblins, Brownies, Bogies & Other Supernatural Creatures).* New York: Pantheon Books, 1976.
18. ———. *The Vanishing People.* London: B. T. Batsford Ltd., 1978.
19. Brown, Theo. *Devon Ghosts.* Norwich: Jarrold, 1982.
20. ブルフィンチ『ギリシア・ローマ神話』大久保博訳、角川書店
21. ブルフィンチ『ギリシア神話と英雄伝説　上下』佐渡谷重信訳、講談社学術文庫
22. Bullock, M. *Easter Island.* London: The Scientific Book Club, 1957.
23. バンヤン『天路歴程』竹友藻風訳、岩波文庫
24. Burland, C. A. *Myths of Life & Death.* London: MacMillan, 1972.
25. ———. *North American Indian Mythology.* London: Hamlyn, 1965.
26. Burland, C., Nicholson, I., Osborne, H. *Mythology of the Americas.* London: Hamlyn, 1970.
27. Burne, C. S. *The Handbook of Folklore.* London: Sidgwick & Jackson, 1914.
28. Carew-Hazlitt, W. *Faiths & Folklore, A Dictionary.* Reeves & Turner, 1905.
29. Carlyon, Richard. *A Guide to the Gods.* London: Heinemann/Quixote, 1981.
30. Cavendish, R., ed. *Legends of the World.* London: Orbis Publishing, 1982.
31. Clébert, J. P. *The Gypsies.* Translated by C. Duff. London: Readers' Union, 1964.
32. Cliffe, S. *Shadows: A Northern Investigation of the Unknown.* Wilmslow, Cheshire, England: Sigma Press, 1993.
33. Cotterell, A. *A Dictionary of World Mythology.* London: Windward, 1979.
34. Crichton, Robin. *Who Is Santa Claus?* Edinburgh, Scotland: Canongate Publishing, 1987.
35. Dickson, M. *The Saga of the Sea Swallow.* London: H. D. Innes, 1896.
36. Dixon, E., ed. *Fairy Tales from the Arabian Nights.* London: Dent, 1893.
37. Duffy, M. *The Erotic World of Fairy.* London: Cardinal, 1989.
38. *Dwarfs.* The Enchanted World Series. Amsterdam: Time-Life Books, 1985.
39. *The Encyclopaedia of Comparative Religion.* London: Everyman, 1965.
40. ブルーワー『ブルーワー英語故事成語大辞典』加島祥造主幹、大修館書店
41. *Everyman's Dictionary of Non-Classical Mythology.* London: Everyman Reference, 1965.
42. Ewing, J. H. *Lob-Lie-by-the-Fire.* London: SPCK, 1888.

43. Eyre, K. *Lancashire Ghosts.* Yorkshire, England: Dalesman Books, 1979.
44. *Fairies & Elves.* The Enchanted World Series. Amsterdam: Time-Life Books, 1985.
45. Fewkes, J. W. *Designs on Hopi Pottery.* New York: Dover Publications, 1973.
46. "Folklore and Superstition. " Subject folder in the Library of Vladimir Pedagogical Institute, Vladimir, Russia.
47. *Folklore Myths & Legends of Britain.* London: Reader's Digest, 1973.
48. フレイザー『金枝篇』岩波文庫、ちくま学芸文庫
49. Gainsford, J., ed. *The Atlas of Man.* London: Omega Books, 1987.
50. Galsworthy, John. *The Awakening.* London: Heinemann.
51. Gaselee, Stephen. *Stories from the Christian East.* London: Sidgwick & Jackson, 1918.
52. Gaskell, D. S. *Dictionary of Scripture & Myth.* Dorset Press, 1883.
53. Gaynor, F., ed. *Dictionary of Mysticism.* London: Wildwood House Publishers, 1974.
54. Gibbs, May. *The Complete Adventures of Snuglepot & Cuddlepie.* London: Angus Robertson, 1946. Reprinted by Bluegum Publishers, 1984.
55. ———. *Gumnut Town.* Sydney, Australia: Royal Botanic Gardens, 1992.
56. Gordon, Stuart. *The Encyclopaedia of Myths & Legends.* London: Headline, 1993.
57. Greenwood, J. *Savage Habits & Customs.* London: S. O. Beeton, 1865.
58. Guerber, H. *Myths & Legends of the Middle Ages.* London: Harrap, 1948.
59. Gwynn Jones, T. *Welsh Folklore & Folk Custom.* London: Methuen, 1930.
60. Hall, S. C. *The Book of British Ballads.* London: Jeremiah How, 1847.
61. ———, ed. *The Book of British Ballads.* Rev ed. London: Jeremiah How, 1848.
62. *Hall's Dictionary of Subjects & Symbols in Art.* London: Murray, 1979.
63. Hanson, A., and L. Hanson. *Counterpoint in Maori Culture.* London: Routledge & Kegan Paul, 1983.
64. Harner, M. J. *The Jívaro, People of the Sacred Waterfalls.* London: Robert Hale, 1973.
65. Hawthorne, N. *A Wonder Book for Boys & Girls & Tanglewood Tales.* London: Dent, 1910.
66. Henderson, W. *Folklore of the Northern Counties of England & the Borders.* London: Longmans Green, 1866.
67. Hill, D., and P. Williams. *The Supernatural.* London: Aldus Books, 1965.
68. Hiltebeitel, A., ed. *Criminal Gods & Demon Devotees.* Albany: State University of New York, 1989.
69. Hippisley-Coxe, Anthony D. *Haunted Britain.* London: Pan Books Ltd., 1973.
70. Hole, C. *A Dictionary of British Folk Custom.* London: Paladin/Collins, 1986.
71. Housman, L. *All-Fellows.* London: Kegan Paul Trench Trübner, 1896.
72. ———. *The Field of Clover.* London: Kegan Paul Trench Trübner, 1898.
73. Hyslop, Robert, ed. *Echoes from the Border Hills.* Durham: Pentland Press, 1992.
74. Irving, Washington. *Rip Van Winkle.* London: Heinemann, 1917.
75. Ivanits, Linda J. *Russian Folk Belief.* New York: M. E. Sharpe, 1989.
76. Jacobs, Joseph, ed. *Celtic Fairy Tales.* London: David Nutt, 1895.
77. Jones, Henry, and Lewis L. Kropp. *The Folk Tales of the Magyars.* London: The Folklore Society, 1889.
78. カイトリー『妖精の誕生—フェアリー神話学—』市川泰男訳、社会思想社、現代教養文庫
79. Kendall, L. *Shamans, Housewives & Other Restless Spirits.* Honolulu: University of Hawaii Press, 1985.
80. Ker Wilson, B. *Scottish Folktales & Legends.* Oxford: Oxford University Press, 1954.
81. Killip, M. *Folklore of the Isle of Man.* London: B. T. Batsford Ltd., 1975.
82. Knatchbull-Huggeson, E. *River Legends.* London: Daldy, Ibister & Co., 1875.
83. Lang, A. *Custom & Myth.* London: Longmans Green, 1898.
84. ———, ed. *The Elf Maiden & Other Stories.* London: Longmans Green, 1906.
85. ———, ed. *The Snow Queen & Other Stories.* London: Longmans Green , 1906.
86. Langer, William L., ed. *The Encyclopaedia of World History.* London: Harrap/Galley Press, 1987.
87. Leach, M. ed. *The Dictionary of Folklore.* Chicago: Funk & Wagnall, 1985.
88. ———, ed. *The Standard Dictionary of Folklore.* Chicago: Funk & Wagnall, 1972.
89. Leacock, S., and R. Leacock. *Spirits of the Deep.* New York: Doubleday, 1972.
90. Legey, F. *The Folklore of Morocco.* Translated from the 1926 French edition by L. Hotz. London: Allen & Unwin, 1935.
91. Litvinoff, ed. *The Illustrated Guide to the Supernatural.* Marshall-Cavendish, 1990.
92. *Lloyd's Encyclopaedic Dictionary.* London: Edward Lloyd, 1895.
93. Lurker, Manfred. *Dictionary of Gods & Goddesses, Devils & Demons.* Translated by G. L. Campbell. London: Routledge, 1989.
94. Lyon, P. J. *Native South Americans.* Boston: Little Brown, 1974.
95. Macdowall, M. W. *Asgard & the Gods: Tales & Traditions of Our Northern Ancestors.* Adapted from the work of W. Wägner. London: Swan Sonnenschein, 1902.

96. MacKinnon, J. *Scottish Folk Tales in Gaelic & English.* Edinburgh, Scotland: JMK Consultancy Publishing, 1991.
97. Maple, Eric. *Superstition & the Superstitious.* London, New York: W. H. Allen, 1971.
98. Martin, B. W. *The Dictionary of the Occult.* London: Rider, 1979.
99. Menger, M., and C. Gagnon. *Lake Monster Traditions, A Cross-Cultural Analysis.* London: Fortean Tomes, 1988.
100. Mollet, J. W. *An Illustrated Dictionary of Antique Art & Archaeology.* London: Omega, 1927.
101. Mowat, F. *People of the Deer.* London: Readers' Union, Michael Joseph, 1954.
102. *New Larousse Encyclopaedia of Mythology.* London: Book Club Associates, 1973.
103. Newman, P. *Gods & Graven Images.* London: Robert Hale, 1987.
104. *Night Creatures.* The Enchanted World Series. Amsterdam: Time-Life Books, 1985.
105. O'hOgain, D. *Myth Legend & Romance: An Encyclopaedia of the Irish Folk Tradition.* New York: Prentice Hall, 1991.
106. Opie, I., and P. Opie, eds. *The Oxford Dictionary of Nursery Rhymes.* Oxford: Oxford University Press, 1977.
107. *The Oxford English Dictionary.* Compact ed. Oxford: Oxford University Press, 1971.
108. Parry-Jones, D. *Welsh Legends & Fairy Folk Lore.* London: B. T. Batsford Ltd., 1953.
109. Poignant, R. *Myths & Legends of the South Seas.* London: Hamlyn, 1970.
110. Porteous, A. *Forest Folklore.* London: G. Allen & Unwin, 1928.
111. *The Rider Encyclopaedia of Eastern Philosophy & Religion.* London: Rider, 1986.
112. Risdon, J., A. Stevens, and B. Whitworth. *A Glympse of Dartmoor: Villages, Folklore, Tors, & Place Names.* Newton Abbot, Devon: Peninsular Press, 1992.
113. ロビンズ『悪魔学大全』松田和也訳、青土社

114. Rose-Benét, W., ed. *The Reader's Encyclopaedia.* London: Book Club, 1974.
115. *Royal Pageantry, Customs & Festivals of Great Britain & Northern Ireland.* London: Purnell & Sons, 1967.
116. Ryan, J., and G. Bardon. *Mythscapes: Aboriginal Art of the Desert.* National Heart Foundation, National Gallery, Melbourne, Australia, 1989.
117. Saggs, H. W. F. *Civilization Before Greece & Rome.* London: B. T. Batsford Ltd., 1989.
118. Seebok, T. A., and F. J. Ingemann. *Studies in Cheremis: The Supernatural.* Viking Fund Publications in Anthropology No. 22. New York: Werner-Gren Foundation for Anthropological Research, 1956.
119. Senior, Michael. *The Illustrated Who's Who in Mythology.* Edited by G. Paminder. London: MacDonald Illustrated, 1985.
120. Skeat, W. W. *Malay Magic.* Oxford, England: Oxford University Press, 1889. Reprinted by Singapore: Oxford University Press, 1984.
121. *Spells & Bindings.* The Enchanted World Series. Amsterdam, Time-Life Books, 1985.
122. Spence, Lewis. *North American Indians, Myths & Legends.* Studio Editions Ltd., 1993, Copyright Bracken Books, 1985.
123. ———. *The Minor Traditions of British Mythology.* London: Rider & Co., 1948.
124. Squire, C. *Celtic Myth & Legend Poetry & Romance.* London: Gresham Publishing Co., 1889.
125. ———. *Celtic Myth & Legend Poetry & Romance.* London: Gresham Publishing Co., 1910.
126. Stow, John. *Stow's Annales.* London, 1600.
127. *Strange Scottish Stories.* Retold by W. Owen. Norwich, England: Jarrold Press, 1983.
128. Summers, Montague. *The History of Witchcraft.* London: Mystic Press, 1925.
129. Swinburne-Carr, T. *A New Classical Lexicon of Biography, Mythology & Geography.* London: Simpkins Marshall, 1858.
130. Vale, E. *Pixie Pool.* London: Heffer, 1911.
131. Walters, D. *Chinese Mythology: An Encyclopaedia of Myth & Legend.* Aquarian/Thorsons, 1992.
132. *Water Spirits.* The Enchanted World Series. Amsterdam: Time-Life Books, 1985.
133. Westwood, Jennifer. *Albion, A Guide to Legendary Britain.* London: Grafton, 1992.
134. *William Cashen's Manx Folklore.* Ed. S. Morrisson, Douglas, Isle of Man: G. L. Johnson, 1912.
135. Williams-Ellis, A. *Fairies & Enchanters.* London: Nelson.
136. イエイツ『ケルト幻想物語集 1〜3』井村君江訳、月刊ペン社
137. *Voodoo in New York.* Documentary televised Oct. 22, 1995.

邦訳にあたっての参照文献

本書を訳すにあたっては名前の表記や内容の確認のために以下の文献を参照した。記して感謝申し上げたい。ただし、本書内部での表記の一貫性の都合上、必ずしもすべての場合に参照文献での表記に従ってはいないことを、あらかじめお断り申し上げておく。

『悪魔の事典』、フレッド・ゲティングズ著、大滝啓裕訳、青土社
『アフリカ神話』、ジェフリー・パリンダー著、松田幸雄訳、青土社
『アボリジニー神話』、K・ラングロー・パーカー著、H. ドレーク＝ブロックマン編、松田幸雄訳、青土社
『アメリカ・インディアン神話』、コティー・バーランド著、マリオン・ウッド編、松田幸雄訳、青土社
『インド神話』、ヴェロニカ・イオンズ著、酒井伝六訳、青土社
『インド神話伝説辞典』、菅沼晃編、東京堂出版
『ヴィジュアル版世界の神話百科：アメリカ編』、D・M・ジョーンズ著、B・L・モリノー、蔵持不三也監訳、原書房
『ヴィジュアル版世界の神話百科：ギリシア・ローマ、ケルト、北欧』、アーサー・コットレル著、松村一男・蔵持不三也・米原まり子訳、原書房
『ヴィジュアル版世界の神話百科：東洋編』、レイチェル・ストーム著、山本史郎・山本泰子訳、原書房
『エッダ』、谷口幸男訳、新潮社
『オカルトの事典』、フレッド・ゲティングズ著、松田幸雄訳、青土社
『オセアニア神話』、ロズリン・ポイニャント著、豊田由貴夫訳、青土社
『ギリシア・ローマ神話事典』高津春繁著、岩波書店
『図説ギリシア・ローマ神話文化事典』ルネ・マルタン著、松村一男訳、原書房
『ケルトの神話：女神と英雄と妖精と』、井村君江著、ちくま文庫
『ケルトの神話・伝説』、フランク・ディレイニー著、鶴岡真弓訳、創元社
『ケルト事典』、ベルンハルト・マイヤー著、鶴岡真弓監修、平島直一郎訳、創元社
『ケルト妖精学』、井村君江著、講談社、講談社学術文庫
『古代オリエント集』、杉勇・三笠宮崇仁編、筑摩書房
『ゾロアスター教』、メアリー・ボイス著、山本由美子訳、筑摩書房
『中国古代鬼神文化大観』、尹飛舟著、百花洲文芸
『中国神話・伝説大事典』、袁珂著、鈴木博訳、大修館書店
『天国と地獄の百科』、ジョルダーノ・ベルティ著、竹山博英、柱本元彦訳、原書房
『天使と精霊の事典』、ローズマリ・エレン・グイリー著、大出健訳、原書房
『日本「神話・伝説」総覧』、宮田登他、新人物往来社
『妖精事典』、キャサリン・ブリッグズ編著、平野敬一・井村君江、三宅忠明、吉田新一訳、冨山房

付録

付録
各項目の分類を挙げた。

1 天使

部類名
アムシャ・スプンタ、アンギラス、イギギ、ウトラ、権天使、座天使、シェン（神）、熾天使、守護天使、シュチャ、主天使、ジュト・ボデジュ、スラオシャ、大天使、智天使（ケルビム）、デーヴァ、ドミナティオン、能天使、ピトリ、フェロハーズ、フラワシ、ペレシュタ、マネス、マラーイカ、マラーイカ・プテ、ヤザタ、ラマッス、ラール、力天使

個々の天使の名前
マリ人（チェレミス人）
アズレン、ブチャ・ウンバル・シュチャ、ブユ・シュチャ

ギリシア
カロース、ケル

ヘブライ
アラリエル、アンピエル、ウジエル、カロース、ケル、サンダルフォン、シャムヤザ、ヘブライ、メタトロン

ヒンドゥー教
アンギラスたち、アンタリクシャ、チトラグプタ

イスラム教
アサセル、イスラフィル、ガブライル、ハールートとマールート、フトゥルス、マーリク、ムンカルとナキール

ユダヤ教とキリスト教
アザジル、アサセル、アスモデウス、アズラエル、アバドン、アブディエル、アリエル、アリオク、イジュラーフィール、イジュライール、イスラーフィール、イスリエル、ウリエル、カフジエル、ガブリエル、ザドキエル、サブール・アリ、サマエル、ジェワ・ジェワ、ジャブライル、ジョフィール、シル・アリ、ゼフォン、天使オリヴァー、チタル・アリ、プタル・アリ、マラーイカ、マレーシアのイスラム教、ミーカーイール、ミカエル、ラファエル、ルシファー

ペルシア
アポ、ラシュヌ

ロシア
ベス

トゥピ・グアラニー（ブラジル）
アポイアウエウエ

2 デーモン

部類名
アイアタル、アイエリコ、アイリ、アエリカ、アカアンガ、アスラ、アスラクマーラ、アチャチラス、アニャンガ、アフリト、アルプ、アルラウン、アンチャンチョ、アンチュンガ、イグピアラ、イリケ、イワンシ、ヴィシャプィ、ウー・チャン・グイ（無常鬼）、ウドゥ、ウトゥック、エクスス、鬼、カイア、カコ・ダイモーン、カジス、河童、カナイマ、ガナス、ガブリエル・ハウンド、カラ、カラック、ガリー・トロット、カレヴァンポヤット、キキアデス、キトラウル、キンプルシャ、グイ、グール、クラット、クレーテス、グレムリン、グンヤン、ケイポル、ケレメト、コ・ホン、コーボルト、コリュバンテス、コン・マ・ダーウ、サオ、サラウア、シェディム（1）、シエン（仙）、シャイタン、シュケ

付録

ナン・オンチャマ、ジュジュ、シュルナ、食料室の精、シワテテオ、ジン・タナー、スィエン、スーパイ、スリ、セイリム、セベトゥ、ダーキニー、ダーナヴァ、ダイティヤ、ダエーワ、ダスユ、地下食料室の魔物、チティパティ、チャッツェ・オルマイ、チュタス、ツァン、使い魔、ティグバヌア、デーウ、ドゥヤヴォ、ドゥルグ、トラス、ドルーダ、ナット、バウダ、バウムエーゼル、バカ、バグブー、バグベア、バグル、バジャング、バッキー、バッグ、バッド・アワー、ハピニュニュ、パラヴォイ・イア、ハルピュイア、バンクシア人、ハンツー、ハンツー・カユ、ハンツー・ハンツアン、ハンツー・フタン、バンナイア、ビゲル・ノス、日狭女、ピシャーチャ、ビナイエ・アルバニ、びんの小鬼、ファウニ・フィチャリ、フィルギル、ブート、フエクヴ、フォウォレアン、ブキオド、プスヴァシ、プソ、ブベル、プライ、ブルベガー、ブレルマン、ペーイ、ボガート、ボダズ、ボラロ、ホンガエク、マジキーン、マタビリ、マモ、緑の女、目に映る閃光によって殺す人々、ヤクシャ、ユルパリ、ヨーギニー、ラ、ラークシャサ、ラウ、ラハム、ラルヴァ、ラングスイル、リーゼンゲビルゲ、ルアフ、ルー、レムル

個々のデーモンの名前

アイス、アーヴァンク、アウフホッカー、アエーシュマ、アガ・クルマン、アガシュ、アクヴァーン、アグネン、悪魔の猟犬群、アケファロス、アコ・マノ、アサグ、アサセル、アジダハーカ、アシャック、アシュメダイ、アズ、アスタロス、アスタロッテ、アストー・ヴィダートゥ、アスモデウス、アスラ、アダンク、アナメレク、アバドン、アパラージタ、アビゴル、アペプ、アベレ、アマイテ・ランギ、アミィ、アミト、アモン、アラルディ、アリオク、アル、アルザング、アルダト・リリー、アロケル、アンドラス、イェーツォ、イグイカラ、イクサ・ケレメト、イゼ・ヌル・ケレメト、イヤ、イルドラーヴィリスソング、インクブス、ヴ・ヴォゾ、ヴ・ムルト、ヴァオテレ、ヴァタク、ヴァント、ヴィジ・アンヤ、ヴィジ・エンバー、ヴェーターラ、ヴェーレス、ヴェルデレト、ヴェルブティ、ウォコロ、ヴクブ・カキシュ、海の老人、ヴリトラ、ウルリクムミ、エズー、エスタンティグア、エピアルテス、エムプーサ、エルヘ、エルリク、エルレガン・クバとエルレガン・クグザ、エレル、エレンスゲ、エン、オスカエルト、オブダ、オロバス、オンディチャオワン、カーヴァル・ウシュタ、カイアムヌ、ガウエコ、カウカス、ガウナブ、カジェク・ケレメト、カズナ・ペリ、カタヴィ、カッツェンヴァイト、カッティー・ダイア、カト、カハウシブワレ、カバンダ、ガビジャウジャ、カムサ、ガラ、ガリー・ベガー、カリナ、カル・クマーラ・ヤカ、カロース、カローン、カロンタス、ガンダレーワ、カンディーシャ、キスキルリラ、境界線に住む人、キルニス、キング、グイン・アップ・ニーズ、クークーディ、ククディ、クゲ・アガ・ケレメト、クゲ・クバール、クゲ・クレク、クゲ・ジョムシェ、クスダ・シラ、グタ、クダーイ、クバール・クグザ、クバール・ジュマル・クグザ、クムヌカムチ、クラドヴィック、グラント、クランプス、グリム、グリュコン、グリンディロー、クル、クルーラホーン、クルシェデル、クルシェドラ、クルス、クルピラ、ケフィル・ドゥール、ケル、ケルグリム、ケルトナー・ボディ、ケレッツ、コア、コジュ・イェン、コジュ・ネデク、コシュマール、コドゥモドゥモ、コルネ・ボデジュ、コロ・コロ、ゴン・ゴン（共工）、サーカニィ、サーテ、ザール、ザエボス、ザガム、サハール、サムヒギン・ア・ドゥール、ザランブール、シ・ラヤ、シークサ、シーラ・ナ・ギーグ、シェリーコート、ジェルシュク、シェルト・ボデズ、シホ・イ・サロ、ジャムシェナー、ジャル・ユムバク・コシュ、修道士ラッシュ、シュクシャンダル、ジュシュテ・ムジェ、ジュヌン、ジュル・セル・クゲラク、シラット、シラリュイ、シルティム、ズィン、スカデガムトゥク、スット、スティヒ、ストラス、スミエラ・

付録

ガット、スモレンコス、スルタン、スルト・マランダ・ボダズ、スレイ・アプ、スレム・ムザ、ズロイ・デューク、ゼパール、ダド、ダラ・カダヴァラ、ダラント、タルウィ、タンギー、チェルトーフカ、チャムパンキタチ、チュルパン・スルト、ディブキム、ディメ、ティラ、ティル、ディングベル、デーモンの恋人、デムラッシュ、テリートップ、トゥクルカ、トゥパン、トゥマ・デュン・ケレメト、ドゥルガー、トサリデュイ、トシュトット・イェン、トスロ、トピェレツ、トム・タンブラー、トム・ティット・トット、トム・ティティヴィル、トランカ・フア、トルト、ナイタカ、ナイトメア（夢魔）、ナシュ、ナバエオ、ナムタル、ナラー、ナラカ、ナリ、ナレト、ニーズヘッグ、ニウ・トゥ（牛頭）、ニヴァシ、ニッカー、ヌニュヌウィ、ネベド、ネルゲ・クバとネルゲ・クグザ、ノチュニッツァ、ノル・イェン、ノルグ、ハーリティー、バールザフォン、バールベリス、バウボー、バエル、パズズ、バックランド・シャッグ、バティム、バビ、パフアヌイアピタアアイテライ、ハボリュム、ハヤグリーヴァ、腹を切り裂く者、バラン、バリ、パル・ネル、バルク、パルタカン、バルバソン、パンチャジャナ、ハンツー・ガハル、ハンツー・ガルー、ハンツー・サワン、ハンツー・シ・ブル、ハンツー・ソンケイ、ハンツー・デナイ、ハンツー・ブロック、ハンツー・ベリアン、ハンツー・ラヤ、ハンツー・リブート、ハンツー・ロンゴック、ピー、ピアサ、ビースト・ヴェラッハ、ピークス、人食いアニス、ビトソ、ヒラニヤカシプ、ヒルグアン、ビルベリー・マン、ファルム、プータナー、フェネ、フォマガタ、フォルカス、フォルネウス、ブシャスタ、プスケグデムス、ブト・イムヌ、フミン、フヤプパ、フラウ・ヴェルト、ブラック・ヴォーン、ブラック・シャック、ブラック・ソウ、フリバーティジビット、ブルーダー・ラウシュ、フレイバグ、フンババ、ペコイ、ヘダム、ベヘモス、ペラ・コルシャ、ベリアル、ベリス、ベルゼブブ、ベルフェゴル、ポダル

ゲー、ポタンカ、ホツア・ポロ、ポレスコロ、ポンティアナク（吸血女）、マー・ミエン（馬面）、マーレ、マカチェラ、マカルディット、マサン、マダ、マニ、マハーマーリー、マヒシャースラ、マモン、マラ、マルコシアス、マルサバ、マルシュアース、マルファス、マルラ、マンダランガン、マンドラゴラ、ミーミル、ミムリング、ミル、ミンセスクロ、ムー、ムジェ、ムボーン、ムンヘラス、メーガマリン、メツイク、メツハルジャス、メラロ、モーザ・ドゥーグ、モロス、モロースコ、ヤオトル、ユアンキ・ムルト、ユロバック、ラーヴァナ、ラーフ、ラバルトゥ、ラマシュトゥ、ラミアー、ラモ、リオウメレ、リデルク、リュビ、リューベツァール、リョローナ、リリス、リリュイ、レグバ、レサーク、ロソリコ、ロー・ヘッド・アンド・ブラディー・ボーンズ、ロルミスコ、ローレグ、ロンウェー、ロンジュール・ドス、ワルタハンガ、ングウォレカラ、ンブル

3　悪魔

悪魔（デヴィル）のさまざまな呼び方
ディーヴェル、ディヴェル、ディウル、ディエヴェル、ディエヴル、ディオウル、ディオフル、ディオブル、ディジェヴェル、ディーフェル、ディフル、ドゥイル、ドゥール

個々の悪魔の名前
アイアタル、アエリコ、アカアンガ、アガシュ、アコ・マノ、アサセル、アスプリド・ドルーグ、アスモデ、アズレン、アーチェ、アバドン、アビー・ラバー、アボンサム、アマイモン、イア、イア・クバとイア・クグザ、イア・サルタク、イウヴァルト、イゼ・ヌル・ケレメト、インプ、ヴェッリネ、ヴェリエ、ヴェルニアス、ウォコロ、ウーダ、ウトゥック、エプレム・クグザ、オエイエ、オールド・ニック、オールド・クルーティ、オールド・スクラッティー、オールド・ホーニー、オロバス、カズナ・ペリ、カッレアウ、カルレアン、キトラウル、クゲ・アガ・ケレ

メト、グル・ドルイアド、クルシェデル、クレク・イア、グレシル、ケレメト、ゴゴル、ゴン・ゴン（共工）、サマエル、シェディム（1）、シェルト・ボデズ、ジャージー・デヴィル、シャイタン、ジャック・アップ・ザ・オーチャット、ジャボル、ジャル、シャン・リュウ（相柳）、ジュオド、ジョクー、ジョシュカル・セル、ストラス、スーパイ、ズロイ・デューク、ソンネイロン、ダエーワ、堕天使、チェムブラト、チェールト、チェルトーフカ、チュルパン・スルト、チョルト、使い魔、ディアヴォル、ディアウル、ディアブロタン、デイヴィ・ジョーンズ、トクタル・ポシュクダ、ナレト、ヌル・ボデジュ、ネルゲ・クバ、パイジャ、パイソー、バクシュ・イア、パシュクシェ、パラヴォイ・イア、ヒーシ、フィーンド、ブエス、ブト・イア、ブト・イアン・ウドゥルジュ、ブト・イムヌ、ベス、ベリアス、ベリアル、ベルゼブブ、ベルフェゴル、ベング、ポタンカ、ホッジ、マカル、マモン、ミュクシュ・シェルト、メフィストファレス、メランデ・シェルト、メリヒム、モチャ・クバ、モチャ・シェルト、ユロバック、ライネック、ラッキー・デヴィル（幸運を招く悪魔）、リーズの悪魔、ルシファー、レヴィヤタン、ロジエ、ングウォレカラ

4　ドワーフ

ドワーフのさまざまな呼び方

ドゥエリ、ドゥエリー、ドゥエルー、ドゥエルグ、ドゥエルチ、ドゥエルツ、ドゥオロー、ドゥーフ、ドゥルウェ、ドゥワルー、ドゥワルグ、ドエアルフ、ドエオー、ドエオーズ、ドエリー、ドエルズ、ドエルフ、ドエロウ、ドルチ、ドロイチ、ドワーウ、ドワーウェ、ドワーク、ドワーグ、ドワーズ、ドワーフェ

部類名

アプク、アプシルニック、アポパ、アルプ、オークの樹の精、オードワス、ガナス、ガホンガス、ガルドスヴォル、カルリキ、ガンダ

ヤク、グリッグ、クレク・イア、コラニアンズ、コリガン、シュティレ・フォルク、スプリガン、ダスユ、チャンケス、デリック、ドゥアルガー、ドゥエンデ、トロール、ナプファンス、ハウス・シュミードライン、ベルク・ピープル、ポレヴィーク、水の子供たち、ヤクシー、ヤクシニー、四大精霊、リーゼンゲビルゲ、ロヴァル

個々のドワーフの名前

アーヴァンク、アダンク、アルヴィース、アルベリヒ、荒れ地の茶色男、アンドヴァリ、イーヴァルディ、イルマリネン、ヴァーマナ、ウェーランド・スミス、ヴェルンド、ウーラカンヤナ、エル・トラスグ、エルドロイト、エルブガスト、オベロン、カキー・タペレレ、クベーラ、クリール、ゴルトマール王、シショク、セック、ダーイン、ティクドシェ、テリートップ、テルキーネス、ドヴァリン、ドゥリン、ナグルファル、ナン、ナン・ルージュ、ニーベルング、バイ・マーセ、パイル・パク、パコレ、バリ、ビブンク、ビロコ、ヒンド・エティン、フジャラル、ブロック、ベス、マッサリオル、ミムリング、モーズソグニル、モノチェーロ、ラウリン、リト、リューベツァール、ルフティン、ルンペルシュティルツヒェン、レギン、レプラホーン

5　エンカンタード

グループと「一族」

エクスス、オグン、オショシ、オリシャ、カボクロ、クルピラ、ジャペテクアラ、ジュレマ、ジョアン・ジ・マタ、スエイラ、トゥルコまたはトゥルキア、バデ、ファランジ・ジ・ボトス（ブラジルイルカ団）、ファリスタ、プレートス・ヴェーリュス

個々のエンカンタードの名前

アヴェレキタノ、アヴェレケテ、アコサ・サパタ、アコッシ・サパタ、アナ・ジョアキマ、アルバ姫、アンガシーノ、イタ、イタウアラ、イタクアリ、イタパクアラ、イナンベ、イニ

付録

ヤサーン、イマンジャ、ウビラジャラ、ウビラタン、ウルバタン・ジェズス、エクス、エクス・ミリン、エスメレルダ・エディチ、オグン、オグン・イアラ、オグン・メルガ、オグン・セテ・オンダス、オグン・デ・ロンダ、オグン・ベイラマール、オシュン、オショシ、カピングエイロ、カピングエイロ・ジ・ジュレマ、カボキーニョ、カボクラ・タルタルガ・ジ・アマゾナス、カボクラ・ロザ、カボクロ・ノブリ、カボクロ・ペンバ、グアピンダイア、グイア、グイド、グウェレイロ、クルピラ・アイララ、クルピラ・シカ・バイアナ、クルピラ・ピリリ、ゴイアベイラ、コスメ、コドエサ・ダ・トリニダーデ、ゴレジーニョ、コンスタンティノ、コンセイサオン・スエイラ、サバスティーノ、ジズエ、シビル、ジャガレマ、ジャシタリア、ジャトラナ、ジャペテクアラ、ジャマイーナ、ジャリナ、シャンゴ、ジャンディラ、ジュサラ、ジュラセマ、ジュルワ、ジュレマ・ヴェリャ、ジュレミニャ、ジュレメイア、ジュンクイエラ、ジョアキンジーニョ・ボア・ダ・トリニダーデ、ジョアン・ジ・オウロ、ジョアン・ジ・マタ、ジョアン・ダ・リマ、ジョアン・ファマ、ジョアンジーニョ、ジョアンジーニョ・スエイラ、ジョゼ・トゥピナンバ、ジョゼ・ライムンド・ボア・ダ・トリニダーデ、シリアキ、セウ・ジュレマ、ゼジーニョ、セチ・エンクルジラドス、セチ・フレシャス、セニョーラ・アナ、センティネッラ、タバジャラ、タピナレ、ダミアン、タンゴ・ドゥ・パラ、タンバセ、ティリリ、デュル・エンカント、トイア・ナヴェロアイム、ドナ・イナ、ドナ・ダダ、ドナ・ロザリナ、ドム・ジョアンオ・スエイラ、ドム・ジョゼ、ドラダ・マタ、トランカ・フア、ドリーナ、ドン・カルロス、ドン・ペドロ・アンガソ、ドン・ルイズ、ナン・ブロコ、ニロ・ファマ、ノクシニナ、パイ・ジェロニム、パイ・トマス、パイ・ベネディトゥ、ハイーニャ・エオワ、ハイーニャ・オヤ、ハイーニャ・バルバ、バシリオ・ボム、バラオ・デ・ゴレ、パラジト、バラングアスー、ピンダ、ピンダイエ、フィナ・ジョイア、フォーリャ・セカ、プリンセザ・シーニャ・ベ、プリンセザ・ドラ、プリンセザ・フローラ、フレシエラ、フレシエル、フロリアーノ、フロリオピ、フロル・ドゥ・ヴィーニョ、フロル・ドゥ・オウル、フロル・ドゥ・セウ、フロル・ドゥ・ヌヴェムス、フロル・ドゥ・マール、ヘイ・セバスティアン、ヘイ・ソロモン、ヘイ・タクルミ、ヘイ・ディ・ナゴ、ヘイ・トイ・アデュサ、ヘイ・トゥルキア、ヘイ・ノエ、ペドロ・エストレロ、ペナ・ヴェルディ、ベロ・エンカント、ベン・ボス・ダ・カナ・ヴェルディ、ボイアデイロ・ダ・ヴィサウラ、ボト・アラス、ボト・ヴェルメリョ、ボト・カスターニョ、ボト・トゥクヒ、ボト・ブランコ、ボト・プレト、ボムビエロ、ホンダドゥ、ポンバ・ジラ、ホンピ・マトゥ、マノエルジーニョ・ボア・ダ・トリニダーデ、マリアナ、マリアノ、ミラシー、ミリアン、メニナ・ダレイラ、メニーノ・アグドゥイ、メンサジェイル・ダ・ローマミゲルジーニョ・ボア・ダ・トリニダーデ、モサ・ダ・グイア、ラウレンスィナ、ラウレンスィヌ、レグア・ボギ・ダ・トリニダーデ

6　妖精

妖精の呼び替え名

あちらさん（イングランド）、アド・ヘネ（「彼ら自身」の意。英国マン島）、オラン・ブニヤン（マレーシア）、ギリン・ベギー、ジェントリー（アイルランド）、スリース・マ（「平和の人」の意。スコットランド高地とアイルランド）、ダノン・バッハ・テーグ（「小さな妖精族」の意。ウェールズ、ダヴェッド州）、タルイス・テーグ（「金髪族」の意。ウェールズ）、小さい人（イングランド、コーンウォール州）、ちびっこ（英国、マン島）、ディーナ・マイタ（「善い人たち」の意。アイルランド）、ニ（「リトル・ボーイズ」の意。英国マン島）、ノ・ボンヌ・メール（「我が善き母親たち」の意。フランス）、フェリアーまたはフェリシャー（イングラン

付録

ド、サフォーク州)、フェリシン(英国、マン島)、プラント・フリース・ドゥヴェン(「地底に住むフリースの子孫」の意。ウェールズ、ダヴェッド州)、ベディアダリ(「善い人たち」の意。マレーシア)、ベン・ソシア(「良き隣人」の意。フランス)、ベンディース・ア・ママイ(「母親の祝福」の意。ウェールズ、グラモーガン)、ボンヌ・ダム(「善き婦人たち」の意。フランス)、昔の人(イングランド、コーンウォール州)、ムリアン(「蟻」の意。イングランドコーンウォール州)、モーメット(英国)、善いお隣りさん(スコットランド低地)

国または文化別の個々の名前

アイルランド
アーネ、アマダン、アルプ・ルーフラ、アレーン・マク・ミーナ、アンガス・オーグ、イーヴィン、ウーナ、エイニア、オイングス、ギャン・カナッハ、ギラ・グアラ、クリオズナ、クレードネ、サヴァ、ダグダ、ニアヴ、ヌアラ、バンシー、ファル・ジェルク、フィンヴァラ、マハ、ミディル、メーヴ、リァノーンシー

アメリカ
アイルランド系アメリカ人
トム・コックル

アルバニア
ブクラ・エ・ヅェウト

イタリア
ファタ・モルガナ、ブルー・フェアリー、ベファナ

イングランド
アウフ、アスレイ、エインセル、エーリエル、エラビー・ギャゼン、オベロン(王/皇帝)、親指トム、オレアンド・ラ・フェー、屑糸帽子、グリム、ゴッダ、コブウェブ、スキリー・ウィデン、ティターニア(女王)、ドゥーアズユーウッドビーダンバイ夫人、トゥース・フェアリー(歯の妖精)、ニンフィディア、パック、ハベトロット、ハボンド、ピーズ・ブロッサム、ビーダンバイアズユーディド夫人、ピグウィジョン、ピリーウィギン、ブラザー・マイク、ボタンキャップのねえや、ホブゴブリン、マスタード・シード、マップ(女王)、ミコール、湖の姫、緑の騎士、モーキン、モス、モルガン・ル・フェー、ヤレリー・ブラウン、ラル、リック

ウェールズ
グイン・アップ・ニーズ、ゴファノン、シリ・ゴー・ドゥート、ジリ・フフルータン、シリ・フリット、トゥルティン・トゥラティン

オークニー諸島(英国)
ピーリフール

オーストラリア
カドルパイ、スナグルポット、チャックルバッド、ナルニウォ、ニッターシング、バブ、ビブ、ラジッド・ブロッサム(みすぼらしい花)

スコットランド
ウィルキー、ウーピティー・ストゥーリー、グラシュティグ、クリッピー、ティンカーベル、ピーターパン、フィトルトット、ローレグ

スラヴ人とルーマニア人
ムマ・パドゥラ

セルビア
ウースード、ラヴィヨイラ

中国
チー・ヌー(織女)、ヂュー・パー・ジェ(猪八戒)

付録

デンマーク
オーレ・ルゲイエ（眠りの精オーレ）、雪の女王

ドイツ
ヴィルジナル、バジャロシュッシュ、フラウ・ヴェルト、ホレおばさん

ハンガリー
ダム・ヴェネチュール、ダム・ジェネ、ダム・ヒリップ、ダム・ランプソン、トゥンデル、ババ、ミカ、妖精ヘレン

フランス
カンナード・ノズ、クリール、ドルメット、ベイフィンド、ベン・ソシア、マルブロン、メリュジーヌ

マン島（英国）
ラナンシー

ロマ（ジプシー）
アナ

7　キリスト教圏以外の天使

個々の天使の名前
アザジル、アサセル、アザゼル、アスタロス、アスモダイオス、アスモデ、アスモデウス、アドラメレク、アバドン、アブディエル、アリオク、イウヴァルト、イブリス、ヴェッリネ、ヴェリエ、オエイエ、オリヴィエ、カッレアウ、カルリキ、カルレアン、グレシル、サタン、サマエル、シェミハザ、シャムヤザ、ソンネイロン、天使オリヴァー、ハールートとマールート、バルベリス、ハレス、ベリアス、ベリアル、ベルゼブブ、ベルフェゴル、マステマ、マルコシアス、ルシファー、ロジエ

その他関連しているもの
悪魔、カコ・ダイモーン、カルリキ、ジン、スルーア（「悪魔」参照）、セルキー、天使、フィル・ヒリーシュ、ペーリ、ミンチ海峡の青亡霊悪魔、カコ・ダイモーン、カルリキ、ジン、スルーア（「悪魔」参照）、セルキー、天使、フィル・ヒリーシュ、ペーリ、ミンチ海峡の青亡霊

8　使い魔

個々の使い魔の名前
ヴェルデレト、エラビー・ギャゼン、オブ、オベ、コントロール、タデブツィー、タビ、マンドラゴラ、トム・タンブラー、ナグワル、バジャング、パスク、パック、ハンツー・ベリアン、フラガイ、ペレシト、メフィストファレス、ヤキーラ、ワカニー、

9　ケレメト

アガ・クルマン、アズレン、イクサ・ケレメト、イゼ・ヌル・ケレメト、イバスカ、ヴァヌシュカ、ウンデュール・シェルト、エプレム・クグザ、オシュ・ブイ・ヴァヌシュカ、カジェク・ケレメト、カルマン・クレク・クグザ、クゲ・アガ・ケレメト、クゲ・クバール、クゲ・クレク、クゲ・ジョムシェ、クバール・クグザ、クバール・ジュマル・クグザ、クプランガシュ、クレク・クガ・イェン、クレク・クグザ、クレク・シェルト、クレク・ピアンバル、ケルトナー・ボディ、ケレメト・シェルト、コジュ・イェン、シェルト・テルカン、シェルト・ボデズ、ジャウシュ・ケレメト、ジャムシェナー、ジャル・ユムバク・コシュトシェ・ケレメト、ジャルフター・ボデズ、ジュクゾ、シュケナン・オンチャマ・ケレメトとシュケ・ケレメト、ジュル・セル・クゲラク、シュルダシュ・シャルト、ジョシュカル・セル、スルタン、スルト・マランダ・ボダズ、チェムブラト、チョルト、チュルパン・スルト、チョパキン、トゥマ・デュン・ケレメト、トゥル・ボダズ、トゥル・ボダズ・タルマゼ、トゥレック・クグザ、トクタル・ポシュクダ、トシュタ・コジュ・イェン、トシュトット・イェン、ヌ

ル・ボデジュ、ネムデ・クレク・クグザ、ネムデ・クレク・クゲ、ネルゲ・クバとネルゲ・クグザ、ノル・イェン、パユベルダ・シャルト、パルタカン、ポルト・ボダズ、マカル、ミュクシュ・シェルト、メランデ・シェルト、メランデ・ボデズ、モチャ・シェルト、レムデ・クレク・クグザ、ロク・シャルト

10 ナット

アカカソー、ウ・パカ、エインサウング、カァ、サバ・レイッピャ、シエン、シッタ、ジャーン、シンラップ、チトン、チヌン・ウェイ・シュン、トリクラット、ナット・タミ、ピー、ブーマソー、フクム・イエン、フミン、ポンヒョイ、ムー、ムボーン、ラ、ルー、ワーウン

11 ニンフ

活動範囲別分類

空気のニンフ
シルフ

芸術のニンフ
ムーサイ

草地と谷のニンフ
アウロニアス、ナパイ、リモネアス

山と洞窟のニンフ
オレイアス、コーリマライカンニヤルカ

楽園のニンフ
ガンダルヴァ、デーヴァ、フラン、フーリ

予言のニンフ
カルメナイ

星のニンフ
アトランティデス、アニッツサ、ヒュアデス、プレイアデス、ヘスペリデス

森林と木のニンフ
アルセイス、コケの娘たち、ドリュアデス、ナパイアイ、ハマドリュアデス、ヒュラエオラ、メリアデス

水のニンフ
アプサラス、ウンディーネ、オーケアニス、クレナ、シュア、ナーイアス、ネーレーイス、パガイ、リムナイ、リメニア

個々のニンフの名前
アイギーナ、アイグレー、アウフ、アガニッペー、アシア、アステロピアー、アドラステイア、アバルバレー、アフリック、アマルテイア、アムピトエ、アムピトリテ、アムブロシアー、アルキュオネ、アルギュラ、アレトゥーサ、アンティオペ、エウドラ、エーゲリア、エーコー、エケナイス、エリュテイア、エリュテシス、エレクトラ、オイノーネー、オーリテュイア、カスタリア、カッソティス、ガラテイア、カリオペー、カリストー、カリュプソ、カルメンタ、キュアネー、キューモトエー、キュモドケー、キュレネ、クリュティエー、ケライノー、ケローネー、コーリュキアー、コローニス、サルマキス、シューリンクス、スタピュレー、ステュクス、ステロペー、スミラクス、ダフネー、ターユゲテー、チー・ヌー（織女）、ディウトゥルナ、ティソーア、テティス、ドーリス、ドリュオペー、ニミュー、ネダ、ハグノー、ピテュス、ブリトマルティス、フルドラ、ペイレーネー、ヘスペレトゥーサ、マイア、マリーカ、ミュレーネー、ムマ・パドゥラ、メーナカー、メロペー、メロボシス、メンフィス、ララ、ローティス、ロドナ

12 動物と他の生物に関する精霊

生物や人間に対して好意的な精霊
アイウェル、アウマニル、アグルーリック、アザラシ乙女、アス・イガ、アナンシ、アラ

付録

レズ、アリア、荒れ地の茶色男、アンピエル、ヴァルジーノ、ウォフ・マナフ、ウンディーネ、オードワス、カジェク・ケレメト、カツオの乙女、カハウシブワレ、カリストー、ガンダヤク、ガンダルヴァ、ギド・ムルト、キュレネ、教会グリム、キルケグリム、キルコグリム、キンナラ、グウィリオン、クデ・オェルト・クバとクデ・オェルト・クグザ、グラント、クリヌイ・ボグ、グリム、クルキス、クルジュンク、クルワイチン、クレマラ、ゲニウス、ケラッハ・ヴェール、コケナ、ココペレ、コルネベッケ、コルンヴォルフ、シーレーノス、ジェル・クバとジェル・クグザ、ジューラスマーテ、スィエン、砂の祭壇の女、セドナ、セルキー、タタネ、タンゴ・ドゥ・パラ、チャンケス、チョドゥラ・クバとチョドゥラ・クグザ、デヴィルフィッシュ・ピープル、トゥア、トゥクトリアク、ドービー、トリクラット、トロー、ナキネイウ、ナキンネイト、人魚、ヌータイコック、ヌル・クバとヌル・クグザ、バイ・マーセ、ハイター・スプライト、白鳥乙女、バシャドジャウン、畑の精霊、ハフェルボックス、ハンツー・ソンケイ、ハンツー・ベリアン、ビチャ・イア、ビチャ・オザ、ビチャ・クグザ、ビチャ・クバ、フアサ・マルク、ファランジ・ジ・ボトス（ブラジルイルカ団）、ファンティン、フィルギル、フォーン、ブラウニー、プリパルチッス、ペセヤス、ペナ・ヴェルディ、マヒシャースラ、マレート、メジャスマーテ、メヘン、メロー、メロボシス、ライ・ドッグ、ラウクマーテ、ラウコ・サルガス、ラスコヴィツェ、ラタイニッツァ、リガイ、リーキオ、ルオットチョジク、レイブオルマイ、レーシィ、ローン

悪意をもつ精霊

アウフホッカー、アエーシュマ、悪魔の猟犬群、アスラ、アーチン、アッハ・イーシュカ、イェス・ハウンドの群れ、イェック、いたずら好きなもの、イムドゥグド、ヴァダトヤス、ウィッシュト・ハウンドの群れ、ヴィリ、ヴォディアノイ、牛耳さん、ウトゥック、ウリシュク、エクソティカ、エムプーサ、オヴィンニク、オスカエルト、鬼、オベ、カーヴァル・ウシュタ、カイア、ガイトラッシュ、ガウエコ、河童、ガブリエル・ハウンド、カペルスウェイト、カラス麦のヤギ、ガリー・トロット、カリナ、カローン、キキルン、キンプルシャス、クー・シー、クーン・アンヌヴン、グラシュティン、クラット、クルッド、クルピラ、ケ・シー、ケァルプ、ゲイブル・レチェット、ケフィル・ドゥール、ケルピー、黒妖犬、コヨーテ、コリガン、コルト・ピクシー、サテュロス、サムヒギン・ア・ドゥール、シャス・デロドゥ、シャッグ・フォール、シュヴァル・バヤール、修道士ラッシュ、ショック、シラリユイ、ジン、スクライカー、ストリガエ、スルーア、セイリム、セイレーン、ダーキニー、ダニー、タンギー、ヂュー・バー・ジェ（猪八戒）、使い魔、デーウ、天狗、ドラッグン・ヒル・ボグル、ナック、七鳴き、ナリ、ニウ・トウ（牛頭）、ニクス、ニッカー、ニューグル、ヌック、ネック、バーゲスト、パスク、バックランド・シャッグ、バッド・アワー、パッドフット、ハヤグリーヴァ、パラ、ハルピュイア、フィーンド、フー・シエン（狐仙）、ブーカ、フォリオット、ブト・イア、ブト・イムヌ、ブベル、ブラック・ヴォーン、ブラック・シャック、プラット・アイ、フリアイ、フレイバグ、フレヴニク、ペーリ、ヘドリーの牛っ子、ボゲードン、ポダルゲー、ポレスコロ、マー・ミエン（馬面）、マーマン、マーメイド、マエヅダル・ルードゥー、ミンク、メカラ、メツィク、メラロ、モーザ・ドゥーグ、ものぐさローレンス、モロス、ヤクシャ、幽霊狩猟、ラークシャサ、リゾス、リュバン、ロンジュール・ドス、ワカニー

13　占星術と洗礼に関する精霊

アサ・リヒシュタ、アザジル、アステロピアー、アトランティデス、アニツトサ、アヌンナキ、アペプ、アポ、アラスロン、アリア、アリエル、アルキュオネ、アルバストル、イ

ロゴ、ヴァス、ヴクブ・カキシュ、エレクトラ、オク、オフィエル、オリュンピアの霊、カフジエル、ガブリエル、ケライノー、サーカニィ、シエン、シッタ、シルフ、シワテテオ、セベトゥ、大天使、ダーエワ、チーヌー（織女）、チェルーヴェ、ヂュー・パー・ジェ（猪八戒）、ティターニア、ナフシャスラ、ネミッサ、ハギス、バラム、ヒュアデス、ファ、フル、プレイアデス、ヘスペリデス、ペトール、星の女、星の人、マイア、ミカエル、ミカケ、メーナカー、メヘン、メロペー、ヤザタ、ラーフ、ラファエル、ルシファー、レゲレム

14 芸術に関する精霊

美術、文学、音楽、詩の精霊
アプサラス、アリエル、イスラーフィール、ヴィーラ、エロテス、カルプレ、ガンダルヴァ、キンミンゴアルクルック、グラティアエ、ゲンダングとナウバト（サング・ガラ・ラジャ）、サテュロス、シューリンクス、ジン・ネムフィリ、ストラス、ストロームカール、スレイ・ベガ、ダクテュロイ、タルイス・テーグ、チン・チア、デ・ダナーン神族、トゥンデル、トロー、ニッカー、ニンフ、ヌンギーイ、パトゥ・パイアレヘ、フォッセグリム、フーリ、ベス、マルシュアース、ムーサイ、妖精、リァノーンシー、レンピリ、ローレグ

金属細工、窯業、紡績、織物、木工
イルマリネン、ウーピティー・ストゥーリー、ウェーランド・スミス、ヴェルンド、運命の三女神、キキーモラ、ギラ・グアラ、蜘蛛男、蜘蛛女、蜘蛛の祖母、クレイ・マザー、黒蜘蛛の老女、グウルウィン・ア・トロット、ケシャリイ、ゴヴニウ、ゴヴレン、コケの人々、コティヤングウティ、ゴファノン、シュピンシュトゥーベンフラウ、チー・ヌー（織女）、デイヴ、テリートップ、ドミーカ、トム・ティット・トット、トムテ、ナステ・エスツァン、ヌンギーイ、ハグ、ハベトロット、

ピーリフール、ブロック、ベルヒタ、ペルヒタ、ホレ、ラウメ、ルフティン、ルンペルシュティルツヒェン、レギン

15 穀物に関する精霊

アーレン・コーニゲン、イダム・クバとイダム・クグザ、ウティ・ヒアタ、オナタ、カーリン、カチナ、カチナ・マナ、カバウターマネキン、ガビジャウジャ、カラス麦のヤギ、カリャッハ、カリャッハ・ヴェーラ、グラニー、クルシス、ケルワン、コーン・マザー、コルネベッケ、コルンヴォルフ、コルンムッター、サバ・レイッピャ、サラ・ママ、ジョン・バーリーコーン、セル、ターコイズ・ボーイ（トルコ石の少年）、ターコイズ・マン（トルコ石の男）、デオハコ、ネサル、ハグ、ババン・ナ・ウェイレア、ハフェルボックス、ブルカーテル、ミュイイングワ、モルクル・クア・ルアン、ユミス、ラーチ、ライ・ドッグ、ルギニス、ルギュ・ボバ

16 死、冥界、地獄、地下に関する精霊

アカアンガ、悪魔、アシュメダイ、アスタロス、アストー・ヴィダートゥ、アズラエル、アスラクマーラ、アズレン、アバドン、アビゴル、アポリオン、アマイモン、アミト、アリカント、イア、イグマ、イラー・ケワ、ヴァルキュリア、ヴァント、ヴィーラ、ヴィリ、ウー・チャン・グイ（無常鬼）、ヴォディアノイ、ウルズ、エレル、オウダ、お相伴妖精、鬼、オロバス、ガイトラッシュ、カジス、鍛冶屋のウィル、カナイマ、ガブリエル、ガブリエル・ハウンド、カマン、狩人ハーン、カルン、カロース、カローン、カロンテース、キキーモラ、ギャン・カナッハ、教会グリム、ギルスランドの血無し少年、クーンチアッハ、グラッハ・ア・フリビン、グリム、グリンディロー、クルス、クーン・アンヌヴン、グンヤン、ケフィル・ドゥール、ケル、ケルピー、ケレメト、黒妖犬、コロ・コロ、サイコポンプ、ザガズ、サジャ（使

478

者)、サマエル、サンムン、ジェデ、シャイ、シャス・デロドゥ、シラット、白婦人、スクライカー、ストラス、スリ、スルーア、スレイ・アプ、セイレーン、ダーイン、堕天使、ダンドーと猟犬群、チトラグプタ、チャンケス、チュトサイン、チョルト、ディー・ザン（地蔵)、ディース、デイヴィ・ジョーンズ、ティグバヌア、ティーシポネー、デーモゴルゴーン、トックルカ、トム・ティティヴィル、ナーイン、ナッキ、ナック、七鳴き、ナムタル、ナレト、ニウ・トウ（牛頭)、ニクス、ニーズヘグ、ネウィン、バーゲスト、ハーケル・ベーレント、バールザフォン、バールベリス、ハーレシンガス、パイジャ、ハウフルエ、バエル、バシャジャウン、バテイム、バビ、バリ、バン・ニーァハン、バンシー、ハンツー・シ・ブル、ファウニ・フィチャリ、ファド・フェレン、ファルム、フィルギル、フィーンド、フー・シエン（狐仙)、ブト・イア、プライ、ブラック・シャック、ブラディー・キャップ、フリアイ、ペーイ、ベドン・ヴァーラ、ペン・ニーア、ボダッハ、ボダッハ・グラス、ボドゥア、ホレ、マーリク、マカチェラ、マタガイガイ、マティヤ、マーネース、マハ、マー・ミエン（馬面)、マーメイド、マラ、マルコシアス、マルサバ、マルファス、マントゥスとマニア、ミグ・モラッハ、緑の牙のジェニー、ミル、ミンチ海峡の青亡霊、ムーリャルタッハ、ムンカルとナキール、メニー・エルカン、メフィストファレス、ヤンベ・アッカ、幽霊狩猟、雪の女王、ラウ、ラークシャサ、ラナンシー、リョローナ、リワ、ルージャグ、レサーク、ロー・ヘッド・アンド・ブラディー・ボーンズ、ローレライ、ワカニー、ワルンベ、ングウォレカラ

17　病気に関する精霊

ア・ウラッハ、アールヴァル、アイ、アイアタル、アイエリコ、アエリカ、アガシュ、アコッシ・サパタ、アサグ、アシャック、アスラ、アチェーリ、アッハーズ、アマダン、アラルディ、アリア、アル、アルバストル、アルプ、アンチャンチョ、イグイカラ、イムドゥグド、イヤ、ウトゥック、ウモット、エル・フォーク、エルフ、エルレガン・クバとエルレガン・クグザ、エレル、鬼、オンディチャオワン、カナイマ、カラ、カリナ、カル・クマーラ・ヤカ、キキルン、ギルスランドの血無し少年、クークーディ、グンヤン、ケル、ケレメト、コヨーテ、コロ・コロ、コン・マ・ダーウ、サオ、ザガズ、サル、サンムン、シェドラ・クバとシェドラ・クグザ、ジェル・クバとジェル・クグザ、ジャムシェナー、ジャルジョーギニ、ジュシュテ・ムジェ、ジュシュテ・ムジェ・ユデル、シラリュイ、シワテテオ、スルーア、セベトゥ、堕天使、ダラ・カダヴァラ、小さいさん、チェムブラト、チシン・トンボップ、チャンケス、ティグバヌア、ディムメ、デーモン、ドウ・シェン（痘神)、トウマ・デュン・ケレメト、ドガイ、トサリデュイ、トスロ、トンボップ、ナグワル、ナシュ、ナット、ナムタル、ナング・モクシン、ネルゲ・クバとネルゲ・クグザ、ノチュニッツァ、バジャング、パズズ、バッド・アワー、ハンツー・カユ、ハンツー・シ・ブル、ハンツー・ロンゴック、ピー、ピシャーチャ、ピシュミ、ビトソ、ファド・フェレン、フエクヴ、プータナー、ブト・ボドゥジュ、ブペル、ブラック・シャック、ペグ・オネール、ペナンガラン、ホセレウ・ワヒラ、ボリ、ポルト・クバとポルト・クグザ、ポレスコロ、ホンガエク、マカチェラ、マサン、マモ、ミンセスクロ、ムジェ、メカラ、メクムワサック、メラロ、モクシン・トンボップ、ユアンキ・ムルト、ラークシャサ、ラマシュトゥ、ラモ、リリュイ、ルー、ルアフ、ルン・クバとルン・クグザ、ロルミスコ、ワカニー、ワリチュ

18　畑と野菜栽培に関する精霊

善良なもの

アーレン・コーニゲン、アガ・クルマン、アムルタート、アールマティ、イダム・クバと

付録

イダム・クグザ、エル・テュトラ、オナタ、オールド・ロジャー、ガビジャウジャ、カラス麦のヤギ、カリァッハ、カーリン、ガン、ガンダルヴァ、ギルデプティス、キルニス、クゲ・アガ・ケレメト、グーナ、グラニー、グリッグ、クリッコ、クルシス、ゲニウス、コルネベッケ、コルンヴォルフ、コルンムッター、コーン・スピリット、サナ、サバ・レイッピャ、サラ・ママ、シュルナ、ショーニー、ゼミナ、ゼムパティス、ターコイズ・ボーイ、ターコイズ・マン、ダタン、タチュキ、デオハコ、ドリュアデス、ナンパ、ヌル・クバとヌル・クグザ、ヌル・ボデジュ、ヌングイー、バイロン、パス、花の妖精、ババン・ナ・ウェイレア、ハフェルボックス、バリーマン、ピー、ファンティン、フォーン、フネサイ、ブルカーテル、フンティン、マルザンナ、緑の男、緑の騎士、緑の服のジャック、ミュイイングワ、ヤースキン、ユミス、ラヴカパチム、ラウクマーテ、ラウコ・サルガス、リウ・モン・ジャン・ジュン（劉猛将軍）、リーキオ、リモネアス、リリム、リンゴ園の主、ルギニス、ルギュ・ボバ、ルゴフニク、ローティス

警戒を要するもの
エルダー・マザー、オード・ゴギー、グーズベリー女房、ダム・エラーホーン、ヒルデ・ヴィンデ、ヒルデ・モアー、ヒルデモダー、ビルベリー・マン、ポレヴィーク、マンドラゴラ、ものぐさローレンス、リューベツァール

危害をくわえるもの
アグン・クグザ、イア・クバとイア・クグザ、イゼ・ヌル・ケレメト、クルピラ、ケラッハ・ヴェール、コア、シュトラーテリ、シュトルーデリ、スプリガン、小さいさん、ドガイ、パル・ネル、ビルヴィス、フォウォレアン、ペグ・オネール、ペーリ、ポクシェム・オバスカ、ポクシェム・クグザ、ポクシェム・クバ、マカル、メカラ、リュビ

19 森林と木に関する精霊

アイ、アイアタル、アジザ、アタマン、アニャンガ、アビク、アラプテシュ、アラン、アリカント、アルセイス、アルバストル、イグイカラ、ヴァルトガイステル、ヴャンタラス、エルヴス、エール・キング、オウダ、オブダ、オベロン、オラン・ブニイ、カイトラック、カッツェンヴァイト、ガマイニャス、木の精たち、木の妻、ギュビッヒ、ギライティス、ギリー・ドゥー、クエレブレ、クルピラ、グレンジェット、グローヴ・フォーク、ケイポル、ケルテマシュ、コケの人々、コジュラ・クバとコジュラ・クグザ、ゴルスカ・マクア、ササボンサム、サテュロス、サラウア、サルヴァネッリ、ザルグフロイライン、ジヴィザ、シクサ、シャーロット、シャマンティン、シュトラーテリ、シュトルーデリ、シリニエッツ、シルティム、白い手を持つもの、ジン・タナー、森林、スカデガムトゥク、スコーグス・フルー、ストラクフ、スパエー・ワイフ、スモレンコス、チャンケス、チュタス、チョドゥラ・クバとチョドゥラ・クグザ、ディルネ・ヴァイブル、天狗、ドゥク・バ、トゥーリッキ、トシュタ・コジュ・イェン、トラス、ドリュアデス、ナパイアイ、ニミュー、ヌレス・ムルト、白鳥乙女、バシャジャウン、パトゥ・パイアレヘ、ババ・ヤガ、パルタカン、ハンツー・シ・ブル、ハンツー・バカル、ハンツー・フタン、ピー、ピークス、ビガーズデールのジェニー、ピシャーチャ、ヒュラエオラ、ビルベリー・マン、ファーザー・フロスト、フォーン、プックメリア、ブート、フミン、フルドラ、プルヒ、フンババ、ヘスペリデス、ベティカン、ヘレクグニナ、ヘロカ、ペング、ボックマン、ホデキン、ボラロ、ホルツ・フラウ、ボンガ、マット・チノイ、ママグワセウグ、マラーイカ・プテ、ミガマメサス、ミーツホジン、緑の男、ミムリング、ミンゲヘ、ムマ・パドゥラ、メクムワサック、メジャスマーテ、メツァンネイツイト、メツァンハルティア、メツィク、メツハルジャス、メデイ

ネ、メリアデス、モアティア、モデイナ、森の人、ヤクシャ、ラウ、ラスコヴィツェ、リューベツァール、ルサールカ、レイブオルマイ、レサーク、レーシィ、レソヴィハ、レフイェルスコル、ンブル

樹木

アエリコ、アカカソー、アスカフロア、アプサラス、アムルタート、アラク、ヴァオテレ、ヴァーナデーヴァータ、ヴァルトガイステル、ウォコロ、ヴリクシャカス、エシェンフラウ、エル・フォーク、エルダー・マザー、オード・ゴギー、オールド・ロジャー、オークの樹の精、オンブウィリ、カカモラ、カクア・カンブジ、狩人ハーン、カルクス、ギルデプティス、キルニス、クルピラ、グンヤン、コ・ホン、コン・ティン、サンクチンニ、シェッカソー、シークサ、ジャリナ、ジュレマ、スミラクス、ダフネー、チュルパン・スルト、ディオンビー、デーヴァ、天狗、ドドレ、ドリュアデス、ドン・カルロス、ナルブルーイ、ニアグリウサル、ニワトコ婆さん、ノルグ、バウムエーゼル、ハマドリュアデス、バリアウア、ハンツー・ガハル、ハンツー・カユ、ハンツー・ガルー、ビサン、ビターボス、ピテュス、ビルヴィス、ヒルデ・ヴィンデ、ヒルデ・モアー、ビロコ、ファ、ファウニ・フィチャリ、ブーマソー、プライ、フラウ・ヴァッハホルダー、プレート、フンティン、ボルータ、マタガイガイ、ミュレーネー、ムラ・ムラ、メルシュ・ディック、リリム、リンゴ園の主、ルナンティシー、ロー

木材

ハンツー・ガハル、ハンツー・ガルー、ナング・モクシン、モクシン・トンボップ

20　運命、幸運、財宝に関する精霊

アイトワラス、アプサラス、アリカント、アルベリヒ、アンドヴァリ、ヴィットラ、ウィル・オ・ザ・ウィスプ、運命の三女神、エサソン、エッケッコ、ガーディアン、カウカス、カズナ・ペリ、クエレブレ、クデイアー、クラット、クラドヴィック、クルーラホーン、黒妖犬、シュラット、シルキー、白婦人、スティヒ、スプリガン、タルイス・テーグ、チン・ロン（青龍）、トムテ、ドモヴィク、トロー、トロール、トンクス、トントゥ、ナグワル、ニアグリウサル、ニーベルング、ニス、ハミングジャ、バンニク、ピアムバル、ピスキー、ビロコ、ヒンツェルマン、ファ、ファイア・ドレイク、ファウニ・フィチャリ、ファル・ジェルク、フェリアー、ブキス、フー・シエン（狐仙）、ブーマソー、プライ、フラウ・ヴァッハホルダー、ブラウニー、プレート、フンティン、ベドン・ヴァーラ、ボルータ、ポルト・クバとポルト・クグザ、マカチェラ、マージャス・ガルス、マタガイガイ、ミュレーネー、モノチェーロ、ヤクシャ、ラール、ランドヴェティル、リリム、リンゴ園の主、ルギュ・ボバ、ルナンティシー、レソヴィハ、レプラホーン、ロー

21　守護と保護に関する精霊

アールマティ、アイオロス、アイクレン、アウマニル、アガトス・ダイモーン、アクセキ、アグルーリック、アス・イガ、アスカフロア、アブガル、アポ、アムルタート、アラク、アラリエル、アラルディ、アラン、アリア、荒れ地の茶色男、アンギラスたち、アンドヴァリ、アンピエル、イア・サルタク、イズン、ヴ・ヴォゾ、ヴァーナデーヴァータ、ヴァルジーノ、ウィー・ウィリー・ウィンキー、ヴィーラ、ヴェーターラ、ヴェーヤスマーテ、ウーグンスマーテ、ウーデンスマーテ、エインサウング、エシュ、エセックスのシャック、エマンドゥワ、エミジム、エルダー・マザー、エンカンタード、オークの樹の精、オドカン、オード・ゴギー、オードワス、オビン・ムルト、オラ、オリュンピアの霊、オールド・ロジャー、オンブウィリ、カァ、ガーディアン、カウカス、カクア・カンブジ、カジェク・ケレメト、家事の精、カズナ・ペリ、カツオの

付録

乙女、ガビジャ、カマン、狩人ハーン、ガルドスヴォル、カルフ、カルン、ガンダヤク、ギウォイティス、ギド・ムルト、キュルコグリム、キュレネ、教会グリム、ギライティス、キルケグリム、キルコグリム、キルニス、クエレブレ、グーズベリー女房、クデイアー、クベーラ、グラシュティグ、グラティアエ、クラドヴィック、クリヌイ・ボグ、グリン、クルキス、クルジュンク、クルピラ、クルーラホーン、クルワイチン、クレマラ、グローヴ・フォーク、ゲニウス、ケラッハ・ヴェール、コヴェンティナ、黒妖犬、コケナ、コケの人々、コドゥハルジャス、子供部屋のボーギー、コラン・グン・キアン、コルカ・ムルト、コルト・ピクシー、コルネベッケ、コルンムッター、サダグ、サバ・レイッピャ、サムヒギン・ア・ドゥール、サルマキス、シェン（神）、シャイ、シュヴォド、従者の精霊、守護天使、ジュト・ボデジュ、シュピンシュトゥーベンフラウ、ジューラスマーテ、シル・アリ、スィエン、スティヒ、砂の祭壇の女、スプリガン、セドナ、セナン入り江の警告妖精、ゾア、ダーキニー、ダイモーン、ダルマパーラ、タロンハルティヤ、チャン・シエン（張仙）、チャンケス、チュ・ウハ、チョドゥラ・クバとチョドゥラ・クグザ、使い魔、ディー・ザン（地蔵）、ディウトゥルナ、ディエヴィニ、ティキ、デオハコ、トゥア、ドヴァリン、トゥクトリアク、トゥレック・クグザ、ドービー、トムテ、ドモヴィク、トリクラット、ドリュアデス、トルナク、ドワーフ、ナグムワサック、ナグワル、ナット、ナパイアー、ナパイアイ、ナムタル、ニアグリウサル、ニス、ニーベルング、ニャンバイ、人魚、ニンフ、ヌータイコック、ヌル・クバとヌル・クグザ、ヌレス・ムルト、ヌングイー、ネムデ・クレク・クグザ、ノーム、ハーリティー、バイ・マーセ、バイロン、ハウグボンド、ハウラー、バクシュ・イア、パス、花の妖精、ハミングジャ、バラム、バルク、ハルティア、ハンツー・ガハル、ハンツー・ガルー、ピアムバル、ビサン、ヒーシ、ビー・シャ・ユエン・ジュン（碧霞元君）、ビチャ・イア、ビチャ・オザ、ビチャ・クバとビチャ・クグザ、ビッグ・ウォーター・マン、ピトリ、ビブンク、ヒルデ・ヴィンデ、ヒルデ・モアー、ビルベリー・マン、フアサ・マルク、ファランジ・ジ・ボトス（ブラジルイルカ団）、フィルギル、フィンヴァラ、フェロハーズ、フォーン、フクム・イエン、ブクラ・エ・ゼェウト、フシャスラ、フシャトラヴェール、ブト・ボドゥジュ、フネサイ、フラウ・ヴァッハホルダー、ブラウニー、ブラウニー（蜂の）、ブラック・ベア、ブラプーム、フラワシ、プリパルチッス、プルヒ、ブルー・フェアリー、フレヴニク、フンババ、ヘイツィ・エイビブ、ベイフィンド、ベス、ヘスペリデス、ペセアス、ベトール、ペナーテース、ペレシュタ、ホグブーン、ホグボーイ、ポルト・クバとポルト・クグザ、ホレ、ホンガ、マアヒセット、マージャクングス、マジャハルジャス、マテルガビア、マーネース、マヒシャースラ、マラーイカ・プテ、マリアナ、マリーカ、マーリク、マレート、マンダランガン、マントゥスとマニア、ミカエル、緑の男、緑の婦人、ミーミル、ムーサイ、ムボーン、ムミー、メクムワサック、メジャスマーテ、メツァンハルティア、メディネ、メヘン、メリッサ、モアティア、モディナ、ものぐさローレンス、モノチェーロ、モルクル・クア・ルアン、ヤンベ・アッカ、ラヴカパチム、ラウクマーテ、ラウコ・サルガス、ラウメ、ラスコヴィツェ、ラタイニッツァ、ラナンシー、ラファエル、ラマ、ラマッス、ララ・ムコウナ・ベント・ムコウン、ララ・レキヤ・ビント・エル・カマール、ラール、リ、リウ・モン・ジャン・ジュン（劉猛将軍）、リガイ、リーキオ、リムナイ、リメニア、リモネアス、リューベツァール、ルオットチョジク、ルギニス、ルゴフニク、ルナンティシー、レイプオルマイ、レグバ、レーシィ、ローダンデ、ワシコング

付録

22 家事、家族、子供に関する精霊

家事と家族の精霊

アイトワラス、青ズボン、アガトス・ダイモーン、赤帽子、アグン・クグザ、アビー・ラバー、アビク、アボンサム、アラク、アラストール、アリファ、アルバストル、ウーグンスマーテ、エインサウング、エサソン、エッケッコ、エミジム、エリーニュス、オルセン、カウカス、カキー・タペレレ、ガーディアン、ガビジャ、カヒライス、カペルスウェイト、ガルドスヴォル、ギウォイティス、キキーモラ、ギルスランドの血無し少年、ギルピン・ホーナー、キルムーリス、クーニアック、グラシュティグ、クラット、グラッハ・ア・フリビン、クリムバ、グルアガッハ、クルーラホーン、グワルウィン・ア・トロット、ゲニウス、ケルテマシュ、コディンハルティア、コドゥハルジャス、ゴブラン、コーボルト、コラン・グン・キアン、コリガン、コルカ・ムルト、ゴルドマル（王）、指導霊、シュヴォド、修道士ラッシュ、シュクシャンダル、シュケナン・オンチャマ・ケレメト、ジュト・ボデジュ、シュピンシュトゥーベンフラウ、シュラット、食料室の精、シルキー、スィエン、スミエラ・ガット、スルト・マランダ・ボダズ、タロンハルティヤ、チ・ルン・ワン（治竜王）、地下食料室の魔物、チュ・ウハ、使い魔、ディエヴィニ、ドゥエンデ、ドヴォロヴォイ、ドゥグナイ、ドゥシ、ドービー、トット、ドブズ、トム・コックル、トメテ、ドモヴィク、トラスグ、ドワーフ、トントゥ、ナット、ナプファンス、鍋掛けゆらし、ナリ、ナン・ルージュ、ニス、ニャンバイ、ノックおばけ、パイル・パク、ハインツェルマン、バジャング、パック、パドルフット、ハミングジャ、パラ、バラヴァシュカ、バルヴァ、バンシー、バンナイア、バンニク、ビールザール、ピクシー、ピスキー、ビリー・ブリン、ヒルトンの血無し少年、ヒンツェルマン、フェノゼリー、フェリアー、プーカ、ブカ、ブキス、フトキン、ブバッハ、ブラウニー、ブラウニー・クロッド、プラブーム、プリギルスチチス、ブルーダー・ラウシュ、ブルーニー、ペセヤス、ペナーテース、ベファナ、ペレシト、ボーグル、ボガート、ポーキー・ホーキー、ボダッハ、ボダハン・サヴァル、ポーチュン、ホブ、ポルターガイスト、ポルト・クバとポルト・クグザ、ポルト・ボダズ、ホレ、マギー・モロッホ、マージャクングス、マージャス・ガルス、マジャハルジャス、マッサリオル、マテルガビア、ミグ・モラッハ、ミスター・ノーバディ（名無しさん）、モチャ・シェルト、ラタイニッツァ、ラナンシー、ラバーフェンド、ララ・ムコウナ・ベント・ムコウン、ラール、リュタン、ルリダン、レグバ、炉端のロブ、ロビン・グッドフェロー、ロビン・ラウンドキャップ、ロー・ヘッド・アンド・ブラディー・ボーンズ

赤ん坊、子供、出産の精霊

アウフ、アチェーリ、アドラステイア、アドラメレク、アビク、アプシルニック、アフリト、アマルテイア、アリファ、アル、アルバストル、アルメ・フュリウーズ、ウィー・ウィリー・ウィンキー、ヴィーラ、ウースード、ウーム・セビアン、ウルシトリー、ウンディーネ、運命の三女神、エインセル、エーゲリア、エール・キング（魔王）、エサソン、エルフ、オード・ゴギー、親指トム、オールド・スクラッティー、オーレ・ルゲイエ（眠りの精オーレ）、カカモラ、カッティー・ダイア、カハウシブワレ、カラス麦のヤギ、カリナ、ガル、カル・クマーラ・ヤカ、キキーモラ、グーズベリー女房、クーン・アンヌヴン、クネヒト・ルプレヒト、グラシュティグ、クランプス、クリム、グリン、グリンディロー、クレーテス、クロックミテヌ、ケイポル、ケルピー、コーリマライカンニヤルカ、コールマン・グレイ、子供部屋のボーギー、ゴブリン（英）、コリガン、コン・イオン、ザガズ、サル、サンタクロース、シェドラ・クバとシェドラ・クグザ、ジャック・アップ・ザ・オーチャット、ジャルジョーギニ、シュクシャンダル、ジュシュテ・エルゲ

付録

ジュレニス、シワテテオ、シンター・クラース、スアン・スアン、スキリー・ウィデン、ストリガエ、ストリングロス、砂の祭壇の女、スプリガン、スポーン、スリ、スワルト・ピート、ダストマン、タルイス・テーグ、チャン・シエン（張仙）、ディーナ・シー、デイヴ、ディムメ、テルキーネス、トゥース・フェアリー（歯の妖精）、ドガイ、トサリデュイ、トッド・ローリー、ドミーカ、トム・ドッキン、トム・ポーカー、ドラク、取り換え子、ドルメット、トロー、トロール、ドワーフ、ナリ、ニクス、ノチュニッツァ、ノルン、ハーリティー、ハイター・スプライト、パイル・パク、バガブー、ハグノー、バグベア、バジャング、ハデム・ケムクオマ、ババ・ヤガ、パルカイ、ハンツー・サワン、バンニク、ビー・シャ・ユエン・ジュン（碧霞元君）、ピーターパン、ピクシー、人食いアニス、人さらいのネリー、ビリー・ウィンカー、ファーザー・クリスマス、ファーザー・フロスト、ファティ、プーカ、プータナー、フェリアー、プスケゲデムス、ブツェンベルヒト、ブッカ・ドゥー、プット、ベイフィンド、ペール・ノエル、ペール・フエッタール（鞭のおじさん）、ペグ・パウラー、ペナンガラン、ベファナ、ペルツニッケル、ベルヒタ、ペレスト、ホイッティンゲーム村のショート・ホガーズ、ボダッハ、ボタンキャップのねえや、ボックマン、ホブヤー、ポルターガイスト、ポルノチニッツァ、ホレ、ポロヴニッサ、ポンティアナク（吸血女）、マサン、マムポーカー、マリアナ、ミスター・サンドマン、緑の牙のジェニー、緑の子供、ムマ・パドゥラ、メベデル、メリアス、メルシュ・ディック、モイラ、モーキン、モルガン、幽霊猟師、妖精、ラウメ、ラバルトゥ、ラマシュトゥ、ラミアー、ララ、ラル、ラングスイル、リーキオ、リウ・モン・ジャン・ジュン（劉猛将軍）、リュタン、リョローナ、リリス、ルンペルシュティルツヒェン、レーシィ、レソヴィハ、ロー・ヘッド・アンド・ブラディー・ボーンズ、ワルタハンガ

23　予言と宿命に関する精霊

ヴァント、ヴィジ・リーニー、ヴィズ・アンヤ、ヴィーラ、ウースード、ウルシトリー、運命の三女神、エーゲリア、オイノーネー、オヴィンニク、ガイトラッシュ、カスタリア、カッソティス、カヒライス、ガブリエル・ハウンド、狩人ハーン、カルメナイ、カローン、キキーモラ、教会グリム、キルムーリス、クー・シー、グラッハ・ア・フリビン、グリン、ゲニウス、ケルピー、シーレーノス、シャイ、白婦人、スクライカー、ダーイン、チュ・ウハ、チン・ロン（青龍）、ディース、ドモヴィク、ナグワル、ナック、七鳴き、ノルン、バーゲスト、ハミングジャ、パルカイ、ハンツー・シ・ブル、バンニク、ファ、ファティ、フィルギル、プーカ、フラガイ、ベイフィンド、ベン・ニーア、ボダッハ・グラス、ポルト・クバとポルト・クグザ、マカチェラ、メツハルジャス、メニー・エルカン、モイラ、幽霊狩猟、レサーク

24　道と旅行に関する精霊

アイチャ・カンディダ、アイリ、アウフホッカー、アスタロッテ、アニャンガ、アンチャンチョ、イア、イェック、ヴァドタヤス、ウィル・オ・ザ・ウィスプ、ヴェーターラ、ウリシュク、エサスダン、エムプーサ、エール・キング（魔王）、オスカエルト、オブダ、オベロン、オラン・ブニイ、ガイトラッシュ、カッティー・ダイア、カペルスウェイト、ガリー・トロット、カローン、グウィリオン、クー・シー、首なし女、グラント、グール、グル・イ・ババン、クルッド、クルピラ、ケフィル・ドゥール、ケルピー、ケレッツ、黒妖犬、コジュラ・クバとコジュラ・クグザ、コラン・グン・キアン、コリガン、コルト・ピクシー、コルネ・ボデジュ、コルノフヒイ、ササボンサム、シェウリ、シェリーコート、ジェルシュク、シクサ、シャッグ・フォール、シャマンティン、ショック、シルキー、シル

ティム、シワテテオ、スカデガムトゥック、スクライカー、ストリングロス、スパンキー、ディルネ・ヴァイブル、鉄枷のジャック、デリック、ドゥーニー、ドービー、ドラッグン・ヒル・ボグル、ドラハン、パイジャ、バッキー、パッドフット、パトゥ・パイアレヘ、ハム・ウカイウ、バン・ニァハン、ハンツー・デナイ、ハンツー・ラヤ、ピ・ネレスカ、ビーアスト・ヴェラッハ、ピクシー、ピクトリー・ブラッグ、ピスキー、ビターボース、ビルベリー・マン、ヒンキー・パンク、ファーザー・フロスト、ファルム、フミン、ブラッグ、ブラック・シャック、ブラット・アイ、ブラディー・キャップ、ブルーニー、ブルベガー、フレイバグ、プレート、ヘドリーの牛っ子、ペーリ、ボーグル、ボガート、ボギーマン、ポーク、ボゲードン、ポーチュン、骨なし、ホブ、ホブ・ランタン、ポレヴィーク、マカチェラ、目に映る閃光によって殺す人々、ヤクシャ、山の老婆、ラファエル、ラミアー、ラール、リーゼンゲビルゲ、リズス、リューベツァール、レーシィ、ロンジュール・ドス、藁束のジョーン

25　水に関する精霊

アイチャ・カンディダ、アス・イガ、アフリック、アフリト、アンチャンチョ、イーガー、イグピアラ、ヴ・ムルト、ヴィルカノタ、ヴォディアニカ、ヴォディアノイ、ウプィリ、ウリシュク、エレナー・ボデス、オイノーネー、小川、カッティー・ダイア、河童、カローン、川、カンディーシャ、カンナード・ノズ、クアハック、クバール・クグザとクバール・ジュマル・クグザ、クルジュン、クーンチアッハ、ケラッハ・ヴェール、細流、サムヒギン・ア・ドゥール、シュヴァル・バヤール、シューリンクス、ジュル・セル・クゲラク、シュル・ムミー、白婦人、ストロームカール、滝、ダラント、ドゥク・タニャ・バ、ドラク、ナーイアス、ネムデ・クレク・クゲ、バン・ニァハン、ハンツー・バン・ダン、ビア、ビッグ・ウォーター・マン、ファランジ・ジ・ボトス（ブラジルイルカ団）、フォッセグリム、ブト・イアン・ウドゥルジュ、ペグ・オネール、ペグ・パウラー、ペラ・コルシャ、ベレギーニ、ベン・ニァ、マリーカ、マルシュアース、ミー・フェイ（密妃）、メンフィス、ルサールカ、ロドナ、ローレライ、ワナゲメズワク

湖、潟、沼沢地、低湿地、圏谷、池、渦巻きの精霊

アーヴァンク、アダンク、あちらさん、アトゥア、アベレ、アラウォティア、ヴ・ムルト、ヴィーラ、ヴィジ・アンヤ、ヴィジ・エンバー、ウィル・オ・ザ・ウィスプ、ヴォディアノイ、オンディチャオワン、鍛冶屋のウィル、ギリー・ドゥー、グラゲーズ・アンヌヴン、グリンディロー、クル、ケアグィヒル・デブゲスク、シェーラ、ジェル・クバとジェル・クグザ、ジェル・ボデジュ、シャン・リュウ（相柳）、小さいさん、チェルトフカ、チタル・アリ、チャッツェ・オルマイ、ティニホウイ、トッド・ローリー、ナイタカ、ナッキ、ナック、ニッカー、ニューグル、ネック、ネッケン、白鳥乙女、ピアサ、人さらいのネリー、ファイア・ドレイク、プーカ、プスケグデムス、ブラック・シャック、ベッカヘスト、ポルノチニッツァ、ボロートヌィ、マタビリ、湖の姫、緑の牙のジェニー、モラグ、リムナイ、リワ、レジャル・エル・マルジャ、ロー・ヘッド・アンド・ブラディー・ボーンズ

大洋、海の精霊

アイパルークヴィク、アウラネルク、アダロ、アムピトエ、オシュン、カツオの乙女、ガラティア、カリュプソ、キューモトエー、クリュティエー、サイヴォ・ネイタ、シ・ラヤ、シェリーコート、シー・トロー、ジャマイーナ、シュア、ジューラスマーテ、ジュルア、ショーニー、シル・アリ、セイレーン、セドナ、セナン入り江の警告妖精、セルキー、タンギー、デイヴィ・ジョーンズ、デヴィルフィッシュ・ピープル、ドゥナ・マラ、ドー

リス、トリートーン、ナキネイウ、ニッカー、ニミュー、人魚、ヌータイコック、ハウフルエ、ハヴマンド、パガイ、パフアヌイアピタアアイテライ、バル、パンチャジャナ、ハンツー・ラウト、ヒレ族、フォルネウス、ブラウンガー、ヘダム、ベドン・ヴァーラ、ポーパス・ガール（ネズミイルカ少女）、マーマン、マーメイド、マリ・モルガン、ミンチ海峡の青亡霊、ムーリャルタッハ、メァラハルド、モルガン、ラミアー、ラール・マリニー、リー、リバン、リメニア、ローン

噴水、泉の精霊
アガニッペー、イクサ・ケレメト、エーゲリア、カスタリア、キュアネー、コヴェンティナ、サルマキス、ジャマイーナ、ディウトゥルナ、ニッケル、ニューグル、ネーレーイス、パマシュ・オザ、ペイレーネー、水のジン、ミーミル

水一般の精霊
アスレイ、アプサラス、アポ、アラリエル、アンクテヒ、ヴ・ヴォゾ、ヴ・クティス、ヴ・ヌナ、ヴーア、ヴァッサーマン、ヴィズ・アンヤ、ヴィズ・リーニー、ヴェデンハルティア、ウクラン・トヨン、ウーデンスマーテ、ウンディーネ、エッヘ・ウーシュカ、オーケアニス、オプケン、オルト、カーヴァル・ウシュタ、ガホンガス、ガマイニャス、ガンダレーワ、グラシュティン、クルシェドラ、クレナ、グローガッハ、ケフィル・ドゥール、コティ、シェートロール、ジャルジョーギニ、ジャルパリ、シューピルティー、白い帽子のジャック、ズィン、スキュラ、チ・ルン・ワン（治竜王）、チョルト、チャハツェ・オルマイ、チャハツェ・ハルデ、チャフル、トゥーテガ、トピェレッ、トンク、ニヴァシ、ニクス、ヌック、ハウルヴァタート、バックランド・シャッグ、ハッケンマン、ハルン、ハンツー・アエール、ビーダンバイアズユーディド夫人（報いのおばさん）、フーア、ファラオニ、ブチャ・ウンバル・シュチャ、ブト・イア、ブト・ボドゥジュ、フネサイ、ボドゥジュ、マウアリ、マエツダル・ルードゥー、マロス、水の子供たち、メリュジーナ、モルガン・ル・フェ、ユアンキ・ムルト、ラハム、ローレグ

26　天気に関する精霊
アイオロス、アイス、アチャチラス、アポイアウエウエ、雨の民、アンチャンチョ、ウアシラ、ヴィラ・ビロン、ヴィリ、ヴィルジナル、ヴェーヤスマーテ、ヴェルプティ、エル・テュトラ、エレル、オクラム、おだやかアニス、オンディチャオワン、ガ・オー、ガウナブ、カサゴナガ、風の老女、カチナ、カラッハ・ナ・グローマッハ、クヌブリアー、クラウド・ピープル、ケラッハ・ヴェール、コア、コンパーニン、サーカニィ、サブール・アリ、サンダー・ボーイズ（雷息子たち）、ジェルシュク、シエン、シオ・フミス、シャイタン、ジャック・フロスト（霜）、シャンゴ、ジュシュテ・エルゲとジュシュテ・エルベゼ、ジュシュテ・クバとジュシュテ・クグザ、ジョンポル、シラット、シルフ、ジン、スコーグス・フルー、スプリガン、セナン入り江の警告妖精、セルキー、ダジョジ、ドゥナ・エー、ドゥナ・マラ、ドンゴ、ナイタカ、ナーガ、ヌベロ、ネガフォク、ネナウニル、ハイーニャ・バルバ（バルバ女王）、ハウラー、パズズ、バド、パル・ネル、ハールート、ハルピュイア、ハンツー・リブート、ビッグ・パーラ、ファーザー・フロスト、フォウォレ族、フォマガタ、プタル・アリ、ブッカ、ブラウンガー、ベヒル、ヘング、ポクシェム・オバスカ、ポクシェム・クグザ、ポクシェム・クバ、ホレ、ポロヴニッサ、マーマン、マレート、ミスト、ムボーン、ムミー、ムーリャルタッハ、ムルウック、モロスコ、ヤ・オ・ガー、雪女、雪の女王、雪娘、ラソゴナガ、リューベツァール、レイ・ジェン・ズ（雷震子）、レーシィ

付録

27. 国

地域、民族に関する精霊

古代王国（および国境の消滅した国々）

アナトリア
ウルリクムミ

アッシリア
アルダト・リリー、ベルフェゴル、ケレブ、ラマ、ラマッス、パズズ、ウトゥック

アラム
マモン

カルデア
マスキム

シュメール
アサグ、アブガル、アプカルル、アルダト・リリー、ガラ、キスキルリラ、ディムメ、ディンギル、ラハム、ラマ

バビロン
アシャック、アッハーズ、アドラメレク、アヌンナキ、アルダト・リリー、イギギ、ウトゥック、ガル、キング、セベトゥ、ミスラ、ラバルトゥ、ラマシュトゥ、ラマッス

メソポタミア一般
アサグ、イムドゥグド、ウドゥ、ナムタル、バウボー、フンババ、ヘダム、ラバルトゥ

現代の国境を有する国々および文化

アイスランド
→スカンディナヴィア

アイスランド
ギリトルット、サイヴォ・ネイタ、ジョラ・スヴェイナル、スクリムスル、スパエー・ワイフ（女予言者）、スミエラ・ガット、チャハツェ・オルマイ、チャハツェ・ハルデ、ニックル、ニンニル、ハイクル、ハルド、プカ、ミーツホジン、メァラハルド、ヤンベ・アッカ、ラップランド（スカンディナヴィア北部地方）、ランドヴェティル、ルオットチョジク、レイブオルマイ

アイルランド
アーネ、アマダン、アルプ・ルーフラ、アレーン・マク・ミーナ、アンガス・オーグ、イーヴィン、イウブダン、ウーナ、エイニア、エオフ・ブレス、オイングス、カリァッハ・ヴェーラ、カルブレ、ギャン・カナッハ、ギラ・グアラ、グーナ、グラニー、クリオズナ、グルアガッハ、クルーラホーン、クレードネ、ゴヴニウ、ゴヴレン、ゴハーン・シール、コルパン・シーデ、サヴァ、サムグバ、シー、シーフラ、シュア、スルーア・マイ、ダグダ、デ・ダナーン神族、ディアン・ケフト、ディーナ・シー、ディーナ・マイタ、トム・コックル、ニアヴ、ヌアラ、ネウィン、バンシー、ファハン、ファル・ジェルク、フィル・ヴォルグ族、フィンヴァラ、ブーヴァン・シー、フェル・シー、フォウォレアン、プーカ、ブレス、ボアン、ボーカン、ボダハン・サヴァル、ボドヴ、ボドヴ、マク・ケフト、マク・モーネァンタ、マハ、ミデイル、ミュアゲルト、ムルグッハ、メーヴ、モラグ、モリーガン、モルアー、モルアッハ、ラナンシー、ラバーキン、リァノーンシー、リバンリル、ルナンティシー、ルフティン、ルプラホーン、ルフラマーン、ルホルパーン、ルーラガドーン、ルーラホーン、ルルガダーン、レプラホーン、ロゲリー・マン

アメリカ
アクセキ、アッシュ・ボーイズ、アッシュ・マン、アニットサ、雨の民、アンクテヒ、イェーツォ、イェック、イェル、イクツィニケ、イクト、イクトミ、イタラパス、イタラパテ、イックティニケ、イックティニケ、イヤ、ウェミクス、ウティ・ヒアタ、ウンクトメ、エスクダイト、オードワス、オクラム、

付録

オナタ、オヤンドネ、オールド・マン、オール・マン、オンディチャオワン、ガ・オー、風の老女、風の老人、カチナ、カチナ・マナ、カヌック、ガヘ、ガホンガス、ガン、ガンダヤク、ギルデプティス、クナワビ、クムヌカムチ、クラウド・ピープル、グランドマザー・ファイア、クレイ・マザー、グレムリン、クワティ、ケアグィヒル・デプゲスク、ケルワン、コイエムシ、コイムシ、ココペリ、ココペレ、コティ、子供を守る女祈祷師、コモクヤッツィキー、コヨーテ、コヨーテ、コヨーテおやじ、コーン・マザー、サーテ、サマー、サンダー・ボーイズ（雷息子たち）、サンタクロース、シオ・フミス、塩女、シトコンスキー、シャカク、ジャージー・デヴィル、シュルイスシア、ジョン・バーリーコーン、シワンナ、シン・アン・エフ、スカデガムトゥク、砂の祭壇の女、スーナワヴィ、スモレンコス、セル、ターコイズ・ボーイとターコイズ・マン、ダジョジ、タチュキ、チャフル、チュトサイン、ツィ・ズーイ、ツェクツ、デ・ヒ・ノ、ティニホウィ、ディングベル、デヴィルフィッシュ・ピープル、デオハコ、トバデスツィニ、トム・コックル、ナイタカ、ナグムワサック、ナピ、ナンシーおばさん、ナンテナ、ヌニュヌウィ、ネアゴ、ネサル、ネナブシュ、ネポクワイ、ネミッサ、ハクツイ、ハクツイン、パシコラ、パモラ、ピアサ、光のエルフ、ピシュミ、ビッグ・ウォーター・マン、ビナイエ・アルバニ、ファーザー・コイエムシ、フィフィネラ、プスケグデムス、ブラック・タマナス、ブラック・ベア、プラット・アイ、フラル、フリント・ボーイズ、ブルー・ジェイ、ヘノ、ヘレクグニナ、ヘロカ、ヘング、ホイタ、ポーカー・ボーイズ、ホセレウ・ワヒラ、ホノチェノケ、ホンガ、マサウウィ、マナボゾ、マニンガ、マヒナティーヒー、マヨチナ、ミカケ、ミガマメサス、ミカムウェス、ミス・ナンシー、水の子供たち、ミュイイングワ、ミンク、メクムワサック、目に映る閃光によって殺す人々、モランハクト、モリティヤマ、ヤ・オ・ガー、リーズの悪魔、我が母の兄弟、ワシコング、ワナゲメズワク

アルゼンチン
エレル、ワリチュ

アルバニア
アエリコ、エン、オラ、ククディ、クルシェデル、クルシェドラ、ジャル、スティヒ、バルヴァ、ファティ、ブクラ・エ・ヅェウト、ペリト、リュビ

アルメニア
アイス、アラレズ、ヴィシャプィ、カチェス、ジャヴェルザハルセス、シュヴォド、デーウ、フラワシ

イスラエル（ユダヤ・ヘブライの伝統を含む）
アエーシュマ、アザジル、アサセル、アザゼル、アシュメダイ、アスモデウス、アバドン、アブディエル、アラリエル、アリエル、アルダト・リリー、アンピエル、イズラーイール、イスラーフィール、ウジエル、オブ、カフジエル、ガブリエル、ケルビン、ザドキエル、サマエル、サンダルフォン、シェディム、熾天使、シャムヤザ、セイリム、大天使、智天使（ケルビム）、ディブキム、ベリアル、ベルゼブブ、ベルゼブブ、マジキーン、ミカエル、メタトロン、ラファエル、リリス、リリム、リリン、ルアフ

イタリア（古代エトルリア、古代ローマを含む）
アイギーナ、アエロー、アエロプス、アオイデー、アカヴィセル、アガニッペー、アグライアー、アシア、アステロピアー、アドラステイア、アトランティデス、アトロポス、アバルバレー、アモレッティ、アルキュオネ、アルギュラ、アルパン、アレクトー、アレトゥーサ、アンティオペ、インクブス、ヴァント、ウーラニアー、運命の三女神、エヴァン、エウニーケー、エウプロシュネー、エーゲリア、エケナイス、エーコー、エラト、エ

付録

リュテイア、エレクトラ、エロテス、オイノーネー、オーキュペテー、オーケアニス、オレイアス、オーレイテュイア、カスタリア、ガラテイア、カリオペー、カリュプソ、カルメナイ、カルメンタ、カルン、カロンテース、キュアネー、キューモトエー、キュモドケー、キュレネ、グラティアエ、クリオ、クルス、クロートー、ゲニウス、ケライノー、ケリアノ、ケローネー、コーリュキアー、サテュロス、サルヴァネッリ、サルマキス、スタピュレー、ステロペー、ストリガエ、スミラクス、セイレーン、ダフネー、ターユゲテー、タレイア、ディウトゥルナ、ティーシポネー、ティソーア、ディラエ、デクマ、テルプシコラー、トゥクルカ、トリートーン、ドリュアデス、ドリュオペー、ナーイアス、ナパイアー、ニンフ、ネダ、ノーナ、ハグノー、ハマドリュアデス、パルカイ（パルカたち）、ハルピュイア、ピークス、ピテュス、ヒュアデス、ファタ、ファタ・シルヴァネッラ、ファタ・モルガナ、ファティ、フォリオット、フォレット、プット、フリアイ、ブルー・フェアリー、ペイレーネー、ペナーテース、ベファナ、ベルフェゴル、ポダルゲー、ポリュヒュムニアー、マイア、マッサリオル、マニア、マーネース、マリーカ、マントゥス、ミュレーネー、ムーサイ（ムーサたち）、ムネーメー、メガイラ、メリア、メリッサ、メリテ、メルポメネー、メロペー、メロボシス、メンフィス、モイラ、モノチェーロ、モルタ、モルモ、ユトゥルナ、ラケシス、ラサス、ラミアー、ラミアイ、ララ、ラール、ラルヴァ、リムナイ、リメニア、リモネアス、レウコシア、レムル、ローティス

イラン（ペルシア）

アエーシュマ、アエーシュマ・デーヴァ、アガシュ、アクヴァーン、アコ・マノ、アサ・ワヒシュタ、アジダハーカ、アシャ、アズ、アストー・ヴィダートゥ、アスマン、アスラ、アタール、アナヒタ、アニラン、アポ、アムルタート、アメサスペンタス、アルザング、アールマティ、イブリス、インドラ、ヴァタク、ウォフ・マナフ、カスム、ガンダレーワ、グル・イ・ババン、ザリチェ、ジャヒー、シャフレーヴァル、ジャン・ベン・ジャン、シルティム、スラオシャ、スラオシャ、ダエーヴァ、ダエナ、タルウィ、ティシュトリヤ、デーウ、デムラッシュ、ドゥルグ、ドラシュパ、ナーンハイスヤ、ナイキヤス、ナカヘット、ナキシイヤ、ナシュ、ナラー、ハウルヴァタート、バド、バドゥー、フアレクシャエタ、フェロハーズ、ブシャスタ、フシャスラ、フシャトラヴェール、フラワシ、フラン、フーリ、ペーリ、マー、ミスラ、ムンヘラス、ヤザタ、ラシュヌ、ラスン

イングランド

アーヴァンク、アーチン、アイナ・ピック・ウィンナ、青ズボン、青帽子、赤帽子、悪魔の猟犬群、アスレイ、あちらさん、アドラメレク、アバック、アバック、アビー・ラバー、アブンディア、アラストール、イーガー、インプ、ウィー・ウィリー・ウィンキー、ウィル・オ・ザ・ウィスプ、ウェーランド・スミス、牛耳さん、エインセル、エラビー・ギャゼン、エーリエル、エルヴン、エルダー・マザー、エルフ、オークの樹の精、オード・ゴギー、お相伴妖精、オベロン、親指トム、オールド・ニック、オールド・ブート、オールド・ブラディー・ボーンズ、オールド・ロジャー、ガートホーンズ、ガイトラッシュ、カコ・ダイモーン、鍛冶屋のウィル、カッティー・ダイア、カッティー・ブラック・ソウ、ガブリエル・ハウンド、カペルスウェイト、ガリー・トロット、ガリー・ベガー、狩人ハーン、ガル、カンコボブス、缶たたき、カーン・ドリー、教会グリム、ギルビン・ホーナー、屑糸帽子、グライム、グラント、グリッグ、クリム、グリム、クリール、グリンディロー、グレムリン、毛深いジャック、ケルグリム、コヴェンティナ、黒妖犬、ゴッダ、コラニアンズ、コルト・ピクシー、コールマン・グレイ、コーン・スピリット、サンタクロース、ジャック・アップ・ザ・オーチャット、シャッグ・フォール、ジャック・

付録

フロスト（霜）、修道士ラッシュ、食料室の精、ショック、ジョン・バーリーコーン、シーラ・ナ・ギーグ、ジル・バーント・テイル、シルキー、白い帽子のジャック、スキリー・ウィデン、スクライカー、スプリガン、スポーン、スランプン、セナン入り江の警告妖精、ダストマン、ダニー、谷のクリム、ダラント、ダンター、ダンドーと猟犬群、タントラボブス、小さいさん、地下食料室の魔物、チャーンミルク・ペグ、鉄枷のジャック、テリートップ、デリック、天使、トッド・ローリー、ドップズ、ドービー、トム・タンブラー、トム・ティット・トット、トム・ティティヴィル、トム・ドッキン、トム・ポーカー、ドラク、トラッシュ、ドワーフ、ナイトメア（夢魔）、七鳴き、ナプファンス、ノッカー、ノックおばけ、バーゲスト、ハーレシンガス、ハイター・スプライト、ハーヴェスト・クイーン、ハーヴェスト・レディー、バガブー、ハグ、バグベア、バッグ、パック、バックランド・シャッグ、パッドフット、花の妖精、ハベトロット、ハボンド、ハリー・カ・ナブ、バルバソン、ビーダンバイアズユーディド夫人（報いのおばさん）、ビガーズデールのジェニー、ピクシー、ピクトリー・ブラッグ、ピスキー、ビリー・ウィンカー、ピリーウィギン、ビリー・ブリン、ピーリフール、ヒルトンの血無し少年、ヒンキー・パンク、ファーザー・クリスマス、ファイア・ドレイク、ファット・リップス、フィーオリン、フィフィネラ、フェリアー、プーカ、ブッカ、ブラウニー、ブラウニー（蜂の）、ブラザー・マイク、ブラッグ、ブラック・ヴォーン、ブラック・シャック、ブラック・ソウ、ブラディー・キャップ、フリバーティジビット、ブルベガー、フレイ・ボガート、フレイバグ、ペグ・オネール、ペグ・パウラー、ヘドリーの牛っ子、ペリー・ダンサーズ、ボール、ボガート、ボーギー、ポーキー・ホーキー、ポーク、ボーグル、ボタンキャップのねえや、ポーチュン、ホッジ、ホデキン、骨なし、ホバニー、ボーハン、ホビー、ホブ、ホブ・ランタン、ホブゴブリン、ホブスラッシュ、ポルターガイスト、マッブ、マーマン、マムポーカー、マーメイド、マーレ、湖の姫、ミスター・サンドマン、ミスター・ノーバディ（名無しさん）、緑の男、緑の牙のジェニー、緑の子供、緑の服のジャック、昔の人、ムリアン、メフィストファレス、メルシュ・ディック、モーキン、ものぐさローレンス、モーメット、モルモ、幽霊狩猟、善いお隣りさん、妖精、ラバーキン、ラバーフェンド、リック、リンゴ園の主、ロドナ、ロード・ハリー、ロビン・グッドフェロー、ロビン・ラウンドキャップ、ロブ、ロー・ヘッド・アンド・ブラディー・ボーンズ、藁束のジョーン、人さらいのネリー、炉端のロブ

インド（アフガニスタン）

アイリ、アサ・ワヒシュタ、アスラ、アスラクマーラ、アチェーリ、アパラージタ、アプサラス、アポイアウエウエ、アンギラスたち、アンタリクシャ、ヴァス、ヴァーナデーヴァタ、ヴィシュヴァーヴァス、ヴェーターラ、ヴヤンタラス、ヴリクシャカス、ヴリトラ、ウルヴァシー、ガウリー、ガナス、カバンダ、カムサ、ガヤ、ガラ・ヤカ、カーラネミ、カル・クマーラ・ヤカ、ガンダバ、ガンダルヴァ、キンプルシャス、クベーラ、グル、グル・イ・ババン、グンヤン、コーリマライカンニヤルカ、サダグ、サンクチンニ、シャクンタラー、ジャルジョーギニ、ジャルパリ、スリ、スリランカ、ダイティヤ、ダエーワ、ダーキニー、ダスユ、ダド、ダーナヴァ、ダラ・カダヴァラ、ダルマパーラ、チティパティ、チトラグプタ、チベットを含む）、チャムパンキターチ、チュタス、ツァン、デーヴァ、ドゥム、ドゥルガー、ドゥンド、トゥンブル、ナーガ、ナフシャスラ、ナラカ、ナーンハイスヤ、ネパール、バイロン、パキスタン、バグル、ハヤグリーヴァ、バリ、ハーリティー、ハールート、バングラデシュ、パンチャジャナ、ピシャーチャ、ピトリ、ヒラニヤカシプ、ブート、プータナー、フヤブパ、プレート、ペーイ、ベティカン、ベンガ

付録

ル、ボンガ、マサン、マダ、マータリシュヴァン、マニ、マハーマーリー、マヒシャースラ、マモ、マラ、マルラ、ミトラ、ムチャリンダ、メーガマリン、メーナカー、ヤクシニー、ヤクシャ、ヨーギニー、ラーヴァナ、ラークシャサ、ラーフ、ラモ、ルム

インドネシア（ボルネオ、西イリアンを含む）
ウモット、コマン、トゥア、トリー、ナルブルーイ

ウェールズ（英国）
アーヴァンク、アスブリド・ドルーグ、アダンク、エサスダン、エサソン、カヒライス、キトラウル、ガイル、グイン・アップ・ニーズ、グウィリオン、グウェンヒドウィ、グラゲーズ・アンヌヴン、グラッハ・ア・フリビン、グル・ドルイアド、グワルウィン・ア・トロット、クーン・アンヌヴン、クーン・ママイ、ケフィル・ドゥール、ゴファノン、コブラナイ、サムヒギン・ア・ドゥール、シェウリ、シリ・ゴー・ドゥート、ジリ・フフルータン、シリ・フリット、タルイス・テーグ、ディアウル、ディノン・バ・テーグ、トゥルティン・トゥラティン、ビゲル・ノス、ピスカ、ブカ、プカ、ブガン、ブガン・アル・ハヴォード（避暑地のボーガン）、ブキオド、ブグル、ブバッハ、ブラック・ソウ、プラント・アンヌヴン、プラント・フリース・ドゥヴェン、ベンディース・ア・ママイ、ボ・ロル、ホブ・ランタン、マップ、マナウィダン、モルガン、山の老婆、ラーチ、リトル・ヴァン・レイクの麗人

ヴェトナム
コ・ホン、コン・イオン、コン・ティン、コン・マ・ダーウ、チュ・ウハ、ドゥク・タニャ・バ、ドゥク・バ、バ・ドゥク・チュア

ウクライナ
ドモヴォーイ、ナリ

エクアドル
イワンシ、ヌングイー、パスク

エジプト
→北アフリカ

エストニア
アイ、アイヤタル、アイヨ、ヴェデンハルティア、クラット、コディンハルティア、コドゥハルジャス、ジュオド、タロンハルティヤ、ナキネイウ、ナキネイツィ、ナック、ハルジャス、プーク、プキイェ、マジャハルジャス、メツァンハルティア、メツィク、メツハルジャス

エチオピア（アビシニア）
→北アフリカ

オーストラリア
アラウォティア、ヴィラ・ビロン、カドルパイ、ガムナット・ベイ３ビーズ、クッチス、クヌブリアー、コンバーニン、ジョンボル、スナグルポット、チャックルバッド、ナルニウォ、ニッターシング、バマパマ、バンクシア人、ビッグ・パーラ、ビブとバブ、フランネル・フラワー・ベイビーズ、ボローニア・ベイビーズ、ママンダバリ、ミミ、ムラ・ムラ、ムルウック、モルクル・クア・ルアン、モルモ、モロンガ、ラジッド・ブロッサム、ラッキー・デヴィル、ワットル・ベイビーズ、ワルク

オーストリア
アーレン・コーニゲン、クランプス、クルツィミュゲリ、ザルグフロイライン、ドルーダ、バルテル、ビルヴィス、ベルヒタ、湖の姫

オランダ
赤帽子、ヴロウエルデン、カバウターマネキン、シンター・クラース、スワルト・ピート、ファライルディス

付録

ガーナ
→中央アフリカ

ガイアナおよびスリナム
アナンシ、アプク、ディオンビー、バクル、レグア、ロアンゴ・ウィンティ

カナダおよびイヌイット
アイパルークヴィク、アウマニル、アウラネルク、アクセルローク、アグルーリック、アタクサク、アプシルニック、アポパ、イーイーカルドウク、イノ、イルドラーヴィリスソング、カイトラック、キキルン、キールット、キンミンゴアルクルック、シャーロット、セドナ、ディングベル、トゥクトリアク、トゥーテガ、トルナク、ニューグル、ヌータイコック、ネガフォク、パイジャ、フィフィネラ、ママグワセウグ

カリブ海上諸島（キューバ、ハイチ、ジャマイカ、西インド諸島を含む）
アナンシ、オグ・フェライ、カジャ・ボッス、カルフ、ジェデ、ジュンビー、シンビ、ティ・マリス、ディオンビー、ナンシ、バカ、プックメリア、プラット・アイ、ボッス、ミスター・スパイダー、ラワ、レグア

韓国
カマン、サジャ（使者）、サル、サンムン、シン（神）、チシン・トンボップ、チュダング、トンボップ、ナング・モクシン、ホンガエク、モクシン・トンボップ

カンボジア
アラク、クモック・プライ、スリ、スレイ・アブ、プライ、レアフ

北アフリカおよび中東（エジプト、エチオピア（アビシニア）、モロッコ、スーダン、チュニジア、トルコ、イェメン等イスラム・アラブ諸国）
アイウェル、アイチャ・カンディダ、アウアー、アガトス・ダイモーン、アケファロス、アズライル、アフリト、アペプ、アポピス、アミト、アリファ、イズラーイール、イフリート、海の老人、ウーム・セビアン、エフリト、カァ、海人アブド・アッラーフ、ガダル、ガブライル、カンディーシャ、グリン、ザール、ザザズ、ザランブール、シック、シディ・ハモウ、シディ・ミモウム・エル・ジンナオウイ、シディ・モウサ・エル・バハリ、シドナ・ジェブリル、シャアルマルーシュ、シャイ、ジュヌン、シラット、ジン、スット、ダシム、タビ、タラヌシ、ダラム、ディフ・エレビ、ティル、ナシャ、ナス・ラコリーン、ナムタル、ネベド、バウダ、バグレト・エル・ケボール、ハティフ、ハデム・ケムクオマ、ハデュオク・エナス、ハド・アルコリン、バドゥー、バビ、ハム・ウカイウ、ハルン、びんの小鬼、ベス、マエツダル・ルードゥー、マカルディット、マリク・エル・アビアド、マリード、ムーレイ・アブデルカデル・ジラニ、メドル、メベデル、メヘン、メンフィス、ララ・ゾウイナ、ララ・ミラ、ララ・ムコウナ・ベント・ムコウン、ララ・レキヤ・ビント・エル・カマール、レジャル・エル・マルジャ

ギリシア
アイオロス、アイギーナ、アイグレー、アウロニアス、アエリカ、アオイデー、アオニデス、アカカソー、アガトス・ダイモーン、アガニッペー、アケファロス、アシア、アステロピアー、アドラステイア、アトランティデス、アトロポス、アバルバレー、アポリオン、アマルテイア、アムピトリテ、アラストール、アルキュオネ、アルギュラ、アルセイス、アレクトー、アレトゥーサ、アンティオペ、イアッコス、ヴィットラ、ウーラニアー、ウンディーネ、エウニーケー、エウプロシュネー、エウメニデス、エウリュノメ、エクソティカ、エケナイス、エーゲリア、エーコー、エピアルテス、エムプーサ、エラト、エリーニュエス、エリーニュス、エリュテイア、エリュテシス、エレクトラ、エロテス、オイノーネー、オーケュペテー、オーケアニス、オーケアニ

付録

ス、オーリテュイア、オリュンピアデス、カコ・ダイモーン、カスタリア、カスタリス、カタクロテス、ガラティア、カリオペー、カリカンツァリ、カリスト—、カリュプソ、カロース、カローン、キキアデス、キュアネー、キューモトエー、キュモドケー、キュレネ、クークーディ、グラティアエ、クリオ、クリュティエー、クレーテス、クレナ、ケライノー、ケル、ケローネー、コーリュキアー、コリュバンテス（コリュバスたち）、コローニス、サイコポンプ、サテュロス、サルマキス、シェイムフル・アワー、シューリンクス、シルフ、シーレーノス、スキュラ、スタピュレー、ステロペー、ストリングロス、スミラクス、セイレーン、セムナイ、ダイモーン、ダクテュロイ、ダフネー、タ—ユゲテー、タレイア、ティーシポネー、デクマ、テティス、デーモン、テルキーネス、テルプシコラー、ドト、ドリス、ドリュアデス、ドリュオペー、ナーイアス、ナパイ、ナパイアー／ナパイアイ、ニンフ、ネーレーイス、ノーナ、バウボー、パガイ、バッド・アワー、パノペー、バビ、ハマドリュアデス、パルカイ（パルカたち）、パルナッシデース、ハルピュイア、ピーエリデス、ピテュス、ヒュアデス、ヒュラエオラ、フォーン、ブリトマルティス、プレイアデス、ペイレーネー、ベス、ヘスペリデス、ヘリコニアデス、ポダルゲー、ポリュヒュムニアー、マイア、マリーカ、マルシュアース、ミュレーネー、ムーサイ（ムーサたち）、ムネーメー、メガイラ、メリア、メリアデス、メリッサ、メリテ、メルポメネー、メロペー、メロボシス、メンフィス、モイラ、モルタ、モルモ、モロス、ラケシス、ラミアー、リゾス、リベトリデス、リムナイ、リメニア、リモネアス、レイモニアデス、レウコシア、ローティス

グリーンランド
→スカンディナヴィア

グリーンランド
ハヴストランベ

ケニア
→中央アフリカ

ザイール、ザンビア
→中央・南アフリカ

シベリア（カムチャッカ半島を含む）
アス・イガ、イルマリネン、ヴ・ヴォゾ、ヴ・クティス、ヴ・ヌナ、ヴ・ムルト、ヴァ・クル、ヴァサ、ウクラン・トヨン、エルリク、オビン・ムルト、カマック、カラ、カラック、ギド・ムルト、クダーイ、クツキンナク、グディリムミー、クル、クルジュンク、ケレッツ、コルカ・ムルト、シュル・ムミー、ジュンディ・ムミー、トンクス、ニェンヴェティチュニン、ニンヴィット、ヌレス・ムルト、ムゼムミー、ムミー、ムルト、ユアンキ・ムルト、レンミンカイネン

スイス
アルメ・フュリウーズ、ザンミヒラオス、シュトゥルーデリ、シュトラーテリ、ナプファンス、ニクシー、びんの小鬼、ファンティン

スウェーデン
エルヴォー、オーレ・ルゲイエ、キルケグリム、キルコグリム、森の女たち、森の人々、シェーラ、ジュール・トント、スコーグスロー、ストロームカール、トムテ、ネッケン、レフイェルスコル、ロー、ローダンデ

スウェーデン
→スカンディナヴィア

スカンディナヴィア
アスカフロア、アールヴァル、アルヴィース、アルベリヒ、アンドヴァリ、イーヴァルディ、イズン、ヴァルキュリア、ヴァルトガイステル、ウィシュ・ワイフ、ヴェルザンディ、ヴェルンド、ウルド、ガラル、ガルドスヴォル、木の妻（ウッド・ワイフ）、シグルーン、

付録

シンドリ、スヴァーヴァ、スクルド、スコーグス・フルー、スミエラ・ガット、スラーイン、セック、ダーイン、デックアールヴァル、デックアールヴァル、ドヴァリン、ドゥアルガー、ドゥネイル、ドゥラスロール、トロール、トロールド、ナーイン、ナグルファル、ニクス、ニコル、ニーズヘッグ、ニッカー、ニックル、ニッケ、ニーベルング、ヌック、ネッカン、ネック、ネッケン、ノルニル、ハウグボンド、ハール、バル、ヒル・フォーク、ヒルデ・モアー、フィルギュル、フィルギル、プキイェ、フジャラル、ブリュンヒルド、フルドゥ・フォーク、フルドラ、ブロック、ベッカヘスト、ミーミル、ミムリング、モーズソグニル、リト、ロヴァル

スコットランド（ヘブリディーズ諸島、オークニー諸島、シェトランド諸島を含む）

アーサー王の狩猟、アフリック、アルリーチェ、荒れ地の茶色男、ヴーア、ウィー・ウィリー・ウィンキー、ウリシュク、エイケン・ドラム、エッヘ・ウーシュカ、エルドリッヒ、オールド・クルーティ、オールド・ホーニー、おだやかアニス、カリアッハ、カリアッハ・ヴェーラ、カーリン、ギリー・ドゥー、キルムーリス、クアハック、クーシー、クーニアック、グラシュティグ、グラシュティン、クラシュニクド・オールニアク、クリッピー、グルアガッハ、クーンチアッハ、ケ・シー、ゲア・カーリング、ケアスク、ケアルプ、ケッヘタッハ、ケルピー、コラン・グン・キアン、サムハナック、シェリーコート、シブリーチ、シューピルティー、ショーニー、ジョン・バーリーコーン、スパンキー、スルーア、スルーア・マイ、セルキー、それ、タンギー、ティターニア、デーモンの恋人、ドゥーニー、ドビー、トロー、ドローズ、鍋掛けゆらし、ニーアグ・ナ・ハッハ、ニクネーヴィン、ニューグル、バッキー、パドルフット、バリーマン、バン・ニーァハン、ビーアスト・ヴェラッハ、ピーターパン、ピヤレイ、ピヤレイ、ビリー・ブリン、ピーリフール、ヒレ族、ヒンド・エ

ティン、フーア、ファハン、ファルム、フィジアル、フィニス、フィル・ヒリーシュ、ブーヴァン・シー、ブーマン、ブラウニー、ブラウニー・クロッド、ブラウンガー、ブラディー・キャップ、フリージ、ブルーニー、ブロラハン、ベヒル、ベン・ニーァ、ベン・バイナック、ヘンキー、ホイッティンゲーム村のショート・ホガーズ、ボギル、ホグブーン、ボダッハ、ボダハン・サヴァル、マギー・モロッホ、ミグ・モラッハ、緑の男、緑の女、緑の婦人、ミンチ海峡の青亡霊、ムーリャルタッハ、モラグ、善いお隣りさん、ルージャグ、ルリダン、ローレグ、ローン

スペイン、ポルトガル（バスク地方、カナリア諸島を含む）

アーチェ、イグマ、エスタンティグア、エルヘ、エレンスゲ、グエスティア、クエレブレ、サナ、シレーナ、ドゥエンデ、トラスグ、トルト、ヌベロ、バサ・アンドレ、バシャジャウン、ヒルグアン、ファダ、ラミアー、ラミナック

スリナム
→ガイアナ

タイ（アンダマン諸島を含む）

エレム・チャウガ、カウガ、カルクス、ジュルア、ジュルウィン、ティ・ミク、ピー、プラプーム、ラウ

タンザニア
→中央・南アフリカ

チェコ（ボヘミアを含む）

クリムバ、トラス、ノチュニッツァ、ハウス・シュミードライン、ブバク、ムラワ、ルプリヒ

付録

中央・南アフリカ（ガーナ、ケニア、マダガスカル、マリ、ニジェール、ナイジェリア、タンザニア、ザイール、ザンビア、ジンバブエを含む）
アジザ、アジザン、アスマン、アナンシ、アビク、アプク、アフリート、アボンサム、アル、アンガッチ、イギイカラ、イジメレ、イファ、イロゴ、ウーラカンヤナ、エクス、エシュ、エフリート、エマンドゥワ、エミジム、エレグバ、オベ、オリシャ、オンブウィリ、ガウナブ、カクア・カンブジ、カタヴィ、カマロ、ギゾー、クワク・アナンセ、ササボンサム、シャマンティン、ジュジュ、ジョク、ジョクー、ズィン、スラーマン、ゾア、ディオンビー、ティクドシェ、ドンゴ、ニャンバイ、ネナウニル、バルバーレ、ビア、ヒターボース、ビターボース、ビロコ、ファ、フンティン、ヘイツィ・エイビブ、ボリ、ミンゲヘ、モアティア、モンゾ、リバ、レグバ、ロアンゴ・ウィンティ、ングウォレカラ、ンブル

中央アメリカ（エルサルバドル、ホンジュラス、メキシコ、ニカラグア、ユカタン半島を含む）
ヴクブ・カキシュ、サラ・ママ、シワテテオ、チャネコス、チャネス、チャンケス、ナグワル、バラム、ヤオトル、ラ・リョローナ、リワ

中国（モンゴルを含む）
イン・チアオ、ウー・チャン・グイ（無常鬼）、オドカン、鬼子母神、グイ（鬼）、グイ・シェン（鬼神）、コロンビア、ゴン・ゴン（共工）、シェン（神）、シェン（神）、シエン（仙）、シェンシエン（神仙）、シャンヤオ（相柳）、ジュ・ロン（祝融）、シー・ワン・ム（西王母）、チ・ルン・ワン（治竜王）、チー・ヌー（織女）、チャン・シエン（張仙）、ヂュー・バー・ジェ（猪八戒）、チン・ロン（青龍）、ディー・ザン（地蔵）、ドウジェン（痘神）、ナシャ、ニウ・トウ（牛頭）、バイフー（白虎）、ビー・シャ・ユエン・ジュン（碧霞元君）、フ・ファ、フ・フシエン（狐神）、フォマガタ、ヘ・リ．ディ（訶梨帝母）、マー・ミエン（馬面）、ミー・フェイ（密妃）、ユー・ヌー（玉女）、リ、リウ・モン・ジャン・ジュン（劉猛将軍）、レイ・ジェン・ズ（雷震子）

チリ（ティエラ・デル・フエゴを含む）
アリカント、キンナラ、キンブルシャス、コロ・コロ、ジェタイタ、チェルーヴェ、チョンチョン、フエクヴ、ラソゴナガ、ワリチュ

デンマーク
→スカンディナヴィア

デンマーク
エル・フォーク、エルヴン、エール・キング、エレン、オルセン、オーレ・ルゲイエ（眠りの精オーレ）、キルケグリム、クヌーレ・ムーレ、グレンジェット、ジュレニス、スコヴトロルデ、トムリーズ、トロール、ニス、ヌッケ、ハウフルエ、ハヴマンド、ビエルグ・トロルデ、ヒルデ・モアー、ヘグフォーク、ベルク・ピープル、ベルク・フォルク、雪の女王

ドイツ
アイゼンベルタ、アウフホッカー、アスカフロア、アールヴ、アルプ、アルフェリク、アルプリス、アルフリック、アルベリヒ、アルラウン、イルリヒト、ヴァイナハト・マン、ヴァッサーマン、ヴァルキュリア、ヴァルトガイステル、ヴィヒトライン、ヴィルジナル、ヴェルンド、ヴォーエンスイェーガー、エールケニッヒ、エシェンフラウ、エルドロイト、エルブガスト、エルベリヒ、カッツェンヴァイト、木の妻（ウッド・ワイフ）、ギュビッヒ、クネヒト・ルプレヒト、コーボルト、コケの人々、ゴーデンおばさん、コーボルト、ゴルドマル（王）、コルネベッケ、コルンヴォルフ、コルンムッター、シグルーン、シュティレ・フォルク、シュピンシュトゥーベンフラウ、シュラート、白婦人、シンメ

付録

ル・ライター、スヴァルトアールヴ、スヴァルトアールヴァル（複数）、ズマークラス、ダーイン、ダム・エラーホーン、ディース、ディッケポーテン、ディルネ・ヴァイブル、デックアールヴァル、ドヴァリン、ドゥアルガー、ドゥリン、ドルーダ、ニクス、ニッケル、ニーベルング、ヌッケ、ノルグ、ハーケル・ベーレント、ハインツェルマン、バウムエーゼル、バジャロシュッシュ、ハッケンマン、ハフェルボックス、腹を切り裂く者、ハンパルマン、ビブンク、ビメスシュナイダー、ピュック、ビルヴィス、ピルウィズ、ビールザール、ヒルデ、ヒルデ・ヴィンデ、ヒルデ・モアー、ビルベリー・マン、ヒンツェルマン、フィルギル、フォルネウス、フォルンジョトル、プーク、プクス、ブツェンベルヒト、フトキン、ブーマン、フラウ・ヴァッハホルダー、フラウ・ヴェルト、フラウ・ベルヒタ、ブリュンヒルド、ブルカーテル、ブルーダー・ラウシュ、ブルッド、フルドラ、プルヒ、ブレクラス、プレヒト、ブレルマン、ヘデキン、ベルクタ、ヘルスシェクロス、ペルツニッケル、ヘルド、ベルヒタ、ペルヒタ、ボックマン、ホッケルブロック、ボッゲルマン、ポルターガイスト、ホレ、ホレおばさん、マール、ミムリング、メフィストフェレ、モーズソグニル、ラウリン、ラッツマン、リーゼンゲビルゲ、リューベツァール、リョースアールヴ、ルゲクラス、ルベット、ルンペルシュティルツヒェン、ロウアー、ロッゲルフント、ローレライ

トルコ
→北アフリカおよび中東

ニジェール、ナイジェリア
→中央・南アフリカ

西インド諸島
→カリブ諸島

日本
鬼、河童、神、川子、鬼子母神、天狗、人魚、化け物、日狭女、山姥、雪女

ニュージーランド
アトゥア、アリア、イラー・ケワ、コロキオエウエ、タタリキ、テ・マカウェ、ティキ、ティティハイ、トンガ、パトゥ・パイアレヘ、フィロ、マウイ、モコティティ、リー

ノルウェー
→スカンディナヴィア

ノルウェー
ジュレニス、ストロームカール、ニス、ヌッケ、ハミングジャ、フォッセグリム、ランドヴェティル

ハイチ
→カリブ海

ハンガリー
ヴィズ・アンヤ、ヴィンテルコルベ、グタ、サーカニィ、ダム・ヴェネチュール、ダム・ジェネ、ダム・ヒリップ、ダム・ランプソン、タルコー、タルトド（悪い妖精たちの女王）、トゥンデル、ババ、パンツマンツィ、フィルトス、フェアリー・ヘレン、フェネ、マロス、ミカ、リデルク

ビルマ
アカカソー、ウ・パカ、エインサウング、カァ、カルクス、ケインナラ、サバ・レイッピャ、シークサ、シェッカソー、シエン、シッタ、ジャーン、シンラップ、タク・ケング、チトン、チヌン・ウェイ・シュン、トリクラット、ナーギニー・ベサンディ、ナット、ナット・タミ、ピー、ブーマソー、フクム・イエン、フミン、ポンヒョイ、ムー、ムボーン、ラ、ルー、ワーウン

フィリピン
アラン、タガマリング、ダラゴ、ティグバヌ

付録

ア、びんの小鬼、ブソ、マンダランガン

フィンランド
→スカンディナヴィア

フィンランド
アイアタル、ヴェデンハルティア、オウダ、カレヴァンポヤット、クラッティ、コディンハルティア、サイヴォ・ネイタ、シェートロール、ジュオド、タロンハルティヤ、トゥーリッキ、トロール、トントゥ、ナキンネイト、ナッキ、ヌッケ、パラ、ハルティア、マアナライセット、マアヒセット、メァラハルド、メツァンネイツィト、メツァンハルティア、リーキオ、ルオットチョジク

フェロー諸島
→スカンディナヴィア

フェロー諸島（英国）
ニッカー、ニッカル、フォデン・スケメンド

ブラジル
アヴェレケテ、アコサ・サパタ、アコッシ・サパタ、アナティヴァ、アニャンガ、アポイアウエウエ、アルバ姫、アンチュンガ、イマンジャ、エクスス、エズー、エンカンタード、オグン、オシュン、オショシ、オリシャ、カキー・タペレレ、カボクロ、グアピンダイア、グイア、クルピラ、ケイポル、ゴイアーバ樹、コスメ、コンスタンティノ、ジャペテクアラ、ジャマイーナ、ジャリナ、シャンゴ、ジュレマ、ジョアン・ジ・マタ、ジョアンジーニョ、ジョゼ・トゥピナンバ、セウ・トゥルキア、ゼジーニョ、タピナレ、ダミアン、タルトゥーガ・ディ・アマゾナス、タンゴ・ドゥ・パラ、トゥパン、ドナ・ロザリナ、ドム・ジョアンオ・スエイラ、ドム・ジョゼ、トランカ・フア、ドン・カルロス、ドン・ペドロ・アンガソ、ドン・ルイズ、ハイーニャ・エオワ（エオワ女王）、ハイーニャ・オヤ（オヤ女王）、ハイーニャ・バルバ（バルバ女王）、バシリオ・ボム、バデ、バラオ・デ・ゴレ、ファランジ・ジ・ボトス（ブラジルイルカ団）、ファリスタ、プレートス・ヴェーリュス、ヘイ・セバスティアン（セバスティアン王）、ペナ・ヴェルディ、ボイアデイロ・ダ・ヴィサウラ、ホンピ・マトゥ、マカチェラ、マリアナ、マレート、ミゲルジーニョ・ボア・ダ・トリニダーデ、レグア・ボギ・ダ・トリニダーデ

フランス
アスモデ、アーチェ、アルメ・フュリウーズ、イグマ、ヴィヴィアン、エルヘ、エレンスゲ、オベロン、親指小僧、ガウエコ、カラス麦のヤギ、カンナード・ノズ、グラン・ヴァヌール・ドゥ・フォンテンブロー、クリール、グローガッハ、クロックミテヌ、コシュマール、ゴブラン、コリガン、サンド・ヤン・イ・タド、シャス・デロドゥ、シャセ・デ・カイン、シュヴァル・バヤール、白婦人、スアン・スアン、ディアブロタン、ドゥシ、トルト、ドルメット、ナン、ナン・ルージュ、ニニアン、ノ・ボンヌ・メール、パコレ、バサ・アンドレ、バシャジャウン、ハボンド、フィフォレ、フェ、フォレット、プティ・ナン・ルージュ、ベイフィンド、ペール・ノエル、ペール・フエッタール（鞭のおじさん）、ベン・ソシア、ボドゥア、ボンヌ・ダム、マリ・モルガン、マルブロン、湖の姫、メニー・エルルカン、メフィストファレス、メリュジーヌ、ラ・シャス・ダルテュ、ラミアー、リクダン・リクドン、リュタン、リュバン、ロピケ、ロンジュール・ドス

ブルガリア、ルーマニア、セルビア、クロアチア、スラヴ・ボスニア人
ヴィジ・アンヤ、ヴィーラ、ウースード、ヴェーレス、ヴォルヴァ、オイニェナ・マリア、カルリキ、ギウォイティス、クリッコ、クリムバ、クルキス、ゴルスカ・マクア、シクサ、シュラット、ジン、スィエン、ドゥグナイ、ドゥヤヴォ、トピェレツ、ノチュニッツァ、プセズポルニカ、プリギルスチチス、ペセヤス、ポルドニッツァ、マテルガビア、

付録

緑のジョージ、ムマ・パドゥラ、モラヴァ、ラヴィヨイラ、ラスコヴィツェ、リイェスチ、リィチエ、レスチア

ベネズエラ
ガマイニャス、サラウア、マウアリ、マウラリ

ペルー
アウキ、アプ、アポ、アンチャンチョ、ヴィルカノタ、エケコ、エッケッコ、コア、サラ・ママ、スーパイ、ティーラ、フアガス、ラリラリ

ベルギー
オスカエルト、クルッド

ポーランド
ヴァルジーノ、ウルシトリー、クルワイチン、クレマラ、ジヴィザ、シリニエッツ、ダタン、ノチュニッツァ、ババ、プリパルチッス、ボルータ、マルザンナ、モデイナ、モーラ、ラヴカパチム、リューベツァール

ポリネシア（クック諸島、イースター島、ハワイ、サモア諸島、タヒチ島、トンガを含む）
アカアンガ、アダロ、アヒファトゥモアナ、アマイテ・ランギ、アレマタポポト、アレマタロロア、イワ、ヴァオテレ、オノ、カウェロ、カプア、カライアイテアタ、クムトンガイテポ、タパイル、ティキ、トンガ、パフアヌイアピタアアイテライ、ファインガー、プアトゥタヒ、ペコイ、ホツア・ポロ、マウイ、ミル、ミル・クラ

ボリビア
アチャチラス、アンチャンチョ、エッケッコ、ハピニュニュ、フアサ・マルク、メカラ

ポルトガル
→スペイン

ホンデュラス
→中央アメリカ

マダガスカル
→中央・南アフリカ

マリ
→中央・南アフリカ

マリ（チェレミス）
アガ・クルマン、アグン・クグザ、アスラ、アズレン、アラプテシュ、アルバストル、イア、イクサ・ケレメト、イゼ・ヌル・ケレメト、イダム・クバ、イバスカ、ヴァヌシュカ、ウーダ、ウンデュール・シェルト、エプレム・クグザ、エル・テュトラ、エルレガン・クバ、エレナー・ボデス、オザ、オシュ・ブイ・ヴァヌシュカ、オプケン、オブダ、カジェク・ケレメト、カズナ・ペリ、カルマン・クレク・クグザ、クグザ、クグザ、クゲ・アガ・ケレメト、クスダ・シラ、クデ・オェルト・クバ、クバ、クバール・クグザ、クプランガシュ、クレク・イア、ケルテマシュ、ケルトナー・ボデイ、ケレメト、コジュ・ネデク、コジュラ・クバ、コルツシュ、コルネ・ボデジュ、シェドラ・クバ、ジェル・ボデジュ、ジェルシュク、シェルト・ボデズ、シャイタン、ジャボル、ジャムシェナー、ジャル・ユムバク・コシュトシェ・ケレメト、シュクシャンダル、ジュクゾ、ジュシュテ・クバ、ジュト・ボデジュ、ジュル・セル・クゲラク、シュルダシュ・シャルト、シュルナ、ショクシャ・クバ、ジョシュカル・セル、スルタン、スルト・マランダ・ボデズ、スレム・ムザ、チェムプラト、チョルト、チュルパン・スルト、チョドゥラ・クバ、チョパキン、トゥマ・デュン・ケレメト、トゥル・ボデズ、トゥレック・クグザ、トクタル・ポシュクダ、トシュタ・コジュ・イェン、ヌル・ボデジュ、ネデク、ネルゲ・クバ、ノル・イェン、パイル・パク、バクシュ・イア、パシュクシェ、パス、パマシュ・オザ、パユベルダ・シャルト、パラヴォイ・イア、

付録

パル・ネル、パルタカン、ピ・ネレスカ、ピアムバル、ビチャ・クバ、ブエス、ブト・イムヌ、ブベル、ペラ・コルシャ、ペーリ、ペレシュタ、ポクシェム・クバ、ボドゥジュ、ポルト・ボダズ、マカル、ミュクシュ・シェルト、ムジェ、メランデ・ボデズ、モチャ・クバ、ルン・クバ、レサーク、ロク・シャルト

マレーシア（東西）
イジュラーフィール、イジュライール、オラン・ブニヤン、サゲンチャング・ラング・ブミ、サゲルタク・ラング・ブミ、サゲンパル・アラム、サトゥンボク・ラング・ブミ、サハリリンタル、サブール・アリ、サラク・ダラー、サルクプ・ラング・ブミ、サング・ガディン、サング・ガラ・ラジャ、シ・ラヤ、ジェマラン、ジェワ・ジェワ、ジャブライル、シル・アリ、ジン、ジン・タナー、セラフィル、タガマリング、チタル・アリ、ティグバヌア、トゥア、バジャング、バディ、ハンツー、ハンツー・アエール、ハンツー・ガハル、ハンツー・カユ、ハンツー・ガルー、ハンツー・コペク、ハンツー・サワン、ハンツー・シ・ブル、ハンツー・ソンケイ、ハンツー・デナイ、ハンツー・バカル、ハンツー・バン・ダン、ハンツー・ハンツアン、ハンツー・フタン、ハンツー・ブロック、ハンツー・ベリアン、ハンツー・ペンブル、ハンツー・ラウト、ハンツー・ラヤ、ハンツー・リブート、ハンツー・リブート、ハンツー・ロンゴック、ビサン、ビダダリ、ブソプタル・アリ、ベディアダリ、ペレスト、ポロン、ポンティアナク（吸血女）、マラーイカ、マラーイカ・プテ、ミーカーイール、ラージャ・ブラヒル、ラングスイル

マン島（英国）
アド・ヘネ、イン・フォルディール・ガスティー、カーヴァル・ウシュタ、カラッハナ・グローマッハ、ギリン・ベギー、グラシャン、グラシュティン、スレイ・ベガ、ちびっこ、ドゥナ・エー、ドゥナ・マラ、ドゥナ・マラ、ニキル、ハウラー、ババン・ナ・ウェイレア、ハミングジャ、ヒル・メン、フェノゼリー、フェノゼリー、ベドン・ヴァーラ、ボーカン、ボゲードン、ボダハン・サヴァル、モーザ・ドゥーグ、ラナンシー

ミクロネシア（カロリン諸島、ヤップ島を含む）
ウォルファト、オリファト、オロファド、ポーパス・ガール（ネズミイルカ少女）、ヤラファス、リオウメレ、レゲレム

メラネシア（フィジー、パプア・ニューギニア、ニュー・ブリテン島、ニュー・カレドニア、ニュー・ヘブリデス諸島、ソロモン諸島を含む）
アダロ、アベレ、アレムハ、ヴァオテレ、カイア、カイアムヌ、カカモラ、カカンゴラ、カツオの乙女、カト、カラワトニガ、シホ・イ・サロ、トゥキ、ドドレ、ナバエオ、バリアウア、ヒゴナ、ピナリ、フィゴナ、プワロンガ、マタガイガイ、マタビリ、マルサバ、ワルタハンガ

モロッコ
→北アフリカ

ヨーロッパのロマ（ジプシー）
アナ、ウルシトリー、ケシャリイ、シラリュイ、トサリデュイ、トスロ、ニヴァシ、ビトソ、プスヴァシ、ベング、ポレスコロ、マティヤ、緑のジョージ、ミンセスクロ、メラロ、リリュイ、ロソリコ、ロルミスコ

ラップランド
→スカンディナヴィア

ラトヴィア
ヴァダトヤス、ヴェーヤスマーテ、ウーグンスマーテ、ウーデンスマーテ、ジューラスマーテ、ジュオド、スピゲナ、ディエヴィニプキス、マージャクングス、マージャス・ガ

ルス、マーテ、メジャスマーテ、メジャテーウス、ユミス、ラウクマーテ、ラウメ、ラガナ

リトアニア
アイトワラス、ヴェヨパティス、ヴェルニアス、カウカス、ガビエタ、ガビジャ、ガビジャウジス、ギライティス、キルニス、クルシス、コトレ、スピゲナ、スログート、ゼミナ、ゼムパティス、デイヴ、プキュス、ボバ、マラ、メデイネ、モレ、ラウコ・サルガス、ラウマ、ラウメ、ラガナ、ルギニス、ルギュ・ボバ

ルーマニア
→ブルガリア

ロシアおよびロシア連邦
アタマン、ヴォディアニカ、ヴォディアノイ、ウブィリ、ウルシトリー、オヴィンニク、キキーモラ、ギド・ムルト、キンカッチ、クデイアー、クラドヴィック、クリクシー、クリヌイ・ボグ、ゴゴル、コルノフヒイ、ジェジ・ババ、シシーモラ、シショク、シュトヴカ、チェルトーフカ、ディアヴォル、ドヴォロヴォイ、ドマヴィーカ、ドマヴィーハ、ドミーカ、ドモヴィク、ドモヴォーイ、ナリ、ナレト、ニコライ・チュドヴォリッツ、ネチスタイア・シラ、ネチスティイ・ドゥフ、ノチュニッツァ、バイニカ、ババ・ヤガ、バラヴァシュカ、バンナイア、バンニク、ビチャ・クバ、ヒトハ、ファーザー・フロスト、ファラオニー、ファラオンキ、フレヴニク、ベス、ベレギーニ、ポタンカ、ポルノチニッツァ、ポレヴィーク、ポロヴニッサ、ボロトヌイ、マージャクングス、マルティンコ、モーラ、モロースコ、雪娘、ラタイニッツァ、リィェスチ、リースン、リィチエ、リエスチ、ルゴフニク、ルサールカ、レーシィ、レショーンキ、レスコトゥーハ、レスノイ、レソヴィハ

索引

[ア]

アイ　1
アイアタル　1
アイウェル　1
アイエリコ　1, 5
アイオロス　1
アイギーナ　1
アイグレー　1, 356
アイクレン　1
アイゲリア　2
アイス　2
アイス・シー　2
アイゼンベルタ　2, 363
アイチャ・カンディダ　2, 299
アイトワラス　2, 39, 76, 94, 126, 131, 270, 288
アイナ・ピック・ウィンナ　2
アイパルーヴィク　3
アイパルークヴィク　3
アイヤタル　1, 3
アイヨ　1, 3
アイリ　3
アウアー　3
アーヴァンク　3, 18
アヴァンク　3
アヴェレケテ　3, 33, 76
アウキ　4,141
アウフ　4, 79
アウフホッカー　4
アウマニル　4
ア・ウラッハ　4
アウラネルク　5
アエーシュマ　5, 15, 96, 199, 234, 329
アエスマ　5
アエリカ　5
アエリコ　5
アエロー　5, 304
アエロプス　5
アオイデー　5, 403
青シャッポ　5, 6
青ズボン　5
アオニデス　6, 403
青帽子　6, 142

アカアンガ　6, 402
赤い小男　6
アカヴィセル　6, 432
アカカソー　6, 265
アカキラ　6, 18
アガ・クルマン　6
アガシュ　6
アガトス・ダイモーン　7, 208, 436
アガトダイモーン　7
アガトデーモン　7
アガニッピデス　7, 403
アガニッペー　7
赤帽子　7, 99, 186, 325, 346
アギアオフェーメ　7
アクアク　7
アクヴァーン　7
アクヴィストル　6, 7
アクセキ　7
アクセルロック　8
アクティア　8, 243
アグナ　8,328
アグヌア　8
アグネン　8
悪魔　8, 付録3参照
悪魔の猟犬群　10, 419
アグライアー　10, 127
アグリー・アワー　10, 292
アグルーリック　10
アグン・クグザ　10
アケファリ　11
アケファレ　11
アケファロス　11
アコサ＝サパタ　11
アコッシ＝サパタ　11
アコ＝マノ　11
アサ　11, 12
アサグ　11
アザジル　12
アサセル　12
アザゼル　12, 43, 175, 190, 234
アサック　12
アザラシ乙女　12, 458
アサ・ワヒシュタ　12
アシア　12
アジザ　12
アジザン　12, 423
アジ・ダハーカ　12
アジダハーカ　12, 48, 243
アシャ　12, 13, 28, 417

索引

アシャック　13
アシャ・ワヒシュタ　12, 13, 46, 243
アシュマダイ　13
アシュメダイ　13
アシュラパ　13, 209
アス　13, 216
アズ　13, 234
アス＝イガ　13
アスカフロア　13
アスタロス　9, 14, 232
アスタロッテ　14, 329
アステロペー　14
アストー・ヴィダートゥ　14
アスパラス　14, 24
アズヒ・ダハーカ　13
アース・ピープル　14, 381
アスプリド・ドルーグ　14
アスマン(1)　14, 336
アスマン(2)　14
アスモダイオス　14, 16
アスモデ　14, 16, 211
アスモデウス　5, 9, 14, 15, 27, 232, 329, 435
アスラ(1)　15
アスラ(2)　15, 64, 103, 211, 229, 266, 313
アズライル　15, 16
アズラエル　15, 42, 208
アスラクマーラ　17
アスラシ　17
アズラフィル　17, 42
アスレイ　17
アズレン　17, 120, 216
アズレン・クグザ　17
アズレン・クバ　17
アタクサク　17
アダマストル　17
アタマン　18
アダロ　18
アダンク　3, 18
アーチェ　18
アチェーリ　18
アチャチラス　18
あちらさん　18, 215, 418
アーチン　19
アッシュ・ボーイズ　19, 127
アッシュ・マン　19, 127
アッハ・イーシュカ　19, 126, 273
アッハーズ　19
アトゥア　19, 30, 294
アド＝ヘネ　19, 264

アドラステイア　20
アドラメレク　20
アトランティデス　20, 274, 352, 356
アトロポス　20, 66
アナ　20, 137, 186, 245, 316, 380, 402, 409, 423, 444, 454, 457
アナシ　20
アナティヴァ　20
アナメレク　20
アナンシ　21, 124, 253
アナンタ・シェーシャ　21
アニツトサ　21
アニト　21
アニャンガ　22
アニラン　22, 336
アヌンナキ　22
アーネ　22, 61, 128, 329, 423
アバ　22, 216
アハスペンズ　22, 28
アバック　3, 18, 22
アバドン　9, 22
アパラージタ　23
アバルバレエー　23
アヒ・アト＝トラブ　23
アビク　23
アビゴル　23
アヒファトゥモアナ　23, 297
アビー・ラバー　23, 184
アブ　24
アブガル　24, 388
アブカルル　24
アブク　24, 288
アプサラス　24, 63, 64, 112, 172, 274
アプシルニック　24, 423
アブズ　24
アブスー　24, 435
アブディエル　25
アフリック　25
アフリート　25
アフリト　2, 25, 147, 162, 234, 299
アブンディア　25, 298
アペプ　25
アベレ　25
アポ　25, 392, 417
アポイアウエウエ　26
アポパ　26
アポピス　25, 26
アポリオン　26
アポルオン　22, 26

502

索引

アボンサム　26
アマイテ・ランギ　27
アマイモン　27
アマダン　27
アマダン・ナ・ブルードン　27
アマダン・モル　27
アマフラスパンズ　27
アマルテイア　27
アミィ　27
アミト　27
アムシャスパンズ　28
アムシャ・スプンタ　12, 14, 22, 28, 29, 32, 46, 59, 121, 209, 231
アムビトエ　28
アムビトリテ　28
アムブロシアー　28
アムムト　28
アムルタート　28, 214
アメサスペンタス　28
雨の民
　28, 125
アモレッティ　28, 76
アモレット　28
アモン　28
アヤタル　1, 28
アヤッタラ　1, 28
アラウォティア　29
アラカイ　29
アラク　29, 170
アラストール〔複数：アラストレス〕　29
アラスロン　29, 87
アラブテシュ　29
アラマティ　28, 29
アラリエル　29
アラルディ　29
アラレズ　29
アラン　30
アリア　19, 30
アリアエル　30
アリエル　30, 208
アリオク　30
アリオルナ　30, 34
アリカント　30, 55
アリファ　31
アル　31
アールヴ〔複数：アールヴァル〕　31, 73, 423, 454
アル・ウイス　31
アルヴィース　31

アルキュオネー　32
アルギュラ　32
アルコーン　32
アルザング　32
アルダー・キング　32, 71
アルダト・リリー　32, 443
アルナクナグサク　32
アルバストル　32
アルバ姫　4, 33
アル・ハリス　33
アルパン　33, 432
アルフ　31, 33, 73
アルブ　33
アルプ　33, 45
アルフェリク　33, 34, 38
アルプリス　33, 34, 38
アルフリック　33, 34, 38
アルプ・ルーフラ　33, 81
アルベリヒ　33, 38, 75
アルベン　34
アル・ヘン・ウラッハ　4, 34
アールマティ　29, 34
アルメ・フュリウーズ　34, 173
アルラウネ　34
アルラウン　34
アルリーチェ　34, 73
アルルネス　34
アレクトー　34, 71, 347
荒れ狂う軍勢　34, 36
荒れ地の茶色男　36, 186
アレトゥーサ　36
アレマタポポト　36
アレマタロロア　36
アレムハ　36
アーレン・コーニゲン　36, 106, 154
アレーン・マク・ミーナ　36
アロケル　37
アンガス・オーグ　37
アンガス・マク・オグ（若い息子）　37
アンガッチ　37
アーンギラスたち　37
アンクテヒ　37
アンシーリー・コート　37, 186, 200, 423
アンタリクシャ　37
アンチャンチュ　38
アンチャンチョ　38
アンチュンガ　38
アンティオペ　38
アンドヴァリ　34, 38

503

索引

アントニオ・ルイス・コレ=ベイラド 38
アンドラス 38
アンピエル 38

[イ]

イア 9, 38, 39, 54, 83, 133, 287, 315, 339, 340, 378, 413
イア・クバとイア・クグザ 39
イア・サルタク 39, 55
イアッコス 39
イーイーカルドゥク 39
イーヴァルディ 39
イーヴァルドゥル 40
イーヴィン 40, 61, 128, 329, 423
イウヴァルト 40
イウブダン 40
イェクシュ 40
イェス・ハウンドの群れ 40, 419
イェーツォ 40
イェック 40
イェラファス 40
イェル 40, 253, 419
イーガー 41
イギギ 41
イグイカラ 41
イクサ・ケレメト 41
イクツィニケ 41
イクト 41
イクトミ 41
イグピアラ 41
イグマ 41
イサカウアテ 41, 149, 253
イジメレ 42, 423
イジュライール 42
イジュラーフィール 42
イズラーイール 15, 42, 238
イズラーフィール 42, 208, 238
イスラフェル 42
イスーリエル 42
イズン 40, 42
イゼ・ヌル・ケレメト 42
イダム・クバとイダム・クグザ 42
イタラパス 43, 149
イタラパテ 43, 143
イックティニケ 41, 43
イディス 34, 43, 226, 281
イニヤサーン 43, 87
イノ〔複数:イヌア〕 43

イバスカ 43
イファ 43, 323
イブリス 12, 43, 97, 190, 211, 229, 303, 359
イフリート 25, 43
イフリト 25, 43
イボルメイ 37, 44
イマンジャ 44, 87, 170, 174, 389
イムドゥグド 44
イヤ 44
イラー=ケワ 44
イリケ 44
イルチ 44, 354
イルドラーヴィリスソング 44
イルマリネン 44
イロゴ 44
イワ 45, 253
イワンシ 45
インヴィジヴェル 45
イン・ウー・チャン(陰無常) 45, 60
インクブス〔複数:インクビ〕 45, 70, 109, 146, 262, 268, 329, 337, 373, 390, 392, 394, 441
イン・ヂャオ(陰朝) 45
インドラ 24, 37, 46, 47, 63, 64, 100, 211, 266, 300, 385, 393
インパ 46
インプ 19, 46, 89, 114, 129, 132, 134, 212, 217, 222, 223, 248, 249, 260, 267, 291, 397, 412, 460
イン・フォルディール・ガスティー 46
インレカン・クバとインレカン・クグザ 46

[ウ]

ヴーア 47, 326
ヴァイナハト・マン 47, 362
ヴァオテレ 47
ヴァ=クル 47, 130
ヴァサ 47, 130
ウアシラ 47
ヴァス 37, 47
ヴァタク 48, 329
ヴァダトヤス 48
ヴァッサーコップ 48, 269
ヴァッサーマン 48
ヴァテル 48
ヴァーテル 48
ヴァーナデーヴァタ 48
ヴァヌシュカ 48, 81
ヴァパク 48
ヴァーマナ 49, 259

索引

ヴァラ　49, 53
ヴァルキュリア　31, 34, 49, 51, 169, 276, 349, 374, 320, 423
ヴァルジーノ　49
ヴァルター　49, 149
ヴァルトガイステル　49, 73
ヴァント　49
ヴィ　50, 99
ウィアード・シスターズ（三人の魔女たち）　50, 65
ヴィヴィアン　50, 271
ウィー・ウィリー・ウィンキー　50, 318, 372
ヴィゴナ　50, 328
ヴィジ＝アンヤ　50
ヴィジ＝エンバー　50
ヴィシャプイ　50
ヴィシュヴァーヴァス　50
ヴィジ＝リーニー　50
ウイス　31, 50
ヴィズ＝アンヤ　50, 51
ヴィズ＝エンバー　50, 51, 419
ヴィズ＝ムルト　50, 51
ヴィズ＝リーニー　50
ウィッシュト・ハウンドの群れ　51
ウィッシュ・メイドン　49, 51
ウィッシュ・ワイフ　51
ヴィットラ　51
ウィッピティー・ストゥーリー　53, 61
ヴィ・ヌナ　53, 61
ヴィヒトライン　53, 142
ヴィーラ　53, 60, 430
ヴィラ　53, 54
ヴィラ・ビロン　53
ヴィーラント・スミス　53
ウィリ　53
ヴィリ　53, 54
ウィリー・ワイリー・マン　54, 155
ヴィル　53, 54
ウィル・オ・ザ・ウィスプ　54, 69, 74, 96, 188, 189, 198, 286, 292, 314, 322, 323, 341, 369, 377, 440, 443, 455, 460
ヴィルカノタ　55
ウィルキー　55, 114
ヴィルジナル　55, 317, 423
ウィルズ　50, 55, 65
ヴィンテルコルベ　55, 448
ヴ＝ヴォゾ　55, 419
ヴェーターラ　56
ヴェッリネ　56

ヴェデンハルティア　56
ウェミクス　56
ヴェーヤスマーテ　56
ヴェヨパティス　56
ウェーランド・スミス　44, 56, 57
ヴェーラント・スミス　57
ヴェリエ　57
ウェルザンディ　57, 281
ヴェルデレト　57
ヴェルニアス　57
ヴェルブティ　57
ヴェルンド　56, 57
ヴェルンドル　58
ヴェレケーティ　58
ヴェーレス　58
ウォコロ　58
ヴォディアニカ　58
ヴォディアノイ　58, 251, 326, 419
ウォフ・マナフ　11, 28, 59
ヴォルヴァ　53, 59
ウォルファト　59, 87
ヴ＝クティス　59
ヴクブ＝カキシュ　59
ウクラン・トヨン　59
ウーグンスマーテ　59
ウジェル　59
牛耳さん　59
ウステル・オロル　60, 216
ウースード　53, 60
ウゼダシュ　60, 120, 216
ウーダ　60
ウー・チャン・グイ（無常鬼）　60
ウティ・ヒアタ　60
ウーデンスマーテ　60
ウドゥグ　60
ウトゥック　61, 390, 436
ウトラ　61, 317
ウーナ　22, 40, 61, 128, 164, 329, 423
ヴ＝ヌナ　61, 419
ウ・パカ　61, 265
ウーピティー・ストゥーリー　61
ウーフ　62
ウピリ　62
ウーベル　62, 341
海の老人　62, 279, 329
ウーム・セビアン　62
ヴ＝ムルト　62
ウモット　62
ヴャンタラス　63

505

索引

ウーラカンヤナ　63, 259
ウーラニアー　63, 403
ウリエル　20, 63, 208, 238
ヴリクシャカス　63, 274
ウリシュク　63, 317, 326
ウーリシュク　64
ヴリトラ　15, 64, 393
ウルヴァシー　64, 274
ウルシトリー　65
ウルズ　65, 281
ウルド　65
ウルメ　65
ウルリクムミ　65
ヴロウエルデン　65, 365
ウンクトメ　41, 65
ウンディーネ　65, 274, 429
ウンデュール・シェルト　66
ウンバチュ・コシュツァ　66, 216
ウンバル・ケレメト　66, 216
運命の三女神　20, 50, 65, 66, 281, 301, 412, 432

[エ]

エイケン・ドラム　66, 343
エイニア　66
エインサウング　66
エインセル　66, 107, 176, 354
エヴァン　432
エウドラ　67
エウニーケー　67
エウプロシュネー　67, 127
エウメニデス　67, 206, 347
エウリュノメー　67, 127
エカコ　67, 70
エクス　67, 68, 77, 87, 247, 253
エクスス　67, 69, 381
エクソティカ　68, 233, 441
エケコ　68, 70
エケナイス　68
エーゲリア　68
エーコー　68, 394
エサスダン　55, 68
エサソン　69, 269
エシェンフラウ　13, 69
エシュ　69, 252, 253, 449
エズー　69
エスタンティグア　69
エツァイ　18, 69
エッケココ　70

エッヘ・ウーシュカ　70, 181
エピアルテス　45, 70, 146, 329, 416
エブリース　43, 70
エフリート　25, 70
エフリト　25, 70
エブレム・クグザ　70
エマンドゥワ　70
エミジム　70
エムプーサ〔複数：エムプーサエ〕　70
エラトー　71, 76, 403
エラビー・ギャゼン　70
エーリエル　71
エリーニュエス　71, 206, 347
エリーニュス　67, 71, 226
エリュテイア　71, 356
エリュテシス　71, 356
エルヴォー　71, 134
エルヴン　31, 71
エル・オロレク　71, 216
エール・キング（魔王）　71, 75
エール・キング（デンマーク）　72
エールケニッヒ　71, 72
エルダー・クイーン　72
エルダー・マザー　49, 72, 320, 405, 423
エル・テュトラ　73
エル・トラスグ　73
エルトリッチ　73
エルドリッチ　73
エルドリッヒ　73
エルドロイテ　73
エル・ヌベロ　73
エルフ〔複数：エルヴス〕　4, 31, 33, 54, 56, 57, 69, 71, 73, 75, 79, 81, 90, 103, 114, 116, 128, 132, 134, 144, 150, 161, 163, 186, 198, 199, 211, 232, 247, 257, 268, 292, 312, 327, 357, 376, 390, 396, 414, 442, 452, 455
エルフヴォル　31, 74
エルブガスト　74, 257
エルフリッシュ　74, 75
エルヘ　74
エルベリヒ　34, 38, 75
エルベン　75
エルリク　75
エルリシュ　73, 75
エルレガン・クバとエルレガン・クグザ　75
エルレージ　73, 75
エルレの人々　71, 73, 75, 114, 351, 423
エーレクトラー　75
エレグバ　69, 76

索引

エレナー・ボデス　76
エレム・チャウガ　76, 431
エレル　76
エレン　31, 71, 74, 76
エレンスゲ　76
エローテス　76
エン　76
エンカンタード　76, 付録5参照

［オ］

オイニェナ・マリア　77
オイノーネー　77
オイングス　37, 78
オイングス・マク・オーグ　37, 78
オヴィンニク　78, 251
オウダ　78
オウフ　4, 78
オエイエ　79
オェンガス・マク・オーグ（若い息子）　37, 79
丘の人　79, 256
オーキュペテー　79, 304
オク　79, 87
オーク　79
オクサ・オロラ　39, 79
オクサ・サルタク　39, 79
オークの王　71, 79
オークの樹の精　79
オグ・フェライ　79
オクラム　80
オグン　80, 87, 247
オグン＝イア　80
オグン＝ベイラマール　80
オグン＝イアラ　80
オグン＝メルガ　80
オグン・デ・ロンダ　80
オグン・セテ・オンダス　80
オーケアニス〔複数：オーケアニデス〕　80, 274
オーケアニナイ　80
オザ　39, 80, 83, 287, 298, 315, 339, 378, 413
オシュ・ブイ・ヴァヌシュカ　48, 80
オシュン　81, 87
オショシ　81, 87
オスカエルト　81
オセル・パマシュ　81, 216
お相伴妖精　81
おだやかアニー　81
おだやかアニス　81
オドカン　82

オード・ゴギー　82, 147
踊るファルガルスカ　82
オードワス　82
オナタ　82
鬼　60, 82, 99, 118, 168, 232, 301, 313, 338, 432
オノ　83, 253
オビン＝ムルト　83
オブ　83, 222
オフィエル　83, 87
オプケン　83
オブダ　83, 166
オベ　84, 222
オベロン　84, 226, 311, 314, 386, 393, 423, 455
オベング　84, 365
オム・ド・ブク　84
親指小僧　84
親指トム　85, 259, 423
親指姫　85
オヤンドネ　85
オラ　85
オラファト　85
オラン・ブニイ　85
オラン・ブニヤン　55, 85
オリヴィエ　9, 85
オリシャ(1)　86
オリシャ(2)　87, 170
オーリテュイア　87
オリファト　87, 253
オリュンピアデス　87, 403
オリュンピアの霊　29, 79, 83, 327, 350, 358
オルセン　87
オルト　88, 244
オールド・エイン　88, 89
オールド・クルーティ　88, 89
オールド・ジェントルマン　88, 89
オールド・シミー　88, 89
オールド・シャック　88, 345
オールド・スクラッチ　88, 89
オールド・スクラッティー　88, 147
オールド・ティーザー　88, 89
オールド・ニック　88, 89
オールド・ハリー　88, 89
オールド・ハンギー　88, 89
オールド・ファーザー・タイム　88
オールド・ブート　88
オールド・ブラディー・ボーンズ　88, 147, 457
オールド・ホーニー　57, 89, 372
オールド・ホワイト・ハット（古い白い帽子）　89

索引

オールド・ラッド　89
オールド・ロジャー　89
オール・マン　89, 170
オレアンド・ラ・フェー　89
オレイアス　68, 90, 274
オーレイテュイア　90
オーレ・ルゲイエ（眠りの精オーレ）　90, 210, 254
オロバス　91
オロファド　91
オンディチャオワン　91
オンブウィリ　91

［カ］

カァ　92
カイア　92
カイアムヌ　92
カイエムヌ　92
海人アブド・アッラーフ　92, 388
カイトラック　92
ガイトラッシュ　92, 194, 293, 458
カーヴァル・ウシュタ　92, 181, 273
カーヴァル・ウースカ　93
ガウエコ　93
カウェロ　93, 253
カウガ　94
カウカス　94
ガウナブ　94
ガウリー　94
ガ＝オー　94, 210, 417
カカモラ　94
カカンゴラ　94
餓鬼　82, 94, 118
カキー・タペレレ　94
カクア・カンブジ　95
隠れた人　95, 351
カコ・ダイモーン　29, 95, 208
カサヴァラ　95, 100
カサゴナガ　95
カジェク・ケレメト　95
カジス　95
家事の精　7, 70, 94, 95, 109, 113, 125, 129, 135, 148, 149, 176, 187, 193, 199, 214, 240, 241, 246, 247, 260, 266, 268, 270, 283, 298, 299, 309, 314, 318, 319, 321, 322, 333, 335, 340, 343, 344, 346, 349, 357, 375, 378, 383, 384, 396, 438, 455, 457
鍛冶屋のウィル　54, 96
カスタリア　96

カスタリス　96, 403
カズナ・ピアンバル　96
カズナ・ペリ　54, 96
カス・ペレシュタ　96
カスム　96
風の老女　96
カタヴィ　96
カタクローテス　97
ガダル　97
カチェス　97
カチナ　97, 101, 142, 149, 401, 414
カチナス　97
カチナ・マナ　97
カツィナス　97
カツオの乙女　97
カッシエル　97, 101
カッツェンヴァイト　98, 147
カッティー・ソームズ　98, 142
カッティー・ダイア　98, 123, 147
カッティー・ブラック・ソウ　98, 345
河童　98, 234
カッレアウ　98
ガーディアン　98, 115, 179
カト　99, 149
ガートホーンズ　99, 142
カドルパイ　99, 103, 295, 305, 433
カナイマ　99
ガナス　99
カヌック　99
カハウシブワレ　99
カバウターマネキン　99, 117
カバ・ピアンバル　100
カバンダ　100
ガビエタ　100
ガビジャ　100
ガビジャウジス　100
ガビジャウジャ　100
カヒライス　100, 126
カプア　100
カプカ・オロル　101, 216
カフジエル　101, 208
ガブライル　101
ガブリエル　42, 60, 101, 174, 199, 205, 208, 236, 419
ガブリエル・ハウンド　101, 419
ガブリエル・ラチェット　101
ガヘ　101
ガベタ　101, 102
カペルスウェイト　102

508

索引

カボクロ　44, 102, 132, 154, 174, 204, 260, 353, 366
カボクロ・ヴェルホ　102
ガホンガス
102
ガマイニャス　102, 382
カマック　102, 103
カマロ　102
カマン　102
神　102
カムサ　103
ガムナット・ベイビーズ　103
カメーナイ　68, 103, 274
ガヤ　103
火曜日のディック　54, 103
カラ〔複数：カラウ〕　103, 105, 269, 273
ガラ　105
カラス麦のヤギ　105, 147, 297
カラック　103, 105
カラッハ・ナ・グローマッハ　105
カラッハ・ナ・ゲシャッグ　105
ガラティア　105, 253, 278
カーラネーミ　105
ガラ・ヤカ　106, 213
ガラル　106, 337
カラワトニガ　106
カリァッハ　106, 154, 287
カリァッハ・ヴェーラ　106, 138
カリオペー　107, 403
カリカンツァリ　107
カリストー　107, 382
訶梨帝母（かりていも）　107, 301
カリテス　107, 127
ガリー＝トロット　107
カリナ　107, 329
ガリー＝ベガー　108
カリー・ベリー　108, 138
狩人ハーン　108
カリュプソー　109
カーリン　106, 109, 154
ガル(1)　109
ガル(2)　105, 109
カルクス　109
カル・クマーラ・ヤカ　109
カルケス　107, 109
カールコータカ　109, 262
ガルドスヴォル　109
カルフ　110
カルブレ　110
カルマン・クレク・クグザ　110

カルメナイ　110
カルメンタ　110
カルメンティス　110
カルリキ　110, 257
カルレアン　110
カルン　110, 111
カレヴァンポヤット　110
彼ら自身　19, 111
カロース　111
カローン　111
カロンタス　111
カロンテース　110, 111
川子　98, 111
ガン　101, 111
ガンコナー　111, 114
カンコボブス　111, 147
缶たたき　111
ガンダバ　112
ガンダヤク　112
ガンダルヴァ　24, 100, 112, 117, 124, 274
ガンダレーワ　112
カンディーシャ　112
カンナード・ノズ　112
ガンファー　112, 255

[キ]

キヴァティ　112, 135
ギウォイティス　112
キキアデス　113
キキーモラ　113, 128, 247, 357
キキルン　113
鬼子母神　113, 301
キスキルリラ　113
ギゾー　21, 113
ギド＝ムルト　113
キトラウル　113
木の精たち　113, 144
木の妻（ウッド・ワイフ）　13, 114, 134, 144, 161, 198, 228, 351
キプカ　114, 303
キメケン　114, 149
ギャン・カナッハ　114
キュアネー　114
ギュビッヒ　114
キューモトエー　114
キュモドケー　115
キュルコグリム　115, 129
キュレネ　115

索引

教会グリム　115, 116, 129
境界線に住む人　115
ギライティス　115
ギラ・グアラ　115
ギリー・ドゥー　116
ギリトルット　107, 116
ギリン・ベギー、ニ　116
キルケグリム　116, 129
キルコグリム　116
ギルスランドの血無し少年　116, 321
キールット　117
ギルデプティス　117, 136
キルニス　117
ギルビン・ホーナー　117
キルムーリス　117, 287
キング　117
キンナラ　118
キンプルシャ　118, 124
キンミンゴアルクルック　118

[ク]

クアハック　118, 326
グアビンダイア　118, 204, 215
グイ（鬼）　118, 167
グイア　118
グイ・シェン（鬼神）　118
グイル　118
グイレルミ　119, 290
グイン・アップ・ニーズ　119, 419, 423
グウィリオン　119, 418
クヴェーラ　119, 124
グウェンハドウィ　119
グウェンヒドウィ　119
グエスティア、ラ　119
クェレブレ、エル　119
クガ・イェン　119, 141, 216
クグザ　8, 39, 81, 119, 123, 141, 165, 406
ククス　120
クークーディ　120
ククディ　120
クゲ・アガ・ケレメト　120
クゲ・イェン　120, 133, 216, 290
クゲ・クバール　120
クゲ・クレク　120
クゲ・ジョムシェ　121
クー・シー　121
屑糸帽子　121
クスダ・シラ　121

グーズベリー女房　121, 147
クセドレ　121, 131
クセニア　68, 121
グタ　121
クダーイ　121
クツキンナク　122
クッチス　122, 405
クデイアー　122
クデ・オェルト・クバとクデ・オェルト・クグザ　122
クトゥルブ　122, 130
口説き妖精　122
クト＝クト　122
グーナ　122
クナワビ　122
クーニアック　100, 123, 136, 326
クヌブリアー　123, 155
クヌーレ・ムーレ　123
クネヒト・ルプレヒト　123
クバ　8, 38, 81, 119, 165, 246
クバール・クグザとクバール・ジュマル・クグザ　123
首なし女　124, 289
クプランガシュ　124
クベーラ　117, 118, 124
クムヌカムチ　124
蜘蛛　21, 41, 64, 124
クモック・プライ　125, 342
グーラ　125, 130
グラー　125, 130
グライム　89, 125
クラウド・チーフス　125
クラウド・ピープル　125, 221, 423, 428
グラゲーズ・アンヌヴン　125, 347
グラゲン・アンヌヴン　125
グラシャン　125
グラシュティグ　122, 125, 326
グラスティン　126
クラシュニクド・オールニアク　126, 365
クラッティ　126
クラット　126, 181
グラッハ・ア・フリビン　126
グラティアエ　127
クラドヴィック　127
クラドヴォイ　127
グラニー　106, 127, 154
クラボテルマン　127
グラン・ヴァヌール　127
グラント　127, 396

510

索引

グランドマザー・ファイア　128
クランプス　123, 128, 147
クリオ　128
クリオズナ　22, 40, 61, 128, 305, 329
クリクシー　128
クリスキー　128, 279
グリタマーリ　128, 388
グリッグ　128
クリッコ　128
クリッピー　128
クリヌイ・ボグ　128
クリム　129, 147, 212
グリム　89, 129
クリムバ　129
グリュコン　129
クリュティエー　129
クリール　129
グリン　92, 129, 171, 179, 190
グリーン・グラスティグ　125, 130
グリンディロー　130, 147
クル　130
グル　130
グール　130, 138, 306, 313
グルアガッハ　130, 400
グル＝イ＝ババン　131, 329
クルキス　131
クルシェデル　131
クルシェドラ　131
クルシス　131
クルジュンク　130, 131
クルス　131
クルツィミュゲリ　131, 448
クルッド　4, 81, 131
グル＝ドルイアド　132
クルピラ　132, 174
クルブリ　132
クルブリコーン　132
クルーラコーン　132
クルーラホーン　132, 252, 322, 447, 452, 454
クルワイチン　133
グレアム　89, 133
クレイジーマン　133, 298
クレイ・マザー　133, 168
クレク・イア　133
クレク・ピアンバル　133
グレシル　133
クーレーテス　133
クレードネ　134
クレマラ　134

グレムリン　134, 229, 328
グレンジェット　134
グローガッハ　134
グローガン　135
黒蜘蛛の老女　135
クロックミテヌ　135, 147
クロップド・ブラック・ソウ　135, 345
クロートー　66, 135
クワク・アナンセ　21, 135
クワティ　135, 253
グワリン＝ア＝トロット　135
グワルウィン＝ア＝トロット　135
クーン・アンヌヴン　135, 347
クーンチアッハ　122, 136, 365
クーン・ママイ　135, 136
グンヤン　136

［ケ］

ゲア・カーリング　136
ケアグイヒル・デプゲスク　117, 136
ケァスク　136
ケァルプ　136
ゲイブル・レチェット　137
ケイボル　137, 147
ケ・シー　137
ケシャリイ　20, 137, 186, 380, 423, 454
ケッヘタッハ　137
ゲニイ〔複数：ゲニウス〕　137
ケフィル＝ドゥール　137, 273
毛深いジャック　137
毛深い人　137, 241
毛深いメグ　138, 396
ケライノー　138, 304, 352
ケラッハ・ヴェール　138, 405
ケリアノ　138, 304
ゲル　49, 138
ケルグリム　138
ケール〔複数：ケレス〕　51, 139
ケルテマシュ　121, 139, 217
ケルトナー・ボディ　139
ケルピー　19, 139, 140, 270, 329
ケルビム　139, 141, 217, 236, 339
ケルビン　139, 217
ケルブ　76, 139, 217
ケルワン　141
ケレッツ　141
ケレブ　141
ケレメト　141, 付録9参照

511

索引

ケレメト・シェルト　141
ケローネー　141
権天使　8, 141, 236

[コ]

コア　4, 141
小悪魔　23, 46, 142
ゴイアーバ樹　142
コイェムシ　142,149,211, 414
コイムシ　142
コヴェンティナ　142
鉱山ゴブリン　142
鉱山の精　53, 98, 99, 142, 279, 338
ゴヴニウ　143, 257, 447
ゴヴニュー　143
ゴヴレン　143
黒妖犬　4, 68, 81, 102, 107, 115, 122, 129, 132, 137, 143, 251, 329, 333, 344, 352, 370, 377, 412, 416
コケナ　144
コケの女たち　113, 144, 161
コケの人々　144
コケの娘たち　144, 274
ココペリ　144
ココペレ　144
ゴゴル　144
コジュ・イェン　144, 245
コジュ・ネデク　146
コシュマール　146, 329, 394
コジュラ・イア／コジュラ・オザ／コジュラ・ペリ　83, 146
コジュラ・クバとコジュラ・クグザ　146
コスメ　146, 212
ゴッダ　146
コティ　146
コティヤングウティ　147
コディンハルティア　147
コドゥハルジャス　147
コドゥモドゥモ　147
子供部屋のボーギー　82, 88, 89, 105, 111, 121, 128, 129, 131, 135, 137, 147, 162, 173, 193, 199, 200, 246, 250, 286, 288, 291, 311, 316, 338, 346, 356, 363, 368, 369, 372, 373, 377, 379, 380, 389, 397, 400, 414, 415, 416, 436, 437, 457
子供を守る女祈祷師　147
コトレ　147
木の葉の王　148
木の葉の小男　148
コーバルト　148

ゴハーン・シール　143, 148
コブ　148, 280
ゴファノン　148
ゴブラン　142, 148
ゴブラン　148
ゴブリン　53, 72, 79, 94, 99, 117, 118, 129, 135, 142, 148, 149, 160, 165, 177, 183, 194, 198, 220, 230, 241, 346, 252, 257, 268, 271, 279, 286, 289, 291, 306, 310, 316, 319, 325, 326, 335, 340, 341, 342, 344, 346, 353, 354, 365, 368, 369, 370, 375, 376, 423, 249, 438
コーベル　149
コーベルト　149
コーボルト(1)　142, 149
コーボルト(2)　26, 127, 149
コ＝ホン　149
コマン　149
コモクヤッツィキー　142, 149
コヨーテ　144, 149, 158, 253, 266, 388
コヨーテおやじ　149, 150
コラニアンズ　150
コラン・グン・キアン　150
コリガン
　　　150, 257
コーリマライカンニヤルカ　151, 274
コーリュキアー　151
コーリュキデス　151, 403
コリュバンテス（コリュバスたち）　133, 151
ゴール　151, 374
コルカ＝ムルト　151, 406
ゴルゴール　130, 151
ゴルスカ・マクア　151, 279
コルツシュ　151
コルト・ピクシー　151
ゴルドマル（王）　34, 75, 149, 152, 257
コルネベッケ　152
コルネ・ボデジュ　152
コルノフヒイ　152
コルパン・シーデ　152
コールマン・グレイ　152
コルンヴォルフ　105, 152, 153, 185, 423
コルンムッター　153
コレ＝ベイラド、アントニオ・ルイス　102, 153
コロキオエウェ　19, 153
コロ＝コロ　153
コローニス　153, 318
コン＝イオン　153
コーンウルフ　154
ゴン・ゴン（共工）　154
コンスタンティノ　102, 154

512

索引

コーン・スピリット　82, 106, 109, 127, 131, 153, 154, 160, 210, 287, 291, 296, 401, 423, 433, 445
コン＝ティン　154
ゴンデュル　154
コントロール（支配霊）　154
コンパーニン　123, 155, 406
コーン・マザー　60, 155, 168, 170, 206
コン＝マ＝ダーウ　155

[サ]

サイヴォ・ネイタ　156
サイコポンプ（霊魂を冥界に導く者）　156
サヴァ　156
サウルヴァ　156, 336
ザエボス　156
サオ　5, 156
ザガズ　156
サーカニィ　156
ザガム　157
サキエル　157, 159
ササボンサム　157, 174
サシ　94, 158
サシ・ペレレ　94, 158
サジャ（使者）　158
サース　158
サダグ　158
サタン　8, 22, 25, 42, 158, 172, 206, 211, 232, 236, 238, 306, 361, 365, 395, 446
サーテ　158
サテュロス　64, 158, 188, 203, 333, 356, 373, 432
座天使　8, 158, 236
ザドキエル　159, 208, 236
サナ　159
サハール　159
サバ＝レイッピャ　159, 265
サヒリム　159, 203
ザファール　159, 173
サブール・アリ　159
サマー　159
サマエル　15, 160, 208
サムグバ　160, 411
サムハナック　160
サムヒギン・ア・ドゥール　160
サラウア　160
サラ・ママ　160
サラマンダー　160, 190, 429
ザランブール　43, 161
サリエル　161, 208

ザリチェ　161, 214
サル　161, 220, 345
ザール　161
サルヴァネッリ　161
ザルグフロイライン　161
サルマキス　162
サンヴィ　162, 236, 443
サング・ガディン　162
サング・ガラ・ラジャ　162
サンクチンニ　162
サンサヴィ　162, 236, 443
サンタクロース　162, 362, 364
サンダー・ボーイズ（雷息子たち）　163
サンダルフォン　163
サント　163
サンド・ヤン・イ・タド　163
ザンミヒラオス　164
サンムン　164

[シ]

シー　22, 40, 66, 121, 128, 137, 164, 200, 227, 231, 287, 305, 332, 354, 374, 383, 406, 425
ジヴィザ　164
シェイタン　164, 172
シェイムフル・アワー　164, 292
シェウリ　164
ジェクシュク　165
ジェジ＝ババ　165, 295,
ジェタイタ　165
シェッカソー　165, 265
ジェデ　165, 253
シェーディーム　165, 211, 384
シェディム（1）　165, 234, 444
シェディム（2）　165, 234
シェデュ　165, 218, 436
ジェデ・ロラージュ　165
シェドラ・クバとシェドラ・クグザ　75, 165
シェートロル　166, 256
ジェマラン　166
シェミハザ　166, 175
シェーラ　166
ジェラーミール　166, 208
シェリーコート　166, 186, 318, 370
ジェル・オザ　166
ジェル・クバとジェル・クグザ　166
ジェルシュク　167
シェルト・テルカン　167
シェルト・ボデズ　167

513

索引

ジェル・ボデジュ　167
ジェワ＝ジェワ　167
シエン　167, 265
シエン（仙）　167
シェン（神）　167, 236
ジェン　168, 190
シェン・シエン（神仙）　168
ジェントリー　168, 426
ジェンバラン　166, 168
塩女　168, 210
シーオーグ　164, 168
シオド・ブラッド　152, 168
シオ・フミス　168
シークサ　168
シクサ　168
シグルーン　169
醜女　169, 313
シシ　169, 323
シシーモラ　169, 247
シショク　169
シック　169, 264
シッタ　169, 218, 265
シディ・ハモウ　169
シディ・ミモウム・エル・ジンナオウイ　169
シディ・モウサ・エル・バハリ　169
熾天使　9, 11, 25, 169, 236
指導霊　90, 92, 95, 128, 133, 155, 170, 179, 211, 221, 264, 303, 328, 449
シトコンスキー　170
シドナ・ジェブリル　170
ジーニー　190, 227
シニョーラ・アナ　170
シニョール／シニョーレス　77, 170
シーフラ　170
ジブライル　171
シブリーチ　171
シホ・イ・サロ　171
シャアルマルーシュ　171
シャイ　171
シャイタン（1）　171
シャイタン(2)　43, 171, 190, 306
ジャヴェルザハルセス　172
ジャウシュ・ケレメト　172
シャカク　172
シャクンタラー　172
ジャージー・デヴィル　172
シャス・デロドゥ　172, 420
シャス・ド・カイン　173, 409, 420
ジャスト・ハーヴァー　81, 173

ジャッキー・ランタン　173
シャック　107, 173, 345
ジャック・アップ・ザ・オーチャット　147, 173
シャッグ・フォール　173, 185
ジャック・フロスト（霜）　173, 223
シャック・モンキー　173, 345
シャパナン　173, 354
ジャヒー　173, 243
ジャファル　173
ジャブライル　174
シャフレーヴァル　174, 336
ジャペテクアラ　132, 174, 246
シャボー・デ・コウロ　154, 174
ジャボル　174
ジャマイーナ　174
シャマンティン　158, 174
シャムエル　174, 208, 238
ジャムシェナー　174
シャムヤザ　12, 175
ジャランダラ　175, 300
ジャリナ　175, 354
ジャル　175
ジャルキク　175
ジャルジョーギニ　175
シャルト　175
ジャルパリ　175
ジャルフター・ボデズ　175
ジャル・ユムバク・コシュトシェ・ケレメト　175
シャーロット　175
ジャーン　176, 218, 265
ジャン　176
シャンゴ　87, 170, 176
シャンリュウ（相柳）　176
シュア　176, 274, 411
シュヴァル・バヤール　107, 176, 442
シュヴォド　176
従者の精霊　118, 177, 222, 238
ジュウダ　177
ジュウタ　177
修道士ラッシュ　55, 177, 351
ジュオド　177
シュクシャンダル　32, 177
ジュクゾ　177
シュケナン・オンチャマ・ケレメトとシュケ・ケレメト　178
シュケ・ケレメト　178
守護天使　37, 39, 129, 177, 178, 179, 180, 200, 217,

514

索引

222, 238, 317, 332, 336, 347, 356, 391, 436
守護霊　1, 4, 7, 8, 10, 13, 22, 24, 26, 28, 29, 30, 31, 36, 39, 42, 48, 49, 53, 55, 56, 59, 60, 66, 70, 71, 72, 77, 80, 82, 83, 85, 89, 91, 92, 94, 95, 96, 97, 100, 102, 108, 109, 110, 111, 112, 113, 115, 116, 117, 119, 121, 122, 124, 127, 128, 131, 132, 133, 134, 138, 142, 143, 144, 147, 150, 151, 152, 153, 159, 160, 162, 168, 170, 171, 173, 176, 179, 181, 193, 197, 204, 205, 206, 209, 214, 216, 219, 220, 223, 224, 226, 230, 238, 239, 240, 244, 247, 248, 250, 253, 254, 263, 264, 265, 268, 271, 273, 274, 276, 280, 283, 284, 286, 287, 290, 291, 300, 301, 306, 311, 313, 315, 320, 321, 325, 326, 328, 333, 336, 337, 341, 343, 344, 346, 349, 352, 354, 355, 356, 357, 358, 363, 378, 379, 381, 382, 385, 388, 390, 391, 394, 398, 400, 401, 403, 404, 405, 407, 408, 410, 412, 414, 416, 418, 419, 430, 431, 432, 433, 435, 436, 437, 438, 439, 440, 442, 443, 445, 446, 449, 450, 453, 460, 461
ジュジュ　179
ジュシュテ・エルゲとジュシュテ・エルベゼ　179
ジュシュテ・クバとジュシュテ・クグザ　179
ジュシュテ・ムジェ　180
ジュシュテ・ムジェ・ユデル　180
シュチャ　180
シュチュ・プンダシュ　180, 216
シュティレ・フォルク　180
主天使　9, 42, 101, 180, 236
シュトヴカ　180, 446
ジュト・ポデジュ　180
シュトラーテリ　181
シュトルーデリとシュトラーテリ　181
ジュヌン　181, 190
シューピルティー　181
シュピンシュトゥーベンフラウ　181, 363
シュライカー　181, 194
ジューラスマーテ　181
シュラット　181
シュラート　74, 182
シューリンクス　182
ジュルア　182
シュルイスシア　182
ジュルウィン　182
ジュル・セル・クゲラク　141, 182
シュルダシュ・シャルト　182
ジュール・トント　182
シュルナ　182, 290
シュルナ・ピアンバル　183
シュル・ムミー　183, 405

ジュレニス　182, 183, 185
ジュレマ　183, 260, 381
ジュレマ・ヴェリャ　183
ジュ・ロン（祝融）　183
シュンディ・ムミー　183
ジュンビー　183, 224
ジョアンジーニョ　183, 248, 449
ジョアン・ジ・マタ　184
ジョク　184
ジョクー　184
ショクシャ・クバとショクシャ・クグザ　184
食料室の精　23, 184
ジョシュカル・セル　184
ジョゼ・トゥピナンバ　170, 184
ショック　184
ショーニー　185, 223
ジョフィール　185, 238
ジョラ・スヴェイナル　185
ジョン・バーリーコーン　185
ジョンボル　155, 185
シラット　185
シーラ・ナ・ギーグ　108, 185
シ・ラヤ　186
シラリユイ　186, 454
シーリー・コート　186, 424
シリニエッツ　186
ジリ・フフルータン　186
シリ・フリットとシリ・ゴー・ドゥート　187, 243
シル・アリ　187
シルキー　187
シルティム　188
ジル＝バーント＝テイル　188
シルフ　188, 274, 429
シルヨン　188
シーレーノイ　188
シーレーノス　158, 188, 356, 392
白い手を持つもの　189
白い帽子のジャック　189
白婦人　189, 363
シワテテオ　189
シワピピルティン　189
シワンナ　189, 429
シー・ワン・ム（西王母）　190, 423
ジン（1）　2, 12, 25, 31, 43, 62, 97, 112, 130, 156, 159, 160, 161, 167, 169, 171, 172, 173, 176, 181, 185, 193, 196, 199, 206, 213, 228, 234, 264, 293, 294, 299, 337, 360, 382, 384, 391, 406, 409, 437, 451
ジン（2）　162, 166, 192, 444

515

ジン・アスラム 162, 192
シン＝アン＝エフ 192
ジン・カフィール 192
シン（神） 192
シンター・クラース 192, 203, 324
ジン・タナー 192
シンドリ 40, 192, 353
シンビ 192
シンメル・ライター 192, 362
シンラップ 193, 218, 265

[ス]

スアン・スアン 193
スィエン 193
ズイボシュニク 193, 450
ズィン 193
スヴァーヴァ 49, 170, 193
スヴァルド 40, 193
スヴァルトアールヴ、スヴァルトアールヴァル（複数） 31, 193
スカデガムトゥク 193
スキャントリー・マップ 193, 297
スキュラ 28, 193
スキリー・ウィデン 194
スクバ 194
スクブス（夢魔） 32, 51, 287, 329, 343, 436
スクライカー 194, 293
スクラッチ 89, 194
スクリムスル 194
スクルド 49, 194, 281
スコヴトロルデ 196
スコーグス・フルー 196
スコーグスロー 196
スコグル 49, 196
スタビュレー 196
スット 43, 196
スティヒ 196
ステュクス 80, 196
ストラクフ 196, 251
ストラス 196
ストリガエ 196
ストリングロス、ストリングラ（女性形） 68, 196, 233
ストローク・ラッド 27, 197
ストロームカール 197
スナグルポット 103, 197, 295, 305, 433
砂の祭壇の女 197
スーナワヴィ 123, 197

スーパイ 197
スパエー・ワイフ（女予言者） 74, 198
スパーン 198, 199
スパンキー 55, 198
スパンデュール 134, 198
スビゲナ 198, 431
スプライト 2, 19, 48, 73, 84, 99, 109, 116, 118, 128, 129, 134, 148, 151, 172, 176, 279, 442, 452, 453
スプリガン 198, 259
スプレット 198, 199
スペリー・コート 199
スポーン 147, 199
ズマークラス 123, 199
スミエラ・ガット 199, 299
スミラクス 199
スモレンコス 199, 329
スライン 199, 208
スラオシャ 5, 418
スラーマン 174, 200
スラーリ 83, 200
スランピン 200
スリ 147, 200
スリエル 200
スリース・マ 200
スルーア 186, 200
スルーア・マイ 200, 227
スルシュ 201
スルーズ 31, 49, 201
スルタン 201
スルト・マランダ・ボダズ 201
スレイ・アブ 201
スレイ・ベガ 201
スレム・ムザ 201
ズロイ・デューク 10, 201
スロゲート 202
スロール 202, 204
スワルト・ビート 147, 192, 202

[セ]

聖体 203
セイリム 203
精霊 203, 付録12-27参照
セイレーン 203, 389, 449, 458
セウ・ジュレマ 183, 204
セウ・トゥルキア 204, 260
セウ・レグア 204
ゼジーニョ 204, 248
セック 204

索引

セドナ 204
セナン入り江の警告妖精 205
ゼパール 205
ゼフォン 205
セベトゥ 205
セマンゲラフ 205, 238, 444
ゼミナ 205, 206
セムナイ 206, 347
ゼムパティス 205, 206
セラフィル 206
セリム 206
セル 163, 206
セルキー 206, 321

[ソ]

ゾア 170, 206
それ 206
ソンネイロン 207

[タ]

タイテイニア 208
ダイティヤ 15, 208, 299, 318
ダイテーヤ 208
大天使 9, 15, 28, 30, 42, 60, 63, 101, 108, 159, 160, 200, 205, 208, 214, 236, 238, 395, 435
ダイモーン（複数：ダイモネス） 95, 179, 208, 232
ダーイン 208, 239, 259
タウス 209
ダエーヴァ 209
ダエモン 209
ダエーワ 15, 209, 229, 230, 234, 243
タガマリング 209, 337
ダーキニー 209
タク・ケング 209
ダグダ 37, 164, 231, 366, 374, 425
ダクテュリ 209
ダクテュロイ 209
ターコイズ・ボーイ（トルコ石の少年） 210
ターコイズ・マン（トルコ石の男） 210
ダシム 43, 210
ダジョジ 94, 210
ダストマン 90, 210, 397
ダスユ 210, 259
タタネ 210
タター・フォール 173, 210
タタリキ 19, 210

ダタン 210
タチュキ 142, 211
タデブツィー 211
堕天使 8, 12, 15, 20, 22, 25, 30, 43, 95, 110, 160, 170, 175, 190, 200, 206, 211, 232, 238, 303, 329, 359, 362, 392, 403, 425
ダド 211
ダーナヴァ 211
ダニー 211
谷のクリム 212
タパイル 212, 402
タビ 212, 222
タピナレ 38, 118, 204, 212,
旅回りのアボンド婦人 212
ダフネー 212
ダミアン 146, 212, 282
ダム・アボンド 212
ダム・ヴェネチュール 212
ダム・エラーホーン 72, 212
ダム・ジェネ 212
ダム・ヒリップ 213
ダム・ランプソン 213, 428
ダラ・カダヴァラ 213
ダラゴ 213, 394
タラヌシ 190, 213
ダラム 213
ダラント 213
タルイス・テーグ 119, 148, 213, 333, 424
タルウィ 214
タルトゥーガ・ディ・アマゾナス 214
ダルマパーラ 214
タレイア 127, 214, 404
タロンハルティヤ 214
タンギー 214
タンケラボガス 111, 147, 215
タンゴ・ドゥ・パラ 215
ダンター 215
ダンドーと猟犬群 215, 420
タントラボブス 111, 215

[チ]

小さいさん 215, 418
小さい民 216
小さい葉の男 216
小さい人 216
小さな精霊たち 12, 20, 24, 42, 43, 72, 79, 85, 94, 110, 113, 128, 130, 144, 164, 180, 183, 198, 201, 211, 215, 216, 219, 227, 235, 240, 246, 248, 263, 267, 268,

517

索引

288, 317, 319, 322, 327, 328, 331, 351, 357, 361, 382, 383, 385, 387, 388, 396, 403, 407, 412, 423, 426, 433, 437, 447
チェムブラト　141, 216
チェルーヴェ　216
チェールト　216
チェルトーフカ　216
地下食料室の魔物　217
地下の人たち　217, 256
チシン・トンボッブ　217
チタル・アリ　217
チティパティ　217
智天使（ケルビム）　141, 217, 236, 339
チトラグプタ　218
チトーン　218
チー・ヌー（織女）　218
チヌン・ウェイ・シュン　92, 218
チノイ　218, 385
ちびっこ　218
チャックルバッド　103, 218
チャッツェ・オルマイ　218
チャネコス　219
チャネス　219
チャハツェ＝オルマイ　219
チャハツェ＝ハルデ　219
チャフル　219
チャムパンキターチ　219
チャンケス　219, 259
チャン・シエン（張仙）　219
チャーンミルク・ペグ　147, 173, 220
チュ＝ウハ　220
チュタス　220
チュダング　220
チュトサイン　220
ヂュー・バー＝ジェ　猪八戒　220, 428
チュルパン・スルト　220
チョゥドゥラ・クバとチョドゥラ・クグザ　220
チョパキン　221
チョルト　9, 217
チョンチョン　221
チ・ルン・ワン（治竜王）　221
チン・チア（金　？）　221
チン・ロン（青龍）　221

[ツ]

ツァドキエル　159, 221
ツァン　221
ツィ・ズーイ　221

ツェクツ　222
使い魔　222, 付録8参照

[テ]

ディアヴォル　222
ディアウル、ディアウリアイド（複数）　222
ティアク　216, 223
ディアッカ　223
ディアブロタン　223
ディアン・ケーフト　223
デイヴ　223, 428
デイヴ　223, 229
デイヴィ・ジョーンズ　223, 329
ディヴェ　224
ディヴェル　224
ディーヴェル　224
ディウトゥルナ　224
ディウル　224
ディエヴィニ　224
ディエヴェル　224
ディエヴル　224
ディオウル　224
ディオフル　224
ディオブル　224
ディオンビー　224
ティキ　224
ティクドシェ　224
ティグバヌア　226, 337
ディー・ザン（地蔵）　226
ディジェヴェル　226
ティーシポネー　71, 226, 347
ディース　34, 226, 281
ティソーア　226, 288
ティターニア　84, 226, 314, 424
ティティハイ　19, 227
ティティリチュア　227, 448
ディーナ・オシー　227
ディーナ・シー　200, 227, 425
ディーナ・ベガ　227
ディーナ・マイタ　227
ディーナ・マラ　227, 241
ティニホウィ　227
ディニンガ　227, 462
ディノン・バ・テーグ　228
ディーフェル　228
ディフ・エレビ　228
ディブキム　228
ディフル　228

518

索引

ティ・マリス 21, 228
ティ・ミク 228, 431
ディムメ 228
ティーラ 228
ディラエ 228, 347
ディリン 228, 243
ティル 43, 228
ディルネ・ヴァイブル 228
ティンカーベル 229
ディンギル 229
ディングベル 229, 328
ティンゴイ 227, 229
デーウ 15, 43, 97, 229, 274
デヴ 229, 230
デーヴァ（１） 229, 230
デーヴァ（２） 230
デーヴィー 229, 230
デヴィルフィッシュ・ピープル 230
デオハコ 82, 230
デクマ 230, 301
デ・ダナーン神族 20, 22, 36, 37, 78, 82, 110, 128, 134, 143, 164, 209, 223, 227, 230, 236, 248, 268, 274, 276, 316, 328, 332, 353, 383, 388, 398, 406, 414, 425, 444, 447
鉄枷のジャック 231
デックアールヴァル 31, 231
テティス 231, 279
デ・ヒ・ノ・ヒノ 231
テ・マカウェ 19, 231
デムラッシュ 229, 231
デーモゴルゴーン 232
デーモン 232, 付録2参照
デーモンの恋人 234
デュンドゥ 234, 244
デリック 234
テリートップ 235, 249
テルキーネス 235
テルプシコラー 236, 404
テルマチュ 216, 236
天狗 236, 253
天使 236, 付録1, 7参照
天使オリヴァー 238
デンジャラス・アワー 238, 292

[ト]

トゥア 238
トゥアサ・デ・ダナーン 239
ドゥーアズユーウッドビーダンバイ夫人 239,

315
ドヴァリン 239
ドゥアルガー 239
ドゥイル 239
ドゥヴェルガー 239
ドゥエリ 239
ドゥエリー 239
ドヴェルガー 239
ドゥエルグ 239
ドゥエルチ 239
ドゥエルツ 239
ドゥエルー、ドゥワルグ、ドゥワルー 240
ドゥエンデ 45, 240
ドゥオロー 240
ドヴォロヴォイ 240
トゥキ 240
ドゥク＝タニャ・バ 240
トゥクトリアク 240
ドゥグナイ 240
ドゥク＝バ 240
トゥクルカ 240
ドゥシ 241
ドウ・ジェン（痘神） 241
ドゥシン 190, 241
トゥース・フェアリー（歯の妖精） 241
トゥット 241, 246
トゥット・グット 241, 246
トゥーティヴィルス 241, 250
トゥーテガ 241
ドゥナ・エー 241, 286
ドゥナ・マラ 241, 286
ドゥーニー 242
トゥパン 242
ドゥーフ 242
トゥマ・デュン・ケレメト 242
ドゥムとルム 242
ドゥヤヴォ 242
トゥーリッキ 242
トゥリハンド 126, 243
ドゥリン 239, 243, 257
ドゥール 243
ドゥール 243
ドゥルウェ 243
ドゥルガー 243, 429
ドゥルグ 173, 243, 264
ドゥルジ 243, 360
トゥルティン・トゥラティン 243, 249, 425
トゥル・ボダズ 243
トゥレック・クグザ 244

索引

ドゥワリン 244, 257,
ドゥワルー 244
ドゥワルグ 244
トゥンデル 244
ドゥンド 244
ドエアルフ 244
ドエオー 244
ドエオーズ 244
ドエリー 244
ドエルズ 244
ドエルフ 244
ドエロウ 245
ドエロウ 245
ドガイ 245
トクタル・ポシュクダ 245
トサリデュイ 245, 454
トシュタ・コジュ・イェン 245
トシュトット・イェン 245
トスロ 245, 454
トット 246
トット・グリッド 246
トッド・ローリー 147, 246
ドップズ 246
ドップズだんな 246
ドト 246, 279
ドドレ 246
ドナ・ロザリナ 174, 246
トバデスツィニ 246
トビー 246
トピェレツ 247
ドマヴィーカ 247
ドマヴィーハ 247
ドミーカ 247, 250
ドミナティオン 247
トミー・ロー・ヘッド 247
トム・コックル 247
ドム・ジョアンオ・スエイラ 247
ドム・ジョゼ 248
トム・タンブラー 248
トメテ 248, 260, 270
トム・ティット・トット 61, 135, 235, 248, 295, 448
トム・ティティヴィル 250
トム・ドッキン 147, 250, 329
トム・ポーカー 147, 250
トムリーズ 85, 250
トム・ローリー 250
ドモヴィク 250
ドモヴォーイ 113, 151, 206, 214, 240, 247, 250,
267, 349, 384
ドラク、ドラカイ（複数）、ドラクス（複数） 251
トラス 251
トラスグ 251
ドラッグン・ヒル・ボグル 251
トラッシュ 194, 251, 293
ドラハン 252
トランカ・フア 68, 252
トリー 252
取り換え子 152, 171, 252, 312
トリクラット 253, 265
ドーリス 80, 253
トリックスター 56, 149, 192, 253, 266
トリートーン 253
ドリュアデス 254, 274
ドリュオペー 254
ドルーダ、ドルーデン（複数） 254
ドルチ 254
トルト 254
トルナク 254
ドルメット 254
ドレキ 175, 255
トロー 255, 256
ドロイチ 255
ドローズ 255
トロール 255
ドワーウェ 257
ドワーウ 257
ドワーク 257
ドワーグ 257
ドワーズ 257
ドワーフ／ドワーフェ 257, 付録4参照
トン・ウォン・ゴン（東王公） 259
トンガ 19, 259
ドン・カルロス 183, 260
トンクス 260
ドンゴ 260
トント 260
トントゥ 260
ドン・ペドロ・アンガソ 260, 396
トンボップ 10, 260
ドン・ルイズ 261

[ナ]

ナーイアス〔複数：ナーイアデス〕 1, 78, 182, 262, 274, 437, 438
ナイキヤス 262, 268

索引

ナイゲル　262, 273
ナイタカ　262
ナイトメア（夢魔）　146, 240, 254, 262, 287, 292, 307, 329, 341, 390, 392, 394, 436
ナーイン　262
ナウンハス　262, 268
ナーガ　253, 262, 263, 404
ナカヘット　263, 268
ナキシイヤ　263, 268
ナーギニー　262, 263
ナーギニー・ベサンディ　263
ナキネイウ　263
ナキネイツィ　263
ナキール　263
ナキンネイト　263
ナグムワサック　263, 407
ナグルファル　263
ナグワル　170, 264
ナーサティヤ　264, 268
ナーシハイスヤ　264, 268
ナシャ　169, 264
ナシュ　264
ナステ・エスツァン　124, 264
ナス・ラコリーン　264
ナッキ　263, 264
ナッギー　264, 273
ナック　264
ナッグル　265, 273
ナット　265, 付録10参照
ナット・タミ　265
七鳴き　265, 420
ナニカヘート　265, 268
ナパイアー／ナパイアイ　265
ナバエオ　265
ナピ　253, 265
ナフシャスラ　47, 266
ナプファンス　266
鍋掛けゆらし　266
ナムタル　266
ナ・モンジャー・ヴェガ　266
納屋のちび爺さん　266, 372
ナラカ　266
ナリ　266
ナルニウォ　267
ナルブルーイ　267
ナレト　267
ナワル　267
ナン　267
ナング・モクシン　267, 412

ナンシ　21, 267
ナンシーおばさん　21, 254, 267
ナンテナ　267
ナンパ　268
ナーンハイスヤ　268
ナンバー・ニップ　268, 440
ナン・ルージュ　268

[二]

ニアヴ　268
ニーアグ・ナ・ハッハ　268
ニアグリウサル　268
ニイリッキ　268
ニヴァシ　268
ニパッショ　268
ニウ・トウ（牛頭）　60, 269
ニェンヴェティチシュニン　103, 269
ニェンバイ　269, 273
ニ・ギリン・ベギー　269
ニキル　269, 271
ニクシー　48, 88, 134, 269
ニクス　269
ニクネーヴァン　269
ニクル　269
ニコライ・チュドヴォリッツ　270, 324
ニコル　270
ニス　183, 270, 322, 376, 385
ニーズヘグ　270
ニーズヘッグ　270
ニッカー　88, 270, 271, 274
ニッカル　270
ニックイェン　271
ニックル　270
ニッケ　271
ニッケル　142, 271
ニッターシング　103, 271
ニニアン　271
ニハンサン　124, 271
ニーベルング　49, 271
ニミュー　271
ニャンバイ　273
ニューグル　214, 273
ニワトコ婆さん　273
ニンヴィット　103, 273
人魚　273
ニンニル　270, 273
ニンフ　274, 付録11参照
ニンブル・メン（敏捷な者たち）　274

索引

[ヌ]

ヌアラ 247
ヌータイコック 274
ヌッケ〔複数：ヌッケン〕 271, 274
ヌニュヌウィ 274
ヌベロ、エル 275
ヌル・クバとヌル・クグザ 275
ヌル・ボデジュ 275
ヌレス＝ムルト 276
ヌングイー 147, 276

[ネ]

ネアゴ 276
ネウィン 276
ネガフォク 276
ネク 276
ネサル 277
ネダ 277, 288
ネチスタイァ・シラ 277
ネチスティイ・ドゥフ 277
ネッカン 277
ネック 277
ネッケ 277
ネッケン 264, 270, 277, 357
ネデク 146, 277
ネテュン 277, 442
ネナウニル 277
ネナブシュ 278, 386
ネヌファレミ 278
ネベド 278
ネボクワイ 144, 278
ネミッサ 278
ネムデ・クレク・クゲとネムデ・クレク・クグザ 216, 278
ネリヴィク 278
ネルゲ・クバとネルゲ・クグザ 278
ネーレーイス 28, 36, 67, 68, 105, 114, 115, 231, 253, 274, 278, 295

[ノ]

能天使 9, 236, 279
ノグル 273, 279
ニチュニッツァ 128, 151, 279
ノッカー 6, 89, 99, 142, 148, 149, 259, 279, 284, 338

ノックおばけ 280
ノッグル 273, 280
ノーナ 280, 301
ノ・ボンヌ・メールとボンヌ・ダム 280, 381, 426
ノーム 34, 63, 123, 132, 142, 149, 255, 280, 327, 362, 375, 429
ノル・イェン 280
ノルグ 281
ノルニル 281
ノルン 34, 49, 65, 239, 281

[ハ]

ハイクル 270, 282
パイ・ジェロム 282, 353
パイジャ 282
パイソー 282
ハイター・スプライト 282
パイ・トマス 282, 353
バイニカ 282, 309
ハイーニャ・エオワ（エオワ女王） 282
ハイーニャー・オヤ（オヤ女王） 146, 282
ハイーニャ・バルバ（バルバ女王） 4, 170, 282
バイフー（白虎） 221, 283
パイ・ベネディトゥ 283, 353
バイ・マーセ 283
パイル・パク 283
バイローン 283
ハインツェ 149, 283
ハインツェルマン〔複数：ハインツエルメンヒェン〕 283
ハウグボンド 284
ハウス・シュミードライン 142, 284
ハウストランベ 284, 286
バウダ 284
ハウフルエ 284
バウボー 186, 285
ハブマンド 286, 388
バウムエーゼル 286
ハウラ 286
ハウラー 241, 286
パウリー 215, 286
ハウルヴァタート 28, 214, 286, 417
バエタタ 55, 286
バエル 286
バカ 286
バガブー 147, 286, 291
バガン 287, 368

522

索引

ハギス　87, 287
バギー・バウ　286, 287
バギブス　287
ハグ　106, 119, 126, 138, 151, 154, 223, 269, 279, 288, 295, 316, 386, 405, 415, 418, 431
バグ　287, 291
バクシュ・イア　287
バクシュ・オザ　287
バクシュ・クバとバクシュ・クグザ　287
白鳥乙女　37, 49, 58, 223, 288, 349, 428
ハクツィ／ハクツィン　101, 288
ハグノー　288
バグベア　147, 286, 288, 291, 368, 370, 372, 373
バクル　288
バグル　288
バグレト・エル・ケーボル　288
バーゲスト　137, 289, 293, 330
化け物　289
ハーケル＝ベーレント　289
バコレ　289
バサ＝アンドレ　289, 290
バシコラ　289, 386
バシャジャウン　289, 426
バジャロシュッシュ　290
バジャング　290
バジャング　290
バシュキール　290
バシュクシェ　120, 290
バシリオ・ボム　248, 290
バス　290
バクス　290
バズズ　15, 291
畑の精霊　105, 128, 152, 153, 182, 210, 276, 283, 290, 291, 297, 350, 379, 380, 392, 430
バッキー　247, 291
ハッグ　291
バッグ　147, 286, 291, 292, 366
パック　26, 55, 57, 84, 291, 333, 335, 349, 369, 424, 455
バッグ・ボーイ　286, 292
バックランド・シャッグ　292
バックル　291, 292
ハッケンマン　292
バッジ・ファー　293, 369
バッド・アワー　10, 164, 292
パッドフット　92, 293, 343
バデ　4, 176, 293
バディ　293
ハティフ　293

バティム　293
ハデム・ケムクオマ　293
ハデュオク・エナス　294
バド　294
ハド・アルコリン　294
バドゥー　294
バ＝ドゥク＝チュア　240, 294
パトゥ・パイアレヘ　294
バドルフット　295
花の妖精　103, 226, 295, 314, 423
パノペー　295
ババ(1)　295, 423
ババ(2)　106, 154, 295, 445
ババ・ヤガ　147, 295, 379, 431
ババン・ナ・ウェイレア　154, 296
バビ　233, 297
ハピニュニュ　297
バブ　103, 295, 297
パフアスヌイアピタアイテライ　297
ハフェルボックス　105, 297
ハベトロット　61, 115, 186, 243, 249, 297, 319, 458
バポ　297, 298
ハボリュム　298
ハボンド　298, 375
パマシュ・オザ　298
ハマドリュアデス　6, 48, 91, 114, 165, 190, 254, 274, 298, 342, 453
バマパマ　253, 298
ハミングジャ　289
ハム・ウカイウ　2, 299
パモラ　299
ハヤグリーヴァ　299
パユベルダ・シャルト　299
バラ　299
バラヴァシュカ　299
バラヴォイ・イア　299
バラオ・デ・ゴレ　299
ハラク・ギマル　300, 385,
バラム　300
パラルダ　188, 300
腹を切り裂く者　300, 363
バラン　300
バリ　259, 300, 338
バリアウア　300
ハリー＝カ＝ナブ　301, 329
ハーリティー　301
バリーマン　301
ハール　301
バル　301

索引

パルカイ（パルカたち）　66, 301
バルク　301
バールザフォン　300
ハルジャス　302
ハールズ・レイド　302, 304, 420
パルタカン　302
バルヴァ　302
ハルティア　302
バルテル　123, 303
ハルド　303
ハールートとマールート　170, 211, 238, 303, 391
ハルナ　303
バルナッシデース　303, 403
バル・ネル　303
バルバ・スエイラ　283, 303
バルバソン　303, 329
バルバーレ　303
ハルピュイア　79, 233, 304, 372
バールベリス　304
ハルン　304
ハーレシンガス　304, 420
ハーレシンギ　304
ハレス　43, 229, 304
ハンキー・パンク　304, 322
ハンギング・ヘア　305
バンクシア人　103, 305
バンシー　100, 116, 123, 126, 127, 189, 290, 305, 330, 396, 414, 415, 425
バン・シー　305
パンチャジャナ　305
ハンツー　306, 307, 308, 309, 330
ハンツー・アエール　306
ハンツー・ガハル　306
ハンツー・カユ　306
ハンツー・ガルー　306
ハンツー・クボル　306
ハンツー・コペク　306
ハンツー・サワン　307
ハンツー・シ・ブル　307
ハンツー・ソンケイ　307
ハンツー・デナイ　307
ハンツー・バカル　307
ハンツー・バン・ダン　307
ハンツー・ハンツアン　307
ハンツー・フタン　308
ハンツー・ブロック　308
ハンツー・ベリアン　308
ハンツー・ペンブル　308
パンツマンツィ　308, 448

ハンツー・ラウト　308
ハンツー・ラヤ　308
ハンツー・リブート　308, 329
ハンツー・リンバ　308
ハンツー・ロンゴック　309
バンナイア　308
バン・ニーァハン　309, 365
バンニク　78, 251, 309, 414
ハンパルマン　310

[ヒ]

ピー　310
ビア　310
ピアサ　310
ビーアスト・ヴェラッハ　310
ビアムバル　311
ピーエリデス　311
ビエルグ＝トロルデ　311
ヒオナ　311, 328
ピカーク　311
ビガーズデールのジェニー　147, 311
光のエルフ　74, 311
ピグウィジョン　311
ピクシー　18, 19, 31, 39, 54, 119, 159, 161, 163, 198, 311, 314, 315
ピークス　312
ピクト　312
ピクトリー・ブラッグ　127, 211, 312, 344
ビゲル・ノス　312, 370
ヒゴナ　313, 328
ピサチャ　313
日狭女　313
ビサン　313
ヒーシ　313
ビシャーチャ　15, 232, 313, 354
ビー・シャ・ユエン・ジュン（碧霞元君）　314, 423
ビシュミ　314
翡翠の乙女　314
ピスカ　292, 314
ピスキー　55, 152, 312, 314, 460
ピスハンド　126, 314
ピーズ・ブロッサム　314
ビダダリ　314
ピーターパン　229, 314
ヒターボース　315
ビターボース　315
ビーダンバイアズユーディド夫人（報いのおばさ

524

索引

ん）　314, 315
ビチャ・イア　315
ビチャ・オザ　315
ビチャ・クパとビチャ・クグザ　315
ビッグ・ウォーター・マン　315
ヒックス　66, 315
ビッグ・パーラ　315
ビテュス　316
ビトゥヌズ　120, 216, 316
ヒトカ　316
人食いアグネス　316
人食いアニス　147, 316
人さらいのネリー　147, 316
ビトソ　316, 454
ヒトハ　316
ビトリ　37, 317
ビナイエ・アルバニ　317
ピナリ　317
ピ・ネレスカ　317
ヒノ　317, 365
ヒビル　317
ヒビル・ジワ　317
ビブとバブ　103, 317
ビブンク　55, 317
ビメスシュナイダー　317, 319
ビヤレイ　317, 326
ヒュアデス　20, 153, 274, 318, 352
ビュック　318, 335
ヒラニヤカシプ　300, 318, 430
ビリーウィギン　318
ビリー・ウィンカー　50, 318
ピリス　318
ピーリー・トロウ　318
ピーリー・フォーク　318, 319
ビリー・ブラインド　318
ビリー・ブリン　318, 329
ピーリフール　249, 319
ビルヴィス　319
ビルウィズ　319
ヒルグアン　319
ビールザール　319
ヒルデ　49, 319
ヒルデ＝ヴィンデ　73, 320
ヒルデ＝モアー　49, 72, 320, 428
ヒルデモダー　72, 321
ヒルトンの血無し少年　321
ヒル・ビンゲルズ　321
ヒル・フォーク　79, 321
ビルベリー・マン　321

ヒル＝メン　321, 322
ヒレ族　206, 255, 321
ビロコ　259, 322
ピロージ　322
ヒンキー＝パンク　322
ピンケット　54, 322
ヒンツェルマン　95, 149, 152, 322
ヒンド・エティン　322
びんの小鬼　323

［フ］

ファ　43, 323
ファイア・ドレイク　54, 323
ファインガー　323
ファウニ・フィチャリ　323
フアガス　55, 323
ファーザー・クリスマス　162, 323
ファーザー・タイム　324
ファーザー・フロスト　324
フアサ・マルク　325
ファタ　325, 428
ファー・ダリッグ　325
ファット・リップス　325
ファティ、ファテイト（複数）　325
プアトゥタヒ　297, 326
ファド・フェレン　5, 325
ファハン　326
フーア（複数）　47, 118, 124, 126, 317, 326, 354, 359
ファライルディス　326, 365
ファラオニ／ファラオニー　326
ファラオンキ　326
ファランジ・ジ・ボトス（ブラジルイルカ団）　77, 326
ファリスタ　326
ファル・ジェルク　327
ファル・ダリグ　327
ファルム　327
ファレグ　87, 327
フアン・カブリト　275, 327
ファンティン　327
フィーオリン　327
フィゴナ　328
フィジアル　326, 328
プイ・シュチュ　328
フィトルトロット　328
フィナ・ジョイア　248, 328
フィニス　255, 328

525

索引

フィノデリー 328
フィフィネラ 328
フィル・イアルガ 328
フィル・ヴォルグ族 230, 328, 332
フィルギヤ、フィルギル（複数）、フィルギュル（複数） 328
フィルトス 244, 329
フィル・ヒリーシュ 329
フィロ 329
フィンヴァラ 22, 40, 61, 128, 164, 274, 329, 383, 425
フィンズ・ヴァイブル 329
フィーンド 5, 8, 14, 15, 23, 26, 27, 45, 46, 62, 70, 79, 107, 143, 146, 223, 232, 242, 262, 268, 289, 303, 308, 318, 329, 345, 349, 352, 360, 388, 390, 392, 393, 394, 409, 413
フィンバラ 330
フィンバル 330
ブーヴァン・シー 330
フェ 330
フェイ 330
フエクヴ 331
ブエス 331
フェネ 331
フェノゼリー 125, 331
フェリアー 282, 331
フェリシャー 332
フェル・シー 332
フェロハーズ 332
フォヴォイラ 332
フォウォレアン 332
フォウォレ族 110, 230, 236, 332, 353
フォッセグリム 129, 332
フォデン・スケメンド 332
フォノス 11, 332
フォマガタ 332
フォラス 332
フォリオット 332
フォルカス 333
フォルネウス 333
フォルマールのゴルトマル王 333
フォルンヨート 333
フォレット 45, 333
フォーン 289, 323, 333, 357, 429
ブカ、ブキ（複数） 333
ブカ 333
プカ 333
プーカ 335, 344, 369
ブーガー 335, 369

ブーカー 335
ブーガーマン 335
ブガン 335
ブキイェ 292, 335
ブキオド 335, 338
ブキス 292, 335
ブギブス 335
ブギル 335, 370
ブク 335, 336
ブーク(1) 126, 336
ブーク(2) 291, 336
ブクス 335, 336
フクム・イエン 336
ブクラ・エ・ヅェウト 336, 428
ブグル 336, 370
ブゲル 336, 370
フ・シェン（狐仙） 336
ブシャスタ 336
フシャスラ 14, 22, 28, 336, 337
フシャスラ・ヴァイルヤ 336
フシャトラヴェール 336
フジャラル 337
プスヴァシ 337
プスケグデムス 337
プセズボルニカ 337, 380
ブソ 209, 226, 337
ブータナー 337
ブタル・アリ 338
ブチュ・ウムバル・シュチュ 338
ブツェンベルヒト 338, 363
ブッカ 142, 338
ブッカ・ドゥーとブッカ・グウィデン（もしくはギダー） 147, 338
ブッカ・ブー 286, 338, 339
ブックメリア 338
ブット[複数：プッティ] 76, 339
ブト・イア 339, 340
ブト・イアン・ウドゥルジュ 340
ブト・イムヌ 339, 340
ブドゥー 294, 340
ブトゥス 340
ブト・ウスクズ 339, 340
フトゥルス 340
フトキン 340
ブート／ブータ 3, 340
ブト・ボドゥジュ 341
フネサイ 341
ブバク 341, 369
ブバッハ、ブバホッド（複数） 341

索引

フ・ファ　214, 341
ブベル　341
ブーマソー　265, 342
ブーマン　342, 373
ブーマン　342, 369
フミン　265, 342
フヤブパ　342
フラ　342, 379
プライ　342
ブラインド・バーロウ　318, 343
フラウ・ヴァッハホルダー　343
フラウ・ヴェルト　343
ブラウニー　7, 18, 64, 66, 73, 99, 117, 122, 130, 147, 148, 149, 150, 187, 241, 246, 247, 250, 257, 266, 268, 270, 283, 292, 294, 314, 321, 322, 331, 333, 335, 341, 343, 344, 351, 366, 372, 373, 375, 376, 383, 384, 396, 418, 419, 435, 447, 455, 457
ブラウニー・クロッド　345, 396
ブラウニー（蜂の）　344
フラウ・ヒルデ　344
フラウ・ベルヒタ　344, 363
ブラウンガー　344
フラガイ　344
ブラザー・マイク　344
ブラスキー　279, 344
プラチナ　344, 410
ブラッグ　344
ブラック・ヴォーン　141, 345, 421
ブラック・シャック　329, 345
ブラック・ソウ　147, 345
ブラック・タマナス　346
ブラック・ハウンド　143, 346
ブラック・ベア　346
ブラッシュ　194, 346
プラット・アイ　346
ブラディー・キャップ　7, 346
ブラディー・ボーンズ　346, 457
ブラブーム　346
フラル　347
フラワシ　346
フラン　274, 347
プラント・アンヌヴン　119, 347
プラント・フリース・ドゥヴェン　69, 347, 424
フランネル・フラワー・ベイビーズ　103, 347
フーリ　274, 347
フリ　347
フリアイ　36, 67, 206, 347, 407
プリギルスチチス　349
フリスト　49, 349

フリッド（複数：フリージ）　349
ブリトマルティス　349
フリバーティジビット　329, 349
プリバルチッス　349
ブリュンヒルド　49, 169, 349
フリント・ボーイズ　128, 350
フル　87, 350
フル　350
フルカス　333, 350
ブルカーテル　154, 350
ブルー・ジェイ　149, 253, 350, 402
フルジョン　350
フルダ　350, 379
ブルーダー・ラウシュ　177, 350
フルデン　351
フルドゥ　351, 379
フルドゥ・フォーク　351
フルド＝メン　351
フルドラ（複数：フルドレ）　351
ブルーニー　351
プルヒ　351
ブルー・フェアリー　351, 428
ブルベガー　108, 351
プレイアデス　21, 32, 76, 205, 274, 352, 382, 411
フレイバグ　329, 352
フレイ・ボガート　352
フレヴニク　113, 251, 352
ブレクラス　123, 352
ブレス　110, 352
プレータ　352
プレッシーナ　352, 410
プレート　353
プレートス・ヴェーリュス　353
ブレヒタ　353, 363
ブレヒト　353, 363
ブレルマン　353
ブロック　353
ブロッサム・ベイビーズ　103, 353
ブロラハン　326, 353
プロンゴ　354, 461
プワロンガ　94, 354
フンティン　354
フンババ　354

[ヘ]

ペーイ　354
ヘイ・セバスティアン（セバスティアン王）　175, 354

527

索引

ヘイツィ＝エイビブ　354
ヘイ・トゥルキア（トゥルキア王）　76, 204, 354
ベイフィンド　354
ヘイ・フロリオアーノ（フロリオアーノ王）　355
ベイレーネー　355
平和の人　200, 355, 423
ベウギブス　355
ペギー・オネール　355
ペグ・オネール　355
ペグ・パウラー　147, 160, 356
ヘグフォーク　79, 356
ペコイ　253, 356
ベス　8, 129, 178, 188, 232, 356
ヘスティアー　356
ヘスペリデス　1, 20, 71, 274, 356
ヘスペレストゥーサ　356
ペセヤス　356
ヘダム　356
ベータラ　357
ベッカヘスト　357
ペック　357
ペッホ　357
ベディアダリ　357, 423
ベティカン　357
ヘデキン　357, 374
ベドゥー　294, 357
ヘドリーの牛っ子　4, 312, 357, 370
ベトール　87, 358
ベドン・ヴァーラ　358
ペナ・ヴェルディ　81, 183, 358
ペナーテース　178, 358
ペナンガラン　358
ヘノ　358, 365
ベヒル　326, 358
ベファナ　359, 423
ベヘモス　359
ベボン　232, 297, 359
ペラ・コルシャ　359
ペーリ　359
ペリ　230, 359, 423
ベリアス　8, 360
ベリアル　8, 232, 329, 359
ヘリコニアデス　360, 403
ベリス　360
ベリー・ダンサーズ　360
ペリト　361
ペリフォール　361
ベルクタ　361, 363

ベルク・ピープル　361
ベルク・フォルク　361
ヘルスシェクロス　123, 361
ベルゼブブ　8, 232, 361
ベルタ　361, 363
ベルツェ・ノコル　361
ベルツニッケル　123, 362
ヘルド　49, 362
ペール・ノエル　362, 364
ベルヒタ　147, 338, 363
ベルヒタ　181, 189, 300, 363, 420
ベルヒテン　363, 363
ベルフェゴル　8, 363
ペール・フエッタール（鞭のおじさん）　147, 362, 364
ベレギーニ　364
ヘレクグニナ　364
ペレシト　364
ペレシュタ　364
ヘロカ　364
ヘンキー　364
ヘング　365
ベング　365
ベンシー　365
ベン・ソシア　365, 423
ベンディース・ア・ママイ　213, 365, 423
ベン・ニーァ　365
ベン・バイナック　365

[ホ]

ボアン　366
ボイアデイロ・ダ・ヴィサウラ　102, 366
ホイタ　366
ホイッティンゲーム村のショート・ホガーズ　366
ボガート　124, 132, 135, 187, 194, 270, 293, 322, 352, 366, 370, 376
ポーカー・ボーイズ　127, 368
ボーカン　368
ボーガン　368, 375, 378
ボギー　368
ボーギー　82, 89, 98, 102, 105, 107, 108, 111, 121, 128, 129, 130, 135, 137, 147, 160, 162, 173, 193, 199, 200, 231, 246, 250, 280, 286, 288, 289, 291, 293, 311, 316, 319, 338, 344, 352, 355, 356, 357, 363, 364, 366, 368, 369, 372, 373, 377, 379, 380, 389, 397, 400, 415, 416, 436, 437, 453, 457
ボーギー・ビースト　173, 184, 293, 312, 368, 369

528

索引

ボーキー・ホーキー　369
ボギーマン　345, 368, 369
ボギル　369, 370
ボグ　368, 369
ポーク　291, 369
ポクシェム・オバスカ　370
ポクシェム・クグザ　370
ポクシェム・クバとポクシェム・クグザとポクシェム・オバスカ　369
ホグブーン　370
ホグボーイ　370
ホグマン　370
ボグル　370
ボーグル　81, 98, 117, 131, 166, 251, 291, 313, 370, 373, 378
ボグル・ブー　287, 370, 371
ボーゲスト　371
ボゲードン　137, 371
星の女　372
星の人々　372, 395
ホセレウ・ワヒラ　372
ボダッハ　147, 372
ボダッハ・グラス　372
ボダハン・サヴァル　372
ボダルゲー　372
ボタンカまたはびっこのボタンカ　372
ボタンキャップのねえや　372
ポーチュン　373
ホツア・ポロ　45, 373
ボックマン　147, 373
ボッゲルマン　368, 373
ホッジ　373
ホッジ＝ポーカー　373
ホッジ＝ポーチャー　373
ボッス　373
ホップ　373, 375
ホデキン　149, 373
ボドヴ(1)　374
ボドヴ(2)　374
ボドヴ(3)　374, 414
ボドゥア　374
ボドゥジュ　120, 141, 216, 341, 374
ボドヴ・フィーンチ　374
ボト・トゥクヒ　236, 326, 374
ボト・ブランコ　236, 326, 374
骨なし　374
ホノチェノケ　374
ボバ　106, 154, 375
ポーパス・ガール（ネズミイルカ少女）　375

ホバニー　298, 375
ボーハン　150, 368, 375
ホビー　375
ホビット　79, 257, 375
ホブ　117, 375, 376, 377, 457
ホブゴブリネット　376
ホブゴブリン　5, 135, 177, 241, 246, 247, 391, 331, 366, 370, 375, 376, 423, 455, 457
ホブスラスト　376
ホブスラッシュ　322, 376
ホブトラッシュ　377
ホブヤー　147, 377
ホブ＝ランタン　377
ボー・ブルバッガー　377
ホブレディ　375, 377
ホベディーのランタン　377
ボムビエロ　260, 377
ボラロ　377
ボリ　377
ボリー　377
ホー・リー・ディー・ムー（訶梨帝母）　377
ポリュヒュムニアー　378, 403
ボール　378
ボルク・ピアムバル　378
ボルータ　378
ポルターガイスト　76, 148, 187, 280, 299, 312, 333, 335, 341, 353, 366, 369, 376, 378, 429, 453
ホルツ＝フラウ　113, 378
ポルト・イアとポルト・オザ　378
ポルト・クバとポルト・クグザ　378
ポルト・ボダズ　378
ボルードニッツァ　379, 380
ボルノチニッツァ　379
ボルロイ　378, 379
ホレ　147, 379
ポレヴィーク　152, 250, 379
ホレおばさん　351, 379, 380, 419
ポレスコロ　380
ホレン　379, 380
ポロヴニッサ　147, 380
ボロートヌィ　380
ボローニア・ベイビーズ　380
ホロー・マン　380
ボ＝ロル　370, 380
ポロン　380
ホンガ　380
ボンガ　381
ホンガエク　381
ポンティアナク（吸血女）　381

529

ホンドコンツ　229, 381
ボンヌ・ダム　381
ホンピ・マトゥ　80, 183, 381
ポンヒョイ　218, 381

［マ］

マアナライセット　382
マアヒセット　382
マイア　352, 382
マイジァン・ナ・トゥイナ　382
マウアリ　382
マウイ　253, 382
マウラリ　382
マエッダル・ルードゥー　382
マカチェラ　383
マカル　383
マカルディット　383
マギー・モロック　343, 383, 396
マギー・モロッホ　383
マグ・ヴルフ　383, 396
マク・クル　383
マク・グレーネ　383
マク・ケフト　383
マク・モーネァンタ　383
マグ・モラッハ　383, 396
マーザ・ドゥー　383, 413
マサン　383
マジキーン　384
マジキン　384
マージャクングス　384
マージャス・ガルス　384
マジャハルジャス　384
マージュージュ　384
マスキム　384
マステマ　385
マダ　385
マタガイガイ　385
マタビリ　385
マータリシュヴァン　385
マッサリオル　385
マット・チノイ　385
マップ　226, 311, 386, 406, 424
マーテ　386
マティヤ　386
マテルガビア　386
マナウィダン　386
マナボゾ　386
マニ　386, 388, 393

マニキン　69, 73, 310, 387
マニマル　387, 393
マニンガ　387
マーネース　388
マノエルジーニョ・ボア・ダ・トリニダーデ　388, 449
マハ　388, 415
マハーマーリー　388, 393
マヒシャースラ　388
マヒナティーヒー　149, 388
マブ女王　388
ママグワセウグ　388
マーマン　5, 24, 92, 235, 241, 253, 286, 388, 389, 403, 415
ママンダバリ　389
マー・ミェン（馬面）　389
マムポーカー　147, 389
マーメイド　44, 81, 97, 119, 125, 129, 136, 156, 172, 174, 204, 255, 263, 269, 273, 279, 284, 321, 358, 388, 389, 392, 401, 411, 414, 415, 436, 439, 442, 453
マモ　389
守り神　7, 8, 28, 29, 34, 164, 208, 229, 230, 231, 358, 390, 406, 407, 432, 438
マモン　9, 390
マヨチナ　390
マラ　390
マーラ　329, 390
マラーイカ　390
マラーイカ・プテ　391
マラワ　99, 391
マリアナ　118, 175, 205, 391
マリアノ　391
マリア・バルバ　283, 391
マリーカ　391
マーリク　238, 391
マリク・エル・アビアド　391
マリード　391
マリ・モルガン　391, 415
マール　146, 329, 392
マルク　392
マルコシアス　392
マルサバ　392
マルザンナ　392
マルシュアース　392
マルティム　293, 393
マルティンコ　393, 448
マルト　393
マールート　170, 211, 238, 391, 393
マルファス　393

索引

マルブロン　393
マルラ　387, 393
マーレ　393
マレート　394
マロス　244, 394
マンダランガン　394
マントゥスとマニア　394
マンドラゴラ　394

[ミ]

ミカ　244, 394
ミーカーイール　394
ミカエル　178, 208, 238, 395, 396
ミカケ　395
ミガマメサス　396
ミカムウェス　396
ミグ・モラッハ　343, 344, 383, 396
ミゲルジーニョ・ボア・ダ・トリニダーデ　396, 449
ミコール　396
ミジル　396, 398
湖の姫　125, 271, 396, 415
ミスター・サンドマン　193, 254, 397
ミスター・スパイダー　21, 397
ミスター・ノーバディ（名無しさん）　397
ミスト　49, 397
ミス・ナンシー　21, 397
水の子供たち　315, 397
水辺の洗濯女　365, 397
ミスラ　336
ミーツホジン　397
ミディル　398
緑の男　116, 398, 400, 450
緑の女　398
緑の騎士　289, 318, 398, 399
緑の牙のジェニー　25, 130, 147, 213, 400
緑の子供　400
緑のジョージ　400
緑の服のジャック　398, 399, 400
緑の婦人　400
ミニ　400, 401
ミ・フェイ（密妃）　400
ミミ　401
ミーミル　58, 401, 454
ミムリング　401
ミュアゲルト　401, 411
ミュイングワ　401
ミュクシュ・シェルト　401

ミュクシュ・ピアンバル　401
ミュクシュ・ペレシュタ　401
ミュルシネー　401, 402
ミュレーネー　402
ミル　212, 402
ミル・クラ　402
ミレン　325, 402
ミンク　135, 253, 402
ミンゲヘ　402
ミンセスクロ　402, 454
ミンチ海峡の青亡霊　389, 403

[ム]

ムー　218, 265, 403
昔の人　403
向こう見ずな人たち　114, 144, 403
ムーサイ（ムーサたち）　274, 403
ムジェ　180, 404
ムジェ・ゴジョ　404
ムゼムムミー　404, 405
ムチャリンダ　262, 404
ムニヤ　404
ムネーメー　404
ムボーン　218, 265, 404
ムマ・パドゥラ　404
ムミー　405, 406
ムラ・ムラ　122, 405
ムラワ　392, 405
ムリアン　405
ムーリャルタッハ　405
ムルウック　155, 406
ムルグッハ　406, 411
ムルト　61, 62, 83, 151, 276, 405, 406, 419
ムーレイ・アブデルカデル・ジラニ　406
ムンカルとナキール　406
ムンヘラス　229, 406

[メ]

メァラハルド　406
メーヴ　406
メガイラ　71, 347, 407
メーガマリン　407
メカラ　407
メクムワサック　407
メグ・モロッホ　396, 407
メザテウス　407
メジャスマーテ　407

531

索引

メジャテウス 407
メストレ・ベラミノ 407
メストレ・マラジョー 102, 407
メタトロン 407
メツァンネイツイト 407
メツァンハルティア 408
メツイク 408
メツハルジャス 408
メデイネ 115, 408
メドル 408
メーナカー 408
目に映る閃光によって殺す人々 408
メニー・エルカン 173, 408, 420
メニー・エルルカン 408, 409
メフィストファレス 409
メベデル 409
メヘン 25, 409
メラロ 402, 409, 444, 454, 457
メランデ・シェルト 410
メランデ・ペレシュタ 410
メランデ・ボデズ 410
メリアス 410
メリオール 410
メリサンド 410
メリー・ダンサーズ 410
メリッサ 274, 410
メリテー 404, 410
メリヒム 9, 410
メリュジーナ 410, 426
メリュジーヌ 410, 411
メルシュ・ディック 147, 411
メルポメネー 404, 411
メールメイドゥン 389, 411
メロー 255, 375, 411
メロシナイ 411
メロペー 352, 411
メロボシス 411
メンフィス 412

[モ]

モアティア 412
モイラ、モイライ（複数形？） 66, 301, 412
モエラ 412
モーキン 412
モクシン・トンボップ 267, 412
モコティティ 19, 412
モーザ・ドゥーグ 329, 413
モーズソグニル 239, 243, 257, 413

モチャ・イア 413
モチャ・オザ 413
モチャ・クバとモチャ・クグザ 413
モチャ・シェルト 414
モデイナ 414
ものぐさローレンス 147, 414
モノチェーロ 414
モーメット 414
モーラ 392, 414
モラヴァ 392, 414
モラグ 414
モランハクト 142, 414
モリーガン 414, 415
モリティヤマ 415
森の乙女 74, 407, 415
森の人々（1） 74, 415
森の人々（2） 144, 415
モルアー 411, 415
モルアッハ 411, 415
モルガン 415
モルガン・ル・フェ 273, 392, 415
モルクル・クア・ルアン 416
モルタ 301, 416
モルモ 416
モレ 416
モロス 416
モロースコ 416
モロンガ 416
モンジャー・ヴェガ、ナ 416
モンゾ 416

[ヤ]

ヤ＝オ＝ガー 94, 417
ヤオトル 417
ヤキーラ 222, 417
ヤクシー 417
ヤクシャ／ヤッカ／ヤクシー／ヤクシニー 124, 232, 417
ヤザタ 25, 33, 199, 229, 231, 286, 417
ヤージュージュ 384, 418
ヤースキン 215, 418
ヤズダン 418
ヤッカ 232, 417, 418
ヤトゥス 418
山の老婆 119, 418
山姥 418
ヤラファス 87, 418
ヤル＝ウン・エケ 418

索引

ヤレリー・ブラウン 418
ヤン・ウー＝チャン（陽無常） 419
ヤンベ・アッカ 419

[ユ]

ユアンキ＝ムルト 61, 419
幽霊狩猟 10, 34, 57, 101, 108, 114, 119, 141, 172, 215, 301, 304, 308, 347, 379, 393, 408, 419
幽霊猟師 114, 144, 265, 289, 308, 420
雪女 234, 421, 423
雪の女王 421
雪娘 325, 423
ユトゥルナ 224, 423
ユー・ヌー（玉女） 423
ユミス 423
ユルパリ 423
ユロバック 423

[ヨ]

善いお隣りさん 423, 426
妖精 423, 付録6参照
妖精ヘレン 429
ヨーギニー 429
四大精霊 65, 115, 160, 188, 190, 254, 280, 429, 453

[ラ]

ラ 430
ライ・ドッグ 153, 430
ライネック 430
ラーヴァナ 100, 105, 124, 262, 300, 318, 430, 432
ラヴィヨイラ 430
ラヴカパチム 430
ラウクマーテ 430
ラウコ・サルガス 430
ラウマ 430
ラウメ 428, 431
ラウリン 431
ラウ 431
ラオ 431
ラガナ 431
ラ・グエスティア 431
ラグエル 15, 208, 432
ラークシャサ 15, 105, 124, 313, 430
ラケシス 66, 432
ラゴアのコブラグランデ 432
ラサス 432

ラジッド・ブロッサム（みすぼらしい花） 432
ラージャ・ブラヒル 432
ラシュヌ 418, 432
ラスコヴィツェ 432
ラソゴナガ 433
ラタイニッツァ 433
ラーチ 106, 154, 433
ラッキー・デヴィル（幸運を招く悪魔） 433
ラッツマン 400, 433
ラ・ドルメット 254, 433
ラナンシー 433, 439
ラバーキン 433, 452
ラバードフィーンド 435
ラパハンゴ 7, 435
ラバーフェンド 435, 455
ラハム 435
ラバルトゥ 234, 435
ラーフ 435
ラファエル 15, 20, 178, 208, 238, 435
ラマ 436
ラマシュトゥ 436
ラマッス 218, 234, 390, 436
ラミアー 147, 436
ラミナック 437
ラモ 437
ララ 437
ララ・ゾウイナ 437
ララ・ミラ 437
ララ・ムコウナ・ベント・ムコウン 437
ララ・レキヤ・ビント・エル・カマール 437
ラ・リョローナ 437
ラリラリ 438
ラル 438
ラルヴァ、ラルヴァイ（複数） 438
ラール、ラーレス（複数） 178, 179, 378, 388, 437
ラルメ・フュリューズ 438
ラワ 438
ランガ 438
ラングイ 438, 439
ラングスイル 438
ラングスヤル 439
ランドヴェティル 439

[リ]

リ 439
リー 439
リァノーンシー 439
リイェスチ 257, 440, 450

533

索引

リィチエ 257, 440, 450
リウ・モン・ジャン・ジュン(劉猛将軍) 440
リエスチ 440, 450
リオウメレ 440
リガイ 440
リーキオ 440
力天使 8, 236, 440
リクダン・リクドン 440, 448
リシ 385, 440
リーズの悪魔 440
リースン 440, 450
リーゼンゲビルゲ 440, 443
リソヴィハ 441
リゾス 441
リック 441
リデルク 441
リト 441
リトゥル 441
リバ 441, 449
リー・バン 441
リベトリデス 403, 442
リムナイ 274, 442
リムネアス 442
リメニア 274, 442
リモネアス 274, 442
リュカ 68, 442
リュタン 268, 442
リュバン 442
リュビ 443
リューベツァール 440, 443
リョローナ 189, 337, 443
リリス 45, 160, 211, 232, 236, 443, 444
リリトゥ 32, 444
リリム 443, 444
リリュイ 444, 454
リリン 444
リル(1) 32, 374, 444
リル(2) 444
リワ 444
リンゴ園の主 414, 444

[ル]

ルー 230, 445
ルアフ 445
ルアライ 445, 458
ルオットチョイク 445
ルギニス 445

ルギュ・ボバ 445
ルゲクラス 123, 446
ルゴフニク 446
ルサールカ 58, 62, 216, 250, 326, 364, 446
ルシファー 8, 236, 446
ルージャグ 446
ルドラの子たち 447
ルナンティシー 447
ルフティン 257, 447
ルブラホーン 447, 452
ルプリヒ 123, 447
ルベット 123, 447
ルホルバーン 257, 447
ルホルパン 447, 452
ルーラガドーン 132, 447
ルリダン 447
ルン・クバとルン・クグザ 447
ルンペルシュティルツヒェン 115, 135, 186, 187, 235, 248, 448

[レ]

レアフ 435, 448
レイ・ジェン・ズ(雷震子) 448
レイジング・ホスト(激怒した主人) 363, 419, 449
レイブオルマイ 449
レヴィヤタン 8, 449
レウコシア 203, 449
レギン 449
レグア 183, 450
レグア・ボギ・ダ・トリニダーデ 183, 260, 396, 449
レグバ 69, 253, 449
レゲレム 450
レサーク 450
レーシィ 22, 38, 152, 250, 276, 408, 439, 440, 450, 451
レシャーク 450, 451
レシャチーハ 451
レジャル・エル・マルジャ 451
レショーンキ 450, 451
レスチア 432, 451
レスノイ 450, 451
レソヴィーク 450, 451
レソヴィハ 450, 451
レッド・コーム 346, 452
レバ 449, 452
レフイェルスコル 452

534

索引

レプラホーン　40, 133, 257, 386, 423, 452
レムデ・クレク・クグザ　216, 453
レムル〔複数：レムレース〕　388, 438, 453
レンミンカイネン　253, 453

[ロ]

ロー　453
ロアンゴ・ウィンティ　453
ロウアー　454
ロヴァル　257, 454
ロク・シャルト　454
ロゲリー・マン　132, 454
ロザニア　448, 452
ロジエ　454
ロスコトゥハ　454
ロソリコ　454
ローダンデ　453, 454
ロッゲルフント　153, 454
ローティス　454
ロートス　454, 455
ロドナ　455
ロード・ハリー　89, 455
炉端のロブ　435, 455
ロビケ　448, 455
ロビン・グッドフェロー　54, 109, 129, 177, 291, 322, 343, 423, 438, 441, 455, 457
ロビン・フッド　374, 398, 457
ロビン・ラウンドキャップ　457
ロブ　375, 433, 435, 457
ロブゴブリン　376, 457
ロー・ヘッド・アンド・ブラディー・ボーンズ　89, 147, 457
ロルミスコ　402, 454, 457
ローレグ　458
ロリヤック　458
ローレライ　458
ローレレイ　458
ローン　206, 371, 458
ロンウェー　458
ロンジュール・ドス　329, 458

[ワ]

ワイト　460
ワーウン　218, 460
ワカニー　460
我が母の兄弟　149, 460
ワカベ　346, 460

ワシコング　460
ワタリガラス　40, 460
ワットル・ベイビーズ　460
ワナゲメズワク　460
ワフマン　59, 460
藁束のジョーン　460
ワリチュ　461
ワルク　461
ワルタハンガ　461
ワルンペ　303, 461

[ン]

ングウォレカラ　462
ンドグボジュスイ　227, 462
ンブル　462

キャロル・ローズ（Carol Rose）
イギリス、ヨークシャー州出身。ケント大学研究員、カンタベリー大学特別講師。美術史、心理学専攻。世界各国の意匠や信仰にあらわれる象徴を研究している。著書に『世界の怪物・神獣事典』（原書房）など。

松村一男（まつむら・かずお）
1953年千葉県市川市生まれ。東京大学大学院人文科学研究科、宗教学・宗教史学専攻博士課程単位取得退学。現在、和光大学表現学部教授。著書に『神話思考Ⅰ、Ⅱ』（言叢社）、『神話学講義』（角川叢書）、『女神の神話学』（平凡社選書）ほか。編著に『神の文化史事典』（白水社）ほか。訳書に『世界宗教史〈2〉』（ちくま学芸文庫）、『ヴィジュアル版世界の神話百科　ギリシア／ローマ／ケルト』（原書房）など。

翻訳協力
青木桃子（あおき・ももこ）
大山晶子（おおやま・あきこ）
小竹由加里（こたけ・ゆかり）
高林由香子（たかばやし・ゆかこ）
株式会社バベル

シリーズ・ファンタジー百科
世界の妖精・妖怪事典［普及版］

●

2014年8月6日　第1刷

著者……………キャロル・ローズ
監訳者…………松村一男
装幀……………岡孝治
発行者…………成瀬雅人
発行所…………株式会社原書房
〒160-0022 東京都新宿区新宿1-25-13
電話・代表03(3354)0685
振替・00150-6-151594

http://www.harashobo.co.jp/

印刷・製本……………三松堂印刷株式会社
© Kazuo Matsumura 2014
ISBN978-4-562-05088-8, Printed in Japan

本書は2003年小社刊『世界の妖精・妖怪事典』の普及版です